R
V

STEFAN CREUZBERGER

DAS DEUTSCH-RUSSISCHE JAHRHUNDERT

GESCHICHTE
EINER BESONDEREN
BEZIEHUNG

ROWOHLT

2. Auflage Mai 2022
Originalausgabe
Veröffentlicht im Rowohlt Verlag, Hamburg, April 2022
Copyright © 2022 by Rowohlt Verlag GmbH, Hamburg
Satz aus der Karmina
bei Dörlemann Satz, Lemförde
Druck und Bindung GGP Media GmbH, Pößneck, Germany
ISBN 978-3-498-04703-0

Die Rowohlt Verlage haben sich zu einer nachhaltigen Buchproduktion verpflichtet. Gemeinsam mit unseren Partnern und Lieferanten setzen wir uns für eine klimaneutrale Buchproduktion ein, die den Erwerb von Klimazertifikaten zur Kompensation des CO_2-Ausstoßes einschließt.
www.klimaneutralerverlag.de

INHALT

I.
VORWORT. SPURENSUCHE

II.
REVOLUTION UND UMBRUCH

Vorrevolutionäre Lebenswelten. Befindlichkeiten und Akteure **21** – Taktische Atempause. Weg in den Oktober-Putsch und Friede von Brest-Litowsk 1917/18 **54** – «Völker, hört die Signale!» Hoffnungen auf Weltrevolution **78** – Zäsuren im radialen Zeitalter. ‹NS-Machtergreifung› und Pakt der Diktatoren **101** – «Aufbau des Sozialismus» in einem halben Land. Die deutsche Teilung 1945/49 **124** – Diplomatische Umwälzungen? Adenauers Sowjetunion-Visite und Brandts Moskauer Vertrag **149** – Verlust der Kriegstrophäe DDR. Der Kreml und die Wiedervereinigung **183**

III.
TERROR UND GEWALT

Zusammenprall der Imperien. August 14 und der «vergessene Krieg» im Osten **209** – Vom Weltenbrand zum Bürgerkrieg. Nährboden für Radikalisierung **228** – Wirkungsmacht der Ideologien? Begegnung im Zeichen des Totalitarismus **245** – «Durch Blut gefestigte Freundschaft». Terror in Zeiten politischer Zusammenarbeit **259** – Schlachtfeld der Diktatoren. Weltanschaulicher Vernichtungskrieg **277** – Sieger und Besiegte. Flucht, Vertreibung und stalinistischer Terror in der SBZ/DDR **310** – Rückblende. Erinnerungskultur und totalitäre Gewalterfahrung **330**

IV.
ABGRENZUNG UND VERSTÄNDIGUNG

Ambivalente Zeiten. Deutsch-russische Begegnungen in der Rapallo-Ära **357** – Im Angesicht totalitärer Diktaturen. Stalins Werben um Hitler und Stellvertreter-Krieg in Spanien **394** – Unnatürliche Allianz. Vom Hitler-Stalin-Pakt zum «Unternehmen Barbarossa» **416** – Erzwungene Kooperation. Reparations- und Demontage-Erfahrungen nach der Niederlage **438** – Trilaterale Beziehungen im Kalten Krieg. Von politischen Krisen und Annäherung, von Wirtschaftsdiplomaten und kulturellen Brückenbauern **462** – Gorbatschows Perestroika. Risse im «Bruderbund» und politische Entkrampfung gegenüber Bonn **490** – Von der Ost- zur «Frost»-Politik. Partnerschaft und Konfrontation im postsowjetischen Zeitalter **516**

V.
DEUTSCH-RUSSISCHES JAHRHUNDERT.
BILANZ UND OPTIONEN

ANHANG

Anmerkungen **565**
Abkürzungsverzeichnis **603**
Quellen- und Literaturverzeichnis **607**
Dank **657**
Bildnachweis **661**
Personenregister **663**

I.
VORWORT.
SPURENSUCHE

Am Anfang meines Weges in das deutsch-russische Jahrhundert steht eine Süßwarenfabrik – eine «Dampffabrik zur Herstellung von Schokolade, Pralinen und Gebäck in Moskau».[1] Sie ging aus einer kleinen Konditorei hervor, die der Württemberger Ferdinand Theodor von Einem 1851 unweit des Ufers der Moskwa im Pretschistenska-Viertel der alten russischen Hauptstadt gegründet hatte. Binnen weniger Jahrzehnte erlebte das bescheidene Ladenlokal einen rasanten Aufstieg. Während des Krimkrieges belieferte der Deutsche die zarische Armee mit Sirup und Marmelade. Damit legte er den Grundstein für ein Zuckerbäckerimperium, das bald über die Grenzen Russlands hinaus weltweit bekannt werden sollte.

Wirtschaftliche Erfolgsgeschichte

Der eigentliche Durchbruch erfolgte nach 1876 unter von Einems Landsmann Julius Heuss – womit die Spurensuche beginnt, die mit dem Schicksal einer Familie atmosphärisch und thematisch einstimmen soll in dieses Buch. Heuss war ein knappes Jahrzehnt zuvor als Kompagnon in das Unternehmen eingetreten und übernahm bald darauf dessen Leitung. Er war es, der nach dem Tod des Firmengründers bahnbrechende technische Innovationen vornahm, zielstrebig auf Expansion setzte, Anbaugebiete und Obstplantagen auf der Krim erwarb, um die Zulieferung qualitativ hochwertiger Zutaten für die Herstellung seiner Süßwaren zu gewährleisten. Der ambitionierte Schwabe und Firmenpatriarch fertigte Produkte, die das zarische

Russland in politisch zunehmend angespannten Zeiten zumindest in kulinarischer Hinsicht dem Westen Europas ein wenig näherbrachten: Biskuits nach englischem Vorbild, Schokoladen, Pralinen und Konfitüren nach deutschen, belgischen oder französischen Rezepturen.[2] Um die Jahrhundertwende eroberte das 1886 in eine Aktiengesellschaft umgewandelte Unternehmen weitere wichtige Marktanteile. Es lieferte Naschereien, die – auch nach drei politischen Regimewechseln – noch im postsowjetischen Zeitalter zum Sortiment des Traditionshauses gehören und sich bei den Russen nach wie vor größter Beliebtheit erfreuen.[3]

Julius Heuss hatte von Anfang an das Ziel verfolgt, sein Familienunternehmen zum «besten Feinbäcker Russlands» zu machen.[4] Der unaufhaltsame Erfolg des von protestantischem Arbeitsethos getriebenen Moskauer Deutschen[5] sollte ihm bald recht geben: Die Firma Einem war auf den einschlägigen in- und ausländischen Fachmessen vertreten und wurde dort gefeiert, erhielt Ehrenurkunden und zahlreiche Qualitätssiegel. Höhepunkt dieser Erfolgsgeschichte war zweifellos das Jahr 1913. Es brachte dem deutschen Unternehmer Heuss die höchste Auszeichnung ein, als ihm am Vorabend des Ersten Weltkrieges das Prädikat «Kaiserlicher Hoflieferant» verliehen wurde – eine besondere Wertschätzung nach damaliger Gepflogenheit, denn auf diese Weise wurde nicht nur ein ausländischer Resident geehrt, der über ein Jahrzehnt lang den Petersburger Hof zur höchsten Zufriedenheit beliefert hatte, sondern zugleich die deutschen Wirtschaftsleistungen im Zarenreich gewürdigt.

Und die waren überaus respektabel: Auch ohne die begehrte Auszeichnung des Hofes, die naturgemäß eine große Zahl an Aufträgen der Zarenfamilie, der Petersburger Adelsgesellschaft und der dort akkreditierten Diplomaten nach sich zog, war die Süßwarenfabrik Einem eine inzwischen im russischen Imperium allseits anerkannte Institution, die viel zur wirtschaftlichen Entwicklung des Gastlandes beitrug. Sogar das seinerzeit angesehene enzyklopädische Wörterbuch «Brockhaus & Efron» verwies in einem Artikel des berühmten Petersburger Konditors George Borman auf das Unternehmen, dem eine Spitzenposition in der heimischen Süßwarenindustrie bescheinigt wurde. Heuss und seine Familie waren mit unzähligen Geschäftsfilialen in über 40 Städten des gesamten Reiches vertreten – vom zentralasiatischen Samarkand bis zu dem im Baltikum gelegenen Riga. Und am Firmenhauptsitz an der Moskwa gab es zahlreiche mondän ausgestattete Ladengeschäfte, in denen weit mehr als 100 000 Stammkunden die Köstlichkeiten der Kaiserlichen Hoflieferanten erwerben und genießen konnten.[6]

Sozialpolitisch unorthodoxe Unternehmenskultur

Die deutsche Fabrikantenfamilie, die ihren Kontakt zur alten Heimat nie abreißen ließ, schrieb aber auch wegen ihres bemerkenswerten sozialpolitischen Engagements Geschichte. Sie pflegte eine für russische Verhältnisse unorthodoxe Unternehmenskultur, die innovative und geradezu sozialrevolutionäre Maßstäbe setzte. 1913 waren in den drei Fabriken rund 2800 Arbeiter und Angestellte beschäftigt. Sie zeigten sich überwiegend zufrieden mit ihrem Los und verhielten sich auffallend loyal gegenüber ihrem Arbeitgeber, als etwa acht Jahre zuvor die erste russische Revolution das Land erschüttert hatte. Dass sie in jenen kritischen Tagen nicht – wie Arbeiter anderswo im Reich – durch «Bummelei, Streiks oder Trunksucht» glänzten, hatte seinen Grund, denn die Firma Einem zahlte in ihrer Branche die höchsten Löhne. In vielerlei Hinsicht standen deutsche Vorbilder und Gepflogenheiten Pate, wenn den Werksangehörigen attraktive Arbeitsbedingungen eingeräumt wurden und sie ein System von Einrichtungen betrieblicher Sozialpolitik vorfanden, das innerhalb des zarischen Imperiums seinesgleichen suchte: Wer dem Unternehmen ein Vierteljahrhundert angehört hatte, ging bei Erreichen der Altersgrenze mit vollen Bezügen in den Ruhestand. An kirchlichen Feiertagen oder anlässlich besonderer familiärer Ereignisse wie Hochzeiten oder Trauerfällen erhielten die Mitarbeiter Sonderzahlungen, in dringender Not konnten sie zudem unbürokratisch auf finanzielle Unterstützung durch die Unternehmensleitung hoffen. Das innerbetriebliche Klima, das Zusammengehörigkeitsgefühl unter den Arbeitern und deren Identifikation mit ihrem Unternehmen wurden nicht zuletzt durch sozialfürsorgerische Initiativen, etwa betrieblich organisierte Freizeit- und Bildungsaktivitäten, erheblich gefördert – Maßnahmen, wie man sie zum Teil in Großunternehmen des Deutschen Reiches vorfand, etwa beim Stahlmagnaten Alfred Krupp in Essen.[7] All dies ging deutlich über die reine Lohnzahlung hinaus, hier wurden Vergünstigungen gewährt, die zum politischen Forderungskatalog der traditionellen Arbeiterbewegung gehörten. Die «Einemianer» aßen in firmeneigenen Speisesälen und konnten die auf dem Werksgelände angesiedelten Nähwerkstätten nutzen, sie fanden Erholung und Vergnügen in der betriebsinternen Theatergruppe und dem Blasorchester oder bildeten sich in der speziell für sie eingerichteten Bibliothek weiter.[8]

Die Oktoberrevolution 1917 war in der Geschichte des bürgerlichen Erfolgsunternehmens eine tiefe Zäsur. Trotzdem gab es eine stille Bewunderung der neuen Machthaber, die darin zum Ausdruck gekommen sein mag, dass sie das inzwischen enteignete Werk 1922 in «Staatliche Konditorenfabrik ‹Roter Oktober›» umbenannten. Überdies wurde die deutsche Urheberschaft nicht verhehlt, denn bis zu Beginn der 1930er Jahre fand sich in der offiziellen Werksbezeichnung der Zusatz «ehemals Einem».[9] Und auch dem Württemberger Firmenpatriarch Julius Heuss zollte man Respekt. Eine 1926 veröffentlichte Wirtschaftsgeschichte verdammte ihn nicht etwa in der seinerzeit üblichen klassenkämpferischen Diktion als «kapitalistischen Ausbeuter und Blutsauger», im Gegenteil: Der ungenannte Chronist charakterisierte Heuss vielmehr als eine Persönlichkeit, «über die man nichts Übles sagen könne», als einen Mann, der in seiner Fabrik «sanitäre und hygienische Arbeitsbedingungen» gewährleistet habe, die für die damalige Zeit geradezu «ideal» gewesen seien.[10]

Gesellschafts- und kulturpolitische Spurensuche

Die Geschichte der deutsch-russischen Unternehmerfamilie hat nicht nur eine wirtschaftspolitische, sondern auch eine gesellschafts- und kulturpolitische Dimension. Als in Moskau lebende Reichsdeutsche gehörte die Unternehmer-Dynastie Heuss im ausgehenden Zarenreich zu einer «mittel- und großbürgerliche[n] Gesellschaft», die in den Wirren des Ersten Weltkriegs und der russischen Revolution unterging. Im Unterschied zum baltendeutschen Adel oder den russlanddeutschen Siedlern, die Katharina die Große nach 1763 ins Land geholt hatte, blieben die dem Moskau-Deutschtum zugehörigen Bürger zeit ihres Lebens Wanderer zwischen den Welten, da sie nicht zu den Untertanen des Zaren zählten. Gleichwohl waren sie respektiert und wurden nicht gedrängt, die Staatsbürgerschaft zu wechseln.

Einer jener Grenzgänger war Klaus Mehnert, der über seine Mutter Luise verwandtschaftliche Bindungen zur Heuss-Familie besaß. Er hat dieses mitunter ambivalente, durch vielfältige kulturelle deutschrussische Begegnungen und Verflechtungen geprägte Spannungsfeld seiner Jugend in seinen Lebenserinnerungen eindringlich beschrieben. Seit frühester Kindheit mit der Sprache, den Sitten und Gebräuchen des Gastlandes bestens vertraut, besuchte er die deutsche Schule in Moskau, die auch von den Sprösslingen des bildungsnahen russischen Bürgertums und Teilen der Aristokratie sehr geschätzt wurde. Mehnert und seine Familie partizipierten an der deutschen Infrastruktur, waren zugleich jedoch eng «mit der einheimischen Kultur» verbunden. Wie die übrigen Moskau-Deutschen «erfreuten [sie] sich des Besten in zwei Welten [..., waren] in ihrer Gesinnung deutscher als die Deutschen daheim [...]; in vielen Beziehungen fühlten sie sich [indes] den Russen überlegen; kulturell aber, vor allem was Literatur und Musik betraf, waren sie so russisch wie ihre Umgebung». Angesichts dieser Umstände überrascht es wenig, dass bei Ausbruch des Ersten Weltkrieges gerade jene deutschen Reichsbürger, die in Moskau oder St. Petersburg lebten, den politischen, wirtschaftlichen und kulturellen Gravitationszentren des Imperiums, in eine höchst missliche

Lage gerieten: Denn «Wilhelm II. war ‹unser Kaiser› und Nikolaus II. ‹unser Zar›», so Mehnert über diese zwiespältige Situation.[11]

Am Ende entschieden sich viele von ihnen für die alte Heimat, so auch die Familie von Klaus Mehnert und ein Großteil der Heuss-Sippe. Lediglich eine Kusine, die mit einem Russen verheiratet war, und Woldemar Heuss, der in Anbetracht der heraufziehenden internationalen Krise rechtzeitig die russische Staatsbürgerschaft angenommen hatte, um das Unternehmen ungehindert fortführen zu können, blieben im Land. Die Übrigen gingen – aber sie gingen als Deutsche, die Russland geistig und seelisch weiterhin eng verbunden blieben. Und wer als Mann für Kaiser und Vaterland freiwillig zu den Fahnen eilte, versuchte es zu vermeiden, an der deutschen Ostfront gegen die einstige Wahlheimat kämpfen zu müssen.

Spätestens nach dem Ende des Großen Krieges und der bolschewistischen Machtergreifung war das Leben der moskau-deutschen Unternehmerfamilie Heuss unwiderruflich eine «Welt von gestern» (Stefan Zweig). Die letzten Enkel des früheren Firmenpatriarchs Julius, der einst wegen der gescheiterten deutschen Revolution von 1848 nach Russland ausgewandert war, wurden infolge der Wirren des Oktoberumsturzes 1917 nun endgültig zur Rückkehr nach Deutschland gezwungen.[12]

Klaus Mehnerts russische Wahlverwandtschaften

Bei Klaus Mehnert, 1906 in Moskau geboren, wirkte die Wahlverwandtschaft zu Russland besonders stark. Unbeeindruckt von den tiefgreifenden politischen Umbrüchen des 20. Jahrhunderts engagierte er sich in wechselvollen Zeiten unablässig als kultureller Brückenbauer und Russland-Erklärer, womit ein weiteres Phänomen deutsch-russischer Spuren benannt ist. Seine Sprachkenntnisse und seine Regionalkompetenz vertiefte Mehnert im Berlin der Weimarer Republik. Dort geriet er in den Bann des charismatischen Otto Hoetzsch, der an der Friedrich-Wilhelms-Universität lehrte und zu den profiliertesten Russlandhistorikern seiner Zeit zählte. Es war dessen rastlose, produktive Umtriebigkeit, die ausgeprägte Leidenschaft für eine über die politisch-ideologischen Grenzen hinwegreichende Verständigung und Zusammenarbeit zwischen der Weimarer Demokratie und dem bolschewistischen Sowjetrussland, die den jungen Doktoranden mit Moskauer Wurzeln faszinierte, mehr noch: die ihn für seinen akademischen Lehrer tief einnehmen sollte. Nicht von ungefähr kam Hoetzsch fortan eine Art Vorbildfunktion zu, zumal er keineswegs das Leben eines Elfenbeinturm-Wissenschaftlers pflegte. Er war im Gegenteil ein einflussreicher Gelehrter, der zugleich als deutschnationaler Reichstagsabgeordneter auch außerhalb der akademischen Welt politisch und publizistisch überaus erfolgreich für seine deutsch-russischen Überzeugungen warb.[13]

In vielerlei Hinsicht trat Klaus Mehnert in die Fußstapfen seines Mentors. Zwischen 1931 und 1934 betätigte er sich als Generalsekretär der «Deutschen Gesellschaft zum Studium Osteuropas» (DGSO). Zugleich war er Schriftleiter der von Hoetzsch seit 1925 herausgegebenen Zeitschrift «Osteuropa», jenes Publikationsorgans der Gesellschaft, das fach- wie außerwissenschaftliche Kreise im Geiste der sachlichen Information, des Dialogs und der Aufklärung über die Vorgänge innerhalb der UdSSR zu unterrichten suchte.[14] Reisen führten Mehnert in diesem Zusammenhang mehrfach zwischen 1929 und 1936 in Stalins ‹Rotes Russland›, seine Erkenntnisse und Erfahrungen gab er wiederum journalistisch und in zahlreichen öffentlichen Vorträgen weiter.[15]

Fasziniert verfolgte und dokumentierte er als teilnehmender Beobachter die Aufbruchsstimmung und atemberaubende Dynamik der gesellschaftlichen Veränderungen in der UdSSR. Die Experimentierfreudigkeit der Sowjetmacht, die insbesondere die Jugend als Avantgarde des Volkes und als natürlichen Verbündeten identifizierte, übte auf den auch von der deutschen Jugendbewegung des frühen 20. Jahrhunderts geprägten Klaus Mehnert eine ungeheure Anziehungskraft aus. Für ihn war in dieser Hinsicht die «UdSSR [...] das entwickeltere Land, das dem unterentwickelteren Deutschland Möglichkeiten seiner eigenen Zukunft sichtbar» machen konnte. Nicht zuletzt deshalb plädierte er für einen außenpolitischen Ausgleich mit der UdSSR. Aber bei aller Sympathie für die sowjetische Jugend und einen mutigen Neubeginn auch in seinem eigenen Lande fehlte es Mehnerts Sowjetunion-Betrachtungen zu keinem Zeitpunkt an Scharfsinn und an kritischer Distanz zum Stalinismus.

Vor diesem Hintergrund war er durch den Regimewechsel des 30. Januar 1933 in besonderer Weise betroffen: Zeitweilig stand er unter dem Einfluss von Otto Strassers Schwarzer Front, einer Abspaltung des ehemals der NSDAP zugehörigen linken Flügels, der aufgrund seiner antikapitalistischen Haltung ein antiwestliches Bündnis mit der UdSSR favorisierte, im Februar 1933 jedoch von den neuen Machthabern in Berlin verboten wurde. Der jugendbewegte Mehnert galt deshalb in regierenden NS-Kreisen als «Salonbolschewist», der überdies als expliziter Befürworter der früheren Rapallo-Politik nicht mehr in die neue Zeit passte. Mehnert entzog sich daraufhin rechtzeitig den drohenden Konflikten mit dem Regime und ging 1934 als Auslandskorrespondent nach Moskau.[16] Die Folgejahre bis zum Ende des Zweiten Weltkrieges verbrachte er zwischen 1937 und 1941 als Gastprofessor für Geschichte und Politik in Kalifornien und auf Hawaii, danach im japanisch besetzten Shanghai. In dieser Zeit knüpfte er Kontakte und sammelte Erfahrungen, die er Anfang der 1950er Jahre gewinnbringend in den Dienst des Wiederaufbaus der durch den Nationalsozialismus diskreditierten deutschen Sowjetunion- und Osteuropaforschung stellen konnte.[17]

Kultureller Brückenbauer und ostpolitische Verständigung im Kalten Krieg

In der jungen Bundesrepublik hatte Ostforschung wieder Konjunktur. Gerade in Zeiten des Kalten Kriegs und der deutschen Teilung war diese Expertise gefragter denn je. Und Mehnert als ein mit dem Milieu vertrauter Netzwerker wusste dies kreativ umzusetzen. Er zählte 1949 zum Kreis der Wiederbegründer der DGSO, die nun «Deutsche Gesellschaft für Osteuropakunde» heißt, und brachte 1951 das erste

Heft der 1939 eingestellten und nun wieder erscheinenden Zeitschrift «Osteuropa» heraus, die er von da an bis 1975 freiberuflich als Chefredakteur leitete.[18] Der einstige Moskau-Deutsche beobachtete und kommentierte überdies als Journalist für verschiedene westdeutsche Tageszeitungen und Rundfunksender das politische Geschehen hinter dem «Eisernen Vorhang». Im September 1955 gehörte er während Adenauers legendärer Kreml-Visite, die mit der Aufnahme diplomatischer Kontakte und der Freilassung der letzten deutschen Kriegsgefangenen ein neues Kapitel in den Beziehungen zwischen Bonn und Moskau eröffnete, zum Tross der westlichen Berichterstatter.

Dank des Renommees, das sich Klaus Mehnert inzwischen als erfolgreicher Publizist und intimer Sowjetunion-Kenner erworben hatte, erhielt er 1961 den Ruf auf einen politikwissenschaftlichen Lehrstuhl an der Rheinisch-Westfälischen Technischen Hochschule Aachen. Und auch in dieser Funktion taten sich vielerlei Parallelen zu seinem akademischen Ziehvater Otto Hoetzsch auf, aber auch zu manch anderem russlandaffinen Zeitgenossen in der Bonner Republik, wie etwa dem langjährigen Moskauer Korrespondenten der FAZ Hermann Pörzgen oder dem Diplomaten Gustav Hilger, der ebenfalls dem moskaudeutschen Milieu entstammte und zeit seines Lebens als Mittler in den deutsch-sowjetischen Beziehungen agierte.[19]

Klaus Mehnert profilierte sich im Nachkriegsdeutschland aber nicht nur als geschätzter kulturpolitischer Mittler. Seine Jahre des Aachener Gelehrtendaseins nutzte er immer auch in politikberatendem Sinne, so beispielsweise in der Attaché-Ausbildung des Auswärtigen Amtes. Bereits zuvor wirkte er im Rahmen des sogenannten Ostkreises, einer informellen Vereinigung einschlägiger Regionalspezialisten, die die Bundesregierung in ostpolitischen und Sowjetunion-bezogenen Fragen regelmäßig konsultierte.[20] Das wiederum machte ihn zeitweilig für die sowjetische Seite interessant, die ihn – gleichwohl vergeblich – in den frühen 1950er Jahren im Sinne ihrer Deutschlandpolitik zu umschmeicheln und instrumentalisieren suchte. Denn Mehnert war in Moskau kein Unbekannter, sondern genoss nach wie vor und nicht zuletzt wegen seiner Nähe zu Otto Hoetzsch während der 1920er Jahre den Ruf eines für Kooperation plädierenden «Rapallo-Mannes».[21] Wenn Mehnert seine gesamte Autorität als allseits geschätzter politischer Kommentator, Fachgelehrter, medienwirksamer Mediator und «Macher» in den Dienst der Verständigung stellte, so geschah dies zum damaligen Zeitpunkt aber keinesfalls mehr im Sinne einstiger Überzeugungen, denn dafür hatten sich die politischen Rahmenbedingungen im deutsch-sowjetischen Verhältnis allzu sehr verändert. Sein Engagement bewegte sich im Kontext damaliger bündnispolitischer Realitäten, die die Bundesrepublik fest im westlichen Lager verankert sahen: Er befürwortete mit Konrad Adenauers Moskau-Besuch von 1955 jene ostpolitische Initiative, die in der westdeutschen Nachkriegsgesellschaft nicht unumstritten war. 1969 schließlich schlug er sich angesichts der Aussichtslosigkeit, die deutsche Teilung auf absehbare Zeit zufriedenstellend zu überwinden, ins Lager derjenigen, die beredt für Willy Brandts Neue Ostpolitik stritten, weil sie im Angesicht des Ost-West-Konflikts nach Aussöhnung mit der UdSSR und Osteuropa sowie nach spürbaren menschlichen Erleichterungen strebten. Bei vielen seiner früheren Weggefährten löste er damit Unverständnis aus. Mehnert ließ sich jedoch nicht beirren, profitierte am Ende gar von solchen Veränderungen. Denn sie begünstigten seine zur Lebensaufgabe gewordene Passion, die «Deutschen», wie er es 1981 pointiert formulierte, einfühlsam, kompetent, unterhaltsam und spannend «über die uns ‹innerlich fremden, vielfach ganz unbekannten Russen› besser zu informieren».[22]

Die atmosphärische Einstimmung, die am Einzelschicksal der Familie Heuss-Mehnert schlaglichtartig verdeutlicht, wie reich an wechselhaften Ereignissen und Zäsuren, an markanten Berührungspunkten und Begegnungen, aber auch an schillernden Persönlichkeiten und Akteuren die Beziehungsgeschichte beider Länder im Verlauf der letzten hundert Jahre insgesamt gewesen ist, soll zu einer weitergehenden deutsch-russischen Spurensuche einladen.

Es gibt gute Gründe für ein solches Vorhaben. Zumindest durch das politische Deutschland geht mit Blick auf die aktuelle Bewertung des deutsch-russischen Verhältnisses ein Riss: Seit Wladimir Putins Annexion der ukrainischen Krim im März 2014 stehen sich im öffentlichen Diskurs zwei Lager nahezu unversöhnlich gegenüber: hier die Befürworter eines harten Kurses, die nach einer entschlossenen Reaktion auf Präsident Putins einseitigen Akt verlangen, dort jene Anhänger, die despektierlich als Russland-Versteher abqualifiziert werden, weil sie auf Dialog und weitere Zusammenarbeit setzen. Geradezu symptomatisch für diese überaus polarisierte Debatte sind die Reaktionen auf das 2015 erschienene Buch der langjährigen ARD-Russland-Korrespondentin Gabriele Krone-Schmalz. Der Band «Russland verstehen. Der Kampf um die Ukraine und die Arroganz des Westens», der innerhalb von zwei Jahren 18 Auflagen erlebte und inzwischen auch in russischer Übersetzung vorliegt, provoziert und hat eine sehr gemischte Aufnahme erfahren.[23]

Gleichwohl fällt auf, wie sehr in dieser öffentlichen Kontroverse die maßgeblichen historischen Bezugspunkte abhandengekommen sind. Wegen des momentan extrem belasteten Verhältnisses ist es für die deutsche Positionsbestimmung im weiteren Umgang mit der Russländischen Föderation wenig hilfreich, die aktuelle Problemlage auf die Polemik «Russland-Versteher oder nicht» zu reduzieren. Die Entwicklung zwingt vielmehr dazu, sich bewusst auf die Frage des Verstehens einzulassen, ohne dies zwangsläufig mit Billigung gleichzusetzen. Um Moskaus gegenwärtiges Verhalten gegenüber der Bundesrepublik und dem Westen begreifbarer zu machen, sollten die Motivlage, die Antriebsmomente, Erfahrungen, Prägungen und Befindlichkeiten der Kremlführung, aber auch der russischen Bevölkerung ergründet werden, die nach dem immer noch als schmerzhaft empfundenen Verlust des einstigen Imperiums und des Supermacht-Status in der Politik Putins auch einen gerechten Ausgleich, eine willkommene Kompensation sieht.

In dieser Situation möchte das vorliegende Buch zur Versachlichung der Debatte beitragen und weiterführende Perspektiven aufzeigen. Angesichts des mehrfachen Wechsels der politischen Ordnungen, den beide Staaten innerhalb eines überschaubaren Zeitraums erlebt haben, wird das Verhältnis von Deutschen und Russen entlang einer Zeitachse analysiert, die sich vom Vorabend des Ersten Weltkrieges bis zur Gegenwart erstreckt.

Deutsch-russisches Jahrhundert

Das 20. Jahrhundert mag auf den ersten Blick, aus globaler und auch aus rückwärtiger Sicht, den Eindruck erwecken, es sei ein amerikanisch geprägtes Jahrhundert gewesen. Bei genauerer Betrachtung aber wird die sich bereits seit dem 19. Jahrhundert entwickelnde immense Wirkungskraft deutlich, die von den zeitweilig direkten Nachbarstaaten Deutschland und Russland auch für die internationale Ordnung ausgegangen ist. Beide Länder verbindet eine wechselvolle Beziehung mit gravierenden Folgen. Dies trifft nicht nur auf die beiden großen totalitären Herrschaftsformen, den Nationalsozialismus und den Stalinismus, zu, die tiefe Spuren in der europäischen Geschichte und Identität hinterlassen haben. Auch in der poststalinistischen Periode und während des deutschen Vereinigungsprozesses 1989/90 zeigte sich, wie stark das deutsch-sowjetische Verhältnis auf die damalige bipolare Welt des Kalten Krieges gewirkt hat. Das gilt bis in die Gegenwart: Ungeachtet aller Globalisierungsprozesse gehören das vereinte Deutschland und das heutige Russland weiterhin zu den politischen Akteuren, deren Zusammenspiel das internationale Geschehen beeinflusst. Die Krimkrise und die bislang vergeblichen Bemühungen, sie diplomatisch beizulegen, stehen paradigmatisch für diesen Befund. Es gibt zudem kaum andere Staaten auf der Welt, deren bilaterale Beziehungen während der vergangenen einhundert Jahre auch nur annähernd so nachhaltig durch Revolution und Umbruch, durch Terror und Gewalt sowie Abgrenzung und Verständigung geprägt worden sind. Diese drei gemeinsamen Wirklichkeiten bestimmten immer wieder das Weltgeschehen. Sie dienen hier als Analysekategorien, um ein besseres Verständnis für die Komplexität und Verflochtenheit der deutsch-russischen Beziehungen zu vermitteln. Daraus ergeben sich neue Perspektiven und Einsichten, die eine rein chronologische Erzählung so nicht bieten kann. Mehr noch: Es lässt sich erkennen, dass man mit gutem Recht von einem deutsch-russischen Jahrhundert sprechen kann. Diese von dramatischen Umbrüchen, Wechselwirkungen und Veränderungen bewegte Epoche gilt es, den historisch interessierten Lesern zu erschließen und sie für ein einfühlsames Verstehen der mitunter verwickelten Gesamtzusammenhänge einer faszinierenden Beziehungsgeschichte von Deutschen und Russen zu gewinnen.

II.
REVOLUTION
UND UMBRUCH

Vorrevolutionäre Lebenswelten.
Befindlichkeiten und Akteure

«Deutsche auf dem Thron, Deutsche neben dem Thron, die Feldherren Deutsche, die Außenminister Deutsche [...], überall Deutsche bis zum Überdruss. Deutsche Weiber besetzen fast ausschließlich die Posten der Kaiserinnen [...]»,[1] polemisierte 1859 der einst von Lenin als Urvater der Russischen Revolution gerühmte Philosoph und politische Schriftsteller Alexander Herzen. Diese Elitenkritik wirkte in mancherlei Hinsicht befremdlich, zumal Herzen selbst über seine Mutter deutsche Wurzeln besaß.

Sein hasserfüllter Kommentar gegenüber den Deutschen im Zarenreich beruhte in erster Linie auf den üblen persönlichen Erfahrungen, die er als einer der ersten russischen Sozialisten[2] während der zurückliegenden, von Kadavergehorsam und repressiver Überwachung geprägten Herrschaft des Zaren Nikolaus I. gemacht hatte. Und in der Tat hegte der Zar, dem der Ruf eines «Gendarmen Europas» vorauseilte, nicht nur eine ausgesprochene Vorliebe für alles Preußische, sondern setzte auch in seinem Staats- und Verwaltungsapparat vornehmlich auf Deutsche.[3] Dem baltendeutschen Aristokraten Alexander von Benckendorff etwa vertraute Nikolaus I. unmittelbar nach seiner Thronbesteigung 1826 den Auf- und Ausbau der berüchtigten *tretij otdjel*, der «Dritten Abteilung», an. Dahinter verbarg sich ein Geheimpolizeiwesen, das bis zum Ende des Zarenreiches existierte, sich eines ausgeklügelten Spitzelapparates bediente und in politisch oppositionellen Kreisen der russischen Intelligenzija gemeinhin zum

Symbol der zarischen Gewaltherrschaft avancierte.[4] Man konnte also sehr wohl den Eindruck gewinnen, dass Russlands politische Elite überwiegend deutsch geprägt war.

Hinzu kamen die engen dynastischen Verbindungen nach Deutschland. Nikolaus war mit Prinzessin Charlotte von Preußen verheiratet. Damit stand er in einer Tradition, die im Hause Romanow bis in das 18. Jahrhundert zurückreichte. Seit Peter dem Großen verfolgte man dort eine Heiratspolitik, die zunächst auf die Herrscherhäuser der deutschen Kleinstaaten, später dann auf die Hohenzollern zielte,[5] was die Zaren aus der bis dahin praktizierten russischen Selbstisolation befreite und mancherlei politische Allianzen besonders im Umfeld der Napoleonischen Kriege oder während des Krimkrieges[6] begünstigte. Die Romanows wurden nun internationaler, um nicht zu sagen: deutscher. Sie fanden Anschluss an die grenzüberschreitenden Netzwerke der westeuropäischen Hocharistokratie, die jenseits der unterschiedlichen politischen Systeme und nationalstaatlichen Beschränkungen ganz eigenen Gesetzlichkeiten folgten.

Die Beziehungen in dieser Welt basierten vornehmlich auf engen Familienbanden. Sie leiteten sich in jenen Zirkeln aus standesgemäß-traditionellen Wertvorstellungen ab, die allgemeinverbindlich waren und häufig ein Loyalitätsgebaren von eigener Qualität nach sich zogen. Überhaupt fühlten sich die Mitglieder der Zarenfamilie ausgesprochen wohl in Deutschland und unterhielten innige Kontakte zur dortigen Verwandtschaft. Zwischen den Hohenzollern und den Romanows gab es darüber hinaus ein ganz besonders verbindendes Moment: Die beiden letzten Monarchen dieser Dynastien, Wilhelm II. und Nikolaus II., zeichneten sich durch ihren unverhohlenen Antisemitismus aus. Sie waren zutiefst durchdrungen von dem Gedanken der «jüdischen Weltverschwörung», weshalb sie in Juden Agenten sahen, die im Dienste von Liberalismus, Sozialismus und Kommunismus die bestehende Herrschaftsordnung bedrohten. Das musste ihrer Auffassung nach unter allen Umständen vereitelt werden. Zumindest in dieser Hinsicht bildeten sie eine feste Interessengemeinschaft.

Auch in anderem Zusammenhang pflegten die Spitzen beider

Herrscherhäuser ein auffallend enges Vertrauensverhältnis, das zwischen Petersburg und Wien, London oder gar Paris in dieser Form nicht existierte. An ihren Höfen waren persönlich bevollmächtigte Flügeladjutanten akkreditiert. Im Unterschied zu Diplomaten oder Militärattachés hatten sie jederzeit unmittelbaren Zugang zu ihrem entsendenden Monarchen und waren auch nur diesem gegenüber rechenschaftspflichtig. Daraus erwuchsen nützliche Kommunikationskanäle, die, losgelöst vom diplomatischen Protokoll, die staatliche Außenpolitik in krisengeschüttelten Zeiten sinnvoll ergänzen konnten.[7]

Derartige dynastische Sonderverbindungen erwiesen sich mitunter aber auch als Sand im Getriebe der Staatsmaschinerie, zumal sie nicht unerheblich von den persönlichen Befindlichkeiten der handelnden Akteure abhingen. Das traf für Russland und Deutschland vor allem um die Wende vom 19. zum 20. Jahrhundert zu. Denn mit dem deutschen Kaiser Wilhelm II. und seinem russischen Cousin Zar Nikolaus II. standen sich zu jener Zeit zwei politische Protagonisten gegenüber, die von ihrer Persönlichkeitsstruktur und ihrem Auftreten unterschiedlicher hätten kaum sein können: So gerierte sich der Preuße als selbstverliebter, extrovertierter Polterer – ein manisch, bisweilen paranoid wirkender, unberechenbarer Herrscher, der durch die Sprunghaftigkeit seiner Handlungen auffiel und sich in unverbesserlicher Selbstherrlichkeit häufig in die Innen- und Außenpolitik direkt einmischte.[8] Bei dem Staatsbesuch Wilhelms im Jahre 1888 gewann bereits der zu drastischen Formulierungen neigende Zar Alexander III. den Eindruck, er habe einem «kindischen Affen» gegenübergesessen.

Der letzte russische Kaiser Nikolaus II. war dagegen eher schüchtern, gleichwohl sprachbegabt und mit einem bemerkenswerten Gedächtnis gesegnet. Häufig fehlte es ihm aber an staatsmännischem Weitblick. Er versuchte immer wieder, sich der politischen Verantwortung zu entziehen, weil er sein Amt zumeist als unangenehme Bürde empfand. Gegenüber Politikern und der Gesellschaft hegte der wenig intellektuell veranlagte Autokrat deshalb ein ganz besonderes

Misstrauen. Rückhalt und Selbstvertrauen gab ihm allein der engste Kreis seiner Familie, besonders die geliebte Ehefrau Alexandra Fjodorowna, auch sie eine Deutsche, aus dem Hause Hessen-Darmstadt. Nicht zuletzt deshalb zog er sich im Verlauf der Jahre immer mehr ins Privatleben zurück, was ihn zusehends seinen Ministern, der höfischen Gesellschaft wie überhaupt seinem Volk entfremdete und schließlich in die Isolation trieb.[9]

Werben um Russland und die Folgen

In den Augen des selbstbewussten deutschen Kaisers waren dies keinesfalls Eigenschaften, die von Entschlusskraft oder besonderer Führungsstärke zeugten. Folglich mühte er sich, den Zaren seit dessen Thronbesteigung im Jahre 1894 für einen fundamentalen Umbruch im damaligen internationalen Mächtesystem zu gewinnen: Das russische Imperium sollte aus der bestehenden Allianz mit Frankreich herausgebrochen und als Juniorpartner für ein Bündnis des mit Österreich-Ungarn liierten Deutschen Reiches gewonnen werden. Das Ganze sollte zudem durch wirtschaftspolitische Anreize und Abkommen flankiert werden. So und nicht anders hoffte man in Berlin, sich für den Fall eines europäischen Krieges des Albtraums einer russisch-französischen Zweifronten-Situation zu entledigen, um damit annähernd jene bündnispolitische Konstellation wiederherzustellen, wie sie 1890 vor der Nichtverlängerung des deutsch-russischen Rückversicherungsvertrages bestanden hatte.[10] Wilhelm war dabei fester Überzeugung, leichtes Spiel zu haben, zumal «Nicky», wie er den Zaren in seiner umfänglichen Korrespondenz vertrauensvoll zu nennen pflegte, seiner Auffassung nach «klein, schwächlich, scheu [und als Person zu betrachten war], die kaum ein Wort zu sagen hat».[11]

Der Kaiser umschmeichelte den Zaren in aufdringlichster Weise, spielte sich dabei belehrend gegenüber dem neun Jahre Jüngeren als väterlicher Freund auf und appellierte an dessen monarchische Solidarität, wobei er das Prinzip des Gottesgnadentums als ein beide

Herrscherhäuser besonders verbindendes Moment immer wieder in den Vordergrund rückte.[12] Da Wilhelm überdies nicht unerheblich dazu beigetragen hatte, die Eheschließung zwischen Nikolaus und Alix von Hessen-Darmstadt zu vermitteln,[13] sah er den Zaren in einer Bringschuld.

Der von bündnisstrategischen Erwägungen getriebene deutsche Monarch ließ nichts unversucht, um bei dem zwischenzeitlich schon gereizten russischen Verwandten mit seinen Ideen durchzudringen. Seit 1895 ermunterte Wilhelm ihn zu einem verstärkten außenpolitischen Engagement im Fernen Osten und wollte ihn im Geiste einer europäischen Zivilisierungsmission zum Verteidiger gegen die «gelbe Gefahr» anstacheln, all dies in der Erwartung, Russland den Westmächten zu entfremden. Unentwegt spornte er den Zaren zum militärischen Vorgehen gegen Japan an, lockte mit grandiosen Hegemonialplänen und imperialistischer Beute, die sich St. Petersburg nach einer militärischen Niederlage des Inselreichs böten – ganz Korea, ja sogar Peking könnte sich das zarische Imperium einverleiben. Nikolaus als «Admiral des Pazifiks» würde mit Wilhelm, dem künftigen «Admiral des Atlantiks», fortan Eurasien beherrschen, die Seedominanz der Briten brechen und deren «besten» Kolonialbesitz untereinander aufteilen. Dem Zaren, so die Hoffnung des deutschen Monarchen, musste doch einleuchten, wie sinnlos es sein würde, in Anbetracht solch geopolitischer Perspektiven an einem immer bedeutungsloser werdenden Bündnis mit dem republikanischen Frankreich festzuhalten.[14]

Als Nikolaus angesichts immenser innerer Krisen zu einem Befreiungsschlag ansetzte und sich 1904 in ein unberechenbares militärisches Abenteuer gegen Japan stürzte, wirkte der deutsche Kaiser kriegstreiberisch aus dem Hintergrund. In den Monaten und Wochen vor Ausbruch der Kampfhandlungen nutzte er seine persönlich guten Verbindungen zum Zaren, ohne dabei die deutschen Chefdiplomaten immer auf dem Laufenden zu halten. Nahezu täglich drängte Wilhelm seinen russischen Cousin in Briefen und Depeschen zu entschlossenem Handeln. Darin berichtete er von vermeintlich japanisch-britischen Intrigen gegen das Zarenreich, gab mancherlei Militärgeheimnisse aus Ostasien preis und sicherte indirekt deutsche Unterstützung zu. Für den Kriegsfall garantierte er die Sicherheit von Russlands westlicher Land- und Seegrenze, schließlich sogar Kohlelieferungen für die russische Baltische Flotte, die zur Verstärkung des pazifischen Kriegsschauplatzes in See gestochen war.

Selbst als der Waffengang angesichts demütigender militärischer Rückschläge und desaströser Menschenverluste eine für das zarische Imperium unglückliche Wendung nahm und an der Heimatfront ein unaufhaltsamer Stimmungsumschwung einsetzte, der geradewegs in die russische Revolution von 1905 mündete, ließ der deutsche Monarch nicht ab, mit unerbetenen militärischen Ratschlägen zu sekundieren. Wilhelm wollte Nikolaus grundsätzlich in dessen Haltung bestätigen und zur Fortsetzung des Krieges bis zum Sieg bewegen.[15] Er wirkte mit seiner unablässigen Kriegsrhetorik – ähnlich wie manch deutsch-russisches Mitglied aus dem Ministerkabinett von Nikolaus II. – als Brandbeschleuniger des ersten Umsturzversuchs gegen die Petersburger Autokratie. Und auch in jenem Moment, als politische Mäßigung angeraten war, suchte er den Zaren davon zu überzeugen, das autokratische Recht konsequent anzuwenden und jegliche konstitutionelle Zugeständnisse, die die Macht der Krone substanziell schmälern sollten, kategorisch abzulehnen.[16]

Darin traf er sich ganz mit den Auffassungen der deutschstämmigen Zarin Alexandra Fjodorowna, die zweifellos einen erheblichen Einfluss auf ihren Ehemann ausübte. Immer wieder schaffte sie es, Nikolaus auf ihr paranoides Weltbild einzuschwören, das den Hof, aber auch die russische Gesellschaft unreflektiert in die Kategorien «Freund» und «Feind» einteilte. In diesem Sinne bedrängte sie ihn ständig, in altrussischer Manier der mittelalterlichen Zaren «auf der Grundlage seiner religiösen Überzeugungen und ohne Rücksicht auf Einschränkungen durch das Gesetz» zu herrschen, mehr noch: Härte walten zu lassen. Derartige Einstellungen waren angesichts der alarmierenden Krisenstimmung im Lande, die nach Reform, Aufweichung tradierter autokratischer Strukturen und schrittweiser Parlamentarisierung verlangte, allerdings wenig dazu angetan, Imperium und Monarchie dauerhaft vor dem Abgrund zu bewahren.[17]

In diese revolutionäre Situation, an deren Ende ein gewähltes Parlament, die Staatsduma, aber auch verfassungspolitische Konzessionen stehen sollten, die allerdings bald schon wieder zugunsten der Autokratie aufgeweicht wurden, platzte der Vertrag von Björkö. Am 24. Juli 1905 hatte der Zar am Rande eines mehr oder weniger privat gehaltenen Monarchen-Treffens dem Drängen des deutschen Kaisers nachgegeben und sich auf ein geheimes deutsch-russisches Defensivbündnis festlegen lassen. Wilhelm wähnte sich am Ziel seiner Wünsche. War es damit gelungen, die dynastischen Verbindungen erfolgreich auszuspielen, um seinem über Jahre hinweg beharrlich verfolgten Allianzprojekt zum Durchbruch zu verhelfen?

Die bilaterale Annäherung währte indes nicht lange. Denn Nikolaus wurde schon bald darauf von seinem Premierminister und dem Außenamtschef auf die Gefahren hingewiesen, die diesem Projekt innewohnten. Da beide in die Vorgänge nicht eingebunden waren, wurde der Monarch dazu gedrängt, jenen Akt außenpolitischer Eigenmächtigkeit wegen der für Russland nachteiligen antifranzösischen Stoßrichtung derartig zu verwässern, dass das Abkommen binnen Jahresfrist hinfällig war.[18] Dem Zaren damit die Grenzen seines politischen Handelns aufgezeigt und ihn am Ende zum Zurückweichen veranlasst zu haben, kam für die krisengeschüttelte, um Konsolidierung ringende Autokratie zu einem denkbar ungünstigen Zeitpunkt. Das galt umso mehr, als die Friedensverhandlungen mit Japan noch nicht endgültig unter Dach und Fach gebracht waren; ebenso war die ökonomische Abhängigkeit von Paris keineswegs dazu angetan, es sich mit den Franzosen zu verscherzen. Petersburg steckte inmitten von Kreditverhandlungen mit Frankreich, um einen Staatsbankrott abzuwenden.[19]

Auch Kaiser Wilhelm empfand den gescheiterten Vorstoß von Björkö als herbe persönliche Niederlage. Gleichwohl hegte er nach wie vor Hoffnungen, auf absehbare Zeit doch noch eine irgendwie geartete Wiederbelebung des einst durch Otto von Bismarck zwischen

Deutschland, Russland und Österreich arrangierten Dreikaiserbundes zustande zu bringen. Vorerst hatte sich allerdings die profranzösische Fraktion am russischen Hof durchgesetzt. Auch sonst mehrten sich Anzeichen einer weiteren politischen Entfremdung zwischen dem zarischen Imperium und dem Deutschen Kaiserreich: Im August 1907 gelang mit dem Vertrag von St. Petersburg ein Interessenausgleich mit Großbritannien. Durch die Abgrenzung von Einflusszonen wurde fortan die russisch-britische Rivalität im *Great Game* um Asien beigelegt, die bis dahin im Verlauf des gesamten 19. Jahrhunderts immer wieder für Misstrauen und politische Belastungen gesorgt hatte. Die bereits zwischen Paris und London bestehende «Entente Cordiale» erfuhr damit eine bündnispolitische Ausweitung nach Osten: die «Triple Entente».

Schließlich trugen die Ereignisse auf dem Balkan – einer Region, in der die Zaren seit eh und je ein privilegiertes Mitspracherecht beanspruchten – erheblich dazu bei, das deutsch-russische Verhältnis weiter zu vergiften: Die deutsche Parteinahme für österreichische Interessen während der Bosnischen Annexionskrise von 1908, ebenso die Haltung Berlins während des Ersten Balkankrieges 1912/13, die Russlands Position in Südosteuropa einzuhegen suchte, wurden in St. Petersburg als höchst demütigend empfunden. Vor diesem Hintergrund wurde 1913 mit der Entsendung einer deutschen Militärmission unter der Leitung von Generalleutnant Otto Liman-von-Sanders nach Konstantinopel die letzte große diplomatische Krise vor Ausbruch des Ersten Weltkrieges heraufbeschworen. Russland reagierte äußerst ungehalten auf diesen Vorstoß, zumal nach vorangegangenen diplomatischen Rückschlägen auf der Balkanhalbinsel. Dort deutete man das Ganze als Versuch der Deutschen, die verdeckte Kontrolle über Bosporus und Dardanellen zu erlangen, um das Zarenreich an einem strategischen Punkt empfindlich zu treffen – dem Verbindungsweg vom Schwarzen Meer zum Mittelmeer. Im letzten Moment aber konnte der Konflikt, der militärisch zu eskalieren drohte, durch das Einlenken Berlins auf eine für beide Seiten gesichtswahrende Weise friedlich beigelegt werden. Dennoch waren die bilateralen politischen Beziehungen zwischen Berlin und St. Petersburg auf einem absoluten Tiefpunkt angelangt. Und daran sollte sich bis August 1914 auch nichts mehr grundlegend ändern.[20]

Wirtschafts- und handelspolitische Verflechtung

Ganz anders gestalteten sich dagegen die Wirtschafts- und Handelskontakte beider Staaten. Hier existierte ein Klima, das in vielerlei Hinsicht beiden Seiten zum Vorteil gereichte, wenngleich bei vielen Russen die protestantische Arbeitsethik und der nüchtern-kalkulierende Geschäftssinn ihrer deutschen Kooperationspartner einen ambivalenten Eindruck hinterließen: Einerseits blickten sie respektvoll auf deren Tüchtigkeit und ausgeprägten Sinn für Gerechtigkeit und Ordnung; andererseits entsprach dies nicht unbedingt ihrer Handlungsweise. Die sprichwörtliche deutsche Verstandeskälte prallte auf die legendäre «russische Warmherzigkeit», wenn es im Volksmund etwa hieß: «Der Deutsche könne vieles, ‹hat für alles ein Instrument [...], ist schlau, hat den Affen erdacht›, aber bei ihm seien leider ‹die Beinchen etwas dünn und die Seele etwas kurz› geraten.»[21]

Und dennoch glänzten deutsche Unternehmer und Firmen – ungeachtet der schwankenden politischen Großwetterlage – in der Spätphase des Zarenreiches durch eine nahezu allgegenwärtige Russlandpräsenz. Sie wollten dort Geschäfte machen und zeigten deshalb wenig Interesse, sich für politische Zwecke instrumentalisieren zu lassen. Sie engagierten sich nicht nur in der neuen und alten Hauptstadt St. Petersburg und Moskau, in traditionellen russischen Handelszentren wie etwa Nischnij Nowgorod, sondern auch in der ökonomisch zukunftsträchtigen Kaukasus-Region, deren Erdöl-Reichtum es zu erschließen galt. Deutsche Industrieunternehmen wie Siemens, AEG, Mannesmann, Thyssen, Krupp oder die Friedr. Bayer A. G. ebenso wie renommierte deutsche Bankinstitute, etwa die Disconto-Gesellschaft, die privaten Finanzhäuser Mendelssohn, S. Bleichröder oder das Bankhaus Rothschild in Frankfurt am Main, erkannten um die Jahrhundertwende den immensen Investitions- und Kapitalbedarf,[22] der sich spätestens 1856 mit der russischen Niederlage im Krimkrieg, aber auch 1905 nach dem Desaster des Russisch-Japanischen Krieges ergeben hatte. Die dabei zutage getretenen Unzulänglichkeiten offenbarten ein grundlegendes Reformdefizit. Das wiederum machte eine entwicklungspolitische Rosskur und entschlossene Modernisierungsmaßnahmen erforderlich, wollte das daniederliegende Russland wieder den Anschluss an die westeuropäischen Großmächte gewinnen. Die industrielle Revolution, die im Zarenreich erst nach 1890 einsetzte,[23] hätte angesichts der strukturellen Rückständigkeit, der fehlenden ökonomischen Ressourcen und des mangelnden technologischen Know-how aus eigener Kraft nicht bewältigt werden können. Wenn sie am Ende dennoch erfolgreich verlief und einen ökonomischen Aufschwung nach sich zog, dann war dies erfolgreichen Unternehmern wie den eingangs genannten moskau-deutschen Süßwarenfabrikanten Ferdinand Theodor von Einem oder Julius Heuss und nicht zuletzt der umsichtigen Politik von drei – deutschstämmigen – russischen Finanzministern zu verdanken, nämlich Michail Christoforowitsch von Reutern, Nikolaj Christianowitsch Bunge und Sergej Juljewitsch Witte. Vor allem Witte kam das Verdienst zu, die russische Volkswirtschaft aus ihrem defizitären Dauerzustand zu befreien.[24]

Der exportabhängigen deutschen Wirtschaft kam diese Entwicklung sehr gelegen. Sie besaß die Fähigkeit, neue Märkte zu erschließen, und verfügte über das Potenzial, Russlands immensen Bedarf an Qualitätsprodukten vornehmlich im Maschinenbau und der Elektrobranche zu bedienen. Deutsches Wirtschaftsengagement und Investitionsbereitschaft waren deshalb auch nach der bündnispolitischen Annäherung der Romanows an Frankreich im Jahre 1890 gefragt. Von zehn Unternehmen der Elektroindustrie etwa, die 1901 im Zarenreich wirkten, wurden allein sechs von deutschem Kapital beherrscht. Am Vorabend des Ersten Weltkrieges dominierten Siemens und AEG in diesem Wirtschaftssektor mit 60 Prozent der Finanzeinlagen. Und im Westteil des Imperiums, in Russisch-Polen, standen schon 1901 zwei Fünftel der dortigen metallverarbeitenden Industriezweige unter deutschem Einfluss. Dabei schlossen sich jene Unternehmen zumeist zu einem Produktionsverbund mit ihren Hauptstandorten in der Heimat zusammen und finanzierten sich überwiegend durch deutsche Banken.[25] Wie sehr die beiden Ökonomien miteinander verflochten waren, zeigt ein Blick auf die Entwicklung des Handels. 1894 bildete ein deutsch-russisches Handelsabkommen, das 1904 nochmals um zwölf Jahre verlängert wurde, die Basis für einen Warenaustausch, der beide Seiten zufriedenstellte. Das galt umso mehr, als die Russen im Zuge der Vertragsverlängerung einen erleichterten Zugang zu deutschen Kapitalmärkten und angesichts des bevorstehenden Waffengangs mit Japan zugleich eine Kriegsanleihe in Höhe von 500 Millionen Reichsmark erhielten.[26] Alles in allem war dies ein positiver Trend, dem selbst die politische Entfremdung wenig anhaben konnte. Und so kam es, dass Deutschland zum wichtigsten russischen Handelspartner aufstieg. Zwischen 1905 und 1913 konnte es seine Exporte um mehr als 150 Prozent steigern. Ein Jahr vor Ausbruch des Ersten Weltkrieges bezog das Zarenreich von dort 47,6 Prozent seiner Gesamteinfuhren. Das Deutsche Reich bezog im Gegenzug 44,2 Prozent der gesamten russischen Warenexporte. Das waren bemerkenswerte Zahlen angesichts der inzwischen so stark vertieften außen- und sicherheitspolitischen Kooperation des zarischen Imperiums mit Großbritannien und Frankreich.[27]

Russlands Blick auf Deutschland

In deutschlandkritischen Kreisen, ebenso wie in den germanophoben Organen der russischen Publizistik registrierte man dies sehr wohl. Und so verwundert es wenig, dass man in einer nationalistisch aufgeheizten Atmosphäre, die sich am Vorabend des Großen Krieges immer aggressiver gegen das wilhelminische Reich formierte, die Deutschen mitunter als ökonomische Bedrohung empfand, weshalb das Gerücht aufkam, das Zarenreich sei wegen seiner handelspolitischen Abhängigkeit zu einer «Art deutscher Kolonie» verkommen. Da das rückständige Imperium in gewisser Weise wie die Kolonie auch aller anderen hochindustrialisierten Staaten erschien, denkt man etwa an die finanzpolitische Abhängigkeit von Frankreich,[28] entbehrten derartige Parolen jeglicher Realität. Sie waren vielmehr Ausdruck einer generell wachsenden gesellschaftspolitischen Unzufriedenheit im Innern, die nach einem Sündenbock suchte. Und dieser hieß angesichts der sich insgesamt verschlechternden internationalen Großwetterlage Deutschland.

Die russische öffentliche Meinung hegte unter solchen Umständen – im Unterschied etwa zu den Jahren vor 1905[29] – keine großen Sympathien mehr für das Kaiserreich und die Deutschen. Das westliche Nachbarland wurde nun gemeinhin zum alleinigen Hort autoritärer Großmannssucht und des preußischen Militarismus stilisiert – eine Unterstellung, die angesichts der bellizistischen Grundstimmungen unter den damaligen europäischen Großmächten in dieser Einseitigkeit kaum gerechtfertigt war.[30] Alte Klischees lebten wieder auf, mehr noch: wurden dankbar bedient. Russisch-panslawistische Kreise, die der Idee einer Gemeinschaft slawischer Nationen das Wort redeten, grenzten sich damit bewusst vom germanischen Kulturkreis ab. Sie operierten mit unscharfen Begrifflichkeiten und Feindbildern, die durch die historische Realität nicht belegt waren. In diesem Sinne instrumentalisierten sie den vermeintlichen deutschen «Drang nach Osten», um gezielt unter der russischen Bevölkerung antideutsche Ressentiments und Bedrohungsängste zu schüren.[31]

Die russische Presse hatte – ungeachtet von Zensur und lästigen Einflussversuchen seitens der Regierung – seit der Revolution von 1905 neben Parlament und Parteien eine wichtige meinungsbildende Funktion und damit zivilgesellschaftliche Stellung übernommen.[32] Insbesondere die auflagenstarke Zeitung «Nowoje Wremja» (Neue Zeit), die im rechtsnationalistischen Spektrum zu verorten war, richtete ihre Angriffe dezidiert gegen das «pangermanische Gebaren» des Alldeutschen Verbandes (AdV).[33] Dieser war im Deutschen Reich bis 1914 keineswegs einflusslos, doch repräsentierte er bei weitem nicht die Mehrheit des politischen Meinungsspektrums. Der

Interessenverband provozierte allerdings mit seinen antisemitischen, völkisch-nationalistischen Tiraden, mit seinem entschiedenen Eintreten für imperialistische Kolonialpolitik, Aufrüstung und Förderung des Deutschtums im Ausland, wobei sogar die deutschen Kolonisten des Zarenreiches als potenzielle Bündnispartner ins Blickfeld von ausschweifenden Territorialträumen gerieten.

Zeitweilig war darüber um die Jahrhundertwende ein regelrechter Pressekrieg zwischen den Publikationsorganen des AdV und den xenophoben panslawistischen Anhängern in Russland entfesselt worden, den der deutsche Botschafter in St. Petersburg, das Auswärtige Amt in Berlin, aber auch der damalige russische Außenminister und der Zar höchstpersönlich zu zügeln suchten. Da sich die Alldeutschen zudem während des Ersten Weltkrieges wortgewaltig in die Kriegszieldebatte einbrachten und sich zu energischen Fürsprechern einer weitreichenden deutschen Annexionspolitik aufschwangen,[34] befeuerten sie das negativ beladene Deutschlandbild der Russen weiter.

Öffentliche Kritik schlug überdies den deutschen Parteien entgegen, sofern sie sich in irgendeiner Weise gegen das Zarenreich positionierten. Allenfalls auf die SPD setzten insbesondere linksliberale Presseorgane und speziell die russische Sozialdemokratie, wenn es darum ging, mäßigend auf die Scharfmacher in der deutschen Russlandpolitik einzuwirken. Preußische Junker gerieten dagegen wegen ihrer agrarprotektionistischen Haltung ins Visier publizistischer Hetzkampagnen. Sie wurden für die Erhöhung deutscher Getreidezölle verantwortlich gemacht, was die russischen Agrarexporte immer wieder empfindlich traf. Zugleich beschwor man das Szenario vermeintlicher Bündnisse von Junkerklasse und Bürgerlichen herauf und warnte vor noch gefährlicheren Reaktionen.

Auf breite Ablehnung stieß in Russland zudem die Person des deutschen Kaisers. Dessen unablässiges Bekenntnis zum Gottesgnadentum mochte zwar bei Hofe und in zarentreuen Zirkeln Anklang finden; in der liberalen Presse dagegen, aber auch bei jener politischen Öffentlichkeit, die nach weiterer Parlamentarisierung strebte und die Autokratie verfassungsrechtlich einhegen oder gar durch Revolution stürzen wollte, löste er nur Missbehagen, Unverständnis und Spott aus. Das seinerzeit bekannteste oppositionelle Blatt «Russkoje Slowo» (Russisches Wort) brachte die damals vorherrschende öffentliche Stimmungslage auf den Punkt, als es im Juli 1913 den technikverliebten Wilhelm zum Totengräber der bis dahin in Russland höchst respektierten deutschen Kulturnation stilisierte: «Sein militärisches Joch habe den Geist aus Deutschland herausgepresst; Ingenieure und Industrielle beherrschten das Land; Zeppelin, Krupp und Bleichröder seien die Goethe, Schiller und Kant dieser Zeit; Faust der Epoche sei der Fabrikant, Gretchen der Markt und Mephisto der Bankier.»[35]

Von der einstigen Wahlverwandtschaft mit Deutschland, die seit dem 19. Jahrhundert auf sehr vielfältige Weise die geistige Entwicklung und Weltsicht weiter Teile der russischen Elite am zarischen Hof, im Milieu konservativer oder liberaler Intellektueller und Künstler, aber ebenso im Kreis der revolutionären Intelligenzija inspiriert hatte,[36] war am Vorabend des Ersten Weltkrieges nicht viel übrig geblieben. Gewichen war auch das einst positiv konnotierte Bild vom friedfertigen, mitunter weltfremd und etwas naiv wirkenden «deutschen Michel», der «‹einfach und liebenswürdig› zu seinem Glück allenfalls ‹einige Krüge Bier mit einem Stück Käse, Schinken oder Wurst [... und] leidlich gute Musik›» benötigte – dieser Deutsche existierte nicht mehr in der russischen Vorstellungswelt, weil er seine den Russen lieb gewordenen Eigenschaften offenbar gegen einen ausgeprägten Hang zum aggressiven Militarismus und bedingungslose Obrigkeitshörigkeit eingetauscht hatte.[37]

Nach innen gerichtete Germanophobie

Die antideutschen Ressentiments der letzten Jahre vor Kriegsausbruch zielten aber nicht nur auf das wilhelminische Deutschland, sondern ebenso deutlich nach innen. Wie zu Zeiten von Alexander Herzen in den späten 1850er Jahren bildeten die Deutschen auch in den beiden letzten Regierungsjahrzehnten von Nikolaus II. um die Jahrhundertwende ein wichtiges gesellschaftspolitisches Moment:

Deutsche waren in Russlands Wirtschaft signifikant vertreten, allerdings handelte es sich dabei hauptsächlich um reichsdeutsche Staatsbürger, die nur ein Gastrecht besaßen. Die Deutschstämmigen in der russischen Bevölkerung, die zugleich Untertanen des Zaren waren, setzten sich dagegen aus Deutschbalten, aus deutscher Stadtbevölkerung und ländlichen Kolonisten zusammen, die man im Zuge staatlicher Peuplierungspolitik unter der deutschstämmigen Zarin Katharina der Großen nach 1763 ins Land geholt hatte. Nach amtlichen Erkenntnissen der ersten gesamtrussischen Volkszählung von 1897 betrug deren Zahl rund 1,7 Millionen Menschen. Bezogen auf eine Gesamtbevölkerung von rund 126 Millionen Einwohnern, waren dies 1,42 Prozent. Sie stellten damit die achtstärkste Nationalität des multiethnischen Imperiums dar. Die überwiegende Mehrheit der Deutschrussen, rund 57 Prozent, verdiente sich den Lebensunterhalt in der Landwirtschaft. Da seit den 1890er Jahren eine weitere Einwanderungswelle staatlicherseits initiiert und systematisch gefördert worden war, um weite Teile Sibiriens, der Kaukasus-Region, aber auch der bevölkerungsarmen Landstriche der westrussischen Gouvernements im Dienst der Krone zu erschließen, stieg die Gesamtzahl der Deutschrussen bis zum Ausbruch des Weltkrieges auf etwa 2,7 Millionen an. In panslawistischen Kreisen förderte dies Unmut und Sorge vor weiterer Überfremdung, wobei sie vor allem unter einfachen russischen Bauern Parteigänger zu finden versuchten. Die zarische Regierung zeigte sich davon allerdings wenig beeindruckt, zumal sie sich von ihrer Ansiedlungspolitik wichtige Modernisierungsimpulse erhoffte, die die rückständigen, reformunwilligen Lebenswelten des russischen Dorfes nicht bieten konnten.[38]

Stein des Anstoßes für die zunehmend germanophobe Stimmung in der russischen Öffentlichkeit, die sich streng genommen gegen eigene Landsleute richtete, war nicht zuletzt der Umstand, dass Deutschrussen als Beamte oder Minister im Staats- und Militärdienst deutlich überrepräsentiert waren, sie dort zumeist begehrte, einflussreiche gesellschaftliche Positionen einnahmen. Selbst unter den Ehrenbürgern und in der Aristokratie zählte man um die Jahrhundertwende rund 50000 Deutschrussen, von allein beim gesamtrussischen Erbadel stellten sie mit knapp 25000 Personen 1,4 Prozent dieser Rangkategorie.

Das stärkste Kontingent unter den hohen Staatsbeamten bildete dabei der längst russifizierte deutsch-baltische Adel, der häufig keinerlei Verbindungen mehr zum Deutschen Reich unterhielt. Es war geradezu infam, ihn in der emotional aufgeheizten Atmosphäre vor 1914 des Ausverkaufs, gar des Verrats russischer Interessen oder als Anwalt reichsdeutscher Belange zu bezichtigen.[39] Im Gegenteil: Die Deutschrussen in den staatstragenden Positionen erwiesen sich vielmehr auf sehr unterschiedliche Weise als loyale Stütze der zarischen Autokratie. In den späten 1850er und 1860er Jahren unterstützten sie die Reformen, mit denen Alexander II. sein Land modernisieren wollte; deutschstämmige Untertanen fanden sich umgekehrt aber auch unter jenen Protagonisten, die unter den beiden letzten Zaren Alexander III. und Nikolaus II. den Willen der Staatsführung treu exekutierten, eine ausgesprochen reaktionäre, antireformerische Linie verfolgten und damit unweigerlich-unwillentlich die revolutionäre Umbruchsituation im Lande vorantrieben. Den Inbegriff autokratischer Repression verkörperten in der Wahrnehmung der politischen Opposition etwa der deutschstämmige Innenminister Wjatscheslaw K. von Plewe, aber auch der ebenso deutschstämmige Petersburger Generalgouverneur Dmitrij F. Trepow.

Gerade in Zeiten der Unsicherheit identifizierten sich Deutschrussen in ihrer Mehrzahl zwar auffallend mit der bestehenden Herrschaftsordnung der Romanows und bewahrten diese vorerst vor dem weiteren Zerfall. Auf lange Sicht allerdings trugen sie damit zu deren Niedergang bei. Der konservative deutsch-baltische Adel in den Westprovinzen des Imperiums rückte unter dem Eindruck der inneren Unruhen in den Jahren 1905/06 ideologisch näher an die Petersburger Zentralmacht und bot dem revolutionären Ansturm entschlossen die Stirn; deutschstämmige Kolonisten in den entlegeneren Regionen des Reiches traten mäßigend, am Ende oft befriedend gegenüber Aufständischen auf und nutzten keinesfalls die Umbruchsituation für separatistische Tendenzen. Ebenso wenig wie die deutschstämmigen Städter beanspruchten sie eigene nationale Repräsentationsorgane, sondern artikulierten ihre Interessen fortan unter dem Dach des entstehenden russischen Parteiensystems und im Rahmen der durch die 1905er Revolution angestoßenen konstitutionellen Veränderungsprozesse.[40]

Zählte Generalgouverneur Trepow zu den meistgehassten Personen der damaligen höheren Petersburger Staatsbürokratie, dann traf dies für den Hof ähnlich auf die deutschstämmige Zarin Alexandra Fjodorowna zu. Dass sie zunehmend den Volkszorn auf sich zog, wodurch auf lange Sicht die Autokratie immer stärker den Rückhalt in der Gesellschaft verlor, war im Wesentlichen selbst verschuldet. Abgesehen von ihren charakterlichen Eigenschaften – der arroganten Unnahbarkeit, Weltfremdheit und dem Hang zum übertriebenen religiösen Mystizismus – schlug maßgeblich die Tatsache zu Buche, dass die Zarin sich nach Beginn des Krieges immer unverhohlener und auf falsche Weise in die Politik einmischte.

Während Nikolaus als oberster Kriegsherr im Hauptquartier an der Front weilte, übertrug er ihr zwischen September 1915 und Februar 1917 weitgehend die Regierungsgeschäfte. Der Zeitpunkt dafür war denkbar ungünstig gewählt: Wirkte der Krieg zunächst als patriotisches Elixier, das die ins Taumeln geratene Romanow-Dynastie mit ihren Ministern, dem Parlament und der russischen Öffentlichkeit wieder auszusöhnen schien, verkehrte sich diese Entwicklung innerhalb kürzester Zeit ins Gegenteil. Der Zar ließ seine Ehefrau, die erheblich unter dem Einfluss des dubiosen Wanderpredigers Rasputin stand, gewähren und stellte sich vertrauensvoll hinter ihre realitätsfernen, von Nepotismus getragenen personalpolitischen Fehlentscheidungen: Vier Ministerpräsidenten, fünf Innenminister, drei Außenamt-Chefs, drei Kriegs-, drei Verkehrs- und vier Landwirtschaftsminister kamen und gingen in politisch angespannten Zeiten, die angesichts der desolaten Lage an der russischen Westfront zumindest im Hinterland nach innerer Stabilität verlangt hätten.

Spätestens in diesem Moment wurden die öffentlichen antideutschen Ressentiments mit geballter Wucht auf die Spitze des Herrscherhauses gerichtet. Gerüchte kursierten unaufhaltsam, denen zufolge die «Deutsche», wie man die Zarin im Volksmund despektierlich nannte, als Kopf einer deutschfreundlichen Clique bei Hofe ein großes Komplott vorbereite. Der von ihr protegierte deutschstämmige Premierminister Boris Stürmer, ein ehemaliger Provinzgouverneur, zweitrangig und korrupt, der kaum über das Format verfügte, das angeschlagene Imperium politisch zu führen, wurde kurzerhand bezichtigt, im Dienst des Deutschen Reiches zu stehen – das schien umso mehr berechtigt, als er den Einflüsterungen der Zarin erlag und sich als deren bedingungsloser Erfüllungsgehilfe erwies.

All diese Unterstellungen entbehrten zwar jeglicher realen Grundlage, aber als Nikolaus in einer der ganz wenigen Ausnahmefälle dagegensteuerte und Stürmer im November 1916 kurzerhand durch den konservativen Deutschrussen Alexander F. Trepow, einen Bruder des seinerzeit gefürchteten Generalgouverneurs von Petersburg, ersetzte, änderte dies an der verfahrenen Gesamtsituation wenig. Denn der neue Premier konkurrierte mit dem kurz zuvor von Alexandra Fjodorowna berufenen Innenminister Alexander D. Protopopow, was einmal mehr offenlegte, wie sehr sich die Autokratie inzwischen selbst blockierte. Damit einher ging die Dämonisierung des Zarenhauses. Sie war schließlich die Klammer, die die politische Opposition zusammenhielt und das Land geradewegs in die Februarrevolution von 1917 führen sollte.[41]

Russische Eliten und Deutschland

Es wäre falsch anzunehmen, die germanophobe Grundstimmung im Lande sei allein auf die breite Öffentlichkeit begrenzt geblieben. Auch in der damaligen St. Petersburger Führungselite – in liberalen Duma-Kreisen und unter den gemäßigten Mitgliedern der Regierung, die mit außenpolitischen Fragen befasst waren – überwog im letzten Jahrzehnt vor dem August 1914 zweifellos das Lager derjenigen, die sich dezidiert antideutsch gerierten. Sie plädierten nachdrücklich für eine enge sicherheitspolitische Verflechtung mit Großbritannien und Frankreich, von der sie sich wichtige Impulse für Russlands Entwicklung hin zu einem liberalen Verfassungsstaat versprachen. Eine Annäherung an das wilhelminische Deutschland, das als Bollwerk gegen Liberalismus und Revolution und damit als natürlicher Allianzpartner der zarischen Autokratie wahrgenommen wurde, bildete für sie keine Alternative.[42]

Ungleich kleiner nahm sich dagegen die weitgehend monarchistisch gesinnte deutschfreundliche Fraktion aus. Sie war zwischen 1890 und 1914 besonders im politisch konservativen Milieu sowie im Umfeld der rechten Radikalen beheimatet und konnte auf die publizistische Unterstützung der einschlägigen rechtsnationalen Presse zählen, die «Moskowskie Wedomosti» (Moskauer Nachrichten) oder den «Graschdanin» (Der Staatsbürger), die bei Hofe hohes Ansehen genossen. Sie pflegten überdies Kontakte zu hochrangigen Würdenträgern im russischen Außenministerium, beispielsweise zu dem deutschbaltischen Baron Roman Romanowitsch Rosen, und fanden gleichgesinnte Fürsprecher in den Reihen der zweiten Parlamentskammer, wenngleich der Staatsrat keinesfalls den zentralen Verhandlungsort für Fragen der russischen Außenpolitik darstellte. Und genau darin bestand das generelle Problem.

Deutlich bekam das der prominenteste Vertreter des prodeutschen Flügels, der frühere Innenminister und *elder statesman* Pjotr Nikolajewitsch Durnowo, im Februar 1914 zu spüren. Unter dem Eindruck der internationalen Lage, die sich zuspitzte und die Gefahr eines Krieges zwischen Russland und Deutschland heraufbeschwor, war er bemüht, mit einem Memorandum von geradezu prophetischer Weitsicht die Aufmerksamkeit des Zaren zu gewinnen. Durnowo war keinesfalls ein unreflektierter, sentimentaler Germanophiler. Wenn er unentwegt für die seinerzeit unorthodoxe Idee einer russischdeutschen Annäherung warb, die zweifellos die damalige bündnispolitische Sicherheitsarchitektur des Zarenreiches grundsätzlich in Frage gestellt hätte, dann geschah dies allein aus antirevolutionären Beweggründen: Durnowo wusste nur zu gut aus eigener Anschauung während der Revolution von 1905, wie fragil die multinational verfasste russische Gesellschaft und das Imperium der Romanows waren. Ein militärischer Konflikt mit dem wilhelminischen Reich, ausgelöst etwa infolge deutsch-britischer Rivalitäten, würde unweigerlich eine kaum mehr beherrschbare kriegerische Kettenreaktion nach sich ziehen und Russland gewaltigen inneren sozialen Eruptionen aussetzen. Angesichts dieser düsteren Prognosen sah sich Durnowo in guter Gesellschaft mit zahlreichen anderen konservativen Weggefährten. Gemeinsam waren sie zutiefst von der Gefahr eines sozialistischen Umsturzes überzeugt.

Dass Durnowos bemerkenswertes Memorandum am Ende aber nur eine Fußnote der Geschichte blieb, war im Wesentlichen zwei Umständen geschuldet: In Russland hatte der vorherrschende Zeitgeist eine solche Eigendynamik entfaltet, dass an einen fundamentalen Politikwechsel gegenüber Deutschland kaum mehr zu denken war. Am wenigsten sah sich der führungsschwache Zar zu einem solchen Schritt veranlasst, der zugleich den weiteren Verlust an gesellschaftlichem Rückhalt bedeutet hätte. Das galt umso mehr, als die damalige militärische Führungselite in St. Petersburg sich seit 1913 mehrheitlich von den Einschätzungen des zarischen Militärattachés in Berlin, Oberst Pawel Alexandrowitsch Basarow, vereinnahmen ließ, denen zufolge «Deutschland den Krieg brauche wie ein Gewitter an einem schwülen Sommertag», weshalb ein Waffengang mit «Rußland letztlich [als] unausweichlich» betrachtet wurde.

Aber auch im Deutschen Reich war die Situation keinesfalls mehr dazu angetan, der russischen Seite etwa in heiklen außenpolitischen Fragen auf dem Balkan oder mit Blick auf die zarischen Interessen gegenüber dem Osmanischen Reich substanziell entgegenzukommen. Und so fehlte es dort ebenso an den erforderlichen Voraussetzungen, die einen generellen Stimmungsumschwung zugunsten einer bilateralen Annäherung hätten bewirken können.[43]

Russophilie und Russophobie in Deutschland

Seit der Jahrhundertwende, spätestens jedoch in den letzten Jahren vor dem Ersten Weltkrieg hatte sich die Einstellung der Deutschen zu Russland erheblich verändert. Die Waffenbrüderschaft gegen das napoleonische Frankreich, die in der ersten Hälfte des 19. Jahrhunderts insbesondere von monarchistischen und konservativen Anhängern in Preußen, aber auch von Befürwortern einer «Heiligen Allianz» mit der restaurativen Romanow-Dynastie begrüßt worden war, gehörte längst der Vergangenheit an. Vorbei waren die Zeiten, in denen die deutschen politischen Eliten Russlands diplomatische Zurückhaltung bei der Gründung des Reiches 1871 zu würdigen wussten und nachdrücklich für ein gutes deutsch-russisches Verhältnis plädierten. In demokratisch-republikanischen wie sozialistischen Kreisen galt dagegen die zarische Autokratie bereits seit der gescheiterten Revolution von 1848 gemeinhin als Hort der Reaktion. Karl Marx und Friedrich Engels, aber auch der sozialdemokratische Arbeiterführer August Bebel gehörten zu den schärfsten Kritikern des Zarismus. Allenfalls mit der bedauernswerten politischen Opposition in Russland hegten sie Sympathie.[44]

Weniger eindeutig fielen aber die Russland-Diskurse deutscher Wissenschaftler und Intellektueller aus. Diese oszillierten zwischen Faszination und Furcht, je nachdem, ob man den östlichen Nachbarn als eine imperiale Ressource für das aufstrebende Deutsche Kaiserreich oder aber als einen imperialen Konkurrenten betrachtete. Die einen – so etwa der Freiburger Nationalökonom Gerhart Schultze-Gävernitz – sahen das Zarenreich als ein auf Modernisierungen zielendes Kontinentalimperium, dessen koloniales Ausgreifen auf Sibirien und Asien Ausdruck einer europäischen Zivilisierungsmission war, die beiden Seiten zum Vorteil gereichen konnte. Sie votierten für intensive bilaterale Wirtschaftsbeziehungen und politische Zusammenarbeit, um so über Russland neue asiatische Märkte erschließen und Deutschlands Macht im globalen Maßstab insgesamt mehren zu können.

Die anderen, darunter manche Historiker «preußischer Schule», aber auch Publizisten und selbst ernannte Experten, die sich erfolgreich auf das einträgliche Geschäft der Trivialbelletristik verstanden, zählten sich zum russlandkritischen Lager. Sie suchten in Abgrenzung zum zarischen Imperium die spezifische Rolle Deutschlands in der Weltpolitik historisch zu untermauern und stigmatisierten dabei häufig die Völker jenseits der Ostgrenze des Deutschen Reiches. Der Kulturhistoriker und Schriftsteller Johannes Scherr beispielsweise festigte mit seinen Publikationen, die sich großer Beliebtheit erfreuten, nachhaltig die Klischeevorstellungen vieler Deutscher. In seinen Schriften erschien das Zarenreich als rückständig, barbarisch und despotisch – ein von Knechtschaft und Korruption geprägtes asiatisches Imperium, das seinen Expansionsdrang aus der mongolisch-tatarischen Vergangenheit ableitete. Vollkommen unfähig zur Reform, werde es – so die pessimistische Vorhersage – durch das zerstörerische Werk der Revolution und das Hinübergleiten in den Kommunismus ein tragisches Ende finden.[45]

Auch sonst gab es zum damaligen Zeitpunkt in Deutschland keine großen Möglichkeiten einer differenzierteren Sicht auf Russland: Was Schüler im Geschichts- und Geografieunterricht lernten, deckte sich weitgehend mit den in der Erwachsenenwelt kursierenden Stereotypen vom primitiven, unflexiblen, ungebildeten und antiwestlich eingestellten Russen, der sich von dem einer überlegenen Kulturnation angehörenden Deutschen grundlegend unterschied.

Authentische Informationen, gar aus erster Hand, waren nur schwer zu erhalten. Russischkenntisse waren unter der deutschen Bevölkerung kaum verbreitet. Und auch die Zeitungen boten lange Zeit ein klägliches Bild. Bis zum Russisch-Japanischen Krieg 1904/05 hatte keine der großen deutschen Tageszeitungen einen Korrespondenten in St. Petersburg oder Moskau. Statt substanziell über die inneren Vorgänge in Russland zu berichten, bedienten weite Teile der Presse eher die gängigen Vorurteile, ohne dies allerdings mit dezidierten Forderungen nach einer antirussischen Politik zu verbinden. Wenn überhaupt, dann stützten sich die Zeitungen allenfalls unkritisch auf die offiziellen Verlautbarungen aus dem Umfeld der zarischen Regierung oder des Hofes. Und dies wiederum trug erheblich dazu bei, dass vielen Deutschen ihr östlicher Nachbar weiterhin ein Rätsel blieb. Erst mit der russischen Revolution von 1905, spätestens jedoch mit den Balkankriegen 1912/13 rückte Russland deutlich stärker ins Blickfeld deutscher Zeitungen. Damit ging ein allmählicher Wahrnehmungswandel einher: Nun machte gemeinhin das Schlagwort von der wachsenden «russischen Gefahr» die Runde und sorgte am Vorabend des Ersten Weltkrieges dafür, dass innerhalb der spätwilhelminischen Gesellschaft russophobe Einstellungen und Bedrohungsgefühle überwogen:[46] Für die politisch linksliberale Öffentlichkeit bot Nikolaus II. – mit Ausnahme einer kurzen Zeitspanne während der Ereignisse von 1905 – in geradezu klassischer Weise das Bild eines Despoten. Das politisch-militärische Establishment fürchtete dagegen die revolutionäre Gefahr, die von Russland ausging und schlimmstenfalls auf Deutschland überzugreifen drohte.

In diesem Zusammenhang kam es zeitweilig zu einer bemerkenswerten, von staatspolitischen Erwägungen getragenen Allianz. Ungeachtet aller atmosphärischen Verstimmungen auf zwischenstaatlicher Ebene kooperierten deutsche Polizeiorgane eng mit der zarischen Geheimpolizei Ochrana, um das konspirative revolutionäre Milieu der russischen Emigration in Deutschland zu überwachen. Zugleich aber blickten führende deutsche Politiker und Militärs besorgt auf die außenpolitisch expansionistischen Ambitionen des zarischen Imperiums und dessen immense ökonomische Modernisierungsprozesse seit den 1890er Jahren. Aus ihrer Sicht waren dies erhebliche Sicherheitsrisiken, weil sie Deutschlands künftigen Platz in der imperialen Weltordnung gefährdeten.

Wirkungsmacht baltendeutscher Emigranten

Bestärkt wurden sie darin vor allem von baltendeutschen Emigranten wie den Historikern Theodor Schiemann und Johannes Haller oder dem politischen Publizisten Paul Rohrbach, die eine dezidiert antirussische Linie verfolgten. Diese hatten sich unter dem Eindruck der restriktiven Russifizierungspolitik und der Zurückdrängung des deutschen Einflusses enttäuscht aus dem Baltikum zurückgezogen. In Deutschland saßen sie an politisch-publizistisch bedeutsamen Schnittstellen und verschafften sich mit ihrer einschlägigen Expertise wirkungsvoll Gehör, wenn sie Russland als einen gefährlichen Feind an der östlichen Peripherie des Deutschen Kaiserreiches identifizierten.

Vor allem Schiemann war vorzüglich vernetzt. Er hatte eine feste wöchentliche Kolumne in der konservativen, halb regierungsoffiziellen «Kreuzzeitung», deren Leser die russophoben Artikel des Geschichtsprofessors überaus schätzten. Schiemann beriet das Auswärtige Amt in russischen Fragen, hielt russlandspezifische Vorlesungen an der Berliner Kriegsakademie, zählte zum engeren Kreis der Hof-Kamarilla in Berlin und genoss bei Wilhelm II. höchstes Ansehen. Der Kaiser konsultierte ihn regelmäßig, um sich in den historisch-politischen Belangen des Ostens auf dem Laufenden zu halten. Nicht zuletzt diesen politischen Verbindungen war es zu verdanken, dass 1902 ein Seminar für Osteuropäische Geschichte und Landeskunde an der Berliner Universität gegründet wurde. Es war das erste deutschlandweite Kompetenzzentrum, in dem Theodor Schiemann mit wissenschaftlichem Anspruch fortan eine neue Generation von Russland-Fachleuten heranbildete.

Zu seinen Schülern zählte auch Otto Hoetzsch, ein Deutschnationaler, der wegen seiner moderaten Haltung allerdings keinesfalls die Mehrheit der damaligen Historiker des Kaiserreichs repräsentierte. Anders, als man es vielleicht erwartet hätte, teilte er nicht die antirussischen Überzeugungen seines akademischen Lehrers. Hoetzsch zeigte sich im Gegenteil überzeugt von der Reformfähigkeit der zarischen Autokratie, wofür nicht zuletzt die tiefgreifenden Veränderungen zwischen 1906 und 1911 unter dem Ministerpräsidenten Pjotr A. Stolypin sprachen. Und damit rückte für ihn Russland näher an Europa, mehr noch: näher an das wilhelminische Kaiserreich heran. Ähnlich wie später Pjotr N. Durnowo im Jahre 1914 plädierte auch Otto Hoetzsch für eine deutsch-russische Annäherung: Denn unter den Rivalen, von denen Deutschland Gefahr zu drohen schien, war Russland diejenige Macht, mit der man sich seiner Auffassung nach am leichtesten würde verständigen können.[47]

Bildungsbürgerlicher Mythos vom ursprünglichen, wahren Russland

Der sich wandelnde Blick auf das Russische Reich wirkte selbst tief in die deutschen bildungsbürgerlichen Schichten und Künstlerzirkel hinein. Jetzt, im Vorfeld des Weltkrieges, nahmen viele von ihnen Russland verunsichert als eine ambivalente «Phantasiewelt» wahr, der etwas faszinierend Exotisches, zugleich aber auch überaus Beängstigendes anhaftete.[48] Vorbei waren die Zeiten seit der zweiten Hälfte des 19. Jahrhunderts, in denen jene Kreise mit aufrichtiger Sympathie die Schätze der russischen Literatur, Malerei oder Musik für sich zu entdecken begannen und Russland als aufstrebende Kulturnation erlebten. Durch literarische Größen wie Puschkin, Gogol, Turgenjew, Dostojewski und Tolstoj meinten sie, tiefe Einblicke in das ursprüngliche, wahre Russland erhalten zu haben – in die Welt seiner unverbildeten, tiefgläubigen, naturverbundenen «kleinen Leute».

Wie ungestillt ihr intellektueller Wissensdrang insgesamt war, verdeutlicht allein der Umstand, dass um die Jahrhundertwende mehr deutschsprachige Publikationen und Übersetzungen zu schöngeistigen russlandbezogenen Themen erschienen als in den gesamten zurückliegenden 200 Jahren. Auf dem Gebiet des Theaterlebens beeinflusste man sich gegenseitig: Gasttourneen etwa des Herzoglichen Meininger Theaters in verschiedene Metropolen des russischen Imperiums gaben zwischen 1885 und 1890 wichtige Impulse für die Gründung des Moskauer Künstlertheaters Konstantin Stanislawskijs und die neue Schule des russischen Realismus. Umgekehrt begeisterten Gastspiele des Künstlertheaters 1906 wiederum ein breites deutsches Publikum.

Rainer Maria Rilke, der zwischen 1899 und 1900 zweimal in Russland weilte, hatte nicht unwesentlichen Anteil daran, dass im

Kaiserreich das Interesse von Kunstliebhabern an russischer Malerei auffallend zunahm und Kunstschaffende sich in binationalen Künstlergruppen oder lockeren Netzwerken wie etwa dem «Blauen Reiter» organisierten. Und so entstanden ganze Künstlerkolonien in den späten 1890er Jahren, wobei München ein bevorzugter Ort war, an dem etwa Wassilij Kandinskij, Alexej von Jawlenskij, Igor Grabar, Dimitrij Kardowskij oder Marianne von Werefkin den europäischen Impressionismus studierten und zugleich wichtige Impulse für den deutschen Expressionismus und die Vorläufer der Bauhaus-Bewegung gaben. In den letzten Jahrzehnten des 19. Jahrhunderts erfuhr schließlich das gemeinsame Musikleben eine spürbare Bereicherung durch Komponisten wie Franz Liszt oder den Klaviervirtuosen und Dirigenten Hans von Bülow. Konzertreisen hatten sie in Moskau und St. Petersburg mit der dortigen Musikszene in Kontakt gebracht, die sie wiederum nach Deutschland vermittelten. Sie waren es, die sich nachhaltig etwa für Peter Tschaikowskij und dessen «Eingemeindung in das deutsche Musikleben eingesetzt hatten».

All diese positiven Momente einer deutsch-russischen Kulturbegegnung wurden alsbald aber durch Misstrauen und ein gesteigertes nationalistisches Überlegenheitsgefühl der Deutschen überlagert.[49]

Ursachen für Meinungswechsel

Worin lagen die tieferen Ursachen für den Wandel der öffentlichen Meinung in Deutschland am Vorabend des Großen Krieges? Eine nicht unwesentliche Erklärung für die ansteigende Russland-Furcht ist jenseits der großen Politik zu suchen. Die Deutschen wurden in dieser Zeit in einem bislang ungewohnten Ausmaß mit einer Generation hochgradig politisierter russischer Emigranten konfrontiert. Knapp 138 000 Russen lebten um 1910 im Deutschen Reich, viele davon in Berlin, Leipzig oder München. Das waren rund 50 Prozent aller russischen Auswanderer in Westeuropa. Die einen waren im linken revolutionären Milieu beheimatete Aktivisten und Studenten, darunter zahlreiche Juden, die sich in Deutschland der Verfolgung durch das repressive zarische Regime entzogen; die anderen, zumeist konservative Deutschbalten, hatten dem Russifizierungsdruck in den Ostseeprovinzen des Zarenreiches nicht mehr standgehalten. Beide Gruppierungen wirkten weiterhin politisch, waren untereinander oftmals zerstritten, wodurch sie die Grundkonflikte ihrer alten Heimat in die deutsche Gesellschaft hineintrugen. Vor dem Hintergrund der sich verschlechternden internationalen Großwetterlage schürten sie so die dort schon verbreitete negative Russland-Wahrnehmung unablässig weiter.

Sprachbarrieren auf deutscher Seite, aber auch die in der breiteren Öffentlichkeit nur sehr begrenzten Kenntnisse über das östliche Nachbarland versetzten die meist polyglotten politischen Emigrantenkreise in eine vorteilhafte Lage: Da sie ein weitgehendes Informations- und Interpretationsmonopol besaßen, konnten sie in ihrem Sinne die Wissenslücken der Deutschen füllen. Die zentralen Botschaften waren zumeist von zwei Leitmotiven durchzogen: Die Baltendeutschen appellierten vornehmlich an Konservative und bürgerliche Mittelschichten. Die eigentliche russische Gefahr begründeten sie im Wesentlichen mit den vorangegangenen revolutionären Umbrüchen, die das Land empfindlich geschwächt und damit unberechenbar gemacht hätten. Die sozialistischen Emigrantenzirkel versuchten dagegen, die deutsche Linke für sich zu vereinnahmen. Ihre Bemühungen zielten darauf ab, das Zarenreich als eine mächtige, brutale und reformunwillige Autokratie erscheinen zu lassen.[50]

Kooperation im revolutionären Milieu

Das führt zum letzten Aspekt vorrevolutionärer Lebenswelten, Befindlichkeiten und bilateraler Verflechtung: zu den Beziehungen zwischen den Sozialdemokraten und den marxistischen Bewegungen beider Länder. Sie waren stets von besonderer Qualität. Gerade in den letzten Jahrzehnten vor August 1914 gab es hier wechselvolle politische Entwicklungen und Zäsuren. Fehlwahrnehmungen, Missverständnisse, aber auch Meinungsverschiedenheiten, die die damaligen

Protagonisten leidenschaftlich, gar kompromisslos untereinander austrugen, sollten für das deutsch-russische Jahrhundert erhebliche Tragweite bekommen.

Zu den herausragenden Persönlichkeiten zählte Wladimir Iljitsch Lenin. Er gehörte zu den Vertretern einer jungen russischen Marxisten-Generation, die selbstbewusst die Theorien von Karl Marx und Friedrich Engels zur sozialen Entwicklung auf Russland anwenden wollten. Die Voraussetzungen waren hierfür zunächst jedoch denkbar ungünstig. Da das vornehmlich agrarisch geprägte Russische Reich in den 1890er Jahren erst am Beginn einer ökonomischen Modernisierung stand, war es alles andere als ein kapitalistisch voll entwickeltes Land. Es fehlte vor allem am Industrieproletariat, um – gemäß der klassischen Lehre – die Bedingungen für eine revolutionäre Umbruchsituation zu erfüllen.

Lenin und seine Mitstreiter ebenso wie verschiedene andere sozialistische Gruppierungen, die den Marx'schen Sozialismus mit der in Russland entstehenden Arbeiterbewegung zusammenführen und am Ende eine eigene Partei gründen wollten, orientierten sich deshalb in dieser Situation an den Erfahrungen der deutschen Sozialdemokraten. Die im März 1898 aus der Taufe gehobene Russische Sozialdemokratische Arbeiterpartei (RSDAP) betrachtete bis zum Ausbruch des Ersten Weltkrieges die SPD als Vorbild, zumal die große deutsche Schwesterpartei auch die uneingeschränkte Führungsrolle im internationalen Sozialismus einnahm. Ihr Rat und ihre Unterstützung waren häufig gefragt. Gerne versicherten sich die Vertreter der russischen Arbeiterbewegung des Zuspruchs von SPD-Spitzenpolitikern, um darüber in den innerparteilichen Auseinandersetzungen die eigene Autorität zu erhöhen. Durch die Sympathiewelle, die ihnen seitens der deutschen Sozialdemokratie um die Jahrhundertwende entgegenschlug, sahen sie sich in ihrem illegalen Kampf gegen den Zarismus bestätigt. Dieser erfuhr moralische Unterstützung, indem in der SPD-Parteipresse regelmäßig über das Schicksal der russischen Genossen unter den schwierigen Bedingungen der Überwachung durch die Geheimpolizei Ochrana berichtet wurde. Euphorisch kommentierte die sozialistische Presse in Deutschland 1905 den Ausbruch der ersten russischen Revolution. Der «Vorwärts» sah das Nachbarland bereits auf dem Weg in eine Republik, für die «Leipziger Volkszeitung» war das bisher barbarisch gescholtene Russland über Nacht zur Hoffnung der Humanität geworden.

Was die praktische Seite des Untergrundkampfes gegen die Romanow-Autokratie anbelangt, so engagierten sich deutsche SPD-Funktionäre, allen voran Karl Liebknecht, als willige Helfer. Sie unterstützten die linke russische Emigrantengemeinde im Deutschen Reich, versuchten Abschiebungen zu verhindern, organisierten Waffen- und Literaturtransporte, sammelten Gelder oder verlegten illegale Druckschriften, darunter die zeitweilig von Lenin redigierte revolutionäre Zeitung «Iskra» (Der Funke), die sie auf geheimen Routen von Berlin über Königsberg nach Tilsit an die deutsch-russische Staatsgrenze brachten.

Vor diesem Hintergrund zeigte sich auch der junge Lenin, der erstmals 1895 für kurze Zeit inkognito im deutschen Kaiserreich weilte, um die dort lebenden Altemigranten zu ermuntern, ihre guten Kontakte zu den führenden SPD-Größen für die russischen revolutionären Zirkel zu mobilisieren, tief beeindruckt von der deutschen Sozialdemokratie. Sie hatte mit gutem Recht die prominentesten theoretischen Vordenker Karl Marx und Friedrich Engels in ihr traditionsreiches Erbe eingereiht. Zugleich stellte sie die mitgliederstärkste marxistische Partei Europas dar. Fasziniert blickte Lenin auf die straffen Organisationsstrukturen, auf das breite Netz renommierter Publikationsorgane und auf die blühende Parteipresse der SPD, die russische Marxisten und auch er selbst als Meinungsplattform nutzen konnten. Er bewunderte die Prinzipienfestigkeit der deutschen Genossen und meinte, bei diesen eine besondere revolutionäre Unversöhnlichkeit erkennen zu können.[51] Folglich standen für ihn die deutschen Sozialdemokraten – ungeachtet manch russischer Besonderheiten – in vielerlei Hinsicht Pate für das, was er selbst innerhalb der Arbeiterbewegung Russlands durch den von ihm repräsentierten bolschewistischen Flügel zu erreichen suchte: eine straff organisierte

Kaderpartei, die den ehernen Gesetzen einer Avantgarde revolutionärer Volkstribunen zu folgen hatte. Bestärkt sah er sich vor allem durch den renommierten deutschen sozialdemokratischen Theoretiker Karl Kautsky, der im Frühjahr 1902 eine allmähliche Verlagerung des revolutionären Zentrums nach Osten prognostizierte. Lenin griff diesen Gedanken dankbar auf, passte ihn den russischen Verhältnissen an und leitete daraus im März desselben Jahres in seiner Streitschrift «Was tun?» (sie erschien im SPD-Verlag Dietz) eine zentrale politische Forderung ab: «Gebt uns eine Organisation von Revolutionären, und wir werden Russland aus den Angeln heben!» Mehr noch: Kautsky hatte ihn offenbar dazu inspiriert, sich nicht nur mit der Rolle des revolutionären Vorpostens im Zarenreich zu begnügen, sondern sich sogar an der Spitze der Weltrevolution zu sehen.[52]

Als Lenin meinte, dadurch legitimiert zu sein, die russische Sozialdemokratie nach seinen Vorstellungen in eine konspirative Kaderpartei von Berufsrevolutionären umzugestalten, provozierte er im Juli/August 1903 die Spaltung der RSDAP in einen radikalen bolschewistischen und einen gemäßigten menschewistischen Parteiflügel. Zugleich offenbarte sich eine große Fehldeutung, die bei ihm herbe Enttäuschung hervorrufen und kaum mehr auszuräumende grundsätzliche Differenzen nach sich ziehen sollte: Anders als Lenin es wahrhaben wollte, war die ihm als Vorbild dienende SPD – trotz straffer Disziplin und unumschränkter Autorität ihres damaligen Vorsitzenden August Bebel – gerade keine Partei, die den Organisationsprinzipien der Bolschewiki ähnelte.[53]

In dieser Situation versuchten August Bebel und Karl Kautsky, schlichtend in die innerparteilichen Auseinandersetzungen der RSDAP einzugreifen, um die Spaltung der Partei möglichst schnell zu revidieren. Freilich verhehlten beide nicht, bei wem ihre eigentlichen Sympathien in diesem Streit fortan lagen. Zwischen ihnen und den Menschewiki gab es zahlreiche politische Übereinstimmungen, weil Letztere eine marxistische Massenpartei schaffen wollten und – spätestens unter dem Eindruck der ersten russischen Revolution von

1905 – nach Unterstützung durch die Gewerkschaften strebten, weil sie sich schließlich zu den Grundsätzen von Wahlen und Parlamentarismus bekannten, ohne jedoch dem ideologischen Endziel des Sozialismus abzuschwören. Die Geheimbündeleien der Bolschewiki mit ihrem ideologischen Ausschließlichkeitsgebaren, den zentralistisch-undemokratischen Organisationsprinzipien und den rücksichtslosen Methoden, die den Bedingungen des despotischen Russland geschuldet waren, weckten bei den deutschen Vermittlern dagegen die Sorge, dass Lenin und dessen Mitstreiter auf dem besten Wege seien, «den Boden des Marxismus zu verlassen». Bereits hier lagen die Ursprünge, die dann in den 1920er Jahren den dezidierten Antibolschewismus der deutschen Sozialdemokraten begründen sollten.

Lenins Bruch mit der deutschen Sozialdemokratie

Dem Gedanken der Versöhnung war damit die Basis entzogen. Spätestens in diesem Moment musste Lenin sich erneut eingestehen, wie isoliert er inzwischen dastand. Zugleich verfestigte sich bei ihm die bittere Erkenntnis, dass sich die SPD in der politischen Praxis mehrheitlich von einer marxistischen Revolutions- in eine Reformpartei gewandelt hatte, die auf nationalstaatlicher Ebene und im Rahmen einer parlamentarischen Ordnung auf evolutionäre Veränderungsprozesse, nicht aber auf den radikalen Umbruch setzte.[54]

Vorerst ging der bolschewistische Parteiführer allerdings nicht offen auf Distanz zum offiziellen Kurs der deutschen Sozialdemokratie. Insgeheim aber nabelte er sich immer mehr von seinen einstigen Vorbildern ab und legte damit eine größere geistige Unabhängigkeit an den Tag. Allenfalls zu den Linken innerhalb der deutschen Partei unterhielt Lenin weiterhin «diplomatische» Verbindungen. Dabei dienten Rosa Luxemburg, Clara Zetkin und Leo Jogiches zeitweise als Mittelspersonen, über die er seine politischen Vorstellungen zu kommunizieren suchte, was allerdings nicht immer spannungsfrei verlief.

Die letzten Jahre vor Ausbruch des Ersten Weltkrieges nutzte Lenin, seine Revolutionsvorstellungen weiterzuentwickeln, die seinerzeit 1902 durch die Debatten mit Karl Kautsky inspiriert worden waren. Er handelte dabei ganz unter dem Eindruck der politischen Umbrüche in Russland im Jahre 1905. Die hatten gezeigt, dass die revolutionäre Sprengkraft nicht allein auf die städtischen Industriezentren begrenzt blieb. Angesichts politischer Unruhen in Persien, der Reformbewegung im Osmanischen Reich und des Sturzes der chinesischen Mandschu-Dynastie im Jahre 1911 sah sich Lenin schließlich in seiner «These von der Ostverlagerung der revolutionären Schwerezonen» bestätigt. Und das wiederum entfernte ihn weiter von den Deutungsmodellen deutscher Sozialdemokraten, die nach wie vor in den industrialisierten kapitalistischen Hochburgen die eigentlichen Zentren progressiver Umwälzungen erblickten.[55]

Den endgültigen Bruch mit der SPD vollzog Lenin zu Beginn des Ersten Weltkrieges. Als am 4. August 1914 die ansonsten wegen ihrer internationalistischen Grundhaltung als «vaterlandslose Gesellen» gescholtenen deutschen Sozialdemokraten im Reichstag die dringend benötigten Kriegskredite in einem parteiübergreifenden Abstimmungsakt bei nur zwei Enthaltungen mitbewilligten, war für den bolschewistischen Berufsrevolutionär, der dieses traurige Spektakel hilflos aus seinem damaligen Exil im österreichischen Galizien mitverfolgte, jegliche Grundlage für eine weitere Zusammenarbeit mit der SPD abhandengekommen. Mit Ausnahme der radikalen Linken, die dagegen protestierten, «den Zarismus zum Schreckgespenst aufzuplustern», ließen sich die übrigen Sozialdemokraten von der Welle des Chauvinismus mitreißen. Sie schlossen ihren Burgfrieden mit den anderen Reichstagsparteien und dem deutschen Kaiser. Die überwiegende Mehrheit ihrer Mitglieder zeigte sich fortan fest davon überzeugt, in einem Verteidigungskrieg gegen den zarischen Despotismus für eine gerechte Sache zu streiten.[56]

Euphorisch wurden immer wieder die geradezu legendären Worte August Bebels aus dem Jahre 1903 zitiert, der zum Schutz Deutschlands vor einer russischen Invasion noch auf seine alten Tage hin die Flinte auf den Rücken nehmen wollte. Die Anti-Kriegsbeschlüsse der II. Sozialistischen Internationale verhallten indes weitgehend ungehört in deutschen Arbeiterkreisen. Denn dort war man zutiefst davon überzeugt, dass «Rußland [...] ein barbarischer Staat [sei, ein ...] internationale[r] Störenfried, der eine Niederlage verdiene».[57] Für die Sozialistische Internationale, in der die SPD bis dahin maßgeblich den politischen Kurs vorgegeben hatte, kam dies einem Fiasko gleich, zumal auch im übrigen Europa der Funke des Hurra-Patriotismus auf weite Kreise der Arbeiterschaft übergesprungen war. Lenin dagegen sah sich aufgrund seiner vorangegangenen negativen Erfahrungen abermals bestätigt. Und so gehörte er zu den wenigen Wortführern, die insbesondere die deutsche Sozialdemokratie für den Zerfall der Internationale verantwortlich machten, zugleich aber nach politischen Alternativen strebten und den radikalen Bruch mit allen vorangegangenen Entwicklungen suchten.

Im Lager der verbliebenen europäischen Linken, die für Frieden votierten, drängte er unablässig, sich nicht allein mit der Forderung nach Einstellung der Kampfhandlungen zufriedenzugeben. Auf Geheimkonferenzen in den im Berner Oberland gelegenen Dörfern Zimmerwald und Kiental rief er deshalb 1915 und 1916 zu gemeinsamen Aktionen auf. Den «imperialistischen Krieg» in einen «Bürgerkrieg» umwandeln, lautete die erlösende Formel. Und darüber wollte er das «gesamte Gebäude des Imperialismus zum Einsturz bringen». Ein dauerhafter Friede, so seine feste Überzeugung, konnte erst nach dessen Zerschlagung gewährleistet werden.[58]

Freilich war Lenin zum damaligen Zeitpunkt mit seinen politischen Auffassungen ein einsamer, weltfremder Sektierer. Zwischenzeitlich plagten ihn sogar Selbstzweifel, ob er selbst überhaupt noch die Revolution erleben würde. Angesichts solcher Umstände hätte es kaum jemand für möglich gehalten, dass er binnen weniger Jahre mit seiner isolierten bolschewistischen Bewegung wieder die politische Bühne betreten würde, um künftig – wie noch zu zeigen sein wird – im Rahmen einer neuen, «Dritten Kommunistischen Internationalen» (Komintern) kompromisslos die revolutionäre Stoßrichtung vorzugeben und die deutsche SPD in ihrer bis dahin einzigartigen Stellung innerhalb der sozialistischen Welt endgültig abzulösen.

Taktische Atempause.
Weg in den Oktober-Putsch und Friede von Brest-Litowsk 1917/18

Der Erste Weltkrieg wurde zum Treiber folgenreicher revolutionärer Umbrüche. Deutsche und Russen hatten dazu nicht unwesentlich beigetragen. Während Lenin von seinem Schweizer Exil aus nichts unversucht ließ, um die Fackel des Umsturzes in das Lager der kriegführenden Staaten zu tragen, blieb auch Russlands Hauptgegner Deutschland in dieser Hinsicht nicht untätig. Das lag nur nahe angesichts der schwierigen Zweifrontensituation, in der sich das Deutsche Reich von Anfang an befand. Im Westen kam der erfolgreiche Vorstoß der kaiserlichen Truppen schnell zum Erliegen. Er endete spätestens im September 1914 nach der Schlacht an der Marne in einem blutigen Stellungskrieg mit immensen, bis dahin unvorstellbaren Menschen- und Materialverlusten.

Im Osten dominierten dagegen alsbald die deutschen Militärs das Kriegsgeschehen. Sie hatten weniger Verluste als an der Westfront zu beklagen und konnten weit in das zarische Imperium eindringen. Doch trotz dieser Territorialgewinne blieb der entscheidende militärische Durchbruch aus, von dem sich die Oberste Heeresleitung (OHL) eine maßgebliche Entlastung für die Westflanke des Reiches versprach: Der ‹russische Koloss› verfügte über scheinbar unerschöpfliche Reserven an Bauernsoldaten. Und diese leisteten lange Zeit erbitterten Widerstand – ungeachtet der akuten logistischen Probleme etwa bei der Munitionsversorgung, des unzureichenden Fuhrparks und der intransparenten Kommandostrukturen, die eine wirkungsvolle Militärführung nahezu unmöglich machten. Dieser Widerstand band gewaltige Truppenkontingente der von Deutschland geführten Mittelmächte, mehr noch: Es nährte zeitweilig sogar die Sorge, Russland sei militärisch offenbar nicht zu bezwingen, sondern werde im weiteren Verlauf des Krieges seine menschlichen und materiellen Ressourcen über kurz oder lang voll zur Geltung mobilisieren.[1]

Alternative Kriegsstrategien

Vor diesem Hintergrund verlegte sich die deutsche Reichsführung zu einem erstaunlich frühen Zeitpunkt auf neue Kriegsstrategien. Offene Kampfhandlungen sollten fortan durch verdeckte Operationen ergänzt werden, die auf die innere Zersetzung des Feindes zielten. Reichskanzler Theobald von Bethmann Hollweg räumte dieser indirekten Form militärischer Auseinandersetzung bereits in seinem Septemberprogramm von 1914 zentrale Bedeutung ein.[2] Das zarische Kontinentalimperium bot sich hierfür in geradezu idealer Weise an. Es war multiethnisch verfasst und von zahlreichen inneren Widersprüchen geprägt. In einer solchen Konstellation konnten äußere Niederlagen erhebliche innere Unruhen auslösen, wie sich nicht zuletzt 1904/05 im unmittelbaren Vorfeld der ersten russischen Revolution gezeigt hatte. Russlands Autokrat Nikolaus II. ließ sich daraufhin zwar sehr widerwillig politische Reformen abringen, nutzte sogleich aber jede Gelegenheit, das Rad der Geschichte wieder zurückzudrehen. Ein solches Verhalten war kaum dazu angetan, das Schreckgespenst weiterer, radikalerer revolutionärer Umbrüche zu bannen.

Die deutsche Reichsleitung hatte diese Ereignisse noch klar vor Augen[3] und zog daraus ihre Schlussfolgerungen. Das Berliner Auswärtige Amt bekam kurzerhand einen geheimen Fonds zugewiesen, um künftig Propagandamaßnahmen und subversive Destabilisierungsaktionen zu finanzieren. Anfänglich richteten sich die Aktivitäten schwerpunktmäßig gegen die britisch-französischen Überseekolonien, zumal die Westmächte offenbar als gefährlichere Gegner eingeschätzt wurden. Schnell zeigte sich aber, dass die deutschen Aufwiegelungsbemühungen im Nahen Osten oder in Afghanistan kaum mehr waren als illustre Einzelunternehmungen, deren strategischer Wert den Aufwand in keiner Weise rechtfertigte. Erst allmählich verlagerten sich Deutschlands Zersetzungsversuche auf das Zarenreich.

Doch blieben sie zumindest bis 1917 weitgehend wirkungslos, weil sie nicht konsequent verfolgt, sondern immer wieder von vergeblichen deutschen Sondierungsbemühungen unterlaufen wurden, um einen Sonderfrieden mit der politischen Führung in Petrograd zu erlangen.[4] Erschwerend hinzu kam die schwankende Haltung, die Kaiser Wilhelm II. in dieser Frage einnahm. Auch wenn er sich angesichts der wachsenden Revolutionsgefahr in Russland im vertraulichen Kreis noch 1913 dahingehend geäußert hatte, im Kriegsfall eventuell auch den Sturz der Romanow-Dynastie in Kauf zu nehmen, überwog faktisch sein Bekenntnis zum monarchischen Prinzip. Erst mit der Februarrevolution von 1917, in deren Folge Nikolaus II. auf den Zarenthron verzichtete und schließlich abdankte, schlug sich der deutsche Monarch ins Lager seiner Revolutionsstrategen. Der Gegner sollte innenpolitisch destabilisiert und damit zum Kriegsaustritt bewogen werden. Doch selbst zu diesem Zeitpunkt reichte Wilhelms dynastische Solidarität immer noch so weit, nichts unversucht zu lassen, um zumindest Teile der Romanow-Familie, die sich im Zugriffsbereich der deutschen Ostfront auf der Krim befanden, darunter die Kaiserinmutter Maria Fjodorowna, während der revolutionären Wirren von 1917/18 vor Racheakten zu schützen.[5]

Berührungspunkte zwischen deutschen und russischen Revolutionspolitikern

Dessen ungeachtet ergaben sich im Verlauf des Krieges bemerkenswerte Berührungspunkte zwischen deutschen und russischen Revolutionspolitikern. In ihren Wertvorstellungen und ideologischen Grundüberzeugungen lagen beide Seiten zwar meist weit auseinander – hier die konservativ-monarchistischen Kreise des Reiches, repräsentiert durch Vertreter des Auswärtigen Amtes und der Obersten Heeresleitung, dort die linksoppositionellen russischen Aktivisten, die mehrheitlich aus dem Exil heraus operierten. Was beide jedoch einte und schließlich dazu brachte, sich im Umgang miteinander durch ein gehöriges Maß an Pragmatismus leiten zu lassen, war die gemeinsame Gegnerschaft zum Zarismus. Dabei war jeder darauf bedacht, den anderen wirkungsvoll zu instrumentalisieren, um daraus möglichst große Vorteile für die eigene Sache zu erzielen. Das wiederum zog mancherlei Intrigenspiel nach sich und verdeutlicht, weshalb die damaligen Akteure sich gezwungen sahen, besonders vorsichtig im Geheimen zu agieren.[6]

Vor allem galt dies für den bolschewistischen Berufsrevolutionär Wladimir Iljitsch Lenin, der seit Kriegsbeginn unablässig die deutschen Sozialdemokraten wegen deren Nachgiebigkeit gegenüber der kaiserlichen Regierung kritisierte, zugleich aber mit ebendieser Regierung ungewöhnliche Verbindungen unterhielt. So pflegte er mit Wissen und Duldung der Deutschen regelmäßige Kontakte zu Roman Malinowskij, dem früheren Duma-Sprecher der Bolschewiki, der 1914 in deutsche Kriegsgefangenschaft geraten war und sich am Ende als langjähriger Agent der russischen Geheimpolizei Ochrana entpuppte. Mit ihm korrespondierte Lenin seit November 1915. Er versorgte ihn aus seinem Schweizer Exil mit bolschewistischen Zeitungen, mit revolutionärer Literatur und wies ihn zugleich an, unter russischen Kriegsgefangenen entsprechend zu agitieren. Der deutschen Militärführung kam diese Entwicklung nur gelegen. Sie flankierte sie durch Bemühungen, unter den gefangenen Soldaten des russischen Vielvölkerreichs, allen voran unter Polen, Balten, Ukrainern, aber auch Kaukasiern, das Verlangen nach staatlicher Unabhängigkeit zu fördern, sie also gegen das Zarenreich zu mobilisieren.[7]

Die deutsche Seite stützte sich in ihrer Russlandpolitik vornehmlich auf die Expertise anderer ausländischer Persönlichkeiten, darunter schillernde, bisweilen höchst exzentrische Figuren. Sie stammten allesamt aus dem sozialistisch-revolutionären Emigrantenmilieu. Manch einer wurde gar verdächtigt, ein Doppelagent gewesen zu sein, was allerdings kein Grund war, ihn nicht auf die Gehaltsliste der Deutschen zu setzen. Denn das Auswärtige Amt in Berlin wusste sehr wohl, wie wertvoll die Einblicke waren, die sich dadurch in die – wegen ihres konspirativen Charakters nur schwer überschaubare – russische Untergrundbewegung gewinnen ließen.

Hilfreiche Dienste leistete in dieser Hinsicht der aus Weißrussland stammende jüdische Millionär, Sozialist und Revolutionär Israil Lasarewitsch Helphand, der zumeist unter dem Pseudonym Alexander Parvus öffentlich in Erscheinung trat. Auf seiner politischen Agenda stand schon seit Langem der Sturz des verhassten Zarismus. Er verfügte über vorzügliche Kontakte zur deutschen wie auch zu den verschiedenen Flügeln der russischen Sozialdemokratie. Zeitweilig besaß er großen Einfluss auf Leo Trotzki, dessen Konzept zur «Permanenten Revolution» in wesentlichen Teilen auf ihn zurückging. Beide blickten auf gemeinsame Erfahrungen aus den Tagen der ersten russischen Revolution von 1905 zurück, als sie dem Petersburger Arbeiter- und Soldatenrat angehörten und Parvus mit seiner Zeitung «Russkaja Gaseta» (Russische Zeitung), einem sozialistischen Massenblatt, die Umsturzstimmung im Geiste des «kollektiven Organisators» (Lenin) anzuheizen suchte.

Mit Ausbruch des Ersten Weltkrieges ergaben sich für ihn neue, vielversprechende Perspektiven, seinem hartnäckig verfolgten Ziel erheblich näher zu kommen. Bereits früh erkannte Parvus das Potenzial, das die gegen das autokratische Russland gerichteten imperialistischen Ambitionen des Deutschen Kaiserreichs besaßen. Sie konnten zum geeigneten «Medium und Werkzeug einer antikapitalistischen ‹Weltrevolution›» werden, sofern sich das gesamte zur Verfügung stehende revolutionäre Potenzial mobilisieren ließ. Doch das setzte voraus, die russischen Revolutionäre in die Überlegungen der Deutschen konsequent einzubeziehen. In diesem Sinn betrachtete sich Alexander Parvus als ein Vermittler des Umsturzes, einzig darauf fixiert, die beiden Welten des antizaristischen Kampfes einander näherzubringen. Gleichwohl verkannte er seinen Einfluss. Angesichts der komplizierten, von unterschiedlichen Interessen geprägten Gemengelage daran zu glauben, dauerhaft Herr über das Verfahren bleiben zu können, war illusionär.[8]

Anfang Januar 1915 ergriff Parvus, der damals in Istanbul weilte, die Initiative. Dem dortigen deutschen Botschafter präsentierte er sich selbstbewusst als eine der führenden Persönlichkeiten der russischen Revolution von 1905, bestens vertraut mit den linksoppositionellen Verhältnissen im Lande, deutschfreundlich und bereit, dem Kaiserreich ein unorthodoxes, doch ausgesprochen interessantes Bündnisangebot zu unterbreiten.[9] Der Vorstoß hatte in Berlin offenbar Eindruck hinterlassen. Denn am 9. März erhielt Parvus Gelegenheit, im Auswärtigen Amt bei Unterstaatssekretär Kurt Riezler vorzusprechen, der – jenseits aller militärischen Überlegungen – bereits seit Kriegsbeginn nach Alternativen suchte, den Zusammenbruch des zarischen Imperiums herbeizuführen. Alexander Parvus überreichte aus diesem Anlass eine Denkschrift, deren Kernbotschaft sich auf folgenden Nenner bringen ließ: Der Zarismus als «Hochburg der politischen Reaktion in Europa» könne einzig und allein durch einen «Zweibund von preußischen Bajonetten und russischen Proletarierfäusten» zertrümmert werden.[10] Meutereien unter russischen Matrosen sollten von Konstantinopel aus organisiert und gewaltige Massenstreiks angezettelt werden, um die Kriegsproduktion in Russland lahmzulegen. Schließlich galt es, vor allem in der Ukraine und in Finnland separatistische Aufstände zu initiieren, wofür eigens Waffen- und Sprengstoffdepots angelegt werden mussten. Bei den auf Umsturz setzenden Kreisen im Auswärtigen Amt fand dies großen Anklang. Noch im März 1915 flossen von dort «zur Unterstützung der revolutionären Propaganda» zwei Millionen Reichsmark; bis Juli 1915 wurde der Betrag um weitere fünf Millionen aufgestockt. Das waren immense Summen. Doch angesichts der verheißungsvollen Perspektiven, die sich boten, schienen die Investitionen gerechtfertigt. Das galt umso mehr, als auch der deutsche Botschafter in Kopenhagen, Ulrich von Brockdorff-Rantzau, sich am 14. August 1915 bei einem Treffen mit Alexander Parvus, der inzwischen im neutralen Dänemark lebte, von dessen außerordentlichen Fähigkeiten persönlich überzeugen konnte.[11]

Alle Überlegungen des Unterhändlers Parvus waren daran geknüpft, die seit 1903 gespaltene russische Sozialdemokratie wieder zu vereinen, um somit deren geballte revolutionäre Schlagkraft sicherzustellen. Dabei fiel gegenüber seinen deutschen Gesprächspartnern bereits im März 1915 ein Name, den diese zum damaligen Zeitpunkt wohl kaum im Blick hatten, weil es sich um eine innerhalb der sozialistischen Bewegung noch weitgehend isolierte Person handelte: Es zeugte also von erstaunlichem Weitblick, wenn Parvus erstmals Wladimir Iljitsch Lenin ins Spiel brachte. Er wollte den Berufsrevolutionär, einen Mann von großem Charisma, der bis Februar 1916 von Bern und dann von Zürich aus als Führer der Bolschewiki zu den entschiedensten Verfechtern der russischen Antikriegsbewegung zählte, unbedingt für die angestrebte neue Einheit der gesamtrussischen Sozialdemokratie gewinnen.[12]

Parvus kannte Lenin aus der Vorkriegszeit. Er hatte ihm wichtige Kontakte zu prominenten deutschen Sozialdemokraten vermittelt und ihn während dessen konspirativer Deutschlandaufenthalte häufig in seinem Münchner Haus einquartiert – eine Gelegenheit, die Wladimir Iljitsch nicht verstreichen ließ, ohne die dortige umfangreiche Privatbibliothek ausgiebig zu nutzen. Parvus war bekannt, dass Lenin ihn zeitweilig als überaus talentierten Publizisten schätzte. Er präsentierte sich daher gegenüber den Deutschen als vielversprechender Gewährsmann, um die entscheidenden Verbindungen zum Führer der Bolschewiki anzubahnen. Allerdings schien er verdrängt zu haben, wie schlecht es inzwischen um ihre Beziehungen stand: Da er in der Vorkriegszeit Parteigelder der russischen Sozialdemokratie veruntreut hatte, waren Lenin und dessen Anhänger auf Distanz zu ihm gegangen.[13]

Und das wirkte nach, weshalb im Mai 1915 die ersten Bemühungen zunächst fehlschlugen, Lenin, den Führer der Bolschewiki, und Julius Martow, den Sprecher der gemäßigten Menschewiki, in deren Schweizer Exil für die Vereinigung der russischen Untergrundbewegung zu gewinnen. Vor allem Lenin überschüttete Parvus mit üblen Vorwürfen und bezichtigte ihn als Renegaten und Schwindler, mit dem er nichts zu tun haben wolle.[14] Freilich konnte der Chef der bolschewistischen Partei nicht dauerhaft auf dieser Position beharren, denn Parvus war vorzüglich vernetzt und für die Sache der Revolution – nicht zuletzt durch deutsche Hilfe – finanziell alsbald gut ausgerüstet. Er unterhielt ein weit gespanntes System von Tarnorganisationen und Scheinfirmen, die allesamt im neutralen Skandinavien operierten. Dazu gehörte etwa das Kopenhagener «Institut zur Erforschung der sozialen Folgen des Krieges», dessen Mitarbeiter, durchweg renommierte russische und skandinavische Sozialisten, sich keineswegs nur auf die wissenschaftliche Auswertung und Interpretation von Statistiken beschränkten. Das traf ebenso auf das im Oktober 1915 in Dänemarks Hauptstadt offiziell ins Leben gerufene Handelskontor für Import-Export zu. Es war von Parvus, Georg Sklarz, einem im Sold des deutschen Generalstabs stehenden Kaufmann, und dem engen Lenin-Vertrauten Jakub Fürstenberg-Hanecki gegründet worden, wobei Letzterer für die Geschäftsführung verantwortlich zeichnete. Hinter der Fassade des wirtschaftlich durchaus erfolgreichen Unternehmens verbarg sich eine wichtige Schaltstelle für das konspirative Russland-Geschäft: eine Informationsbörse für revolutionäre Aktivisten und – vor allem seit Herbst 1917 – jene zentrale Drehscheibe, die dem Auswärtigen Amt in Berlin insbesondere für illegale Geldtransfers und zur verdeckten Kontaktpflege mit den Leninisten diente, die im revolutionären Petrograd zielgenau auf den Oktoberumsturz und die politische Machtübernahme im Lande zusteuerten.[15]

Wenn es um Fragen der Russlandpolitik ging, verfuhren die deutschen Regierungsbehörden allerdings mehrgleisig. Noch bevor im Frühjahr 1915 die Verbindung zu Alexander Parvus zustande kam, war im September 1914 der deutsche Gesandte im schweizerischen Bern, Gisbert Freiherr von Romberg, auf den russischen Exilpolitiker Alexander Keskülä aufmerksam geworden. Keskülä, ein Este und einstiger Bolschewik, der ebenso wie Parvus am Revolutionsgeschehen von 1905 beteiligt gewesen war, hatte sich zwischenzeitlich ins nationalistische Lager verabschiedet. Er strebte für seine Heimat nach Unabhängigkeit und war allein schon deshalb an der Destabilisierung des Zarenreichs außerordentlich interessiert. Als geeignetster Gewährsmann erschien ihm in dieser Hinsicht Wladimir Lenin, der kompromisslos und frei von Skrupeln mit Hilfe einer höchst effizient organisierten, zentralistischen Kaderpartei auf Revolutionskurs setzte, wie er im Frühjahr 1915 in mehreren Memoranden und Unterredungen seine deutschen Gesprächspartner wissen ließ. Bereits im Februar hatte Kesküla eindringlich davor gewarnt, auf die gemäßigten Menschewiki zu vertrauen. Sie verfolgten seiner Einschätzung nach lediglich eine Spaltung der russischen Sozialdemokratie, um deren linken Flügel für die Sache des Friedens zu mobilisieren und damit der zarischen Regierung zuzuarbeiten. Nicht allein deshalb erwarb der umtriebige Este schnell das Vertrauen deutscher Regierungskreise. Er wurde mit einem deutschen Reisepass auf den Namen Alexander Stein ausgestattet, erhielt regelmäßig üppige Geheimzahlungen, um in Skandinavien ein konspiratives Informationsnetz für Russland zu errichten, wodurch die deutsche Gegenspionage über die propagandistischen Untergrundaktivitäten im Zarenreich auf dem Laufenden gehalten wurde, und er erkannte, dass auch Lenin darin stark involviert war.[16]

Kesküla war es dann auch, der im September 1915 – parallel zu Alexander Parvus, der etwa zur gleichen Zeit eine zweite Kontaktaufnahme anbahnte – im Auftrag der Deutschen an den Führer der Bolschewiki in Zürich herantrat. Bei dieser Gelegenheit ließ Lenin offenbar durchblicken, im Falle einer von ihm geführten Revolutionsregierung zu einer Verständigung mit dem kaiserlichen Deutschland bereit zu sein, vorausgesetzt, man würde sich auf einen Frieden ohne Annexion und Kontributionen einigen können. Zugleich schien er sich auf bolschewistische Aufstandsaktivitäten in Indien verlegen zu wollen, um darüber den Engländern an der Peripherie des britischen Empires empfindliche Schläge zu versetzen.[17]

Es ist ausgesprochen schwierig abzuschätzen, inwieweit es sich dabei um aufrichtige Offerten oder lediglich um ein unverbindliches Abtasten möglicher Spielräume gehandelt hat. An der unsichtbaren Front konspirativer Begegnungen jedenfalls agierte Wladimir Lenin stets ausgesprochen zurückhaltend. Denn zu groß war die Gefahr, leichtfertig kompromittiert zu werden. Auch wenn er sich im Klaren gewesen sein dürfte, dass Kesküla als deutscher Interessensanwalt fungierte, ließ er es sich nicht offen anmerken. Immerhin: Eine erste Verbindung, die beide Seiten aber zu nichts verpflichtete und daher jederzeit leicht wieder abgebrochen werden konnte, war zumindest hergestellt.

Für die deutschen Russlandplaner im Auswärtigen Amt deuteten sich damit bereits zu Beginn des zweiten Kriegsjahres attraktive außenpolitische Handlungsoptionen an, die – abhängig vom weiteren Verlauf des Kampfgeschehens und von der innenpolitischen Lage in Russland – gegebenenfalls ein großes Entwicklungspotenzial besaßen. In ihrer Wahrnehmung konnte sich Lenin während des Ersten Weltkriegs sehr wohl als eine deutsche Geheimwaffe erweisen. Es überrascht deshalb wenig, dass bald darauf über ebenjenen estnischen Kontaktmann Alexander Kesküla verdeckt beachtliche Hilfsgelder flossen, die eigentlich deutschen Ursprungs waren. Als Spenden deklariert, wurden sie zumeist über den Lenin-Vertrauten Arthur Siefeldt an bolschewistische Parteigliederungen in der Schweiz oder über deren Stockholmer Sekretär Jakob Bogrowski weiterverteilt. Auf diese Weise konnte man nicht nur das kostspielige, weil geheime Kurierwesen nach Russland, sondern auch die dortige revolutionärere Infrastruktur teilfinanzieren. Allein bis 1917 muss über Keskülas verdeckte Kanäle eine Summe von rund einer Viertelmillion Goldmark transferiert worden sein.[18]

Lenin – Geheimwaffe der Deutschen

Als sich Ende Februar, Anfang März 1917 die Nachricht von der Revolution in Petrograd und vom Sturz der Romanow-Dynastie wie ein Lauffeuer verbreitete, waren die deutschen Regierungsbehörden und Militärs, aber auch die meisten linken russischen Emigranten in ihrem Schweizer Exil vollkommen unvorbereitet. Die Meldungen überschlugen sich. Und so war aus der Ferne zunächst nur schwer zu beurteilen, wie es um die Krise des Zarismus tatsächlich stand. In beiden Lagern keimten dennoch lang gehegte Hoffnungen schnell auf, nach Jahren der Konspiration nun endlich offen zur Tat schreiten zu können.

Vor allem Lenin wollte nicht nochmals denselben Fehler begehen wie 1905, als er sich erst mit einigen Monaten Verspätung in seine revolutionäre Heimat begeben hatte. Das galt umso mehr, als im März 1917 die Verhältnisse in vielerlei Hinsicht anders lagen. So bestand dringender Handlungsbedarf, weil in der russischen Hauptstadt das politische Machtvakuum, das der Zar und seine Regierung nach ihrer Abdankung kurzfristig hinterlassen hatten, sogleich durch eine Doppelherrschaft ersetzt wurde. Der Provisorischen Regierung, die sich größtenteils aus einstigen einflussreichen Duma-Abgeordneten aus dem Lager der liberalen Kadetten und Oktobristen zusammensetzte, stand der linksgerichtete Petrograder Arbeiter- und Soldatenrat mit mehrheitlich menschewistischen und parteilosen Vertretern gegenüber.

Deutsche Regierungskreise erkannten sogleich ihre Chance und wurden darin vor allem durch Alexander Parvus bestätigt. Dieser hatte gegenüber dem kaiserlichen Gesandten in Kopenhagen, Ulrich von Brockdorff-Rantzau, darauf gedrängt, mit Hilfe des machtversessenen Lenin die innenpolitische Situation in Petrograd weiter anzuheizen, am Ende gar darüber einen Separatfrieden zu erzielen. Und so lauteten am 2. April 1917 die Empfehlungen des deutschen Gesandten nach Berlin: «Wir müssen unbedingt jetzt suchen, in Russland ein größtmögliches Chaos zu schaffen [...] und alles daran zu setzen, unter der Hand die Gegensätze zwischen den gemäßigten und den extremen Parteien zu vertiefen [...].» Diese Einschätzung deckte sich weitgehend mit Informationen, die Deutschlands Botschafter in Bern, Freiherr von Romberg, dem Auswärtigen Amt übermittelte.[19] Die deutsche Außenpolitik schickte sich an, zum Geburtshelfer der bolschewistischen Oktoberrevolution zu werden. Sie schuf die Basis für eine folgenreiche Symbiose, die – über ideologische Grenzen hinweg – kaiserliche Imperialisten zeitweilig mit dem radikalen politischen Extremisten Wladimir Iljitsch Lenin verband.

Und sogleich löste sich dessen größtes oder doch erstes Problem, ungehindert, gefahrlos, vor allem aber schnell ins revolutionäre Petrograd zu gelangen. Mehrtägige Gespräche mit deutschen Unterhändlern gingen dem voraus. Lenin hielt sich dabei konsequent im Hintergrund, um nicht dem Vorwurf der Kollaboration mit dem Feind ausgesetzt zu werden. Als Interessensanwälte agierten zwei Strohmänner, die prominenten Schweizer Sozialdemokraten Robert Grimm und Fritz Platten. Sie trugen Lenins Forderungen vor – eine geradezu absurde Situation in Anbetracht der Umstände, dass er in höchstem Maße auf das Wohlwollen der Deutschen angewiesen war – und erreichten schließlich ein für die Bolschewiki akzeptables Arrangement, den geheimen Transfer von 32 teils hochkarätigen russischen Emigranten. Mit Lenin brachen dessen profiliertester Deutschlandexperte Karl Radek und der enge revolutionäre Weggefährte Grigorij Sinowjew am 9. April 1917 in eigens mit exterritorialem Status versehenen Eisenbahnwaggons aus Zürich durch Deutschland über Schweden und Finnland nach Russland auf. Am 16. April trafen sie spätnachts am Finnischen Bahnhof in Petrograd ein. Finanzielle Reisezuwendungen aus deutscher Staatskasse wurden kategorisch abgelehnt, stillschweigend dagegen in Kauf genommen, dass über die deutsche Botschaft in Stockholm ein Transitvisum für die illustre Gesellschaft erwirkt werden konnte.[20]

Unter den deutschen Russlandplanern war man sich sehr wohl darüber im Klaren, welch explosive Fracht man kurzerhand nach Petrograd expediert hatte. Und so war es nur folgerichtig, wenn genau in diesem Zeitraum das Reichsfinanzministerium dem Auswärtigen Amt in Berlin mit Blick auf die nähere Zukunft eine Sonderzahlung in Höhe von fünf Millionen Mark bewilligte – für «russische Tätigkeit», wie der Verwendungszweck hieß.[21]

Lenins exterritorialer Sonderzug durch Deutschland besiegelte zeitweilig eine deutsch-bolschewistische Aktionsgemeinschaft. Vertrauliche Rückmeldungen des kaiserlichen Gesandten Romberg in Bern, die auf den Unterhändler Fritz Platten zurückgingen, berichteten Ende April 1917 vom glänzenden Empfang Lenins in Petrograd und davon, dass er offenbar drei Viertel der dortigen Arbeiterschaft hinter sich vereine. Die propagandistische Zersetzung der russischen Armee, die unter Befehl der kriegswilligen Provisorischen Regierung stand, war noch mit Problemen behaftet, wie es überall an ausreichenden Finanzmitteln für eine wirkungsvolle Agitation fehlte. Platten regte an, weitere bolschewistische Emigranten nach Russland zu schaffen, um dort die «Zahl der unbedingten Friedensfreunde zu vermehren». Das galt umso mehr, als zu erwarten war, dass die gegnerischen Entente-Mächte die Schweizer Regierung in absehbarer Zeit dazu drängen würden, den Export von Revolutionären künftig zu unterbinden. Eile war geboten.

Ein erhoffter Sonderfrieden mit Russland setzte die konsolidierte Macht der Leninisten voraus. Die deutschen Militärs und Diplomaten ergriffen daher unverzüglich weitere Initiativen. Zwischen Mai und Juni 1917 arrangierten sie zwei weitere Transporte. Für die technische Abwicklung zeichnete auch diesmal General Erich Ludendorff verantwortlich, dem allein ausreichte, dass sich durch diese Aktionen die möglichen Friedensperspektiven deutlich verbesserten. Und so gelangten rund 400 Revolutionäre, davon einige, so eine Randnotiz des Generalstabs, die «man dem Äußeren nach für harmlose deutsche Gelehrte hätte halten müssen», unter gleichen Voraussetzungen wie seinerzeit Lenin über Deutschland in ihre krisengeschüttelte Heimat. Dazu gehörten nicht nur bekannte bolschewistische Persönlichkeiten wie Dmitrij S. Manuilskij, der ab 1919 in der Kommunistischen Internationale eine wichtige Rolle spielen sollte, Anatolij W. Lunatscharskij, der spätere Volkskommissar für das Bildungswesen, oder Nikolaj A. Semaschko, der nach der Oktoberrevolution das Volkskommissariat für das Gesundheitswesen leitete, sondern auch Mark A. Natanson, ein linker Sozialrevolutionär, der mit dem Leninflügel sympathisierte, Julius O. Martow, der Sprecher der Menschewiki, oder dessen Parteifreund Pawel B. Axelrod, der auf eine politische Allianz mit dem Bürgertum setzte, sich darüber mit Lenin überwarf, erneut zur Emigration gezwungen war und 1928 im Berliner Exil verstarb.

Deutschland befeuerte aber nicht allein die russische Revolution, indem es großzügig die Schleusen für rückkehrwillige Umstürzler öffnete. Schon im unmittelbaren Vorfeld des ersten Emigrantentransports, den Wilhelm II. nachdrücklich billigte, drängte der Kaiser darauf, die reisenden Revolutionäre von der grundsätzlichen Bereitschaft eines reformwilligen Deutschen Reiches zu überzeugen, ihnen «Weißbücher und ähnliche Schriften wie Abdruck der Osterbotschaft und der Kanzlerrede mitzugeben, damit sie in ihrer Heimat aufklärend wirken könnten». Damit wollte er es ihnen erleichtern, sich «für den sofortigen Friedensschluß einzusetzen».[22] Zugleich flossen seither immense Geldströme. Allein für die Revolutionierung Russlands waren dem Auswärtigen Amt zufolge bis zum 30. Januar 1918 40,5 Millionen Reichsmark bereitgestellt worden. Davon standen zum damaligen Zeitpunkt noch 14 Millionen Mark zur Verfügung, die erst in den Folgemonaten abgerufen wurden. Im Juli 1918 schließlich bewilligte die deutsche Reichsregierung abermals 40 Millionen Mark, zahlte jedoch bis Ende des Ersten Weltkrieges lediglich 10 Millionen davon aus.[23]

Zu den größten Nutznießern deutscher Alimentierung zählten zweifellos die Bolschewiki. Die Gelder erreichten sie im Frühjahr und Sommer 1917 zumeist über vertrauliche Mittelsmänner, wobei die Bargeldströme ihren Weg über das neutrale Schweden nach Russland fanden, ohne dass dies über Quittungen oder schriftliche Zahlungsanweisungen speziell dokumentiert worden wäre. Lenin hielt sich bei derartigen Transaktionen auffallend im Hintergrund. Ungleich schwerer ist dagegen zu überblicken, wie der bolschewistische Berufsrevolutionär und seine Parteifreunde die Subsidien aus Berlin einsetzten.

Die meisten Gelder flossen offenbar in den Ausbau der Parteiorganisation. Vor allem deren Propagandaapparat wurde binnen kürzester Zeit wirkungsvoll erweitert, was zugleich eine entscheidende Voraussetzung für Lenins erfolgreichen Oktoberputsch bildete. Im Mai 1917 erwarben die Bolschewiki in Petrograd eine moderne Druckerei. Sie war gleichsam die Basis für ein expandierendes Agitationswesen. Davon profitierte wiederum das zentrale Parteiorgan «Prawda» (Die Wahrheit), das seine Tagesauflage fortan auf 100 000 Exemplare steigern konnte. Im Juli 1917 gab die Partei bereits 41 Zeitungen heraus, deren Auflagen in die Zehntausende gingen, darunter Regionalblätter und fremdsprachige Ausgaben, die in dem zerfallenden multinationalen Imperium größte Bedeutung erlangten. Eine Besonderheit stellten drei speziell für das Militär konzipierte Zeitungen dar: Die «Soldatskaja Prawda» (Soldaten-Wahrheit), die «Golos Prawdy» (Stimme der Wahrheit) und die «Okopnaja Prawda» (Schützengraben-Wahrheit) waren Publikationsorgane, mit denen die Bolschewiki erfolgreich unter den Garnisonstruppen, den Matrosen und den Frontverbänden wirkten und alsbald politische Interpretationshoheit erlangten. Keine andere Partei im revolutionären Russland hatte etwas Vergleichbares aufzubieten. Darüber hinaus stand fest: Aus den Mitgliedsbeiträgen der bolschewistischen Parteiorganisation, die zum damaligen Zeitpunkt kaum mehr als 20 000 Aktivisten zählte, konnte ein solch imposantes Presseimperium mit einer Gesamtauflage von rund 320 000 Zeitungsexemplaren am Tag nicht finanziert werden. Unter den deutschen Russlandexperten des Auswärtigen Amtes, allen voran bei Staatssekretär Richard von Kühlmann, der dort 1917/18 eine gegenüber den Bolschewiki aufgeschlossene Politik verfolgte, wurden solche Entwicklungen überaus positiv registriert.[24]

Solange Lenin Oppositionspolitiker war, agierte er gegen die Provisorische Regierung, indem er sich öffentlich nachdrücklich für eine Beendigung des Kriegs aussprach. Allerdings ließ er sich nicht vor deren Karren spannen, als ihn der sozialrevolutionäre Kriegsminister Alexander F. Kerenskij im Frühjahr 1917 bat, die deutschen Vorstellungen eines Sonderfriedens auszuloten. Lenin lehnte dies strikt ab, weil er die Siegesaussichten seiner Partei in der Auseinandersetzung um die politische Macht nicht leichtfertig verspielen wollte; keineswegs war er ein Erfüllungsgehilfe der Deutschen.[25] Das galt umso mehr, als das seinerzeitige Angebot unter dem Vorbehalt stand, zuvor in Russland die Regierungsverantwortungen erlangt zu haben.

Selbst nach dem Oktober-Coup der Bolschewiki, der im kaiserlichen Deutschland freudig begrüßt worden war – allein die Sozialdemokraten machten hier eine Ausnahme –, musste sich der erfolgreiche Revolutionsführer in dieser Hinsicht vorerst noch zurückhalten. Er konnte nicht sogleich das tiefe Friedensbedürfnis weiter Bevölkerungsteile bedienen und sich damit unmittelbar an die deutsche Reichsregierung wenden. Lenin handelte vor allem unter dem Eindruck einer Pressekampagne von politischen Gegnern, die ihn im Juli 1917 als Spion der Deutschen öffentlich zu diffamieren suchten, nachdem zuvor geheime Ermittlungsergebnisse der Provisorischen Regierung und der Petrograder Spionageabwehr teilweise durchgesickert waren. Der russische Generalstaatsanwalt befand ihn im August 1917 zwar für schuldig. Allerdings fehlte es an Beweisen. Niemand konnte ihm nachweisen, persönlich deutsche Geldzahlungen entgegengenommen zu haben. Ebenso wenig ließen sich direkte Verbindungen zwischen Lenin und dem von der Reichsregierung finanzierten Alexander Parvus belegen. Allerdings mangelte es nicht an Behauptungen und Gerüchten, die die Bolschewiki vorübergehend in erhebliche Erklärungsnöte brachten. In dieser Situation drängte Lenin auf Herrschaftskonsolidierung, zumal Russland sich seit der Oktoberrevolution im Bürgerkrieg befand.[26]

Friede von Brest-Litowsk: Atempause für Sowjetrussland

Um die ohnehin schon aufgewühlte Stimmung zu beruhigen und weiteren Spekulationen entgegenzuwirken, war es unmittelbar nach dem bolschewistischen Putsch taktisch dringend angeraten, zunächst nicht einseitig auf die Deutschen zu setzen. Die neuen revolutionären Machthaber wandten sich deshalb am 26. Oktober[27] (8. November) 1917 mit einem allgemeinen Dekret über einen «gerechten und demokratischen Frieden» ohne Annexionen und ohne Kontributionen an *alle* kriegführenden Parteien. Erst als sie damit nicht durchdrangen und eine zweite russische Initiative allein von den Mittelmächten unter deutscher Führung aufgegriffen wurde,[28] bildete am 2. (15.) Dezember 1917 ein Waffenstillstand den Auftakt für bilaterale Friedensgespräche in Brest-Litowsk, dem Hauptquartier der deutschen Ostfront. Das Ganze wurde befördert, als Anfang Dezember 1917 das Berliner Außenministerium angesichts der großen Finanznöte der neuen Petrograder Revolutionsregierung im Sinne vertrauensbildender Maßnahmen weitere Hilfszahlungen in Höhe von 15 Millionen Mark an die Bolschewiki leistete. Und diese griffen.[29]

Die eigentlichen Verhandlungen begannen am 12. (25.) Dezember 1917 und zogen sich in rund 70 nervenzehrenden Sitzungen über drei Phasen bis zum 3. (16.) März 1918 hin. Insgesamt handelte es sich um eine in der Geschichte der Friedensschlüsse einzigartige Begebenheit. Sie war im Wesentlichen der besonderen revolutionären Umbruchsituation geschuldet und blieb nicht zuletzt wegen der außergewöhnlichen Umstände eines harten «Raubfriedens» im kollektiven Gedächtnis Sowjetrusslands, aber auch in den Erinnerungen der deutschen Unterhändler tief verhaftet. Brest-Litowsk und die Beziehungen, die sich daraus zum kaiserlichen Deutschland ableiteten, sollten nicht nur zur eigentlichen Geburtsstunde der jungen Sowjetrepublik werden, sie stellten zugleich alle bisherigen internationalen Prinzipien in den Schatten. Die in den Friedensverhandlungen erstmals praktizierte Sowjetdiplomatie mutete den deutschen Verhandlungsführern aus den Reihen des Auswärtigen Amtes und der Militärs ebenso wie deren Verbündeten allerhand zu. Denn die politisch-ideologisch gänzlich anders konditionierten Bolschewiki hatten der traditionellen Kabinettsdiplomatie des 19. Jahrhunderts den Kampf angesagt. Brest-Litowsk bot hierfür ein geradezu ideales Forum: Lenins Unterhändler setzten dort ihre schon unmittelbar nach der Oktoberrevolution angewandten außenpolitischen Gepflogenheiten fort, glänzten durch klassenkämpferische Parolen, brachen mit der Geheimdiplomatie, indem sie vertrauliche internationale Absprachen oder Verträge veröffentlichten, verweigerten sich ausländischen Zahlungsverpflichtungen der Vorgängerregierung und gerierten sich als transnationale, allein den revolutionären Interessen der Völker verpflichtete Internationalisten.[30]

Zur Ausgangsposition: Wenn sich beide Seiten auf dieses Experiment eines Separatfriedens einließen, dann nicht zuletzt in dem Wissen gegenseitiger Abhängigkeit. Die Deutschen trachteten nicht nur nach militärischer Entlastung an ihrer Ostfront, um sich auf den westlichen Kriegsschauplatz konzentrieren zu können. Mehr noch wog ihre Sorge, dass der Hauptverbündete Österreich-Ungarn den immensen Belastungen des Kriegsgeschehens nicht mehr allzu lange standhalten würde. Hinzu kam die unsichere Situation in der Heimat: Die Versorgungslage verschlechterte sich dort von Tag zu Tag, was angesichts erstarrter Fronten die Unzufriedenheit unter der Zivilbevölkerung stetig nährte und im Frühjahr 1917 Massenstreiks nach sich zog. Als die Friedensofferte der Bolschewiki bekannt wurde und sich damit die Perspektive eröffnete, zumindest im Osten ein Ende des blutigen Völkermordens herbeiführen zu können, stieß dies vor allem in breiten Teilen der deutschen Arbeiterschaft zeitweilig auf große Sympathie.[31] Insofern besaß der in aufgewühlten Zeiten mit den Bolschewiki geführte Friedensdialog für die deutsche Reichsführung militärische wie auch innenpolitische Bedeutung.

Für Lenin und seine engsten Weggefährten galt dies allemal. Die Macht der Bolschewiki stand in vielerlei Hinsicht auf tönernen Füßen. Allein Petrograd und Moskau zählten zu den Metropolen, derer sich die Revolutionäre gewiss sein konnten. Schon in Zentralrussland lagen die Verhältnisse gänzlich anders. Ebenso fehlte in den Peripherien des einstigen multiethnischen Imperiums der Rückhalt für die Sache der Bolschewiki. Es existierten keine straffen Verbindungen zwischen der Führung in der Hauptstadt und den zahlreichen revolutionären Räteregierungen in der Provinz. Allenfalls die gemeinsame Ablehnung der alten Ordnung hielt vorübergehend die in den Revolutionswirren agierenden Sowjets zusammen. Die Arbeiterschaft stand keineswegs geschlossen hinter der Partei, von bäuerlichen oder gar bürgerlichen Kreisen ganz zu schweigen. Die Bolschewiki hatten überdies in ihrem blinden Hass auf alles Vorrevolutionäre sämtliche bestehenden Staatsstrukturen und funktionierenden Institutionen rücksichtslos zerschlagen, ohne jedoch klare Vorstellungen darüber entwickelt zu haben, was es eigentlich hieß, einen neuen Sowjetstaat aufzubauen. Und so versank Russland binnen kürzester Zeit in einem heillosen Chaos, in einem blutigen Bürgerkrieg, in dem «Rote» und antibolschewistische «Weiße» sich in grenzenloser Gewalt bekämpften – Letztere mit Hilfe der westlichen Ententemächte USA, Frankreich, Großbritannien sowie des Weltkriegssiegers Japan.[32] Das Land, mehr noch Lenin, dürstete nach einer Atempause, die er sich von einer Übereinkunft mit den Mittelmächten, allen voran mit Deutschland, versprach, um sich fortan ganz darauf zu konzentrieren, seine inneren Feinde zu bekämpfen und dem bolschewistischen Sowjetrussland das politische Überleben zu sichern. Soweit also die Ausgangslage.

In dieser sich bereits um die Jahreswende 1917/1918 abzeichnenden innenpolitischen Konstellation trafen nun erstmals in Brest-Litowsk die beiden Verhandlungsdelegationen aufeinander, die unterschiedlicher kaum sein konnten: Erfahrene westliche Diplomaten, die mitunter herablassend und in völliger Unkenntnis ihres Gegenübers die Bolschewiki als eine Schar unzivilisierter, geschwätziger revolutionärer Heißsporne hoffnungslos unterschätzten, stießen auf östliche Unterhändler, die aus langjähriger Exilanten-Zeit zum Teil beste Kenntnisse über ihre diplomatischen Gegenspieler und deren Heimatländer besaßen.

Für die Mittelmächte dominierte das Geschehen der deutsche Aristokrat und Industriellensohn Richard von Kühlmann, der als Staatssekretär des Auswärtigen Amtes die Gesprächsführung übernahm. Ihm zur Seite stand Generalmajor Max Hoffmann. Als Generalstabschef der deutschen Besatzungsverwaltung ‹Ober Ost› nahm er die Interessen der Obersten Heeresleitung wahr. Schnell zeigte sich während der Verhandlungen, aber auch in der Zeit nach dem Friedensschluss, wie sehr die ostpolitischen und damit die auf Russland bezogenen Konzeptionen beider Unterhändler auseinanderlagen: Die Militärs, die die Friedensgespräche zügig abschließen wollten, verfolgten allerdings keine in sich stimmige Linie. Sie zielten darauf, die bolschewistische Gefahr möglichst einzudämmen, sei es durch militärische Einschüchterung, durch Kooperation mit der antibolschewistischen Opposition oder durch weitere territoriale Schwächung des Gegners, gepaart mit geradezu vermessenen Vorstellungen eines tief nach Eurasien hineinreichenden Ostimperiums, das eine zusätzliche wichtige Versorgungs- und Rohstoffbasis für das kriegführende Deutsche Reich bieten sollte.

Anders dagegen positionierte sich Kühlmann. Ganz im Geiste des 19. Jahrhunderts betrachtete er selbst das bolschewistische Russland als ein Mitglied der europäischen Pentarchie. Eine weitere Zerstückelung des Landes lehnte er deshalb entschieden ab. Der bestehende Schwächezustand des einstigen zarischen Imperiums, ergänzt durch eine auf Frieden zielende Verständigung mit den Bolschewiki, waren ihm Garantie genug, um Russland längerfristig bündnisunfähig zu halten und nicht in die Arme der gegnerischen westlichen Entente zu treiben. Folglich repräsentierte er die im Auswärtigen Amt vorherrschende Auffassung – die sich bis Kriegsschluss dann weitgehend gegenüber der OHL durchsetzte –, den Bolschewismus nicht nur zu dulden. Um Ruhe und Ordnung im Osten sicherzustellen, musste dieser weiterhin gefördert, im äußersten Fall sogar vor dem Niedergang bewahrt werden. Das Liebäugeln mit der politisch rückwärtsgewandten Opposition stellte für ihn deshalb keine ernsthafte Alternative dar. Kühlmann war fest davon überzeugt, Lenins Revolutionsregierung und Bewegung nicht mit deutschen Bajonetten vernichten zu können. Außerdem wollte er sich nicht in die Strudel des unberechenbaren russischen Bürgerkrieges hineinziehen lassen.[33] In dieser Perspektive sollte die Schwäche der Bolschewiki schließlich zu deren Stärke gereichen, zumal sie allein die Gewähr für den auch von den Deutschen dringend benötigten Sonderfrieden darstellten.

Doch dies war keinesfalls von Anfang an ersichtlich, am wenigsten für die alsbald in Bedrängnis geratene 28-köpfige bolschewistische Verhandlungsdelegation unter Leitung von Adolf A. Joffe, die sich während der ersten Gesprächsrunde bis Ende Dezember 1917 allein aus Berufsrevolutionären, Arbeitern und Bauern zusammensetzte. Sie waren ohne Instruktionen angereist, spielten auf Zeit und zeigten sich überhaupt nicht an konkreten Verhandlungsergebnissen interessiert, was auf die westlichen Gesprächspartner überaus verstörend wirkte. Stattdessen verlegten sich die Russen auf einen propagandistischen Schlagabtausch mit dem Klassenfeind und unterbrachen die

Gespräche, als sich abzeichnete, dass die Mittelmächte im Zuge des Friedensschlusses die ohnehin von ihnen besetzten russischen Westprovinzen annektieren wollten.

Im Januar 1918 wurde der Gesprächsfaden erneut aufgegriffen. Diesmal fand sich sogar Außenkommissar Leo Trotzki höchstpersönlich in Brest-Litowsk ein. Doch auch dies führte zu keinen konstruktiven Ergebnissen. Trotzki, der im November 1917 sein Amtsverständnis dahingehend auf den Punkt gebracht hatte, einige «revolutionäre Proklamationen an die Völker erlassen und dann die Bude schließen» zu wollen, verhielt sich in dieser Hinsicht gänzlich regelkonform: Der scharfsinnige Intellektuelle und begnadete Rhetoriker lehnte einen Frieden um jeden Preis entschieden ab. Er lieferte sich mit dem Deutschen Richard von Kühlmann brillante Rededuelle und spielte – in der Hoffnung auf die bevorstehende Weltrevolution, die ihn am Ende aller Probleme entledigen würde – abermals auf Zeit. So gipfelte sein Auftritt im deutschen Hauptquartier am 10. (23.) Februar 1918 in der gleichsam irritierenden Erklärung «Weder Krieg noch Frieden», mit der er die Gespräche ergebnislos abbrach und in Richtung Petrograd entschwand. Zuvor hatten die inzwischen verprellten Repräsentanten der Mittelmächte unter dem Druck der deutschen Militärs ein 24-stündiges Ultimatum gestellt, um so ihren Forderungen Nachdruck zu verleihen. Als dieses jedoch ergebnislos verstrichen war, nahm Deutschland die Kampfhandlungen wieder auf, erzielte im Handstreich weitere enorme Gebietsgewinne und stürzte das bolschewistische Regime in eine Existenzkrise.

Nun war es Lenin, der sich am Ende mit hauchdünner Mehrheit gegen seine innerparteilichen Widersacher behauptete und damit Realpolitik über revolutionäres Abenteurertum stellte. Er teilte zum damaligen Zeitpunkt jedenfalls nicht den weltrevolutionären Optimismus Trotzkis, sondern hielt es eher mit der Zuversicht der deutschen OHL, die von einer baldigen Niederlage der gegnerischen Entente ausging. Unter solchen Voraussetzungen gab es für ihn keine Alternative: «[...W]enn wir uns auf den Krieg einlassen, dann wird unsere Regierung hinweggefegt werden», argumentierte er schonungslos gegenüber dem Zentralkomitee seiner Partei, drohte gar mit Rücktritt für den Fall anhaltender Verweigerung. Und das wiederum gab den Ausschlag, nach Brest-Litowsk an den Verhandlungstisch zurückzukehren.[34]

Diesmal jedoch befanden sich die Bolschewiki gegenüber den Deutschen in einer ungleich schwächeren Verhandlungsposition, die keinerlei Spielräume mehr gewährte. Der am 3. (16.) März 1918 unterzeichnete Friede mit dem Deutschen Reich war eine beispiellose Erniedrigung. Zugleich war Deutschland seinen Kriegszielen von 1914, nämlich europäische Hegemonialmacht zu werden, zum Greifen nahe gerückt: Russland musste Polen, Litauen und Kurland abtreten. Livland gehörte zwar formal noch zum russischen Staatsverband, stand vorerst aber unter deutscher Polizeiverwaltung. Am schwersten traf der Verlust der traditionellen Kornkammer die Ukraine, die bereits am 9. (22.) Februar einen Separatfrieden mit den Mittelmächten geschlossen hatte. Territorial betrachtet war das einstige Imperium auf einen Rumpfstaat in den Ausmaßen des vorpetrinischen Reiches zusammengeschmolzen. Es hatte 32 Prozent seines fruchtbaren Ackergebietes eingebüßt, musste den Verlust von 26 Prozent seines Eisenbahnnetzes hinnehmen, hatte 32 Prozent seiner Industrie, 75 Prozent seiner Kohle- und Eisenerzminen sowie mit 62 Millionen Einwohnern ein Drittel seiner Gesamtbevölkerung verloren und war schließlich noch zu Reparationszahlungen in Gold verpflichtet.

Auf den ersten Blick mutete der Friede von Brest-Litowsk wie eine schmachvolle totale Niederlage für die Bolschewiki an. Und in der Tat gab es bis auf wenige revolutionär-taktisch Eingestellte, die allerdings zur Führungsriege in den von Lenins Partei beherrschten Landesteilen gehörten, mehr Kritiker als Befürworter: Das galt für die sozialrevolutionären Koalitionäre der Bolschewiki, mit denen es bald darauf zum Bruch kam, ebenso wie für zahlreiche Arbeiter. Diese hatten zwar Frieden herbeigesehnt, allerdings nicht um jeden Preis, und schon gar nicht unter den Bedingungen des Diktats, was einer Kapitulation gleichkam.

Auch in Deutschland äußerten sich die Sozialisten aller Couleur überwiegend missbilligend. Die linken Marxisten griffen Lenin und Trotzki als «Friedensopportunisten und Demagogen» an, im Bund mit dem deutschen Imperialismus, weshalb sie keine «internationalen prinzipiellen Sozialisten» mehr seien. Die Mehrheitssozialdemokraten waren nicht weniger unzufrieden, konnten nach der Ratifizierungsdebatte im Reichstag aber nicht gegen den Frieden votieren und enthielten sich schließlich in der Abstimmung.[35]

Doch ungeachtet aller Kritik sollte sich nicht erst auf längere Sicht erweisen, dass Lenins unpopuläre Entscheidung die einzig richtige war. Er wurde damit der eigentliche Sieger von Brest-Litowsk. Der Friede war zwar teuer erkauft, machte sich aber rasch bezahlt. Abgesehen von der Entlastung der durch Bürgerkrieg und westalliierte Intervention bedrohten Bolschewiki erbrachte das Friedensabkommen vor allem die erstmalige diplomatische Anerkennung der jungen Sowjetmacht durch eine Reihe traditioneller kapitalistischer Staaten. Und das verschaffte ihr eine wichtige äußere Legitimation.

Brest-Litowsk war aber auch in anderer Hinsicht ein Meilenstein in der Geschichte des langen deutsch-russischen 20. Jahrhunderts – und dies jenseits von Lenins geheimer Rückführung ins revolutionäre Petrograd oder einem Separatfrieden, der durch weitere finanzielle, militärische und diplomatische deutsche Hilfsmaßnahmen den bolschewistischen Revolutionären die überlebenswichtige Atempause gewährte. Erstmals hatten sich zwei ungleiche Partner ungeachtet politisch-ideologischer Gegensätze auf eine gemeinsame Friedensagenda eingelassen. Das wiederum eröffnete mittelfristig insbesondere den Diplomaten und Militärs beider Länder wegweisende Optionen. Die Ängste vor systemübergreifenden Begegnungen und Dialogen waren gewichen, weil auf beiden Seiten der Pragmatismus obsiegte. Nicht anders ist im Frühjahr 1918 die Weisung von Außenkommissar Georgij Tschitscherin an den ersten bolschewistischen Gesandten Adolf Joffe im kaiserlichen Berlin zu verstehen, wenn es darin heißt: «Deutschland muss begreifen, dass eine grundsätzlich antiimperialistische Regierung im Osten den größeren Vorteil bringt als eine bürgerliche Regierung, die jede Minute zur Entente überlaufen und mit ihr eine kapitalistische Angriffspolitik gegen Deutschland betreiben kann [...].»[36] Darin lag nicht nur eine versteckte Drohung, sondern auch eine Chance, die über das Weltkriegsgeschehen weit hinausweisen sollte.

«Völker, hört die Signale!»
Hoffnungen auf Weltrevolution

Ein zentrales Ergebnis der Brester Verhandlungen bestand darin, dass im Frühjahr 1918 die junge Sowjetmacht offiziell Beziehungen zum kaiserlichen Deutschland aufnahm. Beide Länder tauschten Gesandte aus und eröffneten wieder Botschaften in ihren Hauptstädten. Doch von einer Rückkehr zu den diplomatischen Gepflogenheiten der Vorkriegszeit konnte keine Rede mehr sein. Hier bahnte sich ein grundlegender Wandel an, der im Wesentlichen auf das neue Denken der neuen Machthaber in Petrograd zurückging. Sie gestalteten die internationalen Beziehungen in einer bis dahin ungewohnten Zweigleisigkeit.

Zweigleisige bolschewistische Deutschlandpolitik

Sowjetrussland sollte zunächst mit Mitteln der klassischen Diplomatie weiter abgesichert werden. Diese spezielle Aufgabe oblag dem neuen Volkskommissar für Auswärtige Angelegenheiten, Georgij Tschitscherin. Er folgte bereits am 10. (23.) Februar 1918 seinem impulsiven Amtsvorgänger Leo Trotzki, der durch seine unglückliche Verhandlungstaktik die Friedensgespräche von Brest-Litowsk vorübergehend in eine Sackgasse manövriert hatte. Tschitscherin war aristokratischer Abstammung, humanistisch hoch gebildet und in der Archivabteilung des zarischen Außenministeriums beruflich sozialisiert worden. Fasziniert von Otto von Bismarcks russischem Gegenspieler Fürst Alexander Gortschakow, studierte er an ihm die Kunst der Diplomatie. Er brachte also die denkbar besten Voraussetzungen mit, um als Chefdiplomat die Interessen seines Landes gegenüber dem deutschen Kaiserreich, später dann der Weimarer Republik, angemessen zu vertreten – im Umgang mit ausländischen Beamten oder politischen Repräsentanten, die ihm von Herkunft und Erziehung in mancherlei Hinsicht ähnlich waren. Tschitscherin erwies sich zwar als loyaler Diener Lenins und der Revolution.[1] Die weltrevolutionären Belange – ein Novum, das die auswärtigen Beziehungen der Sowjetrepublik fortan maßgeblich prägen sollte – fielen allerdings weniger in seinen Verantwortungsbereich. Zuständig hierfür waren in erster Linie die Russische Bolschewistische Partei, die RKP(B), sowie die 1919 gegründete und von ihr vollständig abhängige Kommunistische Internationale. Als internationalistische Dachorganisation aller kommunistischen Parteien avancierte sie zum Generalstab des revolutionären Aufstandes und damit zum verlängerten Arm der sowjetischen Außenpolitik.

Vor diesem Hintergrund vollzog sich ein bemerkenswerter Rollentausch: Bis zur Oktoberrevolution und dem Brester Separatfrieden waren es die deutschen Militärs und Diplomaten, die die zielstrebige Zersetzung des russischen Imperiums zu ihrem politischen Leitmotiv erklärt hatten. Unter den inzwischen veränderten außenpolitischen Rahmenbedingungen machten nunmehr umgekehrt die Bolschewiki den Gedanken der Destabilisierung zu ihrem deutschlandpolitischen Programm. Das galt umso mehr, als das geostrategisch günstig gelegene Deutsche Reich gemäß den ideologischen Überzeugungen ihrer Partei die besten Voraussetzungen für eine Erhebung erfüllte: ein hoch industrialisiertes Land mit einem ebenso hoch entwickelten und gefestigten Proletariat, das sich auf eine traditionsreiche Arbeiterbewegung stützen konnte. Zunächst war es aber nicht opportun, den Umsturzgedanken offen auf die tagespolitische Agenda zu setzen, weil der Brester Friedensschluss den Vertragspartnern ein Agitations- und Propaganda-Verbot auferlegt hatte. Das Vertragswerk bot insgeheim jedoch verheißungsvolle Perspektiven: Es hatte die imperialistischen Kriegsziele des Deutschen Reiches schonungslos offengelegt. In Kombination mit der zu erwartenden Freilassung unzähliger Kriegsgefangener der Mittelmächte, darunter viele Heimkehrer, bei denen die bolschewistische Ideologie tiefe Eindrücke hinterlassen hatte, reifte, so Lenins Annahme, eine ideale Gemengelage heran, um die erhofften Revolutionen in Mitteleuropa entfachen zu können.[2]

Berliner Gesandtschaft – revolutionäres «Fenster nach Europa»

In diesem Verständnis kam der neu errichteten sowjetrussischen Gesandtschaft in Berlin, die für die Bolschewiki gleichsam das «Fenster nach Europa» darstellte, eine besondere Bedeutung zu. Sie befand sich inmitten der Reichshauptstadt und brachte nicht nur durch das rote Banner auf dem Dach symbolisch den Glauben an den bevorstehenden Siegeszug der Sowjetmacht zum Ausdruck. Weil man in Petrograd seit Spätsommer 1918 ungeduldig den Ausbruch der deutschen Revolution erwartete, sollte die Botschaft neben diplomatischen Funktionen vor allem propagandistische Aufgaben übernehmen. In der Folgezeit entwickelte sie sich rasch zu einer wichtigen Koordinierungszentrale für jene radikalen linken Kräfte aus dem Umfeld des Spartakusbundes – und der daraus im Dezember 1918 hervorgegangenen KPD –, die Deutschland nach bolschewistischem Muster umgestalten wollten.

Ihr erster Hausherr, Adolf Joffe, war für diese Aufgabe geradezu prädestiniert. Den Deutschen war er aus den Verhandlungen von Brest-Litowsk noch in guter Erinnerung geblieben. Im Unterschied zu Trotzki hatte er sich diplomatisch konziliant und vordergründig wenig revolutionär gezeigt. Aufgewachsen im bürgerlich-jüdischen Milieu Simferopols, beherrschte er entsprechende Umgangsformen, was ihm in seiner neuen Funktion zugutekommen sollte. Joffe war zudem aufgrund seines früheren Medizinstudiums in Wien und Berlin mit dem deutschsprachigen Raum bestens vertraut. Er besaß Rückhalt bei Lenin und verdankte seinen politischen Aufstieg nicht zuletzt Leo Trotzki, der mit ihm im Wiener Exil zeitweilig die «Prawda» herausgegeben hatte, Joffe sehr schätzte und ihn unmittelbar nach der Oktoberrevolution ins Außenkommissariat holte. Aus dieser besonderen Konstellation bezog er sein ausgeprägtes Selbstbewusstsein. Außenminister Tschitscherin, dem er als Gesandter in Berlin formal zugeteilt war, gab er sogleich unmissverständlich zu verstehen, wo die Grenzen seiner Loyalität lagen. So teilte er nur bedingt

Tschitscherins Auffassung, die Beziehungen zu den wenigen Staaten, die das weitgehend isolierte Sowjetrussland bis dahin diplomatisch anerkannt hatten, im Sinne friedlicher Koexistenz mit Bedacht zu gestalten, was wiederum bedeutete, sich vorerst auf rein technische Arbeiten zu fokussieren. Adolf Joffe dagegen fühlte sich in erster Linie der engsten Parteiführung verpflichtet, die ihn Ende April 1918 mit einem klaren revolutionären Auftrag nach Deutschland entsandt hatte. Doch ungeachtet manch unweigerlich vorbestimmter Konflikte mit der heimatlichen Außenamtszentrale leuchtete Joffe ein, dass er für die Zeit, in der die Bolschewiki dringend auf die von den Deutschen gewährte Atempause angewiesen waren, nicht allzu offen als «Ferment der Revolution» in Erscheinung treten sollte.[3]

Die – so ihre offizielle Bezeichnung – Bevollmächtigte Vertretung der Russischen Sozialistischen Föderativen Sowjetrepublik (RSFSR) in Berlin besaß zumindest in den ersten Wochen und Monaten ihrer Existenz vornehmlich die Funktion eines vorgeschobenen Beobachterpostens. Sie stellte von Anfang an einen Fremdkörper unter den in der Reichshauptstadt während des Krieges verbliebenen diplomatischen Vertretungen dar, dem stets etwas Geheimnisvolles anhaftete. Den Deutschen war vielfach unklar, wer durch sie eigentlich repräsentiert werden sollte: die Sowjetmacht oder die Interessen deutscher Linksextremisten. Moskaus frisch akkreditierter Gesandter nutzte zunächst seine diplomatische Stellung, um auf legalem Wege seine vielfältigen alten Kontakte aus der Vorkriegszeit wiederzubeleben, aber auch, um neue Verbindungen zu knüpfen. Da die Gesandtschaft exterritorialen Status genoss, begünstigte dies die Möglichkeiten für regelmäßige offizielle und konspirative Zusammenkünfte zwischen Botschaftsangehörigen und Vertretern der deutschen Linkssozialisten, darunter bedeutende Spartakisten wie Clara Zetkin oder Franz Mehring sowie bekannte Reichstagsabgeordnete der Unabhängigen Sozialdemokratischen Partei Deutschlands (USPD), darunter Hugo Haase, Oscar Cohn oder Eduard Bernstein. Führer der Mehrheits-SPD (MSPD) waren selbstredend davon ausgenommen.

Manch politisch verfolgter Sozialist entzog sich kurzerhand der

Verhaftung durch die deutsche Polizei, indem er Zuflucht in der Gesandtschaft der RSFSR suchte. Die Botschaft entwickelte sich rasch zur Informationsbörse des Umsturzes und zu einem Ort, an dem zahlreiche einschlägige Zersetzungsaktionen ausgedacht und abgestimmt wurden. Unter ihrem Dach organisierte man nicht nur verdeckte Geldtransfers, den Austausch von Agitationsmaterial oder gar manchen illegalen Waffen-Ankauf, sondern verschaffte auch verheißungsvollen Führern der künftigen deutschen Revolution zur Überbrückung auskömmliche Beschäftigungsverhältnisse. Ungestört von unerwarteten Hausdurchsuchungen durch deutsche Sicherheitsorgane, konnten sie Flugblätter und Propagandabroschüren verfassen. Die Spartakisten hatten hier im Umfeld der Novemberrevolution von 1918 ihre Organisation gegründet und führten nun, soweit bedienstet, während ihrer offiziellen Arbeitszeit im Schutz der Botschaft Mitgliederversammlungen durch. Manche Überstunde wurde so mit dem Vermerk «Kampf für die Klassen-Interessen» auf Kosten der RSFSR zusätzlich vergütet.

Botschafter Joffe machte sich zudem mehrfach zum Anwalt prominenter Spartakisten, indem er als offizieller Vertreter Sowjetrusslands bei den deutschen Strafverfolgungsbehörden etwa um die Freilassung Leo Jogiches aus dem Gefängnis nachsuchte. Zeitweilig wurde sogar erwogen, die gleichfalls inhaftierten Führer des Spartakusbundes Rosa Luxemburg und Karl Liebknecht im Austausch gegen Mitglieder der Zarenfamilie freizubekommen. Als Liebknecht am 23. Oktober 1918 vorzeitig aus der Haftanstalt Luckau freigelassen wurde, gab Joffe ihm zu Ehren in der Sowjetvertretung sogleich einen feierlichen Empfang.

Zu den Auffangbecken für politisch verfemte Linke gehörte auch die Russische Nachrichtenagentur «ROSTA» (Rossijskoje Telegrafnoje Agentstwo). Nach Aufnahme der diplomatischen Beziehungen durfte sie seit August 1918 legal in Deutschland wirken. Unter der Leitung von Towja Akselrod, der im April 1919 in der kurzen Zeit der Münchner Räterepublik eine einflussreiche Rolle spielen sollte, wurden dort täglich für die sowjetische Presse Informationsbulletins über die politische Lage im Kaiserreich zusammengestellt. Daneben entwickelte sich die Agentur schnell zu einem Ort revolutionärer Konspiration. Nicht zuletzt deshalb stand sie dauerhaft unter polizeilicher Beobachtung. Denn es mehrten sich Anzeichen, die nicht nur von ihrer regulären journalistischen Arbeit zeugten, sondern vielmehr vermuten ließen, dass die Infrastruktur von ROSTA auch zur Verbreitung umstürzlerischer Flugschriften zweckentfremdet wurde.[4]

Lenin, Joffe und der Weg in die deutsche Novemberrevolution

Angesichts solcher Rahmenbedingungen lag die Vermutung nahe, die Sowjetmacht sei auf ihre Revolutionspolitik in Deutschland insgesamt denkbar gut vorbereitet gewesen. Das galt umso mehr, als sie sich dabei offenbar auf potenzielle Verbündete im Lande selbst stützen konnte. In Russland konnte sie überdies in den Kriegsgefangenenlagern deutsche Kaderreserven heranbilden, die nur noch auf ihren Einsatz warteten.[5] Ende September, Anfang Oktober 1918 hatte sich bei Lenin zusätzlich der Eindruck verfestigt, nicht mehr länger von der durch die Deutschen gewährten Atempause abhängig zu sein, weshalb ihm diplomatische Zurückhaltung gegenüber Deutschland fortan unangebracht erschien. Mit dem Rücktritt des deutschen Reichskanzlers Georg von Hertling am 1. Oktober 1918 schien sich in der unmittelbar bevorstehenden Kriegsniederlage des Kaiserreichs eine große innenpolitische Krise anzubahnen. So jedenfalls interpretierte die sowjetische Presse das dortige Geschehen. Lenins Deutschlandexperte Karl Radek ließ sich in der Regierungszeitung «Iswestija» (Nachrichten) gar zu der überschwänglichen Annahme hinreißen, die Deutschen seien in einer vergleichbaren Situation wie Russland kurz vor dem Sturz der Romanow-Dynastie. Und drei Tage später konnte er sich in einem Artikel über den «Kollaps des deutschen Imperialismus» nicht den schadenfrohen Kommentar verkneifen: «Der Sieger von Brest steht heute vor seinem eigenen Brest.»[6]

Die Führung der Bolschewiki war inzwischen ganz im Revolutionsmodus. Vor allem Lenin forcierte unbeirrt das Tempo. Kriegskommissar Trotzki und den Sekretariatsleiter des Zentralkomitees der RKP(B) Swerdlow wies er am 1. Oktober 1918 in einem kaum zu überbietenden Optimismus an, entschlossen einschlägige Maßnahmen zu ergreifen. «Die Dinge haben sich in Deutschland so ‹beschleunigt›, dass auch wir nicht zurückbleiben dürfen. [...] Die internationale Revolution ist *innerhalb einer Woche* so nahe gerückt, dass man mit ihr wie mit einem Ereignis der *nächsten Tage* rechnen muss. Keinerlei Bündnisse, weder mit der Regierung Wilhelms noch mit der Regierung Wilhelms + Ebert und anderen Schurken. Aber für die deutschen Arbeitermassen [...] beginnen wir, einen Bruderbund, Getreide, militärische Hilfe vorzubereiten. Alle werden wir dafür sterben, um den deutschen Arbeitern zu helfen, die in Deutschland begonnene Revolution nach vorne zu bringen.» Und den sowjetischen Gesandten in Berlin instruierte er am 18. Oktober, künftig den Feind nicht mehr zu schonen: «Also gibt es keine andere Wahl. Soyons fort(es)s et accélérons la révolution en Allemagne [Seien wir stark und beschleunigen die Revolution in Deutschland].»[7]

Adolf Joffe dagegen wollte und konnte sich aufgrund seiner intimen Kenntnis der unmittelbaren politischen Verhältnisse vor Ort der revolutionären Euphorie im fernen Moskau nicht anschließen. Schon Wochen zuvor hatte er in seinen Gesandtschaftsberichten immer wieder pessimistisch durchblicken lassen, wie wenig die deutsche Linke die von den Bolschewiki gehegten Erwartungen erfüllte. Dabei war es keineswegs eine Frage des Geldes oder gar fehlender Unterstützung – Joffe hatte etwa dem Führer der Unabhängigen Sozialdemokraten, Karl Barth, mehrere hunderttausend Mark zur Anschaffung von Waffen für den erwarteten Aufstand zur Verfügung gestellt, einige linke Zeitschriften gegründet und dauerhaft finanziert. Seine mehrmaligen Versuche, die deutschen Verbündeten zu revolutionären Massenaktionen zu drängen, scheiterten jedoch nicht an der politischen Situation, sondern ausschließlich an deren eigenen Schwäche und Grundüberzeugungen. Einmal mehr machte sich bei dieser Gelegenheit bemerkbar, wie unterschiedlich Bolschewiki und – mit wenigen Ausnahmen wie etwa Clara Zetkin oder Franz Mehring – die deutsche radikale Linke politisch sozialisiert waren. «Was die revolutionäre Arbeit betrifft», so Joffe Anfang Juni 1918 an Lenin, «[so sind] die Unabhängigen absolut unzuverlässig, die Spartakisten indes zerschlagen [...]. Einen illegalen Apparat gibt es nicht, und illegale Literatur, außer Proklamationen [Flugblätter] herauszugeben, gelingt nicht.» Und im August vermeldete er frustriert: «Die Unabhängigen sind ganz hoffnungslos und untauglich als *revolutionäre* Partei. Die Besten von ihnen wie Ledebour sind Parlamentarier par excellence. Sie verstehen es nicht anders. Die Spartakisten haben Angst vor Verhaftung. Der größere Teil der Jugend [...] ist imstande, unter einer Führung zu arbeiten, und sie haben wirklich etwas geleistet, als Tyszka [Leo Jogiches] noch frei war; und sie stellen sich vor, wenn sie einmal ein Flugblatt herausgegeben haben (das sie überhaupt nicht verteilen können), das hätte sogar schon zu viel revolutionären Geist.» Für Joffe waren sie allesamt ein hoffnungsloser Fall, «zur illegalen Arbeit in unserem revolutionären Sinn [...] einfach nicht fähig, weil sie zum größten Teil politische Spießer sind [...]. Revolution machen sie nur in ihren Reden am Biertisch.»[8]

Wie weit die in Moskau gehegten Hoffnungen und die Realitäten in Deutschland auseinanderklafften, sollte sich insbesondere in den letzten Wochen und Tagen vor dem Zusammenbruch des Kaiserreiches erweisen. Natürlich rechneten alle spätestens ab der zweiten Oktoberhälfte mit einem Umsturz. Das bestätigten einmal mehr die zahlreichen Gespräche, die verschiedene Botschaftsvertreter, aber auch andere Bolschewiki, die eiligst zur Unterstützung aus der sowjetischen Hauptstadt nach Berlin entsandt worden waren, mit Spitzenpolitikern der deutschen Linken geführt hatten.

Zugleich verdichteten sich die Anzeichen, dass es keinen Anlass gab, Joffes anhaltende Revolutionsskepsis grundsätzlich weiter in Frage zu stellen. Am 13. Oktober wusste er an Lenin zu berichten, wie wirkungsvoll, um nicht zu sagen revolutionsdämpfend sich inzwischen die Liberalisierungsmaßnahmen der umgebildeten deutschen Reichsregierung gezeigt hätten. Nicht nur die Mehrheits-SPD, auch die Arbeiterschaft schien größtenteils den radikalen Umsturz abzulehnen. Auf die USPD war Joffe nach wie vor nicht gut zu sprechen, weil sie seiner Einschätzung zufolge die Revolution am Ende verraten würde. Allein dem Spartakusbund galt seine letzte Hoffnung. Und so verschoben sich von Gesandtschaftsbericht zu Gesandtschaftsbericht die prognostizierten Aufstandstermine um Tage, um Wochen, schließlich um Monate.

Mit solchen Einschätzungen stand Adolf Joffe keineswegs isoliert da. Sie deckten sich weitgehend mit den Eindrücken, die etwa der sowjetische Wirtschaftsexperte Wladimir P. Miljutin während eines Kurzaufenthalts in Deutschland gesammelt hatte. Botschafter Joffe gab damit die Sache aber noch nicht verloren. Weiterhin verfolgte er unentwegt das Ziel, mithilfe der Spartakisten die Massen zu mobilisieren, «Krach zu schlagen» und bei jeder sich bietenden Gelegenheit die kaiserliche Regierung zu diskreditieren.[9]

Doch der große Bruch blieb am Ende aus. Und so war die deutsche Novemberrevolution von 1918 alles andere als das, was die Bolschewiki erwartet hatten. Sie brachte den Deutschen eine von Philipp Scheidemann für die Mehrheits-SPD ausgerufene sozialdemokratische Interimsherrschaft, die auf einem mehr oder weniger geordneten, durch ein «Höchstmaß an Kontinuität des alten Staatsapparats» geprägten Weg direkt in die Gründung der Weimarer Republik mündete. Der von Karl Liebknecht für die Spartakisten unmittelbar darauf ausgerufenen «freie[n] sozialistische[n] Republik Deutschland» war kein Erfolg beschieden, weil ihr, ungeachtet der bolschewistischen Hilfe, der breite politische Rückhalt fehlte und die Unabhängigen Sozialdemokraten sich schließlich auf eine Koalitionsregierung mit der MSPD eingelassen hatten.[10]

Joffes schlimmste Befürchtungen hatten sich damit insgesamt bestätigt. Spätestens jetzt war unter den Bedingungen der revolutionären Praxis klar geworden, dass es in den Reihen der radikalen Linken, bei USPD wie bei den Spartakisten, sehr wohl Vertreter gab, deren politische Vorstellungen deutlich von denen der RKP(B) in Moskau abwichen. Sosehr sie einerseits das Ende des zarischen Despotismus in Russland 1917 begrüßt hatten, so kritisch sahen sie andererseits – bei aller Solidarität – die unter der Führung Lenins herbeigeführten Machtverschiebungen. Große Teile der jenseits der Mehrheits-SPD stehenden Linken, so etwa die Spartakistin Rosa Luxemburg, besaßen deshalb eine eigene, originär deutsche Sicht auf das, was sozialistische Umgestaltung letztlich beinhalten sollte. Ihr Sozialismuskonzept umfasste innerparteiliche Demokratie sowie ein demokratisches Verständnis, das nicht allein auf dem Willen einer verschworenen Gemeinschaft von Berufsrevolutionären basierte, sondern durch eine breite Mehrheit von Arbeiterschaft und Unterdrückten legitimiert sein sollte. In gewisser Weise verfolgten sie – ähnlich wie die russischen Menschewiki – einen «dritten Weg», der zwischen reformistischer Politik der deutschen Mehrheitssozialdemokraten und schroffer, sich seit Sommer 1918 abzeichnender Einpartei-Diktatur der Bolschewiki lag.[11]

Zwischen Januaraufstand und Münchner Räterepublik 1919

Doch vorerst war die Republik noch nicht gefestigt, und vieles befand sich im Fluss. Das entsprach im Übrigen der inneren Situation der meisten Großreiche, die sich mit der Niederlage im Ersten Weltkrieg in Auflösung befanden und unsicheren Zeiten entgegenblickten. Für die Bolschewiki war dieser Umstand überaus ermutigend. Mit Blick auf das strategisch wichtige Deutschland mussten sie aber rasch erhebliche Rückschläge hinnehmen, als die inzwischen umgebildete kaiserliche Reichsregierung in einer ihrer letzten politischen Amtshandlungen die diplomatischen Beziehungen zur Sowjetmacht am 5. November 1918 abbrach.

Dem war ein von den Deutschen inszenierter Zwischenfall vorausgegangen. Schon lange waren den Reichsbehörden die revolutionären Umtriebe der sowjetrussischen Gesandtschaft bekannt. Es fehlte jedoch an stichhaltigen Beweisen. Kurzerhand ließ man deshalb eine an die russische Botschaft adressierte Kurierkiste mit Tausenden von

Flugblättern, die zu Umsturz und Generalstreik aufriefen, auf dem Bahnhof Friedrichstraße zu Bruch gehen. Das Ganze geschah unmittelbar nach der – anfangs noch unpolitischen – Matrosenmeuterei in Kiel, die am 3. November begonnen hatte und sich bald wie ein Lauffeuer ausbreitete und zum Fanal für die deutsche Novemberrevolution werden sollte. In dieser Situation mit Botschaftsschließung und Ausweisung des gesamten diplomatischen Personals konfrontiert, mussten sich die Moskauer Revolutionsstrategen desillusioniert eingestehen, den seinerzeit wichtigsten revolutionären Beobachterposten im Ausland verloren zu haben. Das wirkte umso nachhaltiger, als auch der Rat der Volksbeauftragten, der sich am 10. November 1918 in Berlin konstituiert hatte und zeitweilig paritätisch aus Vertretern von Mehrheits-SPD und USPD bestand, davon absah, daran etwas grundlegend zu ändern.

Die Geburtsstunde der Weimarer Republik war also alles andere als von der Fortsetzung der deutsch-russischen Beziehungen oder gar irgendwelcher Bündniserwägungen mit Sowjetrussland geprägt.[12] Im Gegenteil: Die neuen Machthaber in Berlin verhielten sich abwartend. In der Krise, in der das Reich gegen Kriegsende einen politischen Regimewechsel vollzog, erschien es angesichts der Ungewissheit bevorstehender Waffenstillstands- und Friedensverhandlungen angeraten, sich der westlichen Entente als verlässlichem Bollwerk gegen die bolschewistische Gefahr anzudienen.

Die Gelegenheit, dies unter Beweis zu stellen, ergab sich spätestens mit Gründung der KPD im Dezember 1918 und dem durch sie ausgelösten Januaraufstand von 1919. Lenin war nach wie vor besessen von der Idee, das Zentrum der Weltrevolution von Petrograd und Moskau nach Berlin zu verlagern. Nachdem die Novemberrevolution nicht als Initialzündung gewirkt hatte, musste der deutsche Revolutionskalender – in Analogie zu den russischen Erfahrungen – einfach von *Oktober* auf *Februar* zurückgeblättert werden. Lenin wähnte Deutschland in der Konstellation Russlands nach dem erfolgreichen Februarputsch von 1917 – eine «deutsche Doppelherrschaft» mit dem Sozialdemokraten Friedrich Ebert, der dem Rat der Volksbeauftragten vorsaß, in der Rolle des «deutsche[n] Kerenski» und dessen Widersacher Karl Liebknecht, einem schwärmerischen Russophilen, der die Spartakisten bzw. die KPD anführte, als «deutsche[m] Lenin». «Die Geschichte wiederholt sich. In der deutschen Arbeiterrevolution erkennen wir die Züge der russischen Revolution», lautete Lenins verheißungsvolle Prognose. Dementsprechend setzte er seit Winter 1918/19 auf die «zweite Etappe» der deutschen Revolution, die für ihn zum Greifen nahe lag.[13]

In dieser Situation trat abermals Lenins Deutschlandexperte Karl Radek auf den Plan. Er wurde eigens für diese Zwecke illegal nach Berlin geschleust, um in der innenpolitisch kritischen Phase als bolschewistischer Kommissar die dortige kommunistische Machtübernahme zu koordinieren. Auf dem Gründungsparteitag der KPD, dessen Verlauf eine rebellische Minderheit radikaler deutscher Kommunisten dominierte, wurde Radek frenetisch begrüßt und dessen Anwesenheit als klares Zeichen für die bevorstehende Weltrevolution und die deutsche Sowjetrepublik gedeutet. Man zeigte sich optimistisch, kämpferisch und gewillt, sich am russischen Beispiel zu orientieren.

Die Euphorie führte zur Selbstüberschätzung, kurzerhand blies man zum Aufstand. Radek bekam die revolutionäre Eigendynamik nicht mehr in den Griff und wurde von den Ereignissen förmlich überrollt. Das galt umso mehr, als sich ihm auf dem Gründungskongress die «Unerfahrenheit der Partei» in dramatischer Weise offenbarte. «Die Verbindung zu den Massen war äußerst schwach. [...] Ich fühlte nicht, dass hier schon eine Partei vor mir war», vermerkte er kritisch in seinem Tagebuch. Sein dringender Appell zum Verzicht auf die Erhebung fand in der KPD-Zentrale allerdings kein Gehör. Und so nahm das Schicksal seinen Lauf, das die junge Partei in ein Fiasko führte. Der dilettantisch initiierte Aufstandsversuch wurde blutig niederkartätscht. Die auf Anweisung Friedrich Eberts unter Gustav Noskes Oberbefehl stehenden Regierungstruppen griffen dabei in erheblichem Maße auf Freikorpsverbände zurück und bereiteten den Putschisten ein schonungsloses Ende. In dem von Anfang an aussichtslosen Kampf verlor die KPD mit Karl Liebknecht und Rosa Luxemburg, die von Freikorpskämpfern brutal ermordet worden waren, die profiliertesten Köpfe ihrer Führung.

Die Partei befand sich damit, kaum gegründet, in einer fundamentalen Existenzkrise. Sie hatte sich nicht mit Ruhm bedeckt, wenn es darum ging, Verantwortung für die Weltrevolution zu übernehmen. Und so sahen sich in letzter Konsequenz allein die Bolschewiki dazu legitimiert, mit den Ressourcen ihres Staates und dem ideologischen Rüstzeug fortan die Vorreiterrolle innerhalb der sich formierenden kommunistischen Weltbewegung zu übernehmen. In diesem Sinne lauteten Radeks Schlussfolgerungen an die Moskauer Staats- und Parteiführung: «Es ist zum Lachen, aber wirklich so: Wir müssen den Deutschen das Organisieren beibringen. Wenn die Kommunisten hier nicht allzu große Dummheiten anstellen, wird die Situation im Verlauf einiger Monate so weit heranreifen, daß man [erneut] an die Eroberung der Macht denken kann.» Doch dazu bedurfte es «praxiserfahrene Leute» und «Praktiker in Organisationsfragen», die über ausreichende Deutschkenntnisse verfügten und mit entsprechend großen Geldsummen ausgestattet sein mussten, um die Entwicklung weiter voranzutreiben. Mit einem nunmehr allein im Untergrund agierenden Karl Radek, der von den deutschen Behörden zur Fahndung ausgeschrieben war, ließ sich ein solch ambitioniertes Vorhaben jedoch nur äußerst schwer bewerkstelligen.[14]

Deutschland blieb also weiterhin Objekt revolutionärer Unruhen und gewaltsamer politischer Auseinandersetzungen. Diese waren aber nicht allesamt das Resultat kommunistischer, von Moskau aus gelenkter Destabilisierungsversuche. Am wenigsten traf das auf die Berliner Märzunruhen von 1919 zu. Sie wurden in erster Linie durch die kriegsbedingt desaströse Wirtschafts- und Versorgungslage begünstigt, was einen Generalstreik provozierte, den gleichfalls Reichswehrminister Noske in einem fürchterlichen Blutbad beendete. Die KPD übte sich hier nach den bitteren Erfahrungen der Januar-Erhebung allerdings in Zurückhaltung. Sie war sich darüber im Klaren, zum damaligen Zeitpunkt kaum mit allzu großzügiger Unterstützung der Bolschewiki rechnen zu können. Denn die Möglichkeiten, auf das Geschehen vor Ort unmittelbar Einfluss zu nehmen, hatten sich für die RKP(B) seit dem Abbruch der diplomatischen Beziehungen drastisch verschlechtert. Es fehlte an Kommunikationskanälen, um ein verlässliches Bild von den aktuellen Verhältnissen zu erlangen, sodass sich die bolschewistischen Aktivitäten zumeist auf allgemeine Hinweise und Empfehlungen, Solidaritätsadressen und gelegentlich, soweit praktikabel, auf illegale Geldtransfers beschränkten.[15]

Das traf ähnlich auch auf die Münchner Räterepublik des Frühjahrs 1919 zu, die eine auf wenige Wochen begrenzte Episode bleiben sollte. In der bayerischen Landeshauptstadt hatte sich – nicht zuletzt unter dem Eindruck der vorangegangenen kommunistischen Machtergreifung in Ungarn – in der Nacht vom 6. auf den 7. April eine erste Bayerische Räteregierung konstituiert. Sie bestand vornehmlich aus Vertretern der USPD und Anarchisten; die Kommunisten dagegen hatten es kategorisch abgelehnt, sich an dieser ungewöhnlichen Bündniskonstellation zu beteiligen, die nicht ihrer Machteroberungsstrategie entsprach. Die wenigen gesicherten Informationen, die über die Münchener Vorgänge ins weitgehend abgeschirmte Moskau gelangten, weckten dort zeitweilig jedoch wieder weltrevolutionäre Zuversicht. Grigorij Sinowjew, der frisch gekürte Vorsitzende der Kommunistischen Internationale, entsandte daraufhin in überschwänglichem Optimismus sozialistische Grüße, fest davon überzeugt, «daß die Zeit nicht fern ist, wo ganz Deutschland eine Sowjetrepublik sein wird. Die [... Komintern] ist sich der Tatsache bewusst, dass Sie in Deutschland nun auf jenen entscheidenden Posten kämpfen, an denen sich das Schicksal der proletarischen Revolution in ganz Europa entscheiden wird». Lenin dürstete es daher nach umfassenderen Lagedetails, die aber nur mit erheblicher Verzögerung über Budapest nach Sowjetrussland gelangten. Obwohl die dortige Entwicklung keineswegs dem Typus einer von Lenin favorisierten Sowjetrepublik entsprach, nahm er diesen Makel wohl oder übel in Kauf. Es erschien ihm insgesamt vorteilhafter als ein allein von der Mehrheits-SPD regiertes Bayern.[16]

Die «Erste Münchner Räterepublik» glänzte durch Dilettantismus und sah sich zu keinerlei praktischen Maßnahmen veranlasst. Schon zuvor hatte sich der frühere sowjetische Gesandte Adolf Joffe, der inzwischen die politische Entwicklung in Deutschland von Wilna aus aufmerksam beobachtete und kommentierte, ausgesprochen skeptisch gezeigt. Die politischen Anführer erschienen ihm wenig qualifiziert für die Machtergreifung. Er bezweifelte, «ob die Bayerische Sowjetrepublik unter solchen Bedingungen lange Bestand haben wird. Es wäre jedoch sehr wichtig, dass sie zumindest während ihrer kurzzeitigen Existenz den Deutschen anschaulich demonstrieren würde, was Sowjetmacht ist. Dies hätte deutschlandweit eine größere agitatorische und propagandistische Wirkung als Tausende von Broschüren und Flugblättern», so seine Einschätzung an Lenin. Er brachte zugleich die Idee auf, inkognito nach Bayern zu reisen, um dort, ausgestattet mit «eine[m] Koffer mit eingearbeiteter großer Summe Mark», das «Eine oder Andere [...tun zu können]».[17] Doch dazu sollte es nicht mehr kommen, weil die Ereignisse sich überschlugen.

Als bayerisch-republikanische Milizen das erste Räte-Experiment zu stürzen versuchten, scheiterte dies am Widerstand kommunistischer Soldaten, darunter russische Kriegsgefangene, die noch nicht repatriiert worden waren und den Kern der bayerischen Roten Armee bildeten. Die Situation radikalisierte sich weiter und endete am 13. April mit einer neuen, massiv nach links gedrifteten Räteregierung, in der fortan die Kommunisten das Sagen haben sollten. Damit begannen die wenigen Wochen der unter kommunistischer Ägide stehenden «Zweiten Münchner Räterepublik» mit Eugen Leviné und Max Levien, zwei in Russland geborenen Altaktivisten der Revolution, an der Spitze. Aus Moskauer Sicht schien nun die politische Entwicklung in die richtigen Bahnen zu gelangen. Sinowjew feuerte sie abermals im Namen der Kommunistischen Internationale an, die meinte, sich erstmals auf drei Sowjetrepubliken in Russland, Ungarn und Bayern stützen zu können. Lenin und Außenminister Tschitscherin ermunterten vor diesem Hintergrund am 23. April 1919 die politische Führung in München, die Macht zu konsolidieren, indem diese verschärft unter Bauern agitieren, eine radikale Besitzumverteilung vornehmen und die bürgerliche Presse für die Zwecke kommunistischer Propaganda umfunktionieren sollte. Und sechs Tage später, am 29. April, ließ Lenin via Budapest ein detailliertes, an sowjetrussische Vorbilder angelehntes Aktionsprogramm als Radiotelegramm an Max Levien übermitteln.[18]

Alle Instruktionen waren allerdings bereits überholt, kaum dass die Münchner Revolutionäre sie in ihren Händen hielten. Denn die militärpolitische Lage hatte sich dramatisch zuungunsten der Putschisten geändert. In Berlin hatte am 16. April Reichsministerpräsident Philipp Scheidemann die Reichsexekution über Bayern verhängt und Reichswehrminister Noske instruiert, mit dem «Karneval des Irrsinns», wie er die Verhältnisse an der Isar bezeichnete, «rücksichtslos aufzuräumen». Nachdem daraufhin der Belagerungsring um München geschlossen worden war, setzten die Regierungstruppen am 30. April zum Großangriff an, der am 3. Mai 1919 mit einem vollständigen Sieg über die Räterepublik endete, gefolgt von blutigen Racheakten und standrechtlichen Erschießungen, die Revolutionäre wie unbeteiligte Zivilisten in gleicher Weise trafen. Mit über 600 Todesopfern, so die traurige Bilanz, hatte in den Worten Karl Radeks die «Konterrevolution [...] in Deutschland [...] gesiegt». Zwar hielt Moskaus Deutschlandexperte weiterhin daran fest, nicht nur die «deutsche Revolution zu gewinnen, sondern auch ‹von der russischen Revolution eine Brücke nach dem Westen›» zu schlagen. Doch bis dahin, so seine gedämpfte Prognose, werde wohl noch «ein Menschenalter» vergehen.[19]

Auf dem Weg zum Deutschen Oktober 1923

Von «Menschenalter» konnte indes keine Rede sein. Bereits im Jahr darauf ergab sich aus sowjetischer Perspektive neuerlich Gelegenheit, in Deutschland auf revolutionären Umbruch zu setzen. Anlass dazu bot der sogenannte Kapp-Putsch rechter Politiker und Generäle, die am 13. März 1920 die reguläre Reichsregierung aus SPD, Zentrum und DDP durch eine Militärdiktatur ersetzen wollten. In Moskau stellte sich Lenin bereits darauf ein, im Falle eines deutschen Bürgerkrieges die Rote Armee nach Westen entsenden zu müssen, um den dortigen Kommunisten beizustehen.

Anders als die RKP(B) und die von ihr dominierte Komintern sahen Teile der damaligen KPD-Führung zunächst keinen Grund, sich an dem von Sozialdemokraten und Gewerkschaften ausgerufenen Generalstreik gegen die Putschisten aktiv zu beteiligen. Man maß dem rechten Putschversuch nur geringe Bedeutung bei und betrachtete ihn als rein innerkapitalistische Angelegenheit, in die man sich aufgrund organisatorischer Schwächen nicht hineinziehen oder von der man sich gar aufreiben lassen wollte – am allerwenigsten für den politischen Gegner SPD. Erst sehr verspätet nahm sie einen Positionswechsel vor, der allerdings wirkungslos verpuffte. Karl Radek, der seit März 1920 als zuständiger bolschewistischer Komintern-Sekretär für Deutschland die Entwicklung von Moskau aus aufmerksam verfolgte, sah darin abermals eine verpasste Gelegenheit. Da das Zentralkomitee der KPD zwischenzeitlich selbstkritisch Versäumnisse eingeräumt hatte, gab es aber für ihn keinen Grund mehr, daran zu zweifeln, «weiterhin in der Kommunistischen Partei Deutschland unseren Stoßtrupp zu sehen». «[...] Nun liegt es an uns», so Radeks Lagebeurteilung am 6. Juni 1920 im Rahmen einer Exekutivsitzung der Kommunistischen Internationale, «darauf hinzuweisen, dass [...] wenn in Deutschland die Ereignisse so heranreifen, dass eine Massengegenaktion auf der Tagesordnung steht, die Partei kein hemmendes Zentrum sein darf».[20]

Das deckte sich mit den Überzeugungen Lenins. Eine KPD, die darüber nicht nur in immer größere Abhängigkeit von Moskau geriet, sondern zusehends eigene innerparteiliche Handlungsspielräume zu verlieren begann, kam seinen neuen revolutionären Planspielen entgegen. Ermutigt wurde Lenin durch vorübergehende Erfolge während des Polnisch-Sowjetischen Krieges im Sommer 1920. Als die Rote Arbeiter-und-Bauern-Armee auf Warschau vorrückte, sah es ganz danach aus, als würde man mit entschlossenen militärischen Mitteln die Fackel der Weltrevolution durch Polen nach Westen tragen können. In diesem Konzept nahm gerade Deutschland – neben Großbritannien – eine Schlüsselstellung ein, was wiederum willfährige revolutionäre

Bündnispartner dort voraussetzte. Lenin spekulierte darauf, die tief sitzenden antipolnischen Ressentiments der Deutschen in diesem Zusammenhang instrumentalisieren zu können. Denn im Zuge des Versailler Friedensvertrages von 1919 hatten sie bedeutende Gebietsabtretungen an den östlichen Nachbarstaat hinnehmen müssen. Und genau in dieser Konstellation lag für ihn das mobilisierende Potenzial, «über Polens Leiche» nach Deutschland zu gelangen. Die Zuversicht wuchs, als von der sowjetischen Westfront Lageberichte an Kriegskommissar Trotzki und das Zentralkomitee der RKP(B) übermittelt wurden, in denen es am 12. August 1920 hieß: «Täglich überschreiten Dutzende von deutschen Arbeitern die deutsche Grenze, manche ausgestattet mit Papieren der Spartakisten [...]. Sie wenden sich an uns mit der Bitte, aus ihnen eine spezielle Brigade zu formieren, damit sie im geeigneten politischen Moment nach Ostpreußen einmarschieren, um dort den Aufstand zu entfachen [...].»

Doch dem militärischen Revolutionsexport blieb am Ende der Erfolg versagt, weil das Kriegsglück der Roten Armee nur von kurzer Dauer war. Mit dem «Wunder an der Weichsel» erlangten die Polen vor den Toren ihrer Hauptstadt die Initiative an der Front zurück, zwangen die Truppen der Bolschewiki zum Rückzug und leiteten deren Niederlage ein, die im Frieden von Riga mit einschlägigen Gebietsverlusten im März 1921 besiegelt wurde. In der Stunde nationaler Schmach blieb den Bolschewiki allein die Gewissheit, über den gemeinsamen «Polen-Komplex» mit den Deutschen künftig eine verbindende Erfahrung zu teilen.[21]

Und die Kette revolutionärer Rückschläge riss nicht ab. Ein Versuch, im Frühjahr 1921 mit der sogenannten März-Aktion der KPD in Mitteldeutschland, Hamburg, Rheinland und Westfalen eine feste Machtbasis zur Schaffung einer deutschen Sowjetrepublik zu erlangen, schlug fehl und stürzte die deutschen Kommunisten abermals in eine tiefe Krise. Der Aufstand war von vornherein auf deren Kosten entfacht worden. Er diente in erster Linie als Befreiungsschlag, um das Sowjetregime zu entlasten, das nicht zuletzt durch die Wirren des Bürgerkriegs schwer erschüttert war. «Sowjetrussland ist in Gefahr

[... und wird ...] in zwei Jahren ohne Hilfe der Weltrevolution fallen», sprach Bela Kun die Beweggründe von RKP(B) und Komintern für diese Maßnahme offen aus. Weil man deshalb nicht weiter in einer «defensiven Stellung» verharren durfte, fiel nun der deutschen KP die ehrenvolle Aufgabe zu, den Umsturz zu proben, um die Russische Revolution zu retten. Und sie schlug zu in einem verzweifelten Akt von Loyalität zur Sowjetmacht und um zu beweisen, dass sie das Trauma des Berliner Spartakus-Aufstandes von Januar 1919 inzwischen überwunden habe. Zugleich lieferte dieser Schritt einen idealen Vorwand, sich längst überfälliger innerparteilicher Kritiker wie etwa Paul Levi zu entledigen, die sich der willenlosen Anpassung der KPD an die Moskauer Zentrale zu widersetzen suchten.[22]

Im Oktober 1923, gut eineinhalb Jahre nach Aufnahme diplomatischer Beziehungen zwischen Sowjetrussland und der Weimarer Republik, setzten die Bolschewiki ein weiteres Mal das mittlerweile konsolidierte Verhältnis einer erheblichen Belastungsprobe aus. Denn erstmals seit März 1921 sahen die Revolutionsstrategen in Moskau wieder gute Chancen, Deutschland am Ende doch noch im Orbit des kommunistischen Weltsystems zu verankern. Die Ausgangsbedingungen hierfür standen aus verschiedenen Gründen nicht schlecht: Die KPD war zwischenzeitlich weitgehend gefestigt. Sie verfügte mit mehr als 300 000 Parteimitgliedern über eine respektable Massenbasis im Deutschen Reich und war damit nach der RKP(B) die weltweit zweitgrößte kommunistische Partei. Sie hatte Lenins Organisationsprinzipien für die Komintern vorbehaltlos anerkannt und damit die Regeln des demokratischen Zentralismus verinnerlicht, was darauf hinauslief, sich Moskau mit eiserner Disziplin bedingungslos zu unterwerfen.[23]

Hinzu kam, dass seit der Wiedereröffnung einer sowjetischen Botschaft in Berlin die operative Feinabstimmung zwischen RKP(B) und KPD jenseits aller Komintern-Verbindungen maßgeblich erleichtert wurde. Nicht zuletzt darüber war «keine Stadt in Europa [...] so sehr mit der Sowjetunion verwoben» wie die deutsche Reichshauptstadt. Solange in Deutschland die Revolution stecken geblieben war, kompensierten viele deutsche Kommunisten dieses Defizit, indem sie zumindest Berlin zu einem zweiten Moskau, zu einem «Global Village» der Kommunistischen Internationale machen wollten. Und in der Tat avancierte Berlin schnell zu jenem Ort, der außerhalb der UdSSR die wohl dichteste Infrastruktur der kommunistischen Weltbewegung aufwies: Seit 1919 befand sich dort das Westeuropäische Sekretariat der Komintern mit einem weit verzweigten linken Verlagsnetz. Das prominenteste theoretische KI-Organ, die «Internationale Pressekonferenz», erschien in Berlin auf Deutsch, Englisch, Französisch, Spanisch und Russisch. Allein deshalb wurde die deutsche Hauptstadt zum Aufenthalts- und Durchgangsort für die *Crème de la Crème* des internationalen Kommunismus. Deutschland war zum «großen Wartesaal der Weltrevolution» aufgerückt.[24]

Auch sonst gaben die politischen Verhältnisse vor Ort Anlass zu revolutionärem Optimismus, denn die Republik befand sich in einer ihrer größten Krisen. 1923 war nicht nur das Jahr der Hyperinflation, die die soziale Lebenssituation insbesondere der Arbeiterschaft dramatisch verschlechterte und tiefe politische Konflikte heraufbeschwor. Mehr noch wurde die ohnehin schon labile innere Gesamtlage weiter erschüttert: Als am 11. Januar 1923 im Konflikt um deutsche Reparationszahlungen französische und belgische Militärverbände in einer Überreaktion kurzerhand ins Ruhrgebiet einrückten, rief die Reichsregierung den passiven Widerstand aus. Ab März wütete ein regelrechter Guerillakrieg gegen die Besatzer, der von rechtsradikalen Wehrverbänden angestachelt wurde und eine zeitweilig seltsame nationalbolschewistische Koalition zwischen Rechten und Kommunisten heraufbeschwor. Karl Radek versuchte als sowjetischer Deutschlandexperte der Komintern im Juni 1923 mit seiner sogenannten Schlageter-Rede das Terrain dafür zu bereiten. Er würdigte darin die Anschläge des Weltkriegsveteranen, Freikorpsoffiziers und Nationalsozialisten Albert Leo Schlageter im «Ruhrkampf», der am 8. Mai 1923 von einem französischen Kriegsgericht zum Tode verurteilt und am 26. Mai hingerichtet worden war.[25]

Unter diesen Umständen machte bald darauf das geflügelte Wort von einem unmittelbar bevorstehenden «Deutschen Oktober» die Runde,[26] was in Moskau erneut weltrevolutionäre Hoffnungen aufleben ließ. In ungezügelter Begeisterung sah der Komintern-Vorsitzende Sinowjew bereits das rote Banner auf dem Brandenburger Tor wehen. Entschieden plädierte er für streng geheime Umsturzpläne, die an der russischen Oktoberrevolution orientiert sein sollten, um in einem letzten gewaltsamen Kraftakt nach der gescheiterten Märzaktion von 1921 der KPD endlich zum Sieg zu verhelfen. Zuvor waren die letzten Kritiker in der KPD-Führung, darunter Ernst Meyer, der sich diesen Plänen widersetzt hatte, aus der Parteispitze ausgeschlossen und durch den Komintern-Emissär August Kleine (Guralskij) ersetzt worden.

Die eigentlichen organisatorischen und technischen Aufstandsvorbereitungen zogen sich zwischen August und Ende September hin. Sie wurden mit dem Militärapparat der KPD eng abgestimmt, weshalb man eigens Offiziere der Roten Armee und der verschiedenen Geheimdienste nach Deutschland entsandte. Im sowjetischen Grenzgebiet zu Polen wurden Getreidedepots angelegt, um die deutsche Revolution in kritischen Situationen gegebenenfalls durch umfangreiche Lebensmittellieferungen unterstützen zu können. Anfang Oktober lagen ausgearbeitete Agitations- und Propagandapläne in Moskau vor. Überdies mussten sich rund 20 000 sowjetische Kommunisten als eine Art Kaderreserve in Bereitschaft halten, für den Fall, dass die Ereignisse in Deutschland eine Intervention erfordern würden. Flankiert wurde das Ganze durch Kampfeinheiten der Roten Armee, die man zusammen mit mobilen, schnell einsatzfähigen Kavallerieverbänden in der sowjetisch-polnischen Grenzregion stationierte. Die Moskauer Führungsspitze schloss unter solchen Voraussetzungen einen internationalen, sozialistischen Krieg nicht mehr aus. Dafür zog sie sogar in Erwägung, mit Polen «einen der bürgerlichen Pufferstaaten niederreißen und einen Korridor nach Deutschland schaffen [zu wollen]», was verdeckte Angriffsvorbereitungen auf den westlichen Anrainerstaat und diplomatischen Druck auf Warschau erforderlich machte.

Diese Haltung machte sich auch Josef Stalin zu eigen, der bis dahin im Politbüro der RKP(B) eher durch Zurückhaltung, nun aber durch revolutionären Übereifer und antreibende Kraft auffiel: Es drängte ihn geradewegs zum Losschlagen: «Der Sieg der Revolution in Deutschland wird für das Proletariat in Europa und in Amerika eine größere Bedeutung haben als der Sieg der russischen Revolution vor sechs Jahren. Der Sieg des Proletariats wird ohne Zweifel das Zentrum der Revolution aus Moskau nach Berlin versetzen», ließ er August Thalheimer, den Redakteur des KPD-Zentralorgans «Rote Fahne», am 20. September 1923 wissen. In diesem Sinne sollten die deutschen Kommunisten etwa im hoch industrialisierten Sachsen mit linken Sozialdemokraten über die Bildung von Sowjets und gemeinsame Regierungsprojekte nachdenken, um darüber insgesamt die SPD zu schwächen, im Idealfall gar zu spalten. Sollte es gelingen, unter solchen Bedingungen Räteregierungen zustande zu bringen, wären dies seiner Auffassung nach die eigentlichen Zentren der deutschen Aufstandsbewegung. Freilich verkannte Stalin dabei die realen Verhältnisse in Deutschland. Er übersah, wie sehr die Sozialdemokratie in der deutschen Arbeiterschaft verankert war. Es blieb daher insgesamt ein hoffnungsloses Unterfangen, den Deutschen mit dem geplanten Umsturz im Oktober 1923 das sowjetische Gesellschaftsmodell aufzuzwingen. Und so überrascht es wenig, dass der – gemessen an allen vorangegangenen Putschversuchen – am sorgfältigsten organisierte KP-Aufstand in sich zusammenbrach, kaum dass er begonnen hatte.[27]

In Moskau entbrannte daraufhin innerhalb der kommunistischen Führungsspitze ein erbitterter Streit über die Ursachen für die Niederlage. Angesichts der ernüchternden Tatsachen, die dabei zutage gefördert wurden, musste man sich eingestehen, dass das Experiment, die ersehnte Weltrevolution über den Umweg einer deutschen Sowjetrepublik auslösen zu können, vorerst und für längere Zeit grandios gescheitert war. Doch damit nicht genug: Die weitaus schwerwiegenderen Konsequenzen aus der Serie der Revolutionsdebakel bestanden vor allem darin, dass Stalin daraus politisch Kapital schlagen konnte. Ungeachtet seiner vormaligen Auffassungen verstand er es, Grigorij

Sinowjew, der stets als hartnäckiger Befürworter von Umstürzen auftrat, innerhalb der Kommunistischen Internationale entscheidend zu schwächen. Auch Leo Trotzki, sein größter parteipolitischer Widersacher innerhalb der RKP(B), kam nicht ohne Blessuren davon. Denn spätestens nach dem letzten kommunistischen Aufstandsfiasko in Deutschland konnte Trotzki mit dem von ihm favorisierten Konzept der «Permanenten Revolution» fortan keinerlei Staat mehr machen. Stalin hingegen ging aus alldem gestärkt hervor, was er nach dem Tod Lenins im April 1924 in den innerparteilichen Nachfolgekämpfen virtuos ausspielte. Kurzerhand fiel er in seine alte Rolle des Revolutionsskeptikers zurück, ganz darauf fixiert, seiner Idee vom «Aufbau des Sozialismus in einem Lande» zum Durchbruch zu verhelfen.[28] In vielerlei Hinsicht entwickelte sich aus diesen Niederlagen der Stalinismus.

Selbst für Deutschland blieben die misslungenen bolschewistischen Revolutionsexperimente nicht folgenlos, sondern waren von Radikalisierungsprozessen begleitet. In München nahmen nicht zufällig die Nationalsozialisten den Deutschen Oktober der KPD zum Anlass für einen nahezu zeitgleichen Putschversuch. Sie gerierten sich dabei als Retter des Vaterlandes gegen die Gefahr von links. Zwar vermochte sich die junge Weimarer Demokratie gegen diese Destabilisierungsversuche zunächst erfolgreich zu behaupten. Das änderte aber wenig an der Tatsache, dass bei generell verunsicherten Bürgern und vor allem bei Konservativen die Angst vor dem roten Terror unablässig wuchs. Das wiederum machten sich die radikale Rechte und eine aufkommende völkische Bewegung systematisch zu eigen. Gerade diese Kreise stilisierten besonders in innenpolitischen Krisenzeiten die Münchner Räterepublik von 1919 wie auch den «Deutschen Oktober» von 1923 zur «Generalprobe des Bolschewismus in Deutschland». Auf lange Sicht profitierten sie davon, weshalb der Gedanke nicht fernliegt, die russische Revolution, aber auch die nachfolgend gescheiterten Aufstände als eine weitere Geburtsstunde zu interpretieren, nämlich als die der faschistischen Bewegungen, die sich stets «als Antwort auf die kommunistische Bedrohung verstanden».[29]

Zäsuren im radikalen Zeitalter. ‹NS-Machtergreifung› und Pakt der Diktatoren

Moskaus revolutionäres Treiben hatte also in den Jahren nach Abdankung der Hohenzollern und selbst nach Aufnahme der diplomatischen Beziehungen im April 1922 die erste deutsche Demokratie immer wieder erheblichen Erschütterungen ausgesetzt. Geradezu verhängnisvoll wirkte dabei der Umstand, dass es den Deutschen an demokratischem Grundkonsens mangelte. Die 1918 ausgerufene Republik mühte sich deshalb während der gesamten anderthalb Jahrzehnte ihrer Existenz vergeblich um breite gesellschaftliche Akzeptanz: Weimar war und blieb die ungeliebte Republik, getragen nur von einer überschaubaren Zahl intellektueller Vernunftrepublikaner, die den wortgewaltigen antidemokratischen Kräften auf der extremen Rechten wie Linken mit immer weniger Überzeugungskraft entgegenzutreten vermochten.

Moskau und das Ende der Weimarer Demokratie

Das galt einmal mehr seit der Weltwirtschaftskrise von 1929, die Deutschland schonungslos erfasste und den Aufstieg Hitlers und der NSDAP begünstigte. Die Nazis trugen den Terror auf die Straße, befehdeten sich in zügelloser Brutalität mit ihren kaum weniger gewaltbereiten Gegnern des vornehmlich linken politischen Lagers, was bürgerkriegsähnliche Zustände heraufbeschwor.[1] Gleichzeitig suchten sie in den politischen Institutionen der Republik nach Aufmerksamkeit und zunehmender Anerkennung, um – anders als 1923 bei ihrem gescheiterten Marsch auf die Münchner Feldherrnhalle – schließlich mit überwiegend legalen Mitteln an die Macht zu gelangen. Ihre wachsende Popularität unter Teilen der Bevölkerung schlug sich seit Beginn der 1930er Jahre in immer deutlicheren Wahlerfolgen nieder. Es mutet an wie eine ironische Fußnote in der Geschichte der deutsch-sowjetischen Beziehungen, doch haben die UdSSR, ebenso wie die ihr unterstellte Kommunistische Internationale und die KPD, die sich allesamt stets als antifaschistische Alternative präsentierten, nicht unerheblich an der politischen Zerstörung der Weimarer Demokratie und dem Aufstieg der Nationalsozialisten mitgewirkt. Freilich war die damalige Sicht Moskaus auf die Entwicklungen in Deutschland eine andere. Umso weniger verwundert es, dass der 30. Januar 1933, jener Tag, an dem der greise Reichspräsident Paul von Hindenburg dem Führer der NSDAP Adolf Hitler die Kanzlerschaft im Rahmen einer rechtsradikal-national-konservativen Koalitionsregierung übertragen hatte, in den politischen Führungsetagen des Kreml wie in der Zentrale der Komintern in höchstem Maße für Irritationen sorgte.

In gewisser Weise vollzog sich nunmehr in Deutschland, was den Bolschewiki unmittelbar nach der Oktoberrevolution von 1917 selbst widerfahren war: In Berlin hatte mehr oder minder überraschend mit Hitler und seiner Bewegung ein Neuling die politische Bühne betreten. Zwar war dessen antibolschewistische Rhetorik für Moskau nichts Neues; dennoch hatte man dort den politischen *Homo novus* aus dem österreichischen Braunau am Inn in den Jahren zuvor komplett unterschätzt. Es fehlte ein tieferes Verständnis für die außenpolitische Orientierung der NSDAP, die im Kreml wie in den Amtsstuben des Volkskommissariats für Auswärtige Angelegenheiten (NKID) und in der Komintern zunächst ein großes Rätsel blieb.

Außenkommissar Maxim Litwinow zeigte sich etwa im Dezember 1930 in Anwesenheit deutscher Journalisten irritiert von der ablehnenden Haltung der Nationalsozialisten gegenüber Frankreich und der UdSSR. Ein erfolgversprechendes, stimmiges Außenpolitikkonzept erforderte seiner Meinung nach klare Optionen. Solange das allerdings nicht gewährleistet war, setzten die sowjetische Diplomatie und die Vertreter der Komintern ganz auf prosowjetisch orientierte Zirkel innerhalb der NS-Bewegung. Alle Hoffnungen galten Gregor Strasser, der mit seinem antikapitalistischen und russlandfreundlichen Programm den linken Parteiflügel repräsentierte. In den Analysen der sowjetischen Deutschlandexperten wurde er daher fälschlich als *Spiritus Rector* der NSDAP identifiziert. Als dieser sich aber nach parteiinternen Auseinandersetzungen Ende 1932 enttäuscht aus der aktiven Politik zurückzog, waren sie zeitweilig fest davon überzeugt, Hitlers Parteiorganisation sei nur noch ein höchst fragiles, perspektivloses Gebilde, das man beeinflussen, im Idealfall gar spalten könne. Freilich sprachen derartige Urteile nicht gerade für Realitätssinn, sondern verdeutlichten vielmehr, wie wenig die deutschlandpolitischen Beobachter in Moskau zum damaligen Zeitpunkt mit den faktischen Entwicklungen innerhalb der NSDAP vertraut waren.[2]

Als im Frühjahr 1932 die Nationalsozialisten schließlich verschiedene Wahlsiege erzielten, sie mehr noch ab Mai in Oldenburg und ab Juli in Mecklenburg-Schwerin sogar reichsweit erstmals alleinige Landesregierungen stellten,[3] zog Stalin daraus jedenfalls noch keine unmittelbaren Konsequenzen. Ein Abwehrbündnis von KPD und SPD gegen die aufziehende braune Gefahr lag für ihn außerhalb jeglicher Vorstellung. Die von ihm als «Sozialfaschisten» stigmatisierten Sozialdemokraten waren seiner Ansicht nach allesamt Hauptfeinde des deutschen Kommunismus. Die SPD hatte in dieser Wahrnehmung mehrfach die Aussichten auf eine erfolgreiche kommunistische Erhebung in Deutschland vereitelt. Sie unbeirrt zu zersetzen und schonungslos zu bekämpfen, war daher oberstes Gebot eines jeden aufrechten deutschen Kommunisten.

Überhaupt wurde der Faschismusbegriff in den damaligen Diskursen verwässert, wenn man den Faschismus lediglich als Instrument der kapitalistischen «Gegenoffensive» wahrnahm. In dieser Lesart, die allein auf Kategorien des Klassenkampfes fixiert war und dabei die drohende Hitler-Diktatur samt ihrer Rassenideologie bedenklich verharmloste, ging die eigentliche Bedrohung nicht allein von der extremen Rechten aus. Im Gegenteil: Stalin betrachtete die immer stärker werdende NSDAP lediglich als ein Sammelbecken für Protestwähler. Sie bündelte ein revolutionäres Potenzial, das die KPD beim Ringen um die politische Macht im Lande unbedingt zurückgewinnen musste. Die Nazis hatten dieses Potenzial nach Auffassung des sowjetischen Diktators 1929 während der emotional aufgeheizten Anti-Young-Kampagne vorbildlich aktiviert. Ihre Versuche, die damalige Reichsregierung und das gesamte politische System der Weimarer Republik über einen Volksentscheid zur Reparationsfrage und zum Young-Plan zu stürzen, bildeten in Stalins Analyse die Erfolgsbasis der NSDAP.

Die KPD sollte aus diesen Erfahrungen lernen, sie auf die SPD anwenden, ihr die Arbeitermassen entziehen, die Mehrheit der Bevölkerung für sich mobilisieren und dann mit nationalen Parolen die auf schwachen Füßen stehende erste deutsche Demokratie endgültig zu Fall bringen. Mit dieser fatalen ideologischen Fehlentscheidung, die sich am Ende auch für die deutschen Kommunisten als selbstzerstörerisch erwies, erklärt sich, weshalb die KPD in den kritischen Momenten der nationalsozialistischen ‹Machtergreifung› keine Widerstandsstrategie entwickelte. Als deren Spitzenpolitiker 1932 zeitweilig eine Kooperation mit den sozialdemokratischen Wehrverbänden gegen die Bedrohung von rechts befürworteten, wurden sie kurzerhand durch Stalin eines Besseren belehrt. Sie unterwarfen sich ihm bedingungslos, sahen keinerlei defensive Maßnahmen vor und übten auffallende Zurückhaltung, als die Nationalsozialisten sich anschickten, entschlossen auf die Kommandohöhen des Staates zu marschieren.[4]

Beobachtung des politischen Gegners 1932/33

Gleichwohl war Stalin keinesfalls in völliger Unkenntnis der damaligen nationalsozialistischen Ideologie. Nicht zuletzt unter dem unmittelbaren Eindruck der Ereignisse in Deutschland hielt er es spätestens 1932 für erforderlich, sich eingehender mit Hitlers programmatischer Schrift «Mein Kampf» auseinanderzusetzen. Dabei konnte er auf eine für den engsten politischen Führungszirkel der WKP(B) in Auftrag gegebene Arbeitsübersetzung des früheren Komintern-Chefs Grigorij Sinowjew zurückgreifen.[5] Stalin hatte sich zudem im Juni vom sowjetischen Geheimdienst OGPU eigens ein Memorandum über den Führer der NS-Bewegung zusammenstellen lassen. Und seit April standen ihm – um nicht allein auf die Berichte des außenpolitischen Apparates angewiesen zu sein – die Einschätzungen eines speziell beim Zentralkomitee der WKP(B) eingerichteten Büros für internationale Information zur Verfügung, das mit Karl Radek ein langjähriger Deutschlandexperte der Bolschewiki leitete. Seit Frühjahr 1932 lag überdies im Außenkommissariat der UdSSR das Stenogramm einer Rede vor, die Adolf Hitler am 26. Januar in geschlossener Gesellschaft vor hochrangigen Mitgliedern des Düsseldorfer Industrieklubs gehalten hatte. In dem – der sowjetischen Seite über vertrauliche Kanäle zugespielten – Dokument äußerte Hitler freimütig, «den Bolschewismus nicht nur in Deutschland, sondern auch in Russland vernichten [zu] wolle[n]».[6]

In Zeiten vor der eigentlichen ‹Machtergreifung› ließ das allerdings noch nicht zwangsläufig auf eine kohärente Programmatik nationalsozialistischer Außen- und Innenpolitik schließen. Denn in der Partei gab es nach wie vor unterschiedliche politische Flügel.[7] Außerdem waren in den erbitterten Wahlkampfauseinandersetzungen viele überspitzte Äußerungen gefallen. Die Erfahrung mit vorangegangenen Präsidialkabinetten der späten Weimarer Republik hatte immer wieder gezeigt, wie kurzlebig derartige Regierungskonstellationen in Deutschland mitunter sein konnten. Vieles war im Fluss.

Aus sowjetischer Sicht erschien es dringend geraten, sich schnellstmöglich einen verlässlichen Überblick über die Lage im Deutschen Reich zu verschaffen: Gegebenenfalls musste man politische Alternativen ausloten, zumal in Berlin mit der NSDAP eine Partei in die Regierungsverantwortung zu gelangen drohte, die sich als revolutionär bezeichnete.[8] Das galt umso mehr, als sich um die Jahreswende 1932/33 abgezeichnet hatte, dass das besondere Verhältnis zwischen dem Reich und der Sowjetunion, wie es sich seit dem Vertrag von Rapallo und der Aufnahme diplomatischer Beziehungen 1922 entwickelt hatte, aus deutscher Perspektive an Bedeutung verlor.

Denn im Verlauf des Jahres 1932 war es der deutschen Politik gelungen, die bis dahin unüberwindbaren Gegensätze zu den westlichen Siegermächten des Ersten Weltkrieges beizulegen. Auf der Konferenz von Lausanne einigten sich im Sommer die Unterhändler darauf, die Bürde deutscher Reparationszahlungen drastisch zu verringern und auf eine festgeschriebene Summe von drei Milliarden Reichsmark zu begrenzen – eine Zahlung, die im Übrigen nie geleistet wurde; auf der Genfer Abrüstungskonferenz im Dezember desselben Jahres räumten Amerikaner, Briten, Franzosen und Italiener schließlich den Deutschen Rüstungsparität ein, wodurch eine weitere zentrale – als demütigend empfundene – Auflage des Versailler Friedensvertrags von 1919 hinfällig geworden war. Angesichts solcher Entwicklungen stellten sich politische Beobachter in Moskau besorgt die Frage, wie es um das traditionelle Grundprinzip der Weimarer Außenpolitik überhaupt noch bestellt war, nämlich die seit 1925 prowestliche Orientierung Deutschlands durch eine aktive Russlandpolitik im Gleichgewicht zu halten.[9]

Erschwerend hinzu kam der denkbar ungelegene Zeitpunkt. Die Sowjetunion wurde in einem Moment höchster Instabilität mit den politischen Veränderungen im Deutschen Reich konfrontiert. Stalin hatte sich seit 1927/28 zum Aufbau des «Sozialismus in einem Lande» entschlossen und sich mit seiner «Revolution von oben» auf ein Experiment mit ungewissem Ausgang eingelassen. Rücksichtslos etablierte er eine auf planerischen Gesichtspunkten basierende Kommandowirtschaft. Nicht minder brutal waren die Methoden, mit denen dem Agrarsektor das Rückgrat gebrochen wurde. Im Zuge der Kollektivierung der bis dahin überwiegend privat betriebenen Landwirtschaft stürzte Stalin die UdSSR in eine Art Bürgerkrieg, begleitet von beispiellosem Versorgungschaos und einer furchtbaren Hungersnot, der am Ende rund fünf Millionen Sowjetbürger zum Opfer fielen. Die eigene Staatsführung hatte das Land in eine selbst verschuldete innere Krise manövriert, die tiefer griff als alles andere, was man vorgab, lösen zu wollen. Zugleich zeichnete sich seit Beginn der 1930er Jahre an der Ostflanke des sowjetischen Imperiums mit Japans imperialistischer Expansion ein zusätzlicher Konfliktherd ab.[10]

In jenen Wochen, in denen sich Hitlers innenpolitischer Siegeszug vollzog, blickten die Moskauer Machthaber also einer ungewissen Zukunft entgegen. Inwieweit diese durch fundamentale Umbrüche der bisherigen deutsch-sowjetischen Beziehungen noch unkalkulierbarer würde, war freilich nicht abzusehen. Die Verunsicherung war groß, zumal in Deutschland inzwischen der Ratifizierungsprozess des zur Verlängerung vorgesehenen Berliner Vertrags von 1926 ins Stocken geraten war – er hatte die bisherige beidseitige Freundschaft bekräftigt und stets die Grundlage für wichtige Wirtschafts- und Kreditabkommen gebildet. Nicht zuletzt deshalb legte Stalin, dessen persönliche Macht sich zusehends auch auf die außenpolitische Entscheidungsgewalt erstreckte, in dieser Situation eine zeitweilig bemerkenswert pragmatische Zurückhaltung an den Tag. Ähnlich wie schon 1932 im Zusammenhang mit den russlandkritischen Wendungen der Regierung Franz von Papens wollte er auch jetzt das bilaterale Verhältnis durch keinerlei unnötige Belastungen gefährden.[11]

Zwischen Verunsicherung und Charme-Offensive

Einmal mehr waren unter diesen Bedingungen die sowjetischen Diplomaten, profilierten Komintern-Funktionäre und Geheimdienstexperten mit einschlägiger Deutschlandkompetenz gefordert. Nicht nur zwischen dem Moskauer Außenministerium und der sowjetischen Botschaft in Berlin entwickelte sich in den Tagen nach dem 30. Januar 1933 hektische Betriebsamkeit, zirkulierte eine auffällig hohe Zahl chiffrierter Telegramme, geheimer Depeschen und vertraulicher Aufzeichnungen. Auch der Militär-Nachrichtendienst der Roten Armee, der GRU, und die Auslandsabteilung der berüchtigten Geheimpolizei OGPU/NKWD verstärkten ihre Spionagetätigkeit, um die Hintergründe der jüngsten politischen Ereignisse in der Reichshauptstadt besser einordnen und daraus wiederum die weiteren Absichten und nächsten konkreten Maßnahmen der neuen Machthaber in Deutschland ableiten zu können. Solange die KPD noch nicht zerschlagen war, lieferte auch ihr konspirativer Nachrichtendienst wertvolle Informationen, die über den Apparat der Komintern ihren Weg in die sowjetische Hauptstadt fanden. Zentrale Dokumente landeten dabei allesamt auf Stalins Schreibtisch im Kreml, wurden von ihm gelesen, mit Vermerken versehen und für den Fall weiterer Verwendung in seinem privaten Arbeitsarchiv abgelegt.[12]

Stalin selbst glaubte zumindest anfänglich noch, Adolf Hitler lasse sich über die Kabinettsdisziplin innerhalb der neuen deutschen Koalitionsregierung vor allem durch die dortigen konservativen Kräfte einhegen. Damit befand er sich in guter Gesellschaft, denn weite Teile der deutschen Elite und Ministerialbürokratie erlagen gleichfalls der Illusion, Hitler und die NSDAP durch die übrigen Kabinettsmitglieder lenken zu können.[13]

In diesem Sinne las sich auch die Sprachregelung, die Deutschlands Botschafter in Moskau, Herbert von Dirksen, am Morgen des 31. Januar 1933 telegrafisch erreichte: «Gegenüber heute erfolgter Bildung Kabinetts Hitler bitte ich [...] beruhigend einzuwirken.» Die neue Regierung stehe auf dem Boden der Verfassung, «eventuellen Bedenken wegen zukünftiger deutscher Außenpolitik am besten durch Hinweis auf den bereits den letzten beiden Kabinetten angehörenden Herrn Reichsaußenminister [...]» entgegentreten, wies Bernhard von Bülow, der Staatssekretär im Auswärtigen Amt, den Botschafter an. Außenpolitische Kontinuität und zum beiderseitigen Vorteil gereichende Beziehungen, lautete die zentrale Botschaft, die aus Sicht der traditionell russlandfreundlichen Eliten des Außenministeriums ganz aufrichtig gemeint war. Dirksen übermittelte sie sogleich dem stellvertretenden Volkskommissar Nikolai Krestinskij, der selbst zwischen 1923 und 1930 die UdSSR in Berlin diplomatisch repräsentiert und im Geiste von Rapallo stets die gedeihliche Zusammenarbeit im Blick hatte.[14]

Auch in der Folgezeit ließen Botschafter Dirksen, Reichsaußenminister Constantin von Neurath und Staatssekretär von Bülow nichts unversucht, die Sorgen der sowjetischen Diplomaten vor einer unmittelbar bevorstehenden dramatischen Wende in den bis dahin florierenden bilateralen Beziehungen zu zerstreuen.[15] Freilich standen derartige Bemühungen zeitweilig in deutlichem Widerspruch zur Rhetorik Adolf Hitlers und zu den Maßnahmen, die dessen Partei nach Bekanntgabe von Neuwahlen am 1. Februar und nach dem Reichstagsbrand vom 27. Februar 1933 im Zuge der innenpolitischen ‹Machtergreifung› eingeleitet hatten.

Stalin wie auch das Gros der sowjetischen Diplomaten verhielten sich in den ersten Wochen nach Hitlers Machtantritt zurückhaltend. Sie suchten keinerlei Anlass, das NS-Regime zu provozieren.[16] Unter rassenideologischen Gesichtspunkten wurde in vorauseilendem Gehorsam bisweilen sogar der sowjetischen Botschaft eine «reinrassige Führungsspitze» verordnet. Da Lew Chintschuk Jude war, wurde ihm kurzerhand im Mai 1933 der bisherige 2. stellvertretende sowjetische Handelsvertreter in Großbritannien, der Russe Sergej Bessonow, als neu ernannter Botschaftsrat zur Seite gestellt.[17]

Abgesehen von derartigen Gesten drängte der stellvertretende Außenkommissar Krestinskij angesichts der unübersichtlichen politischen Lage in Deutschland aber energisch auf zuverlässige Informationen aus eigenen verlässlichen Quellen, um – unabhängig vom gefilterten Nachrichtenfluss des deutschen Botschafters in Moskau – die weiteren Schritte der Regierung Hitler besser einschätzen zu können. Das tief sitzende sowjetische Misstrauen gegenüber den Berliner Ereignissen wurde zeitweilig allenfalls dadurch relativiert, dass prominente Vertreter der Reichswehr an Hitlers Kabinettstisch saßen. Der neu ernannte Kriegsminister Generaloberst Werner von Blomberg gab in dieser Hinsicht «Grund zu hoffen», wie Krestinskij den Gesandten Chintschuk in Berlin am 1. Februar 1933 eigens wissen ließ.[18] Denn Blomberg gehörte in den gesamten Jahren der Weimarer Republik zu den loyalen Befürwortern jener geheimen militärischen Zusammenarbeit, mit der Rote Armee und Reichswehr in beiderseitigem Interesse erfolgreich die militär- wie rüstungspolitischen Beschränkungen unterliefen, die der Versailler Vertrag dem Deutschen Reich auferlegt hatte.[19]

Insofern registrierten Moskaus diplomatische Beobachter in Deutschland während der ersten Wochen und Monate nach Hitlers

Machtantritt immer wieder gerne die sicherheitspolitischen Zusicherungen verschiedener Gewährsleute aus dem engeren Umfeld der Reichswehr und ihres Ministers. Demnach schienen die deutschen Militärs eine höchst «wohlwollend[e] und freundschaftlich[e]» Haltung gegenüber der UdSSR einzunehmen.[20] In diesem Sinne äußerte sich auch Oberst Oskar von Niedermeyer, der seit 1921 zu den entschiedensten Verfechtern einer kriegswirtschaftlichen Kooperation beider Länder zählte, was wiederum die Glaubwürdigkeit des Informanten bei den sowjetischen Gesprächspartnern entschieden erhöhte. Anlässlich eines vertraulichen Treffens mit dem Geschäftsträger Sergej Alexandrowskij übermittelte er am 24. März 1933 im Auftrag des Kriegsministers Blomberg, dass «von einer Veränderung in den deutsch-sowjetischen Beziehungen unter keinen Umständen die Rede sein» könne. Der Minister bat, jegliche Zweifel darüber auf sowjetischer Seite zu zerstreuen. Um dem zusätzlich Überzeugungskraft zu verleihen, hob Niedermeyer dessen einflussreiche Stellung und den direkten Draht zu Hitler eindringlich hervor. Freilich wurde der Reichswehrchef aber auch als ein vorbehaltloser Parteigänger des neuen Reichskanzlers charakterisiert, weil dieser der Armee nach Jahren schmachvoller Diskriminierung «einen entscheidenden Platz im zukünftigen Schicksal Deutschlands zuweise». In den Augen des sowjetischen Botschaftsangehörigen wog indes mehr Niedermeyers Feststellung, dass Werner von Blomberg offenbar wenig Sympathien für die NSDAP hegte und zugleich auf kritische Distanz zum «verantwortungslose[n] Verhalten der unteren Organe der Nazi» ging.[21]

Dass die Reichswehr und deren Führung als Garanten für die Fortsetzung eines guten Verhältnisses wahrgenommen wurden, bestätigte sich abermals am 1. Juli 1933 im Rahmen eines Empfangs, der in der sowjetischen Gesandtschaft unter den Linden zu Ehren hoher deutscher Militärs und des Kriegsministers veranstaltet worden war. Die anwesenden Generäle gaben sich selbstbewusst, betonten die «traditionelle Freundschaft der zwei Armeen», wie sie sich auch insgesamt überzeugt davon zeigten, dass die deutsch-sowjetische Freundschaft generell entwickelt und ausgebaut werden müsse.[22] Blomberg präsentierte sich bei dieser Gelegenheit als Minister, der bei «Hitler in außenpolitischen Fragen hohes Ansehen genieße» und «mehrfach in dieser Hinsicht auf Hitler eingewirkt [habe] und dies auch künftig tun [werde], um eine Veränderung der alten politischen Leitsätze der Nationalsozialisten in Bezug auf die UdSSR herbeizuführen». Überhaupt wurde den sowjetischen Gastgebern klar zu verstehen gegeben, dass sich – so die Selbstwahrnehmung der deutschen Offiziere – die «Reichswehrführung nicht in Abhängigkeit von Hitler befinde, sondern das Gegenteil der Fall sei».[23]

Solche Veranstaltungen und Treffen besaßen für die sowjetischen Diplomaten zum damaligen Zeitpunkt nicht nur die Funktion, sich klarere Einblicke in die Absichten und Befindlichkeiten der deutschen Generalität zu verschaffen. Sie dienten – zumindest in dieser Phase nationalsozialistischer ‹Machtergreifung›, in der das diplomatische Spiel der neuen Machthaber nur schwer zu durchschauen war – immer auch als Gelegenheit, die im Geiste deutsch-sowjetischer Militärkooperation sozialisierte Reichswehrelite zu umschmeicheln und sie vom Wert guter bilateraler Kontakte zu überzeugen.[24] Mit derartigen Charmeoffensiven, die zum Teil auch gegenüber Vertretern des Auswärtigen Amtes angewandt wurden, suchten die sowjetischen Außenpolitiker einen Keil zwischen Hitler und dessen Militärs bzw. Diplomaten zu treiben.

Das galt umso mehr, als führende Deutschlandexperten des NKID und der Komintern gerade in dieser Zeit Beurteilungen zur nationalsozialistischen Außenpolitik vorlegten, die von einer geradezu prophetischen Weitsicht waren. Während die alten Funktionseliten im Auswärtigen Amt und der Deutschen Botschaft Moskau im ersten Jahr der ‹NS-Machtergreifung› noch fest daran glaubten, die außenpolitische Szenerie zu beherrschen und Hitler auf die überwiegend positive Traditionslinie deutsch-sowjetischer Beziehungen festlegen zu können, schätzten deren sowjetische Gegenspieler die damalige Lage zum Teil weitaus realistischer ein. Der Leiter der zweiten Westabteilung im sowjetischen Außenministerium, Dawid G. Schtern, wertete bereits am 1. Februar 1933 den Regierungswechsel in Deutschland als tiefe Zäsur und «historisches Datum. Da Hitler nun einmal an die Macht gelangt ist, wird er sie nicht so leicht wieder hergeben. [...] Die Ernennung Hitlers zum Reichskanzler wird die ernstesten Konsequenzen nach sich ziehen, sowohl auf dem Gebiet der innerdeutschen Verhältnisse als auch für unsere unmittelbaren Interessen». Schtern rechnete mit einer deutlichen Verschlechterung der bilateralen Beziehungen. Er war fest davon überzeugt, dass die auf Verständigung orientierten Repräsentanten wie etwa Botschafter Herbert von Dirksen sich unter den gegebenen politischen Umständen nicht mehr allzu «lange in Moskau halten werden. Auch in der weiteren Perspektive wird uns die Regierung Hitler-Papen nichts Gutes verheißen. Was die Lebensdauer dieser Regierung anbelangt, so teile ich nicht die Meinung derjenigen, die meinen, dass dies lediglich ein weiteres Experiment sei». Vorerst plädierte er deshalb für Zurückhaltung, ohne zugleich bei den «Hitlerleuten [...] den Eindruck [zu] erwecken, [...] wir [seien] beunruhigt und bereit [...], ihnen in diesen oder jenen [...] Forderungen entgegen zu kommen».[25]

Karl Radek, der seit 1932 regelmäßig das Zentralkomitee der WKP(B) über sein Büro für Internationale Information mit deutschlandpolitischen Lageeinschätzungen versorgte, wartete mit ähnlich ernüchternden Analysen auf. Im April 1933 lieferte er eine Einschätzung zur Strategie und Taktik nationalsozialistischer Außenpolitik, mehr noch, er prognostizierte eine unmittelbar bevorstehende Zeitenwende: «Die Anti-Versailles-Politik Deutschlands, die Rapallo [einst] hervorbrachte, hat sich jetzt gegen Rapallo gewendet. Unsere Reibungen mit Deutschland sind nicht konjunktureller Natur, sie sind nicht einer kurzfristigen Verschlechterung der Beziehungen geschuldet, sondern sie sind das Kristallisationsergebnis des Programms zur Revision von Versailles als eines Programms zur Wiederherstellung der Ostziele des deutschen Imperialismus während des [Ersten Welt-]Krieges.» Radek sah das außenpolitische Programm der Nationalsozialisten zwar anfänglich noch gegen Polen gerichtet. Freilich gab er sich nicht der Illusion hin, dass die Sowjetunion von Hitlers machtpolitischen Expansionsgelüsten ausgespart bleiben würde. Zuvor allerdings musste das NS-Regime im Innern konsolidiert sein, über eine ausreichende Nahrungsmittelbasis für einen Krieg verfügen und die Rüstungspolitik entsprechend vorangetrieben haben.[26] Derartige Annahmen, die von einem unmittelbar bevorstehenden fundamentalen Umbruch in den beidseitigen Beziehungen ausgingen, waren nicht allein das Ergebnis ideologisch motivierter Kapitalismus- und Faschismus-Interpretationen. Vielmehr gab es auf sowjetischer Seite stichhaltige Geheimdiensterkenntnisse, die hellhörig machen mussten. Seit Anfang März 1933 lag führenden Komintern-Funktionären und Militärs in Moskau ein außenpolitisches Schlüsseldokument vor, das der Militär-Nachrichtendienst der Roten Armee über vertrauliche Kanäle der KPD zugespielt bekommen hatte. Es handelte sich dabei um die Aufzeichnung einer Geheimrede Adolf Hitlers vor Führungsspitzen der deutschen Reichswehr. Hier hatte der neue Reichskanzler am 3. Februar 1933, vier Tage nach seiner offiziellen Ernennung, unverblümt zu verstehen gegeben, dass er die Armee fortan für seine außenpolitischen Expansionsziele und rassenideologischen Vernichtungspläne instrumentalisieren wolle. In diesem erlesenen Kreis ließ Hitler keine Zweifel an der generellen Stoßrichtung seines Programms aufkommen: Die «Niederwerfung des Marxismus mit allen Mitteln» bildete für ihn gewissermaßen den Auftakt, um den deutschen Lebensraum nach Osten auszuweiten – das Ganze bezogen auf eine zeitliche Perspektive von sechs bis acht Jahren.[27]

Beziehungen nicht leichtfertig aufs Spiel setzen

Schon in den ersten Wochen und Monaten nach Hitlers Amtseinführung verschlechterte eine Welle antisowjetischer Ausschreitungen das zwischenstaatliche Klima ganz erheblich. Selbstbewusst und im Geiste des Antibolschewismus beschworen die neuen Machthaber in Berlin ständig Konflikte herauf. Ihr zügelloser Terror und die Gewaltexzesse gegen deutsche Kommunisten richteten sich zugleich gegen Moskau, zumal die KPD zu den engsten Verbündeten der Komintern und damit als verlängerter Arm stalinistischer Außen- und Deutschlandpolitik fungierte. Freilich wollte darüber die sowjetische Führung die diplomatischen Beziehungen nicht leichtfertig aufs Spiel setzen. Aus pragmatischen Erwägungen heraus beugte sie sich zähneknirschend der fadenscheinigen Argumentation des NS-Regimes, der zufolge es sich nicht um eine gegen die UdSSR gerichtete Maßnahme, sondern um eine rein innerdeutsche Angelegenheit handelte. Für die Zurückhaltung in diesem speziellen Fall zeichnete vor allem Josef Stalin maßgeblich verantwortlich. Denn im Unterschied zu manchen seiner Spitzendiplomaten zeigte sich der sowjetische Diktator bis Herbst 1933, stellenweise sogar bis zum Röhm-Putsch Mitte 1934, fest davon überzeugt, Hitlers Herrschaftsregime sei noch nicht fest etabliert. Ein Reichskanzler mit beschränkter Selbstständigkeit ließ es ihm geraten erscheinen, sich nicht in die innenpolitischen Angelegenheiten des Deutschen Reiches einzumischen oder dieses gar unnötig zu provozieren. Folgerichtig erteilte sein erster Botschaftsvertreter in Berlin, Boris Winogradow, sozialdemokratischen Unterhändlern, die vertraulich um sowjetische Unterstützung für ein gemeinsames, gegen das NS-Regime gerichtetes Abwehrbündnis warben, im Februar 1933 eine herbe Absage. Ausschlaggebendes Argument war hierbei nicht zuletzt, dass durch Hitlers Machtübernahme das Ende des Kapitalismus in Deutschland beschleunigt würde.[28] Da die Verhaftungswellen und Unterdrückungsmaßnahmen der Nazis überdies in gleicher Weise gegen die Sozialdemokraten gerichtet waren, trugen sie aus sowjetischer Perspektive höchst wünschenswert dazu bei, Stalins «sozialfaschistischen» Erzfeind[29] zu zerschlagen – eine Maßnahme von «riesige[r], historische[r] Bedeutung», wie der Vorsitzende der Roten Gewerkschaftsinternationale, Solomon Losowskij, noch im Dezember 1933 eigens hervorhob. Und so war es zunächst nur konsequent, dass die Komintern unmittelbar nach dem Siegeszug der Nationalsozialisten nicht sogleich in eine lautstarke antifaschistische Abwehrrhetorik verfiel, sondern sich stattdessen den Geboten der sowjetischen Staatsräson vorbehaltlos unterordnete und die dramatischen Vorgänge in Deutschland beschwieg.[30]

Weiteres Konfliktpotenzial reifte heran, als Adolf Hitler am 3. März

1933 einen Wahlkampfauftritt im Berliner Sportpalast zu harten rhetorischen Ausfällen gegen die UdSSR genutzt hatte. Er heizte damit die ohnehin schon vorhandene antikommunistische Grundstimmung im Lande weiter an. Moskaus Bevollmächtigter Vertreter Lew Chintschuk wandte sich daraufhin sofort an seinen stellvertretenden Außenminister, weil er die «Möglichkeit folgenschwerer Exzesse» gegen sowjetische Staatsbürger und Einrichtungen in Deutschland fürchtete.[31] Und in der Tat waren solche Sorgen nicht unbegründet. Denn über Monate hinweg sollten von da an das Botschaftspersonal sowie Mitarbeiter von Handels- und konsularischen Vertretungen der UdSSR vom hasserfüllten SA-Mob auf der Straße drangsaliert werden. Scharfe diplomatische Proteste des sowjetischen Botschafters konnten dagegen ebenso wenig ausrichten wie eine massive antideutsche Pressekampagne, die man zwischenzeitlich in der UdSSR initiiert hatte. Die Sturmabteilungen ließen sich davon kaum beeindrucken, denn als Hilfsorgane von Innenminister Hermann Görings preußischer Polizei sahen sie sich zu solchen Aktionen legitimiert. In Moskau riet daraufhin am 10. März 1933 der Leiter der zweiten Westabteilung im NKID, Dawid Schtern, aus Abschreckungsgründen dringend zu vergleichbaren Vergeltungsmaßnahmen gegenüber deutschen Staatsbürgern und Einrichtungen in der Sowjetunion.[32]

Stalin wie auch die übrige sowjetische Führung sahen jedoch erneut von harschen Reaktionen ab, mehr noch: Sie legten eine an die Grenze des Zumutbaren reichende Toleranz an den Tag, als die neuen Machthaber in Berlin etwa zur selben Zeit die Deutsche Vertriebsgesellschaft für russische Ölprodukte und die Deutsch-Russische Naphta-Importgesellschaft mbH demütigenden Übergriffen aussetzten: Zahlreiche Hausdurchsuchungen, Boykottmaßnahmen und Verhaftungen von vermeintlich jüdisch-bolschewistischen Mitarbeitern führten zu einem dramatischen Rückgang sowjetischer Erdöleinfuhren nach Deutschland und wirkten sich äußerst negativ auf die Handelsbilanz der UdSSR aus.[33]

Über die eigentlichen Motive für Stalins Langmut kann in dieser Hinsicht nur spekuliert werden, da bislang kaum Dokumente bekannt sind, die darüber aus erster Hand informieren. Gleichwohl spricht vieles dafür, dass seine Wahrnehmung der Ereignisse in Deutschland sich zeitweilig mit den Einschätzungen der sowjetischen Diplomaten in Berlin deckte. Jene *men on the spot*, die tagtäglich das unmittelbare Geschehen in der Reichshauptstadt hautnah miterlebten und beobachteten, gaben sehr wohl zu erkennen, dass Erfolg oder Misserfolg von Hitlers ‹Machtergreifung› nicht allein von innenpolitischen Voraussetzungen abhängig war. Wie der Erste Botschaftssekretär Boris Winogradow am 13. April 1933 klarsichtig nach Moskau berichtete, musste der Führer der Nationalsozialisten bei seiner Herrschaftskonsolidierung in der ersten kritischen Phase auch außenpolitische Sachzwänge berücksichtigen. «Zu diesen Realitäten gehörte in erster Linie der Gegensatz zu Polen und Frankreich. [...] Gerade die Reichswehr, die von einem möglichen Konflikt mit Polen und einem Präventivkrieg ausgeht, den Polen oder Frankreich, ohne die unvermeidliche Bewaffnung der deutschen Armee abzuwarten, beginnt, ist bestrebt, den antisowjetischen Eifer Hitlers zu mäßigen [...], nicht mit der Rapallo-Politik [zu] brechen und die russische Karte aus der Hand [zu] geben [...]. In gleicher Richtung wirken auch das Auswärtige Amt [...] und Wirtschaftskreise auf Hitler ein [...]. Die Gefahr einer sowjetisch-polnisch-französischen Annäherung verstärkt freilich die Position der Kreise, die bestrebt sind, Hitler von einem voreiligen antisowjetischen Abenteuer und von einer offenen Abkehr von Rapallo abzuhalten.»[34]

Solche Lageanalysen vertrauten vorerst ausschließlich auf die Zuverlässigkeit und politische Durchsetzungskraft der alten Funktionseliten in den deutschen Ministerien und Amtsstuben. Zumindest 1933 schien es noch gute Gründe zu geben, jene kritischen Einwände einstweilen zu relativieren, die zuvor Karl Radek, Dawid Schtern oder der Militär-Nachrichtendienst der Roten Armee formuliert hatten. Das galt umso mehr, als die nationalsozialistische Führungsriege zum damaligen Zeitpunkt offenbar über kein verbindliches Ost-Konzept verfügte. Hitlers Chefideologe Alfred Rosenberg fiel durch eine besondere antisowjetische Radikalität aus der Rolle. Unablässig forderte er die Zerschlagung und Aufteilung der Sowjetunion. Reichsluftfahrtminister Hermann Göring dagegen wähnte Deutschland und die UdSSR in einer vergleichbaren Situation – zwei Staaten, eingekreist von feindlichen Mächten. Folglich zeigte er sich politisch wie wirtschaftlich aufgeschlossen für die Belange der Sowjetunion und versicherte am 2. Mai 1933 dem Botschafter Chintschuk, dass «Hitler und alle führenden Nazis [...] die feste Absicht [hätten], Kurs auf Freundschaft und Nähe zur UdSSR zu halten. Wir sollten den früheren Ideen Rosenbergs, die alle für falsch halten, keine Bedeutung beimessen, weil sich die Lage verändert habe. Viele Nazis hätten auch früher diesen Standpunkt nicht geteilt [...]».[35] Angesichts einer solchen russlandpolitischen Kakophonie spekulierte die sowjetische Diplomatie darauf, dass Hitler aufgrund der «Verschärfung der inneren Widersprüche im imperialistischen Lager» über kurz oder lang eine Wiederannäherung an die UdSSR vollziehen würde, die schließlich gar «weit über Rapallo hinausgehen und in ein Militärbündnis münden» könnte.[36]

Auf sowjetischer Seite fehlte es deshalb anfänglich nicht an Versuchen, sich der nationalsozialistischen Reichsregierung als verlässlicher Kooperationspartner anzubieten.[37] Dass weltanschauliche Gegensätze einer pragmatisch orientierten Zusammenarbeit nicht im Wege stehen mussten, suchten Moskaus Diplomaten überdies bei jeder Gelegenheit gegenüber ihren deutschen politischen Gesprächspartnern anzubringen, wenn sie in diesem Zusammenhang auf die geradezu vorbildlichen bilateralen Beziehungen zum faschistischen Italien verwiesen.[38]

Diplomatische Wendepunkte – Nichtangriffsvertrag mit Polen und Hitler-Stalin-Pakt

Schließlich kam alles ganz anders. Die zweite tiefe Zäsur nach dem historischen Umbruch vom 30. Januar 1933 bildete der deutsch-polnische Nichtangriffspakt vom 26. Januar 1934. Er symbolisierte in außenpolitischer Hinsicht den Endpunkt der nationalsozialistischen

‹Machtergreifung›. Durch diesen Schritt, den Hitler bereits seit Mai 1933 und weitgehend im Alleingang unter Ausschluss des Auswärtigen Amtes angebahnt hatte,[39] sollten die zwischen Deutschland und der UdSSR bestehenden Beziehungen endgültig auf den Kopf gestellt werden. Denn Polen bildete bis dahin für Deutsche und Russen aufgrund gemeinsamer Revisionsforderungen, die aus der Zeit unmittelbar nach dem Ende des Ersten Weltkrieges stammten, eine der wichtigsten Klammern für eine über ein Jahrzehnt währende gedeihliche Zusammenarbeit. Die Gewährsleute für diesen mit Moskau gepflegten beziehungspolitischen Grundkonsens saßen auf deutscher Seite vornehmlich im Auswärtigen Amt und in der Reichswehrführung. Sie waren von dem Schachzug des Reichskanzlers genauso überrascht wie die sowjetische Diplomatie, die seit der ‹Machtergreifung› an dieser bewährten Tradition festzuhalten suchte und dabei bewusst auf ebenjene Kreise gesetzt hatte. All dies schien nunmehr hinfällig geworden zu sein, denn so viel zeichnete sich nun ab: Hitler hatte begonnen, sich von den alten Ministerialeliten zu emanzipieren und ihnen im Politikbetrieb des NS-Staates nur noch eine nachgeordnete, ausschließlich dienende Funktion zuzuweisen. Nach fast einjähriger taktischer Selbstbeschränkung, die insbesondere der inneren Konsolidierung des Regimes zugutegekommen war, setzte er von da an in der deutschen Außen- und Sowjetunionpolitik verstärkt eigene, nationalsozialistische Akzente, die auf Revision, Expansion, rassenideologischen Vernichtungskrieg und Weltherrschaft zielten.

Freilich versuchte Außenminister Litwinow am 28. Januar 1934 das Ereignis zunächst allgemein als Ausdruck deutscher Schwäche herunterzuspielen. Wenn er Stalin um Zustimmung bat, die sowjetische Presse entsprechend instruieren zu dürfen, dann stand dahinter nicht zuletzt das Ziel, auf die heimische Öffentlichkeit beruhigend einzuwirken.[40] Doch konnte all dies wenig über die Tatsache hinwegtäuschen, wie sehr für NS-Deutschland die Vereinbarung mit Polen ein erster wichtiger Befreiungsschlag aus der Versailler Nachkriegsordnung darstellte: Sie bedeutete einen Bruch mit dem außenpolitischen Erbe der Weimarer Republik, die sich spätestens seit Mitte der 1920er

Jahre auf das Prinzip multilateraler internationaler Zusammenarbeit festgelegt hatte. Hitler dagegen hatte sich im Herbst 1933 vom Völkerbund abgewandt, während die UdSSR als Folge der Gesamtentwicklung die lang gehegten politisch-ideologischen Vorbehalte gegenüber dieser Organisation aufgab, die sie als Produkt des Versailler Systems betrachtete. Am 18. September 1934 trat sie ihr bei und suchte im Rahmen kollektiver Sicherheitsstrukturen die Nähe zum antifaschistisch-westlichen Lager. Für Hitler war das ein weiterer Grund – auch das verdeutlichte das Nichtangriffsabkommen mit Polen –, sich seit dieser Zeit mehr und mehr auf bilaterale Abmachungen zu verlassen.[41]

Das wiederum eröffnete ihm neue Handlungsspielräume, die es schließlich zuließen, sein Kabinett fortan auf folgende russlandpolitische Devise festzulegen: «Von unserer Seite die deutsch-russischen Beziehungen nicht» abbrechen und den «Russen [... keinen] Grund für einen [...] Abbruch» geben.[42] Damit war das bilaterale Verhältnis bis auf Weiteres an einen Tiefpunkt gelangt, weil in Hitlers antibolschewistischer Weltsicht die Sowjetmacht kaum mehr politische Relevanz besaß. Bevor er sich im Sinne der NS-Ideologie aber erneut der russischen Frage zuwenden würde, musste eine Reihe anderer außenpolitischer Voraussetzungen erfüllt sein. Bis dahin blieben die einst vielfältigen deutsch-sowjetischen Kontakte auf ein Mindestmaß reduziert und wurden nur noch äußerst formalisiert abgewickelt – ein Zustand, den insbesondere der andere große europäische Diktator Josef Stalin – wie noch zu zeigen sein wird – nicht widerspruchslos hinnehmen wollte.[43]

Gut fünf Jahre nach jenen Ereignissen war Polen abermals Dreh- und Angelpunkt im bilateralen Verhältnis zwischen Deutschland und der UdSSR. Hintergrund bildete diesmal Hitlers fester Entschluss, das östliche Nachbarland im Frühherbst 1939 militärisch zu unterwerfen. Inzwischen war aber eine internationale Konstellation herangereift, die es der nationalsozialistischen Außenpolitik nicht mehr so leicht wie 1938 in Österreich oder 1938/39 in der Tschechoslowakei ermöglichte, ihre Revisions- und Expansionspolitik zu betreiben. Spätestens nach der Zerschlagung der sogenannten Rest-Tschechei am 15./16. März 1939 setzten Großbritannien und Frankreich klare Zeichen, die imperialen Ambitionen des Deutschen Reiches nicht widerstandslos hinzunehmen. Mit der von ihnen gewährten Beistandsgarantie für Polen zeichnete sich für den Fall einer deutschen Aggression immer mehr die Möglichkeit eines größeren Krieges ab.

Am 23. August 1939 gelang es jedoch Reichsaußenminister Joachim von Ribbentrop, die Gefahr einer Zwei-Fronten-Situation wie einst im Ersten Weltkrieg zu bannen. Binnen kürzester Frist hatte er für Deutschlands Ostflanke ein Nichtangriffsabkommen mit der UdSSR ausgehandelt und die Weltöffentlichkeit mit diesem Überraschungscoup aufgeschreckt.[44] Der Hitler-Stalin-Pakt löste nicht nur in den westlichen Demokratien Bestürzung aus, weil sie bis dahin die Sowjetunion als einen potenziellen Bündnispartner gegen die Konfrontationspolitik des NS-Regimes betrachtet hatten; mehr noch: Er brachte vor allem die kommunistische Weltbewegung, die bis dahin bedingungslos hinter dem vermeintlich antifaschistischen Kurs der UdSSR gestanden hatte, kurzfristig in höchste Orientierungsnöte und Legitimationsschwierigkeiten.[45]

Als noch gravierender sollte sich indes die Tatsache erweisen, dass der kaum für möglich gehaltene «Teufelspakt» der Diktatoren das internationale Mächtesystem mit einer wahren diplomatischen Revolution konfrontierte. Dabei war es die Kombination von klassischer Nichtangriffsvereinbarung – eine auf zehn Jahre terminierte Abmachung, die sofort in Kraft trat – und einem Geheimen Zusatzabkommen, das gleichsam die Besonderheit des strategischen «Pakt[s] zur Schaffung einer neuen Weltordnung» ausmachte.[46] Die Übereinkunft zeigte exemplarisch das zynische Machtverständnis der beiden totalitären Regime, die sich im Zuge der Annäherung insgeheim darauf geeinigt hatten, Ostmittel- und Südosteuropa unter sich in Einflusszonen aufzuteilen. Das wiederum versetzte Hitler in die komfortable Lage, sich fortan ganz auf einen begrenzbaren Angriffskrieg gegen Polen zu konzentrieren, der am 1. September 1939 eine weitere wichtige Etappe auf dem Weg zu seinem europäischen Herrschaftsimperium darstellte.[47] Die Frage, ob Briten und Franzosen ihrer polnischen

Garantie-Erklärung militärisch nachkommen würden, schien Hitler angesichts solcher Rahmenbedingungen vollkommen irrelevant. Der Pakt war aber nicht nur aus deutscher Perspektive ein außenpolitischer Erfolg. Auch die UdSSR betrachtete ihn als Höhepunkt Stalin'scher Diplomatie. Mit dem Hitler-Stalin-Pakt begann für die Sowjetunion unweigerlich der Aufstieg zur Welt- und Supermacht. Die Vereinbarung gab formal zwar vor, defensiven Charakter zu besitzen, und suggerierte, rein sicherheitspolitisch motiviert zu sein. Faktisch hingegen war sie ein Freibrief für Aggression und Gewalt und damit die Geburtsstunde des Stalinismus in der sowjetischen Außenpolitik. Denn das Geheime Zusatzprotokoll ermächtigte Stalin zwischen 1939 und 1941, Ost-Polen, das Baltikum, Bessarabien und die Bukowina mit politischem Druck, blanker Erpressung und am Ende mit militärischen Mitteln dem sowjetischen Staatsverband einzuverleiben. All dies ging für die betroffenen Länder einher mit rücksichtsloser Sowjetisierung. Dabei kamen jene Terrormethoden zur Anwendung, die bis dahin im stalinistischen Regime der 1930er Jahre ausführlich erprobt worden waren.[48]

Zweifellos verschaffte der Pakt der Sowjetunion eine einzigartige Gelegenheit, im Windschatten deutscher Kriegspolitik aktiv in eine Phase imperialer Expansion einzutreten. Und diese bot weitaus verheißungsvollere Perspektiven als lediglich jene Territorien, die der Kreml sich im östlichen Europa mit Verweis auf deren frühere Zugehörigkeit zum zarischen Imperium alsbald aneignen würde. In späterer sowjetischer Lesart hatte sich durch den Umstand, dass Moskau indirekt zur Entfesselung des Zweiten Weltkrieges beigetragen hatte, eine neue internationale Lage entwickelt, in der das gewünschte revolutionäre Szenario vergangener Jahre zum Greifen nahe lag: ein innerimperialistischer Krieg, der die kapitalistische Welt zwingen würde, «ein bisschen Platz zu machen und zurückzutreten», wie Außenminister Molotow es anlässlich der Festsitzung zum 22. Jahrestag der Großen Sozialistischen Oktoberrevolution am 6. November 1939 auf den Punkt brachte.[49]

Ähnlich dachte Stalin. So hielt der Komintern-Vorsitzende Georgij

Dimitrow in einer Tagebuchnotiz über ein vertrauliches Gespräch am 7. September 1939 im Kreml fest: «Der Krieg wird zwischen zwei Gruppen von kapitalistischen Staaten geführt [...] um die Neuaufteilung der Welt, um die Weltherrschaft. Wir haben nichts dagegen, daß sie kräftig aufeinanderschlagen und sich schwächen. Nicht schlecht, wenn Deutschland die Lage der reichsten kapitalistischen Länder (vor allem Englands) ins Wanken brächte. Hitler selber zerrüttet und untergräbt, ohne es zu verstehen und zu wollen, das kapitalistische System [...] Wir können manövrieren, eine Seite gegen die andere aufbringen, damit sie sich noch stärker in die Haare kriegen.»[50] Stalin war damit einer alten Auffassung treu geblieben. So deckten sich die Gedanken 1939 in weiten Teilen mit dem, was er bereits im Januar 1925 auf einer Plenartagung des ZK der WKP(B) über das Wesen des revolutionären Krieges geäußert hatte: Er plädierte für die Rolle des wachsam Abwartenden, um dann im richtigen Moment das «richtige Gewicht in die Waagschale zu werfen, ein Gewicht, das ausschlaggebend sein dürfte».[51] Und in ebendieser Situation wähnte sich der sowjetische Diktator Anfang September 1939.

Auch in anderer Hinsicht bedeutete das zwischen den beiden Außenministern Joachim von Ribbentrop und Wjatscheslaw Molotow ausgehandelte Vertragswerk eine deutliche Zäsur. Die Vorgeschichte geht zurück auf Molotows Ernennung zum Volkskommissar für Auswärtige Angelegenheiten der UdSSR am 3. Mai 1939. Die Neubesetzung verstand sich auch als politisch-symbolische Geste an die Adresse des Deutschen Reiches und zeugte von Annäherungsbereitschaft. Denn mit Maxim Litwinow musste ein Jude die Leitung des Außenressorts aufgeben, der bis dahin eng mit den Westmächten zusammengearbeitet und sich in Gegensatz zur neuen außenpolitischen Linie gebracht hatte.

Molotow war dagegen ein absoluter Erfüllungsgehilfe Stalins. Eine seiner ersten Maßnahmen bestand darin, im Außenministerium einen umfangreichen Elitenaustausch vorzunehmen, was speziellen Funktionärstypen zum Durchbruch verhalf: Unerfahrene Diplomaten, denen zumeist die Eloquenz, Sprach- und Weltgewandtheit der

Vorgängergeneration fehlten, prägten seit dieser Zeit den Arbeitsstil und gewährleisteten in einer spezifischen systemimmanenten Logik die institutionelle Stalinisierung. Da die nachrückenden Kader ihre beruflichen Karrieren ausschließlich dem neuen Minister verdankten, verhielten sie sich besonders servil und folgten allen politisch-diplomatischen Kehrtwendungen. Nicht zuletzt dadurch gewährleistete Molotow, der Stalins engstem Führungszirkel angehörte, dass sich das Außenressort künftig den Anweisungen der Zentrale bedingungslos unterwarf.[52]

Das Ganze war nicht frei von Ironie, weil es etwas Verbindendes zwischen beiden Regimen schuf: In mancherlei Weise vollzogen sich im sowjetischen Außenkommissariat Entwicklungen, wie sie zuvor das deutsche Auswärtige Amt im Februar 1938 beim Wechsel von Reichsaußenminister Constantin von Neurath zu Joachim von Ribbentrop und mit dem entsprechenden Personalrevirement durchlebte.[53] Die beiden Diktatoren hatten sich nun endgültig ihre jeweiligen Außenministerien unterworfen. Sie griffen dabei auf Ressortchefs zurück, die einander in dem Loyalitätsgebaren gegenüber ihren Führern sehr ähnelten. Hitler und Stalin verfügten damit über weitere institutionelle wie personelle Voraussetzungen, um bis zum deutschen Überfall auf die UdSSR am 22. Juni 1941 in einer unnatürlichen Allianz und unter ideologisch unterschiedlichen Prämissen die politische Landkarte Europas nachhaltig umzugestalten.[54] Zugleich bahnte sich damit eine Entwicklung an, die 1945 den östlichen Teil Deutschlands unweigerlich in eine revolutionäre Umbruchphase unter dem Sowjetstern führen sollte.

«Aufbau des Sozialismus»
in einem halben Land.
Die deutsche Teilung 1945/49

«Moskaus Bastard-Regierung» betitelte der konservative Chefredakteur Richard Tüngel der Wochenzeitung «Die Zeit» am 6. Oktober 1949 seinen Artikel über die tags darauf anstehende Staatsgründung der DDR. «Die Ebert, Ulbricht, Grotewohl, Pieck sowie Hitlers Generale Müller und Lenski», hieß es dort weiter, «haben laut die Einsetzung einer Sowjetzonenregierung verlangt, selbstverständlich – und dies wurde ihnen auch von ihren russischen Herren Semjonow und Tulpanow bereits gewährt – ohne daß Wahlen abgehalten werden, vor denen nun einmal deutsche wie russische Kommunisten eine erklärliche Scheu haben.

Daß sich in der Sowjetzone durch die offizielle Einsetzung einer Regierung an den vorhandenen Machtverhältnissen irgend etwas Wesentliches ändern könnte, ist nicht anzunehmen. [...] Damit aber stellt sich von selbst die Frage, mit welcher Instanz der Sowjetzone wir dann noch verhandeln und Verträge abschließen können. Mit den kommunistischen Diktatoren doch wohl keinesfalls, denn das hieße ja, sie anerkennen. [...S]olange in der Sowjetzone nicht freie Wahlen durchgeführt werden, hat jede deutsche Regierung im Westen die Pflicht, alles zu tun, um die kommunistischen Usurpatoren von Karlshorsts Gnaden zu stürzen.»[1]

Mit diesem scharfzüngigen Kommentar sprach Tüngel offen aus, was den Zeitgeist der bundesdeutschen Nachkriegsgesellschaft dominierte: Antikommunismus und «Russenfurcht». Stalins Berlin-Blockade lag gerade einmal fünf Monate zurück und war allen als Machtdemonstration des sowjetischen Diktators noch ganz gegenwärtig.[2] Allein der Umstand, dass neben der jungen Bundesrepublik, die mit dem Grundgesetz am 23. Mai 1949 ihr verfassungsrechtliches Fundament erhalten hatte und seit dem 7. September über ein demokratisch gewähltes Parlament verfügte, nunmehr ein ostdeutscher Gegenstaat etabliert werden sollte, bot unter den Bedingungen des Kalten Krieges wenig Hoffnung auf ein frei bestimmtes baldiges Miteinander. Freilich war für die damaligen Zeitgenossen kaum vorstellbar, dass die Nation über vier Jahrzehnte lang geteilt bleiben würde.

Sowjetische Machteroberungsstrategien 1944/45

Was Lenin 1917 an weltrevolutionären Erwartungen nicht einzulösen vermochte, weil der bolschewistische Umsturz allein auf Sowjetrussland begrenzt geblieben war, gelang seinem gelehrigsten Schüler Josef Stalin in der Endphase des Zweiten Weltkrieges für weite Teile Osteuropas und ansatzweise auch für Deutschland. Der erfolgreiche Vormarsch der Roten Armee nach Westen nötigte die sowjetische Führung spätestens seit 1944, sich verstärkt den Nachkriegsplanungen zuzuwenden. Die Chancen zu territorialer Expansion wurden dabei sehr wohl erkannt. Auch verfügte die Sowjetmacht über manch einschlägige Erfahrung, die bis in die frühen 1920er Jahre zurückreichte, als sie die vorübergehend unabhängig gewordene nord- und transkaukasische Peripherie gewaltsam in ihren Staatsverband reinkorporierte. Stalin selbst war seinerzeit als Volkskommissar für Nationalitätenfragen entscheidend dafür verantwortlich.

Weitere Expansionsgelegenheiten fielen bis zum deutschen Überfall auf die UdSSR am 22. Juni 1941 in die Ära des Hitler-Stalin-Pakts. Mit Ostpolen, dem Baltikum oder dem rumänischen Bessarabien konnten aber nach wie vor nur Gebiete des einstigen zarischen Imperiums zurückgewonnen werden. Schließlich bot sich 1944/45 erstmals die Möglichkeit, den Einflussbereich auch auf Staaten außerhalb des klassischen Wirkungsbereichs der UdSSR auszuweiten. Allerdings legten Moskaus Nachkriegsplaner dort zunächst eine bemerkenswerte Zurückhaltung an den Tag. Sie hatten aus ihren jüngsten Erfahrungen gelernt, wie nachteilig es sein konnte, das sowjetische Modell schablonenhaft in die von der Roten Armee befreiten oder eroberten

Gebiete zu exportieren. Vielmehr erkannten sie, dass es wichtig war, für eine gewisse Übergangszeit lokale Besonderheiten oder historisch gewachsene Strukturen zu berücksichtigen.

Wenn Stalins Nachkriegsplaner sich anfänglich durch Flexibilität und Mäßigung auszeichneten, geschah dies auch aus sicherheitspolitischen Erwägungen. Sie hofften auf Reparationsleistungen und einschlägige Aufbauhilfen für die vom nationalsozialistischen Vernichtungskrieg schwer getroffene Sowjetunion. Das setzte jedoch voraus, sich nicht eilfertig wegen eines allzu rigoros betriebenen Sowjetisierungskurses im östlichen Europa oder in der SBZ, der Sowjetischen Besatzungszone Deutschlands, mit den westlichen Alliierten, allen voran den USA, zu überwerfen. Allein deshalb gab es keinen starren stalinistischen *Masterplan*, wie lange Zeit immer wieder vermutet wurde. Ein allgemeinverbindliches, auf einheitlichen Richtlinien basierendes revolutionäres Transformationskonzept, wie es der jugoslawische Kommunist Milovan Djilas im April 1945 bei einem vertraulichen Gespräch mit Josef Stalin vernommen haben will, existierte nicht. Wenn, dann mochte es allenfalls darin bestanden haben, Moskaus Nachkriegspolitik gegenüber den unmittelbaren westlichen Nachbarstaaten möglichst lange flexibel zu halten.[3] Stalins unerschütterliche Gewissheit von der Überlegenheit des eigenen politischen Systems wurde dadurch allerdings nicht geschmälert.

Politische Stunde der Moskauer KPD-Kader

Wie gestaltete sich unter solchen Voraussetzungen nun speziell die sowjetische Deutschlandpolitik? Im Verlauf des Krieges zeichnete sich schnell ab, dass die Deutschen auch nach der Niederlage des NS-Regimes für Moskau außenpolitisch weiterhin höchste Priorität besaßen,[4] sie im bilateralen Verhältnis auf unabsehbare Zeit aber kaum mehr aktiv Handelnde bleiben würden. Zudem war die UdSSR als künftige Besatzungsmacht von vornherein an ein formales Regelwerk gebunden. Darauf hatten sich die Großen Drei – Generalissimus Josef Stalin, der amerikanische Präsident Franklin D. Roosevelt und der britische Kriegspremier Winston Churchill – im Londoner Abkommen vom 14. November 1944 festgelegt. Es sah vor, das Land und speziell Berlin in Besatzungszonen aufzuteilen, in denen der jeweilige Oberbefehlshaber künftig in Vertretung seiner Regierung die oberste Gewalt ausüben sollte. Lediglich Deutschland als Ganzes betreffende Fragen wollten die Siegermächte im Alliierten Kontrollrat nach dem Einstimmigkeitsprinzip entscheiden.[5]

Eine solche Regelung kam Stalin sehr entgegen. Gerade davon erhoffte er sich ein indirektes Mitspracherecht an der Entwicklung in Westdeutschland, ohne die eigenen Handlungsspielräume in der SBZ einengen zu müssen. Nicht zuletzt deshalb war seine unmittelbare Nachkriegspolitik keineswegs von Anfang an auf eine Teilung des Landes, sondern grundsätzlich gesamtdeutsch orientiert. Wenn im alliierten Rahmen allerdings demokratische Zukunftsperspektiven für das besiegte Deutschland diskutiert wurden, dachte er nicht an ein Demokratiemodell im westlichen Sinne. Freilich scheute der Diktator vorerst den Eklat mit seinen alliierten Partnern. Allein deshalb verliefen viele besatzungspolitische Maßnahmen in der sowjetischen Zone, an denen diese hätten Anstoß nehmen können, anfangs verdeckt. Zugleich sollte dort aber möglichst wenig dem Zufall überlassen bleiben.[6]

Damit schlug die politische Stunde der KPD-Kader im sowjetischen Exil. Die «Moskauer», wie sie sich gemeinhin nannten, zeichneten sich durch unverbrüchliche Loyalität gegenüber der UdSSR aus. Doch diese Loyalität basierte nicht vorrangig auf innerer ideologischer Überzeugung, sondern war meist eher das Ergebnis wirkungsvoller Einschüchterung, massiver Unterdrückung und Zwang zum Gehorsam: Hatten die «Moskauer» doch allesamt den Großen Terror der 1930er Jahre überlebt und waren damit stalinistisch sozialisiert. Für die sowjetischen Machthaber, denen es mit Blick auf das bevorstehende Besatzungsregime selbst an ausreichend landesspezifischer Expertise fehlte, sollten diese Kräfte vorerst die einzigen zuverlässigen Stützen bleiben. Auf deren Deutschlandkompetenz wollte man sich daher verlassen. Unklar blieb allerdings, inwieweit sie praktisch dazu überhaupt befähigt waren. Unter den Bedingungen des sowjetischen Exils waren die dortigen deutschen Kommunisten meist hermetisch von der politischen Entwicklung in ihrer alten Heimat abgeschnitten gewesen. Sie zehrten bestenfalls von den Erfahrungen des politischen Kampfes aus den späten Tagen der Weimarer Republik. Wie es dagegen um die wahren Befindlichkeiten der Deutschen nach zwölfjähriger NS-Diktatur tatsächlich stand, entzog sich weitgehend ihrer Kenntnis.[7]

Vor diesem Hintergrund brach in den frühen Morgenstunden des 30. April 1945, an jenem Tag also, an dem Adolf Hitler nachmittags in seinem «Führer-Bunker» unterhalb der Reichskanzlei Selbstmord beging, vom rund 1600 Kilometer weiter östlich gelegenen Moskauer Flughafen Wnukowo die erste von drei sogenannten antifaschistischen Initiativgruppen nach Deutschland auf. Geführt wurden die Politemigranten von Walter Ulbricht, dem einstigen KPD-Parteisekretär von Berlin-Brandenburg; ihr Ziel war die Reichshauptstadt, wo der Endkampf ums «Dritte Reich» tobte. In den späten Nachmittagsstunden setzte die Maschine nach einer Zwischenlandung in Minsk, wo einige Absolventen von Antifa-Schulen an Bord genommen worden waren, schließlich auf der Piste eines Feldflugplatzes der Roten Armee in Calau rund 70 Kilometer östlich von Frankfurt/Oder auf. Von dort aus ging es mit Militärfahrzeugen geradewegs 40 Kilometer weiter westwärts nach Bruchmühle. Marschall Schukow hatte in der brandenburgischen Kleinstadt das Hauptquartier seiner 1. Belorussischen Front aufgeschlagen, um die verlustreiche Eroberung Berlins zu koordinieren.

Für die zehnköpfige «Gruppe Ulbricht» sollte es eine Reise ins große Unbekannte werden, selbst wenn sie als sowjetische Befehlsempfänger über klare operative Richtlinien verfügte. Nach letzten Besprechungen mit Vertretern der Politischen Hauptverwaltung der Roten Armee ging es tags darauf am 1. Mai 1945 in die Trümmerwüste der einst blühenden Spreemetropole, wo die Aktionsgruppe im Erdgeschoss eines unscheinbaren Mietshauses in Friedrichsfelde, Prinzenallee 80, Quartier bezog und ihrem politischen Geheimauftrag entgegenfieberte. Der bestand im Wesentlichen darin, noch vor Eintreffen der Westalliierten in den dafür vorgesehenen Berliner Besatzungssektoren vollendete Tatsachen zu schaffen, um die UdSSR gegenüber ihren Bündnispartnern in eine vorteilhafte deutschlandpolitische Ausgangsposition zu versetzen.

Dabei war Altstalinist Walter Ulbricht mit seinen Mitstreitern überaus erfolgreich. Als Leitlinie diente seine legendäre Direktive, die in den Worten gipfelte: «Es ist doch ganz klar: Es muss demokratisch aussehen, aber wir müssen alles in der Hand haben.» Und so gelang es ihnen dank Unterstützung der sowjetischen Militärkommandanturen in einem knapp sechswöchigen Kraftakt, die administrativen Schlüsselpositionen Inneres, Polizei, Volksbildung und Personalfragen von 20 Bezirksverwaltungen und die des Großberliner Magistrats allesamt mit zuverlässigen Genossen zu besetzen. Kaum anders lagen die Verhältnisse in der übrigen SBZ, wo die Initiativgruppen um Anton Ackermann und Gustav Sobottka von Dresden und Stettin aus die ersten politischen Weichenstellungen im Sinne der sowjetischen Machthaber vornahmen.[8]

SMAD-Befehl Nr. 2 – Anfänge des Parteiensystems

Zugleich waren Besatzungsorgane und Moskauer Politemigranten auffallend bemüht, sich der ernüchternden Wirklichkeit jener ersten Friedenstage zu stellen. Abgesehen von entschlossenen Entnazifizierungsmaßnahmen mussten die «Menschen aus ihrer Mutlosigkeit heraus[gerissen und dazu motiviert werden, selbst] Hand anzulegen, damit das Weiterleben gesichert werden konnte», so Anton Ackermanns Lageanalyse etwa für Sachsen. Hungersnöte sollten vermieden und die Gefahr von Seuchen eingedämmt werden. Doch neben rein humanitären Erwägungen lag alldem stets eine politische Strategie zugrunde. Ackermanns Parteifreund Richard Gyptner, der an der Seite Ulbrichts in Berlin agierte, sprach es unverhohlen aus: «Ohne Sicherstellung des materiellen Lebens konnte es kein politisches Leben geben.»[9]

Das galt umso mehr, als Stalins Rote Armee und deren deutsche Helfershelfer nicht länger auf eine reine Strafexpedition fixiert waren. Sie sahen sich vielmehr in Konkurrenz zu den Westmächten, was unweigerlich bedeutete, fortan verstärkt um die Gunst der Deutschen zu ringen. Ihnen wollte man nach den bitteren Erfahrungen der Hitler-Diktatur das Sowjetregime als möglichst attraktive Alternative präsentieren – nicht zuletzt mit kulturpolitischen Maßnahmen.

Und dafür hatten die Initiativgruppen Rahmenbedingungen zu schaffen. Von Anfang an bereiteten sie den politischen Boden für eine Neugründung der KPD als Massenpartei. Für die zahlreichen kommunistischen Splittergruppen und antifaschistischen Organisationen, die sich unmittelbar nach Kriegsende spontan in der SBZ und in Berlin gebildet hatten und nun erwartungsvoll auf ihre Chance warteten, an der Seite der Sowjetmacht die politischen Geschicke mitgestalten zu können, sahen die Pläne der Exilkommunisten allerdings keinen festen Platz vor. Meist wurden sie als «linke Sektierer» diffamiert, weil sie den Moskauern entrückt waren. In der Logik der neuen stalinistischen Machthaber bedeutete dies, sie kurzerhand zu «liquidieren», sprich: die Gruppierungen zu verbieten und aufzulösen.[10]

Als Stalin schließlich die Parteigründung der KPD auf die Agenda setzte, zeichnete sich schnell ab, wie wenig die deutschen Politemigranten selbst dabei mitreden durften. Am 4. Juni 1945 wurden Ulbricht, Ackermann und Sobottka mitten in der Nacht aus dem Schlaf gerissen und nach Moskau geflogen. In Stalins Büro im Kreml trafen sie auf eine Runde prominenter Sowjetfunktionäre, was ihnen den hohen Stellenwert der Besprechung vergegenwärtigte, sogleich aber auch klarmachte, dass ihre Rolle lediglich darin bestand, Auskünfte zu erteilen und Befehle entgegenzunehmen. Nichts anderes konnte es bedeuten, wenn hier und an übrigen Folgetreffen neben Stalin dessen engster politischer Weggefährte Molotow sowie Leningrads Erster Parteisekretär und Chefideologe Andrej Schdanow teilnahmen. Bisweilen stieß Andrej Wyschinskij hinzu, der es als einstiger Chefankläger während der berüchtigten Schauprozesse der 1930er Jahre zu zweifelhaftem Ruhm gebracht hatte. Und auch General Iwan

Serow, der als stellvertretender Geheimdienstchef in der Hierarchie der Sowjetischen Militärverwaltung in Deutschland (SMAD) alsbald eine zentrale Funktion einnehmen sollte, gehörte zu den ständigen Begleitern der deutschen Delegation.

Die von Stalin nach Moskau einbestellten KP-Vertreter sahen sich insgesamt also einer Situation ausgesetzt, die wenig von Meinungsaustausch auf Augenhöhe oder gar Partnerschaft besaß, zumal ihnen der *Woschd*, der Führer, durch Dolmetscher mitteilen ließ, was er angesichts der damaligen deutschlandpolitischen Ausgangsbedingungen konkret erwartete: die Errichtung einer «parlamentarisch-demokratischen Republik», in der «aber die Hegemonie der Arbeiterklasse und ihrer revolutionären Partei [... gesichert sein]» muss, wie Anton Ackermann notierte, der unverzüglich einen Gründungsaufruf für die KPD entwarf. Entsprechend dieser Vorstellung wurde aber nicht das politische Modell der Weimarer Republik favorisiert. Vielmehr musste in Deutschland zuerst einmal die bürgerlich-demokratische Revolution, die nach sowjetischer Auffassung 1848 und 1918 grandios gescheitert war, erfolgreich nachgeholt werden, bevor in weiteren Etappen an den Aufbau des Sozialismus gedacht werden konnte.[11]

Mit den Moskauer Beratungen waren zunächst wesentliche Voraussetzungen dafür erfüllt, dass die UdSSR zur größten Überraschung ihrer westlichen Verbündeten und der Deutschen selbst am 10. Juni – also nur gut vier Wochen nach der bedingungslosen Kapitulation der Wehrmacht – im Alleingang die Zulassung von Parteien dekretieren konnte. Mit Befehl Nr. 2 vom 10. Juni 1945 preschte die SMAD bereits einen Tag nach ihrer formalen Einsetzung in Berlin-Karlshorst zu einem denkbar frühen Zeitpunkt vor, um beim politischen Neubeginn in Deutschland gegenüber den Westmächten möglichst große Start- und Standortvorteile zu erlangen. Denn eine Wiederbelebung des Parteiensystems, das man vorerst unter alleiniger sowjetischer Kontrolle von der ehemaligen Reichshauptstadt und der SBZ aus zu steuern gedachte, versprach eine weit über die jeweiligen Zonengrenzen hinausreichende gesamtdeutsche Ausstrahlungskraft. Die Parteiorganisationen sollten sich nach Maßgabe der Sowjets entwickeln, in Berlin ihre Zentrale besitzen und von dort aus als Reichsparteien wirken. Damit sie sich nicht allzu selbstständig gerieren oder aus Opposition gegen die KPD, die Verbündete der Besatzungsmacht, zusammenschließen würden, war deren Zulassung von vornherein daran geknüpft, in einem von den Kommunisten dominierten Antifa-Block, jener «Einheitsfront der antifaschistisch-demokratischen Parteien», mitwirken zu müssen.

Neben dieser organisatorischen Unterordnung hatte sie der SMAD-Befehl programmatisch auf höchst fragwürdige Antifaschismus- und Demokratie-Begriffe festgelegt, die immer wieder einseitig im Sinne der Besatzungsmacht interpretiert und virtuos gegen politisch Andersdenkende ausgespielt werden sollten.[12] Nur unter solch scheinpluralistischen Vorbedingungen wagte die SMAD – nicht zuletzt aus wohlkalkulierter Rücksichtnahme auf die westlichen Allianzpartner – den Kompromiss: Vorerst zumindest duldete sie in der SBZ wie im übrigen Deutschland formal eine Mehr-Parteien-Ordnung, die allerdings ihrem weltanschaulichen Selbstverständnis vollkommen zuwiderlief und deshalb im eigenen Besatzungsgebiet fortan unter strengster Kontrolle stehen sollte.

Der von Moskau verordnete Verschleierungskurs schlug sich im Gründungsaufruf der KPD nieder. Am 11. Juni 1945 präsentierte sie sich der deutschen Öffentlichkeit auffallend republikanisch als antifaschistische Verfechterin grundlegender Freiheitsrechte und eines zügigen Aufbaus von Selbstverwaltungen. Während die Kommunisten kategorisch eine Bodenreform und verbesserte Arbeitsbedingungen für die Werktätigen forderten, verwarfen sie aber entschieden jeglichen Gedanken, «Deutschland das Sowjetsystem auf[...]zwingen» zu wollen, zumal es ihnen ohnehin an geeigneten Kadern mangelte. Wenn überhaupt, sprachen einzelne Vertreter wie Anton Ackermann allenfalls von einem «besonderen deutschen Weg zum Sozialismus».[13]

Weitaus revolutionärer im Sinne der marxistischen Ideologie betrat die Sozialdemokratie vier Tage später, am 15. Juni 1945, die politische Bühne. Ihr Gründungsaufruf enthielt Forderungen, die man eher der KPD in dieser Deutlichkeit zugetraut hätte, so etwa die Verstaatlichung von Banken, Versicherungen, Bodenschätzen oder Bergwerken. Großgrundbesitz und Großindustrie sollten für den Wiederaufbau des Landes verpflichtet werden. Mit CDU und Liberaldemokraten warben ab dem 26. Juni bzw. 5. Juli 1945 zwei bürgerliche Parteien vom sowjetisch besetzten Berlin aus um die Gunst der Deutschen. Beide bekannten sich – wenn auch in unterschiedlicher Akzentuierung – entschieden zur freiheitlichen Demokratie westlicher Prägung, was unter anderem das Eintreten für Rechtsstaatlichkeit und Schutz des Privateigentums bedeutete. Allein die Liberalen gerierten sich ausdrücklich als «nicht-sozialistische» Parteigründung. In der CDU der SBZ dagegen propagierte spätestens seit 1946 ihr damaliger Parteichef Jakob Kaiser ein in sich nicht ganz schlüssiges Konzept des «christlichen Sozialismus».[14] Solche programmatischen Vorstellungen waren jedoch kaum geeignet, das Vertrauen der atheistischen sowjetischen Besatzungsmacht zu gewinnen. Es überrascht daher wenig, dass diese gemeinsam mit der KPD den politischen Einfluss des bürgerlichen Lagers fortan systematisch zu begrenzen suchte.

«Ausrottung» der Reaktion – erste revolutionäre Umwälzungen

Bereits im ersten Jahr unter dem Sowjetstern zeichneten sich in der SBZ revolutionäre Umwälzungen ab, die die Westalliierten mit größter Besorgnis beobachteten. Knapp einen Monat nach der Potsdamer Konferenz erließ die Provinzialverwaltung Sachsen-Anhalts am 3. September 1945 eine Bodenreformverordnung, die tiefe Veränderungen in der Wirtschafts- und Sozialstruktur bewirkte. Spätestens jetzt wurde deutlich, wie wenig die UdSSR von den interalliierten Absprachen hielt, Deutschland als ökonomische Einheit zu behandeln. Nach außen hin suchte sie den Eindruck zu erwecken, als sei die Initiative hierzu allein von den Deutschen ausgegangen, um im ländlichen Milieu endlich die Jahrhunderte währende Ungleichheit der

Besitzverhältnisse von Grund und Boden zu korrigieren. Tatsächlich stand aber von Anfang an die sowjetische Besatzungsmacht hinter dem Vorhaben. Stalin selbst hatte schon im Juni 1945 während der Beratungen mit den KPD-Vertretern in Moskau betont, wie sehr er – im Gegensatz zu den noch zögerlichen deutschen Kommunisten – in einer solchen Maßnahme «eine allgemeine demokratische Aufgabe» sah. Kategorisch forderte er «eine sofortige demokratische Bodenreform – auch unter dem Hinweis auf die Rolle des Junkertums».[15]

Im Umfeld des sowjetischen Außenkommissariats erarbeitete daraufhin Wladimir Semjonow als Politischer Berater der SMAD einen entsprechenden Gesetzentwurf, der die rechtliche Blaupause für die seit Frühherbst 1945 in der SBZ verfügten Landenteignungen bildete. Diese sollten entschädigungslos erzwungen werden, sobald der Grundbesitz 100 Hektar überstieg. Das Ganze kam einer «Revolution von oben» gleich. Sie trug Züge des einst von Lenin unmittelbar nach dem Oktoberumsturz 1917 erlassenen «Dekrets über den Boden».[16] Es war ein Menetekel für die dem Osten Deutschlands bevorstehende Sowjetisierung. Denn die Offiziere der stalinistischen Militärverwaltung ließen keinen Zweifel an ihren politisch-ideologischen Absichten: Semjonow sprach im internen Kreis ungehemmt davon, «mit der Beseitigung des Großgrundbesitzes [...] eine ganze Reihe langfristiger Probleme» lösen zu können.[17] Die nachgeordneten Besatzungsorgane trieben daraufhin in den Ländern und Provinzen der SBZ die dortigen deutschen Selbstverwaltungen zu entschlossenen Maßnahmen an. Sie übten strenge Kontrollen aus, mobilisierten ihre Propagandaapparate und «verschärften den Klassenkampf» auf dem Lande. Und dieser richtete sich nicht nur gegen ehemalige Nationalsozialisten, sondern sollte ausnahmslos die landbesitzenden Junker entmachten. Denn die waren es, die sich in sowjetischer Lesart als eigentliche Steigbügelhalter des Faschismus und «gefährlichste[...] deutsche[...] Militaristenkader» disqualifiziert hatten. Bei deren Vertreibung kam es immer wieder zu Exzessen. In Mecklenburg-Vorpommern internierte man sogar Großgrundbesitzerfamilien in einem ehemaligen Konzentrationslager auf der Insel Rügen.[18]

Am Ende wurden 7160 Gutsherrschaften vollständig entschädigungslos enteignet, was der deutsche Kommunist Fritz Lange im Rückblick linientreu mit den Worten «‹Ausrottung› der Reaktionäre» kommentierte. Zu den Profiteuren der Reform zählten rund 210 000 sogenannte Neubauern, die die SMAD fortan als natürliche Verbündete betrachtete. Begünstigt wurden Mitglieder von KPD und SPD, denen für den Fall, von Konfiskationen betroffen zu sein, zumindest eine noch 25 Hektar große Lebensgrundlage belassen werden sollte.[19]

Die Agrarreform bot zugleich Gelegenheit, gegen andere politische Gegner und Kritiker der Besatzungsmacht entschieden vorzugehen. Insbesondere Andreas Hermes und Walther Schreiber, die beiden Zonenvorsitzenden der CDU, verurteilten aus berechtigten Gründen die rücksichtslose Vorgehensweise und die Missstände während der Bodenreform. Sie waren nicht grundsätzlich dagegen, prangerten aber das Prinzip der entschädigungslosen Enteignungen an. Beide durchschauten sehr genau das politisch-ideologische Kalkül der SMAD. Angesichts bestehender Versorgungsengpässe und drohender Hungersnot bezweifelten sie aber nicht zu Unrecht den ökonomischen Sinn derartiger Maßnahmen, die obendrein mitten in die Ernte- und Aussaatzeiten fielen und nicht mit den Westmächten abgestimmt waren. Zudem wurden funktionierende Agrarstrukturen zerschlagen. Schnell entbrannte darüber ein heftiger Parteienstreit. Und der richtete sich insbesondere gegen die KPD als willfährige Verfechterin der sowjetischen Initiative. Als er außer Kontrolle und das Vorhaben insgesamt ins Stocken zu geraten schien, schlugen die Besatzungsorgane erbarmungslos zu. Sie schreckten selbst vor blanker Erpressung nicht zurück, um die aus ihrer Sicht renitente Parteiführung in Berlin zu zügeln, die doch nur die «Reform mit allen Mitteln zu torpedieren und zu verzögern» suchte. Über Wochen hinweg wurde die CDU-Zentrale systematisch gegen die Landesleitungen der Union ausgespielt.

Als die Krise im Dezember 1945 ihrem Höhepunkt entgegensteuerte, legte sich der für das Parteiensystem verantwortliche Chef der Informationsverwaltung, Oberst Sergej Tjulpanow, auf einen minutiös durchstrukturierten, streng geheimen Maßnahmenplan fest. Dabei gerierte er sich als skrupelloser Sowjetisierer. Ihm waren alle Mittel recht, sofern sie nur zum Ziel führten. Und so meinte er es keineswegs zynisch, wenn er aus innerster Überzeugung die Vorgänge, die am Ende zur Entlassung von Hermes und Schreiber führten, als einen notwendigen Prozess charakterisierte, die CDU «zu demokratisieren und in eine wahrhaft antifaschistische Partei zu verwandeln».[20]

Selbst die marxistisch orientierte SPD musste sich alsbald massiver sowjetischer Eingriffe erwehren. Höchst besorgt registrierte die SMAD, wie die Sozialdemokraten innerhalb kürzester Zeit an Popularität unter der Bevölkerung der SBZ gewannen. Die KPD lief damit unweigerlich Gefahr, ihren von Anfang an postulierten Führungsanspruch zu verlieren. Bereits seit Spätherbst 1945 drängte daher Oberst Tjulpanow energisch darauf, dieser fatalen Entwicklung entgegenzusteuern. Dabei stand er ganz unter dem Eindruck der österreichischen Nationalratswahlen. Denn die hatten am 25. November 1945 den dortigen Kommunisten mit nur 5,42 Prozent der Stimmen – im Unterschied zur SPÖ, die 44,6 Prozent auf sich vereinen konnte – eine vernichtende Niederlage beschert. Ähnlich desaströs war drei Wochen zuvor Ungarns KP gescheitert. Tjulpanow sah die ihm anvertraute KPD kaum bessergestellt. «[F]ür den Fall, daß es nicht zu einer politischen Vereinigung der Arbeiterparteien käme», prophezeite er den Kommunisten der SBZ ein annähernd gleiches Schicksal.[21]

Unverzüglich wurde Stalin davon in Kenntnis gesetzt. Allerdings zögerte er noch bis Anfang Februar 1946 mit dem Plazet zur Fusion von KPD und SPD, die dann aber bis spätestens 1. Mai 1946 vollzogen sein sollte. Unterdessen war die SMAD nicht untätig geblieben, um im Osten Deutschlands gemeinsam mit ihren kommunistischen Verbündeten das Ende einer unabhängigen Sozialdemokratie einzuleiten. Das Ganze nahm schnell kampagnenhafte Formen an, wobei die Besatzungsmacht vergeblich darum bemüht blieb, möglichst wenig in Erscheinung zu treten. «Die Voraussetzung für diese Vereinigung war eine intensive Arbeit sowohl mit der SPD als auch mit der Kommunistischen Partei», bilanzierte Oberst Tjulpanow am 14. September 1946 die Ereignisse. «Dabei wurde diese Arbeit von allen unseren Mitarbeitern etwas einseitig geführt.»

Dem konnten die Gegner des Zusammenschlusses, die vornehmlich der Mitte und dem rechten SPD-Lager entstammten, nur zustimmen. Systematisch wirkten die sowjetischen Politoffiziere darauf hin, diese innerhalb der eigenen Partei als «reaktionär-bourgeoise» Elemente zu diffamieren. Es galt, sie mit aller Entschiedenheit zu isolieren. Fortan sollten innerparteiliche Widersprüche geschürt und linken Einheitsbefürwortern zur Übernahme von Führungspositionen innerhalb der Sozialdemokratie verholfen werden. Unter solchen Voraussetzungen, bei denen die Einheits-Kritiker mitunter um Leib und Leben fürchten mussten, blieb am Ende kaum mehr eine Chance, sich der erzwungenen SED-Gründung zu widersetzen. Führende Köpfe wie Otto Grotewohl als Vorsitzender des SPD-Zentralausschusses in der SBZ beugten sich schließlich dem Druck von Besatzungsmacht und KPD. Lediglich in Berlin, wo durch den Viermächtestatus der sowjetische Einfluss von vornherein erheblich begrenzter war, konnten sich die Sozialdemokraten selbst behaupten. Über eine Urabstimmung, die im Ostsektor zwar erheblich behindert worden war, gelang es ihnen dennoch, ihre organisatorische Unabhängigkeit weitgehend zu wahren.

Die neue Partei, die Sozialistische Einheitspartei Deutschlands, erblickte am 21. April 1946 das Licht der Welt. Feierlich wurde während des Festaktes im Berliner Admiralspalast unter frenetischem Beifall der Delegierten das paritätische Prinzip zwischen Kommunisten und Sozialdemokraten an der Parteispitze beschworen. Ihre beiden Vorsitzenden, Wilhelm Pieck und Otto Grotewohl, besiegelten dies daraufhin mit einem symbolträchtigen Händedruck. Die politische Praxis zeigte hingegen rasch, wie sehr es sich dabei um Lippenbekenntnisse handelte – schon auf absehbare Zeit stand der SED die Stalinisierung bevor. Und das wiederum sicherte dem einstigen KPD-Flügel dauerhaft die innerparteiliche Vorherrschaft. Das galt besonders für jene Funktionäre, die der Moskauer Emigration entstammten. Denn nur sie gehörten nach Einschätzung Tjulpanows zu den eigentlich «100prozentigen», auf die unmittelbar Verlass war.[22]

Nicht erst mit der zwangsvereinten SED entfernte sich die Sowjetunion immer weiter von dem einst im Kreise der Alliierten auf der Potsdamer Konferenz im Sommer 1945 abgelegten Bekenntnis, Deutschland als Einheit behandeln zu wollen. Neben der Bodenreform trug die Einführung Deutscher Zentralverwaltungen (DZV) kaum zum Einheitsgedanken bei. Sie entsprach mehr dem der UdSSR vertrauten Zentralismus als den traditionellen föderalistischen Prinzipien der Deutschen. Denn die DZV dienten als beratende Organe, mit deren Hilfe die SMAD ihre personal- und kaderpolitischen Vorstellungen beim Aufbau zentraler deutscher Behörden durchsetzen wollte. Weitere Maßnahmen, die die sowjetische Besatzungsmacht frühzeitig einleitete, waren ebenso als düstere Vorboten ihrer Absicht zu interpretieren, zumindest im östlichen Teil Deutschlands einer bürgerlich-demokratischen Entwicklung eine deutliche Absage zu erteilen: Schon im Mai 1945 wurden die Vermögenswerte von Banken, Sparkassen und Versicherungen kurzerhand konfisziert. Und mit der Zwangsverwaltung von Industriebetrieben ehemaliger Nazis war ein erster Schritt zur Verstaatlichung der Wirtschaft getan.[23]

«Der SED zum Sieg verhelfen»

Um letztere Maßnahme durch ein deutsches Plebiszit zu legitimieren und – wie SMAD-Kreise im Frühjahr 1946 eigens betonten – «die gesamten ökonomischen Grundlagen der Reaktion in der sowjetischen Besatzungszone [zu] erschütter[...n]», wurde in Sachsen, stellvertretend für die übrige SBZ, eine Volksabstimmung angesetzt. Zugleich erblickte Oberst Tjulpanow, der mit seinem Stab maßgeblich in die Vorgänge involviert war, eine günstige Gelegenheit, den nach wie vor organisatorisch wenig gefestigten Einheitssozialisten eine Chance zur politischen Profilierung zu bieten. Die sogenannte Volksentscheid-Kampagne sollte in den Augen der Besatzungsmacht wesentlich dazu dienen, «breite Bevölkerungskreise politisch zu aktivieren und [...] für die Wahlplattform der SED zu gewinnen». Entsprechend massiv mischten sich die Sowjets in die angeblich deutschen Angelegenheiten ein. Dabei war ihnen jedes Mittel recht. Sie mobilisierten selbst ehemalige Nationalsozialisten, die sich hinter die Kampagne stellten. Besatzungsoffiziere streuten gezielt Gerüchte, schüchterten die Zivilbevölkerung ein und drohten mit einem verschärften Okkupationsregime für den Fall, dass das Referendum nicht positiv ausgehen würde.

Das Ganze zeigte schnell Wirkung: Als am 30. Juni 1946 in Sachsen die Wahllokale schlossen, hatten sich 77,7 Prozent für die Verstaatlichung der bis dahin zwangsverwalteten Industriebetriebe ausgesprochen. Tjulpanow wertete das Votum euphorisch als Stimmungsbarometer und Generalprobe für die im Herbst 1946 angesetzten Kommunal-, Kreis- und Landtagswahlen. Selbstzufrieden bilanzierte er das Ergebnis als Zeichen für einen «starken proletarischen Kern» im Land Sachsen, «der sich an der Sowjetunion orientiere und [...] die Politik der Sozialistischen Einheitspartei unterstütze». Und Wladimir Semjonow, der Politische Berater der SMAD, maß den Vorgängen gar eine deutschlandpolitische Sogwirkung bei. Er hoffte auf entsprechende Vorbildfunktion, zumal in Hessen, in der amerikanischen Besatzungszone, ebenfalls eine Volksbefragung auf der politischen Tagesordnung stand. Gleichwohl war Semjonow realistisch genug, zu erkennen, wie sehr die Furcht vor sowjetischen Repressalien das Abstimmungsverhalten der sächsischen Bevölkerung beeinflusst hatte.[24]

Die Ereignisse in Sachsen vermittelten den Bürgern in der SBZ eine annähernde Vorstellung davon, was sie vor und bei den bevorstehenden Herbstwahlen erwartete. Denn SMAD und SED setzten mit dieser Wahl nicht nur darauf, fortan die Weichen für die weiteren Parlamentarisierungsprozesse in ihrer Zone zu stellen. Der Ausgang der – wohlgemerkt – ersten Wahlen nach dem Scheitern der Weimarer Republik und zwölf Jahren NS-Tyrannei galt ihnen als Prüfstein für die Akzeptanz der im östlichen Teil Deutschlands revolutionären Umwälzungen.

Noch dachte Stalin in gesamtdeutschen Dimensionen. Er zeigte sich felsenfest davon überzeugt, in seiner Zone bereits erste Voraussetzungen geschaffen zu haben, die als Muster für einen Gesamtstaat sicherstellen könnten, dass die Deutschen auf Dauer kein allzu großes

Sicherheitsproblem mehr darstellen würden. Um wie viel einfacher musste es in dieser Logik erscheinen, die Westmächte über ein positives Wählervotum im Osten von der Richtigkeit derartiger Überlegungen zu überzeugen. In diesem Sinne schlussfolgerte Armeegeneral Wassilij Sokolowskij als Oberbefehlshaber der SMAD in einer geheimen Stellungnahme im Juni 1946: «Ein Sieg der SED und eine Niederlage der Reaktion werden großen Einfluss auf die deutsche Bevölkerung der westlichen Zonen ausüben und den [dortigen] demokratischen Kräften als Unterstützung im Kampf gegen die Reaktion dienen.» Die Direktive für die sowjetischen Besatzungsoffiziere lautete also: «Der SED [...] zum Sieg verhelfen».[25]

So waren sie um ein Wahlkampfklima bemüht, das den Einheitssozialisten zum Vorteil gereichen sollte. Jungwähler und speziell die weibliche Wählerschaft wurden umworben – immerhin kamen in der SBZ auf 100 Männer etwa 170 Frauen. Aber auch Bauern, von denen man annehmen konnte, sie allein wegen der Bodenreform für die SED gewonnen zu haben, und Vertreter der Intelligenz gerieten verstärkt in den Blick der Besatzer. Vorübergehend ließen sie Reparationsentnahmen und Demontagen verringern. Die Lebensmittelzuteilung für Schwangere und Frauen mit Säuglingen oder Kindern bis zu 14 Jahren wurde während der Wahlkampagne zumindest kurzfristig erhöht. Oberst Tjulpanow, der mit seinem Apparat bereits seit April 1946 erste wahlkampfpolitische Vorkehrungen traf, regte überdies an, wenige Tage vor den eigentlichen Abstimmungen 3000 bis 4000 Kriegsgefangene freizulassen, um den Wählern zu suggerieren, bei einem Abstimmungsverhalten zugunsten der SED mit weiteren Massenentlassungen rechnen zu können. In allen Fällen kooperierte die Besatzungsmacht eng mit ihren deutschen Schützlingen, wobei diese in erster Linie als Initiatoren derartiger Maßnahmen und Ankündigungen in Erscheinung treten sollten, um ihr Ansehen unter der Bevölkerung aufzupolieren, denn inzwischen galt die SED in der Öffentlichkeit gemeinhin als «Russen-Partei». Nicht zuletzt deshalb verfügte die SMAD-Führung schon am 18. Juni 1946 an die nachgeordneten Organe: «Wir müssen dafür sorgen, [... dass] die Sozialistische

Einheitspartei in den Augen des deutschen Volkes als dessen zuverlässigste und konsequenteste Interessenvertreterin erscheint.»²⁶

In dem Maße, in dem die Einheitssozialisten mit voller Aufmerksamkeit und Unterstützung der Sowjetischen Militärverwaltung rechnen konnten, was bisweilen an wohlgemeinte, aber kleinliche Bevormundung grenzte, sahen sich umgekehrt die bürgerlichen Parteien in der SBZ – und im Ostsektor Berlins die SPD – systematischen Benachteiligungen und ständiger Überwachung ausgesetzt. Das galt besonders für die CDU, die größte Partei im bürgerlichen Lager. Tjulpanow war sich inzwischen darüber im Klaren, dass man sie nicht einfach «zu einer prosowjetischen» Organisation umkrempeln konnte, dass sie folglich zu einer «offenen Bedrohung» wurde und er sie gleichsam als «Synonym für alle reaktionären Kräfte» betrachten musste. Das wiederum verleitete die Besatzungsmacht dazu, «immer dann, wenn [... sie] Druck auf die CDU ausüben mußte[...]», die Liberaldemokraten vorübergehend zu umwerben und gegen die Union taktisch auszuspielen. Doch änderte das nichts grundlegend an der Linie, beide Parteien möglichst zu marginalisieren. Im Wahlkampf sollte deren «reaktionär[es] Wesen [... deshalb] konsequent entlarv[t]» werden. Sowjetische Politoffiziere nahmen daraufhin nicht nur Einfluss auf deren Wahlprogramme. Mittels Repressionen und perfider Diffamierungskampagnen schüchterten sie auch unbequeme bürgerliche Politiker ein, die der SED allzu gefährlich werden konnten. Beiden Parteien blieb zudem nichts anderes übrig, als zähneknirschend hinzunehmen, wie man sie unentwegt bei der Papierzuteilung benachteiligte, die für den Druck von Wahlkampfmaterial und Zeitungen erforderlich war. Überdies baute die SMAD gezielt innerparteiliche Oppositionsgruppen auf. Und die konnten jederzeit nach sowjetischer Interessenlage politisch aktiviert werden, was unter den Parteimitgliedern von Union und Liberalen erhebliche Verunsicherung stiftete.²⁷

Am Abend des 20. Oktober 1946 waren die ersten und letzten halbwegs freien Wahlen in der über vier Jahrzehnte währenden Geschichte der SBZ/DDR beendet. Mit Ausnahme Berlins, wo mit 19,8 Prozent des Wählervotums die SED eine vernichtende Niederlage verkraften musste, konnte die Partei sich als Siegerin zeigen. Auf der Gemeinde- und Kreisebene erzielte sie mit 57,2 sowie 51,1 Prozent eine absolute, bei den Landtagswahlen mit 47,6 Prozent eine klare relative Mehrheit. Daraus leitete sich aber noch keinesfalls eine automatische Vorherrschaft für die Sozialistische Einheitspartei ab. Denn in den Landtagen von Brandenburg und Sachsen-Anhalt war sie bis auf Weiteres mit bürgerlichen Mehrheiten konfrontiert. Diesem Missstand wurde jedoch mit erzwungenen Allparteienkoalitionen, die den Einheitssozialisten in der gesamten Sowjetzone die Schlüsselministerien sicherten, unter Beibehaltung der Antifa-Blöcke erfolgreich entgegengesteuert. In den Kommunen und Kreisen der SBZ hatte die SED zwar insbesondere im ländlichen Raum beträchtliche Erfolge zu verbuchen, was angesichts der ungleichen Wahlkampfbedingungen für die übrigen Parteien kaum überraschend war. In den zehn Großstädten sah es schon anders aus, nur in Magdeburg und Chemnitz eroberte sie absolute Mehrheiten.[28]

Für die weitere Entwicklung blieb es nicht folgenlos, dass die sowjetischen Besatzungsoffiziere mit den Traditionen des deutschen Parlamentarismus insgesamt wenig anzufangen wussten. Das Prinzip Regierung und Opposition, pluralistischer Meinungsstreit und die Kraft des überzeugenden, besseren Arguments oder gar die Bereitschaft, sich am Ende auf einen tragfähigen politischen Kompromiss einzulassen – all dies existierte nicht in ihrer Welt. Dort beherrschten allein die Prinzipien des Marxismus-Leninismus und der stalinistischen Einpartei-Diktatur die Politik, sie galten als Messlatte der eigentlichen, «wahren Demokratie». Der Politische Berater Wladimir Semjonow brachte dieses Grundverständnis 1947 vor hochrangigen SMAD-Mitarbeitern auf den Punkt: «Es gibt eine bürgerliche Auslegung der Demokratisierung, die darauf hinausläuft, daß der Landtag und die Regierung alles sind, während das Volk und seine gesellschaftlichen Organisationen lediglich ein Anhängsel des Landtags und der Regierung darstellen, wenn nicht gerade Wahlkampf ist. Es gibt aber auch eine andere Vorstellung von der Demokratisierung, wonach Landtag und Regierung Diener des Volkes sind, und wenn diese sich nicht richtig verhalten, die Massen die Möglichkeit haben, auf die Landtage, deren Abgeordneten und auf die Regierung Druck auszuüben, damit sie sich demokratisch verhalten und nicht übermütig werden.»[29]

Unter solchen Voraussetzungen, bei denen die SMAD von vornherein durch ein strenges Überwachungs- und Kontrollregime sicherstellte, dass insbesondere die parlamentarischen Kompetenzen der bürgerlichen Fraktionen systematisch zugunsten der Einheitssozialisten ausgehöhlt wurden, konnte es in letzter Konsequenz nur auf eine rote Diktatur in der SBZ hinauslaufen.[30]

Doch dies bedeutet nicht zwangsläufig, dass sich die CDU- und LDP-Parlamentarier dem Wirken und Druck von SMAD und SED vorbehaltlos beugten. Wie die Debatten und Entscheidungsprozesse im Zusammenhang mit der entschädigungslosen Verstaatlichung der Montanindustrie verdeutlichen, waren die bürgerlichen Politiker nicht gewillt, jene Maßnahmen, die sie als fundamentale Verletzung von rechtsstaatlichen Prinzipen betrachteten, mitzutragen. In Brandenburg musste die dortige SMA die einstimmige Annahme des Gesetzeswerks befehlen; in Thüringen konnte das Gesetz trotz ungezügelter sowjetischer Einflussnahme nur gegen das Votum von Union und Liberalen die parlamentarische Hürde passieren. Und manche Landesverfassung – wie abermals in Brandenburg – durfte erst in Kraft treten, nachdem die von den Christdemokraten hineinverhandelten Passagen zum Schutz des Privateigentums auf sowjetische Intervention hin gestrichen worden waren. An der Praxis, sich in Gesetzgebungsprozesse einzumischen, hielt die Besatzungsmacht grundsätzlich fest, wenngleich im Verlauf der Zeit die Methoden immer dezenter wurden.[31]

Weichenstellung zur Gründung der stalinistischen DDR

Dass die Landtags- und Regierungsarbeit in der SBZ damit allmählich an eine «Wegscheide» geriet, verdeutlichte das parlamentarische Tagesgeschäft spätestens ab 1948. Hier wirkten die politischen und ökonomischen Zentralisierungstendenzen innerhalb der Sowjetzone höchst nachteilig. Die Volksvertretungen und Regierungsorgane konnten sich diesem generellen Trend, der auf das Ende des Föderalismus hinauslaufen sollte, aber nicht dauerhaft entziehen. Denn die Besatzungsmacht trieb im Einklang mit der SED energisch die Dinge voran. Mehr und mehr wurden Entscheidungskompetenzen der Länder an die Deutschen Zentralverwaltungen delegiert, was Landesministern alsbald das nicht unberechtigte Gefühl vermittelte, nur noch bloße Vollzugsorgane der administrativen Anordnungen von SMAD und DZV zu sein. Die Machtverlagerung von unten nach oben erlebte bereits im Sommer 1947 mit der Gründung einer Deutschen Wirtschaftskommission (DWK) einen ersten Höhepunkt. Unter deren Dach wurden fortan die Zentralverwaltungen vereint und sämtliche Schlüsselpositionen fest in SED-Hände gelegt, wenngleich die SMAD den Anteil der Arbeiterklasse noch für ausbaufähig betrachtete. Ausgestattet von der Besatzungsmacht mit einem allgemeinen, nahezu an diktatorische Möglichkeiten grenzenden Weisungsrecht, blieb der DWK seit 1948 kein Politikressort mehr verschlossen. Obwohl nicht durch Wahlen legitimiert, sollte sie im Oktober 1949 den Kern der provisorischen Regierung der DDR bilden.

Nicht nur vor diesem Hintergrund lief die politische Tätigkeit der bürgerlichen Landtagsfraktionen in der SBZ zusehends auf einen Zustand zwischen Anpassung und Widerstand hinaus. Dieser Niedergang des bürgerlichen Lagers wurde ganz erheblich beschleunigt durch die Gründung neuer Blockparteien, der National-Demokratischen Partei und der Demokratischen Bauernpartei. Initiiert von SMAD und SED, wurden sie zu Transmissionsriemen der sich allmählich als Staatspartei gerierenden SED. Ihnen fiel vornehmlich die Rolle zu, den Christdemokraten und Liberalen die Wählerklientel im ländlichen Milieu, aber auch aus den Reihen ehemaliger Wehrmachtsoffiziere oder früherer NS-Mitläufer abspenstig zu machen.[32]

Der Abgesang auf die parlamentarischen Anfänge in der SBZ/DDR vollzog sich spätestens seit dieser Zeit. Er ging einher mit der Ausschaltung selbstbewusst agierender bürgerlicher Fraktionen im Zuge umfangreicher politischer Säuberungen und begleitet von Prozessen der Selbstanpassung. Bis zur Auflösung der Länder im Jahre 1952 waren sie nur noch Claqueure der SED-Blockpolitik, die allein den Schein-Parlamentarismus zu legitimieren hatten. Bei politischen Entscheidungen fielen sie kaum mehr ins Gewicht – oder, wie ein Thüringer Kreisvorsitzender der CDU bereits Mitte 1948 desillusioniert einräumte: «Die Arbeit der Landtage ist eigentlich nur noch Theater [, weil in ihnen nur] das verhandelt wird, was die SMA gestattet.»[33]

Die sowjetische Diktaturdurchsetzung machte aber selbst vor der SED nicht halt, was dort insbesondere die ehemaligen Sozialdemokraten bald zu spüren bekamen. Von dem einst auf dem Vereinigungsparteitag im April 1946 beschworenen Paritätsprinzip blieb am Ende nichts übrig. Bis September 1947 durchlebte die Partei eine schleichende Stalinisierung, die keinen Platz vorsah für einen eigenen, deutschen Weg zum Sozialismus. Immer mehr rückten die Lehren von Marx-Engels-Lenin-Stalin in den Mittelpunkt, wenn es darum ging, nach Lösungsstrategien für die großen politischen Herausforderungen der Zeit zu suchen. Erstmals sprach im November 1947 Walter Ulbricht von der Notwendigkeit einer «Partei neuen Typs». Bis 1949 sollte diese Entwicklung dann unter Anleitung der Besatzungsmacht und Stalins selbst vollzogen werden, wobei die WKP(B), die Partei der Bolschewiki, als leuchtendes Vorbild diente. Die SED übernahm nicht Organisationsprinzipien und mutierte zur Kaderpartei, die sich sklavisch dem «Demokratischen Zentralismus» unterwarf, der alles andere als die innerparteiliche Demokratie begünstigte. Ein an Selbstverleugnung grenzender Kadavergehorsam, Kritik und Selbstkritik, verbunden mit Ausgrenzung, Verfolgung und Inhaftierung Andersdenkender, bestimmten fortan das innerparteiliche Leben und richteten sich insbesondere gegen sogenannte sozialdemokratische Abweichler und Opportunisten. Die damit einhergehenden Parteisäuberungen waren dabei keineswegs eine Angelegenheit nur der Deutschen. «Umfang, Reichweite und inhaltliche Stoßrichtung wurden direkt aus den Dienststellen der Besatzungsmacht befohlen.» Wie hemmungslos die gewandelte Partei nunmehr auf das sowjetische

Modell eingeschworen wurde, zeigte sich nicht zuletzt daran, dass fortan Stalins 1938 verfasster «Kurzer Lehrgang der Geschichte der Kommunistischen Partei der Sowjetunion (Bolschewiki)», eine Geschichtsklitterung von geradezu kanonischem Wert, zum zentralen Schulungsmaterial der SED-Parteikader avancierte.[34]

Nicht nur die politische Kultur der SED veränderte sich seit 1947/48 mit Verschärfung des Kalten Krieges. Auch das Geistesleben in der SBZ blieb kaum mehr davor bewahrt. Was in den ersten beiden Jahren der sowjetischen Besatzung insbesondere viele Linksintellektuelle als kulturellen Frühling und Aufbruch wahrgenommen hatten, wich nun allmählich einem nebeligen Herbst: Kunst und Kultur bescherte dies unweigerlich das uninspirierende Grau des «Sozialistischen Realismus». Fortan ließen die Kulturoffiziere der SMAD nicht mehr länger vornehme Zurückhaltung und großzügige Freiräume walten. Mit den Machtmitteln stalinistischer Realpolitik griffen sie nun auch auf diese Sphäre zu und überformten sie nach sowjetischen Mustern. Geradezu programmatischen Charakter besaß es, wenn Politberater Wladimir Semjonow aufgrund einer Weisung des Moskauer Außenministeriums im Februar 1948 «kulturpolitische Fragen in Deutschland im Geiste der Beschlüsse ‹unserer Partei› auf diesem Gebiet gelöst» sehen wollte.

Nun musste die alternativlose Überlegenheit der sozialistischen Demokratie und Kultur gegenüber bürgerlichen Lebensformen zur Geltung gebracht werden – eine Aufgabe, die seit Sommer 1947 vornehmlich den «Gesellschaften zum Studium der Kultur der Sowjetunion» vorbehalten bleiben und überwiegend über «Kultur-Massenarbeit» erreicht werden sollte.[35] «Politische Fortschrittlichkeit» forderten die Offiziere der Besatzungsmacht von Malern und Musikern. Sobald sich diese aber zu stark an zeitgenössischen Vorbildern wie Picasso, Matisse, Hindemith oder Schönberg orientierten, wurden sie kurzerhand wegen ihrer «reaktionären künstlerischen Methode[n]» kritisiert und stigmatisiert. Auch die Kirchen, allen voran die Katholiken, rückten seit dieser Zeit zusehends ins Visier der SMAD, nachdem schon 1945 der Religionsunterricht in den Schulen verboten worden war. Stalin wollte die «Jugend nicht durch Popen verwirren lassen», weshalb die kirchliche Arbeit unter Jugendlichen und Frauen massiv behindert wurde.³⁶

Kolossale Anstrengungen unternahmen die Besatzungsorgane bei der politischen Transformation von Schulen und Universitäten – immerhin galt es, künftige Eliten und Freunde der Sowjetunion heranzubilden. Spätestens 1948 flossen daher sowjetische Unterrichtsmethoden in den ostdeutschen Schulalltag ein, was unweigerlich die Einheit der deutschen Kulturnation zu gefährden drohte. Die «Festung Wissenschaft» ließ sich ungleich schwerer erstürmen: Hier war es SMAD und SED noch bis zum Studienjahr 1948/49 nicht gelungen, im Sinne des neu zu etablierenden Regimes handfeste Machtpositionen gegenüber den nach wie vor bürgerlich dominierten Universitäten in der SBZ zu erlangen, weil geeignete Kader aus den Reihen der Arbeiterklasse bisweilen fehlten. Dessen ungeachtet gingen sie dort konsequent gegen jegliche Opposition vor, die sich den Einheitssozialisten in den Weg stellte. Parallel dazu wurde ab Spätherbst 1948 mit Beginn des neuen Studienjahres das Deutungsmonopol des Marxismus-Leninismus auf den akademischen Lehrkanon ausgeweitet, für die Geisteswissenschaften wurden eigens konzipierte Lehrprogramme aus der UdSSR transferiert.³⁷

So ambitioniert Besatzungsmacht und SED bei alldem auch zusammengewirkt und über Bande gespielt haben mochten: Viele zentrale kulturpolitische Ziele blieben zumindest vorerst noch graue Theorie, was mancherlei Probleme schuf.³⁸ Trotzdem ließ sich die Sowjetisierung der ostdeutschen Kunst- und Kulturszene grundsätzlich nicht mehr aufhalten. Denn die entscheidenden Weichen waren bereits gestellt worden.

Das galt umso mehr, als spätestens seit Ende 1948 die Zeichen endgültig auf eine deutsche Zweistaatlichkeit für ungewisse Zeit deuteten. Zwar begrüßte Stalin emphatisch die Gründung der Deutschen Demokratischen Republik, die formal am 7. Oktober 1949 als vermeintlich spontane Reaktion auf die Errichtung des Bonner Weststaats vollzogen wurde, nachdem der Kreml-Chef zuvor das Vorgehen minutiös mit der SED-Führung abgestimmt hatte. Ob aber der gesamtdeutsch denkende sowjetische Diktator von alldem überzeugt war, was er in seinem Grußtelegramm am 13. Oktober 1949 DDR-Staatspräsident Wilhelm Pieck übermitteln ließ, ist zu bezweifeln. Dass die Gründung des ostdeutschen «Arbeiter- und Bauern-Staates», wie er es formulierte, ein «wesentlicher Beitrag zur Sicherung des Friedens in Europa» sei, schien mehr Autosuggestion denn innerste Überzeugung gewesen zu sein. Doch so ließ sich die politische Niederlage im sowjetischen Ringen um Gesamtdeutschland propagandistisch leichter verschleiern und die Verantwortung für die unerwünschte Teilung des Landes allein dem Westen anlasten.

Gänzlich anders verhielt es sich dagegen mit der zweiten Passage seines Telegramms. Hier wirkte Stalin authentischer. Nachdem es im Ostteil des Landes gelungen war, binnen weniger Jahre eine zweite deutsche Diktatur stalinistischen Zuschnittes zu etablieren, war es mit Blick auf den zu schaffenden Einheitsstaat nur konsequent, dem SED-Regime Mustergültigkeit zu bescheinigen. Folglich gipfelte seine Grußadresse in der Aussage, dass die DDR fortan als «Wendepunkt in der Geschichte Europas» sowie als «Grundstein für ein einheitliches demokratisches und friedliebendes Deutschland» zu betrachten sei.

Der Oststaat war damit keineswegs, wie manche Historiker mutmaßten, «Stalins ungeliebtes Kind». Das galt umso weniger angesichts des revolutionären Selbstverständnisses der neuen Machthaber, das Gerhart Eisler stellvertretend für seine Partei treffsicher auf den Punkt brachte, als er am 4. Oktober 1949 in der SED-Vorstandsberatung geradeheraus meinte: «[...A]ls Marxisten müssen wir wissen: wenn wir eine Regierung gründen, geben wir sie niemals wieder auf, weder durch Wahlen noch andere Methoden.»[39]

Diplomatische Umwälzungen?
Adenauers Sowjetunion-Visite und Brandts Moskauer Vertrag

«Herrliches Flugwetter, als wir über Berlin, Thorn, die ostpreussische Seenplatte, Wilna, Witebsk nach Moskau fliegen. Flugdauer 4 ½ Stunden. [...] Es ist dasselbe waldreiche, mit kleinen Katen hier und da verstreut besiedelte Land, das ich aus meiner Reise des Jahres 1941 kenne», hielt Herbert Blankenhorn am 8. September 1955 seine aus rund 5000 Metern Höhe gemachten Beobachtungen fasziniert in einer Tagebuchnotiz fest. Jene «Reise», auf die er anspielte, hatte der einstige Kulturattaché im Auswärtigen Amt lange Zeit verschwiegen. Erstmals berichtete er 1952 vor einem parlamentarischen Untersuchungsausschuss des Deutschen Bundestages über seine damalige Stippvisite. Sie hatte ihn im September 1941 mit einer Gruppe von Beamten des Außenministeriums und Kulturreferenten anderer Dienststellen an die Ostfront gebracht. Dabei blieb ihm keinesfalls verborgen, wie rücksichtslos dort die deutsche Besatzungsmacht gewütet und welch unvorstellbare Gräueltaten sie an der Zivilbevölkerung verübt hatte.[1]

«Reise ins Ungewisse» und erste Impressionen

Knapp anderthalb Jahrzehnte später befand sich Blankenhorn unter anderen, aber keinesfalls gewöhnlichen Umständen erneut in der Sowjetunion. Eine deutsch-amerikanische Besatzung manövrierte ihn in illustrer Gesellschaft an Bord einer viermotorigen Lockheed *Super Constellation* mit Hilfe zweier russischer Navigatoren geradewegs in die Hauptstadt der UdSSR. Kopf der Unternehmung war Bundeskanzler Konrad Adenauer, zu dessen profiliertesten außenpolitischen Beratern Herbert Blankenhorn seinerzeit zählte. Er wie auch die übrigen Spitzenpolitiker und führenden Beamten an Adenauers Seite verteilten sich mitsamt den Chefdolmetschern auf zwei gecharterte Flugzeuge der Lufthansa. Anders dagegen die nachgeordneten Mitarbeiter und das Sicherheitspersonal, die insgesamt die Mehrheit der 142-köpfigen Delegation stellten. Sie waren – ebenso wie zwei repräsentative Mercedes-300-Dienstwagen – nach mehr als 60-stündiger Fahrt mit einem Sonderzug oder aber in Linienmaschinen von Aeroflot und Air France bereits am 7. September 1955 als Vorauskommando in Moskau eingetroffen. Ein mitgeführtes, abhörsicheres Eisenbahncoupé sollte überdies für die nächsten Tage die Dependance der Bonner Regierungszentrale bilden.[2]

Derartige Maßnahmen bezeugten deutlich, dass es mit dem Verhältnis zur Sowjetunion nicht zum Besten stand. Abschottung und unversöhnliche weltanschauliche Gegensätze prägten in diesen Zeiten die Beziehungen. Und dafür trug in westlicher Lesart die UdSSR die Hauptverantwortung. Die Sowjetisierung der SBZ/DDR, das dortige stalinistische Regime und die erste Berlin-Krise von 1948/49 hatten die ohnehin verbreiteten Ängste vor weiterer sowjetischer Expansion geschürt. Wenig vertrauenerweckend erwiesen sich auch die deutschlandpolitischen Störaktionen wie etwa die Stalin-Note vom März 1952, mit denen die Sowjetmacht und das SED-Regime während des ersten Nachkriegsjahrzehnts die Westintegration und Wiederbewaffnung der jungen Bundesrepublik immer wieder zu hintertreiben suchten. All dies weckte bei vielen Westdeutschen kaum die Bereitschaft, lieb gewonnene Vorurteile hinter sich zu lassen, die durch NS-Ideologie und den Vernichtungskrieg gegen die Sowjetunion noch gefestigt worden waren. Das galt besonders für den in der politischen Kultur der Deutschen tief verankerten Antikommunismus. Er hatte nahezu unbeschadet die vermeintliche «Stunde Null» vom 8. Mai 1945 überdauert. Überhaupt sollte sich die zurückliegende Kriegserfahrung als eine besondere vergangenheitspolitische Bürde erweisen, die weitgehend unbewältigt zwischen beiden Ländern stand.[3]

Angesichts solcher Umstände überraschte es wenig, dass in der

Kanzlermaschine die allgemeine Stimmung alles andere als gelöst war. Man hatte zwar am 19. August 1955 eine Einladung nach Moskau offiziell angenommen, um dort die von der Sowjetregierung am 7. Juni 1955 vorgeschlagene Aufnahme diplomatischer Beziehungen zu erörtern. Doch aus Sicht der Bonner Delegation handelte es sich um ein höchst ambivalentes Vorhaben, dem zahlreiche deutschlandpolitische Fallstricke und Unsicherheiten innewohnten.

Gänzlich unerwartet kam die sowjetische Initiative nicht. Schon am 15. Januar 1955 hatte die Sowjetregierung den Westdeutschen unter der Bedingung, die Pariser Verträge abzulehnen, mit denen die Bundesrepublik in die NATO und Westeuropäische Union (WEU) aufgenommen werden sollte, die Normalisierung der Beziehungen in Aussicht gestellt. Der Kanzler ließ sich davon nicht beeindrucken. Doch spätestens auf dem Genfer Gipfeltreffen der vier alliierten Siegermächte vom Juli 1955 erhielt er dafür die Rechnung präsentiert. Denn dort kam es zu deutlichen Rückschlägen in der Deutschlandfrage, was vor allem am Widerstand der Sowjetunion lag. Zugleich war unter den einstigen Verbündeten aber eine gewachsene Bereitschaft zu erkennen, zumindest über europäische Sicherheits-, Abrüstungs- und Entspannungsfragen miteinander ins Gespräch zu kommen. Auf Dauer konnte sich auch die Bundesregierung dieser Entwicklung nicht mehr verschließen, selbst wenn sie sich insgesamt schwer damit tat, dass der Kreml nach Bonns Beitritt zur westlichen Militärallianz kaum mehr an eine baldige Vereinigung der Deutschen dachte. Denn die UdSSR hatte sich unter dem Eindruck von Genf einmal mehr der seit Anfang 1954 verfolgten «Zwei-Staaten-Theorie» verschrieben – in Abkehr von einem von Stalin zuvor propagierten Gesamtdeutschland. In dieser Interpretation waren 1949 auf dem Territorium des einstigen Deutschen Reiches mit DDR und Bundesrepublik zwei souveräne Staaten mit unterschiedlicher politischer, wirtschaftlicher und gesellschaftlicher Ordnung entstanden.

Die westdeutschen Delegationsmitglieder an Bord des Regierungsflugzeugs waren deshalb zunächst ausnahmslos überzeugt davon, eine große «Reise ins Ungewisse» angetreten zu haben. Vor ihnen lag eine *terra incognita*, was zu besonderer Vorsicht mahnte. Die Verunsicherung war groß, die politische Erwartung wenig optimistisch. «Der Kanzler macht sich keine Illusionen über das Ergebnis dieser Reise. Für ihn hat sich an der sowjetischen Politik nichts geändert. Er befürchtet nur, daß diese neuartigen Entspannungsmethoden die Situation im Westen schwächen und Illusionen auslösen, die die Verteidigungsbereitschaft und Immunität gegen geistige Infizierung beeinträchtigen», fasste Adenauers Begleiter Blankenhorn kurz vor der Landung am 8. September 1955 auf dem Moskauer Regierungsflughafen Wnukowo ein vertrauliches Vieraugengespräch mit dem Bundeskanzler zusammen.[4]

Bei seiner Ankunft pünktlich um 17.00 Uhr Ortszeit zeigte sich Adenauer zunächst aber sichtlich beeindruckt von der Aufmerksamkeit, die ihm seine Gastgeber entgegenbrachten. Die Spitze der sowjetischen Regierung zählte zum Empfangskomitee, was die besondere Bedeutung unterstrich, die man in Moskau diesem Ereignis beimaß. Die Ehrenkompanie, die offenbar eigens für diesen Anlass mit neuen farbenprächtigen Uniformen ausgestattet worden war, hatte Aufstellung genommen. Die beiden Nationalhymnen erklangen. Das letzte Mal, dass das Deutschlandlied offiziell anlässlich eines politischen Besuchs von deutschen Regierungsvertretern in der UdSSR ertönte, lag genau 16 Jahre und 16 Tage zurück: Es war jener nicht weniger denkwürdige 23. August 1939, als die damalige Sowjetführung Reichsaußenminister Joachim von Ribbentrop angesichts der bevorstehenden Unterzeichnung des berüchtigten Hitler-Stalin-Paktes einen ähnlich ehrenvollen Empfang bereitete.[5]

Auch Herbert Blankenhorn, der unweit des Kanzlers dem Geschehen aufmerksam beiwohnte, blieb nicht unberührt. Schnell suchte er sich eine erste Meinung zu bilden, die keineswegs frei von Vorurteilen und westlichem Überlegenheitsgefühl war. Bei Regierungschef Nikolaj Bulganin hatte er nicht den Eindruck, «einer überwältigenden Persönlichkeit» gegenüberzustehen. Anders dagegen beeindruckte ihn der junge erste stellvertretende Außenminister Andrej Gromyko, der ihm überaus intelligent erschien. Vor allem nach dem Vorbeimarsch der Ehrenkompanie glaubte Blankenhorn verstanden zu haben, «was den sowjetischen Koloss zusammenhält: eine unbeschränkte Anzahl an gesund aussehenden, geistig primitiven Soldaten, die alles tun, was die Zentrale beschließt. So war es letztenendes [sic] in Russland immer [...] Was sich geändert hat, ist nur, dass der Lebensstandard der großen Masse sich um einige Prozent gehoben hat.»

Während der Fahrt ins Stadtzentrum zum Hotel «Sowjetskaja», wo die Deutschen für die nächsten Verhandlungstage bis zum 14. September 1955 residieren sollten, ließ er nicht ab, möglichst viele Impressionen zu notieren. Vorbei rauschte der Tross an «allgemein apathisch, indolent, vielleicht auch etwas gleichgültig [...] ohne Heiterkeit» dreinblickenden Menschen. Sie erinnerten ihn an eine «Landbevölkerung», die sich «in eine große Stadt ergossen hätte». Viel Militär, immer wieder das «Bild einer grauen, undifferenzierten Masse von Menschen», wenig elegant gekleidete Frauen, Uniformität – all dies beherrschte Blankenhorns Wahrnehmungswelt. Und dennoch klang die Zwischenbilanz am ersten Abend nach seiner Ankunft in Moskau verhalten optimistisch: «Ich bin sehr froh, daß wir diese Reise unternehmen, denn nur so werden für uns die Proportionen klarer, die zwischen Westen und Osten bestehen. Ich habe nicht den Eindruck, daß dieser Staat über exzessive Kräfte verfügt. Es mag ein erstes Gefühl sein, es mag unrichtig sein, aber dieser erste Blick auf die sowjetischen Machthaber hat mich in meinem Herzen beruhigt. Wir sollten uns nicht vor ihnen fürchten.»[6]

Rückblende: Vorbereitungen für ein Gipfeltreffen

Vor allem Bundeskanzler Adenauer hätte noch wenige Tage zuvor derartigen Schlussfolgerungen seines außenpolitischen Beraters entschieden widersprochen. Denn das sowjetische Gesprächsangebot vom 7. Juni 1955 weckte zunächst sein Misstrauen. Steckte dahinter etwa eine ausgeklügelte Intrige? Sollte er nur deshalb nach Moskau eingeladen werden, weil die Machthaber im Kreml danach trachteten, ihn dort grandios scheitern zu lassen, um damit sein politisches Ende zu beschleunigen? Solcherlei Fragen bewegten den Kanzler, auf dem ein immenser politischer Erfolgsdruck lastete: Die westdeutsche Öffentlichkeit knüpfte hohe Erwartungen an diese Reise.[7]

Schließlich stellte Adenauer seine Bedenken zurück, zumal er selbst vor Inkrafttreten der Pariser Verträge, die der Bundesrepublik im Frühjahr 1955 ein hohes Maß an Souveränität bescherten, zeitweilig versöhnlicher über die Sowjetunion gesprochen hatte. Wenn er nun – trotz aller gebotenen Skepsis – auf die Moskauer Verständigungsofferte einging, bot ein solcher Schritt nicht nur entspannungspolitisches Potenzial, sondern verlieh zugleich ebenjener gewachsenen Souveränität der jungen Bonner Republik besonderen Ausdruck.

Allerdings sprachen auch andere Motive dafür, sich den Sondierungsgesprächen nicht leichtfertig zu verweigern: Immerhin hatte die UdSSR als vierte für Deutschland als Ganzes verantwortliche «Vorbehaltsmacht» spätestens auf der gescheiterten Genfer Gipfelkonferenz nachhaltig demonstriert, dass der Schlüssel zur Lösung der deutschen Frage in Moskau lag. Mit den Westmächten, deren Rückhalt Adenauer besaß und wo er deshalb deutsche Interessen geltend machen konnte, bestanden bereits diplomatische Beziehungen. Zur sowjetischen Führung existierten hingegen keinerlei vergleichbare Verbindungen. Sie waren jedoch erforderlich für den Fall, auf längere Sicht Gelegenheit zu ernsthaften Wiedervereinigungsgesprächen zu erhalten.

Ein direkter politischer Draht nach Moskau versprach nicht nur, Bonns diplomatische Handlungsspielräume gegenüber den Westalliierten zu erhöhen, sondern versetzte die Bundesregierung mit ihrem deutschlandpolitischen Alleinvertretungsanspruch zugleich in die Lage, auf gesamteuropäischer Bühne als eigenständiger Akteur Präsenz zu demonstrieren. Völkerrechtlich institutionalisierte Beziehungen zu allen vier Siegermächten bedeuteten im Kalkül des Bundeskanzlers deshalb einen erheblichen außenpolitischen Prestigegewinn für die Bundesrepublik, zumal – umgekehrt – Amerikaner, Briten und Franzosen weiterhin der DDR die diplomatische Anerkennung versagten, sie also international isoliert blieb.

Angesichts solcher Erwägungen war es für Konrad Adenauer im Vorfeld der Moskauer Verhandlungen immer weniger eine prinzipielle Frage, ob es in absehbarer Zeit zu einer Normalisierung der bilateralen Beziehungen kommen würde. Allein der geeignete Moment, vor allem aber Klarheit darüber, welcher Preis dafür zu entrichten wäre, waren für ihn in dieser Hinsicht ausschlaggebend. Und selbst dann verließen den Kanzler nicht letzte Zweifel, ob er den sowjetischen Unterhändlern tatsächlich vertrauen konnte. Das galt umso mehr, als noch zu Lebzeiten Stalins das Auswärtige Amt 1952 bereits erwogen hatte, das Verhältnis zur Sowjetunion zu entkrampfen. Die offizielle Aufnahme von Handelskontakten sollte dabei Anreize schaffen, geknüpft an die wesentliche Voraussetzung, im Gegenzug dafür die letzten deutschen Kriegsgefangenen und Zivilinternierten aus der UdSSR freizubekommen – ein vergebliches Unterfangen, wie sich schnell herausstellte.[8]

Kaum waren im Sommer 1955 in der Bundeshauptstadt die Würfel gefallen, liefen sogleich die Vorbereitungen für die Gespräche in Moskau auf vollen Touren. Um sich der eigenen Verhandlungsposition zu vergewissern, mussten innerhalb kürzester Zeit verlässliche Hintergrundinformationen und Einschätzungen über die nach wie vor schwer durchschaubaren Machtverhältnisse in der UdSSR, aber auch über die dortige Führungselite, deren außenpolitische Erwartungen und Ziele beschafft werden. Gänzlich im Unklaren war man sich über den spezifischen Verhandlungsstil der sowjetischen Akteure. Es fehlte an direkten Kontakten oder eigenen unmittelbaren Erfahrungen vor Ort. Aufklärung, nicht zuletzt über Atmosphärisches, versprachen sich die verantwortlichen Bonner Planungsstäbe zum Teil von den Mitgliedern der Wiener Regierungsdelegation und von Walter Kindermann, dem persönlichen Dolmetscher des österreichischen Bundeskanzlers Raab, die im April 1955 in Moskau die letzten Hürden für den Abschluss des Österreichischen Staatsvertrags beseitigt hatten.

Eine kleine Gruppe von Ostexperten aus den Reihen des Auswärtigen Amtes musste einschlägige Informationen beisteuern, so etwa der baltendeutsche Völkerrechtler Boris Meissner, die Diplomaten

Hans von Herwarth, Gebhardt von Walther oder aber Joachim Peckert, der in der Länderabteilung des AA das Russland-Referat leitete. Hans Koch, der während des Nationalsozialismus als Ostforscher in Königsberg, Breslau und Wien gelehrt und 1952 in München das Osteuropa-Institut gegründet hatte, lieferte externen wissenschaftlichen Sachverstand. Alle Berater hatten eines gemein: Ihre Expertise beruhte auf Erfahrungen aus der Kriegs- und Vorkriegszeit.[9] Die spät- und nachstalinistische UdSSR mitsamt den gravierenden Veränderungen war ihnen hingegen aus eigener Anschauung nur wenig vertraut.

Dennoch lieferten sie ausgesprochen realistisch-sachorientierte Vorbereitungsmaterialien, die weitgehend unideologisch und bemerkenswert frei von antikommunistischer Rhetorik waren. Kurzanalysen aus dem Länderreferat des Auswärtigen Amtes registrierten einen Politikwechsel in der UdSSR – eine erkennbare Abkehr von der Polemik gegen Bonner Westintegration und Pariser Verträge hin zu mehr realpolitischem Handeln. Wirtschaftspolitische Einschätzungen aus dem Umfeld von Vertriebenenminister Theodor Oberländer, der im «Dritten Reich» einst als Agrarspezialist für Osteuropa wirkte, bescheinigten dem Sowjetregime immense ökonomische Probleme, was unter anderem die Annäherungsbemühungen Moskaus erklärte. Ähnlich argumentierte Ministerialdirigent Dr. Otto Bräutigam im Außenministerium.[10]

Um für möglichst alle Eventualitäten präpariert zu sein, wurde eigens ein umfangreicher Katalog mit zu erwartenden Fragen samt mustergültigen Antworten zusammengestellt, der minutiös alle deutschlandpolitischen Rechtspositionen und Besonderheiten berücksichtigte.[11]

Auf die sowjetischen Verhandlungspartner sollten biografische Skizzen vorbereiten, zu denen auch der erwähnte Wiener Chefdolmetscher Walter Kindermann einiges beisteuerte. Treffend wurde dabei das politische Agieren der «Kollektiven Führung» in Moskau charakterisiert: «Meisterhaft versteh[t sie es], ein Spiel mit verteilten Rollen zu inszenieren. [Parteichef] Chruschtschow ist dabei jeweils die Rolle des naiv polternden Parteifanatikers zugefallen, dessen ideologisch-propagandistische Interessen scheinbar an den Grenzen der Sowjetunion aufhören. Sein Gehabe ist [...] bauernschlau einstudiertes Theaterspiel, ganz auf bestimmte psychologisch-propagandistische Wirkung bedacht, gelegentlich von unbeabsichtigten Übertreibungen durchbrochen, die, meist durch Alkoholgenuß bewirkt, Einblick in das abgekartete Zusammenspiel ermöglichen. In solchen Fällen scheint Chruschtschow zu einem wirklichen ‹enfant terrible› seiner Kollegen zu werden.» Dies zu wissen war überaus wertvoll, da es im Verlauf der Moskauer Verhandlungen immer wieder zu solch theatralischen Entgleisungen kommen sollte.

Als hilfreich erwies sich aber auch die realistische Charakterisierung des legendären Außenministers Wjatscheslaw Molotow. Insbesondere der westdeutsche Außenamtschef Heinrich von Brentano und dessen Staatssekretär Walter Hallstein hatten sich auf einen zähen Verhandlungspartner einzustellen, wenn es gar hieß: Molotow sei «von manchem Gegner zum eigenen Schaden unterschätzt worden. Er ist äußerst vorsichtig im Denken und Handeln, hat aber wiederholt bewiesen, daß er über die seltene Gabe verfügt, die Psychologie seiner Gegner zu durchschauen sowie aus den gemachten Erfahrungen zu lernen und neue Gedankengänge zu entwickeln. Nicht umsonst hat ihn Winston Churchill trotz seiner Robotereigenschaften auf eine Stufe mit einem Mazarin, Talleyrand und Metternich gestellt.»[12]

Nicht minder akribisch bereitete sich die Staats- und Parteiführung in Moskau auf das bevorstehende Gipfeltreffen vor. Sie gab dafür sogar im Außenministerium (MID) eine nur für den internen Gebrauch bestimmte umfangreiche politische Biografie des Kanzlers in Auftrag, um die sowjetischen Unterhändler auf den deutschen Verhandlungsführer einzustimmen. All dies geschah, weil für die Machthaber im Kreml die Aufnahme diplomatischer Beziehungen zur Bundesrepublik oberste Priorität besaß. Solange aber eine definitive Gesprächszusage aus Bonn nicht vorlag, waren sie bisweilen höchst verunsichert, ob die bundesdeutsche Seite auf das Angebot überhaupt eingehen würde.[13]

Überdies konnten die Beobachter im MID längere Zeit Konrad

Adenauers Verhalten insgesamt nur schwer einordnen. Dessen Politik gegenüber der Sowjetunion erschien ihnen äußerst erratisch: Wenn er gelegentlich von Verständigung und Normalisierung des bilateralen Verhältnisses sprach, fragten sie sich irritiert, was dabei überwog: politische Aufrichtigkeit oder taktisches Kalkül, um etwa westdeutsche Wirtschaftskreise mit deren Interessen an einem florierenden Russlandgeschäft zu besänftigen bzw. außen- und deutschlandpolitischen Druck auf die Westmächte auszuüben? Ende Mai 1955 kam im MID die Überlegung auf, den Kanzler aus der Reserve zu locken. Man diskutierte, ob und inwieweit sich hierfür nicht nur die westdeutsche Öffentlichkeit, sondern ebenso jene Wirtschaftszirkel in der Bundesrepublik mobilisieren ließen, die der UdSSR gewogen waren. Als dann nach dem 7. Juni das sowjetische Verhandlungsangebot in Bonn über mehrere Wochen hinweg kritisch geprüft wurde, lebten bei den außenpolitischen Planern in Moskau vorübergehend Hoffnungen auf. Es lagen Informationen vor, wonach in politischen wie journalistischen Kreisen der Bundeshauptstadt offenbar vermehrt Stimmen für normalisierte Beziehungen plädierten. Unklar blieb allerdings weiterhin, wie es um die Haltung des Kanzlers stand. Würde er das Ganze dilatorisch behandeln oder gar unannehmbare Gegenforderungen stellen, fragte man sich ratlos im sowjetischen Außenministerium.

Um der westdeutschen Seite zunächst eine Gesprächszusage abzuringen, musste der dortige Meinungsbildungsprozess positiv stimuliert werden. Das galt vor allem für den Fall, dass bei den Vorsondierungen in Paris der deutsche Botschafter im Auftrag seiner Regierung die für Bonn wichtige «Frage der [letzten] deutschen Kriegsgefangenen in der UdSSR» aufgreifen würde. Der sowjetische Unterhändler Winogradow hatte dafür klare Weisungen und sollte zusichern, in dieser Hinsicht am Rande des geplanten Moskauer Gipfeltreffens «eine notwendige Einigung [...] erzielen» zu können. Ansonsten wurden keinerlei Vorbedingungen akzeptiert, ebenso wenig Versuche zugelassen, die Pariser Vorsondierungen zu verzögern.

Selbst nach Adenauers förmlicher Einwilligung vom 12. August 1955, in die sowjetische Hauptstadt zu reisen, rissen dort die Spekulationen und Ungewissheiten über dessen Verhandlungslinie nicht ab. Verschiedene Lageeinschätzungen, die den sowjetischen Machthabern über deren Auslandsvertretungen zugingen, machten es zunächst nicht leichter, zu einer eigenen klaren Gesprächsstrategie zu finden. Am 20. August 1955 lag dem MID eine als sehr realistisch eingestufte politische Analyse vor. Sie ging davon aus, dass der Bundeskanzler in Moskau die Wiedervereinigung Deutschlands zu westlichen Bedingungen und die Entlassung der Kriegsgefangenen fordern, zugleich aber weder die faktisch bestehende Oder-Neiße-Grenze zwischen Polen und der DDR noch die ostdeutsche Regierung selbst anerkennen werde.

Das waren trübe Aussichten, die sich ein wenig aufhellten, als der sowjetische Botschafter in London am 31. August mit Neuigkeiten aufwartete: Offenbar gehe man in Bonn davon aus, dass die britische Regierung, immerhin eine wichtige westliche Gewährsmacht in der deutschen Frage, keinerlei Interesse mehr an der Wiedervereinigung habe. Sie werde zwar ebenso wie die Amerikaner Adenauer bestärken, mit harten Forderungen gegenüber der Sowjetunion aufzutreten, zugleich aber auf ein Scheitern der Moskauer Gespräche setzen. Denn nur der Teilungszustand bot in dieser Lesart ausreichend Garantie, die Bundesrepublik als loyales Mitglied an der Seite von NATO und Westeuropa zu halten.[14]

Erneut lebten Misstrauen und damit jener Rapallo-Komplex des Westens gegenüber guten deutsch-sowjetischen Beziehungen auf. London meinte, eine ähnliche Entwicklung zu erkennen, wie sie nach Abschluss des Vertrags von Rapallo im April 1922 eingesetzt hatte. Diese Konstellation war es, die die Deutschen damals zu einer ausgesprochenen Schaukelpolitik verleitet und zu unberechenbaren Nachbarn gemacht hatte. Bot sich erneut die historische Chance, nunmehr die Bundesrepublik mittels diplomatischer Beziehungen zur Sowjetunion dem Westen zu entfremden?

Je näher der Besuchstermin rückte, desto klarer bildete sich schließlich eine harte sowjetische Verhandlungsstrategie heraus, die vor allem die Handschrift von Außenminister Molotow trug und der westdeutschen Seite ursprünglich wenig Spielraum gewähren wollte. Für den Fall, dass der Kanzler in den Gesprächen weiterhin Kontakte zur DDR ablehnen würde, sollte ihm gedroht werden, damit den Weg zur deutschen Einheit zu versperren. Und würde die Bonner Delegation auf dem Gipfeltreffen die Aufnahme diplomatischer Kontakte etwa davon abhängig machen, zuvor in strittigen Fragen zwischen beiden Ländern – etwa die Wiedervereinigung Deutschlands – mittels nachgeordneter Kommissionen in langwierigen Verhandlungsprozessen Fortschritte zu erzielen, wollte man derartigen «aggressiven Plänen» Adenauers entschlossen entgegenwirken. «Präliminarbedingungen», so Molotow kategorisch, werden «nicht akzeptiert».[15]

Das galt umso mehr, als die Kreml-Führung mit der Idee, schnell und auf direktem Wege ein nach internationalen Gepflogenheiten geregeltes Verhältnis zur Bundesrepublik herbeizuführen, spezielle übergeordnete politische Ziele verfolgte. Auf längere Sicht hoffte sie, ihren Einfluss auf die Westdeutschen beachtlich zu erweitern, um sie aus der «Abhängigkeit von den USA» zu lösen und für ein kollektives Sicherheitssystem in Europa zu vereinnahmen, was eine Alternative zu NATO und Warschauer Pakt bilden sollte. Ein damit einhergehender Rückzug der Bundesrepublik aus dem Nordatlantikpakt würde unweigerlich dazu führen, von dort die NATO-Truppen abzuziehen, was sogleich den Anfang vom Ende der westlichen Militärallianz einleiten müsse.

Freilich war man realistisch genug, zu erkennen, dass dies keinerlei Unterstützung der Adenauer-Regierung finden würde. Doch in längerer Perspektive sollten die diplomatischen Beziehungen möglichst einen innenpolitischen Stimmungswechsel zugunsten von SPD und jenen Kreisen herbeiführen, die den bisherigen Westintegrationskurs und des Bundeskanzlers entschieden abgelehnt hatten. Selbst westdeutsche Wirtschaftskreise gelangten ins Visier, zumindest solche mit einem ausgesprochenen Interesse am Ostgeschäft, wovon sich die UdSSR wiederum einen verbesserten Handelsaustausch und vermehrt Kredite versprach, um dringend benötigte Lebensmittel zu finanzieren.[16]

Diplomatische Umwälzungen?

Moskauer Gipfeltreffen und die Folgen

Soweit also das Kalkül, mit dem die sowjetischen Unterhändler am 9. September 1955 erwartungsvoll der ersten Gesprächsrunde entgegenblickten. Doch bereits am zweiten Tag gab es Anlass, sich auf zähe Verhandlungen einzustellen. Daran änderte auch der Umstand insgesamt wenig, dass Kanzler Adenauer als eigentlicher Wortführer der Bonner Delegation schnell ein deutliches Gespür dafür entwickelte, wie sehr der Dialog nicht nur durch die deutsche Teilung, sondern mehr noch durch das schreckliche Leiden der Völker der Sowjetunion durch den deutschen Angriffskrieg und seine Verbrechen belastet war. Seine grundsätzliche Bereitschaft, die Gespräche «offen» und in «rückhaltlose[r] Freimütigkeit» zu führen, verstand er zugleich als vertrauensbildende Geste.[17]

Überhaupt ließen den Bundeskanzler schwierige Verhandlungssituationen weitgehend unbeeindruckt, selbst wenn die Nerven aller Beteiligten von Zeit zu Zeit blank lagen. KPdSU-Chef Nikita Chruschtschows emotionsgeladenen Ausfällen, mit denen er sein Gegenüber in die Enge treiben wollte, ebenso wie Molotows hartem Verhandlungsstil wusste Adenauer stets selbstbewusst zu begegnen, um dann routiniert-besonnen, getragen von realpolitischem Pragmatismus, möglichst schnell auf eine sachorientierte Arbeitsebene zurückzufinden. Bisweilen suchte er mit humorvoll-ironischen Einlassungen die Verhandlungsatmosphäre zu entspannen.[18]

Vor allem Chruschtschow musste erkennen, wie voreilig er im Vorfeld über den nahezu 80-jährigen Adenauer geurteilt hatte: Denn vor ihm saß alles andere als ein unbelehrbarer «alter Knacker», dem es an gutem Willen fehlte, der entgegengesetzte Ziele verfolgte und über den die Zeit hinweggegangen war, weshalb er auch kaum das siegreiche Vordringen des Sozialismus nachvollziehen konnte. Seine Gesprächspartner erlebten den Kanzler vielmehr als «akkurat, pedantisch, überpedantisch» – ein hartnäckiger und scharfsinniger Gegner, der ihre volle Aufmerksamkeit beanspruchte und dem sie am Ende Respekt zollten, nicht zuletzt wegen seiner Trinkfestigkeit.[19]

Adenauers Blick fürs Mögliche ließ ihn spätestens in Moskau erkennen, wie wenig aussichtsreich es war, an der harten Verhandlungslinie, wie sie mit dem Auswärtigen Amt abgestimmt war, strikt festzuhalten. Es hatte keinen Sinn, volle diplomatische Beziehungen allein von substanziellen Fortschritten in den Fragen Wiedervereinigung und Gefangenenfreilassung abhängig zu machen. Irgendwelche komplizierten Zwischenlösungen, wie das AA und zum Teil auch Wirtschaftsminister Ludwig Erhard sie gefordert hatten, etwa der Austausch von «diplomatischen Agenten», bis andernorts ohne Zeitdruck alle ungeklärten Aspekte zu beiderseitiger Zufriedenheit erledigt seien, entsprachen keinesfalls mehr der aktuellen Verhandlungssituation.

Der Bundeskanzler sprach deshalb die Deutschlandfrage immer wieder pflichtbewusst, doch nur der Form halber an, ohne sie weiter zu vertiefen.[20] Er entkoppelte sie von der ungelösten Gefangenenproblematik, die für ihn oberste politische Priorität besaß. Um in diesem Punkt aber eine akzeptable Regelung herbeiführen zu können, betrachtete er die vom Kreml heiß gewünschte Normalisierung des bilateralen Verhältnisses als wichtigen deutschen Verhandlungstrumpf. Freilich wusste er nichts davon, dass die UdSSR sich insgeheim längst vor dem Moskauer Gipfel darauf festgelegt hatte, die letzten deutschen Kriegsgefangenen und Zivilinternierten ohnehin freizulassen.

Und so nahm der Verhandlungspoker seinen Lauf. Die Sowjetführung trieb dabei von vornherein den Preis in die Höhe: Aus taktischem Kalkül sprach sie nicht mehr von Kriegsgefangenen, sondern allein von rechtmäßig verurteilten Kriegsverbrechern.[21] Das komplizierte die Lage ganz bewusst, erhöhte den Druck auf die Westdeutschen, sollte sie zermürben, um für den Fall sowjetischen Entgegenkommens dann rasch deren Einwilligung in die Aufnahme diplomatischer Beziehungen zu erhalten.

Schließlich obsiegte am 13. September 1955 auf beiden Seiten die Vernunft. Die UdSSR machte zwar keine deutschlandpolitischen Zugeständnisse, wovon der Kanzler ohnehin nicht mehr ausgegangen war. Er erhielt aber – wenn auch nur mündlich – die Zusicherung der

Kremlführung, dass für den Austausch von Botschaftern im Gegenzug die Gefangenenfrage unverzüglich im Sinne der Bundesregierung gelöst werde. Bonns Rechtsstandpunkte in der deutschen Frage blieben von alldem unberührt. Denn am 14. September hatte der Bundeskanzler kurz vor seinem Rückflug vereinbarungsgemäß eine entsprechende Vorbehaltserklärung an die Adresse des sowjetischen Ministerpräsidenten Bulganin gesandt, was man dort widerspruchslos entgegennahm. Die Sowjetunion teilte nicht den darin erwähnten westdeutschen Alleinvertretungsanspruch und die Grenzvorbehalte – für fortan normalisierte zwischenstaatliche Beziehungen nahm sie aber das Schreiben zur Kenntnis.[22]

War damit die Mission Adenauers ein «einzigartiges Ereignis in der Geschichte der Diplomatie des 20. Jahrhunderts», wie der russische Historiker Abdulchan Achtamsjan bilanziert?[23] Steht die Vereinbarung von 1955 für folgenreiche Umwälzungen oder gar eine Zäsur in den deutsch-sowjetischen Beziehungen? Die Antwort darauf muss wohl lauten: JA und NEIN – JEIN. Für Adenauer selbst wurde der Gang nach Moskau zu einem triumphalen persönlichen Erfolg, der wesentlich dazu beitrug, ihm und seiner Partei bei den Bundestagswahlen 1957 sogar die absolute Mehrheit im Parlament einzubringen. Der Kanzler erlebte einen wahren Popularitätsschub. Begeistert feierte ihn nach seiner Rückkehr die westdeutsche Öffentlichkeit, weil er ein Jahrzehnt nach Kriegsende endlich die letzten knapp 10 000 deutschen Gefangenen aus der UdSSR in die Heimat zurückgeführt hatte, was «fortan zum innersten Kern des Adenauer-Mythos» gehörte. Dabei wurde von vielen großzügig darüber hinweggesehen, wie sehr die Wiedervereinigungsfrage weiterhin stagnierte. Allein der Vorbehaltsbrief wurde in dieser Hinsicht bisweilen als eines der «kostbarsten Dokumente der Adenauer'schen Deutschlandpolitik» betrachtet.[24] In dieser Stimmungslage fand die Aufnahme diplomatischer Beziehungen zur Sowjetunion bei den Bundesbürgern breiten Rückhalt.

Auch in anderer Hinsicht schuf die Moskauer Kanzlervisite veränderte Verhältnisse. Bis dahin waren die Beziehungen von rigoroser Abschottung, Informationsdefiziten, Sprachlosigkeit oder allenfalls von gegenseitigen Anfeindungen geprägt. Nun existierten unmittelbare offizielle Kontakte, die die Möglichkeit boten, der bisherigen Entwicklung entgegenzusteuern. Zwar hielt sich der Bundeskanzler tunlichst zurück, die Beziehungen sogleich überschwänglich mit Leben zu füllen, um vor allem bei den westlichen Verbündeten jegliche Befürchtungen zu zerstreuen, die Bundesrepublik sei auf einen Rapallo-Kurs eingeschwenkt und drohe ein schwankender Allianzpartner zu werden. Verbesserte Wirtschaftsbeziehungen, an denen die UdSSR höchstes Interesse zeigte, setzten nicht zuletzt deshalb erst allmählich nach 1958 ein.

Dennoch eröffneten sich nunmehr für Bonn verbesserte Chancen, ungeachtet aller deutschlandpolitischen Differenzen direkt auf Moskau einwirken zu können. Die Bundesrepublik war von nun an nicht mehr länger nur Objekt sowjetischer Deutschlandpolitik, sondern avancierte (auch im Zuge ihrer wachsenden ökonomischen Bedeutung) zu einem selbstbewusst handelnden Subjekt. Davon sollten alle späteren Bundesregierungen profitieren, als sie unter weit günstigeren internationalen Rahmenbedingungen eine Neuorientierung westdeutscher Ostpolitik einleiteten. Willy Brandts Neue Ostpolitik, jener «Marathonlauf der tausend Tage», wäre ohne die bilaterale Annäherung von 1955 wohl kaum von der sozialliberalen Regierungskoalition nach 1969 in solch rekordverdächtigem Tempo verwirklicht worden.[25]

Adenauers Sowjetunionreise brachte nicht die «Weltenwende», wie er selbst einräumte.[26] Sie gewährte ihm aber erstmals aus unmittelbarer Anschauung Einblicke in den Sowjetstaat, in die Nöte und Sorgen der dortigen Machthaber. Für damalige Verhältnisse bemerkenswert selbstkritisch und offen zeigte er am 30. September 1955 zumindest im engeren CDU-Parteivorstand Verständnis für die vergangenheitspolitischen Vorbehalte der Sowjets gegenüber Deutschland: «Wir dürfen [...] nie vergessen: So scheußlich die Russen bei uns gewütet haben, ich glaube, die Deutschen haben in Sowjetrußland nicht minder große Untaten begangen. Die Zahl der russischen Kriegsgefangenen, die man bei uns absichtlich hat verhungern lassen, im wahrsten Sinne des Wortes, geht in die Millionen. [...] Und unter

Bruch [eines Nichtangriffsvertrags] sind die deutschen Armeen in die Sowjetunion eingebrochen», so der Kanzler.

Auch in anderer Hinsicht hatten ihn die zurückliegenden Moskauer Begegnungen zu einer differenzierteren Sicht auf die Sowjetunion bewogen. War er bis dahin fest davon überzeugt, die Kremlmachthaber würden allein aus sicherheitspolitischen Erwägungen den Weg der Wiedervereinigung kategorisch versperren, modifizierte er vorsichtig seine Überzeugung, wenn es gar hieß: «Für die Russen spielt ein ganz anderer Gesichtspunkt eine entscheidende Rolle. [...] Wenn Sowjetrußland die Zone hergibt, dann gibt es damit ein Gebiet preis, das – wie Chruschtschow sich ausdrückte – die Segnungen des Kommunismus erfahren hat. Es gibt die Menschen zurück an den Kapitalismus mit allen Schrecken. [...] Wenn die Russen dieses Bollwerk räumten, [...] dann verlören sie ihre Mitläufer und alle diejenigen, die glaubten, daß von einem zur Macht gekommenen Kommunismus noch irgendetwas zu ernten sei. [...M]an muß das verstehen vom Standpunkt der Russen aus [...].»

Zugleich hatte Adenauer insbesondere während seiner vertraulichen Gespräche mit Nikita Chruschtschow erkannt, wie sehr sich die UdSSR durch die USA, vor allem aber im Osten durch China eingekreist sah. Das wirkte einerseits beruhigend auf ihn, weil dadurch den Weltherrschaftsplänen der sowjetischen Führung, von denen er als eingefleischter Antikommunist nach wie vor überzeugt war, enge Grenzen gesetzt waren. Unter sicherheits- und abrüstungspolitischen Gesichtspunkten lag darin sogar die Chance, wie er es 1963 mit Verweis auf seinen Moskaubesuch in einem «Memorandum zur Rußlandpolitik» formulierte, dass «Sowjetrußland gezwungen werde, seine Front in Asien aufzurüsten gegen China, und dann mit dem Westen irgendein ‹friedliches› Abkommen schließen werde». Andererseits leuchtete dem Bundeskanzler ein, wie schnell die Lösung der deutschen Frage das Sowjetregime in eine Existenzkrise stürzen konnte. Folglich werde es auf absehbare Zeit wohl keine Wiedervereinigung geben.[27]

Und wie bilanzierte der Kreml die Ergebnisse des Gipfeltreffens?

Gemessen an den selbst gesetzten Verhandlungszielen und der hochgradigen Verunsicherung, die im Vorfeld der Begegnung weit verbreitet war, konnte er die Aufnahme der diplomatischen Beziehungen als einen wichtigen Durchbruch in der sowjetischen Deutschlandpolitik feiern. Enthusiastisch würdigte die Regierungszeitung «Iswestija» bereits am 14. September 1955 das Abkommen als einen «ersten neuen Schritt in Richtung Entspannung [... und] Vertrauensbildung». Optimistisch blickte sie in eine lichte Zukunft, wobei sie auf gemeinsame «reiche Erfahrungen auf dem Gebiet des Handels» verwies, «der immer zum gegenseitigen Vorteil gereichte». Dies ließ unweigerlich Reminiszenzen an die goldene Rapallo-Zeit der 1920er Jahre wieder aufleben – ein «wichtiger Meilenstein», wie ein Kommentator des Regierungsblatts schon am 9. Juni 1955 anlässlich der Gesprächseinladung an die Bundesregierung vermerkte.[28] Entsprechend hoch waren die Erwartungen hinsichtlich der wirtschaftlichen Zusammenarbeit, die das Land dringend benötigte. Doch erst 1958 kam es zu einem Wirtschaftsabkommen, das bis zum Ende der Ära Adenauer allerdings nicht die daran geknüpften Hoffnungen der UdSSR erfüllte.[29]

Dessen ungeachtet wertete man im sowjetischen Außenministerium das Ereignis als den größten außenpolitischen Erfolg des Jahres 1955. Allein der Rückhalt, den die Aufnahme diplomatischer Beziehungen in breiten Kreisen der westdeutschen Öffentlichkeit gefunden hatte, steigerte die Zuversicht ins nahezu Unermessliche: Die sowjetische Position sei dort «beträchtlich gestärkt». Informationen über erste interne Reaktionen des US-Botschafters in Moskau, Charles Bohlen, dessen alarmierende Berichte nach Washington Adenauers Russlandpolitik bereits als beginnende westdeutsche Absetzbewegungen von der NATO interpretierten, lösten in Moskau höchste Zufriedenheit aus. Das allein war es wert, die letzten Deutschen aus sowjetischer Kriegsgefangenschaft zu entlassen. Dabei handelte es sich um einen Akt, der ohnehin schon lange geplant war und der für die Betroffenen keinerlei weitere Bestrafungen mehr vorsah – anders, als es die SED in internen Vorabkonsultationen mit der UdSSR Ende Juli 1955 noch gefordert hatte. Ursprünglich war von Außenminister

Molotow sogar erwogen worden, die Gefangenen-Problematik unter Einbeziehung der DDR trilateral zu regeln. Doch dies wurde schließlich verworfen, weil es den Gang der Verhandlungen unnötig belastet und das angestrebte Hauptziel möglicherweise gefährdet hätte.[30] Nicht nur in dieser Hinsicht hatten sich die Interessen des loyalsten Verbündeten im Ostblock den außenpolitischen Prioritäten der Hegemonialmacht bedingungslos unterzuordnen. Zwar suchte die Kreml-Führung gegenüber Ostberlin die nun bestehenden diplomatischen Kontakte zur Bundesrepublik als klaren Erfolg darzustellen. Denn Moskau pflegte damit ein geregeltes Verhältnis zu beiden deutschen Staaten, was in sowjetischer Lesart das SED-Regime zugleich international aufwertete. Überdies waren die sowjetischen Unterhändler in der Wiedervereinigungsfrage standhaft geblieben.

Für SED-Chef Walter Ulbricht war dies aber ein schwacher Trost, der an Schönfärberei grenzte und mit der Realität insgesamt wenig zu tun hatte. Das galt umso mehr, als die Bundesrepublik diesen Sachverhalt durch Adenauers Vorbehaltserklärung anders interpretierte und ihren deutschlandpolitischen Alleinvertretungsanspruch wie auch die Grenzfrage von den jüngst etablierten Beziehungen zur Sowjetunion in keiner Weise beeinträchtigt sah. Aber auch die Tatsache, dass die Westalliierten der DDR weiterhin kategorisch die Anerkennung versagten, relativierte aus Ostberliner Perspektive alle Beschwichtigungsversuche der sowjetischen Gewährsmacht. Das Legitimitätsdefizit des SED-Regimes war damit nicht aus der Welt geschafft. Daran sollte sich auch auf längere Sicht trotz diplomatischer Beziehungen zwischen UdSSR und Bundesrepublik, die Ulbricht schließlich aus Bündnisräson und keinesfalls aus selbstloser Solidarität mit Moskau befürwortete, nichts ändern.[31]

Allmählicher Gezeitenwechsel

«Lieber Willy, es drängt mich, Dir herzlich zu gratulieren und danke zu sagen. Dies ist ein großer Schritt, der viele kleine Schlauheiten anderer zu überspielen vermag», schrieb Bundesverteidigungsminister Helmut Schmidt seinem Parteifreund Willy Brandt begeistert am 13. August 1970. Auf den Tag genau 14 Jahre und elf Monate, nachdem Konrad Adenauer in der sowjetischen Hauptstadt die Aufnahme diplomatischer Beziehungen offiziell besiegelt hatte, beglückwünschte Schmidt den sozialdemokratischen Bundeskanzler zu einem weiteren Meilenstein in der deutsch-sowjetischen Geschichte: dem Moskauer Vertrag, der das bisherige bilaterale Verhältnis auf eine neue Grundlage stellen sollte.

Brandt hatte ihn tags zuvor gemeinsam mit dem sowjetischen Ministerpräsidenten Alexej Kossygin feierlich im Katharinensaal des Kreml unterzeichnet. Nicht zufällig wohnte KPdSU-Generalsekretär Leonid Breschnew der Zeremonie bei, was unterstrich, welch immense Bedeutung die Mächtigen in der UdSSR dem Vertragswerk insgesamt beimaßen. Noch vor seiner Rückreise nach Bonn hatte sich Brandt direkt an seine Landsleute gewandt, worauf Parteifreund Schmidt begeistert reagierte. «Wir haben gestern Abend Deine aus Moskau kommende kurze Fernsehrede an die Menschen zu Hause in Deutschland gesehen + gehört und waren alle der Meinung: hervorragend. [... A]us meiner Sicht spricht alles dafür, daß visavis [sic] Osten eine neue Ära begonnen hat.»[32]

Zweifellos hatte sich nicht erst jetzt, sondern in vielerlei Hinsicht schon zuvor ein allmählicher Gezeitenwechsel in Deutschland wie im internationalen Mächtesystem angebahnt. Für die Sache der Wiedervereinigung, die maßgeblich vom Votum der UdSSR abhing, stand es dabei nicht zum Besten. Längst besaß diese aber auch bei der westdeutschen Schutzmacht USA nicht mehr oberste Priorität. Das dürfte spätestens nach der zweiten Berlin-Krise, die im Mauer-Bau vom 13. August 1961 ihren dramatischen Höhepunkt erlebte, und der gleichfalls von Chruschtschow 1962 provozierten Kuba-Krise klar geworden sein, die die Welt an den Rand einer nuklearen Katastrophe gebracht hatte.

Nicht mehr *Germany first* und dann erst die Beilegung des Ost-West-Konflikts bestimmten fortan die amerikanische Deutschlandpolitik. Da Washington sich seit Mitte der 1960er Jahre in Asien immer tiefer in den Vietnamkrieg verstrickte und zugleich Fragen des atomaren Rüstungswettlaufs das Verhältnis der beiden Supermächte belasteten, sprach viel dafür, auf Dialog zu setzen. Die deutsche Frage hatte sich demgegenüber, sehr zur Enttäuschung der Bundesregierung, den politischen Belangen amerikanisch-sowjetischer Beziehungen unterzuordnen. Hier tendierte man in Richtung Entspannung, wobei die US-Administration Bonn immer energischer dazu drängte, sich diesem Prozess anzuschließen.

Und so bahnten sich seit 1963 in der Bundeshauptstadt unter den damals noch unionsgeführten Kabinetten behutsame Anfänge einer Neuen Ostpolitik an, allerdings ohne dass man von den deutschlandpolitischen Grundprinzipen gegenüber der UdSSR leichtfertig abrückte. Unvermindert hielten deshalb alle Bundesregierungen zumindest bis 1968 an dem Alleinvertretungsanspruch fest, wie er sich nach Adenauers Moskaubesuch in der Hallstein-Doktrin manifestierte. Die deutsche Frage sollte weiterhin offengehalten, die Teilung nicht legalisiert und die europäische Nachkriegsordnung keinesfalls vorbehaltlos anerkannt werden, solange die Grenzfrage insgesamt ungelöst blieb. Im März 1966 startete schließlich die CDU/CSU-FDP-Regierung unter Ludwig Erhard eine Friedensinitiative, die der Sowjetunion und den osteuropäischen Staaten bilaterale Gewaltverzichtsverträge offerierte. Allein die DDR wurde aus genannten Motiven nicht explizit einbezogen, weshalb der Vorstoß erfolglos blieb.

Die Große Koalition zwischen 1966 und 1969 griff den entspannungspolitischen Faden wieder auf, wobei SPD- und führende Unions-Politiker alsbald ein bemerkenswert weitgehender außenpolitischer Konsens einte. Auf einer außenpolitischen Klausurtagung von Regierungsmitgliedern und Spitzenbeamten in Heimerzheim am 2. und 3. Mai 1968 nahmen die CDU-Vertreter einen Vorstoß Willy Brandts widerspruchslos hin. Der Außenminister regte an, der UdSSR gegenüber anzudeuten, die «Grenzfragen praktisch als erledigt [zu] betrachten, ohne jedoch die Ansprüche aufzugeben». Er plädierte für «verbindliche Abmachungen mit der DDR ohne völkerrechtliche Anerkennung». Schließlich votierte er für die «Mobilisierung des osteuropäischen Interesses gegen das Veto der DDR für die Normalisierung der Beziehungen zu uns».

Letzteres wurde von Willy Brandt schon zuvor mit Rückendeckung des CDU-Bundeskanzlers Kiesinger praktiziert, indem er ungewohnt forsch in die Interessensphäre der UdSSR eindrang. Brandt hatte sich dabei mit Rumänien, zu dem Bonn im Januar 1967 diplomatische Beziehungen aufnahm, mit der Tschechoslowakei, die im August 1967 dem Austausch von Handelsmissionen zustimmte, und mit Jugoslawien, das im Januar 1968 erneut ein geregeltes diplomatisches Verhältnis zur Bundesrepublik wiederherstellte, insgesamt auf Länder im östlichen Europa fokussiert, deren Beziehungen zur Sowjetunion nicht frei von Schwierigkeiten waren.

Davon abgesehen kam die westdeutsche Verständigungsoffensive, die sich von früheren Initiativen deutlich unterschied, für die UdSSR zu einem denkbar ungünstigen Moment. Daran änderte auch der Umstand wenig, dass Bonn bei der Wiederauflage bilateraler Gewaltverzichtsangebote das SED-Regime nicht mehr von vornherein kategorisch ausklammerte. Zwar gelang vorübergehend ein Dialog mit Moskau, der allerdings im Sommer 1968 erneut scheiterte und abgebrochen wurde.[33]

Die Machthaber im Kreml sahen sich zu jener Zeit vor allem durch Erschütterungen im eigenen Hegemonialbereich herausgefordert, was im Sinne innerer Herrschaftskonsolidierung ihre ganze Aufmerksamkeit beanspruchte. In der ČSSR, wo Reformkommunisten um Alexander Dubček einen «Sozialismus mit menschlichem Antlitz» zu etablieren suchten, wurde der «Prager Frühling» mit blanker militärischer Gewalt von Truppen des Warschauer Pakts niedergeschlagen. Auch der nukleare Rüstungswettlauf mit den USA hielt die Sowjetunion in Atem und verschlang Ressourcen, die dringlicher für innere Wirtschaftsreformen benötigt wurden. Schließlich spitzte sich an der fernöstlichen Peripherie des Imperiums der Konflikt mit Rot-China dramatisch zu. Blutige Grenzscharmützel drohten 1969 zu eskalieren, wobei nicht mehr auszuschließen war, dass diese über kurz oder lang in einen heißen Krieg münden würden. Und in solch ohnehin komplizierter Lage bemühten sich nun noch die Vereinigten Staaten unter der neuen Nixon-Administration intensiv um eine Annäherung an Peking.[34] Die Welt war im Wandel und zeigte sich in ihrer ganzen Ambivalenz.

«Den Berg von beiden Seiten anbohren»

Auf den ersten Blick schienen damit die Handlungsspielräume der sowjetischen Außenpolitik erheblich eingeengt. Doch eröffneten sich zugleich andere Chancen und Perspektiven, als sich im Oktober 1969 in der Bundeshauptstadt Bonn ein Regierungswechsel vollzog: Nach 20 Jahren CDU-Dominanz wurden auf Bundesebene die politischen Geschicke in die Hände einer sozial-liberalen Koalition gelegt. Und die zeigte sich fest entschlossen, neue ostpolitische Wege auszuloten.

In seiner Regierungserklärung vom 28. Oktober 1969 stellte der neue Bundeskanzler Willy Brandt sein außenpolitisches Programm vor. Sein Blick richtete sich auf die Sowjetunion und die anderen Staaten jenseits des «Eisernen Vorhangs», und seine Koalitionspartner im Bundestag applaudierten begeistert, als der Kanzler mit den legendären Worten endete: «Wir wollen ein Volk der guten Nachbarn sein und werden im Innern und nach außen.» Brandt wollte Altbewährtes mit Neuem kombinieren, an der Zusammenarbeit mit dem Westen unvermindert festhalten, zugleich aber dem deutschen Volk «auch mit den Völkern der Sowjetunion und allen Völkern des europäischen Ostens» Frieden bringen.[35]

Die Konzepte hierfür waren bereits seit 1963 herangereift. Sie schreckten selbst vor unorthodoxen Dialogen und politischem Tabubruch nicht zurück, wenn dies unter den Bedingungen der staatlichen Teilung menschliche Erleichterungen für die Deutschen versprach. Noch als Regierender Bürgermeister von Westberlin hatte Brandt zusammen mit seinem engsten politischen Weggefährten Egon Bahr, dem eigentlichen Architekten sozialdemokratischer Neuer Ostpolitik, mit Billigung der damaligen Bundesregierung unterhalb der Schwelle völkerrechtlicher Anerkennung den Kontakt zur DDR gesucht und für die Westbewohner der geteilten Stadt ein zeitlich begrenztes Passierscheinabkommen für den Ostsektor aushandeln lassen. Damit war ein Grundstein gelegt für das, was Brandt während seiner Zeit als Ressortchef im Auswärtigen Amt bis 1969 unter dem dortigen Planungsstabschef Bahr im Hinblick auf außenpolitisch Machbares vorbereiten ließ.

Zugleich hatten beide ihre politische Lektion gelernt, als nicht zuletzt unter dem Eindruck des gescheiterten «Prager Frühlings» das bilaterale Verhältnis zwischen Moskau und Bonn erheblich belastet wurde, weil die sowjetische Propaganda nachträglich auf plumpe Weise die Bundesrepublik bezichtigte, für die Intervention in die ČSSR mitverantwortlich gewesen zu sein. Bonn habe die Kontakte «gerade mit solchen Ländern im Osten verstärkt, die selbst Schwierigkeiten» mit dem Kreml hatten, lautete der Vorwurf. Künftig musste also konsequent vermieden werden, bundesdeutsche «Ostpolitik gewissermaßen um die Sowjetunion herum zu machen».[36]

Während in diesem Sinne die sozial-liberalen Koalitionäre nach dem Machtwechsel in Bonn 1969 sogleich in einen konstruktiven Dialog mit der UdSSR eintreten wollten, gestalteten sich die Verhältnisse in Moskau komplizierter. Zwar bestand unter der dortigen Staats- und Parteiführung Konsens über das Interesse, sich wenn irgend möglich vom Westen knapp 25 Jahre nach Kriegsende den politisch-territorialen Status quo verbindlich garantieren zu lassen. Der Bundesrepublik, die schon durch das Grundgesetz – und unterstützt durch die Westalliierten – auf ein Wiedervereinigungsgebot festgelegt war, kam in dieser Hinsicht zentrale Bedeutung zu. Solange es aber keinen verbindlichen Friedensvertrag gab, der hier endgültig hätte Klarheit schaffen können, mussten mit ihr eine Übergangsregelung und damit ein für beide Seiten akzeptabler *Modus Vivendi* gefunden werden.

Wie dies konkret erreicht werden sollte, blieb zunächst allerdings umstritten. KGB-Chef Jurij Andropow hielt angesichts der immensen Herausforderungen, die sein Land im Innern wie im Äußeren zu schultern hatte, substanziell verbesserte Beziehungen zur Bundesrepublik für höchst wünschenswert. Er gewann Leonid Breschnew für derartige Überlegungen, der als KPdSU-Generalsekretär nunmehr

Diplomatische Umwälzungen? 173

danach strebte, innerhalb der kollektiven Führung maßgeblichen Einfluss auf die Außenpolitik zu erlangen. Das wiederum weckte zeitweilig nicht nur bei dem Hardliner Andrej Gromyko Widerstände, weil er seine bis dahin uneingeschränkte Autorität als Außenminister gefährdet sah; auch Ministerpräsident Alexej Kossygin erkannte in Breschnew einen ernsten politischen Rivalen, der sich zu emanzipieren und innerhalb des sowjetischen Machtgefüges als *Primus inter Pares* zu etablieren drohte.[37]

Hinzu kam, dass die Kremlelite ihre Politik gegenüber Westdeutschland stets mit Bedacht auf mögliche Rückwirkungen im eigenen Herrschaftsbereich führen musste. Denn die neue Bundesregierung wollte erklärtermaßen neben der UdSSR auch Polen, die Tschechoslowakei, vor allem aber die DDR in ihre entspannungspolitische Offensive vertraglich einbeziehen, was unkalkulierbare Folgen für Zusammenhalt und Disziplin innerhalb des Ostblocks haben konnte. Die internen sowjetischen Verhandlungsrichtlinien vom 6. Dezember 1969 sahen nicht zuletzt deshalb vor, zuerst ein bilaterales Abkommen zwischen Bonn und Moskau auszuhandeln, das alle Bedenken des Kreml ausräumen sollte, um damit Mustergültigkeit zu erlangen. In den Gesprächen musste daher die «Anerkennung der bestehenden Grenzen in Europa die Hauptfrage» bilden. Sie seien daher so zu führen, «dass sich bei der Regierung Brandt der Eindruck festige, dass sie ohne Vereinbarung mit der UdSSR keine Grundlage habe, auf eine Vereinbarung [...] mit anderen sozialistischen Ländern zu zählen».[38]

Von Anfang an zeichnete sich die sowjetische Verhandlungsstrategie insgeheim durch eine bemerkenswerte Zweigleisigkeit aus. Einmal gab es realpolitische Erwägungen, die große Hoffnungen weckten, aber ihnen standen ideologisch motivierte Hemmungen gegenüber. Schon kurz nach dem Machtwechsel in Bonn leiteten die staatlichen Repräsentanten der Sowjetunion gegenüber Vertretern der sozial-liberalen Koalition eine auffällige Charmeoffensive ein. Botschafter Helmuth Allardt berichtete am späten Abend des 22. Oktober 1969 noch wenige Stunden vor Willy Brandts erster Regierungserklärung über eine überraschende Begebenheit mit Ministerpräsident

Kossygin am Rande eines diplomatischen Empfangs in Moskau: «Er begrüßte mich mit freundschaftlicher Geste und bemerkte einleitend, daß in Bonn beträchtliche ‹demokratische Veränderungen› zu verzeichnen seien. [...] ‹Was sagen Sie zu dem schönen Telegramm, das ich Brandt geschickt habe? [...] so etwas hat es seit Kriegsende – ach was, seit den Weimarer Zeiten – zwischen uns nicht mehr gegeben.› [...] ‹Ja, dieser Wechsel bei Ihnen kann unendlich viel bewirken, wenn Ihre Regierung sich entschließt, den Rubikon zu überschreiten.› [...] ‹Sie sollten Ihrem Bundeskanzler von mir sagen: Wenn er bezüglich des weiteren Procedere zwischen uns, und zwar völlig gleichgültig auf welchem Gebiet, bestimmte Fragen hat oder Überlegungen anstellt, ich stehe jederzeit zur Verfügung – und zwar über Sie, Herr Botschafter. Und nochmals, gleichgültig worum es sich handelt.›»[39]

«Überströmende Freundlichkeit» hatte bereits Wochen zuvor der neue Staatssekretär im Kanzleramt Egon Bahr registriert, als ihm am 3. Oktober der sowjetische Botschafter in Bonn, Semjon Zarapkin, gleich zweimal auftrug, Willy Brandt zu übermitteln: «‹Wir würden uns freuen, wenn er Erfolg hat.›» Zugleich war Bahr, der spätestens ab Januar 1970 eine Schlüsselrolle beim Zustandekommen des Moskauer Vertrags spielen sollte, nicht entgangen, wie sehr auch die östliche Supermacht nun auf Dialog drängte, was jedoch nicht frei von Schwierigkeiten sein würde: «Sie werden drücken, um soviel zu erhalten wie möglich, mehr als wir geben könnten, und sie werden glauben, daß wir mehr geben könnten, wenn wir nur wollten. Man muß sowjetischen Illusionen vorbeugen [...].»[40]

Was die sowjetische Seite hinsichtlich möglicher Verhandlungen mit Bonn insgesamt zuversichtlich stimmte, waren vor allem jene Passagen in Brandts Regierungserklärung vom 28. Oktober 1969, in denen er erstmals der DDR eine gewisse Staatlichkeit zubilligte, ohne sie dadurch freilich völkerrechtlich aufzuwerten. Sicherheitspolitisch gewichtiger wurde die Ankündigung des Kanzlers gewertet, den bis dahin unter den Bundestagsparteien nicht unumstrittenen Vertrag über die Nichtverbreitung von nuklearen Waffen (Atomwaffensperrvertrag) unterzeichnen zu wollen. Die CDU/CSU-Opposition sah darin einen leichtfertig verspielten Verhandlungstrumpf, die Bundesregierung dagegen ein vertrauensbildendes Signal gegenüber Moskau.[41]

Am 19. November 1969 sah Bundeskanzler Brandt schließlich den richtigen Zeitpunkt gekommen, das seinerzeitige Gesprächsangebot Kossygins aufzugreifen, um möglichst bald direkte Verhandlungen über ein bilaterales Gewaltverzichtsabkommen eröffnen zu können. «Man muß den Berg von beiden Seiten anbohren, wenn man einen Tunnel graben will, und man muß sich sicher sein, daß die beiden Seiten den Stollen auch treffen», signalisierte er metaphorisch dem sowjetischen Ministerpräsidenten seine Verständigungsbereitschaft.[42] Als knapp vier Wochen später am 24. Dezember 1969 ein sowjetischer Emissär namens Walerij Lednew bei Egon Bahr im Kanzleramt vorsprach, überschlugen sich die Ereignisse. Bahr selbst war zunächst höchst irritiert, fasste jedoch schnell Zutrauen, als sein Gesprächspartner sich mit Brandts vertraulichem Brief an Kossygin legitimierte. Was der Staatssekretär damals nicht wissen konnte: Hinter dieser Aktion stand kein anderer als KGB-Chef Jurij Andropow persönlich, der einen geheimen Gesprächskanal zwischen Parteichef Leonid Breschnew und Bundeskanzler Willy Brandt zu etablieren suchte: «Die sowjetische Seite sei bereit», lautete die Botschaft seines Gesandten, «zu einem vertraulichen Meinungsaustausch, von dem man verbindlich zusagen könne, daß weder seine Tatsache noch sein Inhalt jemals, gleich unter welchen Umständen, veröffentlicht würden. [Schließlich betrachte die] SU [...] die Aufgabe der Normalisierung des Verhältnisses zur Bundesrepublik als eine zu ernste Sache, als daß man sie durch [... irgendwelche] Kleinigkeiten gefährden dürfe.»[43] Damit schienen die denkbar günstigsten Voraussetzungen geschaffen, alle bisherigen Gesprächsformate zwischen Bonn und Moskau weit in den Schatten zu stellen. Gleichwohl sollte sich der geheime Kanal nicht immer als vertrauenswürdig erweisen.

Während die sowjetische Seite sich bei ihren Vorsondierungen mit der Bundesregierung höchst konziliant zeigte und dort große Hoffnungen weckte, hielt sie bei der Festlegung ihres westpolitischen

Kurses mit den Staaten des Warschauer Pakts und vor allem mit der DDR in klassenkämpferischer Manier unvermindert an alten ideologischen Interpretationsmustern fest. Die Regierung Brandt-Scheel unterschied sich in dieser Lesart nicht grundsätzlich von ihren Vorgängern, allenfalls deren «Formen und Methoden [hätten sich] wesentlich erneuert», wie KGB-Chef Andropow dem DDR-Staatssicherheitsminister Erich Mielke am 17. November 1969 in einem vertraulichen Briefing zu verstehen gab. Ungeachtet «schön klingender Töne» in Brandts Regierungserklärung «ist die Absicht der Liquidierung der DDR zu erkennen», was Andropow wiederum «mit [der] Liquidierung des Sozialismus» gleichsetzte.[44]

Ähnlich argumentierte am 2. Dezember 1969 KPdSU-Generalsekretär Leonid Breschnew bei einer gemeinsamen Besprechung mit der SED-Führung in Moskau. Die Politik der Bundesregierung charakterisierte er als «demagogisch», in «nebelhafter Form, verlockend dargeboten», doch im Prinzip darauf gerichtet, «jetzt in die DDR einzudringen». Und mit Blick auf die Person Willy Brandts gipfelte seine Weisung an die SED-Granden in der Forderung: «Man *muß ihn entlarven*.» Überhaupt zeigte sich Breschnew – wie schon Wochen zuvor Andropow – zutiefst überzeugt von dem bisherigen harten Kurs des Warschauer Pakts gegenüber der Bundesrepublik, den er deshalb beizubehalten wünschte. Zumindest die DDR-Führung wurde bereits zu diesem frühen Zeitpunkt auf eine kompromisslose Linie gegenüber Bonn festgelegt. Sie sollte unvermindert auf ihren alten politischen Positionen – völkerrechtliche Anerkennung des SED-Regimes und der Oder-Neiße-Grenze – beharren.[45]

Damit hatte sich Breschnew im Vorfeld der bevorstehenden sowjetisch-westdeutschen Gewaltverzichtsverhandlungen auf ein Doppelspiel mit vertauschten Rollen festgelegt. Während seinen Akteuren dabei die Funktion der auf Verständigung hinwirkenden *good cops* zufiel, hatte die ostdeutsche Seite seit Dezember 1969 und für den gesamten Zeitraum der eigentlichen Moskauer Verhandlungen den Eindruck eines fortwährenden Störenfrieds zu erwecken, der einzig danach trachtete, den Ausgleich zwischen UdSSR und Bundesrepublik verhindern zu wollen. In der Dramaturgie des Kreml wurde diese Drohkulisse in kritischen Gesprächssituationen virtuos gegenüber dem westdeutschen Unterhändler Egon Bahr inszeniert. Man wollte ihn möglichst einschüchtern und für einen erfolgreichen Vertragsabschluss mit der Sowjetunion vereinnahmen.[46]

Was in den Monaten zwischen dem 30. Januar und dem 22. Mai 1970 innerhalb von 55 Stunden in drei Verhandlungsrunden in der sowjetischen Hauptstadt schließlich erzielt wurde, gehört zweifellos zu den Sternstunden der Diplomatie. Es war Egon Bahr, der sich – mit weitreichenden Vollmachten des Bundeskanzlers und mit Rückendeckung der drei Westmächte, allen voran der Vereinigten Staaten, zu denen er einen speziellen *Back Channel* unterhielt – auf Sondermission begab und dafür maßgeblich den Weg bereitete. In Außenminister Andrej Gromyko, dem legendären Minister «Njet» (Nein), fand er einen höchst versierten, mit allen Finessen der Diplomatie vertrauten Gesprächspartner, der seine außenpolitische Sozialisation noch unter Stalins Außenkommissar Wjatscheslaw Molotow erfahren hatte. Allein die Tatsache, dass er persönlich mit einem im Status nachrangigen Staatssekretär aus Bonn direkt verhandelte, unterstrich einmal mehr, dass der Kreml diesem Dialog oberste Priorität beimaß. Zugleich war der Geheimdienst KGB höchst bemüht, die sowjetische Führung über den Stand der westdeutschen Verhandlungsstrategie regelmäßig auf dem Laufenden zu halten.

Die Begegnungen mit Gromyko verliefen zumeist ausgesprochen zäh. Sie verlangten dem rhetorisch begnadeten Bahr allerlei Ausdauer, Scharfsinn, vor allem aber ein starkes Nervengerüst und mancherlei Schmeicheleien ab: Die UdSSR sei seit Ende des Zweiten Weltkrieges einzig um «die Erreichung der Einheit Deutschlands» bemüht gewesen, suchte er Hardliner Andrej Gromyko zu umgarnen. Zwischendurch stand Egon Bahr kurz davor – wie seinerzeit Bundeskanzler Adenauer –, die Gespräche abzubrechen. Doch am Ende brillierte Brandts Vertrauter durch höchste Verhandlungskunst, wobei er dem sowjetischen Chefdiplomaten wichtige Zugeständnisse abringen konnte. Am 22. Mai hatten sich beide in dem sogenannten Bahr-

Gromyko-Papier auf die entscheidenden Eckpunkte geeinigt, die die Grundlage für den Moskauer Vertrag bilden sollten. Nun übernahmen Bundesaußenminister Walter Scheel und seine Beamten alles Weitere. Sie zeichneten in der Schlussphase für den Feinschliff mit kleineren Ergänzungen verantwortlich, die allerdings an der Grundausrichtung der Vorabsprachen nichts mehr wesentlich änderten.[47]

Worin bestanden nun die zentralen Ergebnisse des Vertragswerks, das dann am 12. August 1970 von den beiden Regierungschefs Willy Brandt und Alexej Kossygin feierlich im Kreml unterzeichnet wurde? Im Kern verständigten sich die Unterhändler auf einen generellen Gewaltverzicht. Sie erkannten den politisch-territorialen Status quo in Europa an, was die Oder-Neiße-Grenze, die DDR und die Existenz von Westberlin einschloss und somit dem lang artikulierten außenpolitischen Grundbedürfnis der UdSSR sehr entgegenkam. Fortan sollten sämtliche Streitfragen nur noch friedlich beigelegt werden, wobei in diesem Punkt Egon Bahr dem sowjetischen Außenminister ein wichtiges Zugeständnis abnötigen konnte: Sie hatten sich darauf geeinigt, Grenzen als unverletzlich, nicht aber, wie von Gromyko lange hartnäckig gefordert, als unverrückbar zu betrachten.[48]

Für Bonn war dieses Ergebnis überaus wertvoll, da es die Veränderung oder gar Aufhebung von Grenzen nach wie vor zuließ, vorausgesetzt, die davon betroffenen Parteien konnten sich einigen. Künftig war damit die Wiedervereinigung Deutschlands einem Veto der UdSSR entzogen, auch wenn das Recht der Deutschen auf Einheit im Vertrag selbst nicht explizit genannt wurde. Dennoch wurde – ähnlich wie 1955 bei Adenauers Moskau-Visite – mit einem speziellen «Brief zur deutschen Einheit», den die sowjetische Seite als Nebenabsprache formell zur Kenntnis nahm, dem deutschen Anspruch auf Wiedervereinigung Genüge getan. Und spätestens mit der Ratifikation des Abkommens im Obersten Sowjet, der an der Zusatzverabredung keinerlei Anstoß nahm, besaß der Kreml künftig keine Handhabe mehr, das westdeutsche Streben nach staatlicher Einheit für illegitim zu erklären.

Moskauer Vertrag als Zäsur?

Der Moskauer Vertrag besaß zweifellos herausragende Bedeutung und blieb vor allem für die bundesdeutsche Außenpolitik nicht folgenlos. Er bildete das Muster für eine rasche Verständigung mit Polen, der Tschechoslowakei und der DDR, was bis 1973 gemeinhin in den sogenannten Ostverträgen festgeschrieben wurde. Und das wiederum schuf die Grundlage dafür, dass die Bundesrepublik nunmehr zu allen osteuropäischen Staaten volle diplomatische Beziehungen aufnahm, weil ihr außenpolitischer Handlungsspielraum durch die Hallstein-Doktrin eingeengt wurde. Denn diese hatte es bis dahin ausgeschlossen, geregelte Kontakte zu Staaten zu unterhalten, die die DDR anerkannten. Schließlich folgte die KSZE-Abschlussakte von Helsinki, die 1975 den Höhepunkt der Entspannungsbemühungen darstellte, einem ähnlichen Gedanken wie die Bonner Ostverträge, deren Kern die Moskauer Übereinkunft von 1970 darstellte.

Gehörte seit Konrad Adenauer die Westintegration zur Staatsräson der Bundesrepublik, so erfuhr diese mit Willy Brandts Moskauer Vertrag und der Verständigung nach Osten eine ebenso bedeutende Erweiterung, der sich alle nachfolgenden Bundesregierungen verpflichtet sahen. Das bedeutete aber nicht, wie damalige Verbündete – so etwa die Franzosen – zeitweilig befürchteten, dass sich die Bundesrepublik nach der Übereinkunft mit der UdSSR auf eine Schaukelpolitik à la Rapallo begeben würde.[49] Die Bonner Republik blieb weiterhin fest im Westen verankert, erweiterte aber ihren außenpolitischen Aktionsradius nach Osten, den es fortan im Sinne der westlichen Wertegemeinschaft einsetzen konnte.

In diesem Zusammenhang spielte nicht zuletzt der vertrauliche Kanal eine bedeutende Rolle. Er ging auf die ursprünglich inoffiziellen Kontakte zurück, die auf oberster politischer Ebene zwischen Willy Brandt und Leonid Breschnew bestanden, was den Fortgang der Bahr-Gespräche in Moskau am Ende erheblich erleichterte. Beide vereinbarten am Rande der Vertragsunterzeichnung in der sowjetischen Hauptstadt, diese geheime Verbindung fest zu institutionalisieren.[50]

Die sollte sich sogleich bewähren. Manch vermeintlich unlösbares Problem, das während der Gespräche über ein Viermächte-Abkommen aufkam, mit dem die vier ehemaligen Kriegsalliierten sich 1971 auf einen weitgehend störungsfreien Transitverkehr zwischen der Bundesrepublik und Westberlin zu verständigen suchten, konnte über ebenjenen vertraulichen Kanal mittels Pendeldiplomatie des nun bestens mit Moskau vernetzten Egon Bahr bereinigt werden. Bahr nutzte die vertrauliche Verbindung aber auch dazu, um eine andere delikate Angelegenheit im Kontext der Ratifizierung des Moskauer Vertrags möglichst unspektakulär aus der Welt zu schaffen. Als es Anfang der 1970er Jahre aufgrund des Widerstands von CDU/CSU immer ungewisser wurde, ob das Abkommen letztlich überhaupt die erforderliche Mehrheit im Bundestag finden würde, wollte er sich über den geheimen Draht der Unterstützung durch die sowjetische Führung versichern. Die christdemokratische Opposition verweigerte sich mit dem Argument, der Moskauer Vertrag stelle einen schwerwiegenden Bruch mit der bisherigen außenpolitischen Linie seit Konrad Adenauer dar. Brandts Staatssekretär wusste aber von vertraulichen Unterlagen in sowjetischen Archiven, mit denen sich dieser Vorwurf leicht entkräften ließ. Dabei handelte es sich um einen Vorschlag, den Adenauer nach dem Mauerbau sichtlich resigniert am 6. Juni 1962 dem damaligen Sowjetbotschafter in Bonn, Andrej Smirnow, unterbreitet hatte. Adenauer schlug ihm konkret einen zehnjährigen Burgfrieden in der deutschen Frage vor.

Für Bahr war das nichts anderes als das, was die sozialdemokratische Ostpolitik nun zu verwirklichen suchte. Und so bat er kurzerhand über den geheimen Kanal um die Veröffentlichung dieser Dokumente. Am Ende war es Außenminister Gromyko, der sich diesem Schachzug verweigerte, mit dem den Kritikern der Ostverträge eine Lektion erteilt werden sollte. Der Chefdiplomat des Kreml erlag nicht den Verlockungen des Augenblicks, sondern handelte weitsichtig, als er nicht für alle Zukunft wertvolles Vertrauenskapital in den deutsch-sowjetischen Beziehungen verspielen wollte.

Erneut hatten sich die unorthodoxen diplomatischen Sonderkontakte bewährt. Es überrascht deshalb wenig, dass sie die Jahre sozialdemokratischer Ostpolitik überdauerten und selbst 1982 nach erneutem Machtwechsel in Bonn an den CDU-Bundeskanzler Helmut Kohl weitervermittelt wurden.[51]

Aber auch für die sowjetische Seite, allen voran für Leonid Breschnew, der eine auf den Vorteil der UdSSR bedachte neue europäische Friedensordnung anstrebte, bildete der Vertrag eine wichtige Komponente in der sowjetischen Außen- und Sicherheitspolitik. Die zu Bundeskanzler Willy Brandt entstandenen Kontakte wollte er weiter vertiefen, um gemeinsam mit dem französischen Staatspräsidenten Georges Pompidou und dem amerikanischen Präsidenten Richard Nixon auf der Basis persönlichen Vertrauens fortan die internationalen Beziehungen in Europa zu gestalten. Hatten in Breschnews Wahrnehmung die einstigen «Großen Vier» Stalin, Roosevelt, Churchill und de Gaulle zur Entstehung des Kalten Krieges beigetragen, schwebte ihm nunmehr vor, mit den Partnern seines Quartetts diesen in eine Entspannungsphase zu überführen.[52]

Nicht nur in politischer Hinsicht sah der KPdSU-Generalsekretär eine Chance, das Verhältnis zu Bonn auf eine neue Ebene zu heben. Schon am Rande der Unterzeichnung des Gewaltverzichtsabkommens war Brandt in Besprechungen mit Breschnew und Kossygin keinesfalls entgangen, wie sehr diese ihn für den Ausbau lukrativer wirtschaftlicher Beziehungen erwärmen wollten. In den Schubladen des Komitees für Wirtschaftsplanungen jedenfalls lagerten schon länger Konzepte für einschlägige Kooperationsvorhaben, die auf dringend benötigte westdeutsche Spitzentechnologie im Austausch gegen östliche Bodenschätze setzten. Im Unterschied zu 1955, als die UdSSR mit der Aufnahme diplomatischer Kontakte zur Bundesrepublik ähnliche Hoffnungen gehegt hatte, sollte die wirtschaftliche Zusammenarbeit diesmal von den Ergebnissen der Neuen Ostpolitik sogleich erheblich profitieren. Und so bildeten auf lange Sicht insbesondere die gegenseitigen ökonomischen Interessen das «stabile Fundament der deutsch-sowjetischen Beziehungen».[53]

Dass der Moskauer Vertrag Rückwirkungen auch auf das Verhältnis der Sowjetunion zur DDR und damit eine trilaterale Dimension besaß, wurde abermals deutlich, als Leonid Breschnew am 20. und 21. August 1970 die Mitglieder einer hochrangigen ZK-Delegation der SED über die Ereignisse der vorangegangenen Wochen informierte. Dabei wählte er Formulierungen, die von allem anderen als von tiefer Bereitschaft zur Entspannungspolitik zeugten – ganz zu schweigen von der Art und Weise, mit der Breschnew noch kurz zuvor Bundeskanzler Willy Brandt und dessen Ostpolitik zu umschmeicheln suchte. Abermals wollte er die DDR-Spitzenpolitiker für die Gefahren sensibilisieren, die von der SPD ausgingen, weshalb er vor Brandts Versuchen warnte, «bei Ihnen einzudringen. Mit sozialdemokratischer Ideologie und wirtschaftlich». Seine Weisung lautete eindringlich: «Wichtig ist: Man muß weiterhin in der DDR eine prinzipienfeste Politik machen. [...] Es gibt, *es kann und es darf zu keinem Prozeß der Annäherung zwischen DDR und BRD kommen.*»[54] Nicht zuletzt das war die aufrichtige Reaktion Breschnews auf Bonns «Brief zur deutschen Einheit». Zwar war dieser am 12. August 1970 bei Vertragsunterzeichnung entgegengenommen worden. Doch zumindest die damaligen Machthaber im Kreml betrachteten ihn faktisch als gegenstandslos. Auf die SED-Spitze wirkte all dies ungemein beruhigend und tröstete zumindest darüber hinweg, dass die UdSSR mit dem Moskauer Vertrag der Bundesrepublik nicht die völkerrechtliche Anerkennung der DDR abgerungen hatte. Dessen ungeachtet stellte SED-Generalsekretär Walter Ulbricht, der sich durch Breschnews Ausführungen zutiefst bestätigt sah, am Ende der Beratung mit Genugtuung fest: «Wenn es gelingt, den Vertrag zu ratifizieren, dann wird das ein großer Erfolg der UdSSR und der anderen sozialistischen Länder sein.»[55] Doch der diplomatische Umbruch und die damit gehegten Hoffnungen Moskaus und seiner Verbündeten sollten nicht von Dauer sein. Freilich lag es für die damaligen Akteure außerhalb jeglicher Vorstellungskraft, dass zwei Jahrzehnte später die DDR ein Relikt der Vergangenheit darstellen würde.

Verlust der Kriegstrophäe DDR.
Der Kreml und
die Wiedervereinigung

«Die Berliner Mauer ist gefallen», notierte am 10. November 1989 Anatolij Tschernjajew, einer der engsten außen- und sicherheitspolitischen Berater des damaligen KPdSU-Generalsekretärs Michail Gorbatschow, in sein Tagebuch. Das denkwürdige Ereignis lag erst wenige Stunden zurück und hatte die damalige politische Führung der UdSSR geradewegs aus dem Schlaf gerissen.

Anfang eines Epochenwandels

Zweifellos wurde auch Tschernjajew von den Vorgängen im fernen Berlin überrumpelt. Im Unterschied zu vielen anderen Moskauer Parteifunktionären wusste er aber sogleich die Tragweite des Geschehens in größere weltpolitische Zusammenhänge einzuordnen: «Eine ganze Epoche in der Geschichte des ‹sozialistischen Systems› ist zu Ende gegangen. [... H]ier geht es schon nicht mehr um den ‹Sozialismus›, sondern um eine Veränderung des Kräfteverhältnisses in der Welt; hier ist das Ende von Jalta, das Finale für das Stalin'sche Erbe und für die Zerschlagung von Hitler-Deutschland [im großen Krieg].»[1]

Noch tags zuvor, auf der wöchentlichen Routinesitzung des Politbüros der KPdSU, hatte sich keinesfalls abgezeichnet, dass binnen Stunden schon «Weltgeschichte» im wahrsten Sinne des Wortes «um die Ecke bieg[en]» würde. Hier standen allein innenpolitische Herausforderungen, vor allem die Sorge um mögliche separatistische Bestrebungen der baltischen Sowjetrepubliken, auf der Tagesordnung.[2] Und auch Moskaus Botschafter in Ostberlin, Wjatscheslaw Kotschemassow, wurde vor vollendete Tatsachen gestellt, weshalb er seiner vorgesetzten Dienststelle nur zeitverzögert über die Hintergründe der dortigen Ereignisse berichten konnte. Erst im Verlauf des 10. November klärte ihn der neue SED-Generalsekretär Egon Krenz weiter auf.[3] Natürlich waren dem Kreml die Turbulenzen in den Wochen seit dem 40. Jahrestag der DDR am 7. Oktober 1989 nicht entgangen. Gorbatschow selbst hatte sich wenig begeistert gezeigt, an diesen offiziellen Feierlichkeiten teilnehmen zu müssen. Repräsentierten sie doch eine Welt von gestern, die er, der auf Perestroika und Glasnost setzte, endlich hinter sich lassen wollte. In Erich Honecker, dem langjährigen SED-Chef und DDR-Staatsratsvorsitzenden, sah er keinen natürlichen Verbündeten, sondern einen rückwärtsgewandten alten Mann auf Abruf, einen unverbesserlichen Betonkopf, für dessen Regime er keinerlei persönliche Sympathie mehr hegte. Ihr letztes Zusammentreffen in Moskau am 28. Juni 1989, als der KPdSU-Generalsekretär um Verständnis für die Veränderungen in der UdSSR warb und diese als friedliche Revolution ohne Alternative zu vermitteln suchte, mutete an wie ein Dialog von Taubstummen: Beide wussten um die politisch-ideologischen Differenzen, die sie voneinander trennten. Sie hüteten sich aber vor allzu offener Kritik, um die brüchig gewordene Fassade der sowjetisch-ostdeutschen Einigkeit tunlichst zu wahren.[4]

Es war angesichts solcher Umstände nur konsequent, wenn Michail Gorbatschow kurz vor Abflug zu den Jubiläumsfeiern in der Hauptstadt der DDR seinem Vertrauten Tschernjajew missmutig zu verstehen gab: «Zur Unterstützung Honeckers werde ich nicht ein Wort sagen. Die Republik und die Revolution werde ich [aber] unterstützen.»[5]

Seine Kurzvisite am 6. und 7. Oktober 1989 bestätigte ihm, wie richtig er mit seinen früheren Einschätzungen lag. Die wachsende Unzufriedenheit der Ostdeutschen mit dem SED-Regime offenbarte sich ihm dort hautnah. Erwartungsvoll blickten weite Teile der Bevölkerung nach Moskau. Sie sehnten sich nach vergleichbaren Veränderungen auch in ihrem Land. Die DDR-Machthaber suchten dagegen derartige Regungen systematisch zu unterdrücken, weil sie die Dramaturgie der offiziellen Feierlichkeiten störten. Gleichwohl war die Lage kaum mehr beherrschbar. Immer wieder kam es zu Situationen, in denen nicht nur Zuschauer, sondern selbst Teilnehmer an den staatlich gelenkten Paraden und Festumzügen begeistert «Gorbi, Gorbi» oder «Gorbi, hilf» skandierten, als sie an der Ehrentribüne vorbeidefilierten. Das Ganze mutete an wie die Ruhe vor dem Sturm, wenn man an die regimekritischen Massendemonstrationen und Äußerungen denkt, die bereits wenige Tage später über das gesamte Land, vor allem über Leipzig und Ostberlin, hereinbrechen sollten.[6]

Gorbatschow jedenfalls kehrte desillusioniert in seine Heimat zurück. Seinem engsten Umfeld gegenüber nannte er Erich Honecker einen *mudak*, «ein Arschloch». «Er könnte zu seinen Leuten sagen: Habe vier Operationen überstanden, bin 78, eine so stürmische Zeit fordert viel Kraft, lasst mich gehen, ich habe meine Sache gut gemacht. Dann würde er vielleicht in der Geschichte bleiben.»[7]

Das Problem bereinigte bald darauf eine Gruppe von Frondeuren innerhalb der SED-Führung um Egon Krenz. Ermutigt durch die internen Gespräche mit dem sowjetischen KPdSU-Chef am Rande der Jubiläumsfeierlichkeiten, hatten sie sich kurzerhand zu einer Palastrevolution gegen den amtierenden Generalsekretär zusammengerottet. Für Gorbatschow war dies nachvollziehbar, doch – anders als etwa sein Vorgänger Breschnew 18 Jahre zuvor beim Wechsel von Ulbricht zu Honecker – enthielt er sich jeglicher Einmischungen in die innere Angelegenheiten der SED. Am 17./18. Oktober 1989 war schließlich das Schicksal des glücklosen Honeckers besiegelt. Krenz ersetzte ihn kurzerhand im Parteiamt. Hans Modrow, Erster Sekretär der SED-Bezirksleitung Dresden, der seit Längerem in dem Ruf eines Reformers stand, übernahm wenige Wochen später die Funktionen des Ministerpräsidenten. Derartige Entwicklungen nährten zumindest beim Kremlchef Hoffnungen, der ostdeutsche «Arbeiter-und-Bauern-Staat» schlage einen längst überfälligen Reformkurs à la sowjetischer Perestroika ein, zumal es an glaubhaften Rückversicherungen seitens der neuen Männer in Ostberlin nicht mangelte.

Was seinerzeit allerdings noch vollkommen außerhalb von Michail Gorbatschows Vorstellungswelt lag, war die gefährliche Eigendynamik, die diesen Prozessen innewohnte. Bis dahin beherrschte allein er die Szenerie des politischen Wandels. In dem Moment aber, als dieser auf Osteuropa und speziell auf die DDR überzugreifen drohte, glitt ihm zusehends das Heft des Handelns aus der Hand. Denn nunmehr betraten neue politische Akteure die Bühne, die den Gang der Dinge beeinflussten: Osteuropäische Politikfunktionäre, Bürgerrechtler und Volksmassen, die den real existierenden Sozialismus ins Wanken brachten, standen westeuropäischen und amerikanischen Politikern gegenüber, die angesichts der Krisenphänomene im Ostblock höchst verunsichert auf Gorbatschows Visionen blickten. Der einstige Initiator und Gestalter der Perestroika musste auf derartige Veränderungen im sowjetischen Hegemonialbereich reagieren – und dies ausgerechnet zu jenem ungelegenen Zeitpunkt, als gravierende innenpolitische Herausforderungen seine volle Aufmerksamkeit beanspruchten.[8]

Doch damit nicht genug: Die Vorgänge in der DDR, dem westlichsten Vorposten des Sowjetimperiums, der als Kriegstrophäe für den so verlustreich erkämpften Sieg über Hitlerdeutschland immense symbolische Bedeutung für das Selbstwertgefühl der UdSSR besaß, blieben weiterhin unkalkulierbar. Schon vor dem Mauerfall am 9. November hatte man in Moskau ernüchtert zur Kenntnis nehmen müssen, wie desolat die finanz- und wirtschaftspolitische Lage Ostdeutschlands war. Krenz selbst nutzte als neuer SED-Parteichef sein erstes offizielles Treffen mit Michail Gorbatschow am 1. November, um in dieser Hinsicht Klartext zu reden. Damit bestätigte er nur, was der sowjetische Geheimdienst KGB ohnehin seit Längerem wusste.

Am 3. November 1989 erörterte daraufhin das Politbüro der KPdSU die brisante Thematik. Erste Zweifel an der Überlebensfähigkeit der DDR kamen auf. Da die Sowjetunion sich kaum in der Lage sah, die alleinige Retter-Funktion zu übernehmen, setzte Gorbatschow auf westdeutsche Hilfe, mit der er der DDR-Wirtschaft wieder neuen Schwung verschaffen wollte. Das wiederum veranlasste seinen Außenminister Eduard Schewardnadse zu unorthodoxen Gedankenexperimenten, die fast schon einem Tabubruch gleichkamen: Man könne doch die «Berliner Mauer von uns aus entfernen», warf er in die Diskussionsrunde, um daraus politisch Kapital zu schlagen und der Bundesregierung über einen solch symbolischen Akt des guten Willens die erforderliche Unterstützung abzuringen.[9]

Status-quo-Besessenheit

Bekanntlich nahm die Geschichte einen anderen Verlauf, doch so viel stand fest: Die Führung der UdSSR, allen voran Michail Gorbatschow, hielt die Frage der deutschen Wiedervereinigung nicht für aktuell. Gleichwohl gab es in der Sowjetunion Persönlichkeiten und Zirkel, die im offiziellen Staats- und Parteiauftrag hinter den Kulissen der öffentlichen Aufmerksamkeit allerlei politische Szenarien durchspielen durften. KGB-Chef Jurij Andropow hatte dazu bereits in den frühen 1970er Jahren den Anstoß gegeben. Seit dieser Zeit befasste sich unter dem Decknamen «SWESDA» (Stern) eine Gruppe hochkarätiger sowjetischer sowie anderer osteuropäischer Wissenschaftler und Außenpolitik-Experten mit der Aufgabe, die damaligen Ost-West-Beziehungen – abseits der gültigen Parteilinie und frei von Denkverboten – unter politischen, ökonomischen und militärstrategischen Gesichtspunkten zu analysieren. Schnell entwickelte sich daraus eine Art akademische Denkfabrik, die zu einem Zentrum für unorthodoxe Intellektuelle avancierte. Deren Erkenntnisse und Empfehlungen sollten als Verschlusssache dem Zentralkomitee der KPdSU zugeleitet werden.

Das Ganze besaß eine besondere Relevanz, als die UdSSR seit Ende der 1970er Jahre vom Weg der Entspannung abgekommen war: Wettrüsten, imperiale Überdehnung und konfrontatives politisches Engagement in der damaligen «Dritten Welt» hatten das Land in eine fatale außenpolitische Selbstisolierung manövriert. Was vor diesem Hintergrund zwischen 1982 und 1984 innerhalb der SWESDA-Kommission insgeheim diskutiert wurde, grenzte an Häresie. Alles kam dabei schonungslos zur Sprache: die kritische Versorgungslage im Ostblock, ebenso die sowjetische Rüstungspolitik und deren gesamtwirtschaftliche wie internationale Folgen für die UdSSR und die Warschauer-Pakt-Staaten. Dringend appellierten die Wissenschaftler an ihre Staats- und Parteiführer, «nach Auswegen aus dem Kalten Krieg» zu suchen, außenpolitische Krisenherde zu entschärfen und insgesamt erneut auf Entspannung mit dem Westen zu setzen, um darüber die angeschlagene sozialistische Staatengemeinschaft zu konsolidieren. Überhaupt sprach ihr nüchternes Zahlen- und Faktenmaterial für sich. Die ökonomische Leistungsfähigkeit der Sowjetmacht war jedenfalls kaum mehr dazu angetan, sich auf eine wie auch immer geartete Konfrontation mit den USA und deren Verbündeten einzulassen.

Vieles von dem, was nach 1985 unter Michail Gorbatschow schließlich zur Entideologisierung der sowjetischen Außenpolitik und zur Kooperationsbereitschaft mit dem Westen beitragen sollte, wurde von diesem Diskussionsforum vorweggenommen, das im Umfeld des Moskauer Instituts für Wirtschaft des sozialistischen Weltsystems unter Leitung von Oleg T. Bogomolow angesiedelt war. In einer Zeit allerdings, in der mit Jurij Andropow und Konstantin Tschernenko zwei hochbetagte, gesundheitlich hinfällige KPdSU-Generalsekretäre den unaufhaltsamen Niedergang der späten Breschnew-Ära verkörperten, war ein hoffnungslos überaltertes Politbüro mit derart einschneidenden Reformvorschlägen nicht zu überzeugen. Im Gegenteil lieferten sie einen passenden Vorwand, die Kommission 1984 aufzulösen.[10]

Zwar hörte die Institution faktisch auf zu existieren. Die von ihr in die Welt gesetzten Ideen lebten aber fort, zumal einzelne Akteure, die seinerzeit die Debatten im Umfeld der SWESDA-Kommission mitgeprägt hatten, spätestens in den Jahren der Perestroika einflussreiche politische Positionen erlangen konnten. Das galt etwa für Georgij Schachnasarow, der als Mitarbeiter im ZK für internationale Beziehungen für die DDR zuständig war und ab 1988 zu Gorbatschows ständigem Beraterkreis zählte. Und mit Wjatscheslaw Daschitschew holte sich Eduard Schewardnadse die Expertise eines Historikers ins sowjetische Außenministerium, der als Vorsitzender des dortigen wissenschaftlichen Beirats – und mit Billigung seines Ministers – bald durch unorthodoxe Vorstöße und Denkschriften die internen deutschlandpolitischen Diskussionen aufrüttelte. Denn die Suche nach Auswegen aus dem Kalten Krieg hatte seinerzeit die SWESDA-Protagonisten deutlich erkennen lassen: Über kurz oder lang kam man nicht umhin, sich dem Problem der ungelösten deutschen Frage zu stellen, da sie – zumindest in Europa – maßgeblich für die Blockkonfrontation verantwortlich war.

In den verkrusteten Funktionärsstrukturen der sowjetischen Staats- und Parteiapparate riefen unkonventionelle Denker vom Schlage Daschitschews allerdings erhebliche Widerstände hervor. Die alten Funktionseliten verteidigten vehement ihre Besitzstände. Das traf vor allem auf jene Deutschlandspezialisten im Außenministerium zu, die der langjährige Chef der Dritten Europaabteilung und spätere Leiter der sowjetischen Zwei-plus-Vier-Delegation im Jahre 1990, Alexander Bondarenko, um sich geschart hatte. Sie verstanden sich allesamt als glühende Verfechter des SED-Regimes und pochten darauf, am deutschlandpolitischen Status quo festzuhalten. Da die Teilung Deutschlands im Interesse von Moskaus Weltmachtstellung lag, sahen sie keinen Grund, vom Hegemonialgebaren gegenüber der DDR abzurücken. Ähnlich urteilte Botschafter Julij Kwizinskij, der bis April 1990 die Interessen seines Landes in Bonn vertrat und von da an den Prozess der deutschen Vereinigung als stellvertretender Außenminister begleiten sollte. Gleichwohl gehörte er zu den ganz wenigen deutschlandpolitischen Hardlinern im Außenressort, die mit «genügend intellektuellem Mut» ausgestattet waren, um jene traditionelle Sicht auf das Deutschlandproblem «in Frage stellen zu können», so die vertrauliche Einschätzung der bundesdeutschen Botschaft in Moskau im September 1989.

Eindeutig positionierten sich dagegen die sogenannten Germanisten in der internationalen ZK-Abteilung der Partei. Deren Wortführer Valentin Falin, einer der diplomatischen Wegbereiter der Neuen Ostpolitik mit besten Verbindungen zur Bonner SPD-Prominenz, leitete zwischen 1988 und 1991 in einer entscheidenden Phase deutschlandpolitischer Weichenstellungen dieses Zentralkomitee-Ressort. Er war zweifellos ein entschiedener Gralshüter der deutschen Teilung. Falin sah daher in der DDR mehr als nur einen Vorposten des Sozialismus. Er betrachtete sie als «Verteidigungslinie, die die Gefahren für die nationale Sicherheit der UdSSR, die von der amerikanischen Militärpolitik ausgeht, nivelliert». Es war deshalb kaum überraschend, dass Falin zu den wenigen deutschlandpolitischen Falken im ZK-Apparat zählte, die nach dem Mauerfall vom 9. November 1989 Recht und Ordnung in Berlin sogar mit Hilfe von sowjetischen Panzern wiederherstellen wollten.[11]

In einem solch traditionalistischen Umfeld handelte sich Wjatscheslaw Daschitschew schnell Vorwürfe ein, die Interessen sowjetischer Außen- und Sicherheitspolitik leichtfertig aufs Spiel zu setzen, als er 1987 den wissenschaftlichen Beirat des Außenministeriums die «Idee der deutschen Wiedervereinigung» diskutieren lassen wollte. Und so suchte man dort das geradezu ketzerische Vorhaben systematisch zu hintertreiben. Gorbatschow selbst lieferte dafür die besten Argumente. Für ihn besaßen zum damaligen Zeitpunkt internationale Abrüstungsfragen und die Bereinigung des angespannten Verhältnisses zu den USA weit höhere Bedeutung als die ungelöste deutsche Frage. Das galt umso mehr, als es offenbar keinen unmittelbaren Anlass gab, sich hiermit auseinanderzusetzen.

Weitsichtiger positionierte sich dagegen Daschitschew in der wissenschaftlichen Beiratssitzung des Außenministeriums: Er warnte in dieser Runde nachdrücklich vor dem Niedergang des Sozialismus in der DDR, der leicht nationalistische Bestrebungen nach sich ziehen konnte. Seine Vorstellung, über kurz oder lang mit der Forderung der Deutschen nach einem Einheitsstaat konfrontiert zu werden, war keineswegs weltfremd. Für diese Situation wollte Daschitschew die UdSSR gewappnet sehen. Nicht zuletzt deshalb plädierte er entschieden dafür, «den Schlüssel zur deutschen Frage, solange er in Moskau war, auszunutzen und die Initiative bei der deutschen Wiedervereinigung zu ergreifen [...]». Freilich dachte er damals noch stark in neutralistischen Kategorien.

Bei den fassungslos dreinblickenden Zuhörern, darunter hochrangige Diplomaten, Mitarbeiter des Außenhandelsministeriums, des KGB und der ZK-Abteilung für internationale Beziehungen, stießen derartige Überlegungen auf breite Ablehnung. Worte wie Tabubruch und Defätismus machten die Runde. So sparte der ungehaltene Falin nicht mit heftigen Vorhaltungen, bevor er wutentbrannt den Raum verließ.[12]

An diesem status-quo-fixierten Denken sowjetischer Deutschlandpolitik sollte sich bis zum Fall der Berliner Mauer nichts grundlegend ändern. Zuletzt konnte sich davon der SPD-Ehrenvorsitzende Willy Brandt, der zwischenzeitlich ein inniges Vertrauensverhältnis zum KPdSU-Generalsekretär pflegte, bei seinen Moskauer Gesprächen am 17. Oktober 1989 persönlich überzeugen. Gorbatschow jedenfalls sah sich durch die besorgniserregenden Entwicklungen in der DDR vorerst nicht genötigt, über eine Lösung der deutschen Frage ernsthaft nachzudenken. Darin hatte ihn offenbar auch Brandt bestärkt. Dieser «glaubt, dass die DDR eine große Errungenschaft des Sozialismus sei [...]. Eine Liquidation der Republik wäre seiner Meinung nach eine Pleite», berichtete Michail Gorbatschow wenig später dem höchst verunsicherten neuen SED-Parteichef Egon Krenz beim Antrittsbesuch in Moskau am 1. November 1989. «Deshalb, so denke ich, sollten wir alle von der Formel ausgehen: Die Geschichte hat so entschieden, dass es zwei deutsche Staaten gibt.»

Zur selben Zeit hoffte das westdeutsche Regierungslager von CDU/CSU und FDP auf erweiterte deutschlandpolitische Spielräume. Der Kreml-Chef dagegen, dem Krenz die ökonomisch verzweifelte Lage der DDR in düstersten Farben geschildert hatte, setzte zumindest in dieser Hinsicht auf seinen langjährigen SPD-Gesprächspartner. Dessen Partei, seit dem Bonner Machtwechsel von 1982 in Opposition, bemühte sich in einer Art Nebenaußenpolitik zur Bundesregierung, die einst von Brandt initiierte Neue Ostpolitik wiederzubeleben. Zuversicht, die Eigenständigkeit der DDR wahren zu können, schöpfte Gorbatschow vorübergehend aber auch aufgrund politischer Signale aus Paris und London. Mahnende Stimmen wie Daschitschew, der

1989 abermals forderte, sich dringend mit der deutschen Frage differenziert auseinanderzusetzen, weil sie «anormal und gefährlich» sei, verhallten indes ungehört.[13]

Und so verfügte Gorbatschows Reformmannschaft in der kritischen Stunde des Mauerfalls über keinerlei Konzepte gegen den drohenden Niedergang des SED-Regimes. Nur so viel stand fest: Gewaltsame Militärinterventionen wie einst am 17. Juni 1953 in der DDR, 1956 in Ungarn oder 1968 in der Tschechoslowakei würde es künftig nicht mehr geben. Die Breschnew-Doktrin, mit der 1968 der damalige KPdSU-Generalsekretär die Niederschlagung des Prager Frühlings als regimestabilisierenden Akt legitimierte und die er für den Fall künftiger Abweichungen im Ostblock weiterhin anwenden wollte, war am Ende. Michail Gorbatschow jedenfalls hatte bereits im Frühsommer 1986 den engsten Führungsgremien in Staat und Partei erklärt, dass derartige Praktiken «nicht mehr hinnehmbar» seien. Er setzte stattdessen auf vertrauensvolle Kooperation mit den «Staaten des Sozialismus», die er nicht länger wie einen «Kindergarten» bevormunden wollte. «Unsere Freunde sollten fühlen, daß sie in einer Reihe mit uns gehen und nicht im Schlepptau gezogen werden [...;] als mächtigstes Land der sozialistischen Gemeinschaft sollten wir Bescheidenheit zeigen [...,] die anderen und ihre selbstständigen Problemlösungsversuche achten.»[14]

Spätestens im Frühjahr 1989 setzte das Politbüro der KPdSU die Breschnew-Doktrin offiziell außer Kraft. Vorerst hielt es die Entscheidung jedoch geheim, um den sowjetischen Hegemonialbereich nicht unnötig zu destabilisieren. Im Sommer 1989 wurde Moskaus neue Linie schließlich den Bündnispartnern im Warschauer Pakt präsentiert, die die hartgesottenen Reformgegner wie Erich Honecker oder der rumänische KP-Chef Nicolae Ceaușescu sogleich kategorisch ablehnten und enttäuscht als Verrat am Sozialismus anprangerten.[15]

In dieser komplizierten politischen Situation wurde die Sowjetführung von der geballten Wucht der ostdeutschen Ereignisse getroffen. Die Fähigkeit, fortan selbst die Entwicklungen zu steuern, hatten sie verloren, zumal die Probleme sich potenzierten: Bald schon drohten nicht nur das SED-Regime als wichtigster strategischer Verbündeter, sondern auch das übrige äußere Imperium in den Strudeln eines Auflösungsprozesses zu versinken.

«Büchse der Pandora» möglichst verschlossen halten

Noch aber setzte Gorbatschow darauf, den Niedergang vor allem in Ostdeutschland aufhalten zu können. Im Nachgang zum Mauerfall zeigte er sich weithin optimistisch, die dortige Bevölkerung von der Sache des Sozialismus überzeugen zu können, sobald dieser sein großes Potenzial entfalten werde. Das war für ihn freilich an entsprechende Reformen gebunden, aber auch daran, nicht grundsätzlich am politischen und territorialen Status quo zu rütteln. «Der Friede in Europa wird so lange dauerhaft sein, wie diese Büchse der Pandora verschlossen bleibt», ließ er die neue SED-Parteiführung um Egon Krenz am 24. November 1989 wissen. Diese tiefe Überzeugung teilte er mit seinem Außenminister, für den die DDR «Garant unserer Sicherheit und der [sozialistischen] Gemeinschaft» war.[16]

Gleichzeitig suchte der um Deeskalation und Stabilisierung bemühte KP-Chef aber auch nach Rückversicherung im Westen. Da die Entwicklung nicht weiter außer Kontrolle geraten durfte, kontaktierte er am 10. November 1989 unmittelbar nach Öffnung der Berliner Mauer den westdeutschen Regierungschef Helmut Kohl und den SPD-Ehrenvorsitzenden Willy Brandt. Was diese ihm spontan zugesagt hatten, mochte zunächst beruhigend gewirkt haben. Vor allem der Bundeskanzler lehnte «jede Form von Radikalisierung» kategorisch ab. Er bestärkte Gorbatschow darin, dem neuen SED-Generalsekretär dringend anzuraten, über einen groß angelegten öffentlichen Dialog längst überfällige Reformen einzuleiten. Die Zeit drängte, da die Fluchtwelle aus der DDR nicht abebbte und kein Ende der ökonomischen Talfahrt in Sicht war, tagtäglich taten sich dort – im Gegenteil – immer tiefere Abgründe auf.[17]

In Moskau blickte der damalige Leiter der ZK-Abteilung für internationale Beziehungen, Valentin Falin, äußerst skeptisch auf das

Treiben des KPdSU-Generalsekretärs. Falin, dem viel am Fortbestand der DDR lag, nahm äußerst besorgt wahr, dass Gorbatschow die bedenklichen Prozesse an der westlichen Peripherie des sowjetischen Imperiums offenbar nur aufhalten, nicht aber aktiv und kreativ gestalten wollte. Daraufhin ergriff er selbstbewusst verschiedene Initiativen. Mit dem ihm seit Langem bekannten SPD-Bundestagsabgeordneten, Sicherheitsexperten und Brandt-Intimus Egon Bahr war Falin sich während einer vertraulichen Unterredung am 21. November 1989 einig, dass innere Umgestaltungsprozesse nur im Rahmen der existierenden Blockstrukturen stattfinden durften. Die «deutsche Einheit», versicherte ihm der gleichfalls an der Konsolidierung des SED-Regimes interessierte Sozialdemokrat, stehe nicht «auf der Tagesordnung».[18]

Um Gorbatschow der Passivität zu entreißen und endlich zu energischen Aktionen zu drängen, ergriff Falin insgeheim eine weitere trickreiche Maßnahme. Am selben Tag, an dem er mit Bahr verhandelte, sprach mit Nikolaj Portugalow ein von ihm in geheimer Mission nach Bonn entsandter ZK-Mitarbeiter bei Kanzlerberater Horst Teltschik vor. Falins Emissär sollte die Positionen der Bundesregierung in Sachen Wiedervereinigung ausloten. Er ließ gleichzeitig bei dieser Gelegenheit durchschimmern, dass man in Moskau «über alles Mögliche» nachdenke. Was Teltschik elektrisiert aufhorchen ließ, waren vor allem die «nichtamtliche[n] Überlegungen». Sie stammten offenbar aus Falins ZK-Abteilung und gipfelten in der bemerkenswerten Formulierung, «mittelfristig einer wie auch immer gearteten deutschen Konföderation» zugeneigt zu sein – eine Passage, die so allerdings mit Gorbatschows Berater Anatolij Tschernjajew nicht abgestimmt war, geschweige denn, dass der Kremlchef einen solchen Vorschlag überhaupt in Erwägung zog.[19]

Zwar war zwischenzeitlich auch der Bundesregierung zu Ohren gekommen, dass in der sowjetischen Hauptstadt, etwa am dortigen Akademie-Institut für die Ökonomie der sozialistischen Länder oder im neu gegründeten Europa-Institut, weit gediehene Vorstellungen existierten, die «neue perspektivisch angelegte Gedankenansätze» in der Deutschlandpolitik aufgriffen.[20] Doch dabei handelte es sich um nachgeordnete akademische Einrichtungen, die keinesfalls als offizielle Sprachrohre der Staats- und Parteiführung betrachtet werden konnten. Nun aber lagen erstmals eindrucksvolle – wenngleich inoffizielle – Äußerungen aus dem Apparat des Zentralkomitees der KPdSU vor, von denen man sich freilich leicht wieder distanzieren konnte. Wie dem auch sei: Falins Sondierungen gingen sehr weit über die ihm gezogene Grenze hinaus. Das galt umso mehr, als er den sowjetischen KP-Chef nicht für die Idee vereinnahmen konnte, die DDR zumindest über eine deutsche Konföderation zu retten, und dies nun über den Bundeskanzler zu erreichen suchte. Gorbatschows Berater Andrej Gratschow sah darin ein unkalkulierbares «politisches Abenteurertum».[21]

Und in der Tat sollte der Schuss schnell nach hinten losgehen. Inspiriert durch die Portugalow-Mission und in der Annahme, innerhalb der KPdSU werde nunmehr ernsthaft über weiterführende Optionen in der deutschen Frage diskutiert, präsentierte Helmut Kohl bereits eine Woche später am 28. November 1989 seinen Zehn-Punkte-Plan im Deutschen Bundestag, ohne sich zuvor mit dem sowjetischen KPdSU-Generalsekretär darüber abgestimmt zu haben, was dieser empört als Vertrauensbruch verurteilte. War der Mauerfall ein Erdbeben, kam die Kanzler-Initiative einem Nachbeben gleich. Sie griff mehr als nur den Gedanken einer reinen Konföderation der beiden deutschen Staaten auf. Kohl sah darin lediglich einen wichtigen Zwischenschritt, der auf längere Sicht unweigerlich zur Überwindung der staatlichen Teilung führen musste. Damit hatte er für die Bonner Politik eine Wende eingeleitet und gleichsam zur Wiedervereinigung aufgerufen.

Aus Sicht des Kreml ging dies weit über das seinerzeit Vorstellbare hinaus, denn es brachte eine reformierte eigenständige DDR um jegliche dauerhafte Perspektive. Der SED-Staat war demzufolge nur noch ein Übergangsphänomen, eine Republik auf Abruf gewissermaßen. Selbst die Zusicherung des Bundeskanzlers, das Ganze in den «gesamteuropäischen Prozess und in die West-Ost-Beziehungen» einzubetten, stimmte den vergrätzten Michail Gorbatschow nicht um. Daran änderte auch der Umstand wenig, dass er selbst seit Jahren schon mit größtem Nachdruck immer wieder für die Errichtung eines gemeinsamen europäischen Hauses plädiert hatte. Doch das von ihm in diesem Zusammenhang allzu oft postulierte Selbstbestimmungsrecht der Völker wollte er zum damaligen Zeitpunkt den Deutschen jedenfalls noch nicht zugestehen.[22]

Selbstbestimmungsrecht der Deutschen

Gorbatschow spielte von da an auf Zeit. Mit politisch-moralischem Druck suchte er auf seine westlichen Gesprächspartner einzuwirken, um dem Verlauf der Ereignisse die Eigendynamik zu nehmen und damit wieder Herr der Lage zu werden. Außenminister Genscher war der erste westdeutsche Spitzenpolitiker, dem eine Woche nach Kohls Vorstoß am 5. Dezember 1989 der geballte Unmut des KPdSU-Chefs entgegenschlug. Das Gebaren Kohls gegenüber Ostdeutschland mutete diesen geradewegs kolonialistisch an: «Und jetzt werden ultimative Forderungen gestellt. Es werden Weisungen erteilt, welchen Weg die DDR einschlagen soll, welche Strukturen zu schaffen sind. Die Führung der BRD platzt geradezu vor Begierde, zu kommandieren. Und dies, versichere ich Ihnen, empfinden alle so.»[23]

Das Gefühl, hier stellvertretend auch im Namen anderer politischer Beobachter sprechen zu können, mochte Gorbatschow in seinem Treffen mit dem amerikanischen Präsidenten George W. Bush wenige Tage zuvor gewonnen haben: Bei ihrer legendären Zusammenkunft am 2. und 3. Dezember 1989 vor der Küste Maltas bei stürmischer See an Bord des sowjetischen Passagierdampfers «Maxim Gorki» hatten die beiden mächtigsten Männer der Welt in einem symbolischen Akt das Ende des Kalten Krieges und ihren gemeinsamen Willen beschworen, die Teilung Europas zu überwinden. Dabei kamen auch die Vorgänge in Deutschland zur Sprache, was Gorbatschow – in dem festen Wissen um die vertrauensvollen Verbindungen zwischen Bush und Kohl – veranlasste, nicht mit Vorhaltungen zu sparen: Der Bundeskanzler «hastet voran, mischt sich überall ein, handelt unseriös, unverantwortlich. [...] Es gibt zwei deutsche Staaten, so hat es die Geschichte gewollt. Und die Geschichte soll ruhig darüber verfügen, wie dieser Prozess weiterlaufen soll und wohin er im Kontext des neuen Europas und der neuen Welt führen wird.» Als Bush – trotz werbenden Verständnisses für Helmut Kohl – dem Kremlchef dennoch glaubhaft versicherte, in dieser Angelegenheit vorsichtig verfahren zu wollen, kam innerhalb der sowjetischen Delegation vorübergehend Hoffnung auf: «Unseren Informationen zufolge», notierte Gorbatschows Berater Tschernjajew, «hatten sich die Amerikaner zu diesem Zeitpunkt noch nicht entschieden, ob die Entstehung eines geeinten Deutschland von Vorteil ist oder nicht [...].»[24] In dieser Situation bedauerte es vor allem Marschall Achromejew, der damalige Generalstabschef und militärpolitische Berater des KP-Chefs, dass Gorbatschow sich nicht energisch genug gegen eine Wiedervereinigung positioniert hatte. Der war in diesem Moment aber ebenso wenig den Empfehlungen seines Außenministeriums gefolgt, das dafür plädierte, die sowjetische Zustimmung zur deutschen Einheit an eine Vorbedingung zu knüpfen: nämlich an die Umwandlung von NATO und Warschauer Pakt zu rein politischen Bündnissen, verbunden mit der Perspektive, diese schließlich in gegenseitigem Einvernehmen aufzulösen.[25]

Stattdessen verlegte sich Gorbatschow auf ein anderes strategisches Vorgehen. Um dem auf Einheit drängenden Bundeskanzler eine gehörige Lektion zu erteilen und ihn daran zu erinnern, wem allein es zustehe, die Belange der Deutschlandpolitik zu entscheiden, mühte er sich zeitweilig, den Alliierten Kontrollrat zu reaktivieren, den die Sowjetunion 1948 unter Protest verlassen hatte. Das fand bei den deutschlandpolitischen Falken im Außenministerium, etwa bei Alexander Bondarenko, in der ZK-Abteilung für internationale Beziehungen, hier vor allem bei Valentin Falin, aber auch im sowjetischen Generalstab großen Anklang. Kontrollratsbeschlüsse basierten gemeinhin auf dem Einstimmigkeitsprinzip. Da auch die britische und französische Regierung besorgt auf die Vorstellung eines wiedervereinten Deutschland in der Mitte Europas blickten, wuchs deshalb

Moskaus Zuversicht, London und Paris womöglich im sowjetischen Sinne instrumentalisieren zu können. So kam dem Botschafter-Treffen der einstigen vier Siegermächte am 11. Dezember 1989 im Alliierten Kontrollratsgebäude in Berlin-Schöneberg zweifellos hohe symbolische Bedeutung zu.[26]

Wenn derartige Initiativen auf Dauer insgesamt folgenlos blieben, lag dies vor allem am amerikanischen Präsidenten Bush. Als einflussreichster Vertreter im westlichen Bündnis hatte er sich sehr früh zum Anwalt der deutschen Wiedervereinigung gemacht. Allerdings knüpfte er sie an klare Vorbedingungen: Mäßigung war vorerst das Gebot der Stunde. Der Bundeskanzler wurde darauf verpflichtet, nichts Unvernünftiges zu unternehmen, das Gorbatschow unnötig gefährdete. Kohls Zehn-Punkte-Plan wollten die Amerikaner deshalb auch nicht als verbindlich verstanden wissen. Schließlich musste die deutsche Einheit sich im Kontext der europäischen Integration vollziehen und bündnispolitisch auf eine NATO-Mitgliedschaft der Deutschen hinauslaufen. Mit diesen Auflagen rannte die US-Administration bei Helmut Kohl offene Türen ein, ebenso wie mit der Formel, Gorbatschow keine Schwierigkeiten zu bereiten, weil es nur die Antireformkräfte in der UdSSR stärken würde.[27]

Bereits zu diesem frühen Zeitpunkt zeichnete sich also ab: Bis zur Vereinigung Deutschlands am 3. Oktober 1990 sollten die maßgeblichen Entscheidungen auf internationalem Parkett im Wesentlichen trilateral zwischen Moskau, Washington und Bonn abgestimmt werden. Die DDR nahm lediglich die Rolle eines Zaungastes ein.[28] Selbst Briten und Franzosen besaßen im Rahmen der Zwei-plus-Vier-Verhandlungen, die die äußeren Aspekte der deutschen Einheit regelten, kaum mehr als eine flankierende Funktion. Die Leistung der Diplomatie bestand am Ende vor allem darin, alle Beteiligten in diesen komplizierten Verständigungsprozess einzubinden, der unter immensem Druck stand. Unklar war, wie lange das Zeitfenster dafür offen bleiben werde, da Gorbatschow innerhalb des Staats- und Parteiapparats nur über eine schwache Machtbasis verfügte.

In Moskau bröckelte unterdessen die Front derer, die sich seit dem

Fall der Berliner Mauer dem Selbstbestimmungsrecht der Deutschen kategorisch widersetzt hatten. Zu ihnen gehörte Außenminister Schewardnadse. Zweifellos bevorzugte er ein geteiltes Deutschland. Doch am 10. Dezember 1989 ließ er in einem Interview mit dem US-Sender CBS durchblicken, dem Land unter bestimmten Auflagen die staatliche Einheit nicht verwehren zu wollen. Ähnlich positionierte er sich am 19. Dezember im Europa-Parlament. Vor den Abgeordneten sprach er von «hypothetischem Deutschland» oder «einem nationalen deutschen Gebilde». Das wiederum setzte für ihn aber voraus, dass zuvor alle daran geknüpften sowjetischen Vorbedingungen erfüllt waren. Freilich blieb vieles noch vage. Nur so viel stand fest: Der Wiedervereinigungsprozess durfte sich allenfalls im Rahmen des «Gemeinsamen Europäischen Hauses» vollziehen.

Am Ende musste selbst der sowjetische KP-Generalsekretär einsehen, wie unrealistisch es inzwischen geworden war, an längst überkommenen deutschlandpolitischen Vorstellungen einer eigenständigen DDR festzuhalten. Zu dieser Erkenntnis hatten die dortigen Ereignisse erheblich beigetragen. Die SED-Machthaber sahen sich bei allem Reformwillen kaum mehr in der Lage, den Dammbruch abzuwenden. Denn nunmehr konfrontierten die Demonstranten sie nicht länger mit der Parole «Wir sind das Volk». Schon seit Kohls Dresden-Visite am 19. Dezember 1989 versammelten sich die Ostdeutschen zunehmend unter den Losungen «Wir sind ein Volk» oder «Deutschland einig Vaterland» auf den Straßen und Plätzen des dahinsiechenden «Arbeiter-und-Bauern-Staates».

Das Regime befand sich in Auflösung, ein Großteil der Kommunisten blickte fassungslos, ja lethargisch auf das Geschehen. All das, gepaart mit der katastrophalen Versorgungskrise, versprach keine guten Aussichten für die im März 1990 anstehenden ersten freien Volkskammerwahlen, wie die sowjetische Botschaft in Ostberlin bereits am 27. Dezember 1989 in schonungsloser Offenheit nach Moskau berichtete. Mit einem Sieg der kurz darauf in PDS umbenannten einstigen SED war ohnehin nicht zu rechnen. Vieles sprach dafür, dass die neu gegründete Ost-SPD mit Hilfe der bundesdeutschen Sozialdemokraten als stärkste politische Kraft aus der Wahl hervorgehen würde.[29] Und selbst dies mochte nichts Gutes verheißen, weil Gorbatschows enger politischer Ansprechpartner innerhalb der West-SPD, Willy Brandt, inzwischen von patriotischen Gefühlen übermannt worden war: Anders als der linke Parteiflügel um Oskar Lafontaine hatte Brandt sich ins Lager der entschiedenen Einheitsbefürworter geschlagen. In Moskau musste daraufhin der damalige Vertreter der SPD-nahen Friedrich-Ebert-Stiftung am 23. Januar 1990 übelste Vorhaltungen über sich ergehen lassen. Der angesichts dieser Entwicklungen zutiefst frustrierte Valentin Falin warf in einer wortgewaltigen Philippika der Bonner sozialdemokratischen Opposition kurzerhand politischen Opportunismus vor, begleitet von einem Höchstmaß an Unzuverlässigkeit gegenüber der SED und der DDR. Mehr noch: Es sei «etwas im Verhältnis zwischen SPD und KPdSU verloren gegangen».[30]

Alarmiert rief Michail Gorbatschow am 26. Januar 1990 den Kreis seiner engsten politischen Berater zu einer Krisensitzung zusammen. Nicht erst in diesem Moment kristallisierte sich ein Wesenszug heraus, der die Deutschlandpolitik des Kreml in den folgenden Wochen und Monaten maßgeblich prägen sollte: Gorbatschow holte in außenpolitischen Fragen immer seltener die Expertise der einschlägigen Staats- oder Parteiorgane ein. Das Politbüro der KPdSU wurde kaum mehr konsultiert, geschweige denn regelmäßig über die sensibelsten deutschlandpolitischen Aspekte unterrichtet. Und das war zweifellos ein schwerer Tabubruch. Stattdessen setzte der Generalsekretär überwiegend auf seine Vertrauten und behielt sich vor, die erforderlichen Entscheidungen letztlich selbst zu fällen. Das war Fluch und Segen zugleich: Indem Michail Gorbatschow die Entscheidungsinstanzen zunehmend überging, provozierte er deren Unmut und lief Gefahr, in eine Selbstisolation zu geraten. Seine westlichen Verhandlungspartner behandelte er dagegen mit gebührendem Respekt, betrachtete sie nicht länger als ideologische Klassenfeinde, sondern gewährte ihnen eine gehörige Portion Vertrauensvorschuss. Ein solches Vorgehen erleichterte es ihm schließlich, politische Schritte durchzusetzen, die mitnichten die Zustimmung des Politbüros der KPdSU gefunden hätten. Für die Lösung der deutschen Frage sollte sich dies am Ende als Glücksfall erweisen. Und einmal mehr begünstigte es die deutschlandpolitische Entwicklung, dass Gorbatschow und seine Führungsmannschaft den Zwei-plus-Vier-Verhandlungen selbst in den kritischsten Momenten nicht die gebührende Aufmerksamkeit entgegenbringen konnten, weil sie allzu sehr von den innenpolitischen Herausforderungen der Perestroika beansprucht waren.[31]

Vor diesem Hintergrund erfolgte am 26. Januar 1990 in Moskau eine wichtige politische Weichenstellung. Das Ergebnis der dramatischen vierstündigen Krisensitzung bestand darin, den Deutschen endlich das längst überfällige, uneingeschränkte Recht auf Selbstbestimmung zuzugestehen. Dem vorausgegangen war eine schonungslose Lageanalyse. Keiner der Anwesenden sah eine wie auch immer geartete Perspektive für die DDR. KGB-Chef Wladimir Krjutschkow, der am besten über die aktuelle innenpolitische Situation Ostdeutschlands informiert gewesen sein dürfte, bezeichnete den dortigen SED-Ministerpräsidenten nur noch als «eine Figur des Übergangs». Fast schon erlösend sprach er die ganze ernüchternde Wahrheit aus: «Allmählich muss man beginnen, unser Volk an die Wiedervereinigung zu gewöhnen.»

Ein solcher Befund verlangte nach einem Strategiewechsel, um in der Deutschlandpolitik möglichst die Initiative zurückzugewinnen. Einmal mehr bekam der Faktor Zeit eine besondere Bedeutung. Es war Gorbatschow, der anregte, die kommende deutschlandpolitische Debatte im Rahmen eines Zwei-plus-Vier-Formats führen zu lassen. Neben den ehemaligen Siegermächten sollten auch beide deutsche Staaten am Verhandlungstisch vertreten sein. Nur so, glaubte der Kremlchef, lasse sich schließlich der «Prozess in die Länge ziehen, wie immer auch das endgültige Ziel (Wiedervereinigung) aussehen» mochte. Zugleich sah er darin eine einzigartige Chance: Sie «bringt uns zurück in die Rolle aktiver und nicht wegzudenkender Beteiligter an der deutschen Entwicklung. Dies ist eine vorteilhafte Entwicklung».[32]

Vom Umdenken in Moskau erfuhr die Öffentlichkeit am 30. Januar

1990 am Rande eines Besuchs von DDR-Ministerpräsident Modrow, als Gorbatschow damit an die Presse trat. Tags darauf lag in Bonn eine erste Einschätzung des Auswärtigen Amtes auf dem Schreibtisch des westdeutschen Außenministers. Kohl selbst vernahm höchst persönlich und sichtlich erleichtert am 10. Februar 1990 in einer Unterredung mit Michail Gorbatschow dessen Zusicherung zur deutschen Einheit. Bis dahin wusste er davon nur aus dritter Hand. «Das ist der Durchbruch!», vermerkte der gleichfalls anwesende Kanzlerberater Horst Teltschik wenig später euphorisch in seinem Tagebuch. Und das umso mehr, als hinsichtlich der heiklen Frage des militärischen Status im neuen Deutschland Gorbatschow auf keinerlei bindenden Festlegungen beharrte. Er brachte – im Gegenteil – ein gewisses Verständnis für die Position des Kanzlers auf, dass Neutralität wohl keine realistische Option sei. «Wieder eine Sensation», notierte Teltschik überwältigt, «[...] keine Einforderung eines Preises und schon gar keine Drohung. Welch ein Treffen!»[33]

Frage der Bündniszugehörigkeit und Weg in die Einheit

Freilich konnte bei nüchterner Betrachtung von «Durchbruch» noch lange keine Rede sein. Das größte Hindernis, das im weiteren Verlauf der Zwei-plus-Vier-Verhandlungen zwischen Februar und September 1990 überwunden werden musste, betraf die Klärung von Deutschlands künftiger Bündniszugehörigkeit. Hier hatte sich bereits der Dissens klar abgezeichnet. Die sowjetische Seite setzte jedenfalls alles daran, das vereinte Deutschland von der NATO fernzuhalten. Für die amerikanische Regierung und den Bundeskanzler stand dagegen außer Frage, dass es keine Alternative zur Nordatlantischen Verteidigungsallianz gab. Bundesaußenminister Genscher zielte indes als Entspannungspolitiker der 1970er Jahre, der eine gewisse Einsicht in die besonderen Nöte der sowjetischen Führung zeigte, zeitweilig auf etwas Neues: eine einvernehmliche Lösung nicht im Rahmen der NATO, sondern eine «‹gesamteuropäische Ausstiegsstrategie› aus dem Kalten Krieg», die durch die KSZE, die Konferenz über Sicherheit und Zusammenarbeit in Europa, abgesichert sein sollte. Helmut Kohl, mehr aber noch die US-Verbündeten zeigten sich darüber sehr irritiert. Für kurze Zeit fürchteten die Amerikaner sogar, die Deutschen wären für Moskaus schnelle Zustimmung zur Vereinigung zum Austritt aus der NATO bereit. Wieder einmal wie seinerzeit 1955 bei Adenauer oder 1970 bei Brandt keimte der Rapallo-Komplex auf – die Sorge vor den wankelmütigen Deutschen, die schon mehrfach in ihrer Geschichte eine besondere Affinität zu Russland unter Beweis gestellt hatten. Doch dazu gab es aktuell keinen sichtbaren Grund. Und so zerschlugen sich die Bedenken spätestens in dem Moment, als Genscher auf die westliche Generallinie einschwenkte.[34]

Mit den Zwei-plus-Vier-Verhandlungen hatte die UdSSR zwar offiziell einen Fahrplan für die deutsche Einheit akzeptiert. Doch war sie anfangs sehr optimistisch, in diesem Prozess erhebliches Gestaltungspotenzial zu besitzen, zumal sie sich als wichtige Vetospielerin betrachtete: «Die Tatsache», so Julij Kwizinskij, der stellvertretende Außenminister, «daß unsere Truppen immer noch in der DDR standen, wurde auf merkwürdige Weise mit der Vorstellung verbunden, wir könnten im Grunde genommen die Bedingungen der Wiedervereinigung diktieren [...].» Und so warteten die sowjetischen Unterhändler in der Folgezeit mit einem erheblichen «surrealistischen Wust von Ideen» auf. Sie spielten auf Zeit und legten eine Verhandlungsführung an den Tag, die am treffendsten mit der Bezeichnung «Moskauer Zickzackdiplomatie» charakterisiert werden kann, da es an «ausgereiften klaren operativen Konzepten» fehlte.[35]

Bis zu den Wahlen in der DDR jedenfalls hegten Gorbatschow und dessen außenpolitische Berater noch große Hoffnungen, die Sozialdemokraten würden das Rennen machen. Von der Ost- und zumindest vom linken Parteiflügel der West-SPD erwarteten sie breite Unterstützung für einen langsameren Vollzug der staatlichen Einheit, wenn nicht gar die Forderung nach einem neutralen Status des vereinten Deutschlands. Darin mochte nicht zuletzt Egon Bahr am 27. Februar 1990 sie bei vertraulichen Gesprächen in Moskau mit Valentin Falin bestärkt haben. Der SPD-Mann teilte die Vorstellungen Gorbatschows, die Militärallianzen von Ost und West in einer gemeinsamen europäischen Sicherheitsarchitektur aufgehen zu lassen. Mehr noch: Er ermunterte die Sowjetführung geradezu, ihr gesamtes politisches Gewicht zu nutzen, um die gemeinsamen Bemühungen von Bush und Kohl um die NATO-Mitgliedschaft des vereinten Deutschlands auszuhebeln.

Bahr suchte förmlich die Allianz mit dem Einheitsgegner Falin. Selbst Ende Juni 1990, als die strittigsten bündnispolitischen Fragen weitgehend geklärt waren und nur noch letzte Feinarbeit geleistet werden musste, ließ er davon nicht ab. Eindringlich warnte er den ZK-Abteilungsleiter Valentin Falin, der inzwischen immer mehr ins politische Abseits geraten war, vor übereilten sowjetischen Zugeständnissen. Die «Versprechungen des Westens, die Interessen der UdSSR zu berücksichtigen», so der SPD-Abrüstungsexperte, hätten «nach der Unterzeichnung der Dokumente nur mehr wenig Wert». Gestärkt würden nur jene «Kreise innerhalb der NATO, die durchaus nicht den Wunsch verspüren, den Weg der allgemeinen europäischen Zusammenarbeit einzuschlagen und die Widersprüche zu verringern».[36]

Spätestens nach dem unerwarteten Sieg der CDU bei den DDR-Volkskammerwahlen am 18. März 1990 hatten sich die Hoffnungen auf die deutsche Sozialdemokratie in Ost und West aber endgültig zerschlagen. In den Apparaten des Zentralkomitees der KPdSU und des sowjetischen Außenministeriums nahm man dies besorgt zur Kenntnis, da es die Handlungsspielräume bei den Gesprächen mit dem Westen erheblich einengte. Vor allem aus diesen Reihen wurde gegenüber Vertretern der westdeutschen Diplomatie, die angesichts des unausweichlichen Endes der DDR eine immer größere Bedeutung erlangten, um Verständnis für die speziellen innenpolitischen Sachzwänge der UdSSR und daher für entsprechendes Entgegenkommen in Sachen bündnispolitischer Zugehörigkeit des neuen Deutschland geworben.[37] «Eine NATO-Mitgliedschaft des vereinigten Deutschland würde in den Augen der breiten sowjetischen Öffentlichkeit so verstanden werden, dass dann die USA, obwohl sie ihr Feindbild nicht verändert haben, einen Sieg davongetragen hätten. Gorbatschow – so werde es heißen – gebe die DDR nicht nur gesellschaftspolitisch auf, was ja wirklich der Fall sei, sondern lasse auch eine sicherheitspolitische Aufgabe der DDR zu. [...] Man müsse zeigen, dass sich auch auf westlicher Seite was ändere», fasste der bundesdeutsche Gesandte in Moskau, Eberhard Heyden, die dortige Stimmung nach einer vertraulichen Unterredung mit dem ZK-Mitarbeiter W. A. Koptelzew am 23. März 1990 für das Auswärtige Amt zusammen. Berichte dieser Art häuften sich von da an. Sie zeugten immer weniger von einer selbstbewusst auftretenden östlichen Supermacht. Einmal mehr wurde deutlich, wie sehr unter den politisch-militärischen Eliten die Sorge umging, im Vereinigungsprozess in eine Nebenrolle abgedrängt zu werden – oder, wie es stellvertretend ein Mitarbeiter der Dritten Europaabteilung des sowjetischen Außenministeriums Ende April 1990 pointiert formulierte: «Die SU könne und wolle es sich nicht leisten, als später Verlierer des Krieges vor dem eigenen Volk dazustehen.»[38]

Das Argument des öffentlichen Drucks war nicht gänzlich von der Hand zu weisen. Doch besaß es für die sowjetischen Unterhändler immer auch taktischen Wert, um dem Westen Zugeständnisse abringen zu können. Ein internes Papier des sowjetischen Außenministeriums, das der bundesdeutschen Botschaft über einen Moskauer Journalisten zugespielt wurde, hatte dies überaus deutlich gemacht. Dabei handelte es sich um unveröffentlichte Ergebnisse einer repräsentativen Meinungserhebung. Sie hatte gezeigt, dass – entgegen allen Behauptungen der sowjetischen Diplomatie – in der Bevölkerung keine «großen, verbreiteten Vorbehalte» gegen ein vereintes Deutschland existierten. Und von «Bedrohungsperzeption» konnte schon gar keine Rede sein.[39]

Angesichts dieser Umstände überraschte es wenig, dass die Verhandlungen im Zwei-plus-Vier-Format speziell wegen der sicherheitspolitischen Differenzen bald in eine Sackgasse mündeten. Sämtliche sowjetische Vorschläge stießen in Bonn und Washington auf Ablehnung. Sie erinnerten zum Teil an deutschlandpolitische Initiativen aus den 1950er Jahren, die die Beibehaltung der beiden Militärblöcke unter Ausklammerung eines neutralen Deutschland anregten, dann wieder die Idee einer Doppelmitgliedschaft der Deutschen in NATO und Warschauer Pakt aufgriffen oder dem vereinten Land etwa nur eine politische, nicht aber eine militärische Zugehörigkeit zur Nordatlantischen Militärallianz zugestehen wollten. Völlig inakzeptabel war für Bush und Kohl jedoch, das vereinte Deutschland samt UdSSR in der NATO oder aber die Deutschen künftig allein im Warschauer Pakt sicherheitspolitisch zu verankern.[40]

Das Ganze legte zudem offen, welche dramatischen Entscheidungsprozesse sich hinter den Kulissen in Moskau abgespielt haben mussten. Dort gab es einfach keine einheitliche Linie: Deutschlandpolitische Falken und Reformer standen sich kompromisslos gegenüber. Jede Gruppierung suchte auf Gorbatschow Einfluss auszuüben. Dessen engste außenpolitische Berater, darunter vor allem Anatolij Tschernjajew, zeigten sich offen für eine NATO-Mitgliedschaft der Deutschen, zumal sie sich ohnehin nicht mehr verhindern lasse. Obstruktionspolitik, so Tschernjajew am 4. Mai gegenüber Michail Gorbatschow, wäre dagegen «beinahe der Todesstoß für unsere gesamte Politik des Neuen Denkens». In diesem Sinne hatte er schon Ende Januar 1990 dafür plädiert, auf Bundeskanzler Kohl zu setzen, weil dieser den Vereinigungsprozess im Rahmen der gesamteuropäischen Integration verorte. Die Experten in Außenministerium und ZK, insbesondere Valentin Falin, der am 18. April 1990 in einer Art Weckruf Gorbatschow mit einem entsprechenden Memorandum konfrontierte, bewegten sich im Gegensatz dazu meist in den herkömmlichen geostrategischen und sicherheitspolitischen Bahnen sowjetischer Politik.[41]

Die große Wende auf internationaler Bühne vollzog sich vollkommen unerwartet, fast schon unspektakulär am 31. Mai 1990. Bei einem Gipfeltreffen mit George Bush in Washington willigte der KPdSU-Generalsekretär – sehr zur Überraschung der Amerikaner, zum Entsetzen aber der meisten sowjetischen Delegationsmitglieder – grundsätzlich ein, die Bündniszugehörigkeit fortan allein den Deutschen zu überlassen. Mit einer solchen Position konnten die amerikanische Regierung und vor allem Bundeskanzler Kohl sehr gut leben. Freilich gab es noch verschiedene Angelegenheiten zu regeln, bevor man von einem Durchbruch sprechen konnte. Nach wie vor war zu klären, ab wann das vereinte Deutschland seine volle Souveränität erreichen würde. Zudem stand die Frage des Abzugs der sowjetischen Streitkräfte aus der DDR ungelöst im Raum.

Die restlichen außenpolitischen Hürden auf dem Weg zur deutschen Einheit beseitigten Michail Gorbatschow und Helmut Kohl schließlich Mitte Juli 1990 auf ihrem Gipfel im Kaukasus. Damit hatten sie die letzten Weichen für die Unterzeichnung des Zwei-plus-Vier-Vertrages gestellt. Am 12. September 1990 wurde er von den vier Außenministern der einstigen Anti-Hitler-Koalition sowie der Bundesrepublik und der DDR im renommierten, überwiegend der KPdSU-Parteielite vorbehaltenen Moskauer Luxushotel «Oktjabrskaja» (Oktober) unterzeichnet. In einem symbolträchtigen Akt zogen die Sechs vor den Augen der Welt nach 45 Jahren einen Schlussstrich unter das schmerzvolle Kapitel des Zweiten Weltkriegs. Und das wiederum trug entschieden dazu bei, Europas Gesicht mit einem vereinten Deutschland als neuem internationalem Akteur fundamental zu ändern.[42]

Was gab am Ende den Ausschlag dafür, dass Gorbatschow sich zu diesem epochalen Umbruch bereitfand – immerhin hatte er den Deutschen das lange verwehrte Recht auf Selbstbestimmung und Wiedervereinigung, schließlich sogar die NATO-Zugehörigkeit gewährt? Eine Blockadehaltung hatte spätestens in dem Moment ihren Sinn verloren, als der Kremlchef am 25. Mai 1990 erkennen musste, dass er in dem französischen Staatspräsidenten François Mitterrand keinen westlichen Fürsprecher mehr gegen eine deutsche NATO-Mitgliedschaft fand. Der Franzose riet ihm lediglich, für entsprechendes Einlenken feste Sicherheitsgarantien zu verlangen. In diesem Sinne suchte Mitterrand noch am selben Tag auf den US-Präsidenten einzuwirken.

Aber auch die Zusicherung des amerikanischen Außenministers James Baker, den Nordatlantik-Pakt künftig stärker in eine politische Organisation umzuwandeln, die Truppenzahl der Bundeswehr drastisch zu reduzieren und für eine Übergangsphase keine NATO-Kontingente in der DDR zu stationieren, stattdessen es der UdSSR zu gestatten, dort für einen kurzen Zeitraum präsent zu bleiben, ließ Gorbatschow nicht unbeeindruckt, weil sie insgesamt darauf zielte, die sowjetischen Bedrohungsängste abzufedern.[43]

Schließlich mochte die fundamentale Kehrtwende des sowjetischen KP-Chefs auch durch die in Aussicht gestellten westdeutschen Kredit- und Wirtschaftshilfen herangereift sein. Denn gerade in der letzten Verhandlungsphase zur deutschen Einheit spitzte sich in der UdSSR die ökonomische Krise dramatisch zu. Im politischen Planungsstab des Bonner Auswärtigen Amtes hatte man dies bereits sehr früh erkannt. Eine am 1. März 1990 für den Minister gefertigte Vorlage wies deshalb ausdrücklich darauf hin: «Unser Ziel muß es sein, der SU in den Gesprächen der nächsten Monate zu verdeutlichen, daß sie das Wirtschaftspotenzial der DDR nicht verliert, daß ihr vielmehr ein geeintes Deutschland wirtschaftlich mehr bringen wird, als die beiden deutschen Staaten es heute vermögen.»

Die Empfehlung blieb nicht wirkungslos, denn alsbald gewährte die Bundesregierung eine großzügige Finanzspritze von zwölf Milliarden DM sowie einen mittelfristigen, zinslosen Drei-Milliarden-Kredit. Zudem verpflichtete sie sich, ihre Armee auf 350 000 Mann abzubauen, künftig keine Atomwaffen in Ostdeutschland zu stationieren sowie auf die einstigen deutschen Ostgebiete jenseits von Oder und Neiße endgültig zu verzichten. Angesichts solcher Perspektiven erkannten nicht nur Gorbatschow, sondern auch dessen Planer im Außenministerium, dass ein deutschlandpolitischer Verweigerungskurs mit mehr Nach- als Vorteilen behaftet war. Und so ließ sich am Ende selbst der schmerzliche Verlust der Kriegstrophäe DDR leichter ertragen – zumindest für diejenigen Kreise in der UdSSR, die fortan auf eine neue deutsch-sowjetische Entspannungsphase hofften.[44] Das galt umso mehr, als das deutsch-russische Jahrhundert auch auf ganz andere Erfahrungen zurückblicken konnte, in denen die Beziehungen durch Terror und Gewalt geprägten waren.

III.
TERROR UND GEWALT

Zusammenprall der Imperien. August 14 und der «vergessene Krieg» im Osten

«Heute liefen Depeschen vom Kriegsschauplatz ein, daß [...] die Russen im Osten [...] deutsches Reichsgebiet überschritten hätten», vermerkte am 4. August 1914 die zwölfjährige Gymnasiastin Elfriede Kuhr neben dem täglichen Allerlei knapp in ihrem Tagebuch. Dass es sich dabei um ein Ereignis von großer historischer Tragweite handelte, überstieg zum damaligen Zeitpunkt die Vorstellungskraft der jungen Chronistin.

Schnell holte sie der Kriegsalltag ein. Denn ihr Heimatort Schneidemühl in der preußischen Provinz Posen war ein wichtiger Eisenbahnknotenpunkt. Bald schon passierten nahezu im Stundentakt überfüllte deutsche Truppentransporte auf dem Weg zur Ostfront die Stadt. Die Soldaten präsentierten sich enthusiastisch im Geist des Patriotismus. Voller Siegesoptimismus hatten sie feierlich die Eisenbahnwaggons mit jungen Birken und bunten Bändern geschmückt. «Man könnte meinen, es sei Pfingsten: ein Maibaum am anderen», schilderte die junge Elfriede begeistert am 6. August ihre unmittelbaren Eindrücke entlang der Bahntrasse. «Die Wände sind mit Kreidezeichnungen und Sprüchen bedeckt. Auf einem Wagen stand: ‹Nach Sibirien!› Auf einem anderen: ‹Auf nach Petersburg!› Und: ‹Nach 14 Tagen Freikonzert in Moskau!›»

Doch dauerte es nicht lange bis zur ersten Ernüchterung. Denn die aus Ostpreußen zurückkehrenden Züge enthüllten schnell die Kehrseite des Krieges: grauenvoll verstümmelte Verwundete, die dringend hinter der Front in Lazaretten weiterversorgt werden mussten; Zehntausende ausgezehrte russische Kriegsgefangene, die nach verlustreichen Kämpfen auf eilends errichtete Lager verteilt werden sollten. Schließlich durfte man die Flüchtlinge nicht vergessen, die aus Angst vor den anstürmenden zarischen Armeen scharenweise die alte Heimat verlassen hatten. Sie waren allesamt authentische Botschafter der Ostfront. Ihre Berichte lösten selbst in der Grenzprovinz Posen größte Verunsicherung aus, weshalb sich immer mehr Schneidemühler Familien dem Treck nach Westen anschlossen.[1]

«Kosaken kommen» – die Russen in Ostpreußen

Doch blieben die Furien des Krieges allein auf Ostpreußen beschränkt. Dort überrannten in den ersten Wochen nach der Mobilmachung die 1., 2. und 10. Armee der russischen Nordwestfront mit geballter Kraft nahezu zwei Drittel der östlichsten Provinz des Deutschen Reiches. Unter Nutzung des Überraschungsmoments lag die zunächst überaus erfolgreiche Operation in den Händen zweier Deutschbalten und eines Russen: der Generäle Paul von Rennenkampff, Thadeus von Sievers sowie Alexander Samsonow. Es war das erste Mal nach über 100 Jahren, dass Deutsche und Russen wieder im Krieg standen. 1813 bis 1815 waren sie noch Verbündete gegen die napoleonische Aggression in Europa. Ein knappes Jahrhundert später kämpften sie nicht mehr Seite an Seite, sondern prallten als Feinde aufeinander.

Die deutschen Behörden verfielen angesichts des Vorrückens der Russen auf das Reichsgebiet sogleich in Panik, zumal die eigenen zahlenmäßig unterlegenen Truppen – 173 000 Mann sahen sich einer gegnerischen Übermacht von 485 000 Soldaten ausgesetzt – anfänglich kaum ausreichend Schutz vor der scheinbar unaufhaltsamen russischen ‹Dampfwalze› bieten konnten. Zeitweilig hatten die Militärs sogar den taktischen Rückzug westwärts bis hinter die Weichsel erwogen.

Die Kämpfe auf ostpreußischem Boden zogen sich insgesamt bis

März 1915 hin. Zuvor hatten Ende August, Anfang September 1914 die Generäle Paul von Hindenburg und Erich Ludendorff die russischen Invasoren in zwei großen Schlachten aufgehalten und zurückgeworfen. Samsonows 2. Armee wurde in Tannenberg nach einem der blutigsten Gemetzel der Kriegsgeschichte weitgehend aufgerieben: Über 140 000 Russen waren gefallen oder bestenfalls in deutsche Kriegsgefangenschaft gelangt. Ihr Kommandeur hatte sich der schmachvollen Niederlage durch Freitod entzogen. Die deutschen Verluste beliefen sich dagegen auf rund 13 000 Mann.

Hindenburg und Ludendorff, die im Volksmund bald als «Retter Ostpreußens» firmierten, setzten nach und stellten an den Masurischen Seen in einwöchigen schweren Kämpfen den dort wartenden Rennenkampff mit seiner 1. Armee. Diesem blieb zwar ein zweites Tannenberg erspart, doch verlor er über 30 000 Soldaten, musste Ostpreußen Mitte September räumen und hatte selbst beim Rückzug erhebliche Verluste zu beklagen. General Rennenkampff wurde dafür zur Verantwortung gezogen. Er verlor sein Truppenkommando, hatte sich an einem anderen Frontabschnitt zu bewähren und musste schließlich Ende 1914 den Dienst quittieren, weil sich – vollkommen unbegründete – Gerüchte verdichteten, die ihm wegen seiner russlanddeutschen Herkunft Illoyalität und mangelnden Patriotismus unterstellten.

Im Oktober 1914 flammten erneut die Kämpfe im deutsch-russischen Grenzgebiet auf. Spätestens Anfang November rückten die Russen mit der 10. Armee unter General Thadeus von Sievers abermals auf deutsches Reichsgebiet vor. Diesmal hielten sie lediglich ein Fünftel Ostpreußens besetzt, bevor sie dreieinhalb Monate später endgültig von dort vertrieben wurden. Der Kriegsschauplatz verlagerte sich damit unwiderruflich auf das Territorium des zarischen Imperiums.[2]

Bei der ostpreußischen Zivilbevölkerung, die immerhin zwei russische Invasionsversuche unmittelbar miterlebt hatte, hinterließen diese Ereignisse nicht nur mentale Blessuren. Wenn sie die erste Kriegsphase unweigerlich mit Russenfurcht verband, war dies nicht allein das Werk der deutschen Kriegspropaganda, die selbstredend daraus politisch Kapital zu schlagen suchte. Der Besatzungsalltag unter russischer Fahne gab vielmehr begründeten Anlass, die Russen in Deutschland nicht in allzu bester Erinnerung zu behalten. Der Umstand, dass die Besetzten immer im unmittelbaren Einzugsbereich der Front blieben, es also keinerlei Möglichkeit gab, dort eine russische Zivilverwaltung zu errichten, wirkte sich zwangsläufig auf das kurze Besatzungsregime aus.

Daran änderte auch wenig, dass Russen wie Deutsche die Haager Landkriegsordnung anerkannt hatten, die für die Behandlung der Zivilbevölkerung eines besetzten Landes besonderen Schutz vorsah. Der Krieg folgte anderen Gesetzen. Die Realität war teilweise geprägt von verängstigten russischen Soldaten. Sie sorgten sich im Feindesland vor gegnerischen Hinterhalten und Heckenschützen. Stellenweise waren sie von der eigenen Versorgung abgeschnitten und ständig mit auflebenden Kampfhandlungen konfrontiert. Zudem bestimmte eine geradezu paranoide Spionagefurcht ihre Gemütsverfassung.[3]

In einer solchen Situation reifte Gewaltbereitschaft heran. Sie richtete sich nicht nur gegen die feindlichen Militärs, sondern machte auch vor gegnerischen Zivilisten keinen Halt. Die Ostpreußen mussten das hautnah miterleben. Allein die großen Schlachten, die sich in kurzer Abfolge über mehrere Tage hinzogen, forderten ihren Tribut: «Fuhr gestern nachmittag [sic] über das Schlachtfeld, alle Dörfer zusammengeschossen und verbrannt, brennende Wälder und Chaos», so die düstere Bilanz von Tannenberg, die der spätere Generalmajor Max Hoffmann am 30. August in seinem Kriegstagebuch festhielt.[4]

Eine ganze Provinz war also infolge exzessiver Kampfhandlungen großflächigen Zerstörungen ausgesetzt. Die Menschen vor Ort sahen sich ihrer Existenzgrundlage beraubt. Sie fürchteten um Leib und Leben, was eine panische Fluchtbewegung auslöste. In drei Wellen suchten bis Winter 1914/15 rund 800 000 Ostpreußen, vor allem Frauen, Kinder und Alte, mit ihren eiligst zusammengerafften wenigen Habseligkeiten dem Krieg und der russischen Bedrohung zu entkommen.

Da in der ersten Zeit vor und nach der Schlacht von Tannenberg keine staatlichen Evakuierungs- oder Notfallpläne existierten, erhöhte sich das Leid der Betroffenen. Es herrschten geradezu anarchische Verhältnisse: Zurückweichende Flüchtlingstrecks prallten auf vorrückende Marschkolonnen der deutschen Armee, verstopften die Straßen und behinderten Militäroperationen. Pferde und Fuhrwerke wurden inmitten der Erntezeit für den Kriegseinsatz requiriert. Herrenlose Güter und zurückgelassene, unbewirtschaftete Felder verschlechterten schließlich entschieden die Versorgungslage der Fliehenden.

Oft waren es in dieser Situation nicht allein die russischen Eroberer, sondern die Deutschen selbst, Flüchtlinge oder die eigenen Truppen, die das Chaos weiter verschärften: «Sehr viel Schaden haben [...] die Flüchtlinge aus Ostpreußen angerichtet», beobachtete Rittmeister der Reserve Harry Graf Kessler am 7. September 1914. «Diese [...] haben auf ihrer Flucht überall geplündert und die Dinge kurz u. klein geschlagen [...] und alles Erreichbare aufgegessen. Sie haben in Landsberg weit schlimmer gehaust als die Russen. Hauptsächlich sie sind es gewesen, die die Läden geplündert haben. Man ist [... dort] sehr schlecht auf sie zu sprechen.»[5]

Kessler relativierte bald seine Sicht. Je tiefer er in den einstigen Frontbereich gelangte, desto deutlicher erschlossen sich ihm die dortigen Hinterlassenschaften der russischen Invasoren. «Die Verwüstung von Allenburg und anderen Orten hat [unsere Leute] gegen die Russen erbittert. In den Dörfern erzählt man uns, [... sie] hätten die jungen Leute [...] fortgeführt, wahrscheinlich zum Schanzen-Graben. Fast jedes Dorf klagt über mehrere solche Entführte. Dies steigert die Wut [...]»,[6] notierte er am 7. September 1914.

Freilich variierte das Ausmaß der Zerstörung. Die größeren Städte trugen weniger Schäden davon. Drei Fünftel der ostpreußischen Kleinstädte und ein Viertel der Dorfgemeinden waren dagegen am Ende weitgehend ruiniert. Besonders die Kosaken spielten hierbei eine unrühmliche Rolle und waren wegen ihrer Grausamkeit gefürchtet, wie ein an das Oberpräsidium Ostpreußen II gerichteter

Kriegsbericht bereits am 8. September 1914 hervorhob. Zumindest gab es hinlänglich Beweise, die sie für «Brandstiftungen, Raub und Gewalttaten gegen die Zivilbevölkerung» verantwortlich machten. All dies habe «die durch das Völkerrecht gezogenen Grenzen in brutaler Weise überschritten». Das wiederum kontrastierte bisweilen mit dem Auftreten von zahlreichen «regulären russischen Truppen». Sie «waren damit nicht einverstanden, haben sich in Allenstein und Sensburg anständig verhalten», hieß es.[7]

Gerade Allenstein war in der Tat glimpflich davongekommen. Entgegen den schlimmsten Befürchtungen der Bevölkerung verhielt sich die russische Besatzungsmacht sehr korrekt. Ihre Befehlshaber ließen die Geschäfte und Vorratsdepots vor Plünderungen sichern. Sie verordneten ein Alkoholverbot, um die soldatische Disziplin zu gewährleisten. Zugleich konfrontierten sie die Stadtobersten aber mit kaum erfüllbaren Auflagen, die Truppe mit ausreichenden Lebensmitteln zu versorgen. Denn die Russen hatten Order, sich weitgehend aus den eroberten Gebieten heraus zu ernähren. Allein der glückliche Umstand, dass sie sich überraschend schnell wegen der herannahenden deutschen 8. Armee zurückziehen mussten, verschonte die Allensteiner vor drohenden Repressalien und der Zerstörung ihrer Stadt.[8]

Vier Wochen russische Besatzung in Ostpreußen hinterließen immense Sachschäden. Allein 100 000 Gebäude hatten die Eroberer beschädigt oder vernichtet, was sogar die deutschen Zerstörungen in Nordfrankreich und Belgien im selben Zeitraum weit überstieg. Dramatischer noch waren die menschlichen Schicksale. Immer wieder kam es zu sexuellen Gewalttaten. Schätzungen gingen von bis zu 1000 Vorfällen aus, darunter auch tödliche. Geiselnahmen dienten den russischen Okkupanten als Mittel zur Abschreckung und Disziplinierung der deutschen Zivilbevölkerung. Sie waren sehr verbreitet, ebenso wie standrechtliche Erschießungen. Am Ende bezahlten das Besatzungsintermezzo rund 1600 Zivilisten mit dem Leben. Die Zahl der Verletzten belief sich auf über 430 Personen. Auffallend hoch war die Anzahl von ca. 13 000 Zwangsverschleppten. Besonders

Männer und Jugendliche im wehrfähigen Alter fielen willkürlichen Verhaftungen zum Opfer – eine Vorkehrungsmaßnahme, um zu unterbinden, dass sie von der deutschen Armee rekrutiert werden konnten. Viele von ihnen wurden unter dem Vorwand, Spionage begangen zu haben, kurzerhand nach Sibirien oder in die entfernte Wolga-Region deportiert, wo sie ein beschwerliches Dasein fristeten. Selbst Frauen, Kinder und Alte blieben nicht verschont. Die meisten der etwa 8600 Überlebenden kehrten erst nach Kriegsende wieder in ihre Heimat zurück.[9]

Gewiss blieb die russische Invasion ein traumatisches Ereignis, das bei vielen Ostpreußen spätestens Anfang 1945 wieder auflebte, als sich gegen Ende des Zweiten Weltkriegs mit der Roten Armee erneut eine Bedrohungswelle aus dem Osten auf das Reichsgebiet zubewegte. Die deutschen Befindlichkeiten rührten aber auch daher, dass Russlands Armeen 1914 bei ihrem Einfall ins österreich-ungarische Galizien die dort überwiegend slawische Zivilbevölkerung mit Respekt und wesentlich rücksichtsvoller behandelt hatten als zu dieser Zeit die ostpreußische. Gräueltaten waren indes kein spezifisches Merkmal der zarischen Besatzungspolitik. Deutschlands Militärs hatten – zumindest an der Westfront – im Jahre 1914 weitaus größere Massaker an gegnerischen Zivilisten zu verantworten. Zudem wird man der russischen Seite ungeachtet aller Übergriffe und kriegerischer Verwüstungen kaum systematische Destabilisierungs- oder gar gezielte Vernichtungsabsichten für Ostpreußen unterstellen können. Dem widersprach schon, dass sie mitunter sogar vorübergehend mit dortigen Kommunalverwaltungen eng zusammenarbeitete.[10]

Eskalation der Gewalt

All dies hinderte General Erich Ludendorff, dessen Kriegführung eine «unglaubliche Rücksichtslosigkeit und Grobheit» auszeichnete, bisweilen aber nicht, Sühne für die auf deutschem Boden verübten «Russengräuel» zu fordern: Für jede zerstörte ostpreußische Ortschaft wollte er zwei russische Dörfer niederbrennen lassen.[11] Doch blieb es glücklicherweise nur bei Ankündigungen. Daran änderte auch wenig, dass die Deutschen sich nach zwei zurückgeschlagenen russischen Invasionen überzeugt davon zeigten, fortan an der Ostfront einen gerechten Verteidigungskrieg zu führen.[12]

Selbst die Ausschreitungen deutscher Truppen im August 1914 im polnischen Kalisz, das zum zarischen Imperium gehörte, waren keine gezielten Vergeltungsakte und blieben die Ausnahme. Ihre Artillerie zerschoss die 25 000-Einwohner-Stadt, nachdem zuvor beim Einmarsch ungeklärte Schüsse gefallen waren. Die aufgeschreckten Deutschen glaubten an einen feindlichen Hinterhalt, verfielen in eine Überreaktion, wodurch alles außer Kontrolle geriet. Sie zerrten Einheimische aus ihren Häusern und füsilierten sie. Deutsche Soldaten verhängten Repressionsmaßnahmen, steckten das Rathaus in Brand, wobei das Feuer rasch auf die Innenstadt übergriff und eine Spur der Verwüstung hinterließ: Über 400 Gebäude waren am Ende zerstört. Menschen flohen scharenweise aus der Stadt – und das umso mehr, als junge Männer, zum Teil sogar zehnjährige Kinder, verhaftet, als «polnische Schweine und Hunde» beschimpft, auf Waffen durchsucht und rund 500 von ihnen nach Deutschland verschleppt wurden.

Insgesamt spielten sich dramatische Szenen ab mit über 400 toten Zivilisten in einer weitgehend entvölkerten Stadt. Die Übergriffe erinnerten an die grausamen Exzesse deutscher Truppen im belgischen Löwen – mit einem Unterschied: Sie erlangten nicht deren Massenpublizität. Der Waffengang im Osten blieb also in vielerlei Hinsicht ein «vergessener Krieg». Allein die russische Presse nutzte die Vorgänge in Kalisz, um den Deutschen unzivilisiertes Verhalten vorzuwerfen und zugleich das eigene Wüten in Ostpreußen zu relativieren.[13]

Schnell zeichnete sich ab, dass der Krieg in Osteuropa tendenziell ungleich stärker entgrenztes Gewaltpotenzial entfaltete als die Kämpfe an der Westfront. Dort kam der Truppenvormarsch innerhalb kürzester Zeit zum Stehen und endete in einem bis dahin unvorstellbar verlustreichen Stellungskrieg. Die Verhältnisse an der Ostfront mit einer Fläche, die fast das Vierfache des westlichen Kriegsschauplatzes ausmachte, waren dagegen lange durch die Gesetze des Bewegungskriegs geprägt. Dort wurden weit mehr Landstriche verwüstet als in Westeuropa, was vor allem in größerem Ausmaß zivile Opfer forderte.[14]

Wenig bekannt ist zudem, dass die Ostfront zum Experimentierfeld und eigentlichen Ort für den Einsatz von Giftgas avancierte. Dadurch wurden nicht zwingend bestehende Kriegskonventionen verletzt. Dennoch handelte es sich um einen eklatanten Tabubruch, der die letzten Formen ‹ritterlicher Kriegführung› außer Kraft setzte und den deutsch-russischen Waffengang weiter radikalisierte. Erstmals wandten die Deutschen am 31. Januar 1915 während der Schlacht von Bolimów diese neue heimtückische Angriffsmethode an. Die Giftgaswolken näherten sich lautlos und weitgehend unsichtbar den feindlichen Linien. Erst im letzten Moment wurden sie wahrgenommen, als die Menschen bereits unvermittelt zu röcheln und verzweifelt nach Luft zu ringen begannen. Viele russische Soldaten waren darauf nicht vorbereitet, weil sie keine Gasmasken besaßen. Und selbst als Russlands Militärs – freilich verspätet – ins chemische Wettrüsten eintraten, waren die eigenen Truppen häufig nur unzureichend geschützt. Oftmals behalfen sie sich mit geradezu archaischen Mitteln. Soldaten urinierten verzweifelt in ihre Taschentücher und bedeckten damit die Gesichter, um nicht zu erblinden oder schlimmstenfalls zu ersticken.

Wenn die Deutschen bei entsprechenden Witterungsverhältnissen Chemiewaffen gegen die östlichen Stellungen des Gegners einsetzten, kamen ihnen meist die natürlichen Westwinde zugute. In Bolimów zeigte die neue Kriegführung zunächst allerdings noch wenig Wirkung. Denn bei den winterlichen Minustemperaturen verteilte sich das Giftgas nur sehr unzureichend. Erst in den Sommermonaten des Jahres 1915 während der Kämpfe an der durch Zentralpolen fließenden Bzura änderte sich die Situation grundlegend. Nicht zu unterschätzen war überdies der psychologische Effekt des Giftgaskrieges. Allein die Vorstellung, unverhofft einer Kampfgasattacke ausgesetzt zu sein, verbreitete Panik beim russischen Gegner und versetzte ihn in permanente Angstzustände, ganz zu schweigen vom

Schlachtengetümmel selbst: «Es ist nicht vorzustellen», erinnerte sich der spätere deutsch-russische Schriftsteller Fedor Stepun an die geradezu gespenstischen Szenen eines Abwurfs von Gas-Granaten. «Nacht, Finsternis, über den Köpfen Heulen und Dröhnen von Granaten, Sausen und Pfeifen der schweren Sprengstücke. Das Atmen so mühsam, dass man glaubt, jeden Moment ersticken zu müssen ... weiße Gummischädel, quadratische Glasaugen, lange grüne Rüssel. Und das alles im phantastischen roten Aufleuchten der Schüsse und Explosionen. Über allem aber die irrsinnige Angst eines schweren widerlichen Todes [...].»

Zwar lassen sich die russischen Verluste kaum mehr angemessen rekonstruieren. Während der Rückzugswirren aus dem Königreich Polen im Frühjahr und Sommer 1915 blieb keine Zeit, sie exakt zu erfassen. Doch Schätzungen zufolge hatten die zarischen Armeen mit rund einer halben Million Mann die meisten Gaskriegsopfer des Ersten Weltkriegs zu beklagen. Die wenigsten von ihnen starben, die Mehrheit trug aber schwere Kriegsverletzungen davon. Dass nicht Bolimów, sondern das westflandrische Ypern, wo die deutsche Armee erstmals am 22. April 1915 chemische Kampfstoffe einsetzte, schließlich zum Symbol des Gaskrieges wurde, zeigt einmal mehr, wie sehr europäisches Erinnern an die Weltkriegsschrecken vornehmlich durch das Kampfgeschehen an der Westfront geprägt ist.[15]

Der Grabenkrieg im Westen war überwiegend beherrscht durch den Einsatz modernster Artillerie. Zu direkter Feindberührung kam es immer nur dann, wenn wieder einmal der Versuch unternommen wurde, die gegnerischen Stellungen im Frontalangriff zu durchbrechen. Auf dem deutsch-russischen Kriegsschauplatz dagegen bestimmten der Bajonettnahkampf von Mann zu Mann, Kavallerie- und Infanterieattacken den Frontalltag und nicht gigantische Materialschlachten wie in Frankreich oder Belgien. Und das wiederum trug nicht nur erheblich zur Brutalisierung des Ostkrieges, sondern auch zur Verrohung der dort kämpfenden Soldaten bei. Dabei hatten vor allem die Russen mit etwa 1,15 Millionen Mann gegenüber rund 317 000 gefallenen Deutschen einen besonders hohen Blutzoll zu entrichten.

Die Ursachen hierfür waren größtenteils hausgemacht. Sie gingen meist auf die eigene Militärelite zurück, die immer wieder mit Selbstzweifeln, wenn nicht gar ängstlich auf das anscheinend unbesiegbare Deutschland blickte. Aristokratische Offiziere und Günstlinge des Zaren, die oftmals nur wegen ihres Standes, weniger hingegen aufgrund soldatischer Fähigkeiten mit einem Truppenkommando betraut worden waren, führten den Kampf im Geiste des 19. Jahrhunderts. Da ihnen der Sinn für moderne Kriegführung fehlte, verheizten sie ihr Bauernheer zu Tausenden. Sie trieben es in offene Feldschlachten, ließen es rücksichtslos gegen deutsche Artilleriestellungen anstürmen und empfanden es als unwürdig, die eigene Armee durch technisch versierten Stellungsbau vor gegnerischem Beschuss professionell zu schützen. Ein Menschenleben, zumal das eines einfachen *Muschiks*, zählte in ihren Augen nicht allzu viel.[16]

Spätestens als die Deutschen die russischen Truppen auf eigenes Territorium zurückgedrängt und bis Herbst 1915 mit Polen, Litauen, Kurland und der westlichen Ukraine ein Gebiet so groß wie Frankreich besetzt hatten, holte die Brutalität des Frontalltags die Untertanen des Zarenreichs ein. Für sie brachte der Rückzug der zarischen Streitkräfte eine Flut an Zerstörungen, die nicht unbedingt das Ergebnis unmittelbarer Kampfhandlungen waren. Die russische Armee legte vielmehr selbst Hand an, weil sie – aus der Erfahrung während des Vaterländischen Krieges gegen Napoleon im Jahre 1812 – dem Gegner lediglich «verbrannte Erde» hinterlassen wollte. Sie fackelte eigene Städte und Dörfer ab, vernichtete die bäuerliche Infrastruktur und ganze Ernten, verschleppte oder tötete das Vieh. Die siegreichen deutschen Truppen blickten immer wieder erschüttert auf das Ausmaß an Verwüstung, das sie vorfanden.

Eine gesamte Region drohte im Chaos zu versinken, zumal mit dem militärischen Rückzug nicht nur eine Fluchtbewegung, sondern zugleich eine große, pogromartige Deportationswelle einsetzte. Betroffen davon waren vornehmlich eigene Staatsbürger mit deutschen und jüdischen Wurzeln. Sie wurden systematisch schikaniert, in einem fast schon wahnhaften Anflug militärischen Sicherheitsdenkens allesamt als potenzielle Kollaborateure stigmatisiert und erbarmungslos Hunderte von Kilometern nach Osten ins Innere des russischen Imperiums verschleppt. Selbst vor Massakern schreckten die Behörden nicht zurück in der fälschlichen Annahme, darüber die Loyalität ihrer fremdnationalen Zivilbevölkerung zu erzwingen.

Die Militärs verfielen geradezu in eine Mobilisierungsdiktatur. Überall witterten sie Feinde, Spione und unzuverlässige ethnische Minderheiten, die unbedingt entfernt werden mussten. Über 250000 Menschen, meist Wolhyniendeutsche aus den westlichen Grenzregionen, aber auch Weichseldeutsche aus dem Königreich Polen waren davon betroffen. Die Zahl deportierter Juden lag mit 500000 bis 600000 Personen noch ungleich höher. Etwa eine Million Menschen wurden während des Ersten Weltkrieges insgesamt Opfer dieser speziellen Form von Zwangsmigration – der größten in Europa. Rechnet man noch bis Ende 1915 wenigstens 3,3 Millionen reguläre Flüchtlinge hinzu, deren Zahl bis November 1917 auf rund sieben Millionen anstieg, dann setzte dieser Massenexodus wahrlich «ein ganzes Imperium in Bewegung». Dazu kamen Versorgungsengpässe und Hungersnöte, die das Los der Entwurzelten weiter verschärften – ganz zu schweigen von den rund eine Million russischen Zivilisten, die infolge der Kriegsereignisse starben.[17]

Zu den weniger bekannten Kapiteln der Gewaltgeschichte auf dem östlichen Kriegsschauplatz gehörte das Schicksal der deutsch-russischen Kriegsgefangenen. Beide Staaten waren auf diese Problematik wenig vorbereitet und zumindest anfänglich hoffnungslos mit dieser Aufgabe überfordert. Vor allem Deutschland hatte binnen kürzester Frist ein Riesenheer russischer Gefangener zu versorgen. Bis Kriegsende befanden sich mit 1,4 Millionen Russen rund 56 Prozent aller feindlichen Internierten in deutschem Gewahrsam. In russische Kriegsgefangenschaft gelangten 170000 Deutsche und etwa zwei Millionen Habsburger Armeeangehörige.

In der Kriegsgefangenenfrage hielt sich die Reichsleitung im Rahmen ihrer Möglichkeiten weitgehend an die Bestimmungen der Haager Landkriegsordnung. Die russische Seite separierte hingegen von Anfang an deutsche, österreichische und ungarische von slawischen Mitgefangenen. Vor allem reichsdeutsche Kombattanten erlebten stärkste Diskriminierungen und waren deutlich schlechter gestellt. Die «Hunnen», wie man sie gemeinhin verächtlich nannte, endeten – anders als die privilegierten slawischen Gefangenen, die im europäischen Teil Russlands untergebracht wurden – normalerweise in sibirischen Arbeitslagern. Vom Wachpersonal schikaniert und schlecht mit Lebensmitteln versorgt, fristeten sie unter widrigsten Witterungsverhältnissen und oft nur unzureichend medizinisch betreut, ein jämmerliches Dasein. Häufig mussten sie noch zuvor weite Strecken zu Fuß zurücklegen, weil Transportkapazitäten fehlten. Physisch ausgezehrt erreichten viele von ihnen erst nach Wochen die allgemeinen Sammellager, um von dort aus weiter verteilt zu werden. Es überrascht daher wenig, dass ihre Sterberate mit 20 bis 30 Prozent auffallend hoch war. Allein beim Bau der Murman-Bahn kamen von den im nördlichen Polarkreis eingesetzten 75 000 kriegsgefangenen Zwangsarbeitern vermutlich 25 000 Menschen infolge der schlechten Lebensbedingungen um. Davon abgesehen handelte es sich um einen eklatanten Verstoß gegen das Kriegsvölkerrecht, weil hier gegnerische Soldaten zweckentfremdet für militärische Zwecke eingespannt wurden.

Im Gegensatz dazu überlebten mit etwa 95 Prozent deutlich mehr russische Kriegsgefangene im deutschen Kaiserreich. Auch sie verbrachten zumindest die ersten Monate ihrer Gefangenschaft in improvisierten Verhältnissen und waren vom Wohlwollen der Wachmannschaften abhängig. Wo es daran mangelte, stieg zwangsläufig die Sterblichkeitsrate, so etwa im Lager Czersk in Pommern.

Zwar muteten die Deutschen den Russen zunächst eher minderwertige Quartiere in Zelten oder Erdbunkern zu. Generell waren sie aber bemüht, die Gefangenen aller Feindnationen annähernd gleich zu behandeln. Wenn sich dennoch im Verlauf des Krieges bei der Nahrungsmittelversorgung russische gegenüber ihren westlichen Mitgefangenen zurückgesetzt fühlten, war dies – anders als etwa im Zweiten Weltkrieg an der Ostfront – kein gezielter Akt deutscher

Inhumanität. Noch viel weniger lag dem ein rassistisch motivierter Vernichtungswille zugrunde. Die Reichsregierung sah sich wegen der anhaltenden Seeblockade der Entente-Mächte vielmehr nicht mal in der Lage, die eigene Zivilbevölkerung ausreichend vor Hunger zu schützen. Unter solchen Bedingungen konnten Russen kaum Besseres erwarten. Französische, englische oder amerikanische Gefangene lebten allein deswegen komfortabler, weil ihre Heimatländer sie regelmäßig über das Internationale Rote Kreuz mit Geld- und Hilfslieferungen bedachten. Die zarische Regierung betrachtete dagegen russische Kriegsgefangene in deutschem Gewahrsam als verlorene Seelen. Und nicht zuletzt deshalb brachte sie für deren Schicksal insgesamt nur sehr wenig Interesse auf.[18]

Leben unter deutscher Besatzung

Spätestens nach der Winterschlacht an den Masurischen Seen im Februar 1915 drangen die deutschen Truppen auf breiter Front in Russlands multiethnisches Imperium ein. Damit fiel ihnen zugleich die Rolle einer Besatzungsmacht zu. Im Gegensatz zum Überfall auf die UdSSR am 22. Juni 1941 waren sie 27 Jahre zuvor auf diese Aufgabe aber nur sehr unzureichend vorbereitet, was allzu oft Improvisation erzwang.

Am 24. August 1915 errichteten sie das Generalgouvernement Warschau. Es umfasste in weiten Teilen das nordöstliche Kongresspolen und unterstand einer Zivilverwaltung, geleitet von dem äußerst umsichtig agierenden General Hans von Beseler. Ab November 1916 bildete es gemeinsam mit dem unter österreich-ungarischer Aufsicht stehenden Generalgouvernement Lublin die territoriale Grundlage für das Königreich Polen – ein gegen Russland gerichteter Pufferstaat, der bis Kriegsende von den Mittelmächten kontrolliert und gelenkt wurde.

Gänzlich anders waren die Verhältnisse in ‹Ober Ost›. Es erstreckte sich auf den russischen Nordwesten und bestand im Wesentlichen aus dem Baltikum sowie weißrussischen Gebieten. General Ludendorff unterwarf die gesamte Region allein dem Diktat und den Interessen seiner Armee. Eigens für diese Zwecke schuf er zwischen 1915 und 1918 einen «Militärstaat», der Zivilbeamten oder gar Inspekteuren der Reichsregierung weitgehend verschlossen blieb.[19]

Die neuen Machthaber verfolgten zweifellos ein rigides Besatzungsregime. In bis dahin ungekanntem Ausmaß zielten sie angesichts der angespannten Versorgungslage an der Heimatfront auf die wirtschaftliche Ausbeutung der eroberten Territorien. Dies allerdings war keine deutsche Besonderheit. Auch die österreich-ungarische Herrschaftspraxis im Osten oder die russische Okkupation von 1914/15 im Generalgouvernement Galizien und in der Bukowina verlief in dieser Hinsicht alles andere als zurückhaltend.

Insgesamt waren die Lebensbedingungen für die Zivilbevölkerung in ‹Ober Ost› ungleich härter als im weiter westlich gelegenen Generalgouvernement Warschau. Die Deutschen requirierten ganze Ernten und Viehbestände. Sie rekrutierten Zivilisten für Arbeitseinsätze vor Ort, etwa zum Bau oder zur Reparatur von Straßen. Das war nicht unbedingt mit Repression verbunden oder gar ein Bruch des Kriegsvölkerrechts. Denn Besatzungsmächte durften sehr wohl in begrenztem Umfang die gegnerische Zivilbevölkerung für Dienstleistungen heranziehen.[20]

Gleichwohl verordnete insbesondere General Erich Ludendorff seiner Musterkolonie ein spezielles Arbeitssystem, das sich schnell radikalisierte. Spätestens ab 1916 ließ er kurzerhand sogenannte Zivil-Arbeiter-Bataillone ausheben. Am Ende waren rund 10 000 Personen davon betroffen, die – in Lager zusammengefasst – Zwangsarbeit leisten mussten. Selbst wenn derartige Maßnahmen gegen die Haager Landkriegsordnung verstießen: Zwangsarbeit in ‹Ober Ost› war zu keinem Zeitpunkt qualitativ oder quantitativ mit der Sklavenarbeit gleichzusetzen, die dort knapp drei Jahrzehnte später nationalsozialistische Gesinnungstäter in Vernichtungsabsicht tagtäglich praktizierten.

Anders als etwa in Nordfrankreich oder Belgien führten die kaiserlichen Besatzungsverwaltungen im Osten auch keine massenhaften Zwangsdeportationen von Arbeitskräften nach Deutschland durch. Arbeiter sollten vielmehr freiwillig angeworben werden, wobei Freiwilligkeit unter den Bedingungen eines Besatzungsregimes mitunter großzügig interpretiert wurde. Dennoch wurden allein aus dem Generalgouvernement Warschau bis 240 000, aus ‹Ober Ost› dagegen lediglich 24 000 Personen ins Kaiserreich vermittelt. All dies entsprach nicht annähernd den Umständen, geschweige denn dem Ausmaß, unter denen in den 1940er Jahren auf dem östlichen Kriegsschauplatz fremde Arbeitskraft mit brutalsten Methoden zwangsmobilisiert wurde.[21]

Bevor die einstigen Gebiete des zarischen Imperiums erobert waren und in zwei deutschen Besatzungsgebieten aufgingen, blieb die Zivilbevölkerung während der letzten Kampfhandlungen nicht gänzlich von Übergriffen der vorrückenden Frontverbände verschont.[22] Doch ein zweites Kalisz wie noch im August 1914 mit exzessiven Gräueltaten, mutwilligen Zerstörungen oder systematischen Brandschatzungen ereignete sich nicht.

Je tiefer aber die kaiserlichen Armeen in den Osten eindrangen, desto fremder wurden ihnen die Lebenswelten, die sie nun fern der Heimat vorfanden. Nicht wenige Soldaten empfanden sie als Kulturschock. Als sie die russische Grenze überschritten, stießen sie auf riesige, fast endlos erscheinende Urwälder, an die sich fast undurchdringliche Sumpflandschaften anschlossen. Gleichzeitig hatten sie sich gegen extreme Witterungsverhältnisse zu behaupten. Und wenn sie in der Weite des Raumes auf Siedlungen trafen, waren es meist weniger Städte, sondern Dörfer oder ärmliche Hüttenansammlungen. Dort lebte ein fremd anmutendes buntes Vielvölkergemisch, das sich in einem Sprachengewirr verständigte, dessen Elemente für Deutsche kaum zu identifizieren waren.[23] «Wenn man mir gesagt hätte, ich befände mich in Afrika in einem Negerdorf: ich hätte mich wahrscheinlich nicht gewundert», fasste ein deutscher Soldat in zeitgenössischer Denkweise seine ersten unmittelbaren Eindrücke zusammen.[24]

Die Bevölkerung wurde von den Besatzern oft als «stumpfsinnig», mit Neigung «zur Trunksucht und zur Grausamkeit», zur «Bestech-

Hoflieferant des Zaren: Die 1851 von dem Deutschen Ferdinand Theodor von Einem in Moskau gegründete Süßwarenfirma zählt zu den besten Feinbäckereien Russlands (Werbeprospekt, 1913).

Zwei-Kaiser-Treffen: Nikolaus II. und Wilhelm II. vor der Ostseeinsel Björkö (1905).

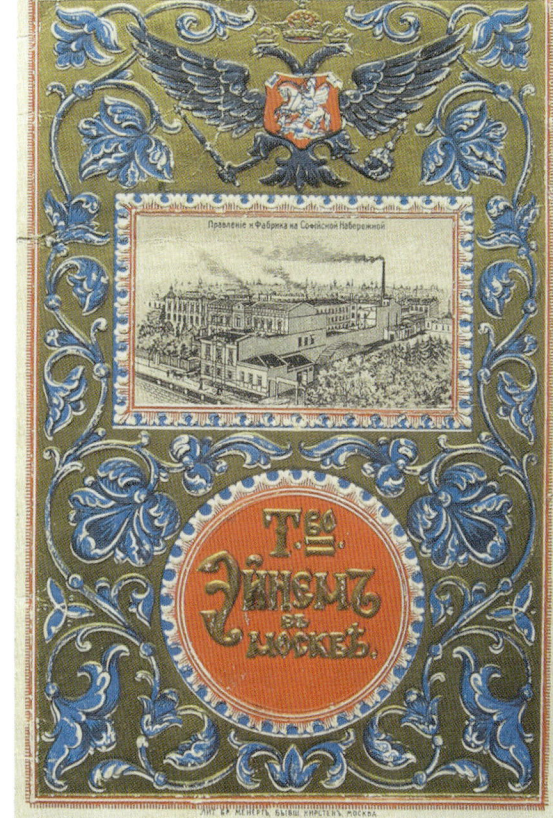

Ruhe vor dem Sturm: Vor Ausbruch des Ersten Weltkrieges stehen sich russische Kavalleristen und deutsche Zivilisten am Grenzflüsschen Prosna friedlich gegenüber (1914).

Gaskrieg im Osten: Deutsche Soldaten auf dem Weg zur Front (1915/16).

Besatzungsalltag an der Ostfront: Verhör eines verdächtigen Bauern durch deutsche Soldaten (1916).

Auftakt für die Oktoberrevolution: Fritz Platten berichtet über Lenins Reise durch Deutschland nach Petrograd (1924).

«Vorwärts! Für die Weltrevolution! Vorwärts! Zum Kampf gegen Kapitalismus!»,
sowjetisches Plakat von M. Babitschenko (1930).

Friedensverhandlungen in Brest-Litowsk: Wiederankunft der russischen Delegation
im deutschen Hauptquartier. Deutsche Offiziere empfangen Leo Trozki (M.) und begrüßen
Lew Kamenew und Adam Joffe, die aus dem Zug steigen (v. l. n. r., Februar 1918).

Vertrag von Rapallo: Deutschland und Sowjetrussland nehmen diplomatische Beziehungen auf, (v. l. n. r.) Reichskanzler Wirth (2. v. l.) mit den sowjetischen Unterhändlern Krassin, Tschitscherin und Joffe (April 1922).

Wirtschaftskooperation: Das Hamburger Schiff «Odin» liefert u. a. Lokomotiven an Sowjetrussland, das während der zwanziger Jahre zu einem der wichtigsten Handelspartner Deutschlands wurde.

Revolutionäre Avantgarde: «Erste Russische Kunstausstellung» in der Berliner Galerie Van Diemen, v.l.n.r.: die Organisatoren David Sterenberg, Nathan Altmann, Naum Gabo und Friedrich Lutz, der Direktor der Galerie (1922).

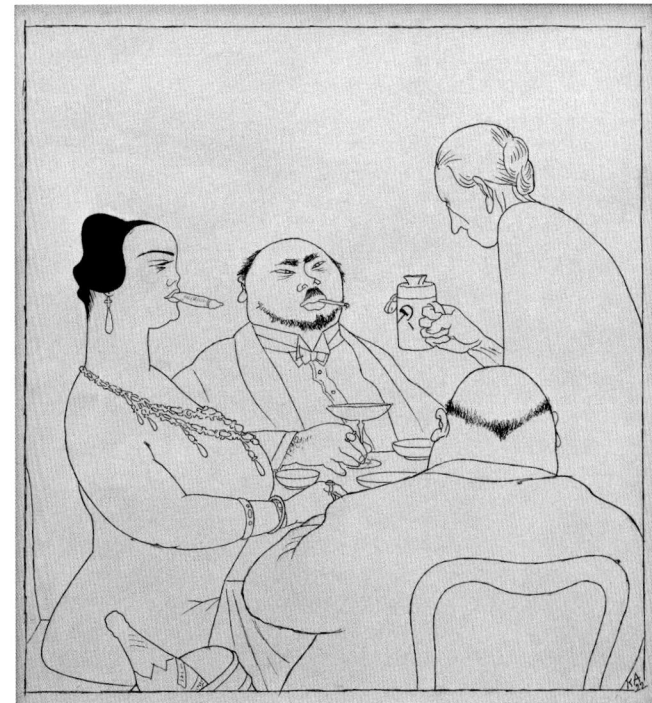

Karikatur über wohlhabende Exil-Russen in Berlin: «Im Schlemmerlokal am Neppski-Prospekt. ‹Bitte eine Kleinigkeit für die hungernden Kinder in Russland!› – ‹Danke, wir sind selber Russen.›» (Zeichnung von Karl Arnold, 1922)

«Charlottengrad»: russische Emigration in Berlin, deutsch-russisches Restaurant «Tary Bary» in der Nürnberger Straße (1924).

Konspirative Zusammenarbeit: Fokker D. XIII vor einem Hangar des Reichswehrflugzentrums im sowjetischen Lipezk. Die Reichswehr unterhält ab 1925 ein geheimes Flugzentrum, um Piloten auszubilden und Flugzeuge zu testen.

Hitler-Stalin-Pakt: Hitler und Stalin begrüßen sich freundlich auf dem Schlachtfeld, Hitler: «Der Abschaum der Menschheit, wenn ich nicht irre?», Stalin: «Der blutige Mörder der Arbeiterklasse, wie ich annehme?» (Karikatur von David Low, 1939).

Konzert der Schwarzmeer-Kosaken: Während der Zeit des Hitler-Stalin-Paktes treten sogar sowjetische Chöre im Deutschen Reich auf. Hier geben die Schwarzmeer-Kosaken ihr erstes Konzert in Berlin (1940).

Spur der Zerstörung: Deutsche Truppen besetzen auf dem Weg nach Moskau die sowjetische Stadt Witebsk (28.8.1941).

Ostfront: Deportation sowjetischer Kriegsgefangener von Minsk nach Westen (1941).

SS-Vernichtungskrieg: Sowjetische Kriegsgefangene beseitigen die Spuren des deutschen Massakers an über 30 000 Juden in der Schlucht von Babij Jar am Stadtrand von Kiew (29./30. 9. 1941).

Belagerung von Leningrad: ausgebrannte Fassade des Peterhofes. Vor den Kaskaden ist der Samson-Brunnen zu sehen. Die Hauptfigur des Samson ist seit dieser Zeit verschollen (1942).

Durchhalteparolen: «Sieg oder Bolschewismus», nationalsozialistisches Propagandaplakat (1943)

lichkeit und Verlogenheit» charakterisiert.²⁵ Das jedenfalls hatte sich in ihren Köpfen festgesetzt und schien die sowieso gehegten Vorurteile vom «barbarischen Osten» vollauf zu bestätigen. Das galt umso mehr, als sich die Infrastruktur, die sie insbesondere in ‹Ober Ost› vorfanden, rückständig und – ungeachtet der Kriegszerstörungen – in einem insgesamt traurigen Zustand befand: Straßen waren meist nicht nur unbefestigt und schmutzig, sondern auch die Wohnverhältnisse elend und unhygienisch, was Krankheit und Epidemien nach sich zog, die die neuen Herren so nicht mehr kannten.²⁶

Angesichts solcher Wahrnehmungen fühlten sich viele deutsche Besatzungssoldaten der alteingesessenen Bevölkerung zivilisatorisch überlegen. Es überrascht daher wenig, wenn sie sich nicht nur als wirtschaftliche Ausbeuter gerierten, die mit aller Härte Arbeitskräfte rekrutierten, Güter beschlagnahmten oder requirierte Lebensmittel in ihre Heimat schafften, sondern sich zugleich auch als Kulturträger empfanden. Ganz im Geiste der ihnen ohnehin vertrauten kolonialen Mission mühten sie sich fortan, das moderne Europa und die zivilisatorischen Errungenschaften des Abendlandes in den Osten zu bringen: So wurden etwa Zwangsimpfungen angeordnet, Hygienestandards verbessert, deutsche Verwaltungs- und Ordnungsprinzipien eingeführt oder neue Infrastrukturen errichtet. Im Generalgouvernement Warschau wurde beispielsweise nachdrücklich begrüßt, dass die Deutschen dort – freilich in der Hoffnung, darüber die Polen als Verbündete gegen die russische Autokratie zu mobilisieren – auf eine aufgeschlossene, an polnischen nationalen Interessen orientierte Bildungs- und Kulturpolitik hinwirkten, die sich deutlich vom Russifizierungskurs der vormaligen zarischen Machthaber unterschied: Im November 1915 eröffneten sie wieder die beiden Warschauer Universitäten und das Polytechnikum, mehr noch: Sie billigten Polnisch als Unterrichtssprache.²⁷

Besatzungsalltag im Generalgouvernement Warschau und in ‹Ober Ost› hieß zugleich aber auch, dass Deutsche in einem ungewohnten Ausmaß traditionellen Ostjuden begegneten, die ihnen bis dahin weitgehend fremd waren. Natürlich regten sich dabei antisemitische Ressentiments. Offiziere erschienen hier wesentlich vorurteilsbehafteter als gemeine Soldaten. Doch wurde ihr Antisemitismus vornehmlich durch die Fremd- und Andersartigkeit, nicht aber durch rassistische Grundüberzeugungen und Hassideologien gespeist, die auf Vernichtung zielten. Hier bestand ein ganz eklatanter Unterschied zur späteren nationalsozialistischen Lebensraumpolitik in Osteuropa.

Überhaupt zeigte sich schnell, wie sehr gerade die Kontakte zur ostjüdischen Bevölkerung es den Deutschen ermöglichten, sich in den neuen Besatzungsgebieten zurechtzufinden. Denn die jiddische Sprache erleichterte die Kommunikation. Vor allem jüdische Kaufleute wurden so zu einer Art Bundesgenossen, weil sie als kulturelle Mittler zwischen Okkupanten und den übrigen nationalen Minderheiten wirkten. Juden kooperierten und handelten zudem mit den neuen Machthabern und erwiesen sich meist als sehr freundliche Gastgeber. Angesichts ständiger Diskriminierungen, denen sie im Zarenreich ausgesetzt waren, hießen sie die Deutschen oftmals als Befreier willkommen, zumal diese erste Schritte zur Gleichstellung eingeleitet hatten. So jedenfalls blieben sie vielen deutschen Besatzungssoldaten in Erinnerung.[28]

Zur kollektiven Erinnerung des ansonsten vergessenen östlichen Kriegsschauplatzes gehört schließlich ein letzter wichtiger Aspekt, der gar nicht genug hervorgehoben werden kann: Anders als Adolf Hitler mit seinem weltanschaulichen Vernichtungsfeldzug verwandelten die Truppen des kaiserlichen Deutschland – ungeachtet aller Kriegswirren – die von ihnen besetzten Territorien des russischen Imperiums zu keinem Zeitpunkt in *Bloodlands*.[29] Deutsche Soldaten führten zwischen 1914 und 1917/18 keinen systematischen und rassenideologisch motivierten Krieg gegen die dortige Zivilbevölkerung. Sie bedrohten auch nicht deren menschliche Existenz und gewährten den lokalen Eliten stets Handlungsspielräume. Massaker gegen wehrlose Nichtkombattanten blieben ein Phänomen der ersten Kriegsphase, symbolisiert vornehmlich durch die leidvollen Ereignisse in Ostpreußen und Kalisz. Natürlich verhängten deutsche Offiziere und Militärrichter in ihren Besatzungsgebieten Todesstrafen. Doch geschah dies selten und nicht zum Zweck kollektiver Bestrafung oder massenhafter Abschreckung. Selbst Anschläge auf Angehörige der Besatzungsmacht wurden in der Regel nicht gewaltsam vergolten. Die Urteile kamen zudem meist erst nach rechtsstaatlichen Verfahren zustande und richteten sich nicht allein gegen die gegnerische Zivilbevölkerung. Eigene Armeeangehörige wurden gleichfalls belangt, sofern sie Zivilisten misshandelt oder Kapitalverbrechen begangen hatten. Deutsche Kriegs- und Besatzungspolitik im Osten Europas fügte sich deshalb weitgehend ein in die gängigen Praktiken aller damaligen kriegführenden Staaten. Und damit war sie weder Auftakt noch Geburtsstunde für das, was der Region drei Jahrzehnte später an exzessiver Gewalt- und Terrorerfahrung bevorstehen sollte.[30]

Vom Weltenbrand zum Bürgerkrieg.
Nährboden für Radikalisierung

«Der Krieg der Giganten ist vorbei, die Kriege der Pygmäen haben begonnen.»[1] Mit dieser – im Ton herablassenden, in der Sache jedoch scharfsinnigen – Beobachtung beschrieben zeitgenössische Vertreter wie etwa der britische Politiker Winston Churchill unmittelbar nach dem Weltenbrand von 1914/18 pointiert eine neue Form und Qualität blutiger Auseinandersetzungen.

Die Beschreibung traf vornehmlich auf weite Teile Osteuropas zu. Sie gehörten zu den bei Kriegsende untergegangenen Vielvölkerimperien Russland, Österreich-Ungarn oder dem Osmanischen Reich, die mit ihrem Verschwinden nicht nur ein Machtvakuum, sondern auch ungeklärte Territorial- und Grenzverhältnisse in einem multiethnisch höchst komplexen Raum hinterließen. Das sollte sich als Problem von immenser Sprengkraft erweisen. Kaum waren aus der Erbmasse der drei Kontinentalimperien, allen voran Russland, eine Reihe höchst fragiler Nachfolgestaaten hervorgegangen, wurden sie zwischen 1917/18 und 1923 von einer bis dahin einzigartigen Welle exzessiver Gewalt erfasst.

Krieg im Frieden

Die neuen Staaten des Ostens drohten im Strudel von Unabhängigkeits- und Bürgerkriegen mit ständig wechselnden Fronten, weltanschaulich dominierten Revolutionen und Gegenrevolutionen, innerethnischen Konflikten und Säuberungen samt antisemitischen Pogromen zu versinken. Ein solches Klima förderte zugleich ein nur schwer kontrollierbares Unwesen von Banditengruppen und Warlords, was das heillose Chaos weiter anheizte. Mehr als vier Millionen Menschen fanden dabei zwischen 1917 und 1923 den Tod – und das nicht nur durch unmittelbare Kampfeinwirkungen, sondern auch durch Hungersnöte und Versorgungsengpässe, die derartige Zeiten zwangsläufig mit sich brachten. Nicht zu vergessen die Spanische Grippe, die auch in diesem Teil des Kontinents wütete. All dies überstieg bei Weitem die Verlustzahlen von Briten, Franzosen und Amerikanern während des gesamten vorangegangenen Weltkrieges.

Hinzu kam, dass überwiegend Zivilisten, weniger hingegen Kombattanten von jenen schicksalsträchtigen Ereignissen der alles andere als gewaltlosen Nachkriegszeit betroffen waren. Sie starben nicht, wie noch wenige Jahre zuvor während der Weltkriegswirren, in gigantischen, hochtechnisierten Materialschlachten oder weil sie etwa zwischen die Fronten regulär kämpfender Streitkräfte geraten wären. Sie fielen nunmehr einem ausgeprägten Paramilitarismus zum Opfer. Dessen Rückgrat bildeten zumeist Söldnergruppen. Sie zeigten sich von ihrer brutalsten Seite, was an die verheerenden Verwüstungen des Dreißigjährigen Krieges erinnerte.[2] Gemessen daran mochte zumindest im Rückblick all jenen Untertanen des einstigen zarischen Imperiums, die bis Weltkriegsende in dem von den Deutschen zusammengefassten Besatzungsgebiet ‹Ober Ost› gelebt hatten, der Alltag unter Ludendorff als eine Zeit sorgloser Stabilität erschienen sein.

Radikalisierung des Krieges in der Ukraine

Spätestens seit Ende 1917 kam es in Osteuropa zu einer Radikalisierung des Kriegsgeschehens. Die Oktoberrevolution der Bolschewiki, deren gewaltsame Bemühungen um politische Konsolidierung und Machtexpansion bildeten gleichsam den Auftakt, die Kriegführung aller bis dahin verbindlichen Normen zu berauben.[3] Lenin betrachtete Krieg und Terror als legitime Machtmittel, seine Ideologie des schonungslosen Klassenkampfes und der Weltrevolution, die allen anderen Gesellschaftsordnungen und Wertvorstellungen kategorisch das Existenzrecht aberkannte und diese ohnehin bald auf dem legendären «Kehrrichthaufen der Geschichte» (Trotzki) wähnte, musste zwangsläufig auf der Gegenseite nicht minder radikale Reaktionen provozieren.

In dieser Situation traten die Deutschen auf den Plan. Sie hatten nicht nur seinerzeit den Berufsrevolutionär Lenin ins aufständische Petrograd expediert. Da sie zugleich die Szenerie auf dem östlichen Kriegsschauplatz dominierten, wurden sie über das Ende des Ersten Weltkriegs hinaus mit ihren regulären Truppen in das von den Bolschewiki entfachte Gewaltszenario des russischen Bürgerkriegs unweigerlich hineingezogen. Die von Winston Churchill 1918/19 für große Teile Osteuropas beschriebenen «Pygmäen-Kriege» sollten hier ihren eigentlichen Ausgang nehmen.

Die Ukraine avancierte zum ersten Ort, an dem die sich widersprechenden Interessen von Bolschewiki und deutscher Militärführung direkt aufeinanderprallten. Für die Deutschen war dabei überaus ernüchternd, wie es die junge Sowjetmacht in Petrograd mit dem Waffenstillstand hielt, den sie nur wenige Wochen nach dem Oktoberumsturz mit den Mittelmächten vereinbart hatte. So hatte ihre revolutionäre Rote Arbeiter-und-Bauern-Armee die Gunst der Stunde genutzt, um ins ostukrainische Charkiw einzufallen und sogleich eine gesamtukrainische Sowjetregierung zu etablieren. Die militärischen Verbände der Bolschewiki rückten von da aus weiter auf Kiew vor, um die dortigen Vertreter der Ukrainischen Volksrepublik zu stürzen. Denn diese hatten sich am 12. Januar 1918 von Sowjet-Russland losgesagt, für unabhängig erklärt und angesichts der herannahenden Bolschewiki über einen Separatfrieden mit den Deutschen am 27. Januar 1918 diplomatische Anerkennung durch die Mittelmächte erlangt. Zugleich war vereinbart worden, im Gegenzug für umfangreiche Getreidelieferungen vom Deutschen Reich militärischen Beistand gegen die in Kiew einmarschierte Rote Armee zu erhalten. Daraufhin besetzten die Truppen des kaiserlichen Ostheeres weite Teile des Landes mit dem Auftrag, die Bolschewiki zu vertreiben. Zugleich sollten sie die wichtigen Rohstoff- und Nahrungsmittellieferungen für die deutsche Heimatfront sicherstellen, wobei sie sich weniger als Schutzmacht, sondern eher als Kolonialherren gerierten. All dies ereignete sich genau in dem Moment, als Lenins Unterhändler im Hauptquartier der Mittelmächte in Brest-Litowsk um einen Friedensvertrag rangen.[4]

Die für den antibolschewistischen Feldzug in der Ukraine verantwortliche deutsche Heeresgruppe schrieb sich selbst die Rolle des Befreiers zu. Nicht die ukrainische oder gar russische Bevölkerung erklärte sie zum Gegner. Der Kampf galt allein den bewaffneten Bolschewiki und deren Verbündeten. Diese stützten sich auf einen bunten Haufen militärisch halb gebildeter Sektierer, darunter demobilisierte zarische Offiziere, die mit Lenins Partei sympathisierten, und auf vornehmlich linke Industriearbeiterkreise. Auch Mitglieder der ukrainischen kommunistischen Partei, die sich im April 1918 gegründet und der russischen KP unterstellt hatte, schlossen sich ihr bald an. Es fehlte allein an nachhaltigem Rückhalt aus dem Kreis der Bauern.

Als sich im Frühjahr 1918 die Kämpfe verschärften, ließ dies insbesondere die deutsche Militärführung nicht unbeeindruckt. Immer klarer erkannten die kaiserlichen Truppen, mit welch zügelloser Gewalt die auf Machterhalt bedachten bolschewistischen Kampfverbände auf dem südrussischen Territorium wüteten. Bevorzugt richtete sich ihr Terror gegen einstige Offiziere der zarischen Armee und Aristokraten. Viele von ihnen wurden als Vertreter des alten Regimes in aufsehenerregenden Massenexekutionen demonstrativ hingerichtet, allein im März 1918 waren es zwischen 900 und 3000 Personen. Da sich die Rotarmisten vornehmlich aus dem Land heraus versorgten, bestimmten rücksichtslose Zwangsrequirierungen ihr Gebaren gegenüber der ländlichen Bevölkerung. Deutsche Kolonisten und vermögende Bauern waren hier bevorzugte Ziele. Die marodierenden Bolschewiki erwiesen sich ihnen gegenüber als besonders erbarmungslos, weil die Plünderungen und Brandschatzungen zugleich verhasste Klassenfeinde trafen.

Als solche betrachteten sie auch deutsche Kriegsgefangene, die in ihre Hände gefallen waren. In dieser Logik fiel es ihnen nicht allzu schwer, die Konventionen des Kriegsvölkerrechts konsequent auszublenden. Es handelte sich für sie dabei ohnehin nur um Vorschriften und Normen einer Gesellschaftsordnung, mit der sie bereits innerlich abgeschlossen hatten. Und so überrascht es wenig, wenn gefangene deutsche Kombattanten keine Gesten der Humanität oder gar die Einhaltung von völkerrechtlichen Prinzipien erwarten konnten, sondern kurzerhand von den Bolschewiki getötet wurden.

Die entgrenzte Kriegführung sollte sich schnell auf das Verhalten der kämpfenden deutschen Truppen übertragen. Seit März 1918 konnten sie sich dabei auf einen Befehl ihrer Militärführung stützen, wonach «organisierte Bolschewiki» in der Ukraine unverzüglich hinzurichten waren. Der Gegner wurde nunmehr förmlich zum Todfeind erklärt, als der er angesichts der bolschewistischen Gräueltaten und Massaker, mit denen deutsche Soldaten tagtäglich konfrontiert worden waren, auch gesehen wurde. Fortan reagierten sie auf den roten Terror zunehmend mit Gegenterror, was zwangsläufig die Verrohung der eigenen Truppe beflügelte.[5]

Seit Ende März 1918 gingen sie in diesem Sinne gegen Aufständische in der Küstenstadt Nikolajew vor. «Jeder Mann, der mit der Waffe in der Hand angetroffen wird, ist ohne weiteres zu erschießen. Verhaftungen mit nachfolgenden kriegsgerichtlichen Verfahren werden nur als Schwäche ausgelegt», lautete am 4. April die Anweisung für die dort operierende Bayerische Kavallerie-Division.[6]

Wie weit sich die deutschen Militärs inzwischen der Gewaltkultur ihrer Gegner angepasst hatten, stellten sie spätestens am 12. Juni 1918 auf unrühmlichste Weise unter Beweis. An jenem Tag verübte die 52. Württembergische Landwehrbrigade auf Befehl ihres Kommandeurs, Oberst Arthus Bopp, in Taganrog ein bis dahin einzigartiges Kriegsverbrechen: Bereits während vorangegangener Kämpfe gegen rund 10 000 Bolschewiki an der Mius-Mündung folgten die deutschen Soldaten der Parole, keine Gefangenen zu machen. Ebenso wenig wurden die letzten 2000 überlebenden Rotarmisten verschont. Bopp ordnete die aus seiner Sicht einzig konsequente Maßnahme an, die da lautete: allesamt zu exekutieren.[7]

Das Ganze gewann schnell an Eigendynamik und drohte außer Kontrolle zu geraten: Am Ende, selbst nach Vertreibung der Bolschewiki, waren auch die übrige ukrainische und russische Bevölkerung nicht mehr vor harten Übergriffen der deutschen Truppen sicher, obwohl diese – freilich nicht selbstlos – ihre angebliche Befreiungsmission damit gerechtfertigt hatten, die Ukraine befrieden und dort geordnete Verhältnisse etablieren zu wollen. Das wiederum, aber auch die zunehmende ökonomische Ausbeutung des Landes steigerten die Unzufriedenheit der Ukrainer und dort lebenden Russen gegenüber den deutschen Besatzern. Die Unruhen, die daraufhin entbrannten, waren alles andere als bolschewistisch motiviert. Mitunter ließen sich bis zu 80 000 Menschen aus dem überwiegend bäuerlichen Milieu mobilisieren. Und dennoch konnten sie gegenüber den meist überlegenen deutschen Streitkräften, die sie schonungslos niederkartätschten, wenig bewirken. Die Militärs befehdeten ganze Aufstandsregionen und fackelten dabei aus Gründen der Abschreckung widerspenstige Ortschaften rücksichtslos ab. Schließlich verhafteten sie zahlreiche unliebsame ukrainische politische Aktivisten und Intellektuelle. Manche von ihnen wurden in speziellen Konzentrationslagern interniert,[8] die indes nicht als Vorläufer der späteren NS-Vernichtungslager gelten können. Die Begegnungen mit den verhassten Deutschen jedenfalls sollten der dortigen Zivilbevölkerung noch lange Zeit in bitterer Erinnerung bleiben.

Tückischer Frieden

Das Waffenstillstandsabkommen zwischen dem Deutschen Reich und den Mächten der Entente am 11. November 1918 im nordfranzösischen Compiègne bewirkte zumindest an der Westfront ein sofortiges Ende des seit über vier Jahren tobenden Krieges. In weiten Teilen Osteuropas, besonders in den Westprovinzen des einstigen Zarenreiches, flammten dagegen erneut die Kämpfe auf. Vor allem das Baltikum wurde zum Schauplatz gewaltsamer Auseinandersetzungen, zu denen Russen und Deutsche nicht unerheblich beigetragen hatten. In vielerlei Hinsicht wurden diese Entwicklungen durch den gut acht Monate zuvor abgeschlossenen Friedensvertrag von Brest-Litowsk begünstigt. Denn am 3. März 1918 mussten sich die neuen bolschewistischen Machthaber in Petrograd einem zwischen zwei ungleichen Partnern ausgehandelten Diktat mit erheblichen Gebietsverlusten beugen. Die baltischen Territorien – und damit Russlands früheres Tor zum Westen – befanden sich von da an vollständig unter deutscher Kontrolle.

Die Bemühungen der Obersten Heeresleitung, dort nun mit eigens aus Deutschland importierten Fürsten Vasallenstaaten zu errichten, verliefen indes allesamt erfolglos und zeugten von einem eher tückischen Frieden. Allein die Deutschbalten profitierten vorübergehend von solch imperialen Ambitionen. Die nicht deutschstämmige Bevölkerung erlebte den Herrschaftswechsel dagegen als Fortsetzung der nationalen Unterdrückung. Die zarische Russifizierungspolitik fand zwar nach über zwei Jahrzehnten ein jähes Ende. Doch verhielten sich die neuen deutschen Besatzer nicht weniger repressiv als ihre russischen Vorgänger. Rigorose Zwangsmaßnahmen übten sie etwa gegenüber den Esten aus, indem sie sich 1918 auf eine kompromisslose Sprachenpolitik verlegten: Deutsch löste fortan das obligatorische Russisch als offizielle Verkehrssprache ab. Zeitungen und Druckerzeugnisse unterlagen folgerichtig einer harten Zensur oder wurden einfach verboten. Nationale Politiker, die sich zu widersetzen suchten, liefen Gefahr, verfolgt und inhaftiert zu werden.

Die deutschen Machthaber nahmen zugleich sämtliche zentralen Führungspositionen im Lande ein. Allenfalls der deutsch-baltischen Minderheit gewährten sie politische Partizipation. Und das wiederum schadete dem gesamtgesellschaftlichen Klima, weil es die ohnehin latent vorhandenen sozialen Spannungen zwischen Angehörigen der Titularnation und Deutschbalten weiter verschärfte. Kaum anders lagen die Verhältnisse in Lettland und Litauen.[9] Insgesamt hatte sich dort also nicht nur große Unzufriedenheit wegen der damaligen politischen Verhältnisse breitgemacht, sondern auch ein immenses Aggressionspotenzial angestaut. Es bedurfte lediglich eines Funkens von außen, um die Lunte des Pulverfasses anzuzünden.

Einen solchen Funken lieferte nicht zuletzt der Waffenstillstandsvertrag von Compiègne, und das gleich in zweifacher Weise: Die kriegsmüden regulären deutschen Truppen im Osten verspürten unter diesen Voraussetzungen nur noch wenig Neigung, auch nur einen

Tag länger als unbedingt erforderlich im Baltikum zu verbleiben, wo sie ohnehin nicht willkommen waren. Gegenüber ihrer Militärführung drängten sie deshalb auf rasche Demobilisierung und Rückführung in die Heimat. Wo es Verzögerung gab, setzten zunehmend demoralisierte Soldaten sich meuternd von ihren Einheiten ab, um eigenständig den Weg nach Deutschland anzutreten.

Die Bolschewiki in Russlands revolutionären Kernlanden erblickten darin sogleich die Gunst der Stunde: Für sie schien der Zeitpunkt gekommen, endgültig die Fesseln abschütteln zu können, die ihnen die Deutschen mit dem demütigenden «Raubfrieden von Brest-Litowsk» ein knappes dreiviertel Jahr zuvor angelegt hatten. Lenin sah sich an das schmachvolle Vertragswerk, das ihn fast das politische Amt gekostet hätte, nicht mehr länger gebunden. Er erklärte es für ungültig und ordnete am 13. November 1918, zwei Tage, nachdem die Kampfhandlungen in Westeuropa offiziell eingestellt worden waren, kurzerhand eine Großoffensive für seine Rote Arbeiter-und-Bauern-Armee an. Die Militäroperation richtete sich gegen die baltischen Grenzregionen. Sie bildete gleichsam den Auftakt für das Sammeln der russischen Erde. Denn der deutsche Zusammenbruch und die zurückweichenden Militärs beflügelten die weltrevolutionäre Selbstüberschätzung und die Hoffnungen der Bolschewiki, all jene Gebiete, die ihnen entrissen worden waren, nunmehr weitgehend widerstandslos zurückerobern zu können.

Schon im Vorfeld hatten sie jede Gelegenheit wahrgenommen, das von den Deutschen besetzte Baltikum zu destabilisieren. Eigens eingeschleuste Agenten infiltrierten nicht nur die dortige Zivilbevölkerung, sie agitierten auch unter den deutschen Soldaten. Nun aber suchte die Sowjetmacht das Kriegsglück in offen und schnell ausgeführten Kampfaktionen. Unbeeindruckt von der Tatsache, dass die baltischen Staaten sich soeben unabhängig erklärt hatten, stilisierten sich die Bolschewiki zu Befreiern, die Esten und Letten vom «Joch des deutschen Imperialismus» zu erlösen suchten.[10] Dabei waren sie vorübergehend überaus erfolgreich, zumal sich die im Baltikum stationierte deutsche 8. Armee, die ihnen theoretisch den Weg hätte versperren können, längst in Auflösung befand. Am 29. November 1918 fiel Narva, wo sogleich die estnische Sowjetrepublik ausgerufen wurde. Am 3. Januar 1919 rückten die bolschewistischen Truppen in Riga ein, nachdem bereits Ende Dezember weite Teile Lettlands zurückerobert worden waren. Die noch in Moskau am 14. Dezember 1918 proklamierte lettische Sowjetrepublik kam damit in den Besitz ihrer alten Hauptstadt. Von dort aus setzte Lenins Rote Armee zum Siegeszug nach Litauen an, wo am 8. Januar 1919 Vilnius kapitulierte.

Bolschewistische Abwehrkämpfe

In dieser Situation formierte sich eine ungewöhnliche Militärallianz. Sie trug nicht unerheblich zur weiteren Gewalteskalation bei, die ihren sichtbarsten Ausdruck in den unmittelbar anschließenden Baltikumskämpfen erlebte. Da der scheinbar unaufhaltsame Vormarsch der Bolschewiki in einem revolutionären Flächenbrand zu enden und schlimmstenfalls sogar auf Westeuropa überzugreifen drohte, musste er möglichst wirkungsvoll eingedämmt werden. Briten und Franzosen konnten der Aufgabe kaum nachkommen. Sie selbst waren in der Region mit eigenen Truppen nicht vertreten. Nur so wird verständlich, weshalb den Deutschen mit Rückendeckung der Alliierten eine zumindest vorübergehend zentrale Rolle zufiel. Artikel XII der Waffenstillstandsbedingungen mit der Entente sah vor, den Rückzug ihrer dortigen Kampfverbände so lange auszusetzen, wie es die Westmächte angesichts der unübersichtlichen Lage vor Ort für unbedingt erforderlich hielten.[11]

Kurz darauf hatte die neue politische Führung in Berlin am 24. Dezember 1918 den Litauern finanzielle und militärische Unterstützung zugesagt. Ähnlich verhielt es sich in Lettland, wo fünf Tage später, am 29. Dezember, die lettische Staatsregierung ungeachtet bestehender Ressentiments, die noch auf der Besatzungszeit in ‹Ober Ost› beruhten, mit Deutschland ein Beistandsabkommen samt Waffenhilfe vereinbarte. Den harten Kern des deutschen Militärkontingents bildeten zu diesem Zeitpunkt allerdings längst nicht mehr die regulären Truppen. Bei den verbliebenen Einheiten handelte es sich überwiegend um Freiwillige des einstigen Ostheeres, wie etwa den mit dem *Pour le Mérite* hoch dekorierten Major Josef Bischoff oder dessen späteren Vorgesetzten Generalmajor Graf Rüdiger von der Goltz, der sich bereits in Finnland im bolschewistischen Abwehrkampf profiliert hatte. Sie waren zwar professionelle Militärs, mussten sich mehrheitlich aber auf Freikorpskämpfer stützen, die eigens dafür in Deutschland zu Tausenden angeworben wurden und größtenteils im Februar 1919 in Lettland eintrafen.[12]

Innerhalb kürzester Zeit wuchs die Truppe auf 30 000 bis 40 000 Kämpfer an. Sie verteilten sich mit der sogenannten Eisernen Division, der 1. Garde Reserve-Division und der Baltischen Landwehr auf drei Großverbände. Unter dem Oberkommando des von General von der Goltz geführten VI. Reservekorps zogen sie mit rund 13 000 Letten gegen eine bolschewistische Übermacht von zeitweilig bis zu 80 000 Mann zu Feld.

Die Baltikumer, wie sie sich selbstbewusst nannten, einte eines im Geiste: Sie betrachteten sich stolz als rohe Landsknechte, als Männer der Tat. Enttäuscht über Deutschlands schmachvolle Niederlage im Weltkrieg, oft arbeitslos und auf der Suche nach neuen sinnstiftenden Herausforderungen, lockten nicht nur der feste Sold, sondern zugleich auch die Möglichkeit, im Gegenzug für einen mindestens vierwöchigen Kampfeinsatz gegen die Bolschewiki von der lettischen Regierung Land und Recht auf Ansiedlung offeriert zu bekommen.

Angesichts der Perspektivlosigkeit in Deutschland setzten viele von ihnen auf das Abenteuer im Baltikum, das Ruhm und Kompensation für die lädierte nationale Seele versprach. Und diejenigen (darunter flüchtige Kriminelle), die nach dem Zusammenbruch jeglicher Staatlichkeit im Osten Europas die Gelegenheit erblickten, ihre exzessiven Gewalt- und Rachephantasien an den Roten auszuleben oder gar ausgiebig Beute zu machen, zögerten keinen Moment, dem Ruf dorthin bereitwillig zu folgen. Das galt umso mehr, als ihnen die verhasste Berliner Novemberrevolution von 1918 und der im Januar 1919 in der Reichshauptstadt gescheiterte Spartakus-Aufstand der

KPD noch unmittelbar präsent waren. Nicht zuletzt deshalb hegten sie eine abgrundtiefe Feindseligkeit gegenüber allen Kommunisten, Demokraten und Juden.[13]

Von Anfang an fanden die Baltikumer einen besonderen Kriegsschauplatz vor, der sich von den Erfahrungen des Ersten Weltkriegs gravierend unterscheiden sollte. Nicht der Massen-, sondern der von Hinterhalten und «indianerhafter Wildheit» geprägte Kleinkrieg bestimmte ihren Alltag. Die Gegner waren oft schwer auszumachen und lediglich in unzähligen Scharmützeln niederzuringen, die eher an Partisanenabwehrkämpfe als an klassische Feldschlachten erinnerten. Zugleich versanken die Freikorpskämpfer immer tiefer in den Strudeln der unübersichtlichen Bürgerkriegswirren: Denn auf baltischem Territorium und insbesondere in Lettland verlief nicht nur die Westfront des russischen Bürgerkriegs; parallel dazu prallten dort im lettischen Bruderkrieg auch Bolschewiki, Anhänger der Entente und des deutschen Lagers erbittert aufeinander.[14]

Der gesamte «Schauplatz [wirkte] wie ein riesiges, gewalttätiges Kostümfest», das sich um die Regeln bestehenden Kriegsrechts nicht allzu sehr scherte.[15] Die «Welt ist aus den Fugen und alle moralischen Begriffe sind auf den Kopf gestellt»,[16] kommentierte der Deutsche Erich Balla, um sogleich die Skrupellosigkeit der Kriegführung zu rechtfertigen. Für die Freikorps war deshalb die Auseinandersetzung mit den Bolschewiki ein einziger «Vernichtungskampf gegen die rote Pest». Major Bischoff gar, der einst in Deutsch-Südwestafrika in der kaiserlichen Schutztruppe gedient hatte, wähnte sich in einer vergleichbaren Situation wie 1904 und 1908, als er dort an den grausamen kolonialen Strafexpeditionen gegen die aufständischen Nama und Herero beteiligt war. Erbarmungslosigkeit und zügellose Brutalität zählten deshalb bei ihm wie auch bei den anderen Baltikumern weithin zu den bewährten Erfolgsrezepten, um nunmehr auch die – quantitativ meist überlegenen – roten Gegner bezwingen zu können.[17]

Für die weitere Kriegführung blieb das nicht folgenlos. Da «unsere kleinen [...] Trupps bei ihren verwegenen Aktionen einer Überzahl, einer durch Masse und Ausrüstung überlegenen Mehrheit gegenüberstanden, wuchs der von ihnen bald geformte Zwang, die größere Masse durch größere Härte zu besiegen», erinnerte sich Baltikums-Veteran Ernst von Salomon.[18] Die ohnehin stark ausgeprägte Gewaltbereitschaft der Freikorps erhielt zusätzlich Auftrieb, als sie unmittelbar vor Ort wiederholt damit konfrontiert wurden, wie auf der anderen Seite die Sowjetmacht ihre Klassenfeinde terrorisierte. Dabei war gleichgültig, ob es sich um militärische Kombattanten handelte oder aber um Zivilisten, die außerhalb des allgemeinen Kampfgeschehens standen. Allein der rote Terror bestimmte die Grundprinzipien, nach denen die Bolschewiki ihren Bürgerkrieg und das Sammeln der russischen Erde ausrichteten.[19]

Und das wiederum erlebte etwa Major Bischoff aus der Nähe, als seine Eiserne Division im lettischen Mitau nur noch ein «Blutbad» vorfand. «Die» Bolschewisten hatten [vor dem Abzug] noch Zeit gefunden, nicht nur zahlreiche Balten, Frauen und Männer, im Gefängnis und auf der Straße zu erschießen, sondern eine noch größere Zahl, darunter alte Damen, Greise und Kranke, nach Riga wegzutreiben; wer von der Peitsche auf dem 42 Kilometer langen Weg nicht mehr vorwärts zu bringen war, wurde kurzerhand erschossen. Die alten Gräber der kurischen Herzöge im Mitauer Schloss waren erbrochen und beraubt, die Leichen zum Hohn wie Schildwachen an den Eingang der Gruft gestellt.«[20]

Wende von Riga

In Riga, das Deutsche am 22. Mai 1919 in erbitterten Kämpfen zurückerobert hatten – das lettische Bataillon traf erst tags darauf ein –, spielten sich ähnlich dramatische Szenen ab. Flüchtende Bolschewiki ermordeten noch in allerletzter Minute wahllos Geiseln und Gefangene. Im Gegenzug übten die einrückenden Truppen blutige Vergeltung, und in den Straßen tobte der Mob, der sich an den versprengten Truppenteilen des Gegners schadlos hielt. Der Zorn richtete sich vor allem gegen sogenannte Flintenweiber, junge Frauen, die mit den bolschewistischen Verteidigern sympathisiert und gemeinsam die

Abwehr organisiert hatten. Sie wurden zu Hunderten vornehmlich von Letten ermordet. Unverzüglich verhängten die Deutschen das Kriegsrecht über die Stadt. Die lettischen Militärs allein sahen sich kräftemäßig kaum dazu in der Lage, sondern überließen die undankbare Aufgabe überwiegend den deutsch-baltischen Mitgliedern der Landeswehr. Und diese waren es, die auf der Fahndung nach einstigen Kollaborateuren rücksichtslos Hausdurchsuchungen und Exekutionen durchführten. Zudem übte Bischoffs Eiserne Division zeitweilig die Polizeigewalt in Riga aus und zeigte sich dabei ebenfalls wenig zurückhaltend.

Nicht nur dort, auch andernorts demonstrierten die Freikorpsverbände, dass ihnen die Befreiung Lettlands vom roten Terror zusehends aus den Händen glitt und die Mission zum bloßen Lippenbekenntnis verkam. In dem ohnehin regellosen Krieg wurden auf beiden Seiten kaum mehr Gefangene gemacht. «Gefangennahme», so ein deutscher Zeitgenosse, «bedeutete qualvollen Tod.» Wie sehr dabei alle Gesetze der Menschlichkeit auf der Strecke blieben, beweist das traurige Schicksal eines überwältigten Gegners nach der blutigen Rückeroberung eines Gehöfts durch Freikorpssoldaten: «‹Halt, dieser gehört mir!›», ertönte es, und ein deutscher Kämpfer «zieht ruhig und gelassen seine Lederhandschuhe an, dann nähert er sich Schritt für Schritt dem Bolschewisten. Jetzt macht der Kerl noch Anstalten, aufzustehen. Da stürzt sich [... der Deutsche] mit einem Sprung auf sein Opfer, er stößt ihm die Faust tief in den Rachen und reißt ihm mit gewaltigem Ruck die Kiefern auseinander, daß die Knochensplitter aus der Gesichtshaut heraustreten. Mit einem schweren silbernen Leuchter, den er vom Tisch rafft, schlägt er die Bestie vollends tot.»

Immer mehr litt auch die Zivilbevölkerung unter der exzessiven deutschen Bolschewistenfurcht. Willkür bestimmte gemeinhin die Tagesordnung. Selbst militärische Standgerichte kamen als letztverbindliche Rechtsinstanzen kaum mehr zur Geltung. Propaganda und Unterstützung für den bolschewistischen Gegner oder gar das Zurückhalten einschlägiger Informationen endeten zumeist tödlich, sofern die Beschuldigten die Vorwürfe nicht glaubhaft entkräften konnten. Die Opferzahlen gingen in die Tausende. Unter diesen Bedingungen lebte in der lettischen Bevölkerung erneut der Deutschenhass auf. Daran änderte auch wenig, dass sich spätestens nach der verlorenen Schlacht um Riga die Rote Armee aus Lettland zurückzog, ihre Front in Estland zurücknahm und damit das revolutionäre Experiment, dort Sowjetrepubliken zu etablieren, vorerst gescheitert war.[21]

Streng genommen war damit auch der Auftrag erfüllt, den die Alliierten den Deutschen mit Artikel XII des Waffenstillstandsvertrags von Compiègne zugeteilt hatten, nämlich vorübergehend die Unabhängigkeit der baltischen Staaten als antibolschewistisches Bollwerk zu garantieren und danach den Rückzug anzutreten. Doch inzwischen hatten die Entwicklungen ihre eigene Dynamik gewonnen. Die reichsdeutschen Truppen brachten sich bereits im Frühjahr 1919 nicht nur in Gegensatz zur lettischen Regierung und deren Anhängern. Sie entfremdeten sich ebenso sehr von ihrer politisch-militärischen Führung in Berlin. Eigenmächtig verfolgte der Oberkommandierende General von der Goltz mit Hilfe der Deutschbalten vor Ort eine Politik, die die Reichsregierung der jungen Weimarer Republik vor allem gegenüber den Westalliierten in erhebliche Schwierigkeiten brachte. Sie putschten am 16. April 1919 gegen den bürgerlichen Ministerpräsidenten Kārlis Ulmanis, etablierten vorübergehend eine instabile Gegenregierung, die sich in ihren Händen schnell als Marionettenregime erwies, und trugen damit zur weiteren Polarisierung des Bürgerkrieges bei.[22]

Unter massivem Druck der Ententemächte suchte Berlin zunächst vergeblich, dem eigenwilligen Treiben der deutschen Freikorpsverbände im Baltikum ein Ende zu bereiten. Die Abzugs- und Demobilisierungsbefehle aus Deutschland wurden aber allesamt ignoriert. Denn die Freikorpskämpfer waren ungeachtet militärischer Rückschläge nach dem Sieg von Riga von dem Gedanken beseelt, den zurückweichenden Bolschewiki nachzusetzen und schließlich sogar Estland zu erobern, um so dauerhaft den deutschen Einfluss in der Region absichern zu können. Ihr politisch übergeordnetes Ziel bestand darin, die Sowjetmacht in Russland zu stürzen. Mit Hilfe einer eng an Deutschland angelehnten neuen russischen Regierung wollten sie Widerstand gegen den von den Westalliierten diktierten Versailler Vertrag mobilisieren, der Deutschland demütigende Friedensbedingungen auferlegt hatte.

Am 23. August 1919 widersetzten sich deshalb die Baltikumer mehrheitlich den störenden Interventionsversuchen aus der Reichshauptstadt. Einmal mehr sahen sie sich in ihren Vorurteilen gegenüber der wenig geliebten Weimarer Republik bestätigt. Sie meuterten, formierten eine spezielle Deutsche Legion und entzogen sich damit kurzerhand dem weiteren Zugriff staatlicher Stellen aus Deutschland.[23]

Um die insgeheim gehegten Pläne verwirklichen zu können, avancierte vorübergehend Oberst Pawel Bermondt-Awalow mit seiner Westrussischen Befreiungsarmee zum Hoffnungsträger und natürlichen Verbündeten der Abtrünnigen. Er operierte im Baltikum und suchte im Kampf für die Wiedererrichtung eines «Einen und unteilbaren Russland» gleichfalls nach kriegserprobten Verbündeten.[24] Damit waren alle Voraussetzungen erfüllt für eine neue Militärallianz, die «Deutsch-Russische Freiwillige Westarmee». Während bis dahin Deutsche und Letten gemeinsam gegen die revolutionäre Sowjetmacht zu Felde gezogen waren, gingen nun antibolschewistische Russen mit den Deutschen, den früheren Bündnispartnern der Letten, brutal gegen die Untertanen in den Westprovinzen des einstigen zarischen Imperiums vor und bedrohten deren jüngst erlangte Unabhängigkeit. Doch da Bermondt-Awalows Unternehmen in den mitunter heillos zerstrittenen Kreisen der antibolschewistischen russischen Opposition keinen festen Rückhalt besaß, war es ein zwangsläufig zum Scheitern verurteiltes Abenteuer.

Die Kämpfe, die sich nicht nur auf lettisches Territorium, sondern zum Teil auch noch auf den Norden Litauens erstreckten, währten daher nicht allzu lange.[25] Je mehr sich das unvermeidliche Ende abzeichnete – spätestens im Dezember 1919 zogen sich die letzten Baltikumer nach Deutschland zurück –, desto stärker hinterließen die verzweifelten letzten Gefechte eine Spur der Gewalt und Verwüstung, wie Ernst von Salomon sich an diesen Endkampf erinnerte: «Wir machten den letzten Stoß. Ja, wir erhoben uns noch einmal und stürmten in ganzer Breite vor. [...] Wir knallten in überraschte Haufen und tobten und schossen und schlugen und jagten. Wir trieben die Letten wie Hasen übers Feld und warfen Feuer in jedes Haus und pulverten jede Brücke zu Staub und knickten jede Telegraphenstange. Wir schmissen die Leichen in die Brunnen und warfen Handgranaten hintendrein. Wir erschlugen, was uns in die Hände fiel, wir verbrannten, was brennbar war. Wir sahen rot, wir hatten nichts mehr von menschlichen Gefühlen im Herzen. Wo wir gehaust hatten, da stöhnte der Boden unter der Vernichtung. Wo wir gestürmt hatten, da lagen, wo früher Häuser waren, Schutt und Asche und glimmende Balken, gleich eitrigen Geschwüren im blanken Feld. Eine riesige Rauchfahne bezeichnete unseren Weg. Wir hatten einen Scheiterhaufen angezündet, da brannte mehr als totes Material, da brannten unsere Hoffnungen, unsere Sehnsüchte, da brannten die bürgerlichen Tafeln, die Gesetze und Werte der zivilisierten Welt [...].»[26]

Kontinuitätslinien zur NS-Ideologie?

Angesichts eines solchen Ausmaßes an Wut, Hass, Brutalität und Zerstörung drängt sich zwangsläufig die Frage auf, ob die Schrecken der Baltikumskämpfe und in der Ukraine nicht in vielerlei Hinsicht die entgrenzte Kriegführung im Osten während des Zweiten Weltkriegs bereits vorweggenommen haben. Waren die Baltikumer gleichsam die «Vorhut des Nazismus»[27] und lässt sich damit eine klare Kontinuitätslinie zwischen ihnen und dem nationalsozialistischen Denken herstellen? Zweifellos gibt es Berührungspunkte und besaßen die Freikorpskämpfer für die «Formierung einer NS-Mentalität» eine wichtige Scharnierfunktion, wenngleich es sich um zwei ausgesprochen heterogene Bewegungen handelte.[28]

Es ist unbestritten, dass unter den höheren NS-Funktionären zahlreiche Baltikumsveteranen waren und dass das Regime diesen gebührenden Respekt zollte. Gänzlich anders verhielt es sich aber in den Reihen der Wehrmachtsführung. Dort stellten sie unter Hitlers Generalen nur eine unbedeutende Minderheit dar, wie etwa der spätere Panzer-General Heinz Wilhelm Guderian, der seinerzeit als Hauptmann in Major Bischoffs Eiserner Division als Generalstabsoffizier gedient hatte. Überhaupt standen weite Teile der Reichswehr während der Weimarer Republik, aber auch in den Jahren der NS-Herrschaft den Baltikumern und deren verwegener Landsknecht-Mentalität ausgesprochen skeptisch bis ablehnend gegenüber. Sie selbst verkörperten ein gänzlich anderes Berufs- und Militärethos als jenes «Gesindel», wie der Chef der Heeresleitung Generaloberst Hans von Seeckt die Freikorpskämpfer einst bezeichnete.

Schließlich bleibt eine fundamentale Beobachtung festzuhalten, die in der Kontinuitätsfrage vor eilfertig gezogenen Schlussfolgerungen hüten sollte: Anders als im nationalsozialistischen Vernichtungskrieg verfolgten die Deutschen in der Ukraine und im Baltikum des Jahres 1918/19 keinerlei ethnisch-genozidale Mordpläne. Mitunter schützten sie sogar Juden vor pogromartigen Exzessen der ukrainischen Bevölkerung. Natürlich existierten bei vielen deutschen Kriegsteilnehmern zivilisatorische Überlegenheitsgefühle. Ebenso hegten sie Vorurteile gegenüber Slawen und den dortigen Titularnationen. General Rüdiger von der Goltz etwa machte kein Hehl daraus, dass für ihn der verhasste Bolschewismus «nichts anderes als eine slawische Philosophie» darstellte.[29] Im Unterschied zu den rassistisch verblendeten Gesinnungstätern des NS-Regimes leitete sich für ihn und seine Untergebenen daraus aber nicht ab, den Osten Europas durch systematischen Völkermord in *Bloodlands* verwandeln zu können.

Wirkungsmacht der Ideologien?
Begegnung im Zeichen des Totalitarismus

Das 20. Jahrhundert gilt als Zeitalter der radikalen Ideologien und Extreme.[1] Was sich im Umfeld des Ersten Weltkriegs bereits abgezeichnet hatte und für die Beziehungsgeschichte von Deutschen und Russen dramatische Folgen besaß, sollte zwischen 1933 und 1945 einen unvergleichlichen Höhepunkt erleben. Denn mit der ‹Machtergreifung› der Nationalsozialisten am 30. Januar 1933 vollzog Adolf Hitler nicht nur das endgültige Aus für die Weimarer Republik, sondern etablierte auch in dem nach der UdSSR bevölkerungsreichsten Land Europas eine weitere totalitäre Diktatur auf dem Kontinent. Sie verstand sich als Gegenentwurf zum bolschewistischen Russland,[2] das einst aus Lenins Oktoberumsturz von 1917 hervorgegangen war, zeitweilig die übrigen westeuropäischen Staaten mit seinem Revolutionsgebaren herausgefordert hatte, bevor Stalin es ab 1927 einer despotischen Terrorherrschaft aussetzte.

Ideologische Grundkonstellationen – Verbindendes und Trennendes

Vor diesem Hintergrund musste sich die Sowjetmacht seit Anfang der 1930er Jahre insbesondere gegenüber Deutschland auf neue politisch-ideologische Herausforderungen einstellen. Grundsätzlich galt für die bolschewistische wie die nationalsozialistische Ideologie, dass sie nicht zuletzt wegen ihres totalitären Charakters eine ähnliche «enge formale Struktur» besaßen. Aber auch in historisch-genetischer Hinsicht gab es – so irritierend es klingen mag – gemeinsame Anknüpfungspunkte. Die NS-Ideologie ebenso wie Lenins totalitäres Konzept zur revolutionären Machteroberung hatten ihre eigentliche Geburtsstunde in der «Urkatastrophe des 20. Jahrhunderts»[3]: in dem Ende des Ersten Weltkriegs und dem damit einhergehenden Zerfall der alten politisch-gesellschaftlichen Ordnungen. Für den Nationalsozialismus besaß zudem all das, was er in Feindseligkeit grobschlächtig unter dem Oberbegriff Kommunismus subsumierte, bereits vor Hitlers ‹Machtergreifung› eine feste, sinnstiftende Funktion. Das galt besonders für Lenins Bolschewismus. Umgekehrt, wenngleich zeitverzögert, rückte aber auch die nationalsozialistische Weltanschauung zu einer zentralen, das Selbstverständnis der Sowjetmacht legitimierenden Größe auf. Das war spätestens ab 1935 der Fall, als die UdSSR im Zuge der Volksfrontpolitik mit Hilfe der Kommunistischen Internationale alle Kräfte gegen die faschistische Bedrohung zu mobilisieren suchte.

Beide Denkansätze betrachteten sich als unumstößliche Heilslehren. Ihre ideengeschichtlichen Wurzeln reichten zurück in die Zeiten der Französischen Revolution, die die «universalistische Gleichheitsidee und die partikularistische Idee der Nation» zum politischen Leitmotiv erhob. Erst im Verlauf des 19. Jahrhunderts setzte schließlich eine weitere Differenzierung ein. Am Ende spaltete sich das politische Spektrum in eine Linke, die sich allein dem revolutionären Messianismus verschrieb, und eine nicht minder messianische, vornehmlich auf den nationalistischen Partikularismus orientierte Rechte, die fortan in feindlicher Grundkonstellation zueinanderstanden.[4]

Im linksideologischen Milieu sollte es unter dem Gesichtspunkt totalitärer Machtausübung den Bolschewiki vorbehalten bleiben, seit Ende 1917 eine welthistorische Dynamik zu entfalten. Es war Lenin, der dabei die Revolutionsgedanken von Karl Marx aus ihrem philosophisch-ökonomischen Theoriekorsett befreite. Er entwickelte sie zu einer Lehre des praktischen Handelns, die vornehmlich taktisch-strategischen Überlegungen des revolutionären Umsturzes folgte. Im Glauben an die Unabänderlichkeit des Geschichtsverlaufs zeigte sich Lenin fest davon überzeugt, dass es nur noch eine Frage der Zeit bis zur «Heraufkunft der sozialistischen Weltgemeinschaft» sein würde. Die Initialzündung hierfür sollte in diesem Verständnis von der Russischen Revolution ausgehen und über Deutschland schließlich den revolutionären Weltenbrand entfachen.

Um den Gang der Entwicklung nicht unnötig zu verzögern oder gar aufzuhalten, wurden jegliche Abweichungen im eigenen ideologischen Lager – wie selbstredend alle übrigen politischen Gegner – in ein Freund-Feind-Schema gepresst. Lenin und seine Gefolgschaft sahen sich als Vollstrecker einer Weltanschauung, die es für opportun erachtete und zum Prinzip erklärte, äußere wie innere Renitenz gewaltsam zu brechen. Und so schürten die Bolschewiki auf der zwischenstaatlichen Ebene gegenüber dem Westen – und vor allem gegenüber Deutschland – unablässig innerkapitalistische Widersprüche, um darüber Auseinandersetzungen zu entfachen, oder mühten sich – wie seinerzeit 1917 –, das damalige Völkermorden der «imperialistischen Mächte» am Ende des Ersten Weltkrieges in einen revolutionären Bürgerkrieg überzuleiten.[5]

In Sowjetrussland selbst wurde noch viel deutlicher, wie sehr ihre ideologischen Grundsätze auf Gewaltanwendung basierten. Daraus gingen einschlägige politische Aktionsprogramme hervor: Nicht zufällig kam es dort bereits am 5. September 1918 im Sinne herrschaftskonsolidierender Maßnahmen zur Einrichtung spezieller Konzentrationslager (Konzlagerja), um Klassenfeinde und Anhänger der Bürgerkriegsopposition zu isolieren. Die berüchtigte Geheimpolizei Tscheka, jene Keimzelle für Stalins späteren NKWD, hatte all dies zu organisieren. Sie wurde schon wenige Wochen nach der Oktoberrevolution im Dezember 1917 ins Leben gerufen.

Flankiert wurden jene Maßnahmen durch eine prononcierte Gewaltrhetorik: Leo Trotzki hielt es im Geiste einer neuen, höheren Moral für gerechtfertigt, das Menschengeschlecht radikal umzuformen; Grigorij Sinowjew forderte im September 1918, «10 Millionen Menschen zu ‹vernichten›, um dem Sozialismus in Russland zum Durchbruch zu verhelfen». Und Otto Lacis, der damalige stellvertretende Leiter der Geheimpolizei, legte im November 1918 das ideologisch motivierte Selbstverständnis der Bolschewiki offen, als er das nun gebotene politische Handeln frei von Zynismus so charakterisierte: «Wir führen Krieg nicht gegen Einzelne. Wir vernichten die Bourgeoisie als Klasse. Während der Untersuchung suchen wir nicht nach Beweisen, dass der Beschuldigte in Wort und Taten gegen die Sowjetmacht gehandelt hat. Die ersten Fragen, die gestellt werden müssen, lauten: Zu welcher Klasse gehört er? Was ist seine Herkunft? Was sind seine Bildung und sein Beruf? Und es sind diese Fragen, die das Schicksal des Beschuldigten bestimmen sollen. Darin liegen die Bedeutung und das Wesen des roten Terrors.»

In alldem offenbarte sich bereits lange vor Stalins Gewaltherrschaft die Vorgeschichte seines Regimes. Der künftige Diktator konnte deshalb nahtlos an die durch Lenin fixierte, auf Moderne und Klassenkampf ausgerichtete Weltanschauung anknüpfen. Er bediente sich der in diesem Geiste geschaffenen Institutionen und verfeinerte im Zeichen der leninistischen Ideologie die bisherigen Unterdrückungsmethoden virtuos.[6] Den damit einhergehenden «Aufbau des Sozialismus in einem Lande», der zum Preis immenser Bevölkerungsverluste die UdSSR mittels gewaltsamer Modernisierung der Rückständigkeit entrissen hatte, rechtfertigte Stalin stets ideologisch. Überhaupt stilisierte er sich nach Lenins Tod als dessen einzig legitimer politisch-ideologischer Nachlassverwalter, nachdem es ihm zuvor gelungen war, seine Führungsposition im kommunistischen Parteiapparat zu sichern. In diesem Sinne beanspruchte er fortan als Ausdruck seiner Machtvollkommenheit die alleinige Definitions- und Interpretationshoheit darüber, was unter Leninismus zu verstehen sei.

Hitlers radikalfaschistische Gegenideologie

In einem solchen politisch-weltanschaulichen Kontext entwickelte sich zur gleichen Zeit Adolf Hitlers radikalfaschistisches Denken. Es bildete gleichsam das Ideengerüst für die als Führerpartei konzipierte NSDAP, die in ihrem Extremismus alle damaligen rechten politischen Bewegungen Europas weit in den Schatten stellte.

Grundsätzlich verwarf Hitler alle fortschrittsgewandten ideengeschichtlichen Errungenschaften seit der Französischen Revolution:

Er war zutiefst davon überzeugt, dass mit den 1789 proklamierten Universalitäts-, Gleichheits- und Individualitätsprinzipien zugleich Ideen radikalisiert wurden, die bereits im Christentum angelegt waren – für den NS-Führer eine Art ‹Vorbolschewismus› – oder sich später im liberalen Verfassungsstaat niederschlugen. Beides lehnte er entschieden ab. In Hitlers Denken hatte 1789 vor allem auch den Marxismus hervorgebracht, der in der russischen Oktoberevolution schließlich seinen größten Triumph feierte. Diese Umstände wiederum machte er in erster Linie für seine traumatischen Grunderfahrungen von 1918 verantwortlich: den militärischen Zusammenbruch der Mittelmächte und die Novemberrevolution, die in jener Lesart den Anfang aller politischen Wirren im Nachkriegsdeutschland markierten. Nur so erklärt sich im Wesentlichen seine Totalfeindschaft zur kommunistischen Linken und – mit Blick auf deren Erfolge im bolschewistischen Sowjetrussland – zu den Ideen von 1917.

Dem von links postulierten universalistischen Gleichheitsgedanken begegnete Adolf Hitler deshalb hasserfüllt mit einer radikalen Gegenideologie. Sie bekannte sich zur «‹naturgegebenen Ungleichheit› der Völker», mehr noch: Rückwärtsgewandt «idealisierte und mythisierte [... sie] die Vergangenheit des eigenen Volkes, um sich weltanschaulich vom Fortschrittsoptimismus des politischen Gegners deutlich abzugrenzen».[7]

Allerdings leitete sich aus dieser Weltsicht zunächst noch keine grundsätzliche Feindschaft Hitlers gegen *Russland* ab, die mit territorialen Expansionsgelüsten und kolonialer Ausbeutung oder gar rassischen Überlegenheitsgefühlen gegenüber *den Russen* verbunden gewesen wäre. Als er sich Anfang 1920 vermehrt für dieses Land zu interessieren begann, unterschieden sich seine Wahrnehmungen erheblich von dem, was er nur wenige Jahre später in seiner ideologischen Bekenntnisschrift «Mein Kampf» vertrat.[8]

Der Hitler des Jahres 1920 war zwar bereits ein unverkennbarer Rassist und überzeugter Antisemit, ohne dabei mit den zeitgenössischen Rassentheorien allzu vertraut gewesen zu sein. Sein rassistisches Feindbild trug damals aber noch zutiefst antiwestliche Züge.

Nicht das bolschewistische Sowjetregime, dessen dauerhafte Überlebensfähigkeit er anfänglich erheblich bezweifelte, stellte für ihn das bestimmende Problem dar. Der geopolitisch argumentierende Hitler sah Deutschlands Entwicklung vor allem durch die angloamerikanische Welt und weniger durch den Bolschewismus bedroht. Russland rückte bei ihm unter speziellen Voraussetzungen bisweilen sogar zum natürlichen Partner auf. «Unsere Rettung kommt nie vom Westen», suchte er im Juli 1920 seiner gebannt lauschenden Zuhörerschaft einzuschärfen. «Wir müssen Anschluss finden an das nationale, antisemitische Russland. Nicht an den Sowjet [...]. Dort herrscht der Jude, [...] eine Moskauer Internationale wird uns nicht aufrichten. Sondern dauernd versklaven.» Unter der Maßgabe, so Hitler kurz darauf, dass «das Judentum [dort] abgesetzt ist», schloss er sogar ein formales antiwestliches Bündnis mit dem östlichen Nachbarland nicht mehr aus. Deutschland würde aus einer solchen Allianz gestärkt gegenüber Briten und Amerikanern hervorgehen. Der Zugang zu russischen Nahrungsressourcen und Bodenschätzen wie auch die Fähigkeit, gemeinsam mit Russland militärische, ökonomische und politische Macht zu bündeln, würden die deutsche Position begünstigen, mehr noch: würden ein geostrategisches «Gleichgewicht gegenüber dem britischen Empire und den Vereinigten Staaten her[...] stellen».

Allein die Sowjetmacht, die im anhaltenden russischen Bürgerkrieg ihre Herrschaft in Russland dauerhaft zu konsolidieren suchte, stand diesen Zielen vorerst noch im Wege. Vornehmlich deshalb und weniger aus rassenideologischen Erwägungen lehnte Adolf Hitler die dortige Regierung ab. In seiner uneingeschränkt weltanschaulich bestimmten Irrwelt dominierte zu jener Zeit also nach wie vor der gegen den Kapitalismus gerichtete Antijudaismus und nicht der antibolschewistische Antisemitismus.[9]

Die eigentliche Radikalisierung seines Denkens setzte erst mit dem gesteigerten Verlangen ein, mehr über Russland zu erfahren. Dies brachte ihn zwischen 1920 und 1923 zwangsläufig in Kontakt mit rechtsgerichteten russischen und baltendeutschen Emigrantenkreisen, die allesamt in der einen oder anderen Form Opfer der zarischen Russifizierungspolitik des ausgehenden 19. Jahrhunderts oder der Oktoberevolution geworden waren. Hitlers damaliger Aufenthaltsort München bot sich dafür in idealer Weise an. Denn die bayerische Metropole war nach Berlin das zweitgrößte Zentrum der russischen Emigration in Deutschland. Insofern – so die Ironie der Geschichte – sollte ein starkes russisches Element die weitere Weltanschauung des künftigen deutschen Diktators nachhaltig prägen.[10]

Mit Max Erwin von Scheubner-Richter, Alfred Rosenberg und Dietrich Eckart traten drei baltendeutsche Persönlichkeiten aus den einstigen Westprovinzen des russischen Imperiums in Hitlers Leben, denen in diesem Zusammenhang eine herausragende Beraterrolle zuwuchs. Sie sensibilisierten ihn für vielerlei bolschewistische Verschwörungs- und Bedrohungsszenarien. Fortan räumte er dem antibolschewistischen Antisemitismus höhere Priorität ein als dem bis dahin gefürchteten sogenannten westlich-kapitalistischen Finanzjudentum.[11]

Sein Verhältnis zur Sowjetmacht blieb davon nicht unberührt. Denn Hitlers ostpolitische Ratgeber konnten ihm sogleich die angeblichen Gefahren des «jüdischen Bolschewismus» anschaulich vermitteln. In deren Interpretation waren nicht nur Deutschland und Europa, sondern am Ende sogar die gesamte Welt von der zerstörerischen Kraft des «jüdischen Bolschewismus» bedroht. Die Hitler von Alfred Rosenberg, dem späteren Chefideologen der NSDAP und seit 1923 ‹Hauptschriftleiter› des NS-Parteiorgans «Völkischer Beobachter», nahegelegte Lösung gipfelte daher in der *Ultima Ratio*: «Ausrottung des politischen Gegners». Und in der Tat festigte sich bei Adolf Hitler bis 1923 die ideologische Grundüberzeugung, den Kampf gegen den «jüdischen Bolschewismus» als einen Kampf auf Leben und Tod zu begreifen.[12]

All dies reifte zu einer Vernichtungsideologie heran, als sich Hitler – nicht zuletzt unter dem Einfluss von Geopolitikern wie Karl Haushofer und Friedrich Ratzel – den Fragen von Lebensraum und ökonomischer Autarkie zuwandte. Hintergrund für derartig radikale

Überlegungen bildeten bei ihm die Erfahrungen aus dem verlorenen Weltkrieg, der Umstand nämlich, dass die eigenen Kräfte allein nicht ausreichten, um dem deutschen Anspruch auf «Weltgeltung» gerecht zu werden.[13] Solange Max Erwin von Scheubner-Richter lebte – er starb bei Hitlers gescheitertem Putschversuch am 9. November 1923 vor der Münchner Feldherrnhalle –, stand dies aber noch nicht auf der politischen Tagesordnung. Denn Scheubner-Richter verfolgte andere Ziele. Er wollte das bolschewistische Regime in der einstigen Heimat mit Hilfe russischer Exilanten und loyaler Anhänger der Romanow-Dynastie stürzen. Es sollte einer deutsch-russischen, faschistisch-monarchistischen Allianz weichen, was ganz den Sicherheitsbedürfnissen Hitlers entsprochen hätte.

Doch dazu sollte es nicht mehr kommen. Spätestens nach Lenins Tod im Jahre 1924 setzte beim Führer der NSDAP die große Ernüchterung ein. Zwangsläufig musste er sich nun bis auf Weiteres mit einer dauerhaft etablierten Sowjetmacht abfinden und diese in sein Weltbild integrieren. Allein diesem Umstand war es geschuldet, dass Adolf Hitler beim Schreiben von «Mein Kampf» nun eine «radikal andere Antwort auf das deutsche Sicherheitsdilemma» fand: Sie bestand nicht zuletzt darin, dem Deutschen Reich zum Zweck kolonialer Ausbeutung neue territoriale Lebensgrundlagen im Osten zu verschaffen.[14]

Damit war bereits lange vor der eigentlichen ‹Machtergreifung› der Nationalsozialisten am 30. Januar 1933 und – noch länger – vor dem deutschen Überfall auf die UdSSR am 22. Juni 1941 Hitlers weltanschaulicher Vernichtungskreuzzug gegen die Sowjetunion vorgedacht. Er beinhaltete die rücksichtslose Unterwerfung des Ostraumes und erklärte nicht nur die dort lebenden Bolschewiken zu ideologischen Todfeinden. Sein inhumaner Rassenwahn, der alle Regeln des Völkerrechts verachtete, rechtfertigte ebenso die Ermordung der Juden und richtete sich mit der Gruppe der Slawen nunmehr in gleicher Weise gegen weite Teile der russischen Bevölkerung.[15] Als das Ganze im Inferno des Krieges ab 1941 schließlich Realität werden sollte, verfiel die UdSSR in einen erbittert geführten patriotischen Überlebenskampf. Erst mit dem Siegeszug der Sowjetmacht gegenüber Deutschland nahm dieser allmählich machtpolitisch-expansionistische Züge an, bevor er in einem ideologisch motivierten revolutionären Klassenkrieg endete.[16]

Ideologische Wahrnehmungen in Moskau

Hitlers Vernichtungsdoktrin war für viele Zeitgenossen in der praktischen Tagespolitik anfänglich nur sehr vage erkennbar. Das galt vor allem, solange seine Herrschaft nach 1933 im Innern wie im Äußeren noch nicht ausreichend konsolidiert war. Und so gerierte sich der Außenpolitiker Adolf Hitler, unmittelbar nachdem ihm die Regierungsgewalt in Deutschland übertragen worden war, in der Öffentlichkeit auffallend friedfertig. Er präsentierte sich als Persönlichkeit, die sich wünschte, ihre politischen Ziele vornehmlich auf dem Wege bilateraler Verständigung durchzusetzen. Mit Hilfe taktischer Kompromisse auf internationalem Parkett verschleierte er dabei überaus erfolgreich seine wahren Absichten.[17]

Das galt auch und besonders gegenüber der UdSSR. Das NS-Regime setzte die sowjetischen Machthaber ganz bewusst und wirkungsvoll während der ersten Phase nationalsozialistischer Außenpolitik ständig ideologischen Ungewissheiten aus.[18] Hitler stellte ihnen gegenüber seine weltanschaulichen Überzeugungen so lange zurück, wie pragmatische Gründe es angezeigt erscheinen ließen. Die Stoßrichtung seines Denkens blieb davon unberührt.[19] Zwar war sein Bekenntniswerk in Moskau bekannt; es wurden daraus aber nicht die entsprechenden Schlussfolgerungen gezogen.

Spätestens seit Herbst 1933 lag dem engsten politischen Führungskreis um Stalin eine russischsprachige Arbeitsübersetzung von «Mein Kampf» vor. Grigorij Sinowjew, einst Chef der Kommunistischen Internationale, der im politischen Machtkampf um Lenins Erbe gegenüber Stalin zurückstecken musste, hatte sie eigens in dessen Auftrag angefertigt. Parallel dazu war aus den Übersetzungsarbeiten ein kleineres Buchmanuskript hervorgegangen. In ihm analysierte der

KP-Funktionär «Mein Kampf» vornehmlich unter dem Aspekt von Hitlers Verhältnis zum Bolschewismus und zu Russland. Sein Urteil war geradewegs vernichtend, gab zugleich aber auch aufschlussreiche Einblicke, wie die Bolschewiki sich damals zur NS-Ideologie positionierten: «Das Buch ist blöd, dumm, böse, ist voller antisemitischer Schlagwörter, und jede Zeile dieses Buches riecht nach Hass gegen die Arbeiterklasse. Doch es ist ein Dokument der Epoche in dem Sinn, dass es in einer besonders grellen und offenen Form die sozialpolitischen ‹Bestrebungen› des zu Grunde gehenden, verfaulenden Kapitalismus wiedergibt, der am Rande seines totalen Untergangs zu räuberischen, faschistischen Mitteln greift [...] Eben deshalb muss der Leser der Sowjetunion dieses Hauptbuch des Führers der deutschen Faschisten kennen lernen. Man muss den Gegner so gut wie möglich kennen, damit man ihn besser besiegen kann.»[20]

Sinowjews Schlussfolgerungen verhallten allerdings wirkungslos. Sowohl seine Übersetzung als auch sein Begleitbändchen blieben in der UdSSR unveröffentlicht. Daran mochte Stalin nicht ganz unbeteiligt gewesen sein. Denn der sowjetische Diktator zog es zum damaligen Zeitpunkt vor, den neuen politischen Machthaber in Berlin nicht unnötig zu provozieren.[21]

Der eigentliche Grund, weshalb in der Sowjetunion die fatale politische Tragweite der NS-Weltanschauung grandios verkannt wurde, war ein anderer: Es mangelte schlicht an geeigneten Analyseinstrumenten. Die bolschewistische Ideologie selbst jedenfalls schied in dieser Hinsicht aus. Sie war eine ausschließlich klassenkampfbasierte Weltensicht, die die rassenideologischen Vernichtungsgedanken des Nationalsozialismus nicht adäquat erklären konnte. Fremd und weitgehend unverständlich blieben dabei insbesondere die sozialdarwinistischen Züge, in deren Konsequenz die Gesetze der Natur und das Recht des Stärkeren in geradezu idealisierter Weise auf die menschliche Gemeinschaft übertragen werden sollten. Die Bolschewiki verkannten überdies all jene Elemente, die eine «nationalsozialistische Herrschaft zu einem totalitären, in diesem Punkte dem sowjetischen recht ähnlichen System machen konnten».[22]

Daran änderte auch das zunehmende Wissen um die bloßen Inhalte von Hitlers Buch grundsätzlich wenig. Denn die Funktionäre im Kreml wie in den Reihen der Komintern gestanden der NS-Doktrin nicht den Charakter einer eigenständigen Ideologie zu. Stattdessen artikulierten sie die Gegnerschaft zum Nationalsozialismus im Rahmen der ihnen wohlvertrauten Kapitalismus- und Imperialismus-Kritik, was zwangsläufig zu falschen Einschätzungen führte. In einer solchen Logik war es nur konsequent, auch Hitler nicht als Ideologen und eigentlichen Ideengeber der NSDAP zu betrachten. Vielmehr blieb ihr Blick gerichtet auf nachgeordnete Persönlichkeiten wie Alfred Rosenberg, Oswald Spengler oder Housten Stewart Chamberlain, die einst den jungen nationalsozialistischen Aufsteiger in den Jahren ideologischer Selbstfindung inspiriert haben mochten, über die aber inzwischen längst die Zeit hinweggegangen war.[23]

In Hitler dagegen sah man allein den politischen Führer der NS-Bewegung. Insbesondere Stalin unterstellte ihm rationales Kalkül oder wünschte zumindest, dies in ihm zu erkennen. Nur so erklärt sich, weshalb der sowjetische Diktator in den Jahren zwischen 1933 und 1939 unbeirrt daran glaubt, trotz bestehender Differenzen mit dem NS-Regime am Ende doch noch eine für beide Seiten vorteilhafte und gedeihliche Zusammenarbeit realisieren zu können.[24] Darin kam ein wichtiger Wesenszug seines Herrschaftsverständnisses zum Ausdruck: Stalin war ein Pragmatiker der Machtpolitik, der sich zu einem schöpferischen Sozialismus und damit zur ideologischen Flexibilität bekannte.[25] Gerade deshalb machte er – ähnlich wie Hitler – politische Entscheidungen nicht allein von weltanschaulichen Grundüberzeugungen, sondern immer auch von den situativen Umständen abhängig, die mitunter taktische Verschleierung oder Improvisation verlangten.[26]

Gegenseitige Faszination jenseits der Ideologien

Die ideologische Unvereinbarkeit von NS- und Sowjet-Regime bedeutete also nicht zwangsläufig, dass sich beide Diktatoren von vornherein kategorisch ablehnten oder einander rundherum verachteten.

Hitler und Stalin sind sich niemals persönlich begegnet, obwohl die Möglichkeiten dazu sehr wohl bestanden. Als Stalin Anfang Januar 1913 für wenige Monate im Wien des Fin de Siècle weilte, bestritt dort zur selben Zeit Adolf Hitler seinen spärlichen Lebensunterhalt durch Postkartenmalerei. Beide einte auf unterschiedliche Weise die Rassenfrage: Hitler begann, in der Hauptstadt des österreich-ungarischen Vielvölkerimperiums seinen Antisemitismus zu kultivieren, während Stalin sich dort im Auftrag Lenins mit Fragen der Nationalitätenpolitik befasste. Und noch eine andere – sehr persönliche – Vorliebe teilten sie: ausgiebige Spaziergänge im Schlosspark von Schönbrunn. Wahrscheinlich waren sie sich räumlich niemals näher als in jenen Wochen des Spätwinters 1913.[27]

Sie kannten einander also nur indirekt – gefiltert durch die Erzählungen und diplomatischen Depeschen ihrer Botschafter und Außenminister oder aus den Einschätzungen ihrer Geheimdienste. Sie wussten voneinander aber auch aus dem, was Auslandskorrespondenten und Wochenschau-Journalisten berichteten oder was Opfer und Verfolgte über das jeweilige Regime zu vermelden hatten.

Annähernd persönliche Kontakte blieben auf wenige briefliche Botschaften oder Telegramme beschränkt. Die Anlässe waren zumeist außergewöhnlich, so etwa Ende August 1939, als in allerletzter Minute vor dem deutschen Angriff auf Polen die Abschlussverhandlungen für den Hitler-Stalin-Pakt schnellstmöglich auf den Weg gebracht werden mussten. Aber auch Adolf Hitlers anschließende Gratulation zu Josef Stalins 60. Geburtstag am 21. Dezember 1939 gehörte in Zeiten vorübergehend guter bilateraler Beziehungen zu den raren, wenngleich streng formalisierten Zeugnissen eines persönlichen Dialogs.[28]

Die Inhalte ihrer Ideologien schlossen einander zwar aus: Die nationalsozialistischen Vorstellungen vom «Lebensraum im Osten» korrespondierten nicht mit den bolschewistischen Hoffnungen auf Weltrevolution, die sich ihren Weg von Ost nach West bahnen sollte. Doch existierten jenseits der Ideen genügend Elemente, die beide Diktatoren und Regimes miteinander verbanden: Sie ähnelten einander in der Formensprache. Sie lehnten die klassische Diplomatie ab und waren geeint in der Verachtung des Westens und der dortigen liberal-demokratischen Lebensprinzipien. Menschen, ja ganze Völker waren in ihrem Selbstverständnis als uneingeschränkte Herrscher über Leben und Tod nur einfache Manövriermassen, sie hatten sich der höheren Sache unterzuordnen. Beide stilisierten zudem ihre Länder in der öffentlichen Selbstdarstellung als gedemütigte, «verspätete Nationen», umgeben von äußeren und inneren Feinden. In ihrer Repräsentation nach außen bevorzugten sie Symbole und Zeichen, die einander nicht unähnlich waren – Massenaufmärsche, Sturmschritt und eine «undiplomatische Sprache», mit einem Wort: Die «‹Führer› und ihr[e] Herrschaftssystem[e] ergänzten sich [zumindest in dieser Hinsicht geradewegs] kongenial».[29]

Und so wundert es am Ende wenig, dass Hitler und Stalin, ebenso wie manche ihrer Satrapen, zumindest zeitweilig respektvoll voneinander redeten, mehr noch: mitunter sogar gegenseitig fasziniert auf die von ihnen geschaffenen Ordnungen blickten. Alfred Rosenberg, der als Chefideologe den Antikommunismus der NSDAP in höchster Vollendung verkörperte, zeigte sich immer wieder überwältigt von den effizienten Methoden des Bolschewismus.[30] Joseph Goebbels, Hitlers Gauleiter von Berlin-Brandenburg, der einst dem linken Flügel der NSDAP angehörte, schwärmte 1926 von dem «grandiose[n] Gemälde des russischen Bolschewismus». Selbst als späterer Reichspropagandaminister hielt er noch Anfang Juni 1933 mit seiner hohen Meinung von der stalinistischen Massenpropaganda nicht zurück, fest gewillt, davon für das eigene Regime zu lernen.[31]

Umgekehrt zeigte sich Josef Stalin höchst interessiert, als er von Hitlers «Nacht der langen Messer» erfuhr – jener Mordserie, in der vom 30. Juni auf den 1. Juli 1934 die damalige SA-Spitze um Ernst Röhm samt anderen politischen Rivalen kaltblütig ‹liquidiert› worden war. Der Kreml-Chef gierte förmlich nach Informationen aus Berlin, die sein neu ernannter Botschafter Jakow Suriz unbedingt beschaffen sollte.[32] «Gut gemacht, das ist großartig», kommentierte er im innersten Führungszirkel die Mordtaten Hitlers,[33] dem er nicht zuletzt deshalb als «Führer einer großen Bewegung» Anerkennung entgegenbrachte. Ob er darin allerdings eine Vorlage für den eigenen Großen Terror Mitte der 1930er Jahre erblickte, wie mitunter behauptet,[34] ist eher zu bezweifeln. Stalin hatte bereits kurz zuvor mit der Kollektivierung der Landwirtschaft, die eine desaströse Hungersnot nach sich zog, Millionen von Menschen in den sinnlosen Tod getrieben. Damit hatte er hinlänglich unter Beweis gestellt, dass er in Sachen brutaler Gewaltanwendung keinen Lehrmeister benötigte.

Im Gegenteil: Von Stalins Skrupellosigkeit war Adolf Hitler sichtlich beeindruckt – und das in Zeiten, in denen man dies am allerwenigsten erwartet hätte. Während an der deutschen Ostfront verlustreiche Kämpfe tobten, legte er darüber im August 1942 in seinen Monologen im Führerhauptquartier beredt Zeugnis ab. Da war einerseits die Rede von der «Bestie», die andererseits aber «immerhin [...] Format» besitze. Hitler pries Stalin als Giganten und bestätigte ihm Genialität. «Die sozialen Dinge sind ihm egal. Er lässt die Leute verrecken. Das ist ihm wurscht.» Hitler imponierte die «ungeheure Persönlichkeit». Verzückt gab er über seinen damaligen politisch-militärischen Hauptwidersacher von sich: «Ein richtiger Asket, der mit eiserner Faust dieses Riesenreich zusammengefasst hat. [...] An der Spitze ein Mensch, der sagte: Finden Sie den Verlust von 13 Millionen Menschen zuviel für eine große Idee?»[35]

Gewalt und die Bewunderung dafür, wie hemmungslos der politische Gegenspieler sie jeweils einzusetzen bereit war, ließen also beide Diktatoren hochachtungsvoll aufeinander blicken. Und genau das war es, was mit dazu beitragen sollte, dass sie sich zeitweilig einander annäherten und schließlich sogar bereitfanden, über alle ideologischen Unterschiede hinaus für immerhin 22 Monate zwischen August 1939 und Juni 1941 eng in einer Allianz der Gewalt zusammenzuarbeiten.

«Durch Blut gefestigte Freundschaft». Terror in Zeiten politischer Zusammenarbeit

Der Hitler-Stalin-Pakt und das Geheime Zusatz-Protokoll, in dem beide Diktatoren am 23. August 1939 ihre Einflusszonen in Osteuropa festgelegt hatten, machten Deutschland und die Sowjetunion zeitweilig zu Verbündeten von Terror und Gewalt. Polen bildete den Auftakt für diese besondere Allianz, die Stalin gegenüber Hitlers Außenminister Joachim von Ribbentrop als eine «durch Blut gefestigte Freundschaft»[1] gepriesen hatte.

Verdeckte Waffenbrüderschaft

An deren Anfang stand eine verdeckte Waffenbrüderschaft, die nicht erst mit dem 17. September 1939 begann, als die Rote Armee in Ostpolen einmarschierte. Bereits am Tag des Überfalls der Wehrmacht auf das östliche Nachbarland ersuchte der Generalstabschef der Luftwaffe in den Morgenstunden des 1. September 1939 das sowjetische Volkskommissariat für Telegrafie und Telefonie dringend um Navigationshilfe für seine Kampfflieger.[2]

Die verdeckte Kriegsallianz begann eigentlich aber noch früher, schon in den letzten Friedenstagen, als Hitlers Generale inmitten der hektischen Abschlussvorbereitungen ihres Polenfeldzugs steckten. Aufgeschreckt durch westliche Pressemeldungen über drastische Truppenreduzierungen der Roten Armee an der sowjetisch-polnischen Grenze, drängten Staatssekretär Ernst von Weizsäcker und Reichsaußenminister von Ribbentrop am 27. August 1939 darauf, diese Entscheidung der Kremlführung möglichst zu revidieren: «Jede in Erscheinung tretende Bedrohung Polens auch von russischer Seite her», so ihre Argumentation, würde «natürlich zur Entlastung im

Westen beitragen [...], ja [könnte] am Ende [die] Bereitwilligkeit [der Westmächte], Polen zu helfen, außerordentlich mindern.» Und Stalin reagierte ganz im Sinne seiner neuen Partner am 30. August mit einer offiziellen Erklärung der sowjetischen Nachrichtenagentur TASS. Darin wurden nicht nur die Berichte der westlichen Medien entschieden dementiert. Der Kremlchef entsprach ebenso dem Wunsch des deutschen Außenministers, die Meldung mit einer wirkungsvollen Drohung zu versehen, wenn es darin hieß, die sowjetischen Garnisonen an der Westgrenze aufzustocken.[3] Das wiederum sollte die strategischen Planungen der polnischen Armee erheblich durcheinanderbringen. Fortan konnten sie sich nicht mehr allein auf die Abwehr eines bevorstehenden deutschen Angriffskrieges konzentrieren.

Während das NS-Regime bei der Zerschlagung des verhassten polnischen Staates gerne von Anfang an offen mit der UdSSR militärisch kooperiert hätte, um in gemeinsamen Zangenoperationen die kämpfenden Polen rasch niederzuringen, hielt sich Stalin zunächst auffallend zurück. Denn für die sowjetische Intervention fehlte noch eine geeignete Legitimation, zumal die angeblich neutrale Sowjetmacht – anders als Deutschland – auf die Außenwirkung ihres Tuns genau bedacht bleiben musste. Erst als die symbolträchtige Hauptstadt Warschau unmittelbar vor dem Fall stand und sich der polnische Staat aufzulösen begann, war die Stunde des militärischen Eingreifens gekommen. Bis dahin unterstützte die UdSSR die deutsche Kriegführung zumeist nur propagandistisch-ideell. Die Komintern, die sich höchst irritiert über die fundamentale Kehrtwende der sowjetischen Außenpolitik gezeigt hatte, wurde von Stalin kurzerhand auf eine neue Propagandalinie eingeschworen. Dem «internationale[n] Proletariat» war es künftig untersagt, das nun als «faschistisch» stigmatisierte «Polen in Schutz zu nehmen». Darüber hinaus stellten sich der Moskauer Rundfunk und die dortige Presse zeitweilig in den Dienst deutscher Kriegsberichterstattung, wenn es darum ging, unter dem Deckmantel angeblich neutraler Sachlichkeit die internationale Öffentlichkeit über das Kriegsgeschehen und die innere Lage in Polen zu unterrichten.[4]

Mit dem 17. September 1939 aber veränderte sich die Lage grundlegend. An diesem Tag ging die Rote Armee schließlich auf die deutsche Forderung ein, sich aktiv an der Kriegführung zu beteiligen. Mit einer gewaltigen Militärmacht, die die Kampfkraft der nun verzweifelt an zwei Fronten ringenden polnischen Armee um ein Mehrfaches übertraf, rückten die Sowjets in Ostpolen ein. Spätestens jetzt musste aufmerksamen Zeitgenossen klar sein, dass die UdSSR eine Koalition der Gewalt mit dem NS-Regime eingegangen war. Und diese betrachtete den polnischen Staat als eine missliche Fehlkonstruktion der Versailler Nachkriegsordnung von 1919, die nun endgültig korrigiert werden sollte.[5]

In der öffentlichen Selbstdarstellung, vor allem aber gegenüber den Polen vermittelte die Sowjetunion allerdings ein vollkommen anderes Bild. Sie inszenierte sich hier nicht als Aggressor, sondern allein in der Rolle des Befreiers. In eiligst verfassten Flugblättern, die am Morgen des 17. September 1939 über Ostpolen massenhaft abgeworfen wurden, aber auch in der Radioansprache von Außenminister Molotow machte sich die UdSSR zum Anwalt der dortigen weißrussischen und westukrainischen Minderheiten, denen die «Hände brüderlicher Hilfe» gereicht werden sollten. Von Krieg, Besatzung oder gar Unterwerfung war keine Rede. Stattdessen stellte man angesichts der chaotischen inneren Verhältnisse in Polen Schutz und Ordnung als hoffnungsvolle Alternativen in Aussicht.[6] Mit dieser generellen Sprachregelung setzte sich Stalin schließlich auch zwei Tage später in einem gemeinsamen Kommuniqué mit den Deutschen durch, in dem beide Mächte sich öffentlich zu Garanten von «Ordnung und Ruhe» stilisierten und ankündigten, der «Bevölkerung Polens zu helfen, die Bedingungen seines [sic] staatlichen Daseins neu zu regeln».[7]

Doch dabei handelte es sich um gegenstandslose Beteuerungen, die vornehmlich die Widerstandskraft der Polen brechen sollten. Vorerst jedenfalls befand man sich noch im Krieg. Das wiederum machte gemeinsame Absprachen und Koordinierungen dringend erforderlich, die weit über rein technische Fragen hinausreichten. So hatten sich die Militärs beider Aggressoren darauf verständigt, arbeitsteilig vorzugehen. Die Wehrmachtführung sagte zu, diejenigen Gebiete, die dem Einflussbereich der UdSSR zugesprochen waren, vor der eigentlichen Übergabe von polnischen ‹Banden› zu befreien und sicherzustellen, dass dort keinerlei Provokationen oder Sabotageakte mehr verübt werden konnten. Umgekehrt verpflichtete sich die Rote Armee, kleineren deutschen Truppenverbänden operativ den Rücken freizuhalten. Versprengte polnische Kampftruppen oder Widerstandsgruppen, die die deutsche Front bedrohten, sollten kurzerhand vernichtet werden.[8]

Es blieb nicht bei bloßen Absichtserklärungen. Am 24. September 1939 etwa bewährte sich die «Waffenbrüderschaft», als nach deutschem Ersuchen beide Armeen in einer gemeinsamen, vom Kreml sanktionierten Militäraktion Teile der polnischen Streitkräfte bei Hrubieszow nordwestlich von Lemberg vernichteten und zahlreiche Gefangene machten. Verbände der Roten Armee schützten überdies die Verteidigungs- und Wirtschaftsanlagen in Ortschaften, die gemäß dem Geheimen Zusatzprotokoll für die Deutschen vorgesehen waren. Um der Wehrmacht zusätzliche operative Spielräume zu verschaffen, gewährte ihr die UdSSR Durchmarschrechte durch sowjetisches Territorium. Und selbstredend kümmerten sich die sowjetischen Militärs um verwundete deutsche Kameraden bzw. ließen nach vermissten Wehrmachtsangehörigen suchen. Insgesamt hatte sich die Militärallianz also bewährt. Der Polenfeldzug wurde dadurch nicht nur verkürzt, sondern verminderte zumindest aufseiten der Aggressoren deutlich deren Verlustzahlen: 11 000 deutsche, rund 700 sowjetische und über 120 000 polnische Gefallene lautete die traurige Bilanz des knapp fünfwöchigen ersten Blitzkrieges.[9]

Moskau zeichnete sich aber auch jenseits des polnischen Kriegsschauplatzes als verlässlicher Partner einer verdeckten Militärkoalition aus. Das galt besonders auf dem Gebiet der maritimen Zusammenarbeit. Mit Ausbruch der Kampfhandlungen am 1. September 1939 gewährte es deutschen Handelsfrachtern und Passagierschiffen, die nicht mehr rechtzeitig ihre Heimat erreicht hatten, Schutz und Ankererlaubnis in dem an der Barentssee nördlich des Polarkreises gelegenen Murmansk. Überhaupt diente dieser Hafen zeitweilig als Anlaufstelle für deutsche U-Boote und beherbergte bis zur Einnahme Norwegens im Jahre 1940 ein Werkstattschiff der deutschen Kriegsmarine. Murmansk, aber auch andere Hafeneinrichtungen der UdSSR rüsteten deutsche Hilfskreuzer aus. Und sowjetische Eisbrecher räumten nördliche Fahrtrouten frei, um Kaperschiffen der Deutschen die Kriegführung gegen die Alliierten im Pazifik zu erleichtern.[10]

Polen als gemeinsames Experimentierfeld des Terrors

Das Ende des Polen-Krieges Anfang Oktober 1939 brachte dem Land die vierte Teilung seit dem ausgehenden 18. Jahrhundert. Es verschwand abermals als eigenständiger Staat von der politischen Landkarte, mehr noch: An dessen Stelle errichteten Hitler und Stalin zwei totalitäre Besatzungsregime, die sogleich zu einem düsteren Laboratorium der Gewalt- und Vernichtungsexzesse pervertierten. Beide Diktatoren schufen sich hier – unter ideologisch freilich umgekehrten Prämissen und grundlegend anders als während der 1920er und frühen 1930er Jahre – einen ersten gemeinsamen Erfahrungsraum, der zugleich als Experimentierfeld des Terrors viel von dem vorwegnahm, was der Bevölkerung Osteuropas im Zuge eines erbarmungslos geführten weltanschaulichen Vernichtungskrieges zwischen Deutschen und Russen nach dem 22. Juni 1941 widerfahren und jene Großregion zu *Bloodlands* mit unvorstellbarem menschlichem Leid und gigantischen Opferzahlen machen sollte.

Die NS-Machthaber nutzten die deutsch-sowjetische Interessengemeinschaft zwischen 1939 und 1941, indem sie die territorialen Erwerbungen in Polen zur Basis ihrer «Lebensraum»-Politik erhoben. Die Sowjetmacht dagegen sah in ihren Gebietsgewinnen eine Chance zur Westerweiterung der «proletarischen Revolution».[11] In beiden Fällen waren die daran geknüpften ideologischen Konzepte mit massenhaften Zwangsmigrationen verbunden. Die dabei an den Tag gelegte Rücksichtslosigkeit und Willkür einte die botmäßigen Vollstrecker Hitlers und Stalins. Die deutschen Einsatzgruppen besaßen anfänglich allerdings noch nicht das Geschick und die Erfahrung der berüchtigten sowjetischen NKWD-Einheiten, die bereits während der Kollektivierung der Landwirtschaft in den frühen 1930er Jahren, spätestens aber in Zeiten des stalinistischen Massenterrors zwischen 1937 und 1938 ihr Mordhandwerk perfektioniert hatten. Doch dies sollte sich sehr schnell ändern. Nicht von ungefähr trafen sich im März 1940 Vertreter der Gestapo mit Mitarbeitern einer Sonderkommission des NKWD in Krakau, der damaligen Hauptstadt des den Deutschen unterstellten Generalgouvernements. Dabei zeigte sich insbesondere die deutsche Seite höchst interessiert an den Methoden der sowjetischen Geheimpolizei, die sie fortan auch in ihrem Teilungsgebiet, etwa bei der Bekämpfung von ‹Banden› oder der Zerschlagung des polnischen Untergrunds, anwenden wollte.[12]

Sosehr die Vorgehensweisen beider Teilungsmächte einander auch ähnelten, so unterschiedlich waren die Ziele, die sie mit der Unterwerfung Polens verbanden. Die UdSSR strebte nach sozialer Revolution, die sich gegen alles ideologisch Fremde richtete und den klassenkämpferischen Wahn einer «sozial ‹gereinigten› Welt» zum Maß aller Dinge erhob.[13] Erstmals seit 1917 und den gescheiterten Versuchen einer Weltrevolution bot sich ihr Gelegenheit, mithilfe der Deutschen nunmehr die stalinistischen Staats- und Lebensvorstellungen auf ein westliches Nachbarland zu übertragen. Die damit einhergehenden tiefen politisch-kulturellen Umwälzungen machten ein hohes Maß an Gewaltbereitschaft erforderlich. Rotarmisten und nachrückende NKWD-Truppen fanden in Ostpolen, aber auch bei der Annexion des Baltikums im Sommer 1940 Wirtschafts-, Gesellschafts- und Alltagsverhältnisse vor, die die zivilisatorischen Standards der vermeintlich überlegenen UdSSR weit in den Schatten stellten. Sowjetbürger und einfache Bauernsoldaten, die bis dahin noch nie fremdländischen Boden betreten hatten, mussten ernüchtert feststellen, dass die westukrainischen und weißrussischen «Klassenbrüder», die von der «Unterdrückung der Großgrundbesitzer und Kapitalisten» befreit werden sollten,[14] eigentlich keine Voraussetzungen dafür boten. In den eroberten Städten fanden Stalins Soldaten Geschäfte vor, deren Auslagen mit breitem Warenangebot aufwarteten. In Lemberg kauften und raubten sowjetische Militärs und Parteifunktionäre Luxusgüter, Delikatessen und Uhren. Und in den ländlichen Gebieten trafen sie erstmals in ihrem Leben auf Bauern, die nicht hungerten.

Die neuen sowjetischen Machthaber gewannen zwar weitere Territorien, doch begegnete ihnen die dortige Bevölkerung nicht mit Freundschaft und Sympathie. Am wenigsten galt dies für alteingesessene Eliten, die ihnen ausgesprochen misstrauisch entgegentraten. Es gab also berechtigte Gründe, an der Loyalität der Unterworfenen zu zweifeln. Allein deshalb war die Sowjetisierung Ostpolens – und später auch des Baltikums – stets von exzessiven Terror- und Verschleppungsmaßnahmen begleitet. Zwischen Februar und Juni 1940 mussten die einst zum polnischen Staatsverband zählende Westukraine und das westliche Weißrussland, die nach zweifelhaften Volksbefragungen bereits Ende Oktober 1939 in den sowjetischen Staatsverband eingegliedert worden waren, vier Deportationswellen über sich ergehen lassen. Über 325 000 Menschen waren davon betroffen, darunter einfache Landbewohner, Familienangehörige von polnischen Kriegsgefangenen, jüdische Flüchtlinge aus Mittel- und Westpolen. Sie alle wurden rücksichtslos und ungeachtet ihres Alters oder Gesundheitszustandes in Nacht- und Nebelaktionen in Viehwaggons verfrachtet. Nach mehrwöchigen Fahrten, die unter katastrophalen sanitären Verhältnissen bei schlechtester Versorgung zahlreiche Todesopfer forderten, endeten die Verschleppten in sibirischen oder zentralasiatischen Speziallagern des NKWD.

In einem Punkt unterschieden sich die sowjetischen Besatzer aber erheblich von ihren deutschen Allianzpartnern: Den Vertretern der Sowjetmacht, die sich als internationalistisch gerierte, fehlte das «Gefühl einer durchdringenden und diskriminierenden Verachtung, die Haltung des Übermenschen, die von den Deutschen so machtvoll inszeniert wurde». Gemeine Rotarmisten wirkten zumindest anfänglich eher verunsichert in ihrem Auftreten und zeigten mancherlei Ehrfurcht gegenüber dem, was sie unmittelbar vor Ort vorfanden. Ethnische oder gar rassistische Erniedrigungen, die sich in pogromartigen Ausschreitungen gegenüber der dortigen jüdischen Bevölkerung entladen hätten, spielten wenigstens offiziell keine Rolle im Alltag der sowjetischen Besatzungsmacht. Diese ging vielmehr dazu über, nach Beseitigung missliebiger Gesellschaftsschichten die verbliebenen Bevölkerungsteile zu klassenbewussten Sowjetbürgern umzuerziehen, verbunden mit Zwangsrekrutierungen von 30 000 bis 50 000 jungen wehrhaften Männern für die Rote Armee.[15]

Ganz anders wirkten dagegen die deutschen Okkupanten. Von Anfang an gebärdeten sie sich als ‹Herrenmenschen›, überzeugt davon, in einem von «minderwertigem Leben» besiedelten slawischen Land zu sein. Sie sahen sich allein einer an rassischen Kriterien orientierten nationalen Reinigungspolitik verpflichtet. In diesem Sinne widerfuhr den Menschen in jenen westpolnischen Gebieten, die sogleich in die zwei neuen Reichsgaue Danzig-Westpreußen und Wartheland bzw. in die Gaue Ostpreußen und Schlesien inkorporiert wurden, eine gnadenlose, von nationalen Demütigungen geprägte Germanisierungspolitik. Wer den strengen Rassenvorstellungen nicht entsprach, wurde im Rahmen brutaler Massenaussiedlungen in den Teil Polens vertrieben,[16] der unter dem verharmlosenden Begriff des Generalgouvernements in die Zuständigkeit des Juristen Hans Frank fiel, eines Schreibtischtäters und eingefleischten Nationalsozialisten der ersten Stunde, den die unterdrückten Zeitgenossen hinter vorgehaltener Hand als «Schlächter von Polen» bezeichneten.[17] Rund 460 000 polnische Staatsangehörige waren bis ins Frühjahr 1941 von Zwangsumsiedlungen betroffen. Weitere Deportationen standen an, wurden kriegsbedingt aber 1942 abgebrochen. Stattdessen erhöhte sich von da an das Kontingent polnischer Ostarbeiter, die man zu Sklavenarbeit ins Altreich verschleppte. Deren Zahl war annähernd so hoch wie die der ins Generalgouvernement vertriebenen Menschenmassen.[18]

Am grausamsten schlug die entgrenzte Gewalt im deutschen Teilungsgebiet Polens den Juden entgegen. SS und Einsatzgruppen, aber auch die Wehrmacht ließen ihrem Rassismus freien Lauf. Sie terrorisierten, quälten und mordeten hemmungslos in aller Öffentlichkeit.

«Durch Blut gefestigte Freundschaft»

Zumindest anfänglich schlug dabei noch das Kalkül zu Buche, Angst und Schrecken zu verbreiten, um unter der jüdischen Bevölkerung eine möglichst große Fluchtwelle nach Osten ins sowjetische Okkupationsgebiet auszulösen.[19] Doch zugleich bahnten sich bereits jene unglaublichen Verbrechen gegen die Menschlichkeit an, die wenig später ein geradezu unvorstellbares Ausmaß annehmen sollten, als die Deutschen in ihren entlegenen Besatzungsregionen des Ostens den industriell-organisierten Holocaust systematisch initiierten.

Bei allen politisch-ideologischen Unterschieden zwischen dem nationalsozialistischen und dem stalinistischen Okkupationsregime herrschte gegenüber dem unterworfenen Nachbarstaat in einem Punkt allerdings Konsens: Hitler und Stalin waren sich weitgehend einig, den polnischen Nationalismus ein für alle Mal zu brechen. Das jedenfalls verband sie über die Besatzungsgrenzen hinweg bei der Behandlung der dortigen Eliten. Ihre Geheimpolizeien identifizierten diese als Feinde, die gezielt bekämpft und eliminiert werden sollten. Schon wenige Tage nach Deutschlands Überfall auf Polen ordnete Reinhard Heydrich, der bald darauf das Reichssicherheitshauptamt leitete, am 7. September 1939 an, Polens Führungsschicht «unschädlich zu machen». Die einschlägigen Vorüberlegungen reichten zurück bis in den Frühsommer 1939, als im SD-Hauptamt Berlin eigens dazu ein Fachreferat eingerichtet worden war. Es erstellte im Rahmen des «Unternehmens Tannenberg» eine spezielle Fahndungsliste mit rund 61 000 Polen, die sofort nach Ausbruch der Kampfhandlungen zu ermorden waren. Am 21. September 1939 verfügte Heydrich schließlich, Offiziere, Lehrer und Geistliche ins Generalgouvernement, politisch und gesellschaftlich bis dahin aktive Polen dagegen in Konzentrationslager verschleppen zu lassen. Dieser Befehl bildete die Grundlage dafür, dass in nur knapp vier Monaten bis Dezember 1939 einige tausend Angehörige der polnischen Elite inhaftiert und danach getötet wurden. In einer erneuten Säuberungswelle schritt die Ausrottung der polnischen Führungsschicht weiter voran, bis Frühjahr 1940 fielen ihr fast 30 000 Personen zum Opfer. Ähnlich intendiert war im Frühjahr und Sommer 1940 die sogenannte Außerordentliche

Befriedungsaktion (Aktion A-B). Sie richtete sich gegen die Führung des polnischen Widerstands im Generalgouvernement und kostete rund 6500 Menschen das Leben.

Auf sowjetischer Seite zeichnete vornehmlich Stalins Geheimdienstchef Lawrentij Berija für vergleichbare Maßnahmen verantwortlich. Zwei Tage vor Einmarsch der Roten Armee in Ostpolen hatte er den NKWD-Spezialtruppen am 15. September 1939 einschlägige Operationsanweisungen erteilt. Sie hatten die Archive der gegnerischen Spionage und Gegenspionage sicherzustellen, die Übernahme der Gefängnisse vorzubereiten und in diesem Zusammenhang prophylaktisch Verhaftungslisten anzufertigen. Dabei sollten sie sich nicht allein von klassenkämpferischen Gesichtspunkten leiten lassen und etwa nur Aristokraten, Wirtschaftsführer oder Unternehmer systematisch erfassen. Das NKWD verfolgte ebenso wie seine deutschen Allianzpartner eine antipolnische Stoßrichtung. Nationale Kriterien gaben deshalb den Ausschlag, auch Vertreter von Polens Staatselite, darunter einflussreiche Politiker, Persönlichkeiten des gesellschaftlichen Lebens, hochrangige Militärs, wichtige Polizei- und Zivil-Beamte, zur Fahndung freizugeben.

Auf diese Weise wurden bis Juni 1941 ungefähr 110 000 polnische Staatsangehörige als «gesellschaftlich gefährliche Elemente» identifiziert, was kurzerhand deren Inhaftierung rechtfertigte. Etwa 300 Personen wurden sogleich erschossen und ihre Todesurteile zuvor von sowjetischen Tribunalen offiziell bestätigt. Weitere 10 000 Inhaftierte ereilte das gleiche Schicksal, als im Sommer 1941 nach dem deutschen Überfall auf die UdSSR feststand, dass sie nicht mehr rechtzeitig nach Osten evakuiert werden konnten. Unter die vom NKWD ermordete polnische Funktionselite fielen auch jene rund 25 000 Offiziere, Unteroffiziere und Staatsdiener, die am 5. März 1940 mit der sogenannten Katyń-Entscheidung als «erklärte Feinde der sowjetischen Gesellschaft» kurz darauf von Berijas Leuten in konzertierten Hinrichtungsaktionen unweit von Smolensk ermordet worden waren. Das Ganze hatte eine bemerkenswerte Parallele. Drei Tage zuvor, am 2. März 1940, hatte Hans Frank als Generalgouverneur des von den

Deutschen besetzten Polen eine ähnliche ‹Sonderaktion› angeordnet. Sie unterschied sich von der NKWD-Operation allein dadurch, dass sie weniger gut koordiniert umgesetzt wurde und abgesehen von geistigen Führern auch polnische Kriminelle zur Exekution vorgesehen hatte.[20]

Trotz aller Ähnlichkeit der von beiden Seiten angewandten Brutalität unterschieden sich die sowjetische und die deutsche Besatzungsmacht während der 22-monatigen Allianz der Gewalt aber in ihrem methodischen Vorgehen. Die nationalsozialistischen Machthaber verstanden ihr Terrorregime als demonstrativen Gewaltakt. Erst durch dessen offene Zurschaustellung versprachen sie sich wirkungsvolle Abschreckungserfolge. Es entsprang daher ihrer Logik, dass SS und Einsatzgruppen ihre Verhaftungsaktionen zumeist am helllichten Tage durchführten. Ebenso wenig wurden Hinrichtungen in Abgeschiedenheit, sondern nach vorheriger Bekanntmachung in der Regel öffentlich vollstreckt.

Die stalinistischen Gewalttäter verlegten sich dagegen auf ein Höchstmaß an Verschleierung. Menschen verschwanden unbemerkt, Deportationen und vorangegangene Verhaftungswellen erfolgten möglichst nachts, Exekutionen wurden hinter hohen Gefängnismauern, in speziell abgeschirmten Erschießungskellern oder in entlegenen Waldgebieten jenseits öffentlicher Aufmerksamkeit durchgeführt. Über den sowjetischen Terror wurde also – anders als bei den Nazis – das «Schweigen verhängt». Und «wer das Schweigen brach, konnte [schnell] selbst zum Opfer werden».[21]

Umgang mit jüdischen Flüchtlingen

Während der deutsch-sowjetischen Allianz zur Zerschlagung Polens gehörte die jüdische Bevölkerung zu den Hauptleidtragenden der ersten Stunde. Bereits unmittelbar nach Abschluss der Kampfhandlungen bahnte sich hier eine schicksalhafte Entwicklung an, in der die UdSSR als ihrem Anspruch nach antifaschistischer Staat eine zutiefst unwürdige Rolle spielte. Daran änderte auch wenig, dass zahlreiche

Betroffene die sowjetische Besatzung im Vergleich zu den Vorgängen innerhalb der von Deutschland beherrschten Territorien, die ausnahmslos einer unbarmherzigen Mordwelle gegen alles Jüdische ausgesetzt waren, als «das kleinere von zwei Übeln» empfanden.[22]

Den Hintergrund des Geschehens bildeten umfangreiche Umsiedlungsaktionen und die Frage des Flüchtlingsaustausches, der spätestens als Teil eines bilateralen Grenz- und Freundschaftsvertrages zwischen den beiden Koalitionären am 16. November 1939 vereinbart worden war. Bei der Aussiedlung deutschstämmiger Wolhynier etwa, die im sowjetischen Teil Ostpolens lebten und nun im Wartheland oder Altreich eine neue Heimstatt finden sollten, vollzog sich die Zusammenarbeit von deutschen und sowjetischen Dienststellen verhältnismäßig reibungslos. Das galt ebenso umgekehrt für die Umsetzung von Ukrainern und Weißrussen, die sich im deutschen Interessenbereich Polens befanden.[23]

Bei den Hunderttausenden Juden, die allein im sowjetischen Teilungsgebiet auf Schutz vor den Deutschen hofften und sich deshalb scharenweise nach Osten absetzten, lagen die Verhältnisse dagegen anders. Von Anfang an begegneten ihnen die neuen Machthaber mit erheblichem Misstrauen. Von solidarischem Internationalismus oder gar Mitleid konnte keine Rede sein. Wer schließlich bleiben durfte, wurde sogleich dem immensen Anpassungsdruck des stalinistischen Regimes ausgesetzt, was eine bedingungslose Aufgabe aller spezifisch jüdischen Traditionen und Lebensformen, im Extremfall sogar die – bereits erwähnte – sibirische oder kasachische Verbannung nach sich zog. Letzteres erwies sich für manch einen, so bitter es klingen mag, im Nachhinein als Segen. Denn die Chancen, dort trotz aller unmenschlicher Bedingungen zu überleben, waren weitaus höher als in den ostpolnischen Gebieten, die nach dem nationalsozialistischen Überfall auf die Sowjetunion am 22. Juni 1941 allesamt Teil des erweiterten deutschen Okkupationsregimes wurden.[24]

Im Grunde genommen zeichnete sich von Anfang an schnell und unmissverständlich ab, dass die Sowjetunion ebenso wenig Interesse an jüdischen Emigranten hatte wie das NS-Regime. Entlang der deutsch-sowjetischen Demarkationslinie spielten sich in dieser Hinsicht Dramen und unglaubliche Abschiebungsszenarien ab. Beide Seiten überboten sich geradezu in ihren Bemühungen, gegen die jeweilige jüdische Bevölkerung drastisch vorzugehen. Den regulär vereinbarten Umsiedler-Trecks, die allein Deutschstämmigen, Ukrainern oder Weißrussen vorbehalten waren, schoben sie immer wieder gegenseitig jüdische Flüchtlinge unter. Hunderte, gar Tausende Juden irrten überdies schutzlos im deutsch-sowjetischen Grenzgebiet umher. Am 5. Dezember 1939 meldete der Oberbefehlshaber der Wehrmacht, Generaloberst Wilhelm Keitel, an das Auswärtige Amt in Berlin: «Praktisch gesprochen gehe die Sache so vor sich, daß z. B. an einem stillen Ort im Walde tausend Juden über die russische Grenze abgeschoben würden; 15 km davon kämen sie wieder zurück, wobei der betreffende russische Befehlshaber den deutschen nötigen wolle, den Schub wieder anzunehmen.»[25]

Derartige Vorgänge rissen nicht ab. Noch in der zweiten Dezemberhälfte 1939 monierte der Stellvertretende sowjetische Volkskommissar für Auswärtige Angelegenheiten, Wladimir Potemkin, gegenüber Friedrich Werner Graf von der Schulenburg, dem deutschen Botschafter in Moskau, die zahllosen gewaltsamen Vertreibungen und illegalen Abschiebungen von Juden. Dabei kam es häufig vor, wie Potemkin klagte, dass die Grenzschützer leichtfertig von der Waffe Gebrauch machten: «Am 10. November im Bezirk von Przemysl 1268 Juden, von denen 450 dem Stab deutscher Armee Hauptmann Puhle zurückgegeben wurden. Auf den sowjetischen Versuch, auch den Rest zurückzugeben, eröffneten deutsche Grenzbeamte Feuer, wobei von den ersten 30 Flüchtlingen 20 erschossen wurden.»[26]

Aber auch umgekehrt widersetzten sich die deutschen Dienststellen hartnäckig den fragwürdigen Versuchen der sowjetischen Grenz- und Sicherheitsorgane, ihre ostpolnische jüdische Bevölkerung loszuwerden, im wahrsten Sinne des Wortes zu entsorgen. Noch Ende April 1940 beklagte sich Gebhardt von Walter, der als Beauftragter im Auswärtigen Amt die Aufnahme von Flüchtlingen koordinierte, heftig darüber, wie sehr «die UdSSR in erster Linie Juden anbiete; sie habe bereits bemängelt, dass das Reich diese nicht annehme». Die deutsche Seite entgegnete daraufhin entschieden, nicht dazu verpflichtet zu sein. Denn die einschlägigen Vereinbarungen hätten sie berechtigt, lediglich 60 000 Flüchtlinge auszuwählen. Die dahinterstehende Botschaft war eindeutig: Deutschland betrachtete diese Kooperation als eine leidige Angelegenheit und wollte die Zahl jüdischer Rückkehrer unter allen Umständen möglichst gering halten.[27] Das galt umso mehr, als das sowjetische NKWD sich kategorisch weigerte, jene Juden wieder aufzunehmen, die nach dem 17. September 1939 im Zuge des Vorrückens der Roten Armee durch Ostpolen in die westlichen Landesteile geflohen waren. Es sprach dabei für die Kälte der stalinistischen Geheimpolizei, wenn in diesem Zusammenhang etwa der damalige Unterhändler Wladimir Jegnarow im Januar 1940 seinem deutschen Gesprächspartner, SS-Führer Otto Gustav Wächter, dem damaligen Gouverneur des Distrikts Krakau, frei heraus zu verstehen gab, die Deutschen «würden schon andere Wege finden, die[se] Juden zu beseitigen».[28]

Antifaschisten als Stalins Morgengabe an Hitler?

Zu den ebenso bitteren Ereignissen jener Zeit zählte das Schicksal zahlreicher deutscher NS-Gegner, die nach der nationalsozialistischen ‹Machtergreifung› Schutz vor Verfolgung in der sich antifaschistisch gerierenden UdSSR gesucht hatten. Viele von ihnen waren, ungeachtet der erbitterten Gegnerschaft zum NS-Regime, in den Jahren 1937 und 1938 während der sogenannten Deutschen Operation in die Fänge des NKWD geraten, was sie zu Opfern des stalinistischen Massenterrors machte. Die überwiegend frei erfundenen Anschuldigungen, derer sie sich erwehren mussten, muteten angesichts ihres Emigrantendaseins geradezu absurd an. Oft unterstellte man ihnen Terror-, Diversions- oder Sabotageakte im Auftrag der Gestapo und stigmatisierte sie damit zur fünften Kolonne des NS-Regimes. Und das wiederum zog im Extremfall die Todesstrafe, ansonsten in aller Regel langjährige Lagerhaft oder die Verbannung nach sich.[29]

Eine leidvolle doppelte Diktaturerfahrung machte in dieser Hinsicht Margarete Buber-Neumann. Die KPD-Delegierte und Lebensgefährtin des prominenten deutschen Kommunisten Heinz Neumann, der 1937 von einem sowjetischen Militärkollegium zum Tode verurteilt und hingerichtet worden war, wurde noch im selben Jahr verhaftet und nach Sibirien deportiert. Im Februar 1940, gut ein halbes Jahr nach Unterzeichnung des Hitler-Stalin-Paktes, erlebte sie urplötzlich mit anderen Verfolgten des Naziregimes ihre Auslieferung an Deutschland. Für die unmittelbar Betroffenen stellte sich die Abschiebung über die Bug-Brücke von Brest, wo seit der Zerschlagung Polens nunmehr die neue deutsch-sowjetische Staatsgrenze verlief, als unfassbarer Verrat Stalins an den deutschen antifaschistischen Politemigranten dar. Sie erblickten darin in erster Linie eine Morgengabe des sowjetischen Diktators an Hitler: Stalin hatte sich in dieser Lesart zu dessen Erfüllungsgehilfen degradiert, der um den Preis guter bilateraler Beziehungen den Kommunistenhass der Nationalsozialisten zu befriedigen suchte, indem er einstige ideologische Verbündete und Weggefährten leichtfertig opferte. Denn auf westlicher Seite wurden diese sogleich von Vertretern der Gestapo oder SS in Empfang genommen. Buber-Neumann selbst gelangte über Lublin, wo sie vorübergehend in Gestapohaft war, zunächst in eine weitere Zwischenstation, ein Berliner Durchgangsgefängnis. Weil man ihr unterstellte, im Falle einer Freilassung kommunistische Untergrundarbeit zu leisten, wurde sie kurzerhand zu ‹Sicherheitsverwahrung›, und d. h. zu KZ-Haft verurteilt. Am 2. August 1940 überstellte man sie in das größte Frauen-Konzentrationslager Ravensbrück bei Fürstenberg an der Havel, wo sie bis Kriegsende überlebte. Vor diesem Hintergrund betrachtete sie sich zu Recht «als Gefangene bei Hitler und Stalin».[30]

Buber-Neumann blieb kein Einzelfall. Ein ähnliches Schicksal widerfuhr dem ungarischen Juden Arnold Klein, der vor seiner Emigration ein hochrangiges KPD-Mitglied des Bezirkssekretariats Ruhr war und schon im Dezember 1939 im Zuge einer Auslieferungsaktion unter dem Pseudonym Hans Blohm den deutschen Sicherheitsorganen übergeben wurde. Diese zeigten zunächst geringes Interesse an ihm, weil er Jude war. Als sich allerdings herausstellte, dass die UdSSR den früheren stellvertretenden Chef des antimilitärischen Apparates der KPD überstellt hatte, der seinerzeit mit nachrichtendienstlichen Aufgaben betraut gewesen war, sah die Gestapo von einer weiteren Abschiebung nach Ungarn ab, brachte ihn unter Folter zu umfangreichen Geständnissen über den geheimen KPD-Apparat an der Ruhr, bevor sie ihn 1942 ins Gefängniskrankenhaus Düsseldorf einlieferte, wo er schließlich verstarb.[31]

Auch einstige österreichische Kommunisten entgingen nicht der Aufmerksamkeit der Geheimen Staatspolizei, sobald sie aus der UdSSR in deutschen Einflussbereich gelangt waren. Franz Koritschoner, ein proletarischer Internationalist der ersten Stunde, Mitbegründer der KPÖ und Parteiveteran, wurde am 7. April 1941, knapp zwei Monate vor dem deutschen Angriff auf die UdSSR, vom NKWD aus einem Lager im nördlichen Polarkreis der UdSSR geradewegs der Gestapo in Lublin ausgehändigt. Diese schaffte ihn sogleich nach Wien in die dortige Staatspolizeizentrale, wo man ihn brutal misshandelte. Am 7. Juni 1941 schließlich wurde er in das Vernichtungslager Auschwitz verschleppt und dort tags darauf ermordet.[32]

Lässt sich daraus nun schließen, dass Stalin in den Jahren der deutsch-sowjetischen Zusammenarbeit zwischen dem 23. August 1939 und dem 22. Juni 1941 gezielt, systematisch und umfangreich deutschsprachige Antifaschisten an seinen zeitweiligen Verbündeten auslieferte, wobei er deren schreckliches Schicksal billigend in Kauf nahm? Basierte dies gar auf festen Abmachungen mit dem NS-Regime, sodass man – wie seinerzeit zahlreiche Opfer mutmaßten – in dieser Hinsicht von einer Morgengabe an Hitler sprechen konnte? Seit Dezember 1939 waren immerhin etwas mehr als die Hälfte der Ausgewiesenen Mitglieder der KPD, der KPÖ oder anderer sozialistischer Organisationen. Gleichwohl zeichnet die neuere archivgestützte Forschung ein differenzierteres Bild. Sie relativiert die Erinnerungsberichte der einstigen kommunistischen Opfer wie etwa den von Margarete Buber-Neumann. Deren begrenzte Einblicke ins damalige Geschehen jedenfalls lassen die seinerzeit verabsolutierten Schlussfolgerungen – etwa die der Morgengabe, die gar an deutsche Gegenleistungen geknüpft gewesen sei – so nicht zu. Unter den im gesamten Paktzeitraum rund 300 abgeschobenen Personen finden sich auch «unpolitische und national orientierte Wirtschaftsemigranten» ebenso wie Russlanddeutsche und frühere Weltkriegsgefangene.

Gerade für diese Kreise setzte sich das Auswärtige Amt zusammen mit der Deutschen Botschaft Moskau bereits seit 1937 im Sinne der konsularischen Fürsorgepflicht besonders ein. Das galt vor allem dann, wenn sie als deutsche Staatsbürger unmittelbar vom stalinistischen Massenterror betroffen waren. Das Ersuchen um deren Abschiebung und Auslieferung war deshalb kein spezielles Phänomen, das sich allein auf die Phase des Hitler-Stalin-Paktes erstreckte. Berücksichtigt man überdies, dass auch nach dem 23. August 1939 die überwiegende Mehrheit hochrangiger deutscher KP-Funktionäre in sowjetischer Lagerhaft verblieben, kann keinesfalls von einer gezielt zwischen den beiden Diktatoren arrangierten Preisgabe deutscher Kommunisten oder Antifaschisten gesprochen werden.

Dass sich unter den vom NKWD abgeschobenen Deutschen immer wieder antifaschistische Politemigranten fanden, war während der deutsch-sowjetischen Allianz «eher Zufall als Zugeständnis». Die von den Reichsbehörden «gewünschten» und oftmals in umfangreichen Listen namentlich erfassten deutschen Staatsbürger standen aufgrund des exzessiven NKWD-Terrors der ausgehenden 1930er Jahre oftmals nicht mehr alle zur Verfügung. Sie waren zum Teil ermordet oder konnten einfach nicht aufgefunden werden. Da für die stalinistische Führung die in zahllosen Arbeitslagern dahinvegetierenden Deutschen generell keinen hohen Wert besaßen – in der Logik des Massenterrors waren sie allesamt Volksfeinde –, wollte man in dieser Frage keinesfalls unnötig die diplomatischen Beziehungen zu Deutschland gefährden. Und so kompensierte das NKWD mancherlei «Lieferlücken», indem es diese nicht gezielt, sondern wahllos durch antifaschistische Politemigranten auffüllte. Die ohnehin hoffnungslos überfüllten sowjetischen Gefängnisse wurden dadurch kurzerhand entlastet. Man entledigte sich alles Fremden, «in diesem Falle der Ausländer», und stärkte zugleich den Sowjetstaat.[33] Zeiten des Terrors bildeten damit abermals den Rahmen für eine deutsch-sowjetische Zusammenarbeit. Das Gewaltpotenzial eskalierte und sollte beide Regime schließlich gegeneinander aufs Schlachtfeld führen.

Schlachtfeld der Diktatoren.
Weltanschaulicher Vernichtungskrieg

«Doch das Schlimmste hatte ich noch vor mir – das Schlimmste war Stalingrad [...]. In Stalingrad gab es kein Gramm Erde mehr, das nicht mit menschlichem Blut getränkt war. Mit russischem und deutschem Blut [...]», erinnerte sich Garde-Unteroffizierin Tamara Stepanowa Umnjagina noch Jahrzehnte später. Als Sanitätsinstrukteurin der Roten Armee sollte sie von der ersten Stunde des deutsch-sowjetischen Krieges an bis dahin unvorstellbare Schrecken auf dem Boden ihres Landes miterleben. Die Bilder, die sich ihr ins Gedächtnis einbrannten, gingen nie mehr verloren: Kinder, die von deutschen Panzern in den ersten Tagen nach dem Überfall der Wehrmacht am 22. Juni 1941 rücksichtslos überrollt worden waren und von denen nichts mehr übrig blieb, die im wahrsten Sinne des Wortes ausgelöscht wurden; schwerstverletzte Rotarmisten, die im Angesicht des Todes ängstlich flehen, lieber erschossen als im Chaos des überstürzten Rückzugs den heranstürmenden Deutschen schutzlos ausgeliefert zu werden. Von diesen Bildern «könnte man heute verrückt werden», so Umnjagina rückblickend. «Aber im Krieg hielten die Menschen aus ... Verrückt wurden sie erst nach dem Krieg ...»[1]

Für die Russen und die damaligen Völker der Sowjetunion ging das grauenhafte Gemetzel als «Großer Vaterländischer Krieg» in die Geschichte des 20. Jahrhunderts ein. Stalin, dessen Regime zeitweilig am Abgrund stand, hatte ihn in einer ergreifenden Radioansprache an die «Genossen! Bürger! Brüder und Schwestern!» am 3. Juli 1941 zum patriotischen Überlebenskampf erklärt.[2] Dabei setzte er ganz bewusst auf jene mobilisierenden Kräfte, die im Jahre 1812 Napoleon durch seinen Überfall auf Russland in der Gesellschaft entfaltet hatte. Der Diktator wähnte sich – fast auf den Tag genau – 129 Jahre später in einer vergleichbaren Situation. Im damaligen «Vaterländischen Krieg» war es der gemeinsame Feind, der in der schwersten Stunde der Heimat Menschen von unterschiedlichstem sozialem Stand zusammenschweißte. Damals kämpfte der aristokratische Offizier Schulter an Schulter mit dem einfachen russischen *Muschik* und dem Leibeigenen, um der Streitmacht des Aggressors – am Ende erfolgreich – die Stirn zu bieten. Leo Tolstoj, Russlands großer Romancier, hat diesen Menschen in seinem Monumentalwerk «Krieg und Frieden» ein literarisches Denkmal gesetzt.

Diesmal hieß der Gegner nicht Frankreich, sondern Deutschland. Und mit diesem hatte man noch bis zur allerletzten Minute vor dem Losschlagen der Wehrmacht eng zusammengearbeitet. Während im Morgengrauen des 22. Juni 1941 die deutschen Truppen in ihren Ausgangsstellungen angespannt auf das Signal zum Angriff warteten, rollten noch Güterzüge der sowjetischen Staatsbahn mit Rohstoffen und Industriewaren – in treuer Erfüllung bestehender Wirtschaftsvereinbarungen und ganz im Geiste des bilateralen Freundschaftsvertrags vom September 1939 – über die sowjetisch-deutsche Demarkationslinie in Richtung Westen.[3]

Vorbereitungen des deutschen Aggressors

Im Unterschied zu den vorangegangenen Blitzkriegen seit September 1939 war der Überfall auf die Sowjetunion von vornherein als weltanschaulicher Vernichtungskrieg konzipiert.[4] Das wiederum setzte zwingend voraus, noch vor dem eigentlichen Angriffstermin die Kampftruppen innerhalb kürzester Zeit auf ein gnadenloses militärisches Vorgehen und die SS- und Polizei-Verbände, die das eroberte Hinterland absichern sollten, auf ein gewaltsames Besatzungsregime einzuschwören. Die Grundlage lieferte ein Regelwerk, das sämtliche bis dahin bestehenden Auflagen des humanitären Völkerrechts, festgeschrieben in der Haager Landkriegsordnung und den Genfer Konventionen, außer Kraft setzte.[5]

Bereits am 30. März 1941 hatte Hitler die engste Militärführung mit der rassenideologischen Zielsetzung seines avisierten Ostkrieges vertraut gemacht: ein «Vernichtungskampf», der jegliches «soldatische[s]

Kameradentum» mit dem Feind kategorisch untersagte und der zur Ausrottung der «bolschewistischen Kommissare und der kommunistischen Intelligenz» aufrief. Und die Mehrzahl der Militärs akzeptierte dies widerspruchslos. Sie machte sich weitgehend mitschuldig an den Gräueltaten, die der UdSSR und ihrer Bevölkerung bevorstanden. Gut zwei Monate nach der Unterredung hatte das Oberkommando der Wehrmacht diese Überlegungen am 6. Juni 1941 in einem speziellen «Kommissarbefehl» zusammengefasst. Grundsätzlich sollten alle Politoffiziere der Roten Armee sofort nach ihrer Festnahme exekutiert werden. Zudem wurde angeordnet, sämtliche aufgegriffenen bolschewistischen Staats- und Parteifunktionäre unverzüglich den SS-Einsatzgruppen zu überstellen, was ebenfalls auf deren physische ‹Liquidierung› hinauslief.[6]

Zuvor war vom Führerhauptquartier am 13. Mai 1941 ein Erlass über die Militärgerichtsbarkeit herausgegeben worden. Er versetzte das künftige sowjetische Besatzungsgebiet der Deutschen in einen mehr oder weniger rechtsfreien, von Willkür geprägten Raum. Offiziere der Wehrmacht wurden dazu angehalten, vermeintlich renitente Zivilisten ohne ordentliches Gerichtsverfahren umgehend zu erschießen. Ganze Ortschaften liefen Gefahr, derartigem kollektiven Terror ausgesetzt zu werden. Am 23. Juli 1941, der erbitterte Kampf tobte bereits seit einem Monat, wurde die Anweisung angesichts erster praktischer Kriegserfahrungen noch verschärft. Eine ergänzende Weisung von Alfred Jodl, dem Chef des Wehrmachtführungsstabes im Oberkommando der Wehrmacht, ordnete für den Frontbereich an, die eroberten Ostgebiete zusätzlich dadurch abzusichern, dass die «Besatzungsmacht denjenigen Schrecken verbreitet, der allein geeignet ist, der Bevölkerung jede Lust zur Widersetzlichkeit zu nehmen [...]». Die Angehörigen des Ostheeres hatten nichts zu befürchten, wenn sie sich in den Dienst dieser verbrecherischen Befehle stellten. Denn Übergriffe gegen die sowjetische Zivilbevölkerung unterstanden fortan keiner deutschen Strafverfolgung.[7]

Der geplante Angriffskrieg war von Anfang an in vollkommener Verblendung als Blitzkrieg angelegt, der nicht länger als drei Monate dauern sollte. Folglich hatte man für dieses Unternehmen keine Tiefenrüstung vorgesehen, von spezieller Winterausrüstung ganz zu schweigen. Auch in logistischer Hinsicht sah sich die Wehrmachtsführung kaum dazu in der Lage, ihre Kampfverbände durchgängig und angemessen zu versorgen. In Nachschubfragen war vielmehr permanente Improvisation verlangt. Die rücksichtslose ökonomische Ausbeutung der UdSSR und dortiger Kriegsgefangener nicht nur für die Zwecke des Deutschen Reiches, sondern auch zur Versorgung der kämpfenden Truppe, gehörte daher ganz im Sinne des Wortes «der Krieg ernährt den Krieg» zu den wirtschaftspolitischen Grundlagen des «Unternehmens Barbarossa».

Ob und inwieweit die sowjetische Zivilbevölkerung von derartigen Maßnahmen betroffen sein würde, interessierte die Planer des Krieges wenig. Sie nahmen im Gegenteil den Hungertod und die Versklavung von Millionen unschuldiger Zivilisten bewusst in Kauf. Auf diese Weise ließen sich ideal die «rassisch unerwünschten Teile der Bevölkerung verschrotten», wie es kurz darauf im Jargon der Verwaltungsspezialisten des Reichsministeriums für die besetzten Ostgebiete lapidar hieß. Damit war zugleich der erste Schritt zum systematischen Genozid der im künftigen Hoheitsgebiet der Wehrmacht lebenden sowjetischen Juden vollzogen – und das umso mehr, als Reinhard Heydrich, der Chef des Reichssicherheitshauptamtes, vor Kriegsbeginn befohlen hatte, «nach dem Einmarsch die [vornehmlich jüdische] Führungsschicht des Bolschewismus zu liquidieren».[8] Die Entgrenzung der Kriegführung, die bereits feststand, bevor überhaupt ein Schuss gefallen war, lieferte dafür die geeigneten Voraussetzungen.

«... und auf einmal: Krieg»!

22. Juni 1941: «Ein stiller Sommertag», notierte Olga Freudenberg, eine Leningrader Professorin für Altphilologie, die sich an diesem Morgen nach Erholung sehnte. «Die Fenster [waren] weit offen, ein schöner, geruhsamer Sonntag, die Seele in Einklang mit dem Leben.

Schlachtfeld der Diktatoren

Hoffnungen und Wünsche gleichsam etwas Objektives, von außen in einen hineingewachsen – und auf einmal: Krieg! Man konnte es nicht glauben, wollte es nicht.»[9] Die Bevölkerung der UdSSR erfuhr davon erst offiziell gegen Mittag. Es war Außenminister Molotow – und nicht, wie man erwartet hätte, der große *Woschd* (Führer) Josef Stalin –, der seinen erschütterten Landsleuten über Radio Moskau die unglaubliche Nachricht vom Kriegszustand mit Deutschland mitteilte.[10]

Unterdessen tobten über 1000 Kilometer weiter westlich von Olga Freudenberg bereits seit den frühen Morgenstunden erbitterte Abwehrkämpfe der Roten Armee. Die gesamte sowjetische Westfront befand sich in einem chaotischen Zustand – ein wahres Inferno, nachdem die deutsche Wehrmacht und ihre Verbündeten den Überfall mit gewaltigem Artilleriebeschuss, unterstützt durch massive Bombardements der Luftwaffe, eingeleitet hatten. Eine gigantische Militärmaschinerie von drei deutschen Heeresgruppen setzte sich im Aufmarschgebiet in Bewegung. Das Rückgrat bildete die Infanterie. 3,3 Millionen Mann standen unter Waffen. Sie verteilten sich auf insgesamt 210 Divisionen – unterstützt durch 3350 Panzer, 2700 Flugzeuge, 600 000 Fahrzeuge und rund 750 000 Pferde – entlang einer mehr als 3000 Kilometer langen Frontlinie, die sich von der Ostsee bis zum Schwarzen Meer erstreckte. Flankenschutz erhielten sie durch alliierte Verbände aus Italien, Ungarn, Kroatien, Rumänien, Finnland und der Slowakei. Vorerst besaßen diese aber eher nachgeordnete Bedeutung.[11]

Der Angriff der selbstbewussten Achsenmächte traf für sich genommen auf einen zahlenmäßig übermächtigen Verteidiger. 5,3 Millionen Rotarmisten konnten mit 25 000 Panzern, mehr als 115 900 Artilleriegeschützen und 18 000 Kampfflugzeugen auf ein gewaltiges Waffenarsenal zurückgreifen. Etwa die Hälfte davon hatte man jeweils an der Westgrenze des Landes stationiert. Ebenso enorm waren die personellen Reserven. Sie beliefen sich auf rund 12 Millionen Mann.

Und dennoch war diese gewaltige Streitmacht alles andere als kriegsbereit. Schon der sowjetische Einmarsch in Polen im September 1939, mehr aber noch der sowjetisch-finnische Winterkrieg von 1939/40 hatten den desaströsen Ausbildungsstand und die mangelnde Schlagkraft der Armee schonungslos offengelegt.[12] Spätestens unter dem Ansturm von Hitlers Invasionsheer zeigte sich, wie sehr die Rote Arbeiter-und-Bauern-Armee unter den traumatischen Folgen des Großen Terrors noch immer zu leiden hatte. Ihre brillantesten Führungsköpfe vom Marschall bis zum Regimentskommandeur zählten 1938 zu den Opfern von Stalins Säuberungswahn. Sie waren entweder aus dem Dienst entlassen, verhaftet oder schlimmstenfalls hingerichtet worden. Junge, unerfahrene und niedere Offizierskader rückten nach. Doch unter dem Eindruck des soeben Erlebten zeichneten sie sich nicht gerade durch Eigeninitiative oder Entscheidungsfreudigkeit aus. Das sollte sich auf den Schlachtfeldern des Sommers 1941 als fatal erweisen.[13]

Während die deutschen Truppen in glühender Sommerhitze vorrückten und dabei die sowjetischen Einheiten durch verstaubte Landschaften vor sich hertrieben – innerhalb einer Woche konnten sie zum Teil bis zu 400 Kilometer tief ins gegnerische Territorium eindringen – waren die Verteidiger kaum in der Lage, eine stabile Abwehr aufzubauen. «Die russische Armee ist buchstäblich aus ihren Betten geschossen worden. So wurde überhaupt noch nie eine überrascht, alle lagen im Quartier u. schliefen und mußten fast im Hemde heraus», berichtete General Gotthard Heinrici, dessen Armeekorps am 22. Juni 1941 erfolgreich über den Bug gesetzt hatte und auf die Beresina in Richtung Osten zumarschierte.[14]

Dass der Überfall gelungen war, lag aber nicht ausschließlich am Überraschungsmoment. Der Truppenaufmarsch an der gemeinsamen Staatsgrenze hatte sich über Wochen hingezogen und ließ sich kaum verbergen. Was die Kriegführung der Deutschen zumindest anfangs erheblich begünstigte, war die eklatante Führungsschwäche der Staats- und Parteispitze in Moskau, allen voran Stalins. Der sowjetische Diktator, auf den alle Entscheidungsträger erwartungsvoll starrten, gab dabei alles andere als eine klare Orientierung. Vielmehr zeichnete sich sein Führungsstil in den ersten Tagen und Wochen nach dem 22. Juni 1941 durch blinden Aktionismus aus, der zwischen Panikreaktionen und Apathie oszillierte. Nicht genug, dass er die Angriffsvorbereitungen Hitlers im Vorfeld konsequent ignoriert hatte, weil er sie einfach nicht wahrhaben wollte. Schwerer wog die Tatsache, dass er in dem Moment, als entschlossenes Handeln erforderlich war und die verteidigende Truppe an der Westfront auf klare Weisungen aus dem Kreml wartete, auf ganzer Linie versagte.

Noch in den ersten Stunden des Krieges mahnte er zur Vorsicht und ordnete an, keinerlei Gegenmaßnahmen zu ergreifen. Als die sowjetische Front unter den Schlägen der deutschen Blitzkrieg-Strategie zusammenzubrechen und eine militärische Katastrophe sich anzubahnen drohte, erteilte er gar den Befehl, diese ohne Rücksicht auf Verluste unter allen Umständen zu halten und zur Gegenoffensive überzugehen. Stalin glänzte durch grandiose Selbstüberschätzung, die jeglichen militärischen Sachverstand vermissen ließ. Die höchsten Militärs ebenso wie die Mitglieder des Staatskomitees für Verteidigung nahmen dies verantwortungslos hin. Mehr noch: Aus Furcht vor möglichen Repressalien bestärkten sie Stalin geradezu, umschmeichelten ihn, rühmten dessen geniale Führungsstärke und Weitblick.

Das Kriegshandwerk und damit das Schicksal der erbittert kämpfenden Truppe an der sowjetischen Westfront lagen zunächst also in den Händen eines militärischen Dilettanten.[15] Dessen Selbstherrlichkeit – erst ab Herbst 1942 nahm Stalin sich zusehends gegenüber den professionellen Militärs zurück – ähnelte zumindest anfänglich in mancherlei Hinsicht dem Verhalten seines deutschen Herausforderers. Auch Hitler dominierte inzwischen das operative Geschäft seiner Militärführung und sollte davon nicht mehr ablassen. Die deutsche Generalität drängte auf eine Entscheidungsschlacht. Der sowjetische Koloss auf tönernen Füßen sollte über einen Vorstoß ins politisch-administrative Herz Moskau zum Einsturz gebracht werden. Der «Führer» hingegen setzte sich mit seiner Vorstellung durch, vorrangig die begehrten Industrie- und Rohstoffzentren des Sowjetimperiums zu erobern.[16]

Nicht nur Kräfte wurden darüber verzettelt, auch wichtige Zeit ging verloren, was am Ende der Dynamik des deutschen Feldzuges den kriegsentscheidenden Schwung nehmen sollte. Denn spätestens im Herbst hatten bereits einige hochrangige deutsche Frontoffiziere erkannt, dass sie längst keinen Blitzkrieg mehr führten. «Ich bin überzeugt», so General Heinrici am 1. September 1941 in einem ernüchternden Feldpostbrief an seine Ehefrau, «daß dieser Krieg noch lange dauert. In diesem Jahr wird er nicht beendet. Der Russe hofft auf den Winter.»[17] Das Kampfgeschehen hatte sich zwischenzeitlich in der Weite des Raumes verloren. Und die Truppen auf beiden Seiten hatten – abgesehen von blutigen Schlachten – gegen die Unbill der russischen Natur und des Klimas anzukämpfen: Hitzewellen und Trockenheit, lang anhaltende Regenperioden, die alljährlich im Herbst geradewegs in jene legendäre *Rasputiza* (Schlammperiode) übergingen, bevor schließlich Schneefall mit unvorstellbaren Frosttemperaturen mit bisweilen 52 Grad minus einsetzten, zehrten in gleicher Weise an Physis und Psyche von Landsern und Rotarmisten. Allein Letztere waren es gewohnt, damit zurechtzukommen.

Doch bevor der Roten Armee 1941 der verfrühte Wintereinbruch erlösend zu Hilfe kam, was nicht zuletzt den deutschen Vorstoß auf Moskau zum Erliegen brachte, feierte die Wehrmacht schwindelerregende Siege. Ganze Landstriche glichen danach einer Einöde. Und was vom Kampf nicht vernichtet worden war, zerstörten die Sowjets selbst, da sie sich – wie einst 1812 – inzwischen auf eine «Taktik der verbrannten Erde» verlegt hatten. Monströse Kesselschlachten bestimmten das militärische Geschehen. Innerhalb kürzester Zeit rieben die Deutschen in der Ukraine und in Weißrussland ganze sowjetische Armeen schonungslos auf. Sie verschwanden einfach von der operativen Landkarte. Taktische Rückzüge lehnte Stalin in dieser Situation aber kategorisch ab. Halten und Gegenangriff lauteten stattdessen unentwegt die sinnlosen Befehle, wofür seine Soldaten einen ungeheuren Blutzoll entrichteten. Allein bis Dezember 1941 bot die Militärstatistik der Roten Armee unvorstellbar hohe Verlustzahlen. Innerhalb einer Zeitspanne von knapp sechs Monaten waren 2 663 000 Männer und

Frauen ums Leben gekommen. Die Anzahl derer, die sich zwischenzeitlich dem Feind ergeben hatten, lag bei annähernd 3 350 000. Und deutsche Kriegsgefangenschaft bedeutete zumindest für Rotarmisten in den meisten Fällen den Tod. Man könnte es auch anders formulieren, statistisch: Ein gewöhnlicher sowjetischer Infanterist blieb während dieser Kriegsphase kaum länger als drei Monate mit seinen Kameraden zusammen. Danach war er entweder verwundet, tot, oder man hatte ihn – in den selteneren Fällen – einfach wegbefördert. Im Verhältnis dazu hatte die Wehrmacht weitaus geringere Verluste. Bis November 1941 waren es rund 164 000 Tote, was knapp fünf Prozent ihrer Gesamtstärke ausmachte.[18]

Dass in dieser Zeit auf jeden deutschen Gefallenen rund 20 tote Sowjetsoldaten entfielen,[19] verdeutlicht einmal mehr, wie wenig die Rote Armee bereit war, dem Gegner die *rodina mat*, die Mutter Heimat, kampflos zu überlassen. Auf dem Schlachtfeld entpuppte sich der Rotarmist also nicht als der «slawische Untermensch», dem die Deutschen verächtlich den Kampfgeist und die Aufopferungsbereitschaft aberkannten. «Es haben sich alle Leute in dem Russen verschätzt», so General Heinrici am 1. August 1941 über die Lage an seinem, im östlichen Weißrussland gelegenen Frontabschnitt bei Bobruisk. «Immer hieß es, er sei miserabel geführt. Die bisherigen Proben seiner Führungskunst zeigen den Erfolg, daß er vorübergehend einen Stillstand unserer Operation erreicht hat, und unsere Leute seine Hinterlist fürchten. [...] So recht sieht man durch die Zustände drüben nicht hindurch. Eine ungeheure Energie mobilisiert nur rücksichtslos alle Kräfte und setzt sie ohne Schonung ein.»[20]

Angesichts der widrigen Kampf- und Überlebensbedingungen, die den Alltag der Rotarmisten prägten, war es in der Tat überaus bemerkenswert, dass die sowjetische Abwehrfront am Ende doch nicht sang- und klanglos zusammenbrach. Die Kommunikation zwischen den vordersten Linien und der rückwärtigen Militärführung funktionierte kaum mehr, nachdem sie durch die deutsche Luftwaffe während der ersten Angriffswellen weitestgehend ausgeschaltet worden war. Häufig mangelte es an realistischen Lageeinschätzungen über das aktuelle Kampfgeschehen. Frontoffiziere weigerten sich oftmals aufgrund fehlender Zivilcourage, das Oberkommando über das wahre Ausmaß der Katastrophe zu unterrichten. Sie schönten stattdessen ihre Berichte und zogen es angesichts drohender Repressalien vor, die ihnen anvertrauten Soldaten in einen sinnlosen Tod zu treiben, als sich den Anweisungen von oben oder den beigeordneten Politoffizieren zu widersetzen.

Das Transportsystem befand sich in einem heillosen Zustand. Eine kriegswichtige Material-, Munitions- und Nahrungsmittelversorgung konnte zeitweise ebenso wenig gewährleistet werden wie ein auf Evakuierung von Schwerverletzten bedachtes Sanitätswesen.

Neu ausgehobene Soldaten, die sich in den ersten Kriegstagen häufig sogar freiwillig zu den Fahnen gemeldet hatten, konnte man nicht schnell genug nach vorne schaffen, wo sie dringend benötigt wurden. Stattdessen machten sich ganze Heerscharen zu Fuß auf den Weg zu ihren Einsatzorten. Oftmals fehlte das erforderliche Kartenmaterial zur Orientierung. Es war geheim und durfte dem Feind unter keinen Umständen in die Hände fallen. Und so irrten Kohorten frisch Mobilisierter einfach umher, westwärts auf der Suche nach ihren Einheiten, die mitunter schon gar nicht mehr existierten. Mancher dieser willigen Vaterlandsverteidiger landete unverschuldet vor einem Erschießungskommando, weil man ihn der Fahnenflucht bezichtigte. Wer sich dagegen erfolgreich zu seinem Truppenteil durchschlagen konnte, kam dort nicht nur erschöpft an, sondern fand vielfach keine Unterkünfte vor, suchte nach Munition und Ausrüstung oder musste bisweilen mit miserabel ausgebildeten Vorgesetzten vorliebnehmen. Anschließende tagelange Gewaltmärsche und schutzloses Biwakieren unter freiem Himmel trugen mit dazu bei, Rotarmisten noch vor der ersten Feindberührung aufzureiben.[21]

Natürlich forderte eine derart trostlose Lage ihren Tribut. Die von Stalin am 3. Juli 1941 geforderte patriotische Aufopferungsbereitschaft schwand zeitweilig dahin. Zweifel und Verunsicherung machten sich unter den Kämpfenden darüber breit, wie es um die jahrelang propagierte Überlegenheit des Sowjetregimes tatsächlich bestellt war.

Stalins Antwort darauf war Krieg – ein Krieg, den er skrupellos gegen seine eigene Armee führte und zugleich durch den Verweis auf die deutsche Aggressionspolitik zu legitimieren suchte. Überzeugt davon, die aktuelle Existenzkrise seines Regimes mit den bewährten Methoden des Massenterrors der 1930er Jahre wieder in den Griff zu bekommen, drohte er drakonische Strafen bei Kapitulation oder jeglichem Zurückweichen vor dem Feind an. Der berüchtigte Befehl Nr. 270 vom 18. August 1941 definierte dies als Desertion und Bruch des Fahneneides. Das wiederum zog nicht nur die sofortige Exekution nach sich, sondern traf auch die Familienangehörigen der vermeintlichen Vaterlandsverräter: Sie wurden sogleich in Sippenhaft genommen.

Folgerichtig verhielt sich das Regime auch gegenüber den eigenen Kriegsgefangenen erbarmungslos. Sie wurden ebenso wie deren Verwandte allesamt zu Volksfeinden erklärt, waren damit also Sowjetbürger zweiter Klasse. Und die wenigen, die die grauenvolle deutsche Gefangenschaft 1945 überlebt hatten, zog man nach Kriegsende zur Rechenschaft: Sie gelangten direkt mit ihrer Repatriierung ins Straflager oder wurden kurzerhand erschossen.

Damit schlug erneut die Stunde von Stalins Geheimpolizei NKWD. Sie operierte seit den ersten Kriegstagen mit ihren Sperrkommandos als eine Art Grabenpolizei unmittelbar hinter der Front. Allein bis Oktober 1941 hatten diese Sondereinheiten 650 000 zurückweichende oder versprengte Soldaten aufgegriffen und viele von ihnen ‹liquidiert›. Das Ganze zeitigte schnell Wirkung, denn die Bereitschaft, sich dem Feind zu ergeben, schwand erheblich. Doch anders, als die stalinistische Propaganda zu suggerieren suchte, warfen sich viele Rotarmisten lediglich mit einem letzten Lippenbekenntnis zum großen Genossen Stalin in die verlustreichen Verteidigungsschlachten des Jahres 1941/42. Konfrontiert mit einer doppelten Gewaltsituation, die vom eigenen wie dem gegnerischen Regime erzeugt worden war, leisteten sie aufopferungsvoll Widerstand. Sie starben den vermeintlichen Heldentod allein in der Hoffnung, ihren Familien an der Heimatfront die Rache des Regimes und die Folgen einer bevorstehenden deutschen Besatzungspolitik zu ersparen.[22]

Spätestens Anfang Dezember 1941 mussten sich die bis dahin erfolgsverwöhnten Deutschen von der Hybris verabschieden, das Sowjetimperium im Sturm zu erobern. Ihr Vorstoß war 30 Kilometer vor Moskau abgewehrt worden, womit die sowjetische Hauptstadt vorerst gerettet schien. In einer symbolträchtigen Gegenoffensive warf die Rote Armee daraufhin erstmals die Heeresgruppe Mitte zwischen 150 und 300 Kilometer wieder zurück. Die gesamte deutsche Ostfront drohte aufgerollt zu werden. Der Wehrmacht fehlte es an angemessener Winterausrüstung. Das militärische Gerät versagte angesichts der Extremkälte, und die enormen deutschen Verluste waren nicht nur Ergebnis der direkten Kampfhandlungen, sondern – im wahrsten Sinne des Wortes – der mörderischen Witterungsverhältnisse. «Nicht die Schlacht machte das Leiden aus, sondern die Grausamkeit der Kälte», notierte seinerzeit der einfache Infanterist Willy Peter Reese. «Wir hatten keine Winterkleidung und wurden niemals warm. [...] Unsere erkälteten Eingeweide hielten die Nahrung nicht. Jeder hatte Durchfall, manche bekamen die Ruhr. Einer war so geschwächt, daß er auf dem Weg zum Arzt zusammenbrach und erfror.»[23] Und aus der Perspektive des deutschen Generals, der die größeren Zusammenhänge besser einzuschätzen wusste, vermerkte Gotthard Heinrici während der angespannten Dezembertage 1941: «Der Russe [...] greift [...] mit großem Nachdruck an. Seine Sibirier sind jetzt da. Kältebeständig und wohlverpackt scheinen für sie die hiesigen Temperaturen milde zu sein. Und so kann er sich an verschiedenen Stellen nicht unbeträchtlicher Erfolge rühmen. [...] Wer die Dinge übersieht, erkennt, daß hier nur ein Wunder helfen kann. [...] Die Apathie der [eigenen] Leute steigt. Der Zustand der Truppe ist nur noch als bejammernswert zu bezeichnen. [...] Das Verhängnis schreitet fort. Und oben, in Berlin an oberer Stelle, will niemand es sehen [...].»[24]

Vorerst blieb der Wehrmacht allerdings die große Niederlage noch erspart, die knapp 130 Jahre zuvor Napoleons *Grande Armee* innerhalb nur weniger Monate zu erleiden hatte. Härteste deutsche Abwehrkämpfe von militärischer Professionalität, gepaart mit eisernem Durchhaltevermögen, konnten im Februar 1942 die Ostfront zumindest vorübergehend wieder stabilisieren. Entscheidend zu Hilfe kamen den deutschen Militärs dabei gravierende Führungsfehler des sowjetischen Generalstabs. Die *Stawka* hatte es versäumt, ihre massive Gegenoffensive auf wenige kriegsrelevante Ziele zu konzentrieren. Das Unternehmen zerfaserte und verlor schnell an Schlagkraft.

Im Sommer 1942 sah es zeitweilig so aus, als hätten die Deutschen mit ihren erfolgreichen Offensiven in Richtung Wolga und Kaukasus wieder die militärische Oberhand zurückerlangt. Zum großen Duell der beiden Diktatoren entwickelte sich dabei die Schlacht um Stalingrad – der symbolträchtigen Stadt Stalins. Sie endete am 2. Februar 1943, als die kläglichen Überreste der 6. Armee unter Generalfeldmarschall Paulus bedingungslos kapitulierten. Von einst 300 000 eingekesselten Deutschen waren es nur noch rund 91 000 ausgezehrte Überlebende, die ihren langen Marsch in die sowjetische Kriegsgefangenschaft antraten. Die wenigsten von ihnen sollten überleben.

Noch zu Kriegszeiten wurde der «Schicksalskampf an der Wolga» zum Inbegriff einer Katastrophe stilisiert, in der erbittert kämpfende Gegner sich Straßenzug um Straßenzug und Häuserblock um Häuserblock blutig gegenseitig abrangen. Bis heute wirkt der seinerzeit begründete Opfermythos auf beiden Seiten nach. Doch Stalingrad gehörte nicht zu den verlustreichsten Schlachten des deutsch-sowjetischen Krieges. Hier standen Deutschen wie Russen mit der Panzerschlacht von Kursk im Juli 1943 und mit der Vernichtung der Heeresgruppe Mitte bei Minsk Ende Juni 1944 noch ganz andere Bewährungsproben bevor. Ebenso wenig leitete Stalingrad *die* entscheidende Wende zugunsten der UdSSR auf dem östlichen Kriegsschauplatz ein. Gleichwohl besaß der Sieg für die Rote Armee eine enorme psychologische Wirkung. Nachdem es ihr bereits im Dezember 1941 gelungen war, die deutschen Armeen vor Moskau zu stoppen, hatte sich diesmal – trotz anfangs fast aussichtslos erscheinender Lage – schließlich doch noch gezeigt, dass sie den ‹faschistischen Aggressor› bezwingen konnte.[25]

Inzwischen hatte sich das Kräfteverhältnis entscheidend zugunsten der Sowjetunion verändert. Hier hatten sich nicht zuletzt die amerikanische Unterstützung durch das Lend-Lease-Programm und der Umstand ausgewirkt, dass die eigene erfolgreich nach Osten verlagerte Rüstungsindustrie entsprechendes Kriegsgerät bereitstellte: 1941 verfügte die Rote Armee über drei Panzer pro Frontkilometer, wobei auf einen zerstörten deutschen sechs bis sieben sowjetische Tanks entfielen. 1943/44 waren es dagegen 70 bis 80 Sowjet-Panzer je Frontkilometer bei einer Verlustrate, die spätestens 1944 bei eins zu eins lag. Ende 1943 sahen sich die 3,1 Millionen Mann der Achsenmächte an der Ostfront mit 6,4 Millionen Rotarmisten konfrontiert; 3000 deutsche Kampfflieger und 2300 Panzer hatten sich gegen eine sowjetische Übermacht von 13 400 Jagdflugzeugen und Bombern sowie 5800 gepanzerten Kettenfahrzeugen zu behaupten. Im Unterschied zu den deutschen schienen die sowjetischen Nachschubquellen von nun an nicht mehr zu versiegen.[26]

Und so erklärt sich, dass 1943 schließlich die militärische Wende erzwungen werden konnte. In der größten Panzerschlacht der Weltgeschichte prallten Anfang Juli 2900 deutsche und 5000 sowjetische Panzer in Kursk aufeinander. Die Menschenverluste von rund 1,6 Millionen Männern und Frauen konnte die UdSSR – so schrecklich es klingt – bei den fast unerschöpflichen Personalreserven verkraften. Hatten die Deutschen etwa 170 000 Gefallene und Verletzte zu beklagen, kehrte sich im Sommer 1944 das Verhältnis um. Den Auftakt bildete die große sowjetische Westoffensive, die die Befreiung des Landes entscheidend vorantreiben sollte. In Erinnerung an einen Kriegshelden des «Vaterländischen Krieges» von 1812 hatte sie den Decknamen «Operation Bagration» erhalten. Mit 400 000 Gefallenen und Gefangenen hatte die einst stolze Heeresgruppe Mitte innerhalb weniger Tage rund 28 ihrer ehemals 40 Divisionen verloren. Nun kehrte sich die Situation um, oder wie Infanterist Willy Peter Reese die nachfolgenden Abwehrgefechte beschrieb: «Wir wurden geopfert wie Schlachtvieh. Das war kein Kampf mehr, nur noch Morden. Bei kurzen Gegenstößen fanden wir unsere Vermißten zerstückelt und verstümmelt wieder, und auch wir machten keine Gefangenen. Wir verteidigten uns nur, bis wir Gelegenheit zur Flucht fanden. Wir kämpften nicht.»[27]

Diese kaum mehr zu kompensierenden Verluste bedeuteten die bis dahin schwerste Niederlage der Wehrmacht. Sie sollte sich von diesem Schlag angesichts der nun hoffnungslos überdehnten Ostfront wie auch der generellen Lage auf den anderen europäischen Kriegsschauplätzen nicht mehr erholen. Keine wie auch immer gearteten nationalsozialistischen Wunderwaffen, die Goebbels oder Hitler in der letzten Kriegsphase versprachen, hätten das Rad der Geschichte in dieser Hinsicht zurückdrehen können.

Bis zur deutschen Kapitulation vergingen noch mehr als acht Monate, die für beide Seiten mit aufopferungsvollen Kämpfen verbunden waren. Der Weg nach Berlin führte die Rote Armee durch ihre zurückeroberte Heimat, in der nach offiziellen Angaben die Deutschen mehr als 1700 Städte und 70 000 Dörfer größtenteils zerstört und restlos ausgeraubt hatten. Bei der Befreiung der deutschen Massenvernichtungslager in Osteuropa boten sich Bilder des Schreckens, die in den sowjetischen Soldaten ein Rachebedürfnis weckten, das auch an der deutschen Zivilbevölkerung ausgelebt wurde, als die Sowjetarmee in der «Höhle der faschistischen Bestie» zum letzten verlustreichen Sturm auf die symbolträchtige Reichshauptstadt ansetzte.[28]

Bloodlands – rassenideologische Besatzungspolitik

Die Deutschen machten das von ihnen besetzte sowjetische Territorium, das rund zehn Prozent der gesamten UdSSR umfasste,[29] zu einem einzigen Massengrab. Sie beuteten überdies ihr Okkupationsgebiet von Anfang an schonungslos aus. Zugrunde lag ein Programm, das von den Militärs, Sicherheitsorganen und Beamten der Berliner Ministerialbürokratie mit technokratischer Akribie und beispielloser Skrupellosigkeit geplant und nach dem Überfall auf die UdSSR entschlossen verwirklicht wurde.

Die durch die stalinistische Repressionspolitik der 1930er Jahre ohnehin leidgeprüfte Bevölkerung ahnte davon zunächst allerdings wenig. Im Gegenteil: Zuversicht kam zeitweilig vor allem bei ukrainischen und weißrussischen Bauern auf, als die Spitzen der Wehrmacht die Rote Armee vertrieben hatten. Häufig begrüßte man die Deutschen auf traditionelle Weise mit Brot und Salz, setzte auf sie als Befreier vom stalinistischen Joch. Hoffnungen machten sich breit, nun bald den im Zuge der Kollektivierung der Landwirtschaft enteigneten Boden wieder zurückzuerlangen, um fortan das Leben freier Bauern führen zu können. Die Bereitschaft zur Kollaboration mit den neuen Herren war anfänglich durchaus vorhanden – und das nicht nur aus Opportunismus oder vorauseilender Unterwürfigkeit. Doch die Realität des deutschen Besatzungsalltags sollte die dort lebenden Menschen schnell wieder ins sowjetische Lager treiben und nicht zuletzt ihre Neigung verstärken, die im Aufbau befindliche Partisanenbewegung zu unterstützen.[30]

Vor allem in jenen Gebieten, die nach dem Hitler-Stalin-Pakt der UdSSR zugeschlagen und binnen kürzester Zeit brutal sowjetisiert worden waren, entlud sich zunächst aber der Hass auf das stalinistische Regime. Das galt umso mehr, als die Sowjetmacht bei ihrem Rückzug aus diesen Regionen eine Spur des Leids und der Verwüstung hinterlassen hatte. Stalins berüchtigtes NKWD wütete dort noch in den letzten Stunden vor Räumung der Gebiete. Wo Gefängnisse mit politischen Häftlingen nicht mehr rechtzeitig evakuiert werden konnten, begnügten sich die Tschekisten nicht allein damit, Zehntausende vermeintlicher Volksfeinde kurzerhand zu ‹liquidieren›. Sie verhöhnten oft noch im Tod ihre Opfer, indem sie diese – so etwa in Lemberg – in hemmungslosen Gewaltorgien skalpierten, ihnen die Köpfe abschnitten, die Bäuche aufschlitzten und Gedärme herausrissen. Zeit, die Verbrechen zu vertuschen, blieb ihnen dabei nicht mehr. Und so entlud sich nach Abzug der einstigen Machthaber aus Ostpolen, Moldawien und aus dem Baltikum der Volkszorn in einem grausamen Racheakt gegenüber allem, was sowjetisch war: Politfunktionäre, Rotarmisten und Geheimpolizisten, denen nicht mehr rechtzeitig die Flucht gelang, wurden der grenzenlosen Wut des Mobs ausgesetzt. Zu den Opfern zählten – noch vor Ankunft der Deutschen – aber auch

Tausende von Juden. Sie standen bei der Bevölkerung in dem Ruf, als Profiteure mit dem stalinistischen Regime sympathisiert zu haben. Vorrückenden Wehrmachtsverbänden wie rückwärtigen Polizei- und SS-Einsatzgruppen boten sich immer wieder grauenvolle Bilder. In Litauen marschierten sie durch menschenleere Ortschaften, die ohne Not von der zurückweichenden Roten Armee einfach zerstört worden waren, wie ein deutscher Offizier nach Hause berichtete. «Nurmehr Leichen liegen haufenweise herum, oder verstümmelte und verwundete Litauer kriechen umher. Es gibt furchtbare, grauenhafte Bilder zu sehen.»[31]

Das wiederum bestätigte zahlreiche Frontkämpfer einmal mehr in dem vom NS-Regime genährten Antibolschewismus. Viele zeigten sich angesichts solcher Erfahrungen zutiefst davon überzeugt, für eine gerechte Sache zu streiten, was schließlich begünstigte, deutsche Besatzungspolitik in den unterworfenen Teilen der UdSSR fortan mit entgrenzter Gewalt zu praktizieren. Es war der Auftakt für ein gigantisches Mordprogramm an der dortigen Bevölkerung, was nicht minder brutale sowjetische Abwehrreaktionen nach sich zog. Erst dadurch erlangte der damalige Ostkrieg insgesamt seine besondere Qualität. Er spielte sich weitgehend in staatsfernen Räumen ab, die gleichsam die wichtigsten Voraussetzungen für die nationalsozialistischen wie stalinistischen Gewalttaten erfüllten, und verwandelte große Teile Osteuropas in *Bloodlands*, wie der amerikanische Historiker Timothy Snyder diesen Raum in dieser Zeit genannt hat.[32]

Die ersten Leidtragenden der in deutschem Namen begangenen Verbrechen, die jegliche humanitären Skrupel und die Respektierung des Völkerrechts vermissen ließen, waren die Rotarmisten. In den ersten Wochen und Monaten des Blitzkrieges gerieten sie zu Hunderttausenden in deutsche Kriegsgefangenschaft.

Keinerlei Gnade widerfuhr den sowjetischen Politkommissaren. Sie wurden die Opfer von Hitlers berüchtigtem Kommissarbefehl, den nun alle Truppenteile des deutschen Ostheeres willig ausführten und der nur in wenigen Ausnahmefällen auf Widerspruch stieß. Bei ihrer Gefangennahme wurden die Politoffiziere sogleich von der übrigen

Truppe isoliert und zumeist unverzüglich erschossen. Mitunter überstellte man sie in deutsche Konzentrationslager. Ihr Status als sichere Todeskandidaten verzögerte das Sterben zumeist aber nur um wenige Wochen.

Ihren Höhepunkt erlebte diese spezielle Form des weltanschaulichen Vernichtungsterrors, den Wehrmacht wie nachfolgende SS-Verbände und Einsatzgruppen der Sicherheitspolizei gleichermaßen zu verantworten hatten, während der stürmischen Anfangswochen des «Unternehmens Barbarossa» im Sommer und Frühherbst 1941. Rund 5000 Politoffiziere der Roten Armee wurden unmittelbar an vorderster Front, weitere 5000 in rückwärtigen Gebieten und Lagern, darunter Konzentrationslagern in Deutschland, ermordet. In Sachsenhausen erprobte man an ihnen im September und Oktober 1941 erste Massenhinrichtungen, was das Lagersystem im Reichsgebiet grundlegend veränderte. In Auschwitz dienten sowjetische Kommissare für erste Experimente mit dem Einsatz von Zyklon B, was der Auftakt für den wenige Zeit später einsetzenden Holocaust war.

Auch an der Front legten die willigen Vollstrecker vielerorts einen besonderen Eifer bei den Hinrichtungen an den Tag und weiteten selbstständig die in den Befehlsvorgaben gewährten Handlungsspielräume aus. Dabei interpretierten sie die Selektionskriterien mitunter sehr großzügig. Hemmungslos wüteten die Exekutionskommandos in dem festen Glauben, der Roten Armee das politisch-ideologische Rückgrat zu brechen und dadurch deren sichere Niederlage noch zu beschleunigen.

Das Ganze erwies sich allerdings als Trugschluss, weil es – entgegen allen Erwartungen – den Widerstandswillen der Sowjetarmee geradezu beflügelte. Wenn Hitler in letzter Konsequenz am 6. Mai 1942 schließlich den Kommissarbefehl aussetzte, war dies kein Akt humanitärer Einsicht oder gar ein Signal, fortan zu einer minder brutalen Kriegführung überzugehen. Vielmehr gaben rein opportunistische Motive den Ausschlag für diese Kurskorrektur, die «ausschließlich dem Primat des Utilitarismus gehorchte».

Abgesehen von den Politkommissaren zählten zwischen 50000

und 140 000 jüdische Armeeangehörige zu den sicheren Opfern. Vergleichbare Kriegsverbrechen begingen die Deutschen an keiner anderen Feindnation. Von den insgesamt rund 5,7 Millionen Rotarmisten, die vornehmlich in der ersten Kriegsphase in deutsche Gefangenschaft gelangten, sollten über drei Millionen Menschen das Ende der Kampfhandlungen nicht mehr erleben.[33]

Sichtlich entkräftet hatten sich viele von ihnen nach entbehrungsreichen Abwehrschlachten in einem beklagenswerten gesundheitlichen Zustand ergeben. Doch das versprach keinesfalls weiteren Schutz für Leib und Leben, zumal es hierfür an Rechtsgrundlagen fehlte. Zwar bemühten sich das neutrale Schweden und das Internationale Rote Kreuz kurz nach Ausbruch der Kampfhandlungen, die NS-Führung auf bestehende Verwundeten-Konventionen, aber auch auf die Einhaltung der Haager Landkriegsordnung und der Genfer Kriegsgefangenenabkommen zu verpflichten. Doch diese lehnte das – anders als anfänglich die Kremlspitze – kategorisch ab und führte dafür angebliche sowjetische Völkerrechtsverstöße am 21. August 1941 an. Hitler persönlich untersagte daraufhin sogar, Gefangenenlisten an die UdSSR weiterzuleiten. Überhaupt hegte er – im Unterschied zu einigen seiner Generäle, die immer auch das Schicksal der eigenen Gefangenen in sowjetischem Gewahrsam vor Augen hatten – keinerlei Interesse an wie auch immer gearteten Kontakten zu Moskau. Ausgerechnet Adolf Hitler, der unter Bruch bestehender Abkommen den Überfall auf die Sowjetunion befohlen hatte, äußerte nun Zweifel an der Vertragstreue Moskaus, wie Joseph Goebbels am 17. Dezember 1941 die Grundstimmung im Führerhauptquartier charakterisierte.[34]

Die Lebensbedingungen der kriegsgefangenen Rotarmisten waren von Anfang an katastrophal. Dazu trug nicht zuletzt bei, dass die deutschen Militärs bei ihren Angriffsvorbereitungen das Kriegsgefangenenwesen sträflich vernachlässigt hatten. Sie waren im Chaos der Kampfhandlungen schlichtweg überfordert, derart große Gefangenenzahlen zu bewältigen, was ständiges, von logistischem Dilettantismus geprägtes Improvisieren nach sich zog. Zumeist fehlten angemessene Transportkapazitäten, um die Rotarmisten rasch ins sichere Hinterland zu schaffen. Ebenso unzulänglich fielen die medizinische Grundversorgung und Verpflegung aus. Erst nach tagelangen brutalen Gewaltmärschen gelangten sie ausgemergelt in die Etappe, fanden dort aber oft keine festen Durchgangslager vor, sondern mussten bei extremen Witterungsbedingungen unter freiem Himmel kampieren. Die schwächsten von ihnen waren bereits zuvor von mitleidlosen Wachmannschaften kurzerhand erschossen worden.[35]

Zu keinem Zeitpunkt reichten die in größter Eile auf sowjetischem Territorium errichteten Lager aus. Das wirkte umso dramatischer, als Hitler zeitweilig kategorisch verboten hatte, sowjetische Kriegsgefangene ins Deutsche Reich zu deportieren. Während im Rücken der deutschen Front die Kriegsgefangenenfrage also kaum bewältigt werden konnte, blieb spätestens Ende 1941 die Offensive der Wehrmacht stecken. Das wiederum verschlechterte die Versorgungssituation für Ostheer und gefangene Rotarmisten weiter. Letzteren wurde darauf kurzerhand die Rationszuteilung drastisch zusammengestrichen. Eine solche Entscheidung fiel meist nicht schwer, traf sie doch in den Augen der deutschen Eroberer ohnehin nur «rassisch minderwertige Slawen», ganz zu schweigen von jüdischen Gefangenen.

Schnell setzte das große Sterben ein: Seuchen wie Ruhr und Fleckfieber waren an der Tagesordnung, begleitet von immerwährendem Hunger, der bisweilen sogar Kannibalismus heraufbeschwor. Anfänglich gab es vereinzelt noch Lagerkommandanten, die sich über Befehle hinwegsetzten und sich im Rahmen ihrer begrenzten Möglichkeiten bemühten, ein Quäntchen Humanität walten zu lassen. Deren Selbstständigkeit endete zumeist aber an «zwei Punkten: bei der Liquidierung ganz bestimmter Gefangener und beim Massensterben des Winters 1941/42».

Selbst als ab 1942 im Zuge des gestiegenen Arbeitskräftebedarfs zunehmend sowjetische Kriegsgefangene nach Deutschland oder ins Generalgouvernement im besetzten Polen verschleppt wurden – diese verrichteten dort häufig Sklavenarbeit in der Rüstungsindustrie und Landwirtschaft –, verbesserte sich deren Los nicht allzu grundlegend. Zunächst mussten sie den wochenlangen Transfer in überfüllten Viehwaggons der Reichsbahn erst einmal überleben, bevor man sie unter strengster Bewachung in Stamm- und Konzentrationslagern, darunter Birkenau oder Majdanek, zusammenpferchte. Dort gehörten sie zumindest im Vergleich zu Kriegsgefangenen anderer Nationen zu den Häftlingen unterster Kategorie, die lange Zeit leicht ersetzt werden konnten, weil im Osten der Nachschub an ‹Menschenmaterial› offenbar nicht zu versiegen drohte. Es überrascht daher nicht, dass am Ende nur jeder zweite von ihnen das Lagerdasein überlebte. Denn wer nicht arbeitsfähig war, besaß als überflüssiger Esser keine Existenzberechtigung mehr.[36]

Rücksichtslose Gewaltbereitschaft kennzeichnete auch den Alltag der deutschen Okkupanten. Damit schufen sie nicht nur die Grundlage für die bis dahin brutalste Besatzungsherrschaft der Kriegsgeschichte; sie waren auch dafür verantwortlich, die Verfolgung der europäischen Juden in eine neue Phase überzuleiten. Diese erlebte eine beispiellose Radikalisierung, die im Holocaust ihren schrecklichen Höhepunkt finden sollte.

Die systematische Ermordung der jüdischen Bevölkerung in der UdSSR setzte unmittelbar nach dem deutschen Angriff am 22. Juni 1941 ein. Die herannahenden Kampfverbände wie auch die Einsatzgruppen von SS, SD und die Polizei-Bataillone ließen antisemitische Racheakte und Pogrome der einheimischen Bevölkerung nicht nur geschehen, sondern suchten auch Gelegenheit zur Kollaboration.

Die eigentliche Vernichtungspolitik fiel von Anfang an aber vornehmlich in die Kompetenz von Heinrich Himmlers Sicherheitsorganen. Sie wüteten hinter der Front und waren sich der moralischen Billigung wie der institutionellen Unterstützung durch die militärische Führung und die gemeinen Soldaten des Ostheeres weitgehend sicher. Offener Widerstand gegen das sich rasch abzeichnende Mordprogramm blieb zumindest in den Reihen der klassischen Militärs ganz selten. Von der sauber gebliebenen Truppe, wie deren Apologeten zur Ehrenrettung der Wehrmacht nach Kriegsende lange Zeit immer wieder zu suggerieren suchten, kann keine Rede sein. Sie beteiligte sich zwar meist nicht direkt aktiv am Völkermord.

Die überwiegende Mehrheit der Militärdienststellen lehnte ihn sogar entschieden ab, sie wollte daher möglichst vermeiden, bei Massenerschießungen von Juden selbst die Regie zu führen, wie etwa Teile der 707. Infanterie-Division. Doch arbeiteten sie in ihrem Zuständigkeitsgebiet logistisch und administrativ Hand in Hand mit Himmlers Mördertruppe. Denn Wehrmachtssoldaten kategorisierten, sonderten aus und überstellten die aufgespürten sowjetischen Juden an die zuständigen SS-Einheiten oder Polizei-Bataillone. Sie sicherten Erschießungsplätze ab und waren sich sehr wohl dabei im Klaren, welches Schicksal den Selektierten unmittelbar bevorstand.[37]

Gewissensbisse plagten dabei die wenigsten. So wirkte letztlich ein knappes Jahrzehnt nationalsozialistische Indoktrination, weil inzwischen das «traditionelle rechtlich-moralische Denken weiter Teile der [deutschen] Eliten und der Bevölkerung ausgehöhlt» war. Zudem brachen alte Ressentiments gegenüber Juden, Russen und Kommunisten offen hervor, die noch aus Zeiten des Ersten Weltkrieges herrührten und sich in den Revolutionswirren nach 1917/18 weiter gefestigt hatten. Feldpostbriefe und Tagebucheinträge von Wehrmachtsangehörigen im Zweiten Weltkrieg quollen geradezu über vor abfälligen Zuschreibungen über den Osten. In dieser Geisteswelt wurde Russland gemeinhin als «verwahrlost», «verkommen», «trostlos» und «elend», als «Drecksnest», «dreckiges Judennest» und als «Sauland» wahrgenommen, was man automatisch auf die in scheinbar hoffnungsloser Rückständigkeit und Agonie lebende Bevölkerung übertrug. Unter solchen Voraussetzungen fielen die Hemmschwellen zur Gewaltanwendung, wurde Vernichtung gleichsam als «Großreinemachen im Osten» und legitimes Mittel zur «Epidemie-Bekämpfung» empfunden.[38]

Ganze Regionen wurden binnen kürzester Zeit von den dort lebenden Juden entvölkert. Zu den größten Massakern gehörte in der Anfangsphase des deutschen Russlandfeldzuges die Massenerschießung der Kiewer Juden in der am Stadtrand gelegenen, 2,5 Kilometer langen Schlucht von Babij Jar. Innerhalb von knapp anderthalb Tagen waren zwischen dem 29. und 30. September 1941 von Angehörigen des SS-Sonderkommandos 4a in «pausenlose[m] Maschinengewehrfeuer» exakt 33 771 Juden erschossen worden. Die letzten Zeugen des grausamen Spektakels beseitigten Wehrmachtspioniere der 113. Infanterie-Division, indem sie anschließend ungeachtet des Kriegsgeschehens die Erschießungsgruben eiligst einebneten.

Ähnliches ereignete sich in Lemberg, in Minsk, Riga oder Wilna. Gelegentlich widersetzten sich Teile der Bevölkerung den Pogromen und dem Judenmord, wie etwa in Weißrussland oder im litauischen Kaunas, indem sie sich schützend vor die Opfer zu stellen suchten.[39] Wurden jüdische Mitbürger nicht sogleich ermordet, hatten sie für die deutschen Besatzer Zwangsarbeit zu leisten und wurden in improvisiert errichteten Ghettos unter abscheulichsten Bedingungen von der übrigen Bevölkerung isoliert gehalten, bis in den gleichzeitig geschaffenen Massenvernichtungslagern des Ostens weitere Kapazitäten frei waren für die auf der Wannseekonferenz am 20. Januar 1942 in ihren Details erörtere «Endlösung der europäischen Judenfrage».[40]

Bis März 1942 wurden 600 000 sowjetische Juden ermordet. Eine zweite Vernichtungswelle mit etwa 1,5 Millionen weiteren Toten brach im Frühjahr 1942 los und hielt bis Oktober 1943 an. Am Ende waren über 2,4 Millionen jüdische Sowjetbürger den Deutschen zum Opfer gefallen.[41] Mit den Menschen wurden zugleich deren vielfältige Lebensformen und einzigartige Traditionen unwiederbringlich ausgelöscht: Das einst typische Shtetl, wie man es selbst nach den Umwälzungen der Oktoberrevolution noch lange in Weißrussland oder in der Ukraine als spezielle Siedlungsform der Ostjuden vorfand, existierte nach der verheerenden NS-Besatzungspolitik nicht mehr. Und Wilna als einstiges «Jerusalem Litauens» sollte zu einem Relikt der Vergangenheit werden.[42]

Wirtschaftliche Ausplünderung und Hungerpolitik

Der Genozid ging einher mit einer ebenso systematischen wirtschaftlichen Ausplünderung der Okkupationsgebiete. Allein, dass die damaligen Besatzer diese gemeinhin als «Kahlfraßzonen» bezeichneten,[43] bot tiefe Einblicke, mit welchem Selbstverständnis sie hier zur Tat schritten. Wehrmacht, Alfred Rosenbergs Ostministerium und die ihm formal unterstellten Reichskommissare, aber auch Heinrich Himmler, der mit seinem SS-Imperium die oberste Germanisierungsinstanz verkörperte und dafür eigens einen «Generalplan Ost» entworfen hatte, sowie manch anderes Berliner Ressort betrachteten die eroberten sowjetischen Territorien samt angesiedelter Bevölkerung als große koloniale Verfügungsmasse. Sie hatten trotz der Tatsache, dass sie ständig miteinander konkurrierten und darüber ein immenses administratives Chaos produzierten, von Hitler die gewichtige Aufgabe übertragen bekommen, «den riesenhaften Kuchen handgerecht [zu] zerlegen, damit wir ihn erstens beherrschen, zweitens verwalten und drittens ausbeuten können».[44]

Das von ihnen konzipierte Raubprogramm besaß einzigartige Ausmaße. Es richtete sich vor allem gegen die Ukraine, die als Kornkammer einen zentralen Stellenwert für die Ernährung des Reiches und der kämpfenden Wehrmacht einnehmen sollte. Aber auch die Kohle- und übrigen Rohstoffressourcen sowie das dortige Industriepotenzial, das trotz Stalins hektischer Evakuierungsprogramme nach wie vor beachtlich war, machten die Region zu einem begehrten Objekt nationalsozialistischer Kriegswirtschaft. Allein bis März 1944 waren rund zwei Millionen Tonnen Stahlschrott, 1,1 Millionen Tonnen Eisenerz, 600 000 Tonnen Manganerz und 14 000 Tonnen Chromerz für die Belange der deutschen Rüstungsindustrie beschlagnahmt worden. Insgesamt betrugen die wirtschaftlichen Gewinne, die die Deutschen aus den unterworfenen Gebieten herauspressten, rund 50 Milliarden Reichsmark.[45]

Die Bedürfnisse der dort lebenden Bevölkerung interessierten die damit befassten Planungsstäbe denkbar wenig. Für sie stellten Sowjetbürger, allen voran Russen, bloße Objekte dar, über die man als Besatzungsmacht beliebig verfügen konnte. Repräsentativ für diese Geisteshaltung war Herbert Backe, der Sohn einer wohlhabenden russlanddeutschen Kaufmanns- und Industriellenfamilie, die 1918 nach Deutschland emigriert war. Als Staatssekretär im Reichsministerium für Ernährung und Landwirtschaft sowie Chefplaner der deutschen Ernährungswirtschaft plädierte er dafür, Agrarprodukte unnachgiebig zu requirieren, selbst auf die Gefahr hin, vor allem in den urbanen Zentren des Okkupationsgebietes Hungersnöte auszulösen. Eine solche Politik verstand sich zugleich als gezielter Schlag gegen den ideologischen Gegner. Denn gemeinhin betrachtete die NS-Führung die sowjetischen Großstädte mit ihren hohen Arbeiteranteilen als «Brutstätten des Bolschewismus». Und so setzte dort seit Herbst 1941 infolge von Unterversorgung, die zahlreiche Seuchen und Krankheiten nach sich zog, das große Massensterben ein. Zentren der damaligen Hungerkatastrophe waren das Donezbecken, die Großstädte Kiew und Charkow in der Nordostukraine, aber auch die Krim – allesamt Regionen, die sich unter normalen Bedingungen problemlos hätten selbst versorgen können.[46]

Zum bekanntesten Fanal deutscher Hungerpolitik wurde aber Leningrad, die Stadt der bolschewistischen Oktoberrevolution. Allein deshalb richtete sich Hitlers ungebändigter Hass gegen die Newa-Metropole, die er – stärker noch als Moskau – dem Erdboden gleichmachen und damit dem kollektiven Gedächtnis entreißen wollte. Mit wissenschaftlicher Akribie machten sich die Deutschen an ihr zerstörerisches Werk, das zunächst das systematische Aushungern der Bewohner vorsah. In dem Wissen um die knappen Lebensmittelreserven in der Stadt wurde mit Professor Wilhelm Ziegelmayer ein renommierter Ernährungsexperte zu Rate gezogen. Nach Kriegsende äußerte er – nun, so die Ironie der Geschichte, als Vizepräsident der Zentralverwaltung für Handel und Versorgung in der SBZ – emotionslos gegenüber Alexej D. Bessubow, einem sowjetischen Besatzungsoffizier, der im Osten Deutschlands für Ernährungsfragen verantwortlich zeichnete: «Ich habe ein Gutachten verfasst, wonach Menschen bei solchen Rationen physisch nicht überleben können. [...] Die Leningrader würden von allein sterben, man dürfe nur keinen die Front passieren lassen. Je mehr von ihnen dort drin blieben, desto schneller würden sie sterben, und wir könnten ganz unbehelligt in die Stadt einrücken, ohne einen einzigen Soldaten zu verlieren. [...] Ich bin schließlich ein alter Ernährungsexperte. Mir ist rätselhaft, was für ein Wunder dort bei ihnen geschehen ist.«

Unvorstellbare menschliche Tragödien spielten sich während der legendären 900 Tage deutscher Belagerung ab, die Zeitgenossen überwiegend als eine nicht enden wollende Hölle wahrnahmen. Rund eine Million Tote wurden gezählt, nachdem die Rote Armee die deutsche Einschließung am 27. Januar 1944 durchbrochen hatte und die Versorgung der Stadt wieder vollständig sichergestellt war. Das waren insgesamt doppelt so viele zivile Opfer, wie Deutschland während des gesamten alliierten Bombenkrieges zu beklagen hatte.[47]

Während die Leningrader um die lebensnotwendigsten Tagesrationen rangen, hatte insbesondere die Bevölkerung Weißrusslands und der Ukraine neben der Unbill des Besatzungsalltags unter den besonderen Folgen des dortigen Partisanenkrieges schwer zu leiden. Dieser wurde mit undenkbarer Grausamkeit geführt, wie nicht zuletzt die erschreckend hohe Verlustbilanz verdeutlicht: Die deutschen Militärs hatten rund 50 000, die sowjetische Seite hingegen annähernd die fünffache Zahl an Toten zu beklagen. Häufig gerieten unbeteiligte Zivilisten zwischen die Fronten und wurden damit gleichermaßen Opfer deutscher wie sowjetischer Repression. Ganze Dörfer wurden brutal niedergemacht, und zurück blieb nur verbrannte Erde.[48]

Wer sich diesem Terror entziehen konnte, musste zumindest ab Frühjahr 1942 verstärkt damit rechnen, als Arbeitssklave für die deutsche Industrie zwangsrekrutiert zu werden. Das Ganze glich zumeist einer Menschenjagd, die in erster Linie Hitlers Generalbevollmächtigter für den Arbeitseinsatz, Fritz Sauckel, organisiert hatte. Wer sich verweigerte, dem drohte kurzerhand das Konzentrationslager. Allein die Perspektive, durch die Zwangsverschickung als Ostarbeiter den sowjetischen Hungergebieten zu entkommen, weckte manch Hoffnung auf ein erträglicheres Auskommen und Überleben. Annähernd drei Millionen Sowjetbürger gelangten auf diese Weise nach Deutschland. Die wenigsten von ihnen – rund 10 000 Menschen – folgten freiwillig dem Ruf der Werbekommandos. Doch spätestens wenn sie die

Züge in Richtung Westen betreten hatten, wurde vielen schnell klar, dass es kein Zurück mehr gab und dass man sie im Großdeutschen Reich unter miserabelsten Existenzbedingungen, die sehr wohl Gefahr für Leib und Leben bedeuteten, in der Kriegswirtschaft aufreiben würde – etwa 250 000 sogenannte Ostarbeiter und Ostarbeiterinnen verstarben. Selbst das erlösende Kriegsende und die damit einhergehende Repatriierung in die Heimat blieben für die meisten nicht frei von Terror- und Gewalterfahrung. Sie gehörten zweifellos zu den Opfern zweier Diktaturen, denn nunmehr sollte sich – wie bei den sowjetischen Kriegsgefangenen – das stalinistische Regime an ihnen als vermeintlichen Vaterlandsverrätern rächen.[49]

Rückwirkungen des Krieges auf die Heimatfront

Seltsam ambivalent gestaltete sich vor dem Hintergrund des Krieges das Leben an der sowjetischen Heimatfront. Zunächst glaubte Stalin die verzweifelte militärische Lage auch dort allein durch ein Gewaltregime gegenüber der Zivilbevölkerung in den Griff zu bekommen. Ähnlich wie gegenüber der eigenen Armee vertraute er in dieser kritischen Situation nicht auf die Loyalität seiner Untertanen. Und so verlegte er sich kurzerhand auf einen «Krieg gegen das eigene Volk». In vielerlei Hinsicht erinnerte dies an den Massenterror der 1930er Jahre, mit einem Unterschied: Jetzt war man nicht mehr nur der abermaligen Bedrohung durch die eigene Staatsmacht ausgesetzt, sondern dazu der stetigen Angst, möglicherweise selbst bald Opfer der deutschen Aggression zu werden, ganz zu schweigen von der ständigen Ungewissheit und Sorge um das Wohl von Familienangehörigen oder engsten Freunden und Bekannten, die an der sowjetischen Westfront kämpften, von denen man zumeist aber lange Zeit keine Nachrichten mehr erhalten hatte.

Zu den ersten Opfern sowjetischer Unterdrückung zählten die Russlanddeutschen. Sie waren ethnischen Säuberungen größeren Umfangs ausgesetzt. Die autonome Wolgarepublik wurde per Dekret des Obersten Sowjet im Spätsommer 1941 aufgelöst. Das Regime erklärte die dort und in der Ukraine lebenden Deutschen als «Saboteure und Spione», die gleichsam als fünfte Kolonne nur darauf warteten, sich mit dem Gegner zu verbünden, um gegen die Sowjetmacht loszuschlagen. Damit gerieten sie unweigerlich in das Räderwerk des NKWD. Wahllos schlug die Geheimpolizei zu und deportierte auf Stalins Befehl innerhalb von nur vier Monaten in einer ersten Welle mit 640 000 und in einem zweiten Schub zwischen 1942 und 1944 mit weiteren 50 000 Deutschen eine gesamte Ethnie in die entlegensten Gebiete Kasachstans und Sibiriens. Viele von ihnen überlebten die wochenlangen Zugfahrten in hoffnungslos überfüllten Transportwaggons nicht. An den Orten der Verbannung in der kasachischen Steppe oder in der einsamen sibirischen Tundra mangelte es zudem an der erforderlichen Infrastruktur. Es fehlte an Wohnraum, der von den Vertriebenen oft erst selbst geschaffen werden musste. Sie fanden zudem keinerlei Versorgung vor, weshalb zahlreiche Entkräftete innerhalb kürzester Zeit starben. Die Russlanddeutschen waren von da an während des gesamten Krieges und auch in den Jahren danach stigmatisierte Sowjetbürger zweiter Klasse, «Volksfeinde», die allen Verfolgungen des Regimes ausgesetzt blieben.[50]

Ein vergleichbares Los stand ab 1943 den Krimtataren und mit den Tschetschenen oder Inguschen auch anderen kaukasischen Bergvölkern bevor – und das zu einem Zeitpunkt, als die Kriegslage kaum mehr für die zweifelhaften Begründungen als vorbeugende Maßnahmen herhalten konnte. Insgesamt drei Millionen Menschen teilten am Ende das Schicksal der Deportation. Wie sehr dabei Stalins Misstrauen paranoide Züge angenommen hatte, zeigte der Umstand, dass die Verschleppungsaktionen des NKWD riesige Transportressourcen band, die zur gleichen Zeit dringend an der sowjetischen Westfront benötigt wurden.[51]

Drakonische Gewalt widerfuhr aber auch zahlreichen Städtern der UdSSR. In Moskau herrschte im Spätherbst 1941, als die Wehrmacht sich anschickte, die sowjetische Hauptstadt zu erobern, ausgedehnter NKWD-Terror. Gegen die Panikstimmung, die sich angesichts der erwarteten Niederlage unter der Bevölkerung zu verbreiten drohte, rückten die Tschekisten mit Waffengewalt, Verhaftungen und standrechtlichen Erschießungen vor. Allein zwischen Oktober 1941 und Juli 1942 wurden annähernd 830 000 Moskauer zeitweilig inhaftiert. Knapp 1000 von ihnen endeten vor einem Erschießungskommando, und über 44 000 Menschen mussten unterschiedlich lange Freiheitsstrafen in Gefängnissen oder Straflagern verbüßen.

Selbst in Leningrad fürchtete das Regime um die öffentliche Ordnung in der von Hunger und Tod bedrohten Stadt. Zu allem bestehenden Leid schüchterte Stalins Geheimpolizei nicht zuletzt auch aus Prestigegründen – immerhin handelte es sich um die Stadt Lenins und der Revolution, die unter keinen Umständen fallen durfte – die dort eingeschlossenen Menschen noch mit brutalen Disziplinierungsmaßnahmen ein und hielt sie mittels stalinistischer Mobilisierungsdiktatur dauerhaft in Angst und Schrecken.[52]

Selbst die Stunde der Befreiung sollte nicht zwangsläufig Erleichterung bringen. Das bekamen insbesondere jene Sowjetbürger zu spüren, die den NS-Terror und den Abzug der Deutschen mehr schlecht als recht überlebt hatten. Sie wurden zumeist durch nachrückende NKWD-Sondereinheiten der sogenannten SMERSCH («Tod den Spionen») bedrängt und terrorisiert, die die befreiten sowjetischen Territorien nach Kollaborateuren, Verrätern und Spitzeln durchkämmten. Mit dem Leben davongekommen zu sein, sah die Geheimpolizei als ein Zeichen, mit dem Feind sympathisiert zu haben. Die Beweispflicht für ihre Unschuld lag in der Regel bei den Vorgeladenen selbst. Begleitet war dies vor allem in den baltischen Staaten, die nach 1944 abermals in den Verband der UdSSR integriert wurden, von nicht minder brutalen Sowjetisierungsmaßnahmen, die erneut Verfolgung und Massendeportationen von Regimekritikern nach sich zogen. Allein im kleinen Lettland wurden mit der Wiedererrichtung der stalinistischen Diktatur bis 1953 20 000 Menschen ermordet und über 200 000 Personen unter mitunter abstrusesten Vorwänden in die zentralasiatischen Sowjetrepubliken verschleppt.[53]

Stalinistischer Kriegsalltag an der Heimatfront bedeutete immer auch ein entbehrungsreiches, striktes Arbeitsregime, das von Überwachung, Disziplinierung und Terror geprägt war. Weite Teile der Bevölkerung im Hinterland, darunter Frauen, Jugendliche und Alte, wurden dabei in einer 66-Stunden-Woche mit Anspruch auf einen Ruhetag im Monat bis zur physischen Erschöpfung zu Arbeitsleistungen angetrieben. Kleinste Verfehlungen konnten schlimmstenfalls mit der Hinrichtung als verfemter Volksfeind, mit Gulag oder Kürzungen der ohnehin kaum ausreichenden Lebensmittelrationen geahndet werden.[54]

Unter diesen Bedingungen war es für viele Sowjetbürger eine tiefe Zäsur, als Stalin in dem Bemühen um Loyalität und Identifikation mit seinem Regime ab 1942/43 zeitweilig eine begrenzte gesellschaftspolitische Liberalisierungsphase einleitete. Der orthodoxen Kirche wurden nach jahrelang erbittertem Kulturkampf wieder Wirkungsmöglichkeiten eingeräumt. Für stigmatisierte, im Volk allerdings beliebte Schriftsteller und Lyriker wie Boris Pasternak oder Anna Achmatowa fiel das Veröffentlichungsverbot, wie sich überhaupt auch die offizielle Staatsrhetorik in den Medien zu wandeln schien. Die damit verbundenen kleinen Freiheiten und Erleichterungen hinterließen nach den Entbehrungen der vorangegangenen Jahre bei der Bevölkerung einen tiefen Eindruck. Zumindest in dieser Hinsicht verbanden die meisten Menschen in der UdSSR – so seltsam es klingen mag – mit den Jahren des Großen Vaterländischen Krieges mitunter ihre glücklichsten Lebensabschnitte. In ihnen reifte zugleich die Erwartungshaltung auf eine lichte Nachkriegszukunft mit weiteren Freiräumen und menschlichen Erleichterungen, was am Ende allerdings bitter enttäuscht werden sollte.[55]

Ganz anders gestaltete sich lange Zeit die Lebenssituation an der deutschen Heimatfront. Die NS-Führung hatte ihre Lektion aus dem Ersten Weltkrieg gelernt, wo seinerzeit Mangelwirtschaft und Unterversorgung für Hungerunruhen und Streiks verantwortlich waren. Wer deshalb in Deutschland nach 1939 zur «Volksgemeinschaft» zählte, musste bei der Grundversorgung bis zum Winter 1943/44 keine gravierenden Einschnitte hinnehmen.

Dafür sorgte allein die ernährungswirtschaftliche Ausbeutung der besetzten Ostgebiete. Sie gewährleistete zwischen 1941 und Ende 1943, dass rund 63 350 Tonnen Fleisch, 1,6 Millionen Tonnen Getreide, 46 440 Tonnen Zucker und 43 Tonnen Marmelade nach Deutschland gelangten. Auch Frankreich und das Generalgouvernement stellten in diesem Zusammenhang wichtige Ergänzungsgebiete für landwirtschaftliche Produkte dar. Erst mit dem allgemeinen Zurückweichen der Wehrmacht an allen Fronten und dem Verlust von Besatzungsterritorien gingen auch für die deutsche Bevölkerung die täglich auf Lebensmittelkarten zugeteilten Kalorien merklich zurück. Gleichwohl stellten regionale Ernährungsämter sicher, dass die «Versorgungslage im Reich – bei allen Schwierigkeiten – beinahe bis zum Ende des Krieges für die Volksgenossinnen und Volksgenossen erträglich blieb». Die Ressourcenknappheit erreichte jedenfalls zu keiner Zeit einen Stand wie einst während des Ersten Weltkrieges.[56]

Die angemessene Ausstattung mit Wohnraum war in Deutschland bereits vor 1939 ein Problem. Es verschärfte sich seit 1943, als sich die alliierten Flächenbombardements zusehends auch gegen zivile Einrichtungen richteten. Das Zwangsbewirtschaftungsregime machte seitdem auch vor der bis dahin respektierten Privatsphäre der Wohnung nicht mehr halt. Das galt besonders in den zerstörten Großstädten. Anders als in der UdSSR blieben Kleinstädte und die ländlichen Regionen Deutschlands lange vor unmittelbaren Kriegseinwirkungen weitgehend verschont und boten Ausweichmöglichkeiten für die Unterbringung ausgebombter Kinder oder älterer Zivilisten. Überhaupt reichte der Grad an Gewalt und Zerstörung im Deutschen Reich zu keinem Zeitpunkt an das heran, was der Osten Europas durch Wehrmacht, Waffen-SS und SS-Einsatzgruppen zu erdulden hatte. Erst in dem Moment, als die Rote Armee auf das Reichsgebiet vorrückte, entfaltete sich auch dort die volle Grausamkeit des Krieges.

Doch auf andere Weise beeinflusste das Kampfgeschehen im Osten das Leben an der deutschen Heimatfront. Auf Dauer erschütterte es nämlich die vom NS-Regime hartnäckig propagierten weiblichen Rollenbilder. Frauen sollten vornehmlich als Mütter für funktionierende Familienstrukturen Sorge tragen. Um dies unter den Bedingungen des Weltkrieges zu gewährleisten, mühten sich die Machthaber um besondere staatliche Fürsorge und finanzielle Regelungen, die möglichst auf die «Erhaltung des Besitzstandes» zielten. Während der Mann an der Front für «Volk und Vaterland» kämpfte, sollte er zumindest Gewissheit haben, dass für die Angehörigen in der Heimat gut gesorgt sei.[57]

Als an der Ostfront allerdings infolge hoher Verluste der Bedarf an Soldaten sprunghaft anstieg, setzte hier allmählich ein Wandel ein. In diesem Moment wurden Frauen vermehrt Teil einer zunehmend militarisierten Gesellschaft. Sie mussten nicht nur neu rekrutierte Männer ersetzen, die bis dahin für die Rüstungsindustrie freigestellt waren. Sie leisteten fortan auch in der Heimat oder im Kriegsgebiet Hilfsdienste beim Luftschutz, in Frontstäben, wirkten als Flak- und Luftwaffenhelferinnen bei Feuerleitstellen, an Radargeräten und Scheinwerferbatterien oder aber als Krankenschwestern in den zahllosen Lazaretten und Pflegeheimen der Wehrmacht.[58] Spätestens jetzt sollten für sie die Grausamkeiten des Krieges – anders, als von den geschönten Wehrmachtsberichten und Wochenschauen suggeriert – keine abstrakte Größe mehr sein. Doch blieben den meisten von ihnen Erfahrungen erspart, die rund eine Million Frauen machen mussten, die zwischen 1941 und 1945 in der Roten Armee gekämpft und das Töten und Sterben seit Juni 1941 miterlebt hatten.[59]

Bilanz des Schreckens

In der Nacht vom 8. auf den 9. Mai 1945 unterzeichneten in Berlin-Karlshorst die Spitzen von Wehrmacht, Luftwaffe und Marine in einem gesonderten, denkwürdigen Akt die bedingungslose Kapitulation sämtlicher deutscher Streitkräfte in Gegenwart des Oberkommandierenden der Roten Armee, Marschall Georgij Schukow. Damit endete nach knapp vier Jahren der von Deutschland im Namen der NS-Ideologie begonnene Existenzkampf zweier totalitärer Diktaturen. Es war ein hemmungsloser weltanschaulicher Vernichtungskrieg. Dessen ungeheuerliche Opferzahlen stellten alle bis dahin geführten gewaltsamen Auseinandersetzungen weit in den Schatten. Selbst die Schreckensbilanz des Ersten Weltkriegs, die für die östlichen Kampfschauplätze annähernd 1,15 Millionen russische und 317 000 deutsche Tote verzeichnet, verblasst geradezu angesichts der Realität der Jahre 1941 bis 1945.

Rund 26,6 Millionen Sowjetbürger, davon allein 15,2 Millionen Zivilisten, verloren ihr Leben. Mehr als 2,7 Millionen Soldaten – rund 80 Prozent aller Gesamtverluste – hatte die Wehrmacht an der Ostfront zu beklagen. Und ungefähr 1,4 Millionen deutsche Zivilangehörige fanden dort meist während der letzten Kriegsmonate in den Wirren von Flucht und Vertreibung den Tod. Kaum zu beziffern ist für beide Seiten die Zahl an Invaliden, Witwen und Waisen oder all derer, die mit tiefen psychischen Blessuren zwar davongekommen waren, denen angesichts ihrer Kriegserlebnisse das Über- und Weiterleben zumeist aber nur durch Verdrängen oder Beschweigen möglich sein sollte.[60]

Zumindest in dieser Hinsicht waren Opfer und Täter, waren Russen und Deutsche freilich auf sehr unterschiedliche Weise miteinander vereint. Man teilte zwar fortan ein Stück Vergangenheit, die auf Diktatur-, Terror- und Gewalterfahrung basierte. Doch solange die Welt nach 1945 durch den beginnenden Kalten Krieg in zwei feindliche Lager aufgespalten war, boten sich kaum Gelegenheiten, diese traumatischsten Grunderlebnisse des 20. Jahrhunderts in aufrichtiger Begegnung gemeinsam erinnerungsgeschichtlich zu bewältigen. Es sollten noch Jahre ins Land gehen, bevor während der zeitweiligen deutsch-sowjetischen Entspannungsphase der 1970er, mehr aber noch nach der deutschen Wiedervereinigung und der Selbstauflösung der UdSSR Anfang der 1990er Jahre damit begonnen wurde, hierfür Voraussetzungen zu schaffen.[61]

Sieger und Besiegte. Flucht, Vertreibung und stalinistischer Terror in der SBZ/DDR

«Das Schloß eines deutschen Magnaten», vermerkte der 22-jährige Leutnant Wladimir Gelfand aufgewühlt am 18. April 1945 in seinem Kriegstagebuch. «Welche Pracht und was für ein Luxus!», brach es frei aus ihm heraus, womit er die Gefühlslage stellvertretend für viele seiner damaligen Frontkameraden traf: «Man kann sich nur schwer vorstellen, daß hier ein einziger Mensch gelebt hat, dem dies alles gehörte. Von jetzt an gehört es übrigens uns, jetzt ist alles sowjetisch, und ich empfinde heute voller Freude, wie großartig unser Sieg ist.»[1]

Bis dahin standen Gelfands Granatwerferzug allerdings noch knapp zwei Wochen verlustreicher Kämpfe bevor. Die letzte blutige Schlacht um die Reichshauptstadt Berlin tobte bereits seit zwei Tagen. Sie endete am 2. Mai 1945 für die Rote Armee im Siegesrausch. Zuvor hatten ihre Spitzen die Reichstagsruine erstürmt und mit dem roten Banner das Symbol der glorreichen Sowjetmacht auf das Dach des einstigen deutschen Parlaments gesetzt. Der Kriegsfotograf Jewgenij Chaldej hielt diesen bewegenden Moment in einer spektakulären Aufnahme fest. Doch anders als suggeriert dokumentierte er nicht die letzten Augenblicke des untergehenden «Dritten Reiches». Chaldej hatte vielmehr die Fotografie nach den Kampfhandlungen eigens inszeniert, im Entwicklungslabor der Moskauer Nachrichtenagentur TASS mit spezieller Dramatik versehen, entsprechend retuschiert, und dann erst war die Ikone des sowjetischen Sieges über Hitler-Deutschland fertig, die kurz darauf über die internationalen Bildagenturen um die gesamte Welt ging.[2]

Ostdeutschland 1944/45

Bei aller Freude, den Krieg überlebt zu haben, blieb der überwiegenden Mehrheit der Rotarmisten nicht nur im Mai 1945 völlig unklar, weshalb die «faschistischen Aggressoren» knapp vier Jahre zuvor ausgerechnet die UdSSR hinterhältig überfallen hatten. Bereits Mitte Oktober 1944, spätestens aber ab dem 12. Januar 1945, als die Rote Armee Deutschlands alte Reichsgrenzen endgültig überschritten und mit geballter Wucht innerhalb von gut drei Wochen den größten Teil Ostdeutschlands jenseits von Oder und Neiße erobert hatte, fand die kämpfende Truppe dort einen wirtschaftlichen Wohlstand vor, der für einen im Stalinismus aufgewachsenen und bis dahin vom Ausland abgeschirmten Sowjetmenschen geradezu unvorstellbar war.[3]

In Ostpreußen etwa marschierten Stalins Armeen zeitweilig durch verlassene Dörfer, Städte und Landstriche, die der Krieg bis dahin fast verschont hatte. Wo sich ihnen zunächst kein offener militärischer Widerstand entgegenstellte, trafen sie meist auf unzerstörte Güter mit gefüllten Lebensmittelspeichern, umfangreichem Fuhrpark, Arbeitsgeräten, großen Vieh- und Pferdebeständen. Die Straßen waren befestigt, Häuser verfügten über Kanalisationsanschlüsse. Landsitze ostpreußischer Aristokraten waren oft reich mit Kunst- und Kulturgütern, umfangreichen Privatbibliotheken sowie mancherlei technischer Finesse ausgestattet. Angesichts solcher Eindrücke überrascht es wenig, dass nicht nur viele einfache sowjetische Soldaten, sondern auch höhere Dienstgrade die erste unmittelbare Begegnung mit Deutschland als einen wahren Kultur- und Zivilisationsschock empfanden.[4] Das galt umso mehr, als ihre Heimat in Schutt und Asche lag, verwüstet durch ebenjene Deutschen, die nun vom Nationalsozialismus befreit werden sollten. Der ohnehin in vier Kriegsjahren angestaute Hass auf alles Deutsche und die Sehnsucht nach Vergeltung steigerten sich deshalb bei den Rotarmisten ins geradezu Unermessliche.

Und dazu hatte die sowjetische Kriegspropaganda erheblich beigetragen. Seit Frühjahr 1944 mobilisierte Stalin seine zeitweilig kriegsmüden Streitkräfte mit der Parole, die «faschistische Bestie in ihrer eigenen Höhle» zu vernichten. Von da an gehörte es zur moralischen Pflicht eines jeden aufrichtigen Sowjetsoldaten, die Opfer des deutschen Besatzungsterrors in der UdSSR rücksichtslos zu rächen. Wirksamste Waffe dieser speziellen Form psychologischer Kriegführung war bis Mitte April 1945 der renommierte und unter den Frontverbänden überaus beliebte sowjetisch-jüdische Schriftsteller Ilja Ehrenburg.

«Wenn Du nicht an einem Tag wenigstens einen Deutschen getötet hast, ist Dein Tag verloren. [...] Töte den Deutschen!, bittet Dich die alte Mutter, töte den Deutschen!, fleht Dich Dein Kind an. Töte den Deutschen!, schreit Mutter Erde. Verfehle Dein Ziel nicht, laß niemanden aus. Töte!»[5] Mit derartigen Hasstiraden traf Ehrenburg die Gefühle der Soldaten. «Marschall der Publizistik», nannten sie ihn respektvoll, dessen Feder den Vergleich mit ihren beim Feind gefürchteten Stalinorgeln nicht zu scheuen brauchte. Schnell schlug sich seine Rhetorik auch in der Sprache der militärischen Befehle nieder. «Für den Tod, für das Blut unseres Sowjetvolkes sollen die faschistischen Räuber mit der vielfachen Menge ihres gemeinen schwarzen Blutes bezahlen.» So etwa ein Aufruf Marschall Georgij Schukows an seine Truppen der 1. Weißrussischen Front, die maßgeblich in die Endkämpfe um Berlin involviert waren. In den Kompanien wurden eigens «Rachebücher» geführt. Rotarmisten notierten darin, welch unsägliches Leid ihnen und ihren Familien von den Deutschen angetan worden war. Um die Kampfmoral vor dem eigentlichen Waffengang zu stärken, wurde daraus der versammelten Mannschaft vorgelesen.[6]

Überdies war der Truppe unmittelbar vor der Januaroffensive 1945 genehmigt worden, fortan monatlich bis zu zwei Acht-Kilo-Pakete in die Heimat zu schicken. Höheren Offizieren gestand man die doppelte, Generälen sogar die dreifache Menge zu. Das förderte die Neigung, das gegnerische Territorium exzessiv auszuplündern.

Die Hemmschwelle für derartige Übergriffe hing ohnehin nicht allzu hoch. Unter den sowjetischen Soldaten kursierte weithin die Auffassung, die luxuriösen Lebensverhältnisse der Deutschen seien auch das Ergebnis ihrer rücksichtslosen Kriegszüge in Europa gewesen. In der Tat war nicht von der Hand zu weisen, dass deutsche Soldaten in den Wirren des militärischen Rückzuges an der Ostfront nach eigenem Rechtsverständnis und Gutdünken requiriert hatten. Selbst Ende 1944 durften sie von dort noch regelmäßig bis zu zehn Kilo Beutegut nach Hause verschicken. Allein deshalb hielten sich viele Rotarmisten für berechtigt, sich im Gegenzug dafür an den Deutschen schadlos zu halten.[7]

So brach in Zeiten höchster Verrohung eine letzte große Gewaltwelle los. Eine wilde Soldateska sorgte für ungezügelte Plünderungen, mutwillige Zerstörungen, Zwangsdeportationen und Vergewaltigungsexzesse. Zu den Leidtragenden der sowjetischen Übergriffe gehörte die deutsche Zivilbevölkerung, über einhunderttausend Nonkombattanten kamen ums Leben. Die Ausschreitungen steigerten sich in jenem Moment, als die Wehrmacht den anstürmenden Feind mit erbittertem Widerstand aufzuhalten suchte. Dabei scheute sie sich nicht, selbst Zivilisten für die Landesverteidigung einzusetzen. Während der Kämpfe um Ostpreußen waren seit Ende 1944 Front und Heimatfront deshalb kaum mehr auseinanderzuhalten. Im Zuge der totalen Kriegführung wurden dort neben Kriegsgefangenen, Zwangsarbeitern und Angehörigen des Reichsarbeitsdienstes rund 300 000 Zivilisten ausgehoben, um den Vorstellungen von NS-Gauleiter Erich Koch nachzukommen und der herannahenden Roten Armee durch den Bau eines Ostwalls zu trotzen.

Koch war es auch, der bereits vorzeitig einen speziellen ostpreußischen Volkssturm mobilisierte. Für die Zwecke des Partisanenkampfes plante er sogenannte Werwolfverbände, deren eigentliches Rückgrat die ostpreußische Zivilbevölkerung bilden sollte. Freilich ging dieses Konzept nicht auf. Und so lebte der Werwolf mehr vom Mythos denn von tatsächlichen Erfolgen. Trotzdem gab es in den Reihen der Bevölkerung vereinzelt Aktivisten, die sich im Kampf gegen die Rote Armee profilieren wollten, indem sie beispielsweise Brunnen oder Alkohol, der unter den plündernden Sowjetsoldaten besonders begehrt war, vergifteten.

Die Rote Armee machte deshalb wenig Anstalten, allzu sehr zwischen Kombattanten und Zivilisten zu unterscheiden, zumal die Wehrmacht Letztere entgegen allen Kriegskonventionen immer wieder als menschliche Schutzschilde missbrauchte. In den erbitterten Straßenkämpfen von Königsberg Anfang April 1945 eroberten die Sowjets daher überwiegend auf Kosten der Zivilbevölkerung Haus um Haus wahllos mit Flammenwerfern und Handgranaten. Denn so kurz vor Kriegsende wollte man das Leben der eigenen Soldaten nicht mehr unnötig riskieren.[8]

Da Ostpreußen nicht rechtzeitig evakuiert worden war – NS-und Wehrmachtsführung verweigerten lange die dafür erforderlichen Transportkapazitäten, weil sie diese der kämpfenden Truppe vorbehielten –, gerieten die Flüchtlinge, die nun selbst Hand anlegten und mit ihren Trecks nach Westen strebten, immer wieder zwischen die Fronten. Weder Freund noch Feind konnte darauf im unübersichtlichen Kampfgetümmel Rücksicht nehmen, was immense Verluste unter den Flüchtenden nach sich zog.[9]

Inzwischen waren vier bis fünf Millionen Menschen aus Furcht vor den Russen auf der Flucht. Dazu hatte zeitweilig das Berliner Reichspropagandaministerium maßgeblich beigetragen. Es verbreitete unablässig Gräuelnachrichten über die sowjetischen Invasoren und schürte Gerüchte über eine systematische Politik der Ausrottung aller Deutschen. Doch ungeachtet der brutalen Übergriffe der Roten Armee fehlen für derartige Behauptungen bis heute alle Belege. Gewiss ist der exzessive Rachegedanke nicht von der Hand zu weisen, was für Stalin obendrein den positiven Begleiteffekt hatte, möglichst viele deutsche Zivilisten aus den Territorien jenseits von Oder und Neiße gewaltsam zu vertreiben. Denn seit 1941 hatte er mehrfach unverhohlen zu verstehen gegeben, «Ostpreußen dem Slawentum zurückzugeben [und] die gesamte Gegend mit Slawen zu besiedeln». Freilich lässt sich daraus – im Unterschied etwa zu den weltanschaulichen Vernichtungspraktiken des NS-Regimes in der UdSSR – nicht zwangsläufig ableiten, die Sowjetmacht habe es von vornherein im Sinne eines Völkermords auf die Auslöschung alles Deutschen angelegt. Einschlägige taktische Befehle jedenfalls mit Anweisungen, gezielt – in gar festgesetzten Kontingenten – die Zivilbevölkerung zu ermorden, sind bislang nicht bekannt geworden.

Vielmehr war das Gegenteil der Fall: Je deutlicher sinnlose Gewalttaten und damit einhergehende Disziplinlosigkeiten auf deutschem Boden überhandnahmen – selbst der Propagandist Ilja Ehrenburg reagierte zeitweilig mit Abscheu auf die Exzesse der eigenen Armee in Ostpreußen –, desto entschiedener suchte die sowjetische Militärführung – wenngleich nicht immer erfolgreich – dagegen vorzugehen. Sie gab in der unmittelbar letzten Kriegsphase Gegenbefehle mit ermahnenden Appellen und bediente sich der Militärjustiz, um Ausschreitungen immer wieder mit disziplinarischen Maßnahmen zu ahnden. Mitte April 1945 spätestens, als die Militärs sich zum letzten Sturm auf Berlin formierten, erfolgte schließlich ein grundlegender Wechsel auch in der Kriegspropaganda der Roten Armee. Geradewegs über Nacht und höchst irritierend für viele Sowjetsoldaten wurden Ehrenburgs gewohnte antideutsche Hasstiraden kategorisch zugunsten einer Rhetorik verworfen, die die kämpfende Truppe nunmehr auf die bevorstehende Rolle als Besatzungsmacht vorbereiten sollte. Entsprechend der durch Josef Stalin bereits im Februar 1942 verkündeten Maxime: «Die Hitler kommen und gehen, das deutsche Volk aber, der deutsche Staat aber – bleibt», wollte man in der Stunde des bevorstehenden Sieges die Deutschen offenbar fortan in die Gemeinschaft der «durch die Rote Armee vom Faschismus befreiten Völker» aufnehmen. Zumindest musste um sie nun gerungen werden.[10]

Joseph Goebbels, der sich im apokalyptischen Endkampf sah, war all dies einerlei. Er scherte sich nicht unnötig um Tatsachen oder Differenzierungen. Für ihn zählte weit mehr die Wahrnehmung von Tatsachen und wie sich die Situation instrumentalisieren ließ. Er gierte förmlich nach geeigneten, mitunter auch konstruierten Schreckensmeldungen, um dadurch die letzten Kräfte gegen den Feind zu mobilisieren.

Nemmersdorf im Kreis Gumbinnen (Ostpreußen), ein Dorf von 637 Einwohnern, das zwischen dem 21. und 23. Oktober 1944 zeitweilig in die Hände des Gegners gefallen war, wurde zum Paradefall der Berliner Propaganda. Dort hatten sich offenbar grauenhafte Tragödien abgespielt. Aber da sich die Zeitzeugenberichte mitunter erheblich widersprachen, ließen sich Realität und Propaganda nur schwerlich auseinanderhalten, ganz zu schweigen von einer exakten Rekonstruktion der Ereignisse oder gar der Opferzahlen. Die nationalsozialistischen Machthaber jedenfalls schlachteten das Nemmersdorf-Massaker für ihre Zwecke aus und schreckten selbst vor wilden Manipulationen nicht zurück. Sie beriefen sich auf eine eilends von ihnen zusammengestellte, vermeintlich unabhängige internationale Untersuchungskommission und auf Aussagen verschiedener Wehrmachtsangehöriger, die sie allesamt medienwirksam in Szene setzten. Mehrere nackte Frauen waren an Scheunentore gekreuzigt und ermordet worden, einer alten Bäuerin hatte man den Kopf mit einem Beil oder Spaten gespalten. Bestialische Morde seien an weiteren 72 Frauen und Kindern begangen worden, wobei die Täter zuvor sämtliche Frauen vergewaltigt hätten.

Die Bilanz der Geheimen Feldpolizei am 25. Oktober 1944 las sich weniger entsetzlich. Sie wich in mancherlei Hinsicht deutlich von obigen Beschreibungen ab: Angebliche Kreuzigungen wussten die Gendarmen nicht zu vermelden. Stattdessen erwähnten sie erhebliche Plünderungen, registrierten zwei vergewaltigte Frauen und 25 Leichen, vornehmlich ältere Männer, Frauen und Kinder, viele von ihnen niedergestreckt durch Kopfschüsse.[11]

Die NS-Propaganda, die Nemmersdorf zum Vorgeschmack des bolschewistischen Schreckens stilisierte, wirkte am Ende ambivalent. Sie förderte – entgegen den ursprünglichen Absichten des Regimes – einerseits den Willen unter der Zivilbevölkerung, möglichst schnell dem herannahenden Gegner zu entkommen. Die spektakulärsten Dramen spielten sich während der Fluchtversuche über die Ostsee ab. Am späten Abend des 30. Januar 1945 wurde das einstige KdF-Kreuzfahrtschiff «Wilhelm Gustloff» von einem sowjetischen U-Boot versenkt. Innerhalb von nur einer Stunde ertranken bei klirrender Kälte über 9000 Zivilisten und verwundete Soldaten rund 23 Seemeilen vor der pommerschen Küste. Elf Tage darauf, am 10. Februar 1945, ereilte das Passagierschiff «Steuben» ein ähnliches Schicksal, dem über 4000 Menschen zum Opfer fielen. Es sind die bis heute größten Katastrophen der Schifffahrtsgeschichte.[12]

Derartige Ereignisse ebenso wie die Schreckensbilder verzweifelter Zivilisten, die sich aus Angst vor drohenden Übergriffen durch die Rote Armee in den Selbstmord gestürzt hatten,[13] steigerten andererseits – im Sinne der nationalsozialistischen Propagandisten – den Kampfgeist der deutschen Militärs. Das wiederum löste eine entsetzliche Gewaltspirale aus. Wehrmacht und Waffen-SS jedenfalls leisteten in nun folgenden Abwehrschlachten so lange wie möglich erbitterten Widerstand gegen die Rote Armee.

Als sich die militärische Niederlage abzeichnete, gerieten darüber insbesondere die ostpreußische, aber auch weite Teile der ostdeutschen Zivilbevölkerung in den Mahlstrom des von Goebbels ausgerufenen totalen Krieges. Sie waren damit einer doppelten Gewalterfahrung ausgesetzt, wofür am Ende nicht nur die sowjetischen Eroberer, sondern auch die verteidigenden deutschen Streitkräfte auf freilich sehr unterschiedliche Weise die Verantwortung trugen. Vor allem die rigorose Kriegführung der Wehrmacht nahm keine Rücksicht auf die eigene Bevölkerung und deren Heimat.[14] Die Anstrengungen, die auf das Reichsgebiet zurückgeworfene Ostfront bis zur letzten Patrone zu stabilisieren, unterschieden sich kaum von der Strategie der vorangegangenen Jahre. Weiterhin galt die Devise, die jeweilige Operationszone, die nun allerdings auf heimatlichem Boden lag, für die Versorgung der eigenen Truppe schonungslos auszubeuten.

Auch die Politik der verbrannten Erde, die den Rückzug aus der UdSSR bestimmt hatte, wurde auf das eigene Land angewandt. Wenn der Gegner schon nicht mehr aufgehalten oder gar dauerhaft zurückgeworfen werden konnte, dann wollte man zumindest seinen Vormarsch bremsen und ihm keine künftige Lebensgrundlage belassen. Immerhin galt der deutsche Osten als Kornkammer des Reiches. Und so setzte neben den Verwüstungen der Roten Armee ein erhebliches, nicht minder sinnloses Zerstörungswerk ein, das allein auf das Konto von Wehrmacht und SS-Verbänden ging. Solange es die militärische Lage zuließ, wurden deshalb Nutzvieh- und Pferdebestände wahllos abgeschlachtet, landwirtschaftliche Einrichtungen und Anbauflächen vernichtet, Brücken, Straßen, Häuser und sonstige Infrastruktur kurzerhand gesprengt oder einfach niedergebrannt. In einer solchen Atmosphäre von grenzenloser Gewalt und Vernichtungswut überrascht es wenig, dass in den Wirren der letzten Kriegstage selbst deutsche Landser mitunter eigene Landsleute ausplünderten oder ihnen gegenüber durch andere Disziplinlosigkeiten auffielen.

Die Folgen der Kampfhandlungen sollten noch in die unmittelbare Nachkriegszeit hineinwirken. In der Königsberger Region wie auch in den übrigen Gebieten östlich von Oder und Neiße hatte die ohnehin schon durch Flucht erheblich dezimierte Bevölkerung anhaltend Opfer zu beklagen. Das Sterben hörte nicht auf, nur weil die Waffen schwiegen, denn nun machte sich das Nachbeben des totalen Krieges bemerkbar, was etwa für die einstige preußische Hauptstadt Königsberg anhand gesicherter Zahlen konkret bedeutete: Von den rund 250 000 Deutschen, die Ende 1944 dort wohnten, fristeten ein knappes Jahr später nur noch 32 000 Menschen, darunter überwiegend Frauen und Kinder, ein Dasein am Abgrund.

Die in ihrer alten Heimat verbliebenen Besiegten verstarben an Unterversorgung, Entkräftung oder an infektionsbedingten Erkrankungen. Es fehlte an landwirtschaftlicher Lebensgrundlage und ausreichendem Wohnraum und auch an Ärzten, die von der Wehrmacht meist zwangsrekrutiert oder im Verlauf des Zurückweichens einfach abgezogen worden waren. Sowjetische Mediziner dagegen wurden von vielen Deutschen häufig nicht konsultiert. Nach wie vor hegten sie gegenüber den Russen rassistische Vorurteile und Ängste. Manchmal waren es nur bestehende Sprachbarrieren, die den Kontakt zu den neuen Machthabern erschwerten. Umgekehrt sahen sich diese aber nicht genötigt, die Sprache des einstigen Gegners zu erlernen.

Was allerdings die Versorgung der Bevölkerung mit Lebensmitteln betraf, bemühte sich die Besatzungsmacht, etwa in Königsberg, den kriegsbedingten Mangelerscheinungen im Rahmen ihrer freilich sehr begrenzten Möglichkeiten zu begegnen. Nicht zuletzt dieser Schritt verdeutlichte einmal mehr, dass es der UdSSR, die kaum in der Lage war, ihre eigene Bevölkerung nach den immensen Kriegszerstörungen angemessen zu ernähren, seinerzeit nicht darum ging, die noch im Osten verbliebenen Deutschen – wie vereinzelt kolportiert – in einer Art großen Strafaktion systematisch auszuhungern.[15]

Immer wieder kam es auch zu Situationen, die angesichts der Grausamkeiten, die Deutsche Russen noch kurz zuvor angetan hatten, nicht ohne Weiteres zu erwarten gewesen waren. In Gebieten wie Schlesien oder Pommern, die nach Kriegsende unter polnische Verwaltung gelangten, nahmen nun Polen – im Schatten der dort stationierten sowjetischen Kampfverbände – Rache an den verbliebenen knapp 1,6 Millionen von einst 8,8 Millionen ortsansässigen Deutschen für das unter der NS-Besatzungsherrschaft erlittene Unrecht. Deren Alltag war von da an durch Lynchmorde, zeitweilige Inhaftierungen in ehemaligen Konzentrationslagern, wilde, aber auch systematische Vertreibungen, Plünderungen und Enteignungen von Höfen und Fabriken, Zwangsarbeit oder Sprachverbot geprägt. Zeitweilig waren sie dem Hunger preisgegeben und der Willkür auf offener Straße ausgesetzt. Um sie dabei leichter identifizieren zu können, mussten sie sich nunmehr durch spezielle Armbinden mit Hakenkreuz-Emblem oder einem «N» für «Niemiec» (Deutscher) zu erkennen geben. Dies war die Revanche für das, was Nazi-Schergen einst polnischen Zwangsarbeitern angetan hatten, die den Buchstaben «P» auf ihrer Kleidung deutlich sichtbar anbringen mussten. Ähnliches ereignete sich gegenüber den Sudetendeutschen, deren Heimat wieder der Tschechoslowakei zugefallen war.

Häufig ließen die sowjetischen Truppen die neuen Machthaber in ihrem Vergeltungsrausch gewähren. Sie selbst hatten sich in den ersten Tagen und Wochen auf deutschem Territorium kaum anders verhalten. Doch sind Fälle überliefert, in denen sich Vertreter der Roten Armee zu Anwälten der entrechteten Deutschen machten und diese dem Zugriff ihrer Peiniger entzogen. Das traf vor allem dann zu, wenn die Militärs etwa für die reibungslose Truppenversorgung auf ebenjene «Schutz-Deutschen» speziell angewiesen waren. Bei der polnischen und tschechoslowakischen Verwaltung wie auch der Bevölkerung stieß dieses Verhalten gleichwohl auf Unverständnis und nährte aus naheliegenden Gründen den Unmut.[16]

Befreier und Befreite?
Das Problem der Vergewaltigungen

In eklatantem Widerspruch zu derartigen Schutzmaßnahmen, vor allem aber zur Befreier-Mission, die sich die Rote Armee in den letzten Kriegstagen selbst verordnet hatte, standen die Massenvergewaltigungen deutscher Frauen und Mädchen. Hier ereigneten sich Exzesse, die nicht allein aus lang gehegter Wut begangen wurden. Oft kamen sie erst spontan unter erheblichem Alkoholeinfluss zustande. Dabei machten sich weniger die Sturmtruppen der Angriffswellen solcher Vergehen schuldig. Die enorme Vormarschgeschwindigkeit während der militärischen Operationen ließ ihnen kaum mehr Möglichkeiten, als die legendären Uhren deutscher Zivilisten hastig «einzusammeln». Meist waren es deshalb die nachrückenden Schützenverbände, die im Zuge der Frontabsicherung und Säuberung des eroberten Geländes von feindlichen Elementen überhaupt Zeit für solche sexuellen Gewaltverbrechen fanden.[17]

Ungehemmt wüteten die Täter. Ganze Trupps und Züge machten regelrecht Jagd auf Frauen. Vielfach bedrängten sie ihre hilflosen Opfer mit vorgehaltener Waffe in der Hand und ignorierten dabei jegliche Altersgrenzen, wenn sie sich an diesen vergingen. Ebenso erging es Polinnen während des Schlesienfeldzuges, sogar einst verschleppte sowjetische Zwangsarbeiterinnen waren nicht gefeit davor. Doch der eigentliche Terror richtete sich gegen Deutsche. Immer wieder kam es vor, dass Mütter sich schützend vor ihre Töchter stellten. Sie boten sich selbst den marodierenden Sowjetsoldaten an, um ihren Mädchen ein schlimmes Schicksal zu ersparen. Frauen wurden darüber hinaus vor den Augen ihrer Familienangehörigen in aller Öffentlichkeit geschändet, häufig mehrfach. Sofern Ehemänner oder Väter das grausige Treiben zu verhindern suchten, riskierten sie, von den Peinigern kurzerhand erschossen zu werden.[18]

Um der anhaltenden Gefahr von Mehrfachvergewaltigungen möglichst zu entgehen, suchten vor allem junge Frauen in ihrer Verzweiflung immer wieder nach dauerhaften Partnerschaften mit Rotarmisten. Dabei kam es bisweilen zu dramatischen Szenen, wie Leutnant Wladimir Gelfand sich erinnerte. Ein mehrfach in Gegenwart ihrer Mutter missbrauchtes Mädchen flehte ihn schutzsuchend an: «‹Bleib hier!› bedrängte [sie] mich [...] plötzlich, ‹du wirst mit mir schlafen. Du kannst mit mir machen, was du willst, doch nur du allein! Ich bin bereit, mit dir [...], zu allem bereit, was du willst, nur rette mich vor all diesen Männern mit diesem Sch...!› Sie zeigte alles, sprach über alles, und nicht, weil sie vulgär war. Ihr Kummer und ihr Leid waren stärker als ihre Scham und ihre Schüchternheit, und jetzt war sie bereit, sich vor den Leuten ganz auszuziehen, nur damit man ihren gequälten Körper nicht anrühren möge, einen Körper, der noch etliche Jahre hätte unberührt bleiben können [...].»[19]

Obwohl Vergewaltigung und Plünderei seit den letzten Kriegstagen, spätestens aber nach der bedingungslosen Kapitulation der Wehrmacht am 8./9. Mai 1945 als militärische Disziplinlosigkeit geahndet werden sollten – auf derartige Vergehen stand bisweilen Exekution oder öffentliches Auspeitschen –, hielten es die Vorgesetzten in dieser Hinsicht nicht immer genau. Sie brachten den Delinquenten vielmehr Verständnis entgegen. Denn immerhin bewegte man sich im Feindesland, auch wenn es in der Selbstwahrnehmung nunmehr befreit worden war. Selbst die zuständige Geheimpolizei übte sich in solchen Situationen anfänglich meist in Zurückhaltung.

Die Szenerie der letzten Kriegstage kannte aber auch andere Alltagssituationen, wenngleich diese eher die Ausnahme blieben: Da gab es mitfühlende, des sinnlosen Mordens überdrüssig gewordene Rotarmisten. Sie suchten das Ausmaß der Ausschreitungen und Übergriffe einzugrenzen, bewahrten Frauen und Kinder vor Racheakten, steckten diesen sogar Lebensmittel zu und setzten dabei ihr eigenes

Leben aufs Spiel. Zumindest liefen sie stets Gefahr, vom sowjetischen Geheimdienst NKWD des Mitleids mit dem Feind bezichtigt zu werden, was zum Beispiel Lew Kopelew oder Alexander Solschenizyn langjährige Lagerhaft einbrachte.[20]

Den meisten Deutschen im Osten oder in der sowjetischen Besatzungszone (SBZ) blieben allerdings weniger die kleinen humanitären Gesten couragierter Sowjetsoldaten in dauerhafter Erinnerung. Vielmehr dominierten die Schreckenserlebnisse der weiblichen Zivilbevölkerung das Bewusstsein der Besiegten, was aber die Betroffenen aus Scham oder Angst vor Stigmatisierung verdrängten. Öffentlich darüber zu reden, war politisch unerwünscht. Vor allem in der SBZ konnten und wollten die deutschen Kommunisten, die nun mit nachhaltiger Unterstützung der UdSSR eine neue politische Ordnung aufbauten, das Verhältnis zur Besatzungsmacht nicht belasten oder diese gar kompromittieren. Zumindest die aus dem sowjetischen Exil zurückgekehrten Führungskader der KPD zögerten und suchten die Übergriffe von Rotarmisten mit den deutschen Verbrechen in der UdSSR zu relativieren. Da die Partei zugleich aber auch um die Sympathien deutscher Wähler rang, steckte sie in erheblichen Erklärungsnöten. Und so bevorzugte sie eher das Beschweigen.[21]

Das galt umso mehr, als die Opferbilanz außerordentlich hoch war. Selbst Frauen von Kommunisten gehörten zu den sexuell Gepeinigten. Allein in Berlin wurden zwischen Frühjahr und Herbst 1945 – bezogen auf etwa 1,4 Millionen Einwohnerinnen – mindestens 110 000 Frauen und Mädchen vergewaltigt, bis zu 40 Prozent von ihnen sogar mehrfach. Rund 10 000 Personen bezahlten die sexuellen Gewaltakte mit dem Leben. Sie starben an den Folgen der Misshandlungen oder an Geschlechtskrankheiten, mit denen sie infiziert worden waren. Rund 20 Prozent der Vergewaltigten wurden schwanger, von denen etwa 90 Prozent eine Abtreibung vornehmen ließen. In vielen Fällen geschah dies unprofessionell ohne ausreichende medizinische Hilfe. Häufig nahmen die Betroffenen diese sogar selbst vor, was ebenfalls die Todesrate in die Höhe trieb. Immer wieder sahen verzweifelte, seelisch traumatisierte und körperlich erkrankte Vergewaltigungsopfer nur den Ausweg, sich der empfundenen Schande durch Selbstmord zu entziehen.

Dies sind lediglich Zahlen und Schätzungen für die eroberte Reichshauptstadt. Bezogen auf die übrige SBZ sowie die Ostgebiete jenseits von Oder und Neiße, gehen die Annahmen von ungefähr 1,9 Millionen missbrauchten Frauen und Mädchen aus. Davon lebten allein etwa 500 000 in der sowjetischen Okkupationszone. Freilich wird sich das gesamte Ausmaß sexualisierter Gewaltverbrechen zahlenmäßig kaum mehr exakt rekonstruieren lassen.[22]

Das gilt nicht minder für die Motive, die sowjetische Soldaten zu solchen Taten bewogen. In ihren Feldpostbriefen jedenfalls schwiegen sie sich darüber in der Regel aus. Der Zwang zu «sexueller Enthaltsamkeit», verschärft durch die Tatsache, dass die Truppe während des Krieges kaum in den Genuss eines Fronturlaubs kam, kann freilich kaum ausreichend erklären, weshalb sie sich mit der Eroberung deutschen Territoriums in dieser Hinsicht exzessiv auslebte. Das Bild vom generell «sexuell ausgehungerten Russen» griff in diesem Zusammenhang insbesondere die NS-Propaganda gerne während der letzten Abwehrkämpfe auf, angereichert mit rassistischen Kommentaren. Bisweilen argumentierten Rotarmisten ähnlich. Das war vor allem dann der Fall, wenn sie die Vergewaltigungsdelikte allein als Affekttaten während des ungebremsten Siegestaumels zu rechtfertigen suchten.

So vielschichtig die Ursachen dieser Untaten insgesamt auch waren, bei dem Versuch, hinlänglich Antworten darauf zu finden, wird man auch um sozialpsychologische Erklärungen nicht herumkommen. Die in patriarchalischen Gesellschaftsverhältnissen und oft im Geiste hegemonialer Männlichkeit sozialisierten Eroberer betrachteten Vergewaltigungen gemeinhin als ein ureigenes Siegerrecht. Sexueller Missbrauch war zugleich Ausdruck einer rituellen Gewaltbefriedigung und ein Akt grenzenloser Machtdemonstration. Die Frauen des Feindes wurden nicht nur entehrt, sondern zugleich deren Männer ganz bewusst in höchstem Maße gedemütigt, weil sie ihrer klassischen Schutzaufgabe nicht mehr gerecht werden konnten.

Dabei empfanden es viele Sowjetsoldaten als besondere Genugtuung, dass all dies nun den einstigen deutschen Invasoren widerfuhr. Denn sie hatten sich in der Sowjetunion seinerzeit als arrogante «Herrenmenschen» geriert und in weltanschaulicher Überlegenheitsattitüde tagtäglich sogenannte slawische Untermenschen rücksichtslos terrorisiert oder grausam ermordet. Nun schlug die Stunde der einst Stigmatisierten. Sie revanchierten sich dafür, dass Angehörige der Wehrmacht und SS trotz des Verbots der «Rassenhygiene» kaum minder brutal, wenngleich nicht in demselben Ausmaß sexuelle Missbrauchsverbrechen in den ehemals besetzten Gebieten der UdSSR begangen hatten.[23] Für das künftige Verhältnis von Befreiern und – angeblich – Befreiten verhieß all dies nichts Gutes. Fortan jedenfalls trennte Russen und Deutsche für lange Zeit eine schwere, nahezu unüberwindbare Kluft der Erinnerung.

Sowjetischer Geheimpolizei- und Terrorapparat in der SBZ

Mit der sowjetischen Besatzungsmacht hielt der Stalinismus Einzug in die SBZ. Dies vollzog sich freilich zunächst nicht vor den Augen der gesamten Öffentlichkeit. Zurückhaltung war angebracht, weil die Sowjetunion nach Kriegsende zumindest anfänglich mit den Westmächten weiter kooperieren wollte. Während die Westalliierten für das besiegte Deutschland über kurz oder lang eine liberale demokratische Grundordnung anstrebten, verfolgte die UdSSR in ihrer Besatzungszone eine davon abweichende Linie.

Bereits während der letzten Kriegstage ließ Stalin hierfür entsprechende Vorkehrungen treffen. Fortan operierten in der SBZ sowjetische Sicherheitsorgane, die sich besonders in den 1930er Jahren während des Großen Terrors als Stütze des stalinistischen Regimes erwiesen hatten. Nun wurden die Strukturen und Funktionsmechanismen dieser berüchtigten Institutionen in den östlichen Teil Deutschlands exportiert.

Vorerst jedoch versuchten sie die weiterreichenden Absichten zu verschleiern. Formal rechtfertigten sie ihre Aktivitäten stets damit,

lediglich – und ganz im Einklang mit den übrigen Siegermächten –
die Wurzeln des «Faschismus» ausrotten zu wollen. Schnell zeigte
sich allerdings, wie vordergründig diese Argumentation war. Die
Bevölkerung in der sowjetischen Besatzungszone erlebte bald darauf
hautnah, wie zielstrebig die neuen Machthaber den nationalsozialistischen durch den eigenen Unterdrückungsapparat ersetzten.
Rechtsunsicherheit, Angst vor willkürlicher Inhaftierung oder gar
Verhaftung von Unschuldigen waren also keinesfalls ein abgeschlossenes Kapitel der NS-Vergangenheit. Sie prägten weiterhin den ostdeutschen Alltag, nur diesmal eben unter dem Sowjetstern.[24]

Dort agierte eine Besatzungsmacht, die sich seit der Oktoberrevolution von 1917 entschieden den Prinzipien der Klassenjustiz
verschrieben hatte. Recht musste demnach allein ideologisch-politischen Ansprüchen genügen. Generell galt es als ein wirkungsvolles, auf terroristischen Praktiken basierendes Instrument zur Herrschaftsdurchdringung und -absicherung. Schon allein deshalb hatten
Gerichte «den Terror nicht [etwa zu] beseitigen [...]», wie Lenin es 1922
pointiert formulierte, «sondern ihn prinzipiell, klar [... zu] begründen
und gesetzlich [zu] verankern».[25] Nachfolger Stalin verstand es virtuos, diese revolutionäre Rechtsauffassung zu perfektionieren. Sie
bildete eine maßgebliche Säule seines politischen Regimes, das erst
im Zuge der deutschen Kriegsniederlage längerfristig außerhalb der
sowjetischen Staatsgrenzen verankert werden konnte.[26]

Stalins Geheimpolizei NKWD und die Spionageabwehr SMERSCH
übernahmen mit ihren nachgeordneten Repressionsapparaten sogleich die Kontrolle und Überwachung der gesamten SBZ. Von Moskau aus lenkte Lawrentij Berija als langjähriger Sicherheitsexperte
des sowjetischen Diktators und einer seiner engsten Weggefährten
das Geschehen in Deutschland. Unmittelbar vor Ort setzte er auf die
Loyalität von Generaloberst Iwan Serow, der in dieser Hinsicht kein
unbeschriebenes Blatt war. Schon 1940/41 hatte Serow sich als Geheimdienstmann während der sowjetischen Annexion der baltischen
Staaten einschlägige Verdienste erworben. Seit Juni 1945 leitete er als
Stellvertreter des Obersten Chefs der Sowjetischen Militäradminis-

tration in Deutschland (SMAD) das auf Nichteingeweihte eher unbedeutend wirkende Ressort der Zivilverwaltung, dem bis September 1947 allerdings der gesamte Sicherheitsapparat des Besatzungsgebiets unterstand.[27]

Schon in den letzten Kriegstagen nahmen Stalins Geheimdienste ihre Arbeit auf. In groß angelegten Razzien durchkämmten sie in mehreren Wellen die SBZ. Im Zuge dieser politischen Säuberungen kam es zu Massenverhaftungen, denen nicht nur einstige NS-Aktivisten zum Opfer fielen. Die NKWD-Truppen versetzten die Zivilbevölkerung in Angst und Schrecken, weil sie massenhaft erwachsene Deutsche arretierten und zur Zwangsarbeit in die Sowjetunion deportierten. Dabei ließen sie oft der Willkür freien Lauf, zumal es darum ging, Verhaftungsquoten zu erfüllen, mitunter sogar überzuerfüllen. In vielerlei Hinsicht unterschieden sich ihre Vorgehensweise und Methoden kaum von denen der deutschen Okkupanten in der UdSSR. Zumindest in der ersten Besatzungszeit des Jahres 1945 gab es für viele Deutsche wenig Gewissheit, nicht doch noch kurzerhand zum «feindlichen Element» erklärt zu werden, darunter immer wieder auch Jugendliche, denen man Werwolf-Aktivitäten gegen die Besatzungsmacht vorwarf. Und das wiederum war Grund genug, sie unter dem Vorwand der Entnazifizierung einfach von der Straße weg zu verhaften, in die UdSSR zu verschleppen oder unter menschenunwürdigen Bedingungen in eines der vielen neu eröffneten Internierungscamps bzw. umfunktionierten einstigen Konzentrationslager einzuliefern, die nun unter der Bezeichnung «Speziallager» vom NKWD verwaltet wurden.

Rund 189 000 Menschen, darunter knapp 35 000 Ausländer, befanden sich zwischen 1945 und 1950 innerhalb der SBZ in diesen Spezialeinrichtungen des sowjetischen Geheimdienstes. Und von diesen waren etwa zwei Drittel Mitglieder oder Funktionsträger der NSDAP, die wiederum mehrheitlich eher zum Fußvolk und den kleineren «Pgs.» des NS-Regimes zählten. Viele wurden einfach weggesperrt, ohne dass es zur weiteren Untersuchung oder gar Verurteilung gekommen wäre. Oft waren sie zur Untätigkeit verdammt, was für die meisten Insassen als besonders bedrückend in Erinnerung blieb. Sie vegetierten unter katastrophalen hygienischen Bedingungen vor sich hin, unzureichend versorgt mit Lebensmitteln, Kleidung und Wäsche. Vor allem in den harten Wintermonaten der Jahre 1945/46 bzw. 1946/47 ließ dies die Krankheits- und Sterblichkeitsrate unter den Inhaftierten enorm ansteigen.

Selbst wenn am Ende rund 44 000 Internierte die Lagerhaft nicht überlebt haben sollten, sind die sowjetischen Hafteinrichtungen auf deutschem Boden nicht mit den NS-Vernichtungslagern im Osten gleichzusetzen. Gewiss stehen sie für die verwerflichen Verbrechen des stalinistischen NKWD. Doch medizinische Menschenversuche oder gar systematischer, an rassistischen Kriterien orientierter und auf Vernichtung zielender Massenmord wurden in ihnen zu keinem Zeitpunkt begangen.[28]

Die Überwachung der SBZ brachte es zwangsläufig mit sich, dass die sowjetische Besatzungsmacht sich schon sehr früh deutscher Helfershelfer bediente. Vor allem in den Ländern und Provinzen etablierten die nachgeordneten Operativgruppen des NKWD mit deren Unterstützung ein weit verzweigtes Agenten- und Spitzelnetz. Zum Teil reichte es bis in die entlegensten Dörfer und besaß 1949 rund 30 000 Informanten. Parallel dazu konzentrierten sich die «sowjetischen Freunde», wie sie in den der Sowjetmacht nahestehenden deutschen Kreisen gemeinhin genannt wurden, auf den Aufbau deutscher Sicherheitsapparate. Sie lenkten nicht nur die Kriminalpolizei, sondern installierten, leiteten und kontrollierten innerhalb dieser auch ein spezielles Kommissariat, das fortan unter der Bezeichnung «K5» zur Keimzelle des SED-Polizeistaates und dessen späteren Staatssicherheitsimperiums werden sollte. Sowjetische Geheimdienstoffiziere gehörten innerhalb dieser Einrichtungen zum normalen Erscheinungsbild. Sie gingen dort ein und aus und gaben sich offiziell als «Berater», was angesichts ihrer weitreichenden Kompetenzen freilich nur eine beschönigende Umschreibung für die eigentliche Realität war.

Dem verdeckten Überwachungseifer der sowjetischen Sicherheitsorgane konnte niemand vollständig entgehen. Natürlich war es naheliegend, die bürgerlichen Parteien in der SBZ auszuspionieren, einzuschüchtern und möglichst entsprechend zu manipulieren. Sogar führende deutsche Kommunisten samt Sozialistischer Einheitspartei zogen weithin die volle Aufmerksamkeit der sowjetischen Tschekisten, wie sie sich selbst bezeichneten, auf sich.[29]

Wer in Deutschland in die Mühlen der sowjetischen Militärjustiz geriet, dem wurden zunächst in den Befragungskellern des NKWD meist unter physischer und psychischer Folter einschlägige Geständnisse abgepresst.[30] Oft unterzeichneten die Delinquenten diese erst nach zermürbenden Nacht- und Dauerverhören. Da die Protokolle auf Russisch verfasst waren, wussten viele von ihnen nicht, was genau sie bestätigt hatten. Allein die Aussicht auf Hafterleichterung, die manch einem Geständigen in Aussicht gestellt wurde, konnte zu einem solchen Schritt bewegen.

Kam es daraufhin zu einer Gerichtsverhandlung, fand diese als Geheimprozess – eine Tradition aus der Zeit des Massenterrors während der späten 1930er Jahre – vor einem speziellen Sowjetischen Militärtribunal (SMT) statt. Von den Angeklagten wurden allenfalls zwei Drittel der Personen zu Recht wegen einschlägiger NS- und Kriegsverbrechen oder Völkermord vor Gericht gestellt. Überhaupt entsprachen die wenigsten Fälle, über die sogenannte SMT-Gerichte urteilen sollten, den gängigen Entnazifizierungsrichtlinien, auf die sich der Alliierte Kontrollrat zuvor mit der sowjetischen Besatzungsmacht verständigt hatte.

Im Gegenteil: Die NKWD-Ermittler und SMT-Richter wandten vielmehr konsequent die in der UdSSR üblichen spätstalinistischen Rechtsnormen und Verfahrenspraktiken an. Sie übertrugen damit sowjetisches Strafrecht auf deutschen Boden, praktizierten in Abwesenheit der Angeklagten mitunter Fernjustiz und stützten sich in den SMT-Verfahren überwiegend auf den berüchtigten Artikel 58, der auf sogenannte konterrevolutionäre Aktivitäten Anwendung finden sollte. Er widersprach allen rechtsstaatlichen Prinzipien, war ideologisch aufgeladen, begrifflich unscharf und damit breit anwendbar.

Angeklagte, die sich speziell in dieser Hinsicht zu verantworten hatten, waren bereits vorverurteilte «Volksfeinde», die auch kein Recht erhielten, sich angemessen zu verteidigen. Man bezichtigte sie oft unspezifisch der Spionage, konterrevolutionären Propaganda, Agitation oder gar gegenrevolutionärer Verbrechen, ohne jedoch über handfeste Beweise zu verfügen. Das galt für tatsächlichen ebenso wie für vermeintlichen Widerstand. Jeder, der sich wie auch immer kritisch gegen die Besatzungsmacht oder ihre deutschen Verbündeten äußerte oder anderweitige politische Vorstellungen von der Entwicklung innerhalb der SBZ besaß – etwa im Umfeld der dortigen bürgerlichen Parteien –, lief Gefahr, Opfer einer politischen Strafjustiz zu werden. Die gerichtliche Aufarbeitung der NS-Vergangenheit erfolgte damit unter höchst zweifelhaften Voraussetzungen.

Zwischen 1945 und 1953 endeten daher die meisten SMT-Prozesse mit Lagerhaftstrafen bis zu 25 Jahren, die in Deutschland oder im sowjetischen Gulag zu verbüßen waren. Nachdem 1950 die UdSSR die im Mai 1947 ausgesetzte Todesstrafe wieder eingeführt hatte – bis 1947 hatte man sie an 2542 von insgesamt 3296 SMT-Verurteilten vollstreckt –, wurden 1119 Deutsche, darunter 100 Frauen, zum Tode verurteilt und 960 von ihnen tatsächlich hingerichtet. Manche traf der entsprechende Erlass sogar rückwirkend, was selbst für sowjetische Verhältnisse eine Gesetzwidrigkeit darstellte. Doch Stalin und Berija war dies einerlei. Denn als Sieger zählte für sie allein, mit derartigen Praktiken die Besiegten in SBZ und DDR im Geiste der Herrschaftskonsolidierung unter sowjetischen Vorzeichen wirkungsvoll einschüchtern zu können.

Rückblende. Erinnerungskultur und totalitäre Gewalterfahrung

Der 9. Mai 2005 war kein gewöhnlicher Tag in Russland. Im gesamten Land, ganz besonders aber in Moskau, ging es darum, den offiziellen Feierlichkeiten zum 60. Jahrestag des Sieges über Hitler-Deutschland, dem *djen pobjedy*, speziellen Glanz zu verleihen. Doch diesmal wich manches von dem sonst üblichen Protokoll ab.

Internationalisiertes Erinnern 2005 – 1995 – 2015

Entgegen allen Gepflogenheiten war die Innenstadt hermetisch abgeriegelt – eine Sicherheitsvorkehrung, da im Jahr zuvor und 2002 während der Gedenkfeierlichkeiten in Grosny, der Hauptstadt von Russlands autonomer Teilrepublik Tschetschenien, blutige Bombenattentate verübt worden waren. Und so wurde zahlreichen hochbetagten Kriegsveteranen, die sich für gewöhnlich am Siegestag auf dem geschichtsträchtigen Moskauer Roten Platz vor imposanter Kreml-Kulisse trafen, um zusammen des Kriegsendes zu gedenken, kurzerhand der Zugang dorthin verwehrt. Nur wer eigens geladen und im Besitz eines Sonderausweises war, durfte passieren. «An die Front brauchten wir damals keine Einladung», empörten sich die Ausgeschlossenen. Verärgert und enttäuscht verlegten daraufhin viele von ihnen das alljährliche Erinnerungsritual an den Stadtrand oder in eins der dort angrenzenden Dörfer.[1]

Doch auch aus einem weiteren Grund fügte sich die Gedenkveranstaltung nicht in die gewohnten Abläufe vergangener Jahre. Anders als noch ein Jahrzehnt zuvor befand sich unter den mehr als 50 geladenen Staats- und Regierungschefs, die den Feierlichkeiten und der traditionellen Militärparade auf dem Roten Platz beiwohnten, erstmals ein Kanzler der Bundesrepublik Deutschland. Allein die Sitzordnung auf der Ehrentribüne zeugte von besonderer Wertschätzung des deutschen Gastes. Denn Russlands Präsident Wladimir Putin platzierte den Sozialdemokraten Gerhard Schröder prominent in erster Reihe neben den US-Präsidenten George W. Bush und den französischen Staatschef Jacques Chirac.[2] Gastgeber Putin würdigte in seiner Ansprache zunächst den 9. Mai 1945 als einen «Tag des Sieges des Guten über das Böse, der Freiheit über die Tyrannei». Im Unterschied zu vielen seiner Vorgänger unterließ er es nicht, den militärischen Beitrag der damaligen Westalliierten, aber auch deutscher und italienischer Antifaschisten beim Sturz des NS-Regimes eigens hervorzuheben. Was in diesem Zusammenhang allerdings besonders hervorstach, war eine Passage, in der sich Putin gegen Ende seiner Ansprache dem russisch-deutschen Verhältnis zuwandte. Geradezu emphatisch beschwor er die «Versöhnung zwischen Russen und Deutschen» – ein Ereignis, das er nicht nur als «leuchtendes Beispiel» für eine Politik des Vertrauens, sondern zugleich als eine der «wertvollsten Errungenschaften im Nachkriegseuropa» würdigte. «Heute», so der Präsident, «stehen sich Russland und Deutschland so nah wie noch nie in ihrer Geschichte» – ein Vorbild, an dem sich die Weltpolitik orientieren könne.[3]

Kanzler Schröder wusste diese bemerkenswerte Verständigungsgeste an ebenjenem zentralen historischen Ort, an dem Stalin einst am 24. Juni 1945 den Triumphzug der Sieger über den Faschismus spektakulär inszenieren ließ, überaus zu schätzen. Sie krönte geradewegs seine persönliche Verbundenheit mit dem russischen Präsidenten. Das galt umso mehr, als Putin im Anschluss zu einem gemeinsamen Treffen außerhalb des Protokolls mit russischen Veteranen und Jugendlichen bat und sich sogar Zeit für ein kurzes Gespräch mit deutschen Weltkriegsteilnehmern nahm, die den Kanzler auf dessen Russlandreise begleitet hatten.[4] Gerade dieser symbolische Akt bestätigte den deutschen Regierungschef einmal mehr in der Annahme, dass Deutschland damit «endgültig in die Staatengemeinschaft aufgenommen» worden sei. «Aus erbitterten Feinden», so Schröder tags zuvor im Interview mit der «Komsomolskaja Prawda» (Komsomol-Wahrheit), «sind Freunde und Partner geworden – ein Wunder [...]

der europäischen Geschichte angesichts des Grauens des Weltkrieges und trotz des Kalten Krieges», wie er demutsvoll bekannte, verbunden mit der Bitte um «Vergebung für das, was dem russischen Volk [...] von Deutschen in deutschem Namen zugefügt wurde».[5]

Noch zehn Jahre zuvor, als Putins Amtsvorgänger Boris Jelzin in Moskau die 50. Wiederkehr des Kriegsendes vor internationaler Politprominenz zelebrierte, war die Zeit nicht reif für derartig symbolreiche Erinnerungsgestik. Der damalige Bundeskanzler Helmut Kohl weilte auf Einladung des russischen Präsidenten zwar in Moskau, lehnte es aber entschieden ab, dem üblichen bombastischen Militärzeremoniell anlässlich des Sieges über Deutschland an der Kremlmauer beizuwohnen. Stattdessen legte Kohl in ebendiesem Moment einen Kranz auf einem deutschen Soldatenfriedhof unweit der Hauptstadt nieder und bekannte sich anschließend bei einer gemeinsamen Veranstaltung im Großen Saal des Kreml-Palasts nach schamvoller Ehrbezeugung gegenüber den sowjetischen Opfern des deutschen Vernichtungsfeldzuges zum «demokratische[n] Russland als Freund und Partner in einer freien und friedlichen Welt».[6]

Als am 9. Mai 2015 Präsident Putin schließlich zum 70. Weltkriegsgedenken abermals zu einer internationalisierten Erinnerungsveranstaltung in die russische Hauptstadt bat, war die Szenerie eine entscheidend andere. Kurz zuvor hatte er im März 2014 die Krim völkerrechtswidrig annektiert und durch sein umstrittenes Agieren bei der anhaltenden Destabilisierung der Ostukraine weite Teile der westlichen Welt gegen sich aufgebracht. Nicht zuletzt deshalb sah die Bundeskanzlerin Angela Merkel, die anders als ihr Amtsvorgänger Gerhard Schröder einen eher geschäftsmäßig-distanzierten Umgang mit dem russischen Präsidenten pflegte, davon ab, an dem offiziellen Staatsakt teilzunehmen. Sie versagte sich allerdings nicht einer Stippvisite, um tags darauf am 10. Mai 2015 zusammen mit Putin – in frostiger Atmosphäre – am Grabmal des unbekannten Soldaten im Moskauer Alexander-Garten wenigstens die deutsche Verantwortung für die Leiden der sowjetischen Opfer des Großen Vaterländischen Krieges zu bekunden.

Das war eine bemerkenswerte diplomatische Ohrfeige, die an Deutlichkeit nicht überboten werden konnte und von der Kremlführung sehr wohl registriert wurde. Seit 1995 galten Einladungen von politischen Repräsentanten des vereinten Deutschland zu den russischen Siegesfeierlichkeiten als Stimmungsbarometer für den Grad der Versöhnung wie überhaupt für das aktuelle bilaterale Verhältnis beider Staaten.[7] Zugleich ergab sich daraus ein grundsätzliches Dilemma öffentlicher Gedenkpolitik. Zumindest Staatsbesuche als Teilinszenierung internationalisierter Erinnerung waren und sind im deutsch-russischen Kontext stets erheblich von den jeweiligen Akteuren und deren Persönlichkeit, mehr aber noch von den internationalen politischen Rahmenbedingungen abhängig.

Selektive Erinnerungskulturen im Kalten Krieg

Die Gewaltverbrechen, die Deutsche und Russen unter den Bedingungen totalitärer Herrschaft einander angetan hatten, lasteten auf beiden Ländern wie eine schwere Bürde. Die leidvollen Erfahrungen brannten sich hüben wie drüben zwar gleichermaßen tief ins kollektive Gedächtnis ein, da es auf beiden Seiten kaum eine Familie gab, die nicht in irgendeiner Weise betroffen gewesen wäre. In den öffentlichen Erinnerungsdiskursen kam dies allerdings so über Jahrzehnte hinweg nicht hinreichend zum Ausdruck.[8]

Eine weitere, eng damit einhergehende Gemeinsamkeit beruhte auf den damaligen politischen Konstellationen und Sachzwängen des Kalten Krieges. Vor allem während der Hochphase des Ost-West-Konflikts in den 1950er und 1960er Jahren verdrängten, beschwiegen die einstigen Kriegsgegner die gemeinsamen Gewalterfahrungen oder blendeten Teile ganz bewusst aus ihren nationalen Erinnerungskulturen aus.

Für die Sowjetunion wirkte dabei lange Zeit ein besonderer Umstand schwer: die Tatsache nämlich, dass das Gedenken an den Krieg zugleich unversöhnlich mit der – stellenweise bis heute noch – nicht hinreichend bewältigten stalinistischen Vergangenheit belastet war.[9]

Auch das deutsche Erinnern an den Russlandfeldzug besaß alsbald ein unverwechselbares Merkmal. Vergangenheitsbewältigung in Deutschland war spätestens seit der staatlichen Teilung des Landes im Jahre 1949 unweigerlich in die Strudel der damaligen Ost-West-Konfrontation geraten und wurde damit hochgradig politisiert. Das Ostfront-Erlebnis der Deutschen, besonders jedoch deren Reminiszenzen an das Kriegsende 1945 in den Gebieten jenseits von Oder und Neiße sowie in der sowjetischen Besatzungszone, wurden daher fortan von sehr unterschiedlichen Geschichtsnarrativen beherrscht. Dabei erwiesen sich die gedenk- und erinnerungspolitischen Handlungsspielräume der DDR, in der mit Hilfe der stalinistischen UdSSR eine sozialistische Diktatur etabliert worden war, von vornherein als äußerst beschränkt. Die ostdeutschen Machthaber mussten sich – was ihnen aus Legitimationsgründen insgesamt sehr entgegenkam – von Anfang an weitgehend den ideologischen Vorgaben und vergangenheitspolitischen Interpretationskonzepten der Sowjetmacht fügen.[10]

Im Unterschied dazu entwickelte sich die Bundesrepublik unter freiheitlich-demokratischen Voraussetzungen. Für die politische Kultur und die Entstehung zivilgesellschaftlicher Strukturen blieb dies auf Dauer nicht folgenlos. Auf lange Sicht jedenfalls sollte sich im öffentlichen Erinnern der Westdeutschen ein reflektierterer, weitgehend entideologisierter Blick auf die eigene NS-Vergangenheit und die Verantwortung für den nationalsozialistischen Vernichtungskrieg im Osten herausbilden.

Von westdeutschen Opfer- und Täterdiskursen

In den ersten Jahren der Bonner Republik tat man sich damit noch ungemein schwer. Daran änderte zunächst auch die Tatsache wenig, dass deren politische Elite – ähnlich wie in der DDR – den radikalen weltanschaulichen Bruch mit dem «Dritten Reich» proklamiert hatte. Regierung und Parlament bekannten sich zwar unverstellt zum Antitotalitarismus und leiteten daraus die Gründungserzählung der Bundesrepublik ab. Ein Grundproblem, mit dem übrigens beide deutsche

Staaten gleichermaßen konfrontiert waren, blieb vorerst jedoch bestehen: Gemeint ist das, was Lutz Niethammer, der Wegbereiter der *Oral History* in Deutschland, seinerzeit als «Volkskontinuität» bezeichnet hat: Einstellungen, Vorurteile und Werthaltungen hatten den totalen Zusammenbruch von 1945 überdauert. Bis entsprechende Lern- und Anpassungsprozesse vollzogen waren, musste noch Zeit vergehen, zumal die überwiegende Mehrheit der Deutschen die NS-Diktatur bis zu ihrem bitteren Ende unterstützt oder zumindest weitgehend widerspruchslos ertragen hatte.[11]

Seit den frühen 1950er Jahren avancierte zudem für die junge Bundesrepublik der Antikommunismus, das gängige Instrument der Psychologischen Kriegführung gegen die stalinistische Bedrohung, nicht nur zu einer wichtigen «Integrationsbrücke» in die westeuropäische Staatengemeinschaft. Der – nunmehr formal um antisemitische Inhalte bereinigte – Kampf gegen den Kommunismus wirkte zugleich über die Zäsur 1945 hinweg. Der einstige Kriegsgegner betrat abermals die politische Arena, die nun maßgeblich durch die Konfrontation der beiden Supermächte beherrscht wurde. Jedenfalls konnten die staatstragenden Bonner Akteure der Ära Adenauer selbstbewusst und guten Gewissens an der Seite der USA die Sowjetunion erneut zum Feind erklären.

Die Vergangenheitspolitik der Westdeutschen blieb davon nicht unberührt. Für sie lieferten die immens drängenden Probleme der Wiederaufbaugesellschaft vielmehr dankbare Ausflüchte, sich der Aufarbeitung der nationalsozialistischen Hinterlassenschaft zu entziehen. Am allerwenigsten war man bereit, den schuldbeladenen deutschen Russlandkrieg zum Gegenstand öffentlicher Auseinandersetzungen zu machen.[12]

Gewiss gab es unter dem Eindruck der Niederlage vor allem in links orientierten Intellektuellen-Kreisen Literaten, Publizisten, Wissenschaftler oder andere Kulturschaffende – manche von ihnen sogar Opfer des NS-Regimes –, die sich schon sehr früh dem Schuldkomplex der jüngsten deutschen Geschichte stellten. Sie waren allerdings wenig repräsentativ für die Nachkriegsgesellschaft. Wolfgang Borcherts

Heimkehrer-Drama «Draußen vor der Tür», das 1947 in Hamburg uraufgeführt wurde, Eugen Kogons Buch über den «SS-Staat» aus dem Jahr davor oder aber der gleichfalls 1946 von Wolfgang Staudte in die Kinos gebrachte Film «Die Mörder sind unter uns» griffen dabei Themen auf, an die zumindest die Mehrheit ihrer Landsleute lieber nicht mehr erinnert werden wollte.[13]

Zur selben Zeit machte sich unter den Deutschen ein eigentümlicher Hang zur Selbstviktimisierung bemerkbar. Viele von ihnen gerierten sich anfänglich als Opfer einer vermeintlich in Willkür ausgeübten alliierten Rache- und Siegerjustiz. Wenn überhaupt, betrachteten sie sich überwiegend als Verführte und Betrogene Adolf Hitlers, der sich am 30. April 1945 im Bunker der Berliner Reichskanzlei feige durch Selbstmord seiner Verantwortung und gerechten Strafe entzogen habe. Und mit dem Nürnberg-Tribunal gegen die deutschen Hauptkriegsverbrecher waren ohnehin, so die weitverbreitete Auffassung, die maßgeblichen Verantwortlichen der NS-Diktatur abgeurteilt worden, sodass man alles andere besser auf sich beruhen lassen sollte. Für die Selbstentlastung zog man schnell konstruierte Legenden heran. Die gängigste Ausrede beschrieb den gemeinen «Volksgenossen» in einem permanenten Befehlsnotstand, der keinerlei Möglichkeiten für Entscheidungsfreiheit oder gar offenen Widerstand gegen die NS-Herrschaft ließ, wollte er nicht das eigene Leben leichtfertig aufs Spiel setzen. Angehörige der Besatzungsmächte, mehr aber noch die einst Verfolgten des Naziregimes empfanden das unglaubwürdige Gebaren der Besiegten jedenfalls als abstoßend, wofür sie nur noch bittere Ironie oder zynische Kommentare übrig hatten. Nationalsozialistische Täter hatten sich in Deutschland offenbar über Nacht in Luft aufgelöst.[14]

Spätestens ab 1949 und vor allem im ersten Gründungsjahrzehnt der Bonner Republik durchlebten die westdeutschen Erinnerungsdiskurse eine bemerkenswerte Neuausrichtung. Ganz im Sinne des damaligen antikommunistischen Zeitgeistes beanspruchten sie nun gegenüber der Sowjetunion eine spezielle deutsche Opferrolle. Der Vernichtungskrieg der Nationalsozialisten im Osten wurde dabei bis zur Unkenntlichkeit verzerrt. Dagegen dominierten – in anklagendem, mitunter selbstgerechtem Ton – die Vorwürfe gegenüber der Roten Armee. Der Russlandfeldzug wurde reduziert auf wenige Schlüsselerlebnisse wie Flucht und Vertreibung der Deutschen, begleitet von exzessiven Plünderungen und Massenvergewaltigungen von deutschen Frauen. Stalingrad gehörte ebenso zu jenem speziellen Erinnerungsensemble. Die blutige Schlacht an der Wolga symbolisierte zwischen 1942 und Anfang 1943 den verlustreichen Opfergang des deutschen Landsers. In dieser eigentümlichen Lesart repräsentierte sie zugleich die heroischen militärischen Taten und Leistungen einer insgesamt stets «sauber gebliebenen» Wehrmacht, die in keinerlei Kriegsverbrechen involviert war. Der Kommissarbefehl, der Holocaust auf sowjetischem Boden, der systematische Terror gegenüber der dortigen Zivilbevölkerung und die Verschleppung von Zwangsarbeitern, die Leningrader Hungerblockade, die 900 Tage andauerte, ganz zu schweigen von der Behandlung Millionen sowjetischer Kriegsgefangener, deren Mehrheit dabei den Tod fand, wurden konsequent aus der damaligen westdeutschen Erinnerung ausgeblendet. Wenn überhaupt – und selbst dies geschah nur mit gebotener Zurückhaltung –, machte man Himmlers SS für derartige Untaten verantwortlich.[15]

Die eigene Schuldfrage wurde meist relativiert und gegen das harte Schicksal der deutschen Kriegsgefangenen und Zivilinternierten in Stalins Lagern aufgerechnet, von denen die letzten erst 1955/56 überwiegend als seelisch und körperlich gebrochene Menschen in die Heimat zurückkehrten. Schließlich schienen die stalinistischen Opfer in der SBZ/DDR, die dort bis in die frühen 1950er Jahre vom sowjetischen Geheimdienst in Speziallagern interniert oder von Sowjetischen Militärtribunalen in rechtsstaatlich zweifelhaften Verfahren schlimmstenfalls zum Tode verurteilt worden waren, hinlänglich Gelegenheit zu bieten, das eigene schändliche Tun vergessen zu machen.[16]

Am Nimbus der Wehrmacht wurde gemeinhin lange nicht gerüttelt. Den Russlandfeldzug behandelten hochrangige deutsche Militärs zumeist apologetisch aus der Perspektive der bitteren Niederlage – wie etwa 1955 Erich von Manstein in seinen Kriegsmemoiren mit dem entlarvenden Titel «Verlorene Siege». Für sie war er ein gnadenlos in den Diensten der Heimat geführter Abwehrkampf gegen einen zahlenmäßig überlegenen und brutalen Feind. Ihr eigentliches Kriegshandwerk schilderten sie überwiegend in nüchtern-technokratischem Stil professioneller Generalstäbler und kühner Feldherren, die sich das Zeug zum Erfolg meist gegenseitig attestierten, die Misserfolge dagegen allein der Hybris und der militärischen Unfähigkeit Adolf Hitlers zuschrieben.

Für das Selbstwertgefühl einer durch den totalen Zusammenbruch in weiten Teilen zutiefst demoralisierten Bevölkerung wirkten derartige Sichtweisen wie Balsam. Schon allein deshalb war die Lektüre solcher Rechtfertigungsliteratur populär. Aber ebenso zahllose Landser-Hefte oder Unterhaltungsromane im Stil von Hans Hellmut Kirsts 1954/55 veröffentlichter Buch-Trilogie «08/15», die fast zeitgleich verfilmt wurde und den fiktiven Kriegsalltag im Osten aus der Sicht des gemeinen Soldaten als hartes, kameradschaftliches Gemeinschaftserlebnis in einem rauen, aber herzlichen Umfeld schilderte, fanden ein Millionenpublikum. Ähnlich gelagert und nicht minder erfolgreich waren etwa die Romane Heinz G. Konsaliks, dem mit «Der Arzt von Stalingrad» 1956 und «Das Herz der 6. Armee» 1964 vielbeachtete Bestseller gelangen, die geradezu astronomische Auflagenzahlen erreichten. Sie festigten zweifellos die ohnehin bestehenden antikommunistischen Russland-Ressentiments.[17]

Literarisch höherrangige Werke wie Heinrich Bölls bereits 1951 veröffentlichter Roman «Wo warst du, Adam?», der episodenhaft die verheerende Situation und unmenschliche Seite des Kriegsalltags im Herbst 1944 am Südabschnitt der deutschen Ostfront thematisierte, fanden zwar auch eine Leserschaft. Sie trafen insgesamt aber noch nicht den Nerv der damaligen westdeutschen Nachkriegsgesellschaft, die von belastenden Kriegserinnerungen möglichst unbehelligt bleiben wollte und es vorzog, mit leichter Kost gut unterhalten zu werden.[18]

Eine derartige Grundstimmung fand zumindest in der Bundesrepublik der 1950er und 1960er Jahre großen Widerhall in einer blühenden Veteranenkultur, so etwa bei den Vereinigungen alter Stalingradkämpfer. Gerade dort, aber auch im Verband der Kriegsheimkehrer, ebenso wie in zahlreichen einschlägigen Kinoproduktionen wirkte speziell unter den Bedingungen des Kalten Krieges und des Antikommunismus das selektive Erinnern. Die verbrecherische Dimension des Russlandfeldzuges bewusst zugunsten der deutschen Leidensperspektive auszugrenzen erwies sich als sinn- und identitätsstiftend. In aller Öffentlichkeit gingen die Westdeutschen jedenfalls lange Zeit selbstgerecht und wenig schuldbelastet mit der eigenen jüngsten Vergangenheit um. Bisweilen prägten solche Verhaltensmuster sogar die westdeutsche Schulbuchliteratur und die Ausbildung der nachwachsenden Generation.[19]

Gedächtnispolitische Zeitenwende in der Bundesrepublik

Spätestens seit den 1960er Jahren setzte in der Bundesrepublik allmählich ein historischer Bewusstseinswandel ein. Dieser erstreckte sich zunächst vornehmlich auf den Holocaust und einige andere ganz offenkundige Verbrechen des NS-Regimes. Der Ulmer Einsatzgruppen-Prozess von 1958, mehr noch das international beachtete Frankfurter Auschwitz-Verfahren gaben dazu ab 1963 maßgebliche Impulse. Und was den Wandel der hierfür nicht unerheblichen politischen Kultur betraf, war die Wirkung der veränderten Ostpolitik in der Nach-Adenauer-Ära keinesfalls von der Hand zu weisen. Träger der eigentlichen Aufarbeitung und des Erinnerns blieben vorerst aber nur einige Zeithistoriker – abgesehen von den verdienstvollen Einzelversuchen weniger couragierter Juristen, einstige Täter strafrechtlich zu belangen.[20]

Nach und nach schärfte sich innerhalb der Fachdisziplin jedoch der kritische Blick für das zweite Großverbrechen des «Dritten Reiches»: den Vernichtungskrieg im Osten und die Leiden der sowjetischen Opfer. Ende der 1960er und in den 1970er Jahren thematisierten u. a. Hans Adolf Jacobsen oder Helmut Krausnick in bahnbrechenden Pionierarbeiten die verbrecherische Tragweite des berüchtigten

Kommissarbefehls. Christian Streit enthüllte in einer aktenbasierten, wissenschaftlich-akribischen Dissertation, die 1978 unter dem denkwürdigen Titel «Keine Kameraden» erschien und mehrere Auflagen erlebte, den brutalen Massenmord an sowjetischen Kriegsgefangenen. In den 1980er Jahren sah es die westdeutsche Historikerzunft schließlich als hinreichend gesichert an, dass sich nicht nur die SS, sondern auch die Wehrmacht den gegen die UdSSR gerichteten Vernichtungsgedanken der Nationalsozialisten zu eigen gemacht und umgesetzt hatte.

Gemessen an der Bedeutung der wissenschaftlichen Enthüllungen, fiel die öffentliche Wirkung darauf bis Ende der 1980er Jahre eher bescheiden aus. Stattdessen beherrschten den populären Büchermarkt die apologetischen Ostfront-Darstellungen des unter dem Pseudonym Paul Carrell publizierenden Karl Paul Schmidt, der unter NS-Reichsaußenminister Joachim von Ribbentrop als dessen Nachrichten- und Pressechef gearbeitet hatte.[21]

Was die Forschung seinerzeit nicht zu leisten vermochte, beförderte die Politik. Denn als im März 1985 Michail Gorbatschow das Amt des KPdSU-Generalsekretärs übernahm, änderte sich innerhalb kürzester Zeit die Einstellung vieler Westdeutscher zur Sowjetunion. Gorbatschows Persönlichkeit, sein insgesamt vertrauenerweckendes Auftreten auf internationaler Bühne, seine Bereitschaft zur weltweiten Abrüstung und Zusammenarbeit mit dem Westen hatte Bedrohungsängste weichen lassen. Bisweilen sahen sie die UdSSR als umgängliche und freundliche Macht, was zugleich nicht nur ein vorurteilsfreieres Interesse für das Land insgesamt, sondern auch für die speziellen Sorgen der Sowjetmenschen und deren historische Erfahrungen weckte.[22]

In der bundesdeutschen Öffentlichkeit – wie auch in der DDR – überschlugen sich die Sympathien für den Kremlchef geradewegs in «Gorbi-Manie».[23] In den Evangelischen Kirchen Westdeutschlands riefen 1987 engagierte Kirchenleute und Laien zu «Versöhnung und Frieden mit den Völkern der Sowjetunion» auf. Der SPD-Parteivorsitzende Hans-Joachim Vogel nutzte am 11. April 1989 eine Unterredung mit Michail Gorbatschow in Moskau, um als Zeichen der «Bewältigung der Vergangenheit und Aussöhnung unserer Völker» im jeweiligen Land die Errichtung eines Denkmals für die Gefallenen des einstigen Gegners vorzuschlagen – ein Vorstoß, von dem Gorbatschow sich hingegen weniger überzeugt zeigte, weshalb er das Ansinnen höflich, aber entschieden zurückwies.[24]

Mit Deutschlands Wiedervereinigung 1990 und dem Ende des Kalten Krieges schien es allenthalben, als seien die Weichen im deutschrussischen Verhältnis unwiderruflich auf dauerhafte Partnerschaft gestellt. Es war deshalb nur konsequent, wenn angesichts der historischen Bürde Bundeskanzler Helmut Kohl und Russlands Präsident Boris Jelzin ein neues Kapitel in den bilateralen Beziehungen aufschlagen wollten und zum Zweck intensiver Vertrauensbildung 1993/94 eine paritätisch besetzte Historikerkommission ins Leben riefen. Der Untergang des Ostblocks und die Öffnung der dortigen Archive verschafften darüber hinaus insbesondere der deutschen Geschichtswissenschaft maßgebliche Impulse, sich gerade dem NS-Vernichtungskrieg in der einstigen Sowjetunion unter neuen Fragestellungen eingehender zuzuwenden. Das Münchner Institut für Zeitgeschichte etwa initiierte 1998 eigens ein Großforschungsprojekt, das speziell die Rolle der Wehrmacht im Ostkrieg und zugleich die dortige deutsche Besatzungsherrschaft unter komparatistischen Gesichtspunkten untersuchen sollte.

Die Erschließung bislang unzugänglicher Quellen, gewandelte Forschungsperspektiven und erweiterte Geschichtserkenntnisse schufen beste Voraussetzungen, um unter veränderten politischen Rahmenbedingungen nunmehr im eigenen Land die öffentliche Erinnerungskultur weiter zu stimulieren. Die Deutschen schickten sich mehrheitlich an, im Gedenken an Russland die lange gehegte Selbstviktimisierung endlich hinter sich zu lassen. Fortan sollten sie mit freierem Blick die gemeinsame Kriegsgeschichte und die an der sowjetischen Bevölkerung in deutschem Namen begangenen Verbrechen wahrnehmen.[25]

In einer solch veränderten, weltoffeneren Atmosphäre fanden

sich jetzt auch die Mittel, einer breiten Öffentlichkeit nicht nur die Erkenntnisse der Wissenschaft, sondern erstmals sogar bis dahin unzugängliche Museumsstücke oder Archivalien aus Osteuropa in einschlägigen Sonder- und Wanderausstellungen ansprechend zu vermitteln.

Es zeichnete sich innerhalb weniger Jahre geradewegs ein wahrer Ausstellungsboom ab. Den Anfang machte 1990/91 die Berliner Stiftung Topografie des Terrors, die anlässlich des 50. Jahrestags des deutschen Überfalls auf die UdSSR unter dem Titel «Der Krieg gegen die Sowjetunion 1941–1945» ein differenziertes Gesamtbild von den großen inhaltlichen Linien des Russlandfeldzuges zeichnete. Eine gekürzte russischsprachige Ausstellungsvariante tourte daraufhin durch die größten Städte der Russländischen Föderation. Im selben Jahr ermöglichte es die langjährige Städtepartnerschaft zwischen Hamburg und Leningrad, der 900-tägigen Blockade der Newa-Metropole zu gedenken. Und 1995 präsentierte das Bonner Haus der Geschichte erstmals eine deutsch-sowjetische Kriegsgefangenenausstellung.

Gleichfalls 1995 wurde die von Hannes Heer kuratierte Fotoausstellung «Vernichtungskrieg. Verbrechen der Wehrmacht 1941–1944» des Hamburger Instituts für Sozialforschung zum Publikumsmagneten. Die Wirkungsmacht der Wanderausstellung und ihrer Bilder zog allein bis 1999, als man die Präsentation wegen zahlreicher inhaltlicher Fehler grundlegend überarbeiten musste, über 800 000 Besucher an. Gleichzeitig löste sie ein breites Medienecho aus, wobei insbesondere die zwischen 2001 und 2004 gezeigte Neukonzeption, inspiriert durch jüngste Forschungen, eine intensive täterzentrierte Debatte nach sich zog.[26]

Als erinnerungspolitische Brückenbauer engagieren sich seit 1995 die Mitarbeiterinnen und Mitarbeiter des Museums Berlin-Karlshorst – eine in der Ausstellungs- und Gedenkstättenlandschaft des vereinten Deutschland geradezu einzigartige Einrichtung. Sie ist aus dem früheren Kriegsmuseum der Gruppe der Sowjetischen Streitkräfte in Deutschland hervorgegangen. Nach deren Abzug bekundeten die deutsche und die russische Regierung ihren Willen, aus diesem Ort eine Begegnungsstätte zu machen mit einer Dauerausstellung, in der fortan beide «Stränge russischer und deutscher Erinnerung an den Krieg zusammenlaufen» sollten.[27]

Derartige Initiativen konnten an die Idee öffentlicher Dialoge anknüpfen, die Heinrich Böll mit dem befreundeten Germanisten und sowjetischen Dissidenten Lew Kopelew bereits zwischen 1979 und 1981, in der Übergangsphase von der Entspannungspolitik zum Zweiten Kalten Krieg, über die Frage «Warum haben wir aufeinander geschossen?» in bemerkenswerter Aufrichtigkeit geführt hatte. Als Kopelew 1981 während eines Gastaufenthaltes in Deutschland ausgebürgert wurde, ließ er davon nicht ab. Und so machte er in der neuen Wahlheimat nicht zuletzt unter dem Eindruck des Weltkrieg-Jahrhunderts das gegenseitige Verstehen und Missverstehen von Deutschen und Russen zu seinem späten Lebensthema. Die von ihm begründeten «West-östlichen Spiegelungen», zwei Buchreihen zur Geschichte der deutsch-russischen Fremdbilder, brachten zwischen den späten 1980er und frühen 2000er Jahren voluminöse Sammelbände hervor, die genau in jener Zeit erschienen, als große Teile der bundesdeutschen Öffentlichkeit sich dem östlichen Nachbarland emotional besonders verbunden fühlten.[28]

Das historische Bewusstsein der Deutschen für den Schuldkomplex des Vernichtungskriegs ist in den zurückliegenden Jahren zwar erheblich geschärft worden. Gründe zur Selbstzufriedenheit, die es rechtfertigen würden, fortan zur geschichtspolitischen Alltagsnormalität überzugehen, gibt es aber nicht. Denn im kollektiven Gedächtnis der Deutschen sind die sowjetischen Opfer des nationalsozialistischen Weltanschauungsterrors noch lange nicht fest verankert. Der Bundestag als gewählter oberster Repräsentant des deutschen Volkes hatte etwa erst den 70. Jahrestag von Hitlers Angriff auf die UdSSR zum Anlass genommen, dieses denkwürdige Ereignis rückwirkend am 30. Juni 2011 auf die offizielle Tagesordnung der Plenardebatte zu setzen.[29]

Die Leningrader Blockade mit über einer Million Toten war lange ein Nebenaspekt deutschen Erinnerns. Auch hier reagierte der Bundestag erheblich verspätet. Erst am 27. Januar 2014 erhielt anlässlich des offiziellen Gedenktages für die Opfer des Nationalsozialismus mit dem russischen Schriftsteller und Historiker Daniil Granin ein prominenter, hochbetagter Überlebender der Hunger-Hölle von Leningrad Gelegenheit, aus damaliger Soldatenperspektive bewegend, doch frei von Zorn und Anklage über seine für deutsche Zuhörer beschämenden Erlebnisse zu sprechen. «Mir war klar», so endete in mahnendversöhnlichem Ton seine Rede, «dass Hass ein Gefühl ist, das in eine Sackgasse führt. Hass hat keine Zukunft, er ist kontraproduktiv. Mir war klar, dass man vergeben können muss, aber auch nichts vergessen darf.»[30]

Angesichts solch ergreifender Worte der Versöhnung ist die Entschädigungspolitik der Bundesrepublik Deutschland, die sehr wohl Teil einer offiziellen Erinnerungs- und Gedächtniskultur darstellen sollte, ein unrühmliches Kapitel. Erst sehr spät erhielten die wenigen noch lebenden Zwangsarbeiter aus der einstigen UdSSR bescheidene Kompensationszahlungen für das erlittene Leid. Ehemalige kriegsgefangene Rotarmisten in Deutschland warten bis heute vergeblich auf kleine finanzielle Abfindungen, um aus dem «Erinnerungsschatten» herausgeholt zu werden und zumindest eine symbolische Anerkennung für ihr schweres Schicksal zu erfahren. Hier klafft nach wie vor eine offene Wunde. Und es besteht dringender Handlungsbedarf, zumal die Zeit abläuft.

Selbst wenn Bundesaußenminister Heiko Maas 75 Jahre nach dem Ende der Leningrader Hungerblockade am 27. Januar 2019 angekündigt hat, die noch lebenden Opfer mit einer «humanitären Geste» von zwölf Millionen Euro entschädigen, ein Kriegsveteranenkrankenhaus finanzieren und ein deutsch-russisches Begegnungszentrum errichten zu wollen, bleibt nicht zuletzt mit Blick auf die nachwachsenden Generationen noch viel zu tun. Das betrifft auch die psychologische Aufarbeitung.[31] Zwar mag im kollektiven Gedächtnis vieler Bundesbürger inzwischen angekommen sein, dass man in Deutschland 1996 den 27. Januar zur mahnenden Erinnerung an den Holocaust und die Befreiung des Vernichtungslagers Auschwitz 1945 durch die Rote Armee zum nationalen Gedenktag erklärt hat. Die wenigsten dürften hingegen wissen, dass genau am selben Tag, nur eben ein Jahr zuvor, Rotarmisten den deutschen Belagerungsring um Leningrad durchbrechen und damit eine der größten humanitären Katastrophen in der Geschichte der deutsch-sowjetischen Beziehungen beenden konnten. In der bundesrepublikanischen Gedächtnislandschaft gibt es weiterhin Defizite zu beseitigen, um auch nur annähernd angemessen das historische Bewusstsein für die in der Sowjetunion begangenen deutschen Massenverbrechen so zu schärfen wie für die Opfer der Shoah. Es bleibt daher abzuwarten, ob die am 9. Oktober 2020 vom Deutschen Bundestag beschlossene Gründung eines neuen, in Berlin anzusiedelnden Erinnerungsortes für die Opfer des NS-Vernichtungskrieges in dieser Hinsicht einen wichtigen Beitrag leisten kann.[32]

Erinnerungskulturen in der UdSSR und DDR

In der UdSSR war das offizielle Erinnern an die Schrecken des Großen Vaterländischen Krieges im Wesentlichen auf ein Leitmotiv reduziert, den alles überstrahlenden Sieg am 9. Mai 1945. Er allein sollte die Niederlagen nach dem 22. Juni 1941 und Stalins eklatantes Versagen in den ersten Wochen und Monaten nach dem deutschen Überfall möglichst vergessen machen. Bis heute würdigt man vornehmlich die Befreiermission der Roten Armee, zumal sie zugleich den Aufstieg der Sowjetunion zur Welt- und Supermacht symbolisierte. Die Schattenseiten des Sieges samt der unvorstellbaren Opferbilanz besaßen in den öffentlichen Erinnerungsdiskursen allenfalls nachgeordnete Relevanz. Sie beschränkten sich vornehmlich auf die Untaten der nationalsozialistischen Aggressoren.

Der Krieg des sowjetischen Diktators gegen sein eigenes Volk, sei es an der Heimatfront oder in den vordersten Kampflinien, wurde dagegen systematisch ausgeblendet. Die Kremlführung wollte nicht am Nimbus der Sowjetmacht rühren oder gar in der eigenen Bevölkerung

Zweifel an der politisch-moralischen Überlegenheit von Partei und Staat wecken. Die kollektiven Kriegstraumata der Frontgeneration ebenso wie Einzelschicksale wurden tunlichst in den Kreis der betroffenen Familien verdrängt und blieben dort allein dem individuellen Gedenken anheimgestellt. Sie fanden bestenfalls noch während des Krieges in der damaligen Populärkultur ihren Niederschlag, weil das stalinistische Regime in allerschwerster Stunde die Sympathien der eigenen Untertanen zeitweilig zurückgewinnen wollte. Spontan entstandene Kriegsfolklore, Lyrik und Prosa, aber auch Tagebücher oder zeitnah verfasste Erinnerungen, die selbstverständlich nicht zur Veröffentlichung bestimmt waren, gewährten authentische Einblicke in die Stimmungs- und Gefühlswelt der Sowjetbevölkerung.[33]

Ähnliches überliefert eine eigens vom Regime eingesetzte Historikerkommission, die in Stalingrad unter den Frontkämpfern aller Dienstgrade stenografisch aufwendige Interview-Projekte durchführte. Ihr Leiter, der renommierte Moskauer Geschichtsprofessor Isaak Minz, wollte den «lebendige[n] Mensch[en ...], seine Gedanken, Gefühle, Erlebnisse, und in Verbindung damit seine Rolle und seinen Platz im Kampf» für die Nachwelt dokumentieren. Dabei berichteten die Befragten nicht nur über aufopferungsvolles Heldentum, sondern gaben in bemerkenswerter Offenheit zutiefst menschliche Eigenschaften wie Angst und Selbstzweifel preis. Doch diese ungeschminkte Seite des Kriegsalltags passte spätestens nach dem Tag des Sieges über Hitler-Deutschland nicht mehr in die parteiamtliche Geschichtsapologie. Und so blieben die Stalingrad-Protokolle jahrzehntelang – bis 2012 – unter Verschluss.[34]

Mit Ausnahme der großen Triumph-Parade im Juni 1945 und kleineren, doch eher unspektakulären, zumeist von Privatleuten gestifteten Denkmälern waren zu Lebzeiten Stalins das offizielle Erinnern an die Opfer und damit der Preis des Sieges weitgehend tabu. Sogar der 1945 eingeführte arbeitsfreie 9. Mai wurde 1947 kurzerhand gestrichen und erst 1965 zum 20. Jahrestag des *djen pobjedy* unter KPdSU-Generalsekretär Leonid Breschnew wieder eingeführt. Zwar ließ Breschnews Amtsvorgänger Nikita Chruschtschow nach dem

XX. Parteitag 1956 im Zuge der damaligen «Entstalinisierung» vorübergehend ein politisch-kulturelles Tauwetter in der UdSSR zu. Die Partei setzte erstmals die Verlustzahlen offiziell auf 20 Millionen Tote fest. Sie gestattete zugleich einen kritischeren Blick auf die Anfangsphase des sowjetisch-deutschen Krieges, wälzte die Verantwortung für das große militärische Versagen in dieser Zeit aber allein auf die Person Josef Stalins ab. Memoiren hochrangiger Militärs, die jetzt veröffentlicht werden durften, bestätigten diese Sicht ebenso wie die für sowjetische Verhältnisse bahnbrechende Studie des Moskauer Historikers Alexander Nekritsch über den Kriegsausbruch 1941, die wegen ihrer Brisanz allerdings kurz nach Erscheinen schnell wieder aus dem Verkehr gezogen und bestenfalls in die Giftschränke der öffentlichen Bibliotheken verbannt wurde. Gierig griffen sowjetische Leser nicht nur nach solchen Publikationen. Überaus beliebt waren auch die einschlägigen literarischen Werke von Viktor Nekrassow, Konstantin Simonow, Jurij Bondarjew und manch anderem Schriftsteller. Sie behandelten das Kriegsthema in bis dahin ungewohnter Freimütigkeit. Und mit dieser Sicht konnte sich das Gros ihrer Leserschaft aufgrund eigenen Erlebens annähernd identifizieren.[35]

Die neue relative Offenheit währte indes nicht allzu lange. Mit Leonid Breschnew lebten nach 1965 – in freilich abgewandelter Form – erinnerungspolitisch alte Zeiten und Tabus wieder auf. Der neue KPdSU-Generalsekretär wollte sich ganz bewusst von den Praktiken seines Vorgängers Chruschtschow abgrenzen und Partei wie Staat neuen Glanz und Legitimität verschaffen. Das Regime mit seinen Zensoren bediente sich dabei der gesamten Klaviatur der Schönfärberei. Sie konstruierten ein bis zur Unkenntlichkeit verfremdetes, allein auf den 9. Mai 1945 ausgerichtetes Gedenk- und Siegesnarrativ, das zahllose Kriegsteilnehmer als eine «nicht endende [...] Vergewaltigung der Erinnerung» empfanden. Der Schriftsteller und Weltkriegsveteran Viktor Astafjew formulierte pointiert: «Jedenfalls hatte ich mit dem, was lange Zeit über den Krieg geschrieben wurde, als Frontsoldat nicht das Geringste zu tun. Ich war in einem völlig anderen Krieg.»

Nach 1965 wurden die Darstellungen der Genossen Historiker immer inhaltsloser. Sie blendeten alles aus, was die sowjetische Kriegsgeschichte in irgendeiner Weise in einem ungünstigen Licht hätte erscheinen lassen. Der Holocaust, das Problem der Kollaboration, das leidvolle Schicksal sowjetischer Zwangsarbeiter und Kriegsgefangener existierten nicht in dieser Wahrnehmung von Vergangenheit. Kläglicher Höhepunkt und Messlatte für alles weitere militärhistorische Erinnern sollte die zwischen 1973 und 1982 mit viel Aufwand herausgegebene zwölfbändige «Geschichte des Zweiten Weltkrieges» werden.

Seine Entsprechung fand der Hang zur Geschichtsklitterung, die nur Heldentum, Tapferkeit und ungebrochenen Siegeswillen kannte, in einer erinnerungspolitischen Gigantomanie: In diesem Geist wurden allenthalben monumentale Gedenkstätten zu Ehren der *mat rodina*, der «Mutter Heimat», errichtet. Die überdimensionierten Anlagen in Wolgograd oder Berlin-Treptow stehen stellvertretend für eine Vielzahl solcher pathetischen Einrichtungen, die nicht den individuellen, sondern allein den normierten, ideologisierten und verstaatlichten Erinnerungsritualen dienten. Und runde Jubiläumstage waren fortan Anlass für choreografisch aufwendig inszenierte Paraden auf dem Moskauer Roten Platz.[36]

Erst die Perestroika unter Michail Gorbatschow leitete nach 1985 eine Wende in der bis dahin sterilen und um die Opfer bereinigten Erinnerungskultur der UdSSR ein. Nach und nach rückte im Zuge von Glasnost, mit der Gorbatschow breite Kreise der sowjetischen Bevölkerung für sein Reformvorhaben zu mobilisieren gedachte, jetzt auch der Große Vaterländische Krieg mit seiner gesamten Ambivalenz in den Mittelpunkt der öffentlichen Debatte. Dies war anfangs vornehmlich das Verdienst der sowjetischen Medien und weniger der professionellen Historiker, die sich zunächst höchst irritiert zurückhielten. Tabus fielen, weiße Flecken bis dahin konsequent ausgeklammerter Aspekte und Opfergruppen der Kriegshistorie wurden ohne Rücksicht auf die Staats- und Parteiräson schonungslos thematisiert und durch die Teilöffnung sowjetischer Archive inhaltlich weiter untermauert. Kurz vor dem Zusammenbruch der UdSSR im Jahre 1991 reichte der

Umgang mit den Schattenseiten des sowjetisch-deutschen Krieges jedenfalls weit über das hinaus, was seinerzeit Nikita Chruschtschow während des kulturellen Tauwetters in den ausgehenden 1950er Jahren zugelassen hatte.[37] Spätestens mit der Perestroika ging auch der erinnerungspolitische Konsens zwischen der Sowjetunion und der DDR verloren. Denn die SED-Machthaber in Ostberlin erkannten sehr wohl die Gefahren, die dem Reformkurs Gorbatschows, vor allem aber dem freizügigeren Umgang mit der Vergangenheit innewohnte. Sie fürchteten nicht zu Unrecht die Erosion der eigenen Machtbasis und verweigerten sich kurzerhand dem geschichtspolitischen Kurswechsel in Moskau. Legendären Höhepunkt und zugleich eklatanten Bruch in der einander verbindenden Gedenkkultur bildete dabei das Verbot der sowjetischen Zeitschrift «Sputnik» am 14. November 1988, aus der DDR-Leser die innersowjetischen Geschichtsdebatten in deutscher Übersetzung nachvollziehen konnten.[38]

Bis dahin verhielt es sich so, dass die DDR – im Unterschied zur Bundesrepublik – den Krieg gegen die UdSSR von Anfang an zu einem zentralen Thema der Erinnerung erhob und für die Zwecke ihres antifaschistischen Gründungsmythos politisch-ideologisch instrumentalisierte. Geläutert durch die Erfahrungen des einstigen deutschen Vernichtungskriegs im Osten, so das gängige Narrativ, beanspruchten die Machthaber in Abgrenzung zur Bonner Republik für sich, das bessere Deutschland zu repräsentieren. Der «22. Juni 1941» war in dieser Sicht geradewegs die Urkatastrophe der deutsch-sowjetischen Beziehungen, was die SED-Führung in Ostberlin – anders als in der UdSSR – nicht etwa entschieden verdrängte, sondern zu einem besonders ideologisierten Gedenkritual machte.

Die Schlacht von Stalingrad wurde zum antifaschistischen Erweckungserlebnis stilisiert, das die progressiven Kräfte des deutschen Volkes, wie den damaligen Oberbefehlshaber der 6. Armee, Generalfeldmarschall Friedrich Paulus, aber auch andere hochrangige deutsche Militärs während der Kriegsgefangenschaft über das dort gegründete «Nationalkomitee Freies Deutschland» oder den «Bund der

Deutschen Offiziere» an die Seite der Sowjetunion zum Widerstand gegen den Nationalsozialismus gebracht habe. Gerade hieraus bezog das SED-Regime ein erhebliches Maß an historischer Legitimation.[39] Schon 1950 hatte die Volkskammer der DDR den 8. Mai zum gesetzlichen Feiertag erklärt. Stalin gratulierte drei Tage später mit einem offiziellen Telegramm zum Tag der «Befreiung vom Hitlerfaschismus». Spätestens dieser symbolische Akt entlastete die ostdeutsche Seite zumindest offiziell von der historischen Schuld gegenüber den Völkern der Sowjetunion. Die Besiegten rückten damit in den Kreis der Sieger auf. Und das wiederum entledigte sie der Aufgabe, sich fortan differenziert mit den deutschen Gewaltverbrechen auseinanderzusetzen.

Die SED-Führung unterwarf sich von da an den immer phrasenhafteren sowjetischen Gedenk- und Erinnerungsritualen. Politisch höchst sensible Themen wie etwa die Verhältnisse in sowjetischer Kriegsgefangenschaft oder gar die 1945 begangenen Plünderungen und exzessiven Vergewaltigungen der Roten Armee wurden konsequent tabuisiert. Sie widersprachen dem gängigen Befreier-Mythos. Die offizielle Erinnerungskultur des Regimes wich jedenfalls eklatant von den individuellen Erfahrungen der Bevölkerung ab. Allein in der Kulturszene der DDR begegnete man mitunter einigen wenigen Schriftstellern und Filmemachern, wie Herbert Otto oder Konrad Wolf, die sich – in freilich nur begrenztem Rahmen – gelegentlich über die staatlich verordneten Sprachregelungen hinwegsetzten. Sie boten Perspektiven auf den deutsch-sowjetischen Krieg, die sich nicht ausnahmslos in das parteiamtliche Geschichtsbild einfügten.[40]

Patriotische Pflicht und Grenzen der Versöhnung

Drei Jahrzehnte nach der Selbstauflösung der UdSSR und dem Ende der kommunistischen Vorherrschaft sollte man annehmen, dass in der heutigen Russländischen Föderation unverstellt und frei von ideologischer Verzerrung auf den Großen Vaterländischen Krieg samt den Opfern der Gewalt zurückgeblickt wird. Die ersten postsowjetischen Jahre unter Präsident Boris Jelzin weckten zumindest in dieser Hinsicht hoffnungsvolle Erwartungen. Die Regierenden grenzten sich bewusst vom vorangegangenen Regime ab. Sie waren um Demokratisierung und soziale wie ökonomische Transformation bemüht. Zivilgesellschaftliche Einrichtungen wie die noch Ende der 1980er Jahre entstandene Menschenrechtsorganisation «Memorial» entfachten intensive Geschichtsdiskurse «von unten» und erklärten sich zum Interessenanwalt insbesondere der Opfer des Stalinismus. Nicht zuletzt deshalb machte Präsident Jelzin 1996 den 22. Juni im Gedenken an den Kriegsbeginn offiziell zum «Tag der Erinnerung und Trauer». Das war ein absolutes Novum, ein Bruch mit der früheren sowjetischen Gedenkkultur, die aus Sorge vor herrschaftskritischen Effekten besonders dieses Datum aus dem öffentlichen Bewusstsein verbannt hatte.

Spätestens mit dem Machtwechsel zu Wladimir Putin ist die russische Gesellschaft ab 2000 erneut in die Strudel geschichts- und erinnerungspolitischer Veränderungen geraten. Unter den Bedingungen eines unübersehbar autoritär regierten Russland haben sich die Herrschenden zunehmend der öffentlichen Geschichtsdiskurse bemächtigt. Ausschlaggebend dafür war und ist die inzwischen zur Staatsräson gewordene Absicht Putins, seinem Land nach den Wirren und Krisen der späten Jelzin-Jahre wieder politische Größe zu verschaffen. Da der Verlust der einstigen Supermachtfunktion 1991 tiefe Blessuren im Selbstbewusstsein vieler Russen hinterlassen hat, sollen ihnen die abhandengekommene Identität und nationale Würde zurückgegeben werden. Um diesen Anspruch ideologisch zu untermauern und zugleich Putins autoritären Herrschaftsstil zu legitimieren, greift seit dieser Zeit der Kreml auf die Historie zurück und bedient virtuos die gesamte erinnerungspolitische Klaviatur.[41]

In diesem Sinne besitzt der Große Vaterländische Krieg für die Zwecke der patriotischen Erziehung und die Förderung des nationalen Gemeinsinns gegenwärtig eine herausragende identitätsstiftende Funktion. Die russische Staatsführung stützt sich dabei auf partiell rückwärtsgewandte und freilich von der marxistisch-leninistischen

Ideologie bereinigte Erinnerungspraktiken, die Reminiszenzen an die Breschnew-Zeit, stellenweise sogar an die Jahre des Spätstalinismus wecken. Das Regime betreibt dabei einen immensen Aufwand. Es scheut nicht modernste Vermittlungsstrategien und unorthodoxe Stilmittel, um einen möglichst hohen Verbreitungsgrad, vor allem aber tiefe Wirkung bei der eigenen Bevölkerung sicherzustellen. Um patriotische Gefühle in Russlands Jugend anzusprechen, ist ein «NationalHeroChannel» geschaffen worden, der die heroischen Taten der Vorfahren über YouTube verbreitet.

2013 huldigte man ganz im Geist der neuen Staatsräson dem 70. Jahrestag des Sieges in der Schlacht von Stalingrad. Speziell hierfür organisierte der nationalistisch und antiwestlich ausgerichtete Motorradklub «Nachtwölfe», dessen Vorsitzender Alexander Saldostanow sich der besonderen Wertschätzung Wladimir Putins erfreut, in Wolgograd vor über 200 000 Zuschauern eine gigantische Bike-Show, die sogar landesweit von den staatlichen Fernsehanstalten übertragen wurde. Das Festival war alles andere als ein stilles Gedenken an die Opfer. Vielmehr glich es einem martialisch-ultranationalistisch aufgeheizten Happening, das den «mythischen Sieg» und die «feurige Ikone» Stalingrad in ihrer Bedeutung für die Menschheit mit Jerusalem, Mekka und Bethlehem gleichsetzte.

Im Frühjahr 2015 suchten die «Nachtwölfe» schließlich mit einem spektakulären, höchst umstrittenen Weltkriegskorso, der von Moskau nach Berlin führen sollte und bei dem Stalin-Devotionalien mitgeführt wurden, der Sache des Sieges entsprechende Aufmerksamkeit zu verschaffen. In den osteuropäischen Hauptstädten und nicht zuletzt in Berlin sah man darin eine Provokation, die, so die einhellige Meinung im Auswärtigen Amt und Bundesinnenministerium, keinen «Beitrag zur Stärkung der deutsch-russischen Beziehungen [...] leisten» werde. Beide Ressorts wandten sich deshalb entschieden «gegen jegliche Instrumentalisierung des unermesslichen Leids der Opfer und des Widerstands gegen die Naziherrschaft», was bei der kremlnahen Regierungspartei «Geeintes Russland» sogleich den Vorwurf der politischen Diskriminierung durch deutsche Behörden auslöste.[42]

Neben derartig unkonventionellen Vermittlungspraktiken gibt es selbstverständlich nach wie vor die traditionellen Militär- und Gedenkparaden anlässlich des 9. Mai, die allesamt klassisch im Fernsehen übertragen werden.

Im Mittelpunkt dieses Gedenkens stehen heute wieder vornehmlich die großen historischen Leistungen und die unbeirrbare Zähigkeit, die allein zum Sieg geführt haben. Der militärische Erfolg über Hitler-Deutschland wird stolz zum wichtigsten Ereignis in der russischen Geschichte des 20. Jahrhunderts stilisiert, ohne dabei den Preis dieses historischen Triumphes mitsamt den Schattenseiten für die damalige Bevölkerung zu bedenken. Erneut mühen sich die staatlichen Geschichtsapologeten, die Vorstellung von der selbstlos humanitären Befreier-Mission der Roten Armee und die Erlöserrolle Russlands bei der Zerschlagung des Faschismus fest im kollektiven Gedächtnis der Russen zu verankern. Dass dieser Sieg zugleich ein Sieg des Stalinismus war, der die totalitäre Diktatur und Unterdrückung in der UdSSR wieder konsolidierte, ist nicht Gegenstand des öffentlichen Erinnerns.[43]

Putins autoritäres Präsidialregime versperrt sich unterdessen allen Versuchen, diese offizielle Sicht zu nuancieren. Plünderungen und sexuelle Gewalt an der weiblichen Zivilbevölkerung während der Endkämpfe in Ostdeutschland oder beim Sturm auf Berlin, die die sowjetische Befreier-Rolle in einem weniger rühmlichen Licht erscheinen lassen, passen nicht ins staatlich propagierte Siegernarrativ und die damit einhergehende «Erinnerungspolitik des Stolzes». Sie werden deshalb kategorisch als Verunglimpfung und Beleidigung der ruhmreichen Sowjetarmee zurückgewiesen. Es gibt deshalb nur ganz wenige couragierte russische Historiker oder Journalisten, die sich dieser brisanten Thematik nicht entziehen wollen.[44]

Das ist begreiflich, denn sie laufen Gefahr, den Zorn des Regimes auf sich zu ziehen. Die staatlichen Instrumentarien dafür existieren bereits in Form von Anti-Extremismus-Gesetzen, mit denen Regierungskritiker aus dem zivilgesellschaftlichen Lager mundtot gemacht werden sollen. Die Menschenrechtsorganisation «Memorial» etwa fällt neben rund 80 weiteren Organisationen in die Kategorie «ausländische Agenten», die staatlicher Verunglimpfung oder strafrechtlicher Verfolgung ausgesetzt sind, nur weil sie ihr zivilgesellschaftliches Engagement auch auf westliche Finanzhilfen stützen. Mit weiteren Gesetzesverschärfungen im Sinne von Zensur, die Anfang März 2019 die Staatsduma passiert haben, sind – in der Interpretation der gegenwärtigen Machthaber – für respektlose Äußerungen im Internet gegen die Regierung, deren Amtsträger oder die russischen Staatssymbole hohe Geld- und sogar Haftstrafen vorgesehen. Selbst der historische Vergleich von Nationalsozialismus und Stalinismus kann zwischenzeitlich strafrechtliche Konsequenzen nach sich ziehen. Den vorläufigen Höhepunkt von dieser Entwicklung bildet aber ein Urteil von Russlands Oberstem Gericht. Am 28. Dezember 2021 hat es in einem Akt politischer Justiz «Memorial» verboten. Die vorsitzende Richterin folgte dabei ganz den Argumenten der Staatsanwaltschaft: Die Menschenrechtsorganisation erschaffe «ein lügnerisches Bild von der Sowjetunion als terroristischem Staat und [...] wolle zu Reue für die sowjetische Vergangenheit zwingen statt an deren ‹ruhmreiche Errungenschaften› zu erinnern».[45]

Zugleich scheut sich die Putin-Administration nicht, die leidvolle Seite des Großen Vaterländischen Krieges mitsamt der Opferperspektive für die Zwecke der nationalen Erinnerungskultur zu instrumentalisieren. Das geschieht vor allem dann, wenn so in der eigenen Bevölkerung Bedrohungsängste und Kriegshysterie geschürt werden können, die das aktuelle geopolitische Ringen mit dem Westen als legitime Gegenmaßnahme der Regierung zum Schutz der Russländischen Föderation erscheinen lassen. Gerade seit der völkerrechtswidrigen Annexion der Krim 2014, der verdeckten Intervention in der Ostukraine oder dem aktiven Eingreifen in den syrischen Bürgerkrieg sind derartige Verhaltensmuster gehäuft zu beobachten. Reminiszenzen an die einstige deutsche Besatzungsherrschaft leben in abendlichen Fernsehsendungen oder Polit-Talkshows immer wieder auf, wobei diese bewusst mit aktuellen Entwicklungen vermischt in verfälschte Kontexte gestellt und als *Fake News* verbreitet werden.

Nichts anderes ist es, wenn die Zeitung «Komsomolskaja Prawda» seit 2018 behauptet, die Ukraine errichte gegenwärtig «Konzentrationslager» für Anhänger der von Russland gestützten Donbass-Republik.[46]

In einer derart höchst einseitig aufgeladenen Stimmungslage bestehen gegenwärtig kaum Chancen, über die Schlachtfelder und Gräber früherer Generationen zu einem aufrichtigen deutsch-russischen Dialog und damit zu einer zwischenstaatlichen Aussöhnung zu gelangen. Was für Deutsche und Franzosen nach dem Zweiten Weltkrieg zur Normalität geworden ist, scheint für Deutsche und Russen noch in weiter Ferne. Allein der Umstand, dass Russlands autoritäre Staatsmacht Geschichte, Erinnerung und Gedenken zur Herrschaftslegitimation missbraucht, steht einer solchen Entwicklung maßgeblich im Weg. Einmal mehr hat dies Wladimir Putins spektakulärer Auftritt im Juni 2020 anlässlich der offiziellen Moskauer Gedenkfeierlichkeiten zum 75. Jahrestag des Kriegsendes unter Beweis gestellt. Überaus befremdlich klingen seine jüngsten geschichtspolitischen Vorgaben und Interpretationen: Den Polen etwa wird eine gewichtige Rolle beim Ausbruch des Zweiten Weltkrieges unterstellt. Gänzlich ausgeblendet bleibt der Anteil der westlichen Alliierten am Sieg über Hitler-Deutschland. Das alles zielt nicht nur auf ein russisches, sondern sehr wohl auch auf ein ausländisches Publikum. Es wird flankiert durch die russische Botschaft in Berlin, die in einer konzertierten Aktion zahlreichen Lehrstühlen für Osteuropäische Geschichte in der Bundesrepublik empfahl, die Vorstellungen des Kremlchefs bei künftigen einschlägigen Publikationen zu berücksichtigen.[47]

Angesichts solcher Übergriffigkeit höchster russischer Staatsorgane bleibt aus deutscher Sicht aktuell lediglich der erinnerungspolitische Austausch mit den wenigen in Russland noch verbliebenen zivilgesellschaftlichen Einrichtungen und verständigungswilligen Kreisen – die sich freilich der ständigen Gefahr aussetzen, im Zuge eines solchen Dialogs von der Kremlpropaganda als «ausländische Agenten» politisch diffamiert und in ihrer praktischen Arbeit behindert zu werden. Die Zeiten jedenfalls waren in dieser Hinsicht schon insgesamt besser. Gleichwohl mangelt es dem deutsch-russischen Jahrhundert nicht an Beispielen, die erfolgreich von Annäherung bei gleichzeitiger Abgrenzung zeugen.

IV.
ABGRENZUNG UND VERSTÄNDIGUNG

Ambivalente Zeiten. Deutsch-russische Begegnungen in der Rapallo-Ära

Der Ostersonntag des Jahres 1922 fiel auf den 16. April. Nichts schien darauf hinzudeuten, dass sich gerade an diesem verregneten Tag in dem kleinen Badeort Rapallo an der ligurischen Küste die politischen Ereignisse überschlagen und dem pittoresken Städtchen im Gedächtnis von Deutschen und Russen einen prominenten Platz verschaffen sollten. Zur gleichen Zeit fand im knapp 30 Kilometer nordwestlich davon entfernten Genua seit dem 10. April eine Weltwirtschaftskonferenz statt,[1] zu der die westlichen Siegermächte als Zeichen des guten Willens erstmals nach Ende des Weltkrieges auch offizielle Repräsentanten aus dem bis dahin verfemten Sowjetrussland und dem Deutschen Reich geladen hatten.

Vertrag von Rapallo – eine «unheilige Allianz»?

Am Abend des 16. April sickerten dort unbestätigte Nachrichten durch, die sich tags darauf wie ein Lauffeuer verbreiteten. In Genuas Vorort Rapallo, wo die sowjetischen Vertreter im Hotel «Palazzo Imperiale» residierten, hatte sich die deutsche Delegation in einer Nacht- und Nebelaktion mit den bis dahin politisch isolierten Bolschewiki auf ein separates Vertragswerk verständigt. Es sah nicht nur die Aufnahme diplomatischer und konsularischer Beziehungen, sondern künftig sogar die gegenseitige Meistbegünstigung in Handelsfragen vor. Bolschewistische Heißsporne, die sich seit 1917 als notorische Weltrevolutionäre gerierten, und bürgerlich-liberale bis konservative Eliten der instabilen, von vielen Deutschen wenig geliebten Weimarer Demokratie hatten als ungleiche Partner nunmehr zueinandergefunden.

Der britische Premier Lloyd George fühlte sich durch Deutschlands Außenminister Walther Rathenau, der als Anhänger einer Westorientierung galt, brüskiert. Rathenaus Geheimdiplomatie war für ihn alles andere als ein vertrauensbildender, geschweige denn friedensstiftender Akt und kam obendrein zu einem denkbar ungünstigen Zeitpunkt. Zweifellos zeigte sich Lloyd George an einem Ausgleich mit Sowjetrussland interessiert. Doch sollte dieser nicht einer exklusiv deutschen, sondern allein der britischen Initiative vorbehalten bleiben.[2]

Der Brite schäumte vor Wut: Die Deutschen hätten ein «Gentlemen's Agreement gebrochen[, ...] hinter dem Rücken der anderen Sonderbesprechungen geführt und sich damit ab sofort von der [Genua-]Konferenz selbst ausgeschlossen». Sichtlich erregt forderte er im ersten Affekt, die Übereinkunft, die die konservative Londoner Tageszeitung «The Times» gar als «unheilige Allianz» apostrophierte, unverzüglich annullieren zu lassen.[3] Die unberechenbaren *Germans* drohten seine Pläne zu durchkreuzen, die er unmittelbar in Genua zu verwirklichen gedachte. Für den Briten sollte das Gipfeltreffen dem Wiederaufbau des zerrütteten Wirtschafts- und Finanzsystems vornehmlich in Europa dienen. Nicht zuletzt deshalb suchte er die internationale Zusammenkunft zugleich mit der strittigen Frage der immensen Reparationszahlungen zu verbinden, die seit dem Versailler Frieden von 1919 wie ein Koloss auf Deutschland lasteten. Das kollidierte mit den Vorstellungen der französischen Diplomatie. Denn noch am Mittag des 16. April 1922 hatte sich Frankreichs Ministerpräsident Raymond Poincaré unmissverständlich dazu bekannt, «mit größter Energie» alles Erdenkliche zu unternehmen, wenn auch nur im Entferntesten daran gedacht werde, speziell die Reparationsthematik auf die politische Tagesordnung des Genua-Gipfels zu setzen.[4]

Lloyd George wollte auch Sowjetrussland, das nach Revolution und Bürgerkrieg ökonomisch am Boden lag und dessen Bevölkerung unsägliche Not litt, in die wirtschaftliche Neuordnung einbeziehen. Von der Idee eines westlichen Wirtschaftskonsortiums, dem auch deutsche Geschäftskreise angehören sollten, versprach er sich entscheidende Impulse. Freilich war dabei keinesfalls nur Selbstlosigkeit im Spiel. Vielmehr verband er mit derartigen Überlegungen immer auch die Hoffnung, drohende deutsch-russische Annäherungen, die seiner Ansicht nach ernstlich den Weltfrieden bedrohen würden, erfolgreich abzuwenden. Man müsse gerade deshalb versuchen, so sein Kalkül, Deutsche und Russen «in eine freundliche Übereinstimmung [... mit uns] zu bringen».[5] Die unerwarteten Eigenmächtigkeiten der beiden *Parias* des internationalen Mächtesystems hatten derartige Absichten am 16. April 1922 zur Makulatur gemacht.

Ein Sturm der Entrüstung ergriff auch die französische Delegation in Genua, was die führende deutschkritische und antibolschewistische Pariser Tagespresse sogleich öffentlichkeitswirksam thematisierte. Die aufgeladene Stimmung gipfelte zeitweilig in der Befürchtung, der Rapallo-Vertrag werde sich als der erste Schritt zu einer deutsch-sowjetischen Allianz erweisen mit dem Ziel, die Versailler Nachkriegsordnung von 1919 gegebenenfalls gewaltsam zu beseitigen.[6]

Doch dabei handelte es sich um weit überzogene Spekulationen, was zweifellos an dem tiefen Misstrauen lag, das die Konferenzatmosphäre in Genua generell geprägt und das Gipfeltreffen am Ende hatte scheitern lassen.[7] Sie sagten viel über die Befindlichkeiten der Siegermächte aus, die im Wesentlichen die Umstände skandalisierten, unter denen der Vertrag von Rapallo zustande gekommen war.

Der Inhalt des Dokuments war vergleichsweise unspektakulär. Das Plazet zur gegenseitigen diplomatischen Anerkennung gaben sich die deutsche und die sowjetische Verhandlungsdelegation, weil sie einander das zusicherten, was die übrigen Siegermächte – allen voran die unnachgiebigen Franzosen – auf der Genua-Konferenz so nicht zu gewähren bereit waren: Zumindest Moskau, das aufgrund von Artikel 116 des Versailler Friedens durchaus Anspruch darauf gehabt hätte, verzichtete auf Reparationsforderungen gegenüber Berlin. Das wiederum trieb die deutschen Unterhändler, bei denen die prorussischen Akteure wie Reichskanzler Joseph Wirth und der Chef der Ostabteilung im Auswärtigen Amt, Ago von Maltzan, inzwischen die Oberhand gewonnen hatten, zu schnellem Handeln. Endgültig gebannt war damit deren ständige Sorge, dass Sowjets und Westmächte sich noch im allerletzten Moment in dieser Angelegenheit auf Kosten der Weimarer Republik verständigen würden. Im Gegenzug sah mit dem Deutschen Reich erstmals ein westliches Land davon ab, finanzielle Kompensation für das von den Bolschewiki verstaatlichte ausländische Eigentum in Russland zu fordern.

Zugleich war mit dem Vertrag die diplomatische Isolation Sowjetrusslands im internationalen Mächtesystem durchbrochen. Und schließlich versicherten wenigstens die Deutschen glaubhaft, sich fortan nicht mehr an einem wie auch immer gearteten internationalen Konsortium gegenüber Russland zu beteiligen. Für die seit dem Bürgerkrieg und der damaligen alliierten Intervention hochgradig traumatisierte Sowjetmacht, die in Lloyd Georges Plänen von Genua erneut die Gefahr einer kapitalistischen Einkreisung heraufziehen sah, wirkte die deutsche Zusicherung deshalb ungemein beruhigend.[8] Dies erreicht zu haben, war insbesondere für Lenin ein unmittelbares Ergebnis der generellen Uneinigkeit im «imperialistischen» Lager. Die Herrschaft der revolutionären Sowjetmacht wurde dadurch weiter konsolidiert. Zugleich konnten die Bolschewiki einen wichtigen Prestigegewinn für sich verbuchen, der breite Schichten der deutschen Bevölkerung einbezog: Im Vertrag von Rapallo hatten sie zumindest in der Reparationsfrage nachdrücklich manifestiert, dass sie auf deutliche Distanz zu dem in Deutschland verhassten Versailler Vertrag gegangen waren.[9]

Und gerade diese Perspektive machte die Übereinkunft mit Sowjetrussland für die Weimarer Revisionspolitiker so attraktiv und zukunftsweisend. Sie sahen in Rapallo deshalb nicht nur ein Abkommen, das den Umständen des historischen Moments geschuldet war und auf die unmittelbaren politischen wie ökonomischen Bedürfnisse beschränkt bleiben sollte. Mit Rapallo erweiterten sich die Gestaltungsräume der bis dahin gleichermaßen außenpolitisch isolierten Weimarer Demokratie. Zudem eröffneten sich Aussichten auf Kooperation mit der jungen Sowjetmacht, die zeitweilig den Charakter von Sonderbeziehungen annehmen sollte. Nicht zuletzt deshalb sprach Moskaus Deutschlandexperte Karl Radek bereits Ende Januar 1922 pathetisch von einer «Schicksalsgemeinschaft».[10] Für den Augenblick jedenfalls sah es ganz danach aus, als sei die Spaltung Europas tiefer geworden. Das wiederum lasteten die Westmächte vornehmlich den Deutschen an, die bei ihnen ohnehin kein hohes Ansehen genossen. Rapallo stand für sie von da an als Chiffre für deutsche Unberechenbarkeit und Wankelmut in der Außenpolitik.[11]

Doch während Lenin und dessen Nachfolger im «Geist von Rapallo» stets ein geeignetes Instrumentarium erblickten, Deutschland dem Westen zu entfremden und die kapitalistische Welt zu spalten, um darüber Briten und Franzosen mehr Nachgiebigkeit abzuringen,[12] betrachteten die Weimarer Außenpolitiker – wie noch zu zeigen sein wird – das durchaus langfristig auf Exklusivität angelegte Verhältnis zu Sowjetrussland aber nicht als eine unumstößliche Festlegung. Schon deshalb kann man den Vertrag von Rapallo keinesfalls als eine tiefe Zäsur in den deutsch-russischen Beziehungen werten, mochten das Zeitgenossen auch verschiedentlich so empfunden haben. Die Übereinkunft steht im Gegenteil in vielerlei Hinsicht für die Kontinuität im bilateralen Verhältnis von Deutschen und Russen. Das gilt sowohl für das 19. Jahrhundert zwischen dem wilhelminischen Kaiserreich und dem zarischen Imperium als auch für die Phase unmittelbar vor und nach der Oktoberrevolution, als das kaiserliche Deutschland mit bolschewistischen Umstürzlern kooperierte, selbst wenn widerstreitende Weltanschauungen beide Seiten trennten. Machtpolitisches Kalkül, Pragmatismus und nicht zuletzt immer auch die Rückwirkungen ihres Verhältnisses zum Westen sollten daher in dieser Zeit wie insgesamt im langen 20. Jahrhundert das deutsch-russische Miteinander prägen.

Blick zurück – Anfänge einer vorsichtigen Annäherung

Der Weg nach Rapallo und die Anbahnung geregelter diplomatischer Beziehungen hatten eine wechselvolle Vorgeschichte. Bereits vor der Genua-Konferenz gab es seit Januar 1922 intensive vertrauliche Sondierungsgespräche zwischen Karl Radek als Emissär der Sowjetregierung und hochrangigen deutschen Regierungsvertretern sowie Beamten des Auswärtigen Amtes. Als Moskaus Außenkommissar Georgij Tschitscherin auf seinem Weg nach Genua am 1. April 1922 einen Zwischenstopp in der deutschen Reichshauptstadt einlegte, glaubte er schon, seine Unterschrift unter ein fertiges Abkommen setzen zu können. Lediglich Walther Rathenau zögerte, sich im Alleingang auf eine einseitige Parteinahme zugunsten Sowjetrusslands festzulegen. Er hegte vielmehr Hoffnungen, sich auf dem bevorstehenden Weltwirtschaftsgipfel als ehrlicher Makler zwischen Ost und West profilieren zu können, um darüber Deutschlands Handlungsspielräume gegenüber den Sieger- und maßgeblichen Garantiemächten des Versailler Vertrags entscheidend zu verbessern.[13]

Ungeachtet derartiger Episoden gab es aber seit Ende des Ersten Weltkrieges eine Reihe struktureller Voraussetzungen, die eine deutsch-sowjetische Annäherung erheblich begünstigten. Sowohl die Weimarer Republik als auch Sowjetrussland konnten mit gutem Recht für sich beanspruchen, Laboratorien der Moderne zu sein. Beide Länder durchlebten in der unmittelbaren Nachkriegszeit einen imposanten kulturellen Aufbruch, der sie von längst überkommenen Konventionen befreite und zugleich das Aufkommen einer «weltoffenen künstlerischen und intellektuellen Avantgarde» ermöglichte, die große Triumphe feierte. Beide Staaten einten aber ebenso die Schattenseiten des Zeitalters der Extreme: Militante Umsturzversuche, tiefe ökonomische Verwerfungen, Massenarmut als soziale Herausforderung und politischer Radikalismus erschütterten nicht nur die Weimarer Demokratie, die scheitern und in die NS-Diktatur münden sollte; auch Lenins Sowjetstaat erlebte eine radikale Hinwendung zum nicht minder totalitären Stalinismus.[14] In diesem dramatischen

Spannungsfeld also bewegten sich fortan die deutsch-sowjetischen Beziehungen, die bisweilen von erheblicher Ambivalenz, von Annäherung, Zusammenarbeit, aber auch von Abgrenzung geprägt bleiben sollten.

Zweifellos erfolgten in Berlin und Moskau maßgebliche Weichenstellungen in den Jahren 1920 und 1921, um nach den gescheiterten bolschewistischen Umsturzversuchen im Umfeld der deutschen Novemberrevolution 1918/19 und dem Abbruch der diplomatischen Beziehungen auszuloten,[15] wie sich das zerrüttete Verhältnis zwischen den beiden Ländern allmählich wieder normalisieren ließe. Das galt umso mehr, als die damalige Weimarer Reichsregierung resigniert akzeptieren musste, wie kategorisch die Westmächte, allen voran Frankreich, sämtliche vorangegangenen Verständigungsversuche abgelehnt hatten. Um deren generelles Misstrauen nicht weiter unnötig zu provozieren, verlangte das Austarieren von außenpolitischen Alternativen nach Osten ein außerordentliches Taktgefühl; die antikommunistische Grundhaltung der Regierungen in London und Paris war ja sehr wohl bekannt. Nicht zuletzt deshalb, aber auch weil die Gesprächsfäden zwischen Berlin und Moskau zu keinem Zeitpunkt vollständig gekappt waren, bahnten sich erste informelle Kontakte zwischen deutschen und sowjetischen Emissären an.

Den unverdächtigsten Auftakt bildeten hierfür die dringend regelungsbedürftigen Kriegsfolgelasten. Ein entsprechendes Abkommen wurde am 19. April 1920 unterzeichnet. Es sah die Rückführung von rund einer halben Million Kriegsgefangener und Zivilinternierter in ihre jeweilige Heimat vor.[16] Damit einher ging der Austausch von Beauftragten, die allerdings noch keinen diplomatischen Sonderstatus besaßen. Viktor Kopp überwachte von da an als Leiter der sowjetischen Repatriierungskommission für die Bolschewiki die Abläufe von Berlin aus. Im Gegenzug übertrug die Reichsregierung Gustav Hilger die Verantwortung für die deutsche Kriegsgefangenenfürsorgestelle in der sowjetischen Hauptstadt. Beide avancierten alsbald zu wichtigen Bindegliedern in der ersten Phase der vorsichtigen deutsch-sowjetischen Annäherung.[17]

Hilger war geradezu prädestiniert für diese Aufgabe: Als 1886 im spätzarischen Russland geborener Moskau-Deutscher besaß er die denkbar beste Expertise – sprachversiert, zugleich aber auch umfassend vertraut mit der russischen Kultur, auch der politischen Kultur sowie den Verhältnissen vor Ort. Dass er kein ausgebildeter Berufsdiplomat war, erleichterte ihm den Umgang mit bolschewistischen Spitzenfunktionären, die bekanntlich die klassischen Attitüden der bürgerlichen Diplomatie entschieden ablehnten. Und so hegte insbesondere Außenkommissar Tschitscherin große Sympathien für Gustav Hilger. Schnell fasste er festes Vertrauen zu dem Deutschen, den er als nützlichen Mittler zwischen den Mächten akzeptierte.

Gemeinsam mit dem Sozialdemokraten Moritz Schlesinger, der für die deutsche Seite den Kriegsgefangenenaustausch maßgeblich ausgehandelt hatte,[18] engagierte sich Hilger fortan aus innerster Überzeugung, um den bilateralen Beziehungen unterhalb der Schwelle diplomatischer Anerkennung eine breitere Vertrauensbasis zu verschaffen. Geradezu sinnbildlich stand dafür 1921 sein selbstloses Wirken im Rahmen der deutschen Hungerhilfe für Russland. Gebührenden Respekt verschaffte er sich bei den sowjetischen Machthabern, weil er mit seinen Mitarbeitern die Hungerkatastrophe, die am Ende rund fünf Millionen Todesopfer forderte, zu keinem Zeitpunkt für politisch-propagandistische Zwecke instrumentalisierte.

Selbst wenn sich in der ersten Zeit die außenpolitisch Verantwortlichen in Berlin noch nicht auf eine klare Haltung gegenüber Russland festgelegt hatten, ließen sie Hilger dennoch gewähren. Immerhin gehörte er zu den ganz wenigen bestens vernetzten Experten, über die sie tiefere Einblicke in die ihnen ansonsten unbekannte Welt des jungen Sowjetstaates gewinnen konnten.[19] Das wiederum erlangte spätestens in dem Moment besondere Relevanz, als sich jenseits des Auswärtigen Amtes auch andere einflussreiche politische, wirtschaftliche und militärische Kreise in Deutschland über ihr künftiges Verhältnis zur Sowjetmacht vergewissern wollten.

Prominente Großindustrielle und Bankiers wie etwa Walther Rathenau und Felix Deutsch von der AEG drängten bereits am

18. Februar 1920 in einer Denkschrift den damaligen SPD-Reichspräsidenten Friedrich Ebert aus politischen wie ökonomischen Erwägungen entschieden zum Handeln. Zwar steckten die Bolschewiki noch mitten in einem Bürgerkrieg und Russlands Wirtschaft lag am Boden. Perspektivisch lockten jedoch Absatzmärkte und Rohstoffressourcen. Zumindest die traditionell stark außenhandelsorientierten deutschen Industriellenkreise, die nach dem Weltkrieg selbst ökonomisch enorm unter Druck standen, hofften auf lukrative Geschäfte. Sie wollten an die guten Vorkriegsbeziehungen anknüpfen und obendrein der drohenden Konkurrenz der Ententemächte Großbritannien und Frankreich zuvorkommen, um Deutschland politisch aus deren Abhängigkeit zu befreien.[20]

Kaum weniger interessengeleitet äußerten sich die deutschen Militärs. Seit Februar 1920 hatte dazu Generalmajor Hans von Seeckt als Chef des Truppenamtes im Reichswehrministerium verschiedene Memoranden verfasst. Sie vermittelten geradewegs, wie es um die Gemütsverfassung der damaligen deutschen Militärspitze stand. Die demütigenden Auflagen des Versailler Friedens – darunter eine Truppenreduzierung der einst so stolzen kaiserlichen Armee auf 100 000 Mann und das strikte Verbot, sich mit modernen Kriegsmitteln zu beschäftigen – hatte man in diesen Kreisen jedenfalls zu keinem Zeitpunkt verwunden. Fast schon gebetsmühlenartig beschwor deshalb von Seeckt die politische Führung seines Landes: «Nur im festen Anschluß an Großrußland hat Deutschland die Aussicht auf die Wiedergewinnung seiner Weltmachtstellung.» Bei Ago von Maltzahn, der die Ostabteilung im Auswärtigen Amt leitete, stießen die Plädoyers aus den Reihen von Wirtschaft und Militär jedenfalls auf großes Verständnis. Flankierten sie doch zumindest seit Januar 1920 gegenüber den politischen Entscheidungsträgern in Berlin sein eigenes Engagement, sich ungeachtet existierender ideologischer Gegensätze behutsam Russland anzunähern.[21]

«Geist von Rapallo» –
Ringen um gute politische Beziehungen

Vor diesem Hintergrund war der Rapallo-Vertrag von 1922 zweifellos das Ergebnis eines lange angebahnten Durchbruchs. Wenn er auf längere Sicht trotz mancherlei Hindernisse politisch mit Leben erfüllt werden konnte, lag es nicht unwesentlich am diplomatischen Zusammenspiel der damaligen Akteure. So trafen in Moskau die führenden Vertreter von Deutschlands neu eröffneter Botschaft auf Ansprechpartner der sowjetischen Diplomatie, die einander weitgehend vertrauten. Das galt besonders für die maßgeblichen Protagonisten vor Ort: den Gesandten Ulrich Graf von Brockdorff-Rantzau und Außenkommissar Georgij Tschitscherin, die dies auf ihre vorgesetzten Instanzen zu übertragen versuchten.

Beide handelten zwar aus sehr unterschiedlichen nationalen wie weltanschaulichen Motiven. Neben Pragmatismus und machtpolitischem Kalkül einte sie allerdings immer wieder die tiefe Überzeugung, dass nur eine konstruktive Zusammenarbeit die Gewähr für eine gemeinsame vorteilhafte Zukunft biete. Sie engagierten sich deshalb für entsprechende Rahmenbedingungen und waren tunlichst bemüht, aufkommende Probleme, Krisen oder diplomatische Instabilitäten keinesfalls eskalieren zu lassen. Unterdessen ließen beide nichts unversucht, den übergeordneten Machtapparaten erweiterte politische Handlungsspielräume abzuringen. Brockdorff-Rantzau jedenfalls genoss das seltene Privileg des Immediatsvortrages. Es ermächtigte ihn, sich direkt – unter Umgehung sämtlicher Dienstwege – an den Reichspräsidenten zu wenden. Und das wiederum zeugte nicht nur von der herausgehobenen Stellung speziell dieses Botschafters, sondern unterstrich die immense Bedeutung, die die Reichsregierung dem jüngst etablierten bilateralen Verhältnis beimaß. Zugleich war damit der Weg geebnet für das, was später gemeinhin als «Geist von Rapallo» in die Geschichte der deutsch-sowjetischen Beziehungen eingehen sollte.[22]

Deutschlands erster Moskauer Botschafter, der Anfang November

1922 dem Vorsitzenden des Obersten Sowjet, Michail I. Kalinin, sein Beglaubigungsschreiben überreichte, hatte also allen Grund, sein Amt selbstbewusst auszufüllen. Bei dieser Gelegenheit betonte er eigens, dass «der Vertrag von Rapallo eine neue Ära eingeleitet hat für das russische und das deutsche Volk. In dem unerschütterlichen Glauben an die Zukunft des deutschen und des russischen Volkes, ohne die auch die Welt nicht gesunden kann, gehen wir an diese friedliche Arbeit, die uns niemand stören soll».[23] Für Brockdorff-Rantzau waren das keine Worthülsen; vielmehr sah er darin Handlungsanweisungen für ein politisches Programm. Seinen Moskauer Vorposten wollte er folglich für eine gezielte Revisionspolitik gegen den Versailler Vertrag nutzen, wobei er lange Zeit weitgehend frei agieren konnte. Für diese Zwecke stellte er sich sogleich eine entsprechend versierte Mannschaft zusammen. Was er verlangte, waren Mitarbeiter mit Landes- und Sprachkompetenz, die von den Bolschewiki respektiert würden. So überraschte es wenig, dass Gustav Hilger als Quereinsteiger den Weg in diplomatische Dienste fand. Er, aber auch Moritz Schlesinger und der in Moskau lebende deutsche Journalist Paul Scheffer, einer der seinerzeit renommiertesten Russlandkenner, gehörten fortan zum illustren Beraterkreis des «roten Grafen», wie Brockdorff-Rantzau alsbald genannt wurde. Sie öffneten ihm auf unkonventionelle Weise über persönliche Netzwerke die Türen zu damaligen Spitzenfunktionären und Deutschlandexperten der Bolschewiki, darunter schillernde Persönlichkeiten wie Karl Radek. Und für die Kontakte zu Außenkommissar Tschitscherin boten Brockdorff-Rantzaus Vita, Sozialisation – beide waren adeliger Herkunft –, Lebensgewohnheiten, Bildung und Interessen genügend gemeinsame Anknüpfungspunkte für eine konstruktive diplomatische Zusammenarbeit, die schließlich sogar in eine persönliche Freundschaft mündete. Die beiden symbolisierten in mancherlei Hinsicht die «Welt von gestern» (Stefan Zweig), was den Umgang miteinander erleichterte. Vertrauensbildend mochte zudem der Umstand gewirkt haben, dass Brockdorff-Rantzau noch während des Weltkriegs mit dazu beigetragen hatte, erste offizielle deutsche Kontakte zu den Bolschewiki anzubahnen, um die Revolution im spätzarischen Russland voranzutreiben.[24]

Welches Ansehen er sich im Verlauf der Jahre in Kreisen der sowjetischen Staats- und Parteiführung erworben hatte, zeigte sich, um es vorwegzunehmen, spätestens 1928: Sein plötzlicher Tod hinterließ eine große Lücke. Selbst die Parteizeitung «Prawda» wusste das zu würdigen. Sie ließ ihm Anerkennung zuteilwerden, als an prominenter Stelle auf Seite zwei – ausgerechnet für einen bourgeoisen ausländischen Diplomaten – am 11. September ein umfangreicher Nachruf erschien, der in höchsten Elogen gipfelte: «Der ehrgeizige, aristokratische, hochfahrende Graf erwies sich als der allerloyalste, allerwohlwollendste, allerzugänglichste und daher allerangenehmste bürgerliche Botschafter im roten Moskau.»[25] Doch damit nicht genug: Die ansonsten sich militant atheistisch gerierenden Bolschewiki sprangen sogar über ihren eigenen Schatten, indem sie als Geste des gebührenden Respekts für den Verstorbenen kurzerhand den sowjetischen Diplomaten Stefan Bratman-Brodowskij zur kirchlichen Beisetzungsfeierlichkeit abordneten.[26]

Bei aller aufrichtigen Verbundenheit, die derartigen Szenen innewohnte, durfte man sich aber über eines nicht täuschen lassen: Die bilateralen Beziehungen waren stets ambivalent, zumal sie der eigentümlichen Logik des Sowjetregimes unterlagen. Der wahren Ansichten ihrer sowjetischen Verhandlungspartner konnten sich die deutschen Diplomaten nie sicher sein, zumal die Bolschewiki in ihnen immer auch den bürgerlichen Klassenfeind sahen. So schwankte die diplomatische Gesprächskultur allenthalben zwischen Vertrauen und Ungewissheit, auch mit der Gefahr, getäuscht zu werden.

Das galt ab 1923/24, verstärkt dann aber nach 1927/28, als Stalin für die UdSSR den «Aufbau des Sozialismus in einem Lande» proklamiert und damit zeitweilig die Prioritäten ganz auf die Innenpolitik verlagert hatte. Begleitet war dies von fast schon an Hysterie grenzendem Misstrauen, überall von «imperialistischen» Spionen und Saboteuren umgeben zu sein. Spätestens seit dieser Zeit mischten sich daher die Geheimpolizei GPU, aber auch die Komintern als weltrevolutionärer

Flügel der Sowjetmacht immer stärker in das eigentliche politische Geschäft der sowjetischen Diplomaten ein. Und dies wiederum engte Tschitscherins Handlungsspielräume ganz erheblich ein, mehr noch: Es sorgte für Unsicherheit, zumal er gewiss sein konnte, angesichts regelmäßiger Kontakte zu westlichen Ausländern inzwischen fest ins Visier der geheimdienstlichen Überwachung geraten zu sein.[27]

Zwischen Kooperation und Abgrenzung – diplomatische Belastungsproben

Während Georgij Tschitscherin sowjetische Außenpolitik ganz im Zeichen der internationalen Anerkennung betrieb und hierfür in Botschafter Brockdorff-Rantzau einen wichtigen Kooperationspartner fand, wurde das zwischenstaatliche Verhältnis immer wieder durch ärgerliche Störfälle erschüttert. In höchste Erklärungsnöte gelangte Moskaus Chefdiplomat, als die weltrevolutionäre Fraktion unter den Bolschewiki im Herbst 1923 überzeugt war, in Deutschland mithilfe der KPD einen «Roten Oktober» anzetteln zu müssen, und damit kläglich scheiterte.[28]

Gegenüber Stalin äußerte der besorgte Außenkommissar Zweifel, inwieweit sich angesichts solcher Aktionen die bislang guten diplomatischen Beziehungen zu Deutschland überhaupt noch dauerhaft aufrechterhalten ließen. In diesem Sinne unterwies er am 12. Februar 1924 seinen Botschafter Nikolaj Krestinskij in Berlin, sich um Schadensbegrenzung zu bemühen und alles daranzusetzen, um das bilaterale Verhältnis wieder zu verbessern. Es gelang, weil nicht zuletzt Brockdorff-Rantzau entschieden daran mitwirkte und dabei größtes diplomatisches Geschick an den Tag legte. So konnte er nach erheblichem moralischem Druck dem sowjetischen Außenkommissar eine offizielle Regierungserklärung abtrotzen, die sich von den vorangegangenen umstürzlerischen Ereignissen distanzierte. Und die Gemüter im politischen Berlin vermochte er schließlich plausibel von den unverantwortlichen Folgen einer überstürzten Revision deutscher Russlandpolitik zu überzeugen, Folgen, die bislang Erreichtes nicht nur gefährden, sondern vor allem den Gegnern Deutschlands in die Hände spielen würden.[29] Kaum war der Konflikt erfolgreich geschlichtet, wurde der viel beschworene «Geist von Rapallo» noch im selben Jahr neuerlich aufs Äußerste strapaziert. Der sogenannte Fall Botzenhard ließ die Wogen abermals hochschlagen, als ein deutscher Kommunist sich einem Hochverratsprozess durch die Flucht in die sowjetische Handelsvertretung zu entziehen suchte, woraufhin die Berliner Polizei in einem unbedachten Moment heillos überreagierte und das exterritoriale Gebäude kurzerhand erstürmte.

Hinzu kam die Moskauer «Kindermann-Wolscht-Affäre», die zu eskalieren drohte und bis Oktober 1926 nahezu zwei Jahre lang zu einer erheblichen Belastungsprobe für die damaligen bilateralen Beziehungen wurde. Für sich genommen gab die Angelegenheit – zwei deutsche Studenten, die in einem Anflug höchster Naivität und Selbstüberschätzung sich auf Entdeckungsreise durch die Sowjetunion begeben hatten und unter Spionageverdacht verhaftet worden waren – ursprünglich kaum Anlass zu besonderer Dramatik. Normalerweise wäre sie über die bewährten vertraulichen Kanäle der Diplomatie rasch bereinigt worden. Allein der Umstand aber, dass zur selben Zeit vor dem Leipziger Staatsgerichtshof im sogenannten Tscheka-Prozess über brisante kommunistische Terrorumtriebe in Deutschland verhandelt wurde, in die mit Peter A. Skoblewskij sogar ein sowjetischer Staatsangehöriger verstrickt war, machte die Angelegenheit komplizierter.

Schon kurz nach Beginn der Leipziger Gerichtsverhandlung hatte sich das Politbüro der RKP(B) in Moskau am 12. Februar 1925 zu einem Erpressungsakt entschlossen: Um den Ausgang des Leipziger Strafverfahrens insbesondere für Skoblewskij möglichst günstig zu beeinflussen, sollte der Kindermann-Vorfall instrumentalisiert und hochstilisiert werden. Die sowjetischen Justizorgane, vor allem aber die Geheimpolizei legten eine haarsträubende Beweisführung an den Tag. Sie konstruierten absurdeste Behauptungen und drehten immer weiter an der Eskalationsspirale. Schließlich bezichtigten sie sogar

Brockdorff-Rantzaus engen Botschaftsmitarbeiter Gustav Hilger der Mittäterschaft an angeblich gegen Stalin und Trotzki gerichteten Attentatsplänen.[30]

In diesem Moment drohte die Affäre das deutsch-sowjetische Verhältnis aufs Tiefste zu erschüttern und immer weitere Kreise zu ziehen: Parallel dazu verlaufende Gespräche über ein wichtiges bilaterales Wirtschaftsabkommen gerieten darüber ins Stocken. Und Brockdorff-Rantzau machte fortan seine Anwesenheit in Moskau ultimativ vom Ausgang der Krise, insbesondere von der vollständigen Rehabilitierung Hilgers, abhängig. Hinter den Kulissen wurde daraufhin intensiv verhandelt. Es war die Stunde der Diplomaten, die in dem Moment mehr Handlungsspielräume erhielten, als Mitte Juli 1925 das Politbüro der RKB(B) sich dafür ausgesprochen hatte, die Affäre nicht weiter eskalieren zu lassen. Schließlich gab der sowjetische Botschafter in Deutschland, Nikolaj Krestinskij, am 18. Juni 1925 den entscheidenden Anstoß, um einigermaßen gesichtswahrend aus der verfahrenen Situation herauszukommen. Unverhohlen erinnerte er seine Vorgesetzten daran, was vor allem für die UdSSR politisch auf dem Spiel stand und wie wenig es daher «wünschenswert [sei], dass Brockdorf[f] weggeht [,... der] seine Karriere mit der deutsch-sowjetischen Annäherung verstrickt, mit Energie in Berlin für eine Ost-Orientierung gekämpft [habe]». Damit war der Weg geebnet, um Gustav Hilger vollständig zu rehabilitieren und die beiden zwischenzeitlich zum Tode verurteilten deutschen Studenten im Herbst 1926 gegen den in Deutschland begnadigten Hauptangeklagten des Leipziger Strafprozesses Skoblewskij auszutauschen.[31]

Zur Verschärfung der ursprünglichen Krise bzw. deren Beilegung hatte nicht unwesentlich beigetragen, was der damalige deutsche Außenminister Gustav Stresemann einst sarkastisch so kommentierte: «Immer wenn man mit Deutschland verhand[elt ..., inszeniert ...,] Moskau einen diplomatischen Zwischenfall [...]. An den Absichten der sowjetischen Regierung fange [... ich] an, irre zu werden.»[32] Und in der Tat befielen die außenpolitischen Beobachter in der Sowjetunion die allerschlimmsten Befürchtungen, als Stresemann am 16. Oktober

1925 mit dem Vertrag von Locarno in ein europäisches Sicherheits- und Friedenssystem einwilligte mit klaren Garantien für eine stabile Westgrenze, was der Weimarer Republik im Jahr darauf sogar die Aufnahme in den Völkerbund bescherte. Deutschlands außenpolitische Isolierung gehörte damit endgültig der Vergangenheit an, was zugleich die gegenüber den Westmächten gehegten Hoffnungen steigerte, von nun an mehr Verständnis und Entgegenkommen in Sachen Revisionspolitik erwarten zu dürfen.

Aus sowjetischer Sicht waren die Deutschen mit einem solchen Schritt auf dem besten Wege, sich von der Rapallo-Linie, ihrer bisherigen Ostorientierung, zu verabschieden und sich von der Allianz des westlichen Kapitals vereinnahmen zu lassen, um den Sozialismus zu bekämpfen. Ähnliche Sorgen trieben zeitweilig auch Brockdorff-Rantzau um, der in Russland den eigentlichen Grundpfeiler deutscher Außenpolitik erblickte, um die drückenden Auflagen des Versailler Friedens revidieren zu können. Dies zur Disposition zu stellen, hielt er für ein unverantwortliches Unterfangen. Man dürfe den «Draht nach Rußland nicht abreißen lassen», mahnte er eindringlich aus Moskau. Mehr noch: Der deutsche Völkerbundsbeitritt würde die Beziehungen zur Sowjetmacht «grundlegend, und zwar für immer veränder[...n]». Damit zeichneten sich in außenpolitischen Grundsatzfragen ernste Differenzen zwischen dem Botschafter und seinem Außenminister ab. Freilich verkannte Brockdorff-Rantzau zunächst noch, dass die Locarno-Politik eher einen mittleren Kurs verfolgte. Das Verhältnis zur UdSSR sollte unter keinen Umständen einseitig zugunsten einer Westoption geopfert werden. Stresemann räumte Locarno lediglich nachgeordnete Priorität ein.

Ungeachtet aller Überzeugungskünste gelang es dem deutschen Botschafter aber zu keinem Zeitpunkt mehr, das Konzept von Deutschlands außenpolitischer Westorientierung grundsätzlich in Frage zu stellen. Allerdings hatte er erheblichen Anteil daran, den drohenden Bruch im bilateralen Verhältnis zur UdSSR abzuwenden. Dadurch gehörte Brockdorff-Rantzau zu den maßgeblichen Architekten des Berliner Vertrags vom 24. April 1926, mit dem die sowjetischen

Sicherheitsbedenken, wie sie aus der deutschen Locarno-Politik herrührten, weitgehend ausgeräumt wurden. Denn es handelte sich um ein defensiv ausgerichtetes Neutralitäts- und Freundschaftsabkommen, das sich klar zu den Grundlagen des Rapallo-Vertrages bekannte. Deutschland blieb also als Wunschpartner für die sowjetische Politik erhalten. Moskau hatte überdies allen Grund, zu erwarten, dass sich die Weimarer Republik ungeachtet ihrer fortan erweiterten außenpolitischen Handlungsspielräume keiner wie auch immer gearteten antisowjetischen Einheitsfront des «imperialistischen» Westens anschließen würde.[33]

Das wurde schon ein knappes Jahr später auf die Probe gestellt und dabei bestätigt. Als sich 1927 die UdSSR in einer außenpolitisch angespannten Situation mit Großbritannien befand und zeitweilig mit der Gefahr eines Krieges rechnete, konnte zumindest Außenkommissar Tschitscherin selbstzufrieden seiner politischen Führung deutsche Zurückhaltung und Loyalität in diesem Konflikt versichern.[34]

Hatten bereits die Jahre 1924 bis 1926 einen ersten Eindruck davon vermittelt, wie mittlerweile die sowjetische Geheimpolizei GPU immer stärker auch auf das zwischenstaatliche Geschehen einwirkte, galt dies umso mehr für die Zeit ab 1928. Es war jene Phase, die als Geburtsphase des Stalinismus in die sowjetische Geschichte eingehen sollte, gekennzeichnet durch die gewaltsame Kollektivierung der Landwirtschaft, durch die forcierte Etablierung einer staatlichen Kommandowirtschaft und schließlich durch erste politische Schauprozesse, die gleichsam die Vorboten des blutigen Großen Terrors der 1930er Jahre waren. Von diesen Strudeln sowjetischer Innenpolitik wurden alsbald die Beziehungen zu Deutschland erfasst.

Den Auftakt bildete der sogenannte Schachty-Prozess – ein von Stalin gegen Ingenieure und Techniker aus der Region Schachty im Donbass spektakulär inszeniertes Verschwörungsdrama, das zwischen Mai und Juli 1928 von den größten Fehlern seiner überhasteten Industrialisierungspolitik ablenken sollte. Die geeigneten Sündenböcke dafür hatte die GPU schnell gefunden, als sie Aktionen gegen vermeintlich innere wie äußere Feinde startete, denen überwiegend

Vertreter der alten technischen Elite zum Opfer fielen. Dazu gehörten ursprünglich auch fünf deutsche Techniker und Ingenieure. Über eindringliche Warnungen deutschlandpolitischer Experten wie Nikolaj Krestinskij, die gerade darin eine riskante Provokation erblickten, setzte sich Stalin zunächst hinweg. Und so nahmen die Dinge ihren fatalen Lauf. Alle Verdächtigen hatten inzwischen unter Folter absurde Geständnisse abgelegt und Sabotage am ersten Fünfjahresplan eingeräumt, was drakonische Strafen nach sich zog, darunter elf Todesurteile.[35]

Brockdorff-Rantzau zeigte sich von den Ereignissen zutiefst erschüttert, zumal viel auf dem Spiel stand und Tschitscherin vertrauensvoll eingestand, gegenüber der GPU machtlos zu sein: Wie schon 1925 schienen die Wirtschaftsbeziehungen kurz vor dem Abbruch zu stehen. Selbst die Fortsetzung der geheimen militärischen Zusammenarbeit hing nur noch an einem seidenen Faden.[36] Fast schon resigniert warf er dennoch gegenüber den sowjetischen Gesprächspartnern seine gesamte Reputation als Botschafter in die Waagschale, um die deutschen Angeklagten möglichst unbeschadet dem unwürdigen Justizspektakel zu entreißen und darüber die Gesamtsituation zu entspannen. Abermals griff er zum Äußersten und drohte mit Demission. Am Ende lenkten die Verantwortlichen in Moskau ein. Sichtlich zufrieden konnte der physisch angeschlagene deutsche Gesandte, der kurz darauf an den Folgen eines Herzanfalls verstarb, für sich bilanzieren, die bilateralen Beziehungen zusammen mit Nikolaj Krestinskij, dem Sowjetbevollmächtigten in Berlin, und Außenkommissar Tschitscherin wiederholt vor weiteren Belastungen bewahrt zu haben.

Der Prozess hatte in Deutschland vorübergehend große öffentliche Entrüstung ausgelöst, die nicht nur von der sozialdemokratischen Presse befeuert wurde. Sie fand auch in der von SPD-Reichskanzler Hermann Müller geführten Koalitionsreichsregierung gebührend Rückhalt, die wegen ihrer antikommunistischen Grundausrichtung ohnehin dazu neigte, die Verhältnisse in der Sowjetunion kritisch zu sehen. Wellen der Empörung schlugen immer wieder hoch, wenn

Deutsche in weitestem Sinne – seien es russlanddeutsche Kolonisten oder Reichsdeutsche – unter Repressalien stalinistischer Innenpolitik leiden mussten, weil sie etwa in die Mühlen von Kollektivierungs- und antireligiösen Kampagnen geraten waren oder man ihnen die Ausreise aus der UdSSR verweigert hatte.[37] Allerdings eskalierte dies nicht unkontrolliert und provozierte in diesem Fall keine weitere Abgrenzung. Zuletzt obsiegte meist die Bereitschaft, sich jenseits ideologischer Gegensätze kompromissbereit zu zeigen, um die für alle insgesamt vorteilhafte Kooperation beizubehalten, was bis zum Ende der Weimarer Republik vornehmlich dem Pragmatismus und umsichtigen Handeln der damaligen Diplomaten geschuldet war. Das galt für beide Seiten, solange die Rapallo-Politiker der ersten Stunde noch das Sagen hatten.

«Russen-Geschäfte» – ökonomische Grundlage der «Schicksalsgemeinschaft»

Ähnlich wie beim Kriegsgefangenenproblem bot die Wirtschaft schon sehr früh ideale Ansatzpunkte für ein deutsch-sowjetisches Miteinander. Beide Seiten konnten nicht nur an entsprechende Vorkriegstraditionen anknüpfen. Sie erkannten zugleich, dass sich darüber auch ihre international isolierte Stellung überwinden ließ. Vor allem das hoch industrialisierte Deutschland war nach Ende des Weltkriegs von ausländischen Beschaffungs- und Absatzmärkten weitgehend abgekoppelt. Außenhandelskontakte etwa auf der Basis gegenseitiger Meistbegünstigung lehnten zumindest die westlichen Siegermächte bis 1925 kategorisch ab. Sie beanspruchten vielmehr noch 1921 rund 50 Prozent der deutschen Ausfuhrerlöse in ihre Staaten für Reparationszwecke. Eine Ostorientierung deutscher Industrieller ergab sich daraus fast zwangsläufig, zumal Lenin im März 1921 die Neue Ökonomische Politik (NEP) mit vermehrt marktwirtschaftlichen Elementen eingeführt hatte, was ein verstärktes ausländisches Wirtschaftsengagement in Sowjetrussland erwarten ließ. Die ökonomische Liberalisierung stärkte zudem die Hoffnungen, mittelfristig auf eine Evolution des dortigen politischen Systems setzen zu können. Zwischen prominenten Industriekapitänen der Weimarer Republik und russophilen Kreisen im Berliner Auswärtigen Amt bestand deshalb zeitweilig Konsens, derartige Tendenzen zum Vorteil Deutschlands zu fördern.

Gelegenheit dazu bot der vorläufig bilaterale Handelsvertrag vom 16. Mai 1921. Besonders die Bolschewiki, die Wirtschaftshilfen für die zerrüttete Volkswirtschaft benötigten, setzten auf die mustergültige Wirkung dieser Übereinkunft, mit der sie gegenüber dem Ausland ihre Kreditwürdigkeit hervorheben wollten.[38] Doch erst der Rapallo-Vertrag bildete ein Rahmenwerk, von dem sich beide Seiten erhebliche wirtschaftspolitische Impulse versprechen durften. Deutschlands Botschafter Brockdorff-Rantzau engagierte sich deshalb ebenso wie sein Nachfolger Herbert von Dirksen unermüdlich dafür, die bilateralen Wirtschaftsbeziehungen substanziell zu fördern. Sie stützten sich besonders auf die Kompetenzen Gustav Hilgers, der seit Mai 1921 als Mittler zwischen Ost und West für die Entwicklung der deutsch-sowjetischen Handelskontakte Sorge trug und ab 1929 die Wirtschaftsabteilung der Botschaft leitete.[39]

Der große außenwirtschaftliche Durchbruch blieb zunächst allerdings aus, weil sich die Sowjetmacht in allerlei Zielkonflikte verstrickte: Sie umwarb zwar deutsche Industrielle, die mithilfe spezieller Konzessionsvergaben für einschlägige «Russen-Geschäfte» und Kapitalinvestitionen gewonnen werden sollten. Gleichzeitig wollte sie aber deren Einflüsse gering halten, im Idealfall sogar zurückdrängen. Überdies erwies sich das sowjetische Außenhandelsmonopol für deutsche Industriekreise stets als ärgerliches Hindernis. Erst 1928 reagierten sie darauf. Sie gründeten kurzerhand mit dem Russlandausschuss der Deutschen Wirtschaft ein Gegenkartell, um sich konzertiert der systembedingten Nachteile der sowjetischen Außenhandelsstrukturen zu erwehren. In Moskau wurde das sehr wohl besorgt registriert.[40]

Doch schon Mitte der 1920er Jahre schuf die Politik mittels staatlicher Intervention wichtige Voraussetzungen, um den gegenseitigen

Außenhandel zu begünstigen. Dem vorangegangen waren schwierige Verhandlungen, die am 12. Oktober 1925 ein Rechts- und Wirtschaftsabkommen krönte, das dem Rapallo-Vertrag von 1922 erstmals eine verbesserte ökonomische Dynamik verlieh. Beide Parteien bekundeten zugleich ihren Willen, handelspolitisch schnell wieder das Vorkriegsniveau zu erreichen.[41]

Da sich zur selben Zeit Außenminister Stresemann auf Locarno-Kurs begeben hatte, erblickte zumindest die Reichsregierung in den jüngsten Vereinbarungen eine Geste der Vertrauensbildung: Moskau sollte begreifen, dass mit Deutschlands politischer Annäherung an den Westen der «Geist von Rapallo» keinesfalls zur Disposition stand.

In diesem Sinne verstand sich auch das Engagement der deutschen Politik, spätestens nach Abschluss des bilateralen Freundschaftsvertrages von 1926 die «Russen-Geschäfte» vermehrt durch staatliche Ausfallbürgschaften positiv zu stimulieren. Das Ganze stand nicht zuletzt im Zusammenhang mit Stalins gigantischen Industrialisierungsplänen, die auf den Import deutscher Maschinenbau- und Elektro-Technik angewiesen waren. Da es Moskau an Devisen mangelte, um die Einfuhren zu finanzieren, gewährte man deutschen Unternehmen speziell dieser Branche allerhand Exportvorteile. Überdies drängten die Vertreter der Sowjetmacht bei allen Wirtschaftsgesprächen mit der Reichsregierung fortwährend auf dringend benötigte Darlehen. Doch Berlin fehlte es an finanzpolitischen Spielräumen. Nur mit größtem Aufwand brachte man 1925 einen kurzfristigen staatlichen Kredit in Höhe von 100 Millionen RM zustande, um sowjetische Bestellungen in Deutschland fiskalisch abzusichern. Ansonsten bemühten sich die Weimarer Politiker um alternative Finanzierungsmodelle, die einerseits staatliche Kreditgarantien, andererseits die Schaffung entsprechender Rahmenbedingungen vorsahen, um das Russlandgeschäft durch Bankenkonsortien zu flankieren.[42]

Das war einzigartig. Kein anderes westliches Industrieland hatte sich auch nur annähernd auf derartige Modalitäten eingelassen. Begünstigt wurde das Ganze, weil sich die UdSSR stets als höchst zuverlässige Gläubigerin erwies. Nicht umsonst kursierte unter deutschen

Bankiers und Industriellen das Bonmot: «Russenwechsel sind bares Geld.»[43] Und so floss bereits 1926 eine erste 300-Millionen-RM-Kreditbürgschaft, die beiden Seiten zum Vorteil gereichte: Allein im Winter 1926/27 bestellten sowjetische Staatsunternehmen zwischen acht und neun Prozent der gesamten deutschen Maschinenbau- und Elektrotechnikproduktion. Das wiederum förderte maßgeblich Stalins forciertes Industrialisierungsprojekt und den von ihm propagierten «Aufbau des Sozialismus in einem Lande».

Überhaupt erwies sich seit Beginn der Weltwirtschaftskrise 1929 die Sowjetmacht mit ihrem immensen Importbedarf durch den ersten Fünfjahresplan als Rettungsanker vor allem für zentrale Bereiche der deutschen Großindustrie mit hoher Beschäftigtenzahl. Zwei zusätzlich 1931 und 1932 unterzeichnete Lieferabkommen, die zugleich die Kreditierung regelten, bewahrten nicht nur Deutschlands Stahlindustrie vor dem ökonomischen Kollaps; sie federten auch innenpolitisch die soziale Frage ab, weil man von weiteren Massenentlassungen absehen konnte. Das Deutsche Reich rückte 1931 mit über 50 Prozent seiner gesamten Technologieexporte zum bedeutsamsten Außenhandelspartner der UdSSR auf. 1932 erreichten die deutschen Einfuhren sogar wieder das Vorkriegsniveau. Von dieser Entwicklung profitierten in erster Linie diejenigen Industriezweige, die nach Hitlers ‹Machtergreifung› für dessen ambitionierte Aufrüstungspolitik entscheidende Bedeutung besitzen sollten.[44]

Der bilaterale Wirtschaftsverkehr seit der zweiten Hälfte der 1920er Jahre verdeutlicht, wie hochgradig politisiert die deutsch-sowjetische Kooperation insgesamt war. Von einer rein geschäftsmäßigen Zweckgemeinschaft konnte kaum die Rede sein. Beide Seiten suchten vielmehr ihre Wirtschaftsbeziehungen immer auch so zu gestalten, dass sie gegenüber der westlichen Staatenwelt und den Garantiemächten des Versailler Vertrages für größere außenpolitische Manövrierfähigkeit sorgten. Sehr zum Ärger der ohnehin kapitalschwachen Deutschen setzten etwa die Sowjets zeitweilig deren Kredite gezielt dafür ein, in angelsächsischen Ländern jene Kreise zu stärken, die für eine ökonomische Annäherung an die UdSSR plädierten. Sie ließen zudem nichts unversucht, die innerkapitalistische Konkurrenz auszunutzen und so auf geradezu erpresserische Weise wiederholt deutsche gegen französische Geschäftskreise auszuspielen. Der große Erfolg blieb allerdings aus, weil nur die Reichsregierung und deutsche Banken sich letztlich bereitfanden, die erforderlichen Darlehen abzusichern.[45]

Umgekehrt betrachtete aber auch die deutsche Regierung das «Russen-Geschäft» insbesondere während der Weltwirtschaftskrise nicht als rein arbeitsmarktpolitische Maßnahme. Reichkanzler Brüning, mehr aber noch sein Außenminister Julius Curtius waren dabei sehr wohl von einem revisionspolitischen Kalkül getrieben, um Erleichterungen in der Reparations- und Abrüstungsfrage zu erwirken: Denn um die Kriegsentschädigungsforderungen der Westmächte weiterhin erfüllen zu können, so suchten sie es plausibel zu vermitteln, sei man auf die Exporterlöse eines florierenden Außenhandels mit der UdSSR zwingend angewiesen.[46]

Angesichts dieser Situation spekulierten deutsche Regierungsvertreter und Botschaftsbeamte nicht länger darauf, dass sich der Sowjetstaat auf Dauer selbst abwickeln würde oder dass sie eine solche Entwicklung gar forcieren sollten. Auf die sowjetische Führung, die gerade schwierige Zeiten des politischen, wirtschaftlichen und gesellschaftlichen Umbruchs erlebte, muss dies beruhigend gewirkt haben. Seit Anfang Juli 1930 jedenfalls war Stalin darüber im Bilde. Ein offenbar von seinem Geheimdienst abgefangenes vertrauliches Schreiben des deutschen Botschaftsrates Fritz von Twardowski machte deutlich, wie sehr die deutsche Diplomatie an guten Beziehungen, selbst am Erhalt und der Stabilität des sowjetischen Regimes, interessiert war. Eine Veränderung der Machtverhältnisse gar in Richtung westlicher Demokratie war kaum mehr erwünscht, weil dies nur den «französischen und englischen Einfluss stärken würde, und wir dabei auf der Strecke blieben». Und so wurde nicht zuletzt für einschlägige ökonomische und finanzielle Unterstützungen votiert, um der UdSSR aus ihrer damaligen geschwächten Position herauszuhelfen und sie in eine starke Stellung zu versetzen. «Da wird unsere Freundschaft mit Russland», so Twardowski, «im weltpolitischen Spiel viel Gewicht haben.»[47] Für die viel beschworene deutsch-sowjetische «Schicksalsgemeinschaft» waren die bilateralen Wirtschaftsbeziehungen entscheidend. Sie demonstrierten, wie sehr es selbst zwischen Staaten unterschiedlicher Gesellschaftsordnung trotz mancherlei Spannungen möglich war zu koexistieren. Damit standen sie in vielerlei Hinsicht für das Pate, was nach 1945 unter den Bedingungen des Kalten Krieges als moderner Ost-West-Handel in die Geschichte eingehen sollte.[48]

Streng geheim – Kooperation der Militärs

Ohne die militärische Komponente ist das außergewöhnliche deutsch-sowjetische Verhältnis der Rapallo-Ära allerdings kaum angemessen zu erfassen. Sie bildete in gewisser Weise den eigentlichen Kern der Zusammenarbeit[49] und gehörte zu den «bestgehüteten Staatsgeheimnissen der Zwischenkriegszeit». Hier gab es selten Konflikte, weil lange Zeit professionelle Militärs das Geschehen pragmatisch koordinierten. Für sie stand in erster Linie das Kriegshandwerk im Vordergrund. Zumeist begegneten sie einander vorbehaltlos auf kameradschaftlicher Ebene und fühlten sich dem soldatischen Ehrbegriff verpflichtet. Vor allem die Führung der Roten Armee schaute mit größtem Respekt auf die Leistungen der deutschen Militärs. Sie hatten sich während des Ersten Weltkrieges über Jahre hinweg äußerst erfolgreich unter immensen Belastungen an immerhin zwei Fronten geschlagen. Dabei bewährte sich die dezentrale Kampfführung der Deutschen. Nicht zuletzt deshalb wollten die Heerführer der jungen Sowjetmacht unbedingt von deutschem Offensivgeist und eiserner Disziplin lernen, zumal sich die eigenen Streitkräfte nach Revolution und Bürgerkrieg in einem trostlosen Zustand befanden.

Deutsche Militärdoktrin und Rüstungstechnik genossen daher in sowjetischen Armeekreisen den besten Ruf. Mit der Chance, von diesem reichen Erfahrungsschatz zu profitieren, sah Verteidigungskommissar Michail Frunse denkbar gute Voraussetzungen, die Rote Arbeiter-und-Bauern-Armee zügig in eine schlagkräftige Militärmacht umzubauen. Gestützt auf Lenin und die Partei, sollten fortan sämtliche innerkapitalistische Widersprüche zugunsten der militärpolitischen Annäherung genutzt werden. Und Außenkommissar Tschitscherin oblag seit Sommer 1922 die verantwortungsvolle Aufgabe, die Militärbeziehungen als einen der «wichtigsten Faktoren unserer Außenpolitik» diplomatisch abzusichern.[50] Es waren die umfänglichen militärischen Beschränkungen des Versailler Vertrags, die die Reichswehrführung nach dem verlorenen Weltkrieg darin bestärkte, in Sowjetrussland den verlässlichsten Kooperationspartner zu sehen. Die Truppenreduzierung auf höchstens 100 000 Mann, aber auch das kategorische Verbot, moderne Waffen und Kriegstechnik zu besitzen, geschweige denn künftig selbst zu entwickeln oder herzustellen, empfanden sie als eine große Demütigung durch die westlichen Siegermächte. Aber auch die Tatsache, in Polen einen gemeinsamen Gegner zu haben, stärkte ihren Willen zur Zusammenarbeit mit den Bolschewiki. Die militärische Bedrohung durch den neu entstandenen Nachbarstaat, der als Verbündeter Frankreichs eine wichtige Funktion für die Versailler Nachkriegsordnung in Ostmitteleuropa erfüllte, hielt beide Länder fortwährend in Sorge. Im Februar 1923 etwa schloss die Reichswehrspitze angesichts der französischen Besetzung des Ruhrgebietes einen polnischen Militärschlag gegen Ostpreußen und Schlesien nicht mehr aus. Unverzüglich suchte sie daraufhin mit führenden Sowjetfunktionären und Generalstäblern in Moskau nach Möglichkeiten eines operativen Zusammenwirkens. Davon abgesehen machten Deutsche wie Russen erhebliche territoriale Revisionsansprüche gegenüber Warschau geltend, weshalb sie Polen als souveränen Staat und Störfaktor am liebsten von der politischen Landkarte gestrichen sehen wollten.

Dass die Reichswehrelite den Umgang mit den weltanschaulich anders sozialisierten sowjetischen Waffenbrüdern kaum mehr scheute, verdankte sich ihrem Selbstverständnis. Fest verankert noch in der Ideenwelt des 19. Jahrhunderts, sah sie sich keiner speziellen Staats- oder Regierungsform, sondern allein der Idee des «'ewigen' nationalen Machtstaats» verpflichtet. Und spätestens als die deutsche Militärführung zu erkennen glaubte, wie sehr das «rückhaltlose

Bekennen zum russischen Nationalismus» das eigentliche Antriebsmoment der Roten Armee darstellte, wichen die Berührungsängste. Das galt umso mehr, als 1929 Reichswehroffiziere sichtlich begeistert der Sowjetgesellschaft einen «gesunden Militarismus» attestierten.[51]

Die Militärkooperation sollte möglichst schnell mit Leben erfüllt werden. Deshalb drängten die sowjetischen Vertreter energisch darauf, mit Hilfe von Scheinfirmen geheime Rüstungsproduktionsstätten in der UdSSR zu errichten. Sie hofften auf modernstes Kriegsgerät, für dessen Herstellung es ihnen schlichtweg an technischem Know-how mangelte. Heiß begehrt waren Kampfflugzeuge, Chemiewaffen, Panzer und Unterseeboote.

Im Moskauer Vorort Fili entstand ein erstes Flugzeugwerk. Die Firma Junkers hatte Ende November 1922 eine sowjetische Konzession erhalten mit dem Ziel, ab 1923 jährlich 300 Maschinen serienmäßig zu produzieren. An der südöstlichen Peripherie der UdSSR wurde unweit von Samara eine Produktionsstätte für chemische Kampfstoffe errichtet. Daran hatte wesentlich die Hamburger Chemiefabrik Dr. Hugo Stoltzenberg Anteil. Stoltzenberg besaß ein Höchstmaß an Expertise, arbeitete er doch maßgebend während des Weltkrieges mit Nobelpreisträger Fritz Haber an dem damaligen deutschen Giftgasprojekt. Für Artilleriemunition zeichneten die Essener Krupp A. G., für Flugzeug- und Panzermotoren BMW, für Schusswaffen und sonstiges militärisches Präzisionsgerät die Unternehmen Carl Walther, Rheinmetall, Siemens oder Carl Zeiss verantwortlich.[52]

Zweifellos beflügelten derartige Entwicklungen die sowjetischen Erwartungen. Am Ende blieben aber die Ergebnisse erheblich hinter den Planungen zurück. Und das lag nicht allein an der Weimarer Republik. Ihr fehlten zwar vor allem die notwendigen politischen Handlungsspielräume und finanziellen Ressourcen, um in der Sowjetunion eine breite Rüstungsproduktion in Gang zu setzen. Doch auch das innenpolitische Klima in der UdSSR, das im weiteren Verlauf der 1920er Jahre immer stärker von Spionagehysterie beherrscht wurde, war kaum mehr dazu angetan, diesem generellen Abwärtstrend entgegenzusteuern. Als dann noch im Dezember 1926 die englische Tageszeitung «Manchester Guardian» die illegale Aufrüstung enthüllt hatte, was in der deutschen und westeuropäischen Öffentlichkeit für heftige Empörung sorgte, kam spätestens dieser Teilbereich bilateraler Militärkooperation weitgehend zum Erliegen.

Die Kreise um Stalin ließen sich daraufhin in ihrem fast grenzenlosen Argwohn zu wildesten Spekulationen hinreißen, die freilich allesamt Fiktion waren: Als eigentlicher Drahtzieher des Skandals kam für sie nur der nach Westen schielende Locarno-Politiker Reichsaußenminister Gustav Stresemann in Betracht. Sie unterstellten ihm nicht nur, die Franzosen besänftigen, sondern zugleich die prosowjetische Stimmung innerhalb der Reichswehr konterkarieren zu wollen, nur um die Militärs, die sich stets selbstbewusst als Staat im Staate gerierten, insgesamt zu disziplinieren und darüber die «Republikanisierung» der deutschen Armee einzuleiten.[53]

Vorübergehend schlugen die Wogen erneut hoch, als Josef Stalin infolge des von ihm inszenierten Schachty-Prozesses 1928/29 ernsthaft in Erwägung zog, die militärische Zusammenarbeit mit den Deutschen einseitig aufzukündigen. Abermals war Moskaus Botschafter in Berlin gefordert: Nikolaj Krestinskij legte dabei ein begnadetes Krisenmanagement und höchstes diplomatisches Geschick an den Tag. Klug nutzte er sämtliche ihm zur Verfügung stehenden Mittel und Wege, um schließlich erfolgreich die Kremlspitze vor einer folgenreichen Fehlentscheidung zu bewahren. Immerhin stand für ihn die vorteilhafte Zusammenarbeit mit einer der modernsten europäischen Armeen auf dem Spiel.

Beredt bot Krestinskij alle Argumente auf, um etwa Kriegsminister Woroschilow, vor allem jedoch Stalin selbst davon zu überzeugen, wie unbegründet es war, in Stresemanns Locarno-Politik eine Abkehr vom bisherigen Rapallo-Kurs zu sehen. Ebenso wenig war seiner Einschätzung nach die Reichswehr davon abgerückt, zusammen mit der Roten Armee die polnische Bedrohung in Schach zu halten. Persönliche Begegnungen von Militärs beider Länder im Zuge regelmäßiger Manöver, Offiziersschulungen oder Generalstabskooperationen betrachtete er zudem als das beste Mittel nicht nur der Vertrauensbildung, sondern auch, um den Deutschen die inzwischen beeindruckende Stärke der bewaffneten Sowjetmacht zu demonstrieren, was sie von fremden, antisowjetischen Allianzen abhalten sollte. Spätestens von da an erlebten die bilateralen Militärbeziehungen eine rasante Entwicklung, die alles Vorangegangene in den Schatten stellte. Beide Seiten gingen zwar kein formelles Militärbündnis ein, doch suchten sie miteinander ihre nationale Sicherheit auf der Basis realpolitischer Erwägungen zu verwirklichen. Dazu gehörte es auch, geheimdienstliches Material über Drittländer auszutauschen, von denen – wie etwa von Polen, den baltischen Staaten oder Rumänien – ein Bedrohungspotenzial ausging. Die eigentlichen Schwerpunkte der Kooperation lagen zudem nicht mehr länger auf der Massenproduktion von Rüstungsgütern. Sie waren nun überwiegend qualitativer Natur und erstreckten sich vornehmlich auf einige streng geheime Versuchsstationen in der UdSSR. In ihnen wurden nach 1928 hauptsächlich Prototypen neuer Waffensysteme gemeinsam entwickelt und erprobt. Zugleich bildete man dort einen wichtigen Stamm technisch versierten Personals heran, darunter ganze Hundertschaften qualifizierter Fluglehrer, so etwa in Lipezk, Kampfgasspezialisten im rund 750 Kilometer südöstlich von Moskau gelegenen Wolsk oder aber hochqualifiziertes Panzerlehrpersonal, das im tatarischen Kasan geschult wurde.[54]

Als deshalb im November 1933 – Stalin hatte angesichts von Hitlers ‹Machtergreifung› inzwischen die geheime Militärkooperation eingestellt – General Michail Tuchatschewskij gegenüber dem deutschen Botschaftsrat von Twardowski die Reichswehr als «Lehrmeisterin der Roten Armee in schwerer Zeit» würdigte, war dies aufrichtig gemeint und keinerlei verklärende Reminiszenz an längst vergangene bessere Tage. In der Tat wäre etwa die Militärreform der sowjetischen Streitkräfte 1925 ohne deutsche Hilfe bei Weitem nicht so erfolgreich verlaufen. Umgekehrt hätte aber ebenso wenig Adolf Hitler nach 1933 mit seiner zunächst verdeckten Aufrüstungspolitik beginnen können. Ohne Kampfflugzeug- und Panzermodelle, die zuvor auf russischem Boden erprobt worden waren, wäre deren Produktion nicht in Serie gegangen. Deutsche und sowjetische Militärs hatten also gegenseitig das Erstarken ihrer Armeen begünstigt. Sie wären für sich genommen gerne weiterhin Waffenbrüder geblieben. Nicht zuletzt deshalb lag es für die meisten von ihnen auch außerhalb jeglicher Vorstellungskraft, dass ihre beiden Länder schon ein knappes Jahrzehnt später in einem Vernichtungskrieg aufeinanderprallen würden – mit einem Waffenarsenal, das teilweise in bilateraler Kooperation entstanden war.[55]

Faszination, Befremden, Ablehnung – kulturelle Begegnungswelten

Faszination und magische Anziehungskraft, aber auch bittere Enttäuschung und Abgrenzung – das war es, was zahlreiche Deutsche während der 1920er und frühen 1930er Jahre bei ihren Begegnungen mit russischen Lebenswelten verspürten. Und Möglichkeiten des Aufeinandertreffens gab es viele. Wer sich bewusst oder unbewusst darauf einlassen wollte, fand in der Reichshauptstadt die besten Voraussetzungen. Dort bot sich ein wahrer russischer Mikrokosmos. Allein in Berlin lebten zeitweilig bis zu 360 000 der deutschlandweit rund 600 000 russischen Emigranten. Die Oktoberrevolution und deren Nachwirren hatten sie zur Flucht gezwungen. Sie repräsentierten überwiegend die bürgerlich-aristokratische Welt des untergegangenen zarischen Imperiums oder aber jene politisch-intellektuellen und künstlerischen Kreise, denen die neuen Machthaber systematisch den Kampf angesagt hatten. Allein 1922 hatten die Bolschewiki einen Großteil der damaligen technischen, wissenschaftlichen und kulturellen Elite Russlands als Konterrevolutionäre diffamiert und unversehens ausgewiesen, weil es einfach «keinen Grund gab», wie Leo Trotzki zynisch kommentierte, «sie zu erschießen und es unmöglich war, sie zu dulden». Auf zwei deutschen Dampfern, jenen legendären «Philosophenschiffen», waren daraufhin die besten Köpfe des Landes nach Stettin expediert worden. Da das inflationsgeschüttelte Deutschland bis 1923 die relativ besten finanziellen Rahmenbedingungen für ein Emigrantendasein mit oft bescheidenen Mitteln gewährte und deutsche Einreisebestimmungen weniger restriktiv als anderswo waren, strandeten die meisten von ihnen in Berlin. Das galt umso mehr, wenn sie über einschlägige Vorkriegskontakte verfügten.[56] Charlottenburg im Westen der Stadt wurde daraufhin zum Zentrum des kulturellen Lebens der russischen Emigration. Weil in ganzen Straßenzügen des Bezirks Exilrussen das öffentliche Erscheinungsbild prägten, sprach man bald gern von Charlottengrad. Und der Kurfürstendamm wurde wegen des bunten Treibens, das sich einst ähnlich auf St. Petersburgs Flaniermeile abgespielt hatte, Newskij-Prospekt genannt. Rund um den Zoo und in Wilmersdorf jedenfalls beherrschten russische Läden, Cafés, Restaurants, aber auch Theater- und Kabarettbühnen oder Bibliotheken die Szene. Die Zeitungskioske und Buchhandlungen offerierten russische Presseerzeugnisse und ein umfängliches russischsprachiges Literaturangebot, darunter in Spitzenzeiten 58 Periodika von zeitweilig 86 Emigranten-Verlagen. Unvergessen bleibt schließlich das russische «Haus der Kunst». Es fand am Nollendorfplatz in Hinterzimmern des Cafés Leon seine Heimstatt und entwickelte sich mit den wöchentlichen Dichterlesungen und Debattierrunden schnell zu einer festen Institution im Berliner Kulturbetrieb, die selbst Thomas Mann mit seiner Anwesenheit beehrte.

Das traf nicht minder auf das legendäre Cabaret «Teatr' ‹Sinjaja Ptiza›», den «Blauen Vogel», zu. Das stets ausverkaufte Haus genoss mit seinen Veranstaltungen nicht nur in russischen Diasporakreisen höchste Gunst. Auch deutsche Intellektuelle und Kleinkunstliebhaber, wie etwa Kurt Tucholsky, zeigten sich begeistert von der Bühne in der Goltzstraße: «Du wirst das entzückendste kleine Theaterchen zu sehen bekommen», ließ Tucholsky seine Geliebte Mary Gerold wissen, «das Du Dir denken kannst – und Farben wirst Du sehen und [...] Lieder wirst Du hören. [...] Von der kleinen Bühne weht ein Geschmack herunter, wie man ihn nur haben, aber nicht herstellen kann. Ich kann Dir keine hübschere Abendunterhaltung in Berlin bieten [...] Dein ‹Blauer Vogel›jäger». Ähnlich leidenschaftlich äußerte sich die

Schriftstellerin Else Lasker-Schüler. Für sie war der «Blaue Vogel [...] das Herrlichste, was man hier in der Welt sehen kann».[57]

Berlins Kulturleben wurde aber auch auf wissenschaftlichem Gebiet durch die russische Emigration bereichert. Zu den bemerkenswertesten Institutionen gehörte in diesem Zusammenhang das Russische Wissenschaftliche Institut, das am 17. Februar 1923 seine Pforten öffnete und auf den Gebieten Philosophie, Rechtswissenschaften und Volkswirtschaftslehre tätig war. Es sollte renommierten Gelehrten, die die Bolschewiki im Jahr zuvor des Landes verwiesen hatten, Arbeitsmöglichkeiten bieten, zugleich aber auch jungen Exilanten Gelegenheit geben, das Studium in Deutschland an einer russischsprachigen Bildungseinrichtung fortzusetzen. Ohne den Osteuropahistoriker Otto Hoetzsch, der sich neben Moritz Schlesinger, dem Flüchtlingsbeauftragten des Völkerbunds, intensiv dafür engagierte und dabei insbesondere seine politischen Kontakte zum Auswärtigen Amt hatte spielen lassen, wäre das Vorhaben allein aus finanziellen Gründen zum Scheitern verurteilt gewesen. Hoetzsch verbürgte sich zumindest in den Anfangsjahren für das Institut, und er wirkte nicht zuletzt in dessen Leitungsgremium, dem akademischen Senat, mit.

Und in der Tat entfaltete die Einrichtung, die zeitweise in der Schinkel'schen Bauakademie in höchst respektabler Nachbarschaft residierte, eine eindrucksvolle Lehr- und Vortragstätigkeit. Zahlreiche Exilwissenschaftler von internationalem Ruf, so etwa der Philosoph Nikolaj A. Berdjajew, der Historiker Alexander A. Kisewetter oder der Ökonom Peter B. Struwe, unterrichteten dort zeitweilig und zogen weitere Gastredner aus den übrigen Zentren der russischen akademischen Diaspora in die deutsche Reichshauptstadt. In dem Maße allerdings, wie sie sich dem bei Institutsgründung verordneten politischen Neutralitätsgebot entzogen, gingen das Auswärtige Amt, aber auch Otto Hoetzsch selbst zusehends auf Distanz zu ihnen. Im Frühjahr 1931 schließlich sprach Hoetzsch sich als einstiger Mitinitiator sogar offen dafür aus, die Einrichtung in ihrer ursprünglichen Form aufzulösen. Stein des Anstoßes war für ihn die Erkenntnis, dass sich das Institut dazu hatte instrumentalisieren lassen, im Auftrag höherer Reichsbehörden «authentisches Material aus russischen kommunistischen Quellen über die Bolschewisierung Deutschlands herauszusuchen und zusammenzustellen». Das war der Anfang eines insgesamt unrühmlichen Niedergangs. Und dieser erlebte spätestens nach der ‹NS-Machtergreifung› seinen Tiefpunkt, als im Juli 1933 das Russische Wissenschaftliche Institut – freilich «bereinigt» um die jüdischen Exilforscher – fortan für die Zwecke des antikommunistischen Kampfes offiziell Reichspropagandaminister Joseph Goebbels unterstellt wurde.[58]

Das russische Emigrantendasein in Berlin und die kulturellen Beziehungen zu den Deutschen hingen immer wieder von der politischen Großwetterlage ab. Die Tatsache etwa, dass die Bolschewiki nach Aufnahme der diplomatischen Beziehungen mit Deutschland über ihre Botschaft ein rotes, sowjetisches Berlin zu etablieren suchten, verlieh dem öffentlichen Leben in der Reichshauptstadt eine ganz eigene, bisweilen polarisierende Dynamik. Die deutsche Ministerialbürokratie übte sich jedenfalls von da an gegenüber Exil-Russen in vornehmer Zurückhaltung. Aus politischer Rücksichtnahme auf die Befindlichkeiten Sowjetrusslands, das Emigranten schon 1921 die Staatsbürgerschaft entzogen hatte, gewährte sie diesen keinen diplomatischen Schutz mehr und stellte auch die Subsidienzahlungen weitestgehend ein.[59]

Von Anfang an rückte das Deutsche Reich ins Zentrum der sowjetischen Kulturdiplomatie. Schon im Vorfeld des Rapallo-Vertrags hatte der einflussreiche deutsche Kommunist, Verleger und Filmproduzent Willi Münzenberg im November 1921 von Lenin ein kulturpolitisches Projekt absegnen lassen, von dem sich beide große propagandistische Wirkung für den jungen Sowjetstaat versprachen. Geplant war eine prestigeträchtige Ausstellung, die 180 Vertretern der russischen revolutionären Avantgarde mit rund 1000 Arbeiten ein breites Forum in Deutschland bieten und zugleich das eher folkloristische Kunstschaffen der dortigen russischen Emigration konterkarieren sollte. Ein knappes Jahr später öffnete sie an exponiertem Ort in der Berliner

Galerie Van Diemen, Unter den Linden, ihre Tore und wurde zu einem wahren Publikumsmagneten.

Besonders unter deutschen Linksintellektuellen feierte die Präsentation bahnbrechende Erfolge und löste Begeisterungsstürme aus. Sichtlich bewegt brachte der Dadaist Hans Richter die Empfindungen vieler Zeitgenossen aus der progressiven Berliner Kunstszene auf den Punkt. Für ihn war im «revolutionären Rußland die moderne Kunst auf breitester Ebene und selbständig zum Durchbruch gekommen [...] Da sahen wir die Zeugnisse eines allgemeinen Lebensoptimismus inmitten grausamster Bürgerkrieg-Prüfungen. Wir, die wir bis dahin stets nach dem Westen und Paris orientiert waren, sahen plötzlich im Osten eine ganze Generation von neuen Künstlern und Ideen vor uns.»

Weil sowjetische Malerei im Berliner Künstlermilieu ungleich mehr Beachtung fand als etwa die russischsprachige Dichtung – hier mangelte es deutschen Literaten zumeist an den erforderlichen Sprachkenntnissen, um vergleichbare transnationale Schriftsteller-Dialoge zu beflügeln –, ließen einschlägige Folgeausstellungen nicht allzu lange auf sich warten. Das galt umso mehr, als sie in Volkskommissar Anatolij Lunatscharskij einen wohlwollenden sowjetischen Kulturfunktionär als Schirmherrn besaßen.[60]

Überhaupt ließ die Sowjetmacht nichts unversucht, um in Deutschland über die vermeintlich unpolitische Kulturschiene auch jenseits klassischer kommunistischer Kreise den neuen revolutionären Lebensstil zu propagieren. Dabei wurden die Schattenseiten konsequent ausgeblendet, die ansonsten nur liberalen Kritikern und konservativen Gegnern in die Hände gespielt hätten. Die speziell dazu 1923 ins Leben gerufene «Gesellschaft der Freunde des neuen Russland» (GdF) konzipierte ihre Kulturveranstaltungen und Publikationen als große Charmeoffensiven. Sie warb nicht nur um Sympathien im bürgerlichen oder sozialdemokratischen Lager, sondern auch unter Repräsentanten aus Politik, Wirtschaft und Wissenschaft.

Und in der Tat verliefen die Bemühungen keineswegs erfolglos. Denn zu ihren Mitgliedern zählte die GdF die illustresten Köpfe der

Republik, darunter Albert Einstein, den Arktisforscher Wilhelm Filchner, den Reichstagspräsidenten Paul Löbe, Thomas Mann oder die Verleger Samuel Fischer und Ernst Rowohlt. Selbst Kölns Oberbürgermeister Konrad Adenauer, der als überzeugter Katholik und Zentrumspolitiker nicht gerade in dem Ruf stand, ein Anhänger linker Strömungen zu sein, hatte sich zu einer Schirmherrschaft verleiten lassen, als man zeitweilig erwog, am Rhein einen Ableger der Gesellschaft zu gründen.[61]

1925 wurde die sowjetische Kulturpropaganda mit der «Allunionsgesellschaft für kulturelle Verbindungen zum Ausland» weiter institutionalisiert. Zu ihren Zielgruppen in Deutschland gehörte die eher konservative DGSO, die «Deutsche Gesellschaft zum Studium Osteuropas», in der Otto Hoetzsch als prominenter Russland-Historiker und überzeugter deutschnationaler Rapallo-Politiker eine Schlüsselrolle einnahm. Hoetzsch war in vielerlei Hinsicht ein Wanderer zwischen den russischen Welten und begnadeter Kommunikator. Pflegte er doch als Wissenschaftler und Reichstagsabgeordneter regelmäßige, mitunter enge Kontakte sowohl zu Vertretern der Emigration als auch zu Repräsentanten des neuen revolutionären Russland. Zu seinen herausragenden Verständigungserfolgen über alle ideologischen Grenzen hinweg zählte zweifellos die von ihm im Auftrag der DGSO organisierte russische Historikerwoche, die im Juli 1928 die Größen der sowjetischen Geschichtswissenschaft wie Michail Pokrowskij oder Sergej Platonow nach Berlin führte.

Mancherlei weiterführendes Kooperationsprojekt ging aus solchen Begegnungen hervor, darunter eine gemeinsame mehrbändige Aktenedition zur Vorgeschichte des Weltkrieges, mit der speziell die Deutschen große Erwartungen verbanden. Hofften sie doch auf Dauer, sich von der ihnen durch die westlichen Siegermächte unterstellten Hauptverantwortung in der Kriegsschuldfrage entlasten zu können. Und was den eklatanten Informationsbedarf in den Amtsstuben des Auswärtigen Dienstes oder in Kreisen der deutschen Wirtschaft über die Verhältnisse innerhalb der UdSSR betraf, erwies sich seit 1925 die von Hoetzsch im Auftrag der DGSO herausgegebene Zeitschrift «Osteuropa» als ein wichtiges Publikationsorgan, in dem regelmäßig auch sowjetische Autoren zu Wort kamen.[62]

Bilaterale Kulturbegegnungen in den Jahren der Weimarer Republik eröffneten aber auch jenseits des Wissenschaftsdialogs vor allem der sowjetischen Seite immer wieder Möglichkeiten, vermehrt Schauspiel-Ensembles nach Deutschland zu entsenden. Die eigentliche Blütezeit, in der bedeutende Bühnengruppen – wie Konstantin Stanislawskijs Moskauer Künstlertheater – mit avantgardistischen Aufführungen vornehmlich in Berlin gastierten, war bis 1923 die Frühphase der Rapallo-Ära.[63]

Die wohl intensivsten Kulturbeziehungen, die zweifellos in beiden Ländern ein breites Publikum ansprachen, dürften indes auf den Film entfallen sein. Hier wirkte abermals der linke deutsche Medienzar Willi Münzenberg bahnbrechend, der als Propagandist und brillanter Organisator geradezu idealtypisch den Lenin'schen Berufsrevolutionär repräsentierte. Gemeinsam mit seinem sowjetischen Kooperationspartner Moisej Alejnikow war Münzenberg von der Idee beseelt, eine «rote Traumfabrik» zu schaffen, und das durchaus mit Erfolg: Seit 1924 betrieben sie die deutsch-sowjetische Aktiengesellschaft «Meschrabprom», die die innovativsten und produktivsten sowjetischen Regisseure unter Vertrag hatte. Bis zur Auflösung dieses imposanten Film-Imperiums im Jahre 1936 wurden dort insgesamt 600 Filme produziert, die vom Kultur- und agitatorischen Werbestreifen bis zum Unterhaltungsgenre ein weites Spektrum abdeckten.[64]

Die alltagskulturellen Begegnungen blieben nicht auf Deutschland beschränkt. Sowjetrussland selbst weckte besonders unter deutschen Linksintellektuellen und Teilen der Arbeiterschaft das innige Bedürfnis, «eine Art säkularisierte [...] Pilgerreise» dorthin zu unternehmen. Ihre Heimat bot für sie in der krisengeschüttelten Nachkriegszeit kaum mehr Halt und Orientierung. Im Osten dagegen schien sich eine erlösende sozialistische Alternative mit grundlegend neuen Lebensentwürfen etwa für das Sozialsystem, für Bildung, Kunst und Alltag abzuzeichnen. Was bislang nur gerüchteweise über die dortige Aufbruchsstimmung und das große bolschewistische Experiment bekannt geworden war, wollten viele nun aus eigener Anschauung erfahren.[65]

Ein solcher Trend und die Gelegenheit, diese Sympathisanten gar als kulturpolitische Botschafter für die bolschewistische Sache zu rekrutieren, kamen den Interessen der Sowjetregierung daher entgegen. Sie erleichterte die Einreisebedingungen speziell für diese Klientel, organisierte staatlich geführte Rundreisen samt Gesprächsmöglichkeiten mit hochrangigen Funktionären. «In eigentümlich intime[r] Atmosphäre» präsentierte man tunlichst die heile Welt der Sowjets und erklärte den – oft nur schwer zu verbergenden – Mangel als ein vorübergehendes Phänomen.

Allein zwischen 1920 und 1924 fanden rund 40 deutsche sogenannte *fellow-traveler* den Weg nach Sowjetrussland. Meist veröffentlichten sie Reiseberichte. Und die sagten weit mehr über ihre getrübten Wahrnehmungen und die Anfälligkeit für die Verheißungen der Sowjetmacht aus als über die dortigen, überaus ernüchternden Lebensumstände. Der linksintellektuelle Journalist Alfons Goldschmidt etwa, der 1920 exklusiv bei Ernst Rowohlt unter Vertrag stand und mit seinen Tagebuchblättern einen Bestseller vorlegte, beschrieb das von Revolution und Bürgerkrieg gezeichnete Leben in der sowjetischen Hauptstadt als einziges Idyll: «Gibt es noch eine terroristische Diktatur in Moskau? Nein [...]. Gäbe es eine terroristische Diktatur in Moskau, so gäbe es keinen Maiboulevard mit einem lustigen Frühlingsleben wie im Mai 1920.» So wie er transportierten auch viele andere seiner Gesinnungsgenossen Russlandbilder, die sich erheblich von den Berichten traumatisierter Emigranten und Gegner der Bolschewiki unterschieden.[66]

Nicht zuletzt Goldschmidt inspirierte und repräsentierte eine Initiative, die als «Ansiedlung Ost» bzw. «Interessengemeinschaft der Auswanderer-Organisationen nach Sowjet-Rußland» deutschlandweit unter politisch eher links der SPD beheimateten Arbeitern für den Übersiedlungsgedanken warb. Zeitweilig zählte die Bewegung bis zu 30 000 Interessenten. 150 von ihnen, darunter zahlreiche Arbeitslose, die nichts mehr zu verlieren hatten, begaben sich 1920 in dem

Glauben an eine bessere Zukunft schließlich auf die große Reise ins Unbekannte nach Kolomna, 110 Kilometer südöstlich von Moskau. Als teilweise hochqualifizierte Industriearbeiter wollten sie im rückständigen Russland in einer Art Zivilisierungsmission nunmehr aktiv am Aufbau des Sozialismus mitwirken. Angesichts der ernüchternden Realität und der bitteren Einsicht, dass sich die in Deutschland geweckten Erwartungen als Illusion erwiesen, bahnte sich allerdings schnell ein grandioses Scheitern des «Ansiedlung Ost»-Unternehmens an. Das galt umso mehr, als jene deutschen Pioniere des Sozialismus bald ein kulturelles Überlegenheitsgefühl gegenüber ihren russischen Mitstreitern entwickelten. Und so folgte auf ihre anfängliche Faszination schnell tiefe Enttäuschung, letztlich sogar die Abwendung von dem einst so verlockend klingenden Projekt. Entsprechend lesen sich die Berichte der vergrämten Rückkehrer, die reich an leidvollen Erfahrungen sind. Damit reihten sie sich am Ende in die Gruppe derer ein, die fortan auf kritische Distanz zu den Bolschewiki gingen und – anders als manch realitätsferner deutscher Linksintellektueller – nachdrücklich vor weiterer Emigration oder wie auch immer gearteten Allianzen mit Sowjetrussland warnten.[67]

Im Angesicht totalitärer Diktaturen.
Stalins Werben um Hitler und Stellvertreterkrieg in Spanien

Am 26. Januar 1934 schloss das NS-Regime einen Nichtangriffspakt mit dem einst angefeindeten Polen. In diesem Moment wurde die UdSSR mit einer vollkommen neuen Lage konfrontiert. Das galt umso mehr, als die Annäherung für Berlin und Warschau perspektivenreiche Kooperationschancen eröffnete. Eine wesentliche Gemeinsamkeit der deutsch-sowjetischen Rapallo-Ära war endgültig zerbrochen. Auf Dauer sollte die gesamte europäische Sicherheitsarchitektur davon betroffen sein.

Wiederaufleben sowjetischer Einkreisungsphobien

Unter den außenpolitischen Planern in Moskau lebten sogleich jene Sorgen wieder auf, die von den leidvollen Erfahrungen während des russischen Bürgerkriegs herrührten, nämlich von den kapitalistischen Staaten eingekreist zu werden. Für die sowjetische Außenpolitik hatten sich daraus einige Lehren ergeben, vornehmlich die, dass ohne Deutschland als wichtigstes Land in der Mitte Europas kein militärischer oder politischer Angriff gegen die UdSSR geführt werden könne. Das Deutsche Reich, mit dem die Sowjetunion nicht zuletzt deshalb seit den frühen 1920er Jahren vielfältige Sonderbeziehungen pflegte, sollte möglichst aus jeglicher Blockbildung der kapitalistischen Staatenwelt herausgehalten werden. Bis zur ‹Machtergreifung› der Nationalsozialisten konnten die tief sitzenden antipolnischen Ressentiments der Deutschen eine derartige, gegen Moskau gerichtete Koalition verhindern.[1] Doch mit Adolf Hitlers außenpolitischem Provokationskurs, der nunmehr nach Revision der Versailler Nachkriegsordnung und militärischer Aufrüstung des «Dritten Reiches» strebte, hatten sich die Rahmenbedingungen hierfür grundlegend verändert. Spätestens jetzt drängte sich der sowjetischen Führung unweigerlich die Frage nach außen- und sicherheitspolitischen Alternativen auf. Und in der Tat schien die Sowjetmacht angesichts der faschistischen Bedrohung in Europa und der japanischen Aggression im Fernen Osten demonstrativ die Annäherung an das westlich-kapitalistische Lager zu suchen. Entschiedenster Verfechter dieser neuen politischen Grundorientierung war Außenminister Maxim Litwinow, der fortan mit seinem diplomatischen Apparat die sowjetischen Interessen im Zeichen der «Kollektiven Sicherheit» offiziell wahrnahm. Unter der Prämisse des unteilbaren Friedens bemühte er sich, die UdSSR verstärkt in multilaterale Sicherheitsstrukturen zu integrieren. Und so war es nur folgerichtig, dass die Sowjetunion im September 1934 offiziell dem Völkerbund beitrat.

Auch ansonsten strebte sie entschlossen die Schaffung von Beistands- und Bündnispakten an, um Hitlers Konfrontationspolitik einzudämmen. Die Krönung all dieser Bemühungen stellte für Litwinow im Mai 1935 ein mit Frankreich und der Tschechoslowakei ausgehandeltes Abkommen dar. Es legte die Signatarmächte für den Fall einer provozierten Aggression durch ein Drittland – womit zweifellos Deutschland gemeint war – auf gegenseitige Hilfe und militärischen Beistand fest. Flankiert wurde dieser außenpolitische Kurs durch die Kommunistische Internationale, die auf dem VII. Weltkongress im Juli/August 1935 die Volksfront-Politik zu ihrer verbindlichen Bündnisstrategie erklärte: Künftig wurden die Kommunisten darauf festgelegt, ihren Kampf gegen die bis dahin von Stalin als «sozialfaschistisch» stigmatisierten Sozialdemokraten aufzugeben. Gemeinsam mit ihnen und im breiten Bündnis mit bürgerlich-demokratischen Kräften sollte der Gefahr von Nationalsozialismus und Faschismus begegnet werden.[2]

Während Litwinow seit 1933/34 auf internationaler Bühne wortgewaltig die «Kollektive Sicherheit» propagierte und sich in der westlichen Welt zusehends Respekt erwarb, wurden hinter den Kulissen alternative außenpolitische Optionen ausgelotet. Hier waren es vor allem Stalin und sein enger Weggefährte Wjatscheslaw Molotow, die scheinbar unbeeindruckt von den Ereignissen im NS-Staat die deutsche Karte nicht voreilig abschreiben wollten. Noch im Oktober 1933 nach Austritt des Deutschen Reichs aus dem Völkerbund hatte Stalin im internen Führungszirkel unmissverständlich klargemacht, es darüber nicht vollständig zum Bruch mit dem westlichen Nachbarland kommen zu lassen: «Was geht uns der Völkerbund an, und warum sollten wir demonstrativ für den beleidigten Bund und gegen Deutschland eintreten?»[3]

Dass die UdSSR sich nicht in den Kreis der Kritiker Hitlers einreihte, war – systemimmanent betrachtet – nur folgerichtig. In Stalins Vorstellungswelt bedeuteten die Provokationen des NS-Regimes sogar einen Zugewinn an Sicherheit für die damalige Sowjetunion. Denn sie verstärkten unweigerlich die Widersprüche im «imperialistischen» Lager. Da sich die Sowjetmacht zugleich offiziell den Westmächten annäherte, mussten sich ihre außenpolitischen Handlungsspielräume vergrößern, zumal Stalin mutmaßte, dass Hitler über kurz oder lang einen Bündnispartner im Osten benötigen werde.[4]

Verstärkte Aktivitäten sowjetischer Geheimdienste

Ungeachtet solch zeitweiliger Spekulationen blieb das nationalsozialistische Deutschland für den eigentlich germanophilen Stalin zunächst ein Rätsel.[5] Der Niedergang der Weimarer Demokratie und der Aufstieg des Nationalsozialismus hatten deshalb nicht unwesentlich dazu beigetragen, die sowjetische Auslandsspionage erheblich auszuweiten und die Anzahl der illegalen Residenturen zu erhöhen. Dass das Politbüro der WKP(B) unter Stalins Vorsitz die Entscheidung dafür am 30. Januar 1933 – dem Tag der ‹Machtergreifung› Hitlers – fällte, war reiner Zufall. Doch hatte dies auf lange Sicht etwas Prophetisches.[6]

In Deutschland fingen der Militärnachrichtendienst der Roten Armee (GRU) und die Auslandsabteilung des Volkskommissariats für innere Angelegenheiten (INO NKWD) bei der Etablierung ihrer Netzwerke für die illegale Informationsbeschaffung nicht bei null an. Abgesehen von den Informanten aus dem Umfeld der KPD konnte noch in den Jahren der Weimarer Republik vorübergehend ein höherer Reserveoffizier der Reichswehr angeworben werden. Dieser wurde im Oktober 1933 reaktiviert und lieferte zusammen mit rund 600 weiteren neu rekrutierten Reservisten wertvolle Einblicke in die Binnenstruktur und Aufrüstungsprogramme von Hitlers Wehrmacht.[7]

Einer der prominentesten Agenten, der nach 1933 in eine hochrangige Position bei der Gestapo aufrückte und dort u. a. für Abwehrfragen verantwortlich zeichnete, war Willy Lehmann (Deckname «Breitenbach»). Er versorgte die sowjetischen Dienste nicht nur mit aufschlussreichen Informationen über das Innenleben der NSDAP, so etwa zu Hitlers Röhm-Putsch vom Sommer 1934. Die Quelle «Breitenbach» lieferte ebenso wertvolle Details über Organisationsstrukturen und geplante Operationen deutscher Geheimdienste, was dazu führte, dass Abwehr und Gestapo bis 1939, stellenweise sogar bis 1942, nur wenige Ermittlungserfolge in Sachen sowjetische Spionage auf Reichsgebiet erzielten. Ab Ende 1935 hatte Lehmann alias «Breitenbach» überdies Zugang zu Unterlagen verschiedener Branchen der deutschen Rüstungsindustrie. Seine Erkenntnisse über Wernher von Brauns streng geheimes Raketenprogramm gelangten auf Stalins Schreibtisch und weckten dessen gesteigertes Bedürfnis, mehr darüber zu erfahren – und Lehmann lieferte. Er beantwortete nachgereichte Fragenkataloge und gab auch ansonsten preis, was er über die Entwicklung synthetischer Treibstoffe, von Munition oder gar von Kampfbombern in den Heinkel-Flugzeugwerken in Erfahrung bringen konnte.[8]

1935 bot sich mit Harro Schulze-Boysen ein preußischer Aristokrat und Offizier der sowjetischen Seite an. Er diente seit 1934 in der Nachrichtenabteilung von Hermann Görings Reichsluftfahrtministerium und konnte ab 1941 im Luftwaffenführungsstab zahlreiche Geheimunterlagen einsehen. Im Reichswirtschaftsministerium gehörte Arvid Harnack zum Kreis der in sowjetischen Diensten stehenden

Nachrichtenbeschaffer. Ebenso standen das Auswärtige Amt und verschiedene deutsche Auslandsvertretungen im Visier von GRU und INO des NKWD. Spätestens zu Kriegsbeginn 1939 gelang es, mit Peter Kleist einen NS-Diplomaten und Vertrauten von Außenminister von Ribbentrop anzuwerben. Die deutsche Botschaft in Warschau gehörte schon seit 1933/34 zu einem zuverlässigen Horchposten der sowjetischen Auslandsaufklärung. Hier konnte der deutsche Kommunist und Journalist Rudolf Herrnstadt, der seit 1931 für den GRU arbeitete und ab 1933 im polnischen Exil weilte, ein wirkungsmächtiges Netzwerk aufbauen. Neben seinen eigenen Kontakten nutzte er auch die Verbindungen seiner – gleichfalls in sowjetischen Diensten stehenden – Lebensgefährtin Ilse Stöbe zu liberalen, antinazistischen Kreisen des deutschen Botschaftspersonals. Gerhard Kegel aus der handelspolitischen Abteilung und Rudolf von Scheliha, ein enger Mitarbeiter des Botschafters Hans-Adolf von Moltke, gehörten zu den Mittelsmännern, die auch nach 1939 den geheimdienstlichen Informationsfluss sicherstellten: Kegel bis 1941 aus der deutschen Botschaft in Moskau, Scheliha in seiner Funktion als Mitarbeiter der Informationsabteilung des Auswärtigen Amtes in Berlin. Schließlich war es den sowjetischen Auslandsdiensten gelungen, mit Richard Sorge einen Topspion im näheren Umfeld der deutschen Gesandtschaft in Tokio anzusiedeln. Vor diesem Hintergrund und angesichts der Tatsache, dass es sich bei Deutschland um einen totalitären Überwachungsstaat handelte, konnte Stalins Auslandsaufklärung mit gutem Recht für sich beanspruchen, das «Dritte Reich» in einem unglaublichen Ausmaß geheimdienstlich unterwandert zu haben.[9]

Die Nachrichtenbeschaffung von GRU und INO des NKWD stützte sich aber nicht allein auf deutsche Quellen und Informanten. Mit zunehmender Konsolidierung des NS-Regimes wurde die Spionage in Deutschland immer riskanter. Das wiederum führte dazu, dass man sich vermehrt auf indirektem Wege Material über Deutschland aus dessen Nachbarländern Großbritannien – hier spielten die legendären «Cambridge Five» um Kim Philby eine prominente Rolle –, Frankreich, Polen oder der Tschechoslowakei beschaffte.[10]

Stalins Werben um Hitler

Im Gesamtkontext der damit anfallenden Geheimdienstinformationen zeichneten sich die aggressiven Absichten des NS-Regimes ab. Und da Stalin annahm, Hitler wolle aus der Erfahrung des Ersten Weltkrieges eine Zwei-Fronten-Situation vermeiden, setzte er auf verdeckte Annäherungsversuche an das nationalsozialistische Deutsche Reich. Flankiert wurden sie durch eine auffallende Zurückhaltung der sowjetischen Presse. Die Berichte und Kommentare der Parteizeitung «Prawda» über die Ereignisse der ‹Machtergreifung› der Nazis blieben ungeachtet massiver antibolschewistischer Begleiterscheinungen während der meisten Zeit des Jahres 1933 ausgesprochen unpolemisch und bemerkenswert sachlich-neutral. Selbst während des entwürdigenden Leipziger Reichstagsbrand-Prozesses im Spätherbst 1933, den die Nationalsozialisten zum politischen Schauprozess gegen den Kommunismus stilisierten, wurde die sowjetische Presse zur Mäßigung angehalten: Diffamierende Angriffe auf politische Größen des Nazi-Regimes, allen voran auf Adolf Hitler, waren kurzerhand untersagt worden. Überhaupt wurde das Ganze als eine rein innerdeutsche Angelegenheit heruntergespielt, in die man sich nicht einzumischen gedachte. In dieser Logik bewegte sich bereits zuvor eine persönliche Anweisung Stalins vom 2. März 1933. Sie untersagte kurzerhand sowjetischen Blättern, einen in der britischen «Herald Tribune» erschienenen Artikel über Hermann Göring und dessen «gewalttätige Vergangenheit als Morphiumabhängiger» nachzudrucken.[11]

Ähnlich verhielt es sich 1935 und 1936. Als die Granden der NSDAP während der Nürnberger Parteitage und andernorts ihren antisowjetischen Hasstiraden ungezügelt freien Lauf ließen, verwarf Stalin kategorisch die Empfehlungen seines Außenministers Litwinow und des Berliner Botschafters Suriz, darauf mit einer groß angelegten medialen Gegenkampagne oder gar der Einstellung von sowjetischen Rohstofflieferungen nach Deutschland zu reagieren. Er brachte mitunter sogar begrenztes Verständnis für die deutsche Seite auf. Die «Hitleristen» hätten lediglich auf den VII. Weltkongress der Komintern von 1935 reagiert, bei dem sie «durch den Schlamm gezogen» worden seien. Die Zeitungen der UdSSR sollten sich deshalb mit offenen Beleidigungen zurückhalten und allenfalls oberflächliche Kritik üben.[12] Der Kremlchef strebte nach Schadensbegrenzung, um die ohnehin angespannten bilateralen Beziehungen nicht noch weiter unnötig zu belasten.

Als er Jahre zuvor, Ende Mai 1933, die bis dahin praktizierte geheime Zusammenarbeit von Reichswehr und Roter Armee kurzerhand aufkündigte, war auch dies ein wohlkalkulierter Schritt. Dahinter stand weniger der Gedanke einer dezidierten Strafaktion wegen Hitlers antisowjetischer Linie. Vielmehr wollte Stalin die deutsche Seite durch sanften Druck wieder zur Räson bringen. Dabei setzte er Hoffnungen auf den positiven Einfluss der Reichswehrkreise, die sich – nach Geheimdiensterkenntnissen und Einschätzung seiner Diplomaten – an der Fortsetzung der bisherigen Kooperation höchst interessiert zeigten. Ebenso berechnet waren die sowjetischen Bemühungen, die Deutschen 1934 über einen Balten- und Ostpakt wieder in kollektive Sicherheitsstrukturen einzubinden. Stalin handelte sich aber nur eine schroffe undiplomatische Ablehnung ein, weil Hitler selbstbestimmt fortan bilaterale Vertragsabschlüsse zum Grundprinzip seiner Außenpolitik erhoben hatte.[13]

Der sowjetische Diktator zog sich weder beleidigt zurück, noch ließ er die Gesprächsfäden zum nationalsozialistischen Deutschland abreißen. Im Gegenteil: Die besorgniserregenden Berichte der sowjetischen Auslandsaufklärung lieferten genug Gründe, sich gegenüber der NS-Führung weiterhin um eine Verbesserung des politischen Klimas zu bemühen. Denn sie bestätigten seit Februar 1934, dass man Hitlers ‹Machtergreifung› als konsolidiert betrachten müsse, er nunmehr eine verdeckte systematische Aufrüstung seiner Armee betreibe, die Reichwehr zusehends in sein Regime einbinde und die dort ebenso wie im Auswärtigen Amt verbliebenen Befürworter der einstigen Rapallo-Zusammenarbeit marginalisiere, dass er überhaupt außenpolitisch ganz auf Expansion, auf Korrektur der deutschen Ostgrenze und auf Kriegsvorbereitung fixiert sei.[14]

Seit Spätherbst 1933 erreichten Stalin zudem vermehrt Hinweise über angebliche französisch-deutsche bzw. britisch-deutsche Annäherungsbemühungen, über vermeintliche Versuche der Briten, Polen und Japan gegen die UdSSR aufzuwiegeln, und – damit einhergehend – über anscheinend geheime japanisch-polnische Absprachen. Dies wiederum steigerte sein lang gehegtes, abgrundtiefes Misstrauen gegenüber den Briten und dämpfte zugleich seinen früheren Optimismus, wonach die Nationalsozialisten die Widersprüche im «imperialistischen» Lager anheizen würden. Erneut lebte in dieser Wahrnehmung das Schreckgespenst der kapitalistischen Einkreisungsfront auf, die sich gegen die Sowjetmacht zu formieren begann.

Stalin versperrte sich damit aber den Blick für die Realität. Er wollte nicht begreifen, dass Großbritannien die gleichen Feinde wie die Sowjetunion hatte, nämlich Deutschland und Japan. In diese wenig rationale Weltsicht fügte sich nahtlos eine stille Bewunderung für Adolf Hitler ein. Mit größtem Interesse verfolgte er, wie Hitler sich Ende Juni, Anfang Juli 1934 mit dem Röhm-Putsch seiner schärfsten Widersacher im Umfeld der SA entledigte. Der Kremlchef verkannte zunächst jedoch, dass den Säuberungsaktionen auch zahlreiche Anhänger der einstigen deutsch-sowjetischen Zusammenarbeit zum Opfer fielen, was den Nationalsozialismus mit seinem Antibolschewismus am Ende nur weiter stabilisierte.[15]

Wenn Stalin vor allem seit Ende 1934 das Verhältnis zu den Machthabern des «Dritten Reiches» mit größtem Nachdruck wieder zu normalisieren suchte, dann nicht zuletzt vor dem Hintergrund drohender Entwicklungen an der unmittelbaren Westflanke der UdSSR, die es dringend zu konterkarieren galt. Vermehrt trafen in Moskau Meldungen über angeblich verdeckte polnische Destabilisierungsoperationen in den angrenzenden ukrainischen und weißrussischen Sowjetrepubliken ein.[16]

Dies barg in jenem Moment ernste Gefahren, als die sowjetischen Auslandsgeheimdienste glaubten, eine verstärkte Fühlungnahme zwischen Polen, Deutschland und dem japanischen Kaiserreich zu beobachten. Die antisowjetische Stoßrichtung war nicht zu verkennen. Ende Juni 1934 konnte Stalin einem streng geheimen Bericht entnehmen, wie die polnische und deutsche Führung gemeinsam eine Annäherung der Sowjetunion an die Westmächte zu verhindern suchten. Für den Fall eines Misserfolges zeigte sich Polens Staatspräsident Pilsudski nicht nur offen für eine verstärkte militärische Kooperation mit dem NS-Regime. Er schloss auch den Beitritt zu einem möglichen deutsch-japanischen Militärbündnis nicht aus. Die drei Staaten schienen überdies die sowjetisch-türkischen Beziehungen hintertreiben zu wollen und lockten Ankara mit dem Angebot, den Türken im Kriegsfall freie Hand im Kaukasus zu lassen. Wachsende Bedrohung und Einkreisung der UdSSR, schrumpfender Einfluss früherer Rapallo-Anhänger unter den deutschen Militärs, eine bevorstehende Wiedereinführung der Wehrpflicht, die Ausrüstung der Armee mit bislang verbotenen Waffen und unmittelbar bevorstehende Kriegshandlungen, die darauf zielten, in jener Dreierkonstellation die Sowjetunion von Osten und Westen her in die Zange zu nehmen: All dies prägte die Berichterstattung der sowjetischen Abwehr. Hermann Görings offizieller Arbeitsbesuch in Warschau Ende Januar 1935 öffnete weiteren Spekulationen Tür und Tor. Stalin jedenfalls konnte dem entnehmen, dass der zweite Mann im NS-Staat für einen gemeinsamen Feldzug gegen die UdSSR warb und den Polen die Ukraine als Kriegstrophäe bot. Pilsudski wiederum schien seinen deutschen Gesprächspartner ermuntert zu haben, ungeachtet westlicher Proteste die deutsche Aufrüstung entschlossen voranzutreiben.[17]

Wirtschaftspolitische Sondierungsmission Kandelaki

Wie immer es um den Wahrheitsgehalt solcher Meldungen bestellt war – Stalin nahm sie überaus ernst, wie seine umfänglichen Unterstreichungen und Kommentare in den Dokumenten belegen. Folglich wollte er möglichst rasch Klarheit erhalten, wie es um die Chancen einer politischen Regulierung der sowjetisch-deutschen Beziehungen stand. Über die Handelskontakte, die Stalin seit der ‹NS-Machtergreifung› persönlich kontrollierte, sollte einer der letztverbliebenen unmittelbaren Kanäle nach Deutschland für eine Sondierungsmission genutzt werden. Und diese erfolgte in vollkommenem Widerspruch zur damaligen offiziellen sowjetischen Außenpolitik, ohne die Westmächte zu kontaktieren. Betraut mit dieser verantwortungsvollen Aufgabe, die besonderes Verhandlungsgeschick voraussetzte, wurde David Kandelaki. Er war ein Landsmann Stalins, Georgier, und zugleich Weggefährte aus dem vorrevolutionären Untergrundkampf.[18]

Ausgestattet mit persönlichen Instruktionen des Diktators und dem Privileg des unmittelbaren Zugangs zum Kremlchef, mühte sich Kandelaki zwischen 1935 und 1937 in mehreren Anläufen, die persönliche Diplomatie Stalins praktisch umzusetzen. Geschickt geführte Handelsgespräche, so das Kalkül, waren als vertrauensbildende Maßnahme für ein insgesamt günstigeres Klima gedacht, das am Ende hoffentlich vorteilhafte bilaterale Vereinbarungen, im Idealfall einen Nichtangriffspakt, nach sich ziehen werde. Seit Januar 1935 jedenfalls führte Stalins Sonderemissär in der Funktion des Leiters der sowjetischen Handelsvertretung in Berlin regelmäßig Verhandlungen mit hochrangigen Mitarbeitern des Reichswirtschaftsministeriums, darunter auch Minister Hjalmar Schacht persönlich. Schnell zeigte sich indessen, wie illusionär Stalins Vorstellungen waren, dem sowjetisch-deutschen Dialog über Wirtschaftsfragen wieder neuen Schwung zu verschaffen. Schacht verhielt sich weitgehend zurückhaltend. Das galt nicht nur für Kandelakis Bestellwünsche aus deutscher Rüstungsproduktion, sondern mehr noch für dessen Vorstöße, politischen Gesprächen vorsichtig den Weg zu ebnen.

Doch Stalin blieb hartnäckig und ließ die Sondermission nicht abbrechen, zumal sich seit 1936 zeitweilig eine günstige Wendung anzudeuten schien: So hatte Hermann Göring, der als Hitlers Rohstoff- und Devisenkommissar und Beauftragter für den Vierjahresplan ein hohes Maß an wirtschaftspolitischer Verantwortung trug, gegenüber Kandelaki durchblicken lassen, mit der UdSSR künftig nicht nur ökonomisch, sondern auch politisch wieder engere Fühlung aufnehmen zu wollen. Daraufhin keimten um die Jahreswende 1936/37 in Stalins engstem Führungszirkel vorübergehend neue Hoffnungen auf, Hitler gar gegen Göring ausspielen, das «Dritte Reich» wieder auf die alte Rapallo-Linie zurückführen und damit auf die Verbindungen zu den Westmächten, die nie als vollwertiger Ersatz betrachtet worden waren, künftig verzichten zu können.

Allerdings zerschlugen sich derartige Überlegungen recht schnell. Denn Görings Vorpreschen war mit Hitler nicht abgestimmt, und der blieb weiterhin nicht gewillt, von seinem antisowjetischen Fanatismus auch nur im Geringsten abzuweichen. Die Kontakte zur Sowjetunion – abgesehen von ökonomischen Abmachungen – unvermindert auf ein Mindestmaß zu beschränken, lieferten ihm vielmehr gute Vorwände, seine Aufrüstungspolitik mit dem Verweis auf die Bedrohung durch jenes «Barbarenland mit den Methoden Iwans des Schrecklichen» zu legitimieren. Doch Stalin blieb die Logik des deutschen Diktators verschlossen. Er wollte nicht wahrhaben, dass die Beziehungen sich kaum durch bilaterale Gespräche, am wenigsten durch den Wunsch Moskaus in die von ihm ersehnte Richtung lenken ließen.[19]

Moskau auf deutschlandpolitischem Abgrenzungskurs

Während der Kremlchef unvermindert Dialog- und Verständigungsbereitschaft demonstrierte, grenzte Hitler sich weiter von der UdSSR ab. Seine Intervention im Spanischen Bürgerkrieg 1936 und die offene Parteinahme für die Putschisten unter General Franco waren dafür ein beredtes Beispiel. Sie provozierten geradezu den Konflikt mit der Sowjetmacht. Denn deren Sympathie galt naturgemäß der republikanischen Volksfrontregierung in Madrid – zumal in Zeiten «Kollektiver Sicherheit», zu der sich die UdSSR gemeinsam mit Frankreich außenpolitisch formal verpflichtet sah. Und so löste eine Etappe der Kooperation gegen das Deutsche Reich die vorangegangene Phase des sowjetischen Werbens um Deutschland ab.

In einem Stellvertreterkrieg auf der iberischen Halbinsel prallten erstmals nach Ende des Ersten Weltkrieges und knapp fünf Jahre vor Hitlers Vernichtungsfeldzug im Osten Europas wieder Deutsche und Russen in Kampfhandlungen unmittelbar aufeinander. Zugleich wurde die faschistische Aggression, die die Unruhe auf dem Kontinent zusätzlich verschärfte, für Moskau in mehrfacher Hinsicht zu einem wichtigen sicherheitspolitischen Prüfstein: Es ließen sich Rückschlüsse ziehen, wie verlässlich sich einerseits die Zusammenarbeit mit den westlichen Demokratien tatsächlich gestaltete; andererseits war zu ermessen, ob und inwieweit man Franzosen und Briten für ein gemeinsames Bündnis gegen die deutsch-italienischen Achsenmächte gewinnen könne. Vor allem eine engere Kooperation besaß für Stalin, der zwischen 1936 und 1938 sein Regime durch gigantische Massensäuberungen in einen permanenten inneren Ausnahmezustand gestürzt hatte, vorerst oberste Priorität. Das galt umso mehr, als Hitlers Spanien-Unternehmen auch beabsichtigte, Sowjetrussland außenpolitisch weitgehend zu isolieren.[20]

Stalin war deshalb zunächst wenig an weiterer Eskalation interessiert. Auch wollte er keineswegs die Fackel der Revolution und den Großen Terror nach Spanien tragen, um dort – wo es ohnehin an den erforderlichen Voraussetzungen mangelte – eine Volksdemokratie nach sowjetischem Vorbild zu errichten. Ein solches Vorgehen hätte nur unnötig den Antikommunismus in den Reihen der britischen Konservativen angestachelt und damit den von ihm ersehnten Schulterschluss mit den westeuropäischen Demokraten gegen die faschistische Bedrohung von vornherein zunichtegemacht. Das sowjetische Spanien-Engagement und die Bemühungen, die Madrider Volksfrontregierung an der Macht zu halten, stellten deshalb vornehmlich eine symbolische Geste dar. Sie zielte darauf, im westlichen Lager, allen voran bei Großbritannien, Vorbehalte gegenüber bündnispolitischen Annäherungen an Moskau abzubauen.[21]

Die UdSSR erbrachte dafür jedenfalls Vorleistungen. Anfänglich verdeckt, später dann offen lieferte sie Waffen und Kriegsgerät an die Verteidiger der Spanischen Republik. Zuvor hatten Berlin und Rom fortlaufend gegen die vom internationalen «Komitee für Nichteinmischung in die Angelegenheiten Spaniens» erhobenen Auflagen verstoßen – einem Gremium, dem beide neben Frankreich, Großbritannien und der Sowjetunion jedenfalls formal angehörten. Moskau entsandte daraufhin neben einigen Dutzend Diplomaten und Geheimdienstexperten rund 2000 bis 3000 Militärberater für Ausbildungszwecke und strategische Operationsplanungen sowie erfahrene Besatzungen, um die zum Teil hochmodernen Rüstungsgüter, darunter 623 sowjetische Kampfflugzeuge, 281 Panzer und 50 Panzerwagen, zu bedienen. Gemessen an den deutsch-italienischen Truppenkontingenten mit stellenweise 70 000 Mann, darunter knapp 20 000 Wehrmachtsangehörige, nahm sich die Zahl der aktiven Rotarmisten allerdings eher bescheiden aus. Parallel dazu wurde die Komintern als verlängerter Arm der sowjetischen Außenpolitik mobilisiert. Der Einsatz von mitunter bis zu 40 000 Kämpfern auf Seite der internationalen Brigaden entledigte Stalin schließlich der Sorge, gar mit größeren regulären Kampfverbänden der Roten Armee tiefer in das Bürgerkriegsgeschehen hineingezogen zu werden. Denn das hatte er von Anfang an kategorisch abgelehnt.[22]

Bei aller Gegnerschaft vereinte der Spanische Bürgerkrieg zugleich aber auch die politisch-militärische Führung der UdSSR und der Achsenmächte auf eine bemerkenswerte Weise: Spanien bildete für beide Akteure eine Arena, in der sie ihr Kriegsgerät erproben, erste praktische Kampferfahrungen sammeln und auswerten konnten. Mit Genugtuung registrierte daher die Militärspitze um Verteidigungskommissar Kliment Woroschilow abgefangene Geheimdienstberichte der deutschen Abwehr: Im Generalstab der Legion Condor zeigte man sich offenbar überaus besorgt wegen der technischen Qualität, Präzision und geringen Störanfälligkeit der sowjetischen Artillerie, Luft- und Panzerwaffe.[23]

Der Spanische Bürgerkrieg erwies sich am Ende als erste europäische Bewährungsprobe für die vom Westen propagierte «Kollektive Sicherheit». Aus der Perspektive des Völkerbund-Mitglieds UdSSR war das Ergebnis niederschmetternd. Wie die Erkenntnisse des sowjetischen Militär-Nachrichtendienstes im Februar 1938 bestätigten, hatte die Achse Berlin–Rom durch die gemeinsame Spanien-Intervention weiter an antibolschewistischem Rückhalt gewonnen.[24]

Dies ging einher mit der bitteren Einsicht, auf der Iberischen Halbinsel seit der zweiten Hälfte des Jahres 1937 immer stärker in ein kostspieliges Unternehmen verstrickt zu werden, und das zu einem Zeitpunkt, da die Sowjetmacht aus sicherheitspolitischen Erwägungen aufgrund des Chinesisch-Japanischen Krieges in einem noch beachtlicheren Ausmaß Militärhilfe für die dortige nationalchinesische Regierung leistete. Franzosen und Briten erfüllten dagegen keineswegs die sowjetische Erwartung, ein breites antifaschistisches Bündnis schaffen zu wollen. Vor allem Großbritannien unter Premierminister Chamberlain, das Adolf Hitler seit 1937 durch Appeasement-Politik zu einem friedlichen Interessenausgleich zu bewegen suchte, machte in der Spanienfrage eine unrühmliche Figur. Das galt umso mehr, als die Briten im spanischen Nichteinmischungskomitee den Eindruck erweckten, die dortigen Initiativen der UdSSR allesamt ins Leere laufen zu lassen, während sie mit den Achsenmächten zu Absprachen neigten.[25]

Langsame Abkehr von der «Kollektiven Sicherheit»

Angesichts solcher Entwicklungen suchte Stalin nach gesichtswahrenden Rückzugsmöglichkeiten, die zugleich als Zeichen erneuter Annäherungsbereitschaft an Deutschland gedeutet werden konnten. Im Mai 1937 übermittelte sein Außenminister Litwinow dem britischen Botschafter in Moskau, ein faschistisches Regime in Spanien zu tolerieren, sofern es unabhängig bleiben und nicht zu einem deutschitalienischen Satelliten degradiert werde. Im großen europäischen Krisenjahr 1938 signalisierte der Kreml schließlich die Bereitschaft, sein bisheriges Bürgerkriegsengagement einzustellen, vorausgesetzt, Deutschland und Italien würden sich diesem Schritt anschließen.[26]

Derartige Angebote blieben zunächst unerwidert. Auch sonst sprachen die politischen Fakten vorerst kaum dafür, dass man sich mit der deutschen Seite auf absehbare Zeit ins Benehmen setzen könnte. Denn seit spätestens Anfang Februar 1938 war Moskau informiert, dass die letzten einflussreichen Kreise aus Reichswehr und Auswärtigem Amt, die für ein rasches Ende von Hitlers Spanien-Politik votiert hatten, allesamt Opfer des umfangreichen personalpolitischen Revirements im Zuge der sogenannten Blomberg-Fritsch-Krise[27] geworden waren. Das wiederum mochte den auf Sicherheit bedachten Stalin dazu ermutigt haben, die Madrider Volksfrontregierung trotz deren bevorstehender Niederlage und erschwerter Lieferbedingungen bis ins Frühjahr 1939 mit Rüstungsgütern zu versorgen. Denn jeder Tag, an dem dort die Waffen nicht schwiegen, bedeutete für Nazi-Deutschland, an einen weit von der UdSSR entfernten Kriegsschauplatz militärisch gebunden zu sein.[28]

Doch nicht nur das spanische Bürgerkriegsdebakel hatte Stalin darin bestärkt, sich für die sowjetische Außenpolitik alle Optionen offenzuhalten. Solange für ihn Großbritanniens politische Zuverlässigkeit fraglich war, galt seine Loyalität keinesfalls ausschließlich den Westmächten. Im Juni 1935 hatte bei ihm bereits das deutsch-englische Flottenabkommen einen Vertrauensschock ausgelöst.[29] Im November 1937 sah er sich abermals in seinem tiefen Misstrauen gegenüber den Briten bestätigt. Wie Geheimdienstberichte über ein Treffen zwischen dem englischen Außenminister Lord Halifax und Adolf Hitler in Berchtesgaden resümierten, «[betrachte] Großbritannien Nazideutschland als ‹Bastion des Westens gegen den Bolschewismus› [...] und [stehe deshalb] einer deutschen Expansion im Osten verständnisvoll gegenüber». 1938 schließlich steigerten die Sudetenkrise und das Münchner Abkommen vom 29./30. September, das die Zerschlagung der Tschechoslowakei einleitete, Stalins geradezu paranoide Sorge, im Extremfall einer britisch-deutschen Allianz ausgesetzt zu sein.[30]

Schon im Vorfeld dieser Ereignisse mehrten sich die bedrückenden Berichte, die Moskaus Botschafter Iwan Maiskij, ein bis dahin überzeugter Anwalt «Kollektiver Sicherheit», über Premierminister Neville Chamberlains Appeasementpolitik in seine Heimat übermittelte. Als er von Außenminister Halifax erfuhr, man habe darauf verzichtet, die UdSSR – immerhin ein Land mit bündnispolitischen Verpflichtungen gegenüber der ČSR – zum Münchner Gipfel hinzuzuziehen, «weil [...] man im Vorhinein gewusst habe, wie Hitler auf einen solchen Vorschlag reagiert hätte», wirkte dies alles andere als vertrauensstiftend. Geradezu lächerlich wirkte es in den Augen des sowjetischen Diplomaten, dass Halifax zugleich unumwunden einräumte, die britische Delegation sei ohne Tagesordnung nach München gereist, da man davon ausging, «sie werde sich wohl weitgehend aus den Absichten und der Stimmungslage des ‹Führers› ergeben».[31]

Aber auch Stalins Verhalten war überaus fragwürdig. Während der gesamten Krise gerierte er sich ausgesprochen zurückhaltend – keine expliziten Warnungen an Hitler, keinerlei Instruktionen für die Komintern, keine Androhung von gegebenenfalls einseitigen militärischen Aktionen zugunsten der Tschechoslowakei. Zudem blieben sämtliche Hilfsgesuche des tschechoslowakischen Präsidenten Edvard Beneš oder dessen Gesandten in Moskau unbeantwortet.[32] Das wiederum konnte sehr wohl als Signal an Deutschland interpretiert werden. Denn der Kremlchef sah konsequent davon ab, sich voreilig einseitig festzulegen.

Das Münchner Abkommen war aus sowjetischer Perspektive ein herber Rückschlag für alle Bemühungen, die nationalsozialistische Bedrohung Seite an Seite mit dem Westen einzudämmen. Gegenüber Maiskij räumte Außenminister Halifax in frappierender Offenheit am 11. Oktober 1938 ein: «Mir scheint, dass Sie, wie auch viele andere in Europa, die Position Englands nicht klar genug erkannt haben. Wir sind der Meinung, dass die Welt heute Zeuge eines Kampfes zwischen zwei Ideologien wird – dem Faschismus und dem Kommunismus. Wir als Engländer unterstützen weder den einen noch den anderen. Mehr noch, wir mögen weder den einen noch den anderen [...].»[33] Ein solches Appeasement-Verständnis war kaum dazu angetan, die in Moskau gehegten Zweifel gegenüber Großbritannien zu zerstreuen.

In einer von gegenseitigem Misstrauen und Animositäten geprägten internationalen Atmosphäre bahnte Stalin 1939 eine fundamentale Weichenstellung der sowjetischen Außenpolitik an. Bereits im Januar hatte sich bei ihm die Überzeugung durchgesetzt, dass es nunmehr «unabdingbar sei, Möglichkeiten zu suchen, um Deutschland zu direkten Gesprächen zu bewegen». Zaghafte deutsche Signale für einen möglichen Wandel hatte es schon Ende 1938 gegeben, als sich das NS-Regime an intensiveren Handelsbeziehungen zur Sowjetunion interessiert zeigte.[34] Die Aussichten für eine generelle Wiederannäherung verbesserten sich allerdings erst, nachdem am 15. März 1939 deutsche Truppen unter Bruch des Münchner Abkommens in Prag einmarschiert waren und Hitler immer unverhohlener seine Machtgelüste auf Polen artikulierte. Als Großbritannien und Frankreich daraufhin am 31. März eine Garantieerklärung für die Unabhängigkeit des polnischen Staates abgaben, sah sich Stalin erstmals in einer komfortablen Situation. Denn mit diesem Schritt hatten sich die Briten von ihrer traditionellen außenpolitischen Zurückhaltung verabschiedet. Die Maßnahme war jedoch nicht mit der sowjetischen Führung abgestimmt worden, wie Botschafter Maiskij am Tag der Bekanntgabe gegenüber Außenminister Halifax kritisch anmerkte. Mehr noch störte man sich in Moskau aber an der Tatsache, dass die Westmächte bei ihren Bemühungen, die deutsche Aggression einzudämmen, Polen eindeutig der UdSSR vorgezogen hatten. Die Garantieerklärung konnte indes ihre zügelnde Wirkung nur voll entfalten, wenn die Sowjetunion sich an einer militärischen Verteidigung Polens beteiligen würde.[35]

Doch dafür fehlte es an konkreten Absprachen. Die Annahme, Stalin wäre allein aufgrund seiner bisherigen Außenpolitik im Zeichen der «Kollektiven Sicherheit» kooperationswillig, sollte sich als verfehlt herausstellen. Denn inzwischen hatten sich die Voraussetzungen beträchtlich verändert. Das galt umso mehr, als der Kremlchef zur selben Zeit über Geheimdienstinformationen vornehmlich aus der deutschen Botschaft in Warschau verfügte, die Einblicke in die Planungen der Deutschen gewährten. Im Januar 1939 hieß es, sie würden dort strategische Ziele kartografieren, die im Kriegsfall zerstört werden sollten. In der zweiten Aprilhälfte und abermals am 17. Mai bestätigten streng geheime Berichte Hitlers Entschlossenheit, die polnische Frage in absehbarer Zeit militärisch zu lösen. Polen sollte nur den Auftakt bilden, um dann in einer weiteren Etappe Großbritannien und Frankreich – sei es mit kriegerischen oder politischen

Mitteln – endgültig zu besiegen. Erst danach wollte man sich der Zerschlagung der UdSSR zuwenden. Spätestens seit dem 9. Juli 1939 war der Kremlführung schließlich bekannt, dass die deutsche Wehrmacht Ende August, Anfang September gegen Polen vorgehen werde.[36]

Auf dem Weg zum Hitler-Stalin-Pakt

So rückte Stalin seit dem Frühjahr 1939 in den Mittelpunkt der internationalen Politik. Ihm standen jetzt alle Optionen offen, zumal davon auszugehen war, dass auch das Deutsche Reich unter den gegebenen Umständen sich kaum mehr Sondierungen mit Moskau verschließen konnte, wollte es für den Fall eines Krieges gegen Polen einer Zwei-Fronten-Situation entgehen. Stalin wähnte sich also in einer Position der Stärke, am Vorabend des Krieges lag es bei ihm, für die eine oder andere Koalition zu votieren.

Dabei war es seine oberste Priorität, die UdSSR vorerst aus einer militärischen Auseinandersetzung herauszuhalten. Ein Allianzangebot an die Westmächte vom 14. April 1939 diente als Testballon, wurde aber vor allem von den Briten dilatorisch behandelt und am Ende abgelehnt. Ausschlaggebend hierfür waren vornehmlich polnische Sicherheitsbedenken, die eine unnötige Provokation der Deutschen fürchteten. Wie auch immer: Ein solches Verhalten bestätigte erneut die in Moskau lang gehegten Vorbehalte gegenüber Großbritannien. Es deckte sich zugleich mit Erkenntnissen der sowjetischen Spionage, die belegten, wie gering Engländer und Franzosen den Bündniswert der UdSSR und die Schlagkraft der Roten Armee einschätzten. Geheimdienstresident Anatolij Gorskij meldete 1939 aus London, dass man im dortigen Generalstab überzeugt davon war, einen Krieg gegen Deutschland problemlos allein führen und gewinnen zu können. In Regierungskreisen werde daher offenbar nicht ernsthaft erwogen, einen Verteidigungspakt mit der UdSSR abzuschließen. Zu weiterer Verunsicherung trugen Informationen aus dem engeren Umfeld des englischen Auslandsgeheimdienstes MI 6 bei, wenn es etwa hieß: «Es ist ein grundlegendes Ziel der britischen Politik, mit Deutschland –

und damit am Ende gegen die UdSSR – zusammenzuarbeiten, was immer auch passieren möge. Doch kann diese Politik nicht offen vertreten werden. [... Es] besteht nicht die Absicht, sich der deutschen Expansion nach Osten zu widersetzen.»[37]

Währenddessen bahnte sich insgeheim eine Wiederannäherung zwischen der Sowjetunion und dem Deutschen Reich an. Erste Signale zur Gesprächsbereitschaft hatte Stalin bereits im März 1939 auf dem XVIII. Parteitag der WKP(B) gesetzt. Er sprach bei dieser Gelegenheit von der «Möglichkeit anderer, nichtfeindlicher, gutnachbarlicher Beziehungen zwischen Deutschland und der UdSSR».[38] Eine unmittelbare Reaktion der NS-Führung blieb zunächst jedoch aus. Allenfalls Ende April 1939 fiel auf, dass Hitler anlässlich einer Reichstagsrede die ansonsten üblichen Ausfälle gegen die «jüdischbolschewistischen» Mächte unterließ, wie überhaupt deutsche Presseattacken gegen die UdSSR merklich zurückgingen.[39]

Um ein realistisches Bild von der aktuellen internationalen Lage und damit eine Entscheidungsgrundlage für das künftige außenpolitische Vorgehen zu erhalten, rief Stalin schließlich am 19. und 21. April 1939 den engsten politischen Führungszirkel zusammen. Auch Außenkommissar Litwinow sowie die Botschafter in Berlin und London, Merekalow und Maiskij, wurden für die weitere Meinungsbildung hinzugezogen. Merekalow, der noch ganz unter dem Eindruck einer Unterredung mit dem deutschen Staatssekretär im Auswärtigen Amt, Ernst von Weizsäcker, stand, überzeugte bei dieser Gelegenheit mit seinen Darlegungen: Solange Hitler, bedingt durch die polnische Garantieerklärung, sich vornehmlich mit Frankreich und Großbritannien auseinandersetzten musste, sei zumindest eine vorübergehende Annäherung an Deutschland äußerst aussichtsreich. Seiner Einschätzung nach war in dieser Situation die Neutralität der UdSSR für Berlin unverzichtbar. Die kollektive Sicherheitspolitik dagegen, die insbesondere Stalins Vertrauter Molotow in diesem Zusammenhang unter Beschuss nahm, hatte bis dahin die sowjetischen Erwartungen keinesfalls erfüllt. Da das Allianzangebot an den Westen zudem noch immer unbeantwortet war, währenddessen die Engländer am 26. April die Deutschen bereits darüber informiert hatten, den sowjetischen Vorstoß abzulehnen, begann sich vor diesem Hintergrund in Moskau ein Politikwechsel zu vollziehen.[40] Spätestens am 3. Mai 1939 wurde dies auch in aller Öffentlichkeit demonstriert. Maxim Litwinow, der bislang in der Außenpolitik des Kreml den antifaschistisch-prowestlichen Kurs repräsentierte und Jude war, musste kurzerhand die Führung des Außenministeriums an den germanophilen Wjatscheslaw Molotow übergeben.

In der deutschen Hauptstadt wurden diese personalpolitischen Veränderungen sehr wohl registriert. Zwar erwiderte man dort nicht sogleich die von Moskau ausgesandten Signale, weil auch innerhalb der NS-Führung die nächsten unmittelbaren außenpolitischen Schritte zu klären waren. Deutsche Wirtschaftsplaner hegten zudem erhebliche Bedenken, was die deutsche Militärmaschinerie betraf. Sie rechneten im Kriegsfall schnell mit Versorgungsengpässen. Auch war keinesfalls sicher, wie Japan, mit dem man seit 1936 über den Antikomintern-Pakt eine Speerspitze gegen die UdSSR besaß, sich in einer militärischen Auseinandersetzung tatsächlich positionieren würde. Eindeutige Bündnisabsprachen existierten nicht. Der für den Vierjahresplan und damit für die Kriegsbereitschaft verantwortliche Hermann Göring plädierte in dieser Situation für eine Annäherung an die UdSSR. Hitler selbst hielt sich vorerst noch bedeckt. Er konsultierte seit dem 10. Mai Vertreter der deutschen Botschaft in Moskau und sowjetische Handelsexperten des Auswärtigen Amtes, um sich über die möglichen Absichten Stalins informieren zu lassen. Und die deutschen Experten interpretierten die Zeichen des Kreml allesamt positiv.[41]

Inzwischen waren sich beide Parteien über nachgeordnete Kreditgespräche etwas näher gekommen. Stalin und sein neuer Außenminister sahen darin aber allenfalls einen Anfang, der schnell auf eine andere Ebene gehoben werden musste. Ihnen ging es um feste politische Absprachen, was Verhandlungen mit hochrangigen Vertretern des NS-Regimes voraussetzte. Molotow gab deshalb am 20. Mai 1939 dem deutschen Botschafter von der Schulenburg deutlich zu verstehen, dass der Wirtschaftsdialog nur zum Preis eines politischen Abkommens erfolgreich abgeschlossen werden konnte. Was er konkret darunter verstand, ließ der Außenminister bewusst offen. Nunmehr war die deutsche Seite gefordert, nachzulegen. Es dauerte noch über zwei Monate, bis Hitler sich mangels Alternativen endgültig festgelegt hatte. Doch dann ging alles ganz rasch. Ab dem 27. Juli 1939 wurden zunächst auf Botschafterebene die Rahmenbedingungen für eine weitere Annäherung geklärt. Schnell schaltete sich Reichsaußenminister Joachim von Ribbentrop persönlich in die Verhandlungen ein. Das war vor allem der Fall, als Berlin der sowjetischen Führung Vorschläge über die Aufteilung von Interessensphären im östlichen Europa unterbreitete und damit die Morgengabe für Moskaus Zustimmung zu einem auf zehn Jahre befristeten Nichtangriffspakt lieferte. Freilich bedurfte es noch weiterer inhaltlicher Präzisierungen, die in einem Geheimen Zusatzprotokoll festgehalten werden mussten.[42]

Mit derartigen territorialen Zusicherungen hatte Stalin von den Deutschen etwas erhalten, was ihm die Westmächte, mit denen er Parallelverhandlungen führte, zu keinem Zeitpunkt zugestehen konnten. Nicht zuletzt deshalb ließ er diese Gespräche nur noch zum Schein weiterführen. Um sich allerdings einigermaßen gesichtswahrend aus der Affäre zu ziehen, hatte er seinen Unterhändler, Kriegsminister Kliment Woroschilow, am 7. August 1939 angewiesen, hart zu verhandeln und die Beratungen abzubrechen, sobald die westliche Delegation nicht über umfassende Handlungsvollmachten verfügte.[43]

Der Hitler-Stalin-Pakt, der in der Nacht vom 22. auf den 23. August 1939 in Moskau von den beiden Außenministern unterzeichnet wurde, machte den Weg frei für den deutschen Überfall auf Polen und die Entfesselung des Zweiten Weltkrieges. Wenn es am Ende gelang, innerhalb der wenigen Stunden von Ribbentrops Aufenthalt in der sowjetischen Hauptstadt die letzten Unklarheiten bei der Aufteilung Osteuropas einvernehmlich beizulegen, dann gab es dafür mehrere Gründe. Einerseits wusste Stalin angesichts des bevorstehenden Angriffstermins, unter welchem enormen Zeitdruck seine deutschen Gesprächspartner standen; andererseits besaß aber auch er keinesfalls absolute Gewissheit, ob Hitler nicht doch noch im letzten Moment die englische Karte ausspielen würde. Für Verunsicherung hatte hier sein Top-Agent Anatolij Gorskij in London gesorgt, der am 21. August 1939 berichtete, dass man dort offenbar zwei Tage später Hermann Göring zu Geheimgesprächen erwarten würde.[44]

Abermals keimte auf, was Stalin in vielerlei Hinsicht in den Pakt getrieben hatte: sein abgrundtiefes Misstrauen gegen die Appeasementpolitik der Briten. Aber auch Hitler war ein Getriebener. Sein unumstößlicher Wille zum Angriff auf Polen und die ungeklärte Frage, ob das japanische Kaiserreich die UdSSR an deren Ostflanke in Schach halten würde, ließen es opportun erscheinen, dem ‹Teufelspakt› letztlich zuzustimmen. Der deutsche Diktator wähnte sich überdies in einer ähnlichen Situation wie einst Lenin 1918 beim Friedensvertrag von Brest-Litowsk mit dem kaiserlichen Deutschland: Es ging ihm in erster Linie um eine Atempause, die es ermöglichte, endlich mit der nationalsozialistischen Expansionspolitik beginnen zu können. Insofern konnte er Stalin großzügig territoriale Zugeständnisse machen. Es waren Zugeständnisse auf Zeit.

Dass der Pakt trotz ideologischer Unterschiedlichkeit beider Regime schließlich zustande kam, lag nicht zuletzt daran, dass Weltanschauungen hier nicht ausschlaggebend waren. Was hingegen in der Schlussphase der Verhandlungen den weitgehend reibungsfreien Ablauf erleichterte, war der Umstand, dass beide Diktaturen in Stil und Formensprache einander ähnelten. Es trafen Protagonisten aufeinander, die sich nicht nur in mancherlei Hinsicht bewunderten und «wie unter alten Parteigenossen» fühlten, sondern nunmehr vereint gegen eine feindliche westliche Welt zusammenstanden.[45]

Unnatürliche Allianz.
Vom Hitler-Stalin-Pakt zum «Unternehmen Barbarossa»

Der Hitler-Stalin-Pakt traf die sowjetische und die deutsche Öffentlichkeit wie ein Blitz aus heiterem Himmel. Selbst Moskaus Geheimdienstkreise waren überrascht. Vollkommen unvorbereitet setzte die Übereinkunft von einem Tag auf den anderen jahrelang verordnete Wahrnehmungen und Feindbilder außer Kraft. Aufmerksamen Zeitgenossen erschloss sich dabei schnell, dass das Abkommen keineswegs nur ein einfacher Nichtangriffsvertrag war. Fassungslos, so Wolfgang Leonhard, ein vor den Nazis 1935 in die UdSSR emigrierter deutscher Jungkommunist, registrierte man besonders in dortigen Exilanten-Kreisen, dass beide vertragschließenden Parteien einander versicherten, «künftig fortlaufend mit Konsultation in Fühlung miteinander bleiben [zu wollen], um sich gegenseitig über Fragen zu informieren, die gemeinsame Interessen berühren». Mehr noch: Sie gelobten, sich nicht «an irgendeiner Machtgruppierung [zu] beteiligen, die sich mittelbar oder unmittelbar gegen den anderen Teil» richte.[1] Staatlich verordnete Freundschaft war nunmehr angesagt – mit dem bis dahin verteufelten weltanschaulichen Gegner.

Der Schock

Auch viele Sowjetbürger reagierten höchst verunsichert, als sie am 24. August 1939 im Rundfunk oder bei der morgendlichen Zeitungslektüre auf den Titelseiten von «Prawda» (Wahrheit) und «Iswestija» (Nachrichten) die Neuigkeiten vernahmen. Am Abend zuvor waren sie noch in der Gewissheit zu Bett gegangen, in einem Land zu leben, das sich als Hauptbollwerk gegen den Faschismus gerierte und noch wenige Monate zuvor dem republikanischen Spanien gegen die

Unnatürliche Allianz   417

Franco-Putschisten und deren deutsch-italienische Unterstützer zur Seite stand. Faschisten firmierten überdies in den sowjetischen Zeitungen, Karikaturen und Spielfilmen gemeinhin als blutrünstige Monster.[2] All dies gehörte nun – im wahrsten Sinne des Wortes – über Nacht der Vergangenheit an.

Die Kolumnisten der Partei- und Regierungszeitungen lobten das Vertragswerk als «Dokument von höchster Wichtigkeit» und Garant für den Frieden. Sie nannten es in einem Atemzug mit den Verträgen von Rapallo und Berlin und ließen Erinnerungen an die glücklicheren Tage der sowjetisch-deutschen Beziehungen aus den 1920er Jahren wieder aufleben, um bei ihren Landsleuten für Zuversicht und Vertrauen gegenüber den Entscheidungen der Führung zu werben.[3] Doch mochte das Misstrauen zunächst nicht weichen. Im öffentlichen Bewusstsein überwog vielmehr das Lager der Skeptiker, die von der Unberechenbarkeit Hitlers sprachen. Unverhohlener Sarkasmus und verbitterte Ironie machten sich mitunter breit. Leningrader Jugendliche artikulierten Unverständnis für einen solchen politischen Schritt. Man habe sie bis dahin gelehrt, den Faschismus zu hassen, und plötzlich demonstriere Stalin «Freundschaft mit Pogromanstiftern». Ähnlich verständnislos zeigte sich der Werkmeister einer Fabrik, für den die Veröffentlichung des Fotos zufrieden dreinlächelnder Vertragspartner in der «Prawda» die «Grenzen des Verstandes» überschritt. Selbst Rotarmisten hegten bisweilen Zweifel, inwieweit die nunmehr propagierte Freundschaft zu Deutschland dazu berechtige, sich von alten Feindbildern vorbehaltlos zu verabschieden.

All dies trat keinesfalls als offene Renitenz gegen das Regime in Erscheinung. Der Unmut wurde hinter vorgehaltener Hand geäußert. Den stalinistischen Ordnungshütern blieb das allerdings nicht verborgen und musste möglichst rasch beseitigt werden. Doch die damit beauftragten Funktionäre und Agitatoren waren vorübergehend heillos überfordert. Denn auch sie hatte man nicht vorab über die Ereignisse im Kreml unterrichtet. Bis auf die offiziellen Presseverlautbarungen konnten sie zumindest anfänglich auf keinerlei allgemeinverbindliche Sprachregelungen zurückgreifen, weshalb sie die bedrängenden

Fragen von Arbeitern und Kolchosbauern zunächst nur ausweichend beantworteten. Und so blieb nichts anderes übrig, als in der Logik des Regimes allein auf die Weitsicht des großen Genossen Stalin zu vertrauen, der dem sowjetisch-deutschen Nichtangriffsvertrag offenbar aus höherer Einsicht seine Zustimmung erteilt hatte.[4]

UdSSR im offiziellen Freundschaftsmodus

Binnen kürzester Frist befand sich das öffentliche Leben der UdSSR im offiziellen Freundschaftsmodus, der jegliche Kritik an Deutschland untersagte. Die Buchgeschäfte und Büchereien waren sehr zum Leidwesen verfolgter Exil-Intellektueller kurzerhand um das antifaschistische Schrifttum bereinigt worden. In der Moskauer Bibliothek für ausländische Literatur lag fortan nicht nur die nationalsozialistische Tagespresse aus. Auch sowjetische Zeitungen übernahmen mit Blick auf das Kriegsgeschehen in Polen und Westeuropa häufig wortwörtlich deutsche Pressemeldungen und Verlautbarungen aus einschlägigen Hitler-Reden.

Theater- und Konzertveranstalter besannen sich wieder auf die deutsche Kultur. Sergej Eisenstein, der 1938 noch für seinen antifaschistischen Kinofilm «Alexander Newskij» gefeiert worden war, inszenierte im November 1940 Richard Wagners «Walküre» im Bolschoi-Theater, zweifellos ein Höhepunkt der Operngeschichte. Erfolgreiche antinazistische Filmproduktionen wie «Professor Mamlock» von Friedrich Wolf oder «Familie Oppenheim» landeten auf dem Index der sowjetischen Kinos. Und Charlie Chaplins legendäre Hitler-Parodie «Der große Diktator» kam unter den veränderten Verhältnissen um die Chance einer Moskauer Uraufführung.

Selbst die Genossen Historiker bekamen im Rahmen der staatlich verordneten Deutschlandeuphorie ihre Rolle zugewiesen. Otto von Bismarcks «Gedanken und Erinnerungen» erschienen in einer für damalige Verhältnisse außergewöhnlich hohen Auflage als russischsprachige Ausgabe, was ein großes Presseecho hervorrief. Zugleich würdigte der renommierte Diplomatie-Historiker Jerussalimskij in dem von Stalin redigierten Vorwort die russlandfreundliche Haltung des ersten deutschen Reichskanzlers, nicht ohne Kontinuitätslinien und Gegenwartsbezüge zur NS-Führung in Deutschland besonders hervorzuheben. Bei dieser Charmeoffensive, die als klare Botschaft an Deutschland zu verstehen war, schlug zweifellos der Umstand zu Buche, dass man in Moskau um Hitlers Bewunderung für Otto von Bismarck wusste.[5]

Für die Kommunistische Internationale bedeutete die 180-Grad-Wende der sowjetischen Deutschlandpolitik einen gewagten politisch-ideologischen Spagat. Ihre seit 1935 offen gegen den Faschismus propagierte Volksfront-Strategie gehörte von da an der Vergangenheit an. Stattdessen musste auch sie sich dem Diktat der Zeit unterwerfen. Und so fiel ihr während der gesamten Pakt-Periode die unrühmliche Aufgabe zu, sich jeglicher Fundamentalkritik gegenüber dem Nationalsozialismus zu enthalten. Die nationalen kommunistischen Parteien waren zugleich von Moskau dazu angehalten, sich gegen die bourgeoisen und liberalen Demokratien des Westens in Stellung zu bringen. Spätestens seit Ausbruch des Zweiten Weltkrieges übernahmen sie das offiziell modifizierte Feindbild des Kreml. Es zielte darauf, die Westmächte als die Hauptaggressoren der kapitalistischen Welt zu entlarven, was sie automatisch zu gemeinsamen Gegnern Deutschlands und der UdSSR machte. Die Komintern flankierte mithilfe eines äußerst schwammigen Antifaschismusbegriffs die neue sowjetisch-deutsche Freundschaft. Dabei kam es mitunter zu abstrusen Verrenkungen. Walter Ulbricht etwa forderte aus seinem sicheren Moskauer Exil dazu auf, die diffamierende Formulierung «Nazi» fortan aus dem rhetorischen Repertoire der deutschen Kommunisten zu streichen; zugleich verlangte er zeitweilig von exilierten KPD-Mitgliedern eine Rückkehr nach Deutschland, um sich an der «Parteiarbeit zu beteiligen».[6]

Selbst wenn es während der 22-monatigen unnatürlichen Allianz zwischen der Sowjetunion und Deutschland keinen offen propagierten kommunistischen Widerstand gegen das Nazi-Regime geben durfte, verhielt sich die Komintern keinesfalls gänzlich neutral. Als

deren Vorsitzender Georgij Dimitrow – nicht zuletzt unter dem Eindruck des unerwartet erfolgreichen deutschen Westfeldzugs – Ende November 1940 Wjatscheslaw Molotow in vertraulicher Runde auf eine beabsichtigte verschärfte Zersetzung der deutschen Besatzungstruppen in den verschiedenen europäischen Ländern ansprach, ermunterte der Außenkommissar den Kominternchef: «Selbstverständlich muß man das tun. Wir wären ja keine Kommunisten, wenn wir diesen Kurs nicht einhalten würden. Nur muß es lautlos geschehen.»[7]
Da war sie also wieder, die Ambivalenz in der sowjetischen Deutschlandpolitik. In der Außendarstellung vermied es dagegen die Kreml-Führung aus Rücksicht auf das NS-Regime peinlichst, in irgendeiner Weise mit der Kommunistischen Internationale offen in Verbindung gebracht zu werden. Die sowjetische Presse überging deren Existenz und Tätigkeit mit Stillschweigen. Und was die russischsprachige Ausgabe des KI-Organs «Die Kommunistische Internationale» betraf, so konnte man während der gesamten Pakt-Periode zumindest in der UdSSR keinerlei Exemplare auf dem staatlichen Zeitschriftenmarkt frei erwerben.[8]

Verwirrung und Dissonanzen in Deutschland

Unter der deutschen Bevölkerung stiftete die Nachricht vom Paktabschluss nicht weniger Verwirrung als bei den Zeitgenossen in der Sowjetunion. Gleichwohl wurde sie nicht ganz so drastisch vor vollendete Tatsachen gestellt wie die seinerzeit vollkommen vom internationalen Geschehen abgeschotteten Sowjetbürger. Schon seit dem 22. August 1939 bereitete der «Völkische Beobachter» als Kampfblatt und journalistisches Leitmedium der NSDAP seine Volksgenossen vorsichtig auf Ereignisse vor, denen ein epochaler Charakter beigemessen wurde. Am 23. August, zu einem Zeitpunkt, als die deutsch-sowjetischen Unterhändler im Kreml noch um letzte Verhandlungspunkte und Formulierungen rangen, pries Theodor Seibert den potenziellen Pakt bereits als die «Wiederherstellung eines natürlichen Zustandes» im bilateralen Verhältnis von Deutschen und Russen.[9]

Und dennoch brach auch für viele seiner Landsleute spätestens am 24. August mit der Bekanntgabe der Paktunterzeichnung ein seit 1933 systematisch aufgebautes Weltbild zusammen. Alle im Umfeld des Reichspropagandaministeriums und des NS-Chefideologen Alfred Rosenberg stehenden Ressourcen, bis dahin selbstverständlich im Geiste der Volksaufklärung gegen die UdSSR eingesetzt, waren von jetzt auf gleich von der außenpolitischen Neuorientierung des Regimes betroffen.

Die Antikomintern, jene vermeintlich unabhängige halb private Organisation, die seit Oktober 1933 mit einem enormen finanziellen Aufwand propagandistisch im In- und Ausland gegen die Sowjetunion zu Felde zog, musste im September 1939 ihre Aktivitäten einstellen. Sie hatte bis dahin die antirussische Linie auf den Nürnberger Parteitagen der NSDAP befeuert und hierfür das erforderliche Material zur Verfügung gestellt. Die übrige deutsche Öffentlichkeit sollte vor allem über die Zeitschrift «Contra-Komintern» und über Erinnerungsberichte kommunistischer Renegaten im Sinne der NS-Ideologie über das wahre Gesicht des Sowjetsystems indoktriniert werden. Dafür standen mit dem Nibelungen-Verlag spezielle Publikationsmöglichkeiten zur Verfügung; Bücher und Flugschriften zur antikommunistischen Vorurteilspflege waren in gigantischen Auflagen unter den deutschen Volksgenossen vertrieben worden. Dies alles schien nun mit dem Pakt vollkommen wertlos geworden zu sein.[10]

Reichspropagandaminister Joseph Goebbels sah darin allerdings keinen Grund zur Besorgnis. Die Frage des Bolschewismus, vertraute er einen Tag nach der Unterzeichnung des Nichtangriffsabkommens am 24. August 1939 seinem Tagebuch an, sei «im Augenblick von untergeordneter Bedeutung». Man sei aus Not eben dazu gezwungen und fresse deshalb «wie der Teufel Fliegen».[11] Schon im Mai 1939, als sich erste deutsch-sowjetische Gespräche anbahnten, hatte er der deutschen Presse einschlägige Anweisungen erteilt, die antibolschewistische Polemik zu zügeln. Mit der näher rückenden Chance einer bilateralen Verständigung verschärfte er Ende Juni seine Auflagen. Fortan durfte die UdSSR unter keinen Umständen mehr Gegenstand direkter journalistischer Angriffe sein. Diese Linie sollte seit 1940 noch strenger beibehalten werden, vor allem in den letzten Monaten unmittelbar vor dem deutschen Überfall auf die Sowjetunion am 22. Juni 1941. Propagandistische Zurückhaltung diente jetzt allein dem Zweck, Stalin in Sicherheit zu wiegen und ihn möglichst lange über die Angriffsvorbereitungen der Wehrmacht zu täuschen.[12]

Trotz solcher Anweisungen – und anders als in der UdSSR – verabschiedete sich das NS-Regime in der Praxis damit aber nicht sogleich und durchgängig von der Vermittlung lieb gewonnener Weltbilder. Dies lag daran, dass Hitlers russlandpolitischer Schwenk nicht nur Befürworter innerhalb der NS-Führung besaß. Im Unterschied zur Unverfrorenheit eines Joseph Goebbels, der gänzlich unbekümmert der neuen Linie folgte, war Partei-Ideologe Rosenberg aus Glaubwürdigkeitsgründen gegenüber der Volksgemeinschaft wenig geneigt, den bisherigen Feindbildern vollständig abzuschwören. Allerdings befand er sich in einem Loyalitätskonflikt. Denn gegen Adolf Hitlers neue Vertragspolitik wollte und konnte er nicht offen opponieren. Um die Dissonanzen in den Reihen der alten Parteikämpfer zu vermindern und deren Gemüter möglichst zu besänftigen, vollzog das Regime den Wechsel in der Russland-Berichterstattung daher wesentlich behutsamer, als die Sowjetunion es tat. So hoben einschlägige Richtlinien für Verlage im November 1939 eigens hervor, nicht allzu überstürzt antibolschewistische Literatur aus dem Vertrieb zu nehmen oder diese gar einzustampfen. Gleichwohl sollte es fortan unterbleiben, auffällig dafür zu werben. Mit Blick auf künftige Veröffentlichungen zu Russland wurde von nun an ein sachlicherer Stil gefordert.

Und in der Tat erschienen auf dem deutschen Büchermarkt seit dieser Zeit vermehrt Publikationen zur russischen Geschichte oder damaligen politischen-gesellschaftlichen Situation in der Sowjetunion, die betont objektiv und ohne die ansonsten üblichen antisemitischen, slawophoben Untertöne waren. Broschüren – so etwa von Bernhard Schwertfeger –, die in mehreren Auflagen eine hohe Verbreitung erzielten, plädierten mitunter in traditioneller Sicht der Rapallo-Ära der 1920er Jahre für notwendige normale, gut nachbarschaftliche Beziehungen zur UdSSR. All dies wäre vor dem 23. August 1939 in Deutschlands gleichgeschalteter Medienlandschaft undenkbar gewesen.[13] Das galt umso mehr für Militärs wie Oskar von Niedermeyer, die in zahlreichen Presseartikeln die «wiedergewonnene realpolitische Basis im gemeinsamen Verhältnis» feierten. Gleichwohl mochte die Euphorie nicht auf das Gros der Wehrmachtsführung überspringen. Trotz angesagter Partnerschaft blickte sie zwiespältig auf die Rote Armee und schätzte deren Kampfkraft eher gering ein.[14]

Selbst die Wochenschau, durch die das NS-Regime die stärkste propagandistische Wirkung auf die deutsche Bevölkerung erzielte, passte sich schnell den neuen Gegebenheiten an. In jenem Maße, wie sie in den Jahren davor als Instrument des NS-Propagandakrieges gegen die UdSSR agitierte, vermittelte sie nun bis zum 22. Juni 1941 ein nahezu uneingeschränkt positives, weitgehend entideologisiertes Sowjetunion-Bild. Und dennoch hatte man sich zumindest anfänglich nicht ganz von alten Mustern gelöst. Die lang gehegten Vorbehalte gegen Russen wurden allerdings nicht mehr mit derselben stereotypen Plumpheit früherer Berichterstattung gepflegt. Im Kontext der Waffenbrüderschaft[15] während des Polenkriegs im September 1939 etwa ging es nun weniger brüskierend zu, wenn den deutschen Volksgenossen die Überlegenheit der eigenen Wehrmacht gegenüber der Roten Armee vermittelt werden sollte.[16]

Grenz- und Freundschaftsvertrag

Die sowjetische Führung, allen voran Stalin, blickte der neuen Zusammenarbeit mit dem Deutschen Reich höchst erwartungsvoll entgegen. Nachdem die UdSSR noch im Jahr zuvor von der Münchner Konferenz und den Entscheidungen über die Tschechoslowakei durch die damaligen Akteure der internationalen Politik ausgeschlossen worden war, hatte sich ihr Spielraum inzwischen erheblich erweitert. Mithilfe des NS-Regimes gehörte sie nunmehr zu den Schiedsrichtern über europäische Fragen. Die Zeiten politischer Isolierung waren damit Vergangenheit. Als überaus komfortabel erwies sich, dass

Stalin in der Position eines vermeintlich neutralen Staatsvertreters agieren und außenpolitisch vorteilhafte Positionsgewinne für sein Land verbuchen konnte, ohne in das europäische Kriegsgeschehen unmittelbar involviert zu werden.

Zumindest für weite Teile Osteuropas war spätestens nach dem deutschen Angriff auf Polen die Versailler Ordnung von 1919 endgültig zerstört. In Moskau konnte der Kremlchef daher zufrieden den Bericht seines diplomatischen Bevollmächtigten in Berlin, Alexander Schkwarzew, entgegennehmen. Dieser hatte am 3. September 1939 aus einem Gespräch mit Hitler von dessen fester Zusicherung berichtet, sich – wie im Geheimen Zusatzprotokoll seinerzeit abgesprochen – an eine endgültig festzulegende gemeinsame Staatsgrenze zu halten.[17] Damit gelangten annähernd wieder Herrschaftsräume in die beiderseitigen Geltungsbereiche, die schon einmal, vor Ausbruch des Ersten Weltkrieges, zu den festen Staats- oder doch Einflussgebieten der einstigen europäischen Großmächte Deutschland und Russland gehört hatten.

Angesichts solch verheißungsvoller Perspektiven strebte insbesondere Stalin nach zuverlässiger Partnerschaft. Die Basis hierfür bildete nicht allein der Nichtangriffspakt. Der Grenz- und Freundschaftsvertrag vom 28. September 1939 war nur eine folgerichtige Zwischenetappe, die sich im Verlauf der absehbaren Niederlage Polens abzeichnete. Nun galt es, aufgrund gemeinsamer Interessen die erste Beute untereinander aufzuteilen. Vor allem die sowjetische Seite maß in diesem Zusammenhang dem Vertragswerk einen hohen Stellenwert bei. Lieferte es doch erste Gewissheit darüber, inwieweit die vom Erfolg des Blitzkrieges überwältigte NS-Führung sich am Ende an einschlägige Vorabsprachen halten würde.

Tatsächlich bewährte sich hier die neue Zusammenarbeit. Die UdSSR setzte sich gegenüber der Reichsregierung durch, nicht einen polnischen Rumpfstaat übrig zu lassen. Stattdessen wollte Stalin das Land am 28. September 1939 in einem speziellen Grenzvertrag nach ethnischen Kriterien zerstückeln. Auf diese Weise werde jegliches Konfliktpotenzial zwischen der Sowjetunion und Deutschland beseitigt. Eine geteilte polnische Bevölkerung werde wie in früheren Zeiten nach Wiedervereinigung streben und damit einen ständigen Unruheherd bilden, was die deutschen Unterhändler am Ende überzeugte. Deutschland bekam das rein polnische Siedlungsgebiet zugesprochen, während die UdSSR höchst zufrieden die überwiegend weißrussischen und ukrainischen Territorien erhielt. Beide Mächte waren sich zudem einig, diese Regelung insgesamt durch Drittstaaten nicht in Frage stellen zu lassen. Moskau sah sich damit in einer überaus vorteilhaften Lage. Denn selbst für den Fall möglicher Friedensverhandlungen am Ende des soeben ausgebrochenen europäischen Krieges konnte man zumindest gegenüber den Briten argumentieren, sich weitgehend – im Sinne der einstigen Curzon-Linie – an deren Grenzvorstellungen für Polen aus dem Jahre 1919 orientiert zu haben. Das wiederum, so Stalins Kalkül, würde es Großbritannien erschweren, auf einer sowjetischen Räumung Ostpolens zu bestehen.

Der Grenz- und Freundschaftsvertrag mit dem «Dritten Reich» bot aber noch weiteres Potenzial. Er bekannte sich zur Fortentwicklung einträchtiger Beziehungen zwischen den beiden Völkern, sah in einem vertraulichen Zusatzprotokoll die Umsiedlung von Deutschstämmigen in das Reichsgebiet vor und legte die Vertragspartner auf ein koordiniertes Vorgehen fest, jegliche polnische Agitation zu unterdrücken, die auf das jeweils andere Teilungsgebiet zielte. Für jedermann sichtbar demonstrierten beide Regierungen schließlich Einigkeit, indem sie in einer gemeinsamen Initiative die westlichen Demokratien dazu aufforderten, sich mit Deutschland auszusöhnen und den Kriegszustand zu beenden. Sollten sie ablehnen, fiel ihnen in dieser Lesart allein die Verantwortung für die Fortsetzung der Kampfhandlungen zu. Und für diesen Fall beschlossen die Reichs- und die Sowjetregierung schließlich, sich untereinander über die erforderlichen Gegenmaßnahmen abzustimmen. Von sowjetischer Neutralität konnte angesichts solcher Absprachen keine Rede mehr sein.[18]

Wirtschaftskooperation in Pakt-Zeiten

In Moskau wurden derartige politische Vereinbarungen als Beweis gewertet, dass die sowjetisch-deutschen Beziehungen nunmehr auf einen guten Weg gebracht seien. Nicht zuletzt deshalb wurde die Partnerschaftspflege im Partei- und Staatsapparat politisch-institutionell hoch angesiedelt. Mit Außenminister Wjatscheslaw Molotow und Außenhandelskommissar Anastas Mikojan hatten nicht nur engste Vertraute Stalins seit Sommer 1939 die entscheidenden Verhandlungen zur Verbesserung des bilateralen Verhältnisses geführt. Sie blieben weiterhin die zentralen Ansprechpartner. Deutschlands Botschafter Friedrich Werner Graf von der Schulenburg verfügte zudem über einen privilegierten Zugang zu Außenkommissar Molotow, der bereit war, ihn ohne Umschweife zu jeder Tages- und Nachtzeit zu empfangen. Und über diese Verbindung war zugleich der direkte Draht zu Josef Stalin sichergestellt, der sich nicht scheute, selbst in Aktion zu treten, so es die Umstände erforderten.

Auf deutscher Seite lagen die Verhältnisse anders. Hitler, der unbeirrt an seinen antibolschewistischen, von Lebensraum und Rassenkrieg geprägten Phantasien festhielt, betrachtete den Zustand, von dem der Kreml sich so viel erwartete, nur als eine Übergangslösung. Allein deshalb überließ er während der gesamten Pakt-Periode die Beziehungspflege weitgehend der alten Rapallo-Fraktion im Auswärtigen Amt oder den einschlägigen Mitarbeitern des Reichswirtschaftsministeriums und den militärischen Dienststellen, die ein letztes Mal in einem ungewohnten Ausmaß eigenständige Außenpolitik treiben durften. Im Unterschied zu Stalin intervenierte er beispielsweise nicht direkt bei den umfassenden Wirtschaftsverhandlungen, die sich aus dem Grenz- und Freundschaftsabkommen ergaben. Hier wurde Hitler – wenn überhaupt – meist erst im Nachhinein über den Stand der Gespräche unterrichtet.[19]

Die ökonomische Kooperation, die fortan auf zwei bilateralen Abkommen vom 11. Februar 1940 und 10. Januar 1941 basierte, verdeutlichte abermals, dass die UdSSR in dem soeben ausgebrochenen europäischen Krieg alles andere als ein Zaungast war. Stalin räumte der wirtschaftlichen Zusammenarbeit mit den Deutschen höchste politische Priorität ein. Mehr noch: Er betrachtete sie als einen Akt gegenseitiger Hilfe, wie er während der Verhandlungen mit der deutschen Wirtschaftsdelegation im Dezember 1939 eigens hervorhob.[20] Dadurch verstrickte er sein Land immer tiefer in Hitlers Aggressionspolitik. Zumindest wehrwirtschaftlich betrachtet, avancierte der Kremlchef während der ersten Phase deutscher Blitz- und Angriffskriege zeitweilig zu einem indirekten Kombattanten des NS-Regimes.

Ohne seine Unterstützung wäre angesichts der britischen Seeblockade, die Deutschland von den übrigen Weltmärkten und damit von rüstungsrelevanten Rohstoffen abschnitt, zumindest anfänglich eine längerfristige Kriegführung kaum möglich gewesen. Seit Oktober 1939 stellte Moskau daher durch spezielle Ankäufe in Drittstaaten, zu denen die Deutschen wegen der englischen Abriegelung keine direkten Wirtschaftskontakte mehr besaßen, die erforderlichen Waren- und vor allem Rohstofflieferungen sicher. Um die gesamte Operation möglichst geheim zu halten, charterte die UdSSR hierfür eigens Schiffe aus neutralen Ländern. Außerdem übernahm sie für Deutschland in dieser Zeit die wichtige Funktion eines zuverlässigen Transitlandes, was mit Blick vor allem auf Öl, Kautschuk oder Nichteisenmetalle dessen handelspolitische Lebensader zu Rumänien, zum Iran, zu Afghanistan und zu zahlreichen Staaten des Nahen und Fernen Ostens bildete.[21]

Die UdSSR selbst bedachte das kämpfende Deutschland aber auch überaus zuvorkommend aus eigenen Landesressourcen mit umfangreichen Getreidelieferungen und kriegswichtigen Bodenschätzen. Im Vergleich zu 1939 hatte sich das Handelsvolumen inzwischen vervierfacht. Allein im ersten Halbjahr 1941 nahm Stalin dafür Versorgungsprobleme der sowjetischen Bevölkerung billigend in Kauf, um 100 Prozent der deutschen Roggen-, 52 Prozent der Weizen-, 72 Prozent der Hafer- und 97 Prozent der Maisimporte zu decken. Während des gesamten Jahres 1940 sicherte Moskau 34 Prozent des deutschen Ölbedarfs. Bei Nickel waren es 40 Prozent, bei Phosphat 74 Prozent, bei Manganerzen 55 Prozent, bei Chromerzen 65 Prozent und bei Asbest 67 Prozent.[22] Dabei spielte auf sowjetischer Seite immer der Gedanke mit, die bilateralen Beziehungen über die Schaffung handelspolitischer Abhängigkeiten weiter zu fundieren, was gleichzeitig dem eigenen gesteigerten Sicherheitsbedürfnis dienen sollte. Allerdings blieb das Deutsche Reich nicht allzu lange auf solche Material- und Lebensmittelieferungen aus der UdSSR angewiesen. Doch bereits das Wissen um die Ressourcen aus der UdSSR beflügelte die deutschen Militärs bei ihren Planungen für den bevorstehenden Westfeldzug. Das galt umso mehr, als die Allianz mit Moskau abgesehen von wirtschaftlichen Hilfsleistungen ermöglichte, Deutschlands Ostgrenze mit lediglich zehn Wehrmachtsdivisionen abzusichern. Das Gros der Truppen konnte also in den Krieg gegen den Westen geführt werden.[23]

Seit Sommer 1940 begann sich überdies die politische Szenerie in Europa drastisch zugunsten der imperialen Herrschaftsvorstellungen Hitlers zu wandeln. Mit der Besetzung Norwegens und der Kapitulation Frankreichs schickten sich die Nationalsozialisten an, die von ihnen unterworfenen Territorien zu einem auf Deutschland ausgerichteten europäischen Großwirtschaftsraum zusammenzufassen. Angesichts solcher Entwicklungen verlor für Berlin die noch Anfang 1940 propagierte exklusive Wirtschaftspartnerschaft mit der UdSSR an Bedeutung. Lieferungen von dort besaßen deshalb nur noch ergänzende Funktion.[24]

Dennoch kam die Sowjetunion unbeirrt ihren Verpflichtungen nach. Zwar gab es zwischendurch Missstimmigkeiten, da die deutschen Vertragspartner ihre Zusagen nicht zeitgerecht erfüllten. Als daraufhin Moskau im Herbst 1940 die sowjetischen Vorlieferungen erheblich drosselte, gelangten die Dinge allmählich wieder ins Lot. So wie Deutschland die beiden Wirtschaftsabkommen mit der UdSSR vorübergehend als willkommene Quelle für zusätzliche Rohstoffe betrachtete, zog auch die Sowjetunion aus der neuen ökonomischen Partnerschaft zahlreiche Vorteile. Sie diente einerseits den Deutschen gegenüber als Mittel friedenssichernder Appeasementpolitik. Andererseits ergab sich aus der Wirtschaftskooperation die Chance, die im Zuge des Großen Terrors der ausgehenden 1930er Jahre personell wie materiell geschwächte Rote Armee wieder zu konsolidieren. Mehr noch: Die Zusammenarbeit schuf schließlich Ersatz für den spätestens seit Kriegsausbruch drastisch zurückgegangenen Handel mit den USA, Großbritannien und Frankreich.[25]

Die Deutschen boten nun Kompensation und die Möglichkeit, nicht den Anschluss an aktuelle technische Entwicklungen zu verlieren. Es überrascht daher wenig, wenn die sowjetische Seite im Gegenzug für ihre Nahrungsmittel- und Rohstofflieferungen auf innovative Technologien drängte. Die vereinbarten Bestelllisten sahen umfangreiches Kriegsgerät und Industriegüter vor, darunter über 300 moderne Werkzeugmaschinen und Dehydrier-Anlagen zur Herstellung synthetischen Benzins. Neben einem schweren Kreuzer in unfertigem Zustand (zunächst «Lützow», später «Petropawlowsk»), der mit deutscher Hilfe in Leningrad fertiggestellt werden sollte, ließ man sich die Baupläne für das Schlachtschiff Bismarck zusichern. Der Lieferkatalog umfasste schwere Geschütztürme, rund 31 000 Tonnen Schiffspanzerplatten, über zwei Dutzend Flugzeugmuster der Typen Messerschmidt, Dornier, Heinkel und Junkers, eine vollständige Flakbatterie samt Panzer III mit kompletter Ausrüstung sowie Torpedos und Artilleriemunition.

Freilich war die deutsche Vertragsseite angesichts der ambitionierten Wünsche aus Moskau anfangs überaus skeptisch. Hitler hatte zudem angeordnet, die Ausbaupläne für die Schiffe «Lützow» und «Bismarck» erst mit erheblicher Zeitverzögerung herauszurücken. Er hoffte, aufgrund der Kriegsentwicklung am Ende ganz darauf verzichten zu können. Die Deutschen aber lieferten, wenn auch zögerlich, weshalb Stalins Unterhändler Mikojan sogleich Konsequenzen androhte. Doch je näher im Frühsommer 1941 der Termin für den Angriff auf die UdSSR rückte, desto reibungsfreier wickelte das NS-Regime den bilateralen Warenaustausch ab. Wenn sich darunter selbst eine (zwar äußerst begrenzte) Zahl neu entwickelter Panzerwaffen und Raketenflugzeuge fand, dann war dies Teil eines großen Täuschungs- und Tarnungsprogramms: Man wollte die unmittelbaren

Vorbereitungen des «Unternehmens Barbarossa» verschleiern und Stalin zugleich in Sicherheit wiegen.[26]

Vorsichtige Wiederbelebung der Wissenschaftskontakte

Während der Wirtschaftsaustausch zwischen den beiden Ländern in der 22-monatigen Pakt-Periode ein nie zuvor erreichtes Ausmaß angenommen hatte, galt Entsprechendes für die Wissenschaftskooperation nicht in gleicher Weise. Die Intensität des Wissenstransfers und der kulturellen Begegnungen reichte bei Weitem nicht mehr an das heran, was die Rapallo-Ära der Weimarer Republik ungeachtet aller ideologischen Unterschiede einst zu bieten hatte.[27] Doch im Vergleich zu dem tiefen Einschnitt nach der nationalsozialistischen ‹Machtergreifung› konnte es mit dem 23. August 1939 in dieser Hinsicht nur besser werden. Insbesondere Reichsaußenminister von Ribbentrop sprach sich als eigentlicher Architekt des Hitler-Stalin-Paktes für eine vorsichtige Wiederbelebung der Wissenschafts- und Kulturkontakte aus. Er sah darin vor allem flankierende Maßnahmen, um die politisch-ökonomischen Beziehungen zu stimulieren. Freilich unterlag in diesem Zusammenhang alles dem Diktat der politischen Zweckmäßigkeit. Deutliche Grenzen wurden dort gezogen, wo unvereinbare weltanschauliche Gegensätze aufeinanderprallten.

Deutsche Geistes- und Sozialwissenschaftler zeigten sich daher kaum interessiert an den zentral geregelten und an die absolute Regimetreue gekoppelten neuen Kooperationsmöglichkeiten. Natur- und Technikwissenschaftler nutzten dagegen die wiedererlangten Handlungsspielräume des NS-Regimes. Allerdings handelte es sich dabei keinesfalls um ein Massenphänomen. Überhaupt blieb viel zu wenig Zeit, um dem wissenschaftspolitischen Ausnahmezustand eine solide Basis zu verschaffen.

Dennoch kam es zu einigen bemerkenswerten Kooperationsansätzen, die man so nicht unbedingt erwartet hätte. Ausschlaggebend hierfür blieb allein ein spezielles deutsches Interesse. Nur so erklärt sich beispielsweise, dass Konrad Meyer, der als Agrar- und

Raumwissenschaftler zu den Schlüsselfiguren nationalsozialistischer Ostraum- und Germanisierungsplanungen gehörte und die Grundlagen für die deutsche Bevölkerungspolitik im besetzten Polen wie auch die für den späteren «Generalplan Ost» erarbeitete, vom Reichserziehungsministerium für den bilateralen Wissenschaftsaustausch nominiert wurde. Meyer suchte fortan aktiv den Kontakt zu sowjetischen Agrar- und Bevölkerungswissenschaftlern und lud diese zu Kongressen nach Deutschland ein. Umgekehrt reisten deutsche Tier- und Pflanzenzuchtspezialisten nach Moskau und zeigten sich am Rande der All-Unions-Landwirtschaftsausstellung überaus angetan von den Erfolgen, die sie als vorbildlich und in vielerlei Hinsicht als nachahmungswert bezeichneten. Es lag nahe, dass derartige Beziehungen zur einschlägigen Sowjetforschung ganz wesentlich geopolitische Erkenntnisinteressen verfolgten.

Allein auf das Abschöpfen sowjetischer Forschungsdaten kam es auch Georg Wüst an. Der Professor für Ozeanografie stand seit 1939 im Dienst der deutschen Kriegsmarine, die wiederum ein erhebliches militärisches Interesse an den Eis- und Gezeitenverhältnissen in den arktischen Meeresregionen der UdSSR hatte. Es interessierten Fakten und Daten, die am Ende die Zerschlagung der Sowjetunion und die koloniale Ausbeutung des Ostens erleichtern würden.[28]

Ähnlich wie die Wirtschaftsbeziehungen dienten auch die Wissenschaftskontakte schließlich dazu, der sowjetischen Seite die Illusion eines dauerhaften bilateralen Ausgleichs zu vermitteln. Sie fügten sich in die zahllosen strategischen Ablenkungsmanöver ein, die im Vorfeld des deutschen Überfalls auf die UdSSR Beschwichtigungscharakter besaßen. Nichts anderes war es, wenn etwa die deutsche Seite den Wünschen der sowjetischen Ingenieurswissenschaften entgegenkam und man seit März 1940 an einem gemeinsamen «Handbuch der deutschen Technik und Industrie» arbeitete. Als besonders vertrauensbildend wirkte dabei, dass dem langjährigen Vorsitzenden des VDI (Verein Deutscher Ingenieure), Conrad Matschoß, einem renommierten Wissenschaftler und Doyen der deutschen Technikgeschichtsschreibung, diese verantwortungsvolle Aufgabe übertragen wurde. Aber auch das Projekt einer deutschen Straßenbauausstellung in Moskau, von dem sich die sowjetische Seite Einblicke in die modernste Baumaschinentechnik versprach,[29] fügte sich ein in den Kontext verschleiernder Maßnahmen, die eine deutsch-sowjetische Normalität suggerieren sollten.

Molotow in Berlin und das Ende der unnatürlichen Allianz

Spätestens im Sommer 1940 zeichneten sich erste Risse im deutsch-sowjetischen Freundschaftsbund ab. Besorgt registrierte man in Moskau, wie unerwartet schnell die deutschen Militärs in wenigen Wochen den Westfeldzug erfolgreich beendet und Frankreich besiegt hatten. Damit zerschlugen sich die sowjetischen Hoffnungen, die Deutschen durch eine längerfristige Kriegführung gebunden zu sehen.

Für reichliche Irritation sorgte schließlich, dass Außenkommissar Molotow Hitler am 17. Juni 1940 zusammen mit seinen Glückwünschen zu den grandiosen Kriegserfolgen im Westen mit der Tatsache konfrontierte, die baltischen Staaten durch Truppen der Roten Armee in allernächster Zeit besetzen zu wollen. Der Führer der NSDAP zeigte sich darüber im engsten Kreis wenig erfreut. Gewiss sah das Geheime Zusatzprotokoll deutsche und sowjetische Einflusszonen in Osteuropa vor. Doch von einer Einverleibung der baltischen Staaten in den sowjetischen Territorialbestand war darin keinesfalls die Rede. Als am 26. Juni 1940 die UdSSR dann von Rumänien ultimativ die Abtretung Bessarabiens forderte und am Ende sogar die nördliche Bukowina annektierte, was nicht Gegenstand der seinerzeitigen Geheimabsprachen war, belastete dies das bilaterale Verhältnis. Stalin schickte sich offenbar an, über die klassischen Regionen, die einst zum Zarenreich gehört hatten, nunmehr hinauszugreifen. Damit provozierte er Hitlers Unmut, weil Rumänien für die Deutschen großes kriegswirtschaftliches Potenzial besaß.[30]

Wenn Adolf Hitler diesen Interessenkonflikt nicht weiter eskalieren ließ, dann gab es dafür gute Gründe. Bereits seit Frankreichs Niederlage, spätestens aber ab Herbst 1940 hielt er seine Herrschaft in Westeuropa für weitgehend konsolidiert. Zugleich betrachtete er Großbritannien faktisch als geschlagen. Folglich gab es für ihn keinen Grund mehr, sich zielstrebig der nächsten großen Aufgabe zuzuwenden. Mit der militärischen Rückenfreiheit im Westen setzte er nun sein lang gehegtes Lebensraumprojekt im Osten auf die Agenda: die Sowjetunion im Rahmen eines weltanschaulichen Vernichtungskrieges zu zerschlagen. Er war fest davon überzeugt, die Operation in bewährter Blitzkrieg-Manier innerhalb weniger Monate zu meistern. Allein deshalb gab es für ihn keine unmittelbare Notwendigkeit mehr, zuvor die Briten besiegen zu müssen. Und was die Kampfkraft der Roten Armee betraf, hatten Stalins Truppen im Finnland-Debakel von 1939/40 deutlich unter Beweis gestellt, wie wenig sie einem entschlossenen, kampferprobten Gegner standhalten würden. Am 31. Juli 1940 erfuhr die deutsche Generalität erstmals von Hitlers Entschluss. Das waren gleichsam Auftakt und Weichenstellung für das streng geheime «Unternehmen Barbarossa».[31]

Moskau befand sich aber nach wie vor im sowjetisch-deutschen Freundschaftsmodus. Weiterhin sahen sich die dortigen Außenpolitiker von der Richtigkeit ihres Kurses überzeugt. Denn die Vereinigten Staaten begannen seit Herbst 1940, sich immer offener mit den bedrängten Briten zu solidarisieren. In der speziellen sowjetischen Lesart blieben deshalb die Deutschen – ungeachtet manch bilateraler Dissonanzen – weiterhin auf den Schulterschluss mit der UdSSR dringend angewiesen. Insbesondere Stalin bezog seinen Optimismus in dieser Hinsicht aber noch aus anderen Quellen. So hatte ihn der deutsche Außenminister in einem persönlichen Brief am 13. Oktober 1940 in einer wahren Eloge auf die gutnachbarschaftlichen Beziehungen sowie die aussichtsreichen Perspektiven im bilateralen Verhältnis zu umschmeicheln versucht. Und der Empfänger des Briefes war davon sichtlich beeindruckt, folgt man seinen Unterstreichungen und Randkommentaren.

Ganz deutlich war diese Grundstimmung auch während Wjatscheslaw Molotows dreitägigem Berlin-Besuch vom 12. bis 14. November 1940 zu spüren. Hitler und von Ribbentrop trafen auf einen sichtlich selbstbewussten sowjetischen Außenkommissar, der daran glaubte, die nächsten außenpolitischen Ziele der NS-Machthaber ergründen und gleichzeitig mit ihnen weitere Einflusszonen festlegen zu können. Es galt insgesamt zu erfahren, welche Aufgaben der Sowjetunion in Hitlers neuer europäischer Ordnung zufallen würden. Das jedenfalls sahen Stalins Direktiven für die Staatsvisite seines Ministers in der Reichshauptstadt vor.[32]

Zunächst ging Molotow am 12. November zuversichtlich aus der ersten Begegnungsrunde mit Ribbentrop und Hitler. In einem Geheimtelegramm vermittelte er Stalin gegenüber den Eindruck, die Deutschen seien an einer Einigung interessiert, um die Freundschaft weiter zu festigen. Auch hinsichtlich erweiterter Einflusszonen zeigte sich der Außenkommissar optimistisch. Das war es, was der Kremlchef hören wollte und was er in den ihm sogleich übermittelten Gesprächsaufzeichnungen entsprechend kennzeichnete.[33]

Der zweite Verhandlungstag nahm dann allerdings nicht den von sowjetischer Seite erhofften Verlauf. Hier kamen mit der Finnlandfrage wie auch Hitlers Kritik an der sowjetischen Annexion der nördlichen Bukowina kontroverse Punkte zur Sprache, was über die Maßen kostbare Zeit in Anspruch nahm. Handfeste Zusagen hinsichtlich weiterer sowjetischer Einflusszonen in Nordeuropa und auf dem Balkan sowie der deutschen Unterstützung in der Schwarzmeer-Region – was auf die türkischen Meerengen zielte –, im Nahen Osten und in Teilen Asiens konnte Molotow seinen Gesprächspartnern am Ende aber nicht abringen. Insofern traf zumindest in diesem Punkt seine Einschätzung zu, dass der Berlin-Besuch nicht die gewünschten Ergebnisse erbracht habe, wie er in der Nacht vom 13. auf den 14. November 1939 sogleich nach Moskau kabelte.[34]

Gleichwohl schien in dieser Hinsicht noch längst nicht alles verloren. Zumindest Stalin erweckte nicht den Eindruck, die Sache bereits aufgegeben zu haben, wenn er im letzten Gesprächsprotokoll Molotows mit Hitler gewissermaßen als Trostpreis Folgendes für besonders hervorhebungswürdig betrachtete: die Zusage des deutschen Reichskanzlers, dass Russland mit Blick auf das nördliche Europa nach dem Krieg alles bekommen werde, was es wünsche. Und in der Frage von Bosporus und Dardanellen weckte der «Führer» offenbar Hoffnungen, dass er sich hier nach einem persönlichen Gespräch mit dem Kremlchef sicher zugunsten der UdSSR entscheiden werde.[35]

Derartige Beteuerungen rissen nicht ab. Nicht viel anders verhielt es sich im Nachgang zur Molotow-Visite mit lancierten Gerüchten, Hitler sei mit dem Verlauf der Gespräche nicht nur äußerst zufrieden, sondern vor allem auch höchst beeindruckt vom sowjetischen Außenminister gewesen. Sie waren allesamt Teil einer deutschen Desinformationskampagne, die darüber hinwegtäuschen wollte, dass man nunmehr den Wendepunkt in den bilateralen Beziehungen erreicht hatte. Denn schon wenige Wochen später, am 18. Dezember 1940, unterschrieb Adolf Hitler die streng geheime «Weisung 21». Damit war – als «Fall Barbarossa» getarnt – sein unerschütterlicher Entschluss zum Angriff auf die UdSSR endgültig festgeschrieben.[36]

Diese Tatsache blieb dem sowjetischen Militärnachrichtendienst allerdings nicht allzu lange verborgen. Bereits am 29. Dezember berichteten sowjetische Geheimdienstquellen aus Berlin von der Existenz des Barbarossa-Befehls nach Moskau, wobei der Kriegsbeginn frühestens für März 1941 vermutet wurde. Schon tags zuvor hatte Richard Sorge, Stalins Meisterspion in Tokio, auf die Gefahr eines bevorstehenden Militärschlags hingewiesen. Von da an mehrten sich die Warnungen vor einem deutschen Überfall. Bis zum 22. Juni 1941 waren dies über 270 Meldungen. Freilich gab es darunter auch widersprüchliche Angaben. Überdies hatten viele Informanten aus mitunter sehr unterschiedlichen Quellen von den Kriegsgerüchten gehört. Allein es fehlte an hinlänglichen Beweisen, etwa in Form einer Kopie der «Weisung 21», die nur in achtfacher Ausfertigung überliefert war und zunächst nur einem kleinen Kreis vertrauenswürdiger Militärs zugänglich gemacht wurde.[37]

Doch Stalin blieb davon weitgehend unbeeindruckt. Selbst als seit dem Frühjahr 1941 die massive Konzentration deutscher Truppen an der gemeinsamen Staatsgrenze kaum mehr zu übersehen war und die Meldungen über den unmittelbar bevorstehenden Angriff immer präziser wurden – Spitzenagent Willy Lehmann nannte ihm bereits am 19. Juni 1940 den genauen Termin –, schlug er diese in den Wind. Er tat sie als bloße Propaganda oder gar als britische Desinformation ab, die einzig darauf gerichtet sei, die Sowjetunion in einen Krieg mit Deutschland zu verwickeln.

Stalin bewies Vertragstreue und praktizierte ökonomische Appeasementpolitik in dem Glauben, die Deutschen durch fristgerechte Rohstofflieferungen zu besänftigen und sie von potenziellen Angriffsabsichten abzuhalten. Als in den letzten Friedensstunden deutsche Aufklärungsflugzeuge bereits verstärkt den sowjetischen Luftraum verletzten, wies er seine Militärs an, sich nicht zu militärischen Reaktionen provozieren zu lassen – ganz zu schwiegen von der Tatsache, dass bereits im Mai 1941 eine deutsche Junkers 52 «unbemerkt von der sowjetischen Luftabwehr» bis nach Moskau vordringen und dort «wohlbehalten auf dem zentralen Flugplatz unweit des Dynamo-Stadions» landen konnte.[38]

Als dann im Morgengrauen des legendären 22. Juni 1941 ein Millionenheer deutscher Land- und Luftstreitkräfte gemeinsam mit italienischen und rumänischen Verbündeten zum Krieg gegen die UdSSR ansetzte, stand Stalin vor dem Scherbenhaufen seiner Allianzpolitik. In vielerlei Hinsicht war er das Opfer einer maßlosen Hybris und Selbstherrlichkeit geworden. So hatte er seinen Auslandsdiensten weitgehend untersagt, eigenständig tiefer greifende Analysen anzufertigen und daraus ausführliche Schlussfolgerungen oder gar Empfehlungen abzuleiten. In seinem notorischen Misstrauen sah nur er sich dazu befähigt, die geheimdienstlichen Informationen adäquat zu bewerten.[39] Ein deutscher Angriff jedenfalls passte dabei nicht ins Bild, das der Kremlchef bestätigt sehen wollte.

Stalins fatale Selbsttäuschung beruhte schließlich auch auf einer völligen Fehleinschätzung der Persönlichkeit Hitlers. Der sowjetische Diktator projizierte eigene Überzeugungen und Verhaltensmuster auf seinen Gegenspieler in Berlin. Er beurteilte ihn allzu sehr vor dem

Hintergrund der handelnden deutschen Diplomaten und wirtschaftspolitischen Unterhändler, die auf Freundschaft und Kooperation mit der UdSSR setzten. Nicht zuletzt deshalb lag es ihm fern anzunehmen, Hitler würde sich auf einen Zwei-Fronten-Krieg einlassen, was nur mit erheblichen politischen, strategischen und ökonomischen Nachteilen verbunden sein konnte.[40]

Gerade darin offenbarte sich ein weiteres Mal der hohle Charakter der 22 Monate währenden deutsch-sowjetischen Allianz: Adolf Hitler hatte in dem gesamten Zeitraum seine ideologischen Vorbehalte gegenüber dem Bolschewismus lediglich aus taktischen Gründen zurückgestellt, bis er die geeigneten Rahmenbedingungen für eine erfolgreiche Kriegführung gekommen sah. Stalin dagegen verkannte die Situation. Er war weniger Ideologe und verharrte stattdessen in traditioneller Rapallo-Mentalität, die jenseits aller weltanschaulichen Gegensätze der praktischen Zusammenarbeit zum beiderseitigen Nutzen den Vorzug gab. Freilich gab es auch andere Beispiele für Kooperation, die vor allem in der Folgezeit von erheblichen Zwangsmaßnahmen überschatten sein sollten.

Erzwungene Kooperation.
Reparations- und Demontageerfahrungen nach der Niederlage

Walter Ulbricht war ein glühender Stalinist. Während seines politischen Exils in Moskau hatte er nicht nur Stalins Großen Terror überlebt, er hatte sich zugleich die speziellen Spielregeln des dortigen Regimes zu eigen gemacht. Seit Kriegsende weilte er im östlichen Teil Deutschlands, wo er, ergeben der sowjetischen Besatzungsmacht, den politischen Neubeginn maßgeblich mitgestaltete. Für ihn stand außer Frage, dass das unbeschreibliche Leid und gewaltige Ausmaß der Zerstörungen durch den NS-Vernichtungskrieg nicht ungesühnt bleiben durften. Die Deutschen mussten dafür zur Verantwortung gezogen werden. Wenn sich die Sowjetmacht nun mittels Demontagen und Reparationen an ihnen schadlos halten wollte, um das eigene, am Boden liegende Land wieder aufzubauen, entsprach dies nur der Logik der Niederlage und erschien in Ulbrichts Weltsicht vollkommen gerechtfertigt. Er, aber auch die übrigen aus dem sowjetischen Exil in die alte Heimat zurückgekehrten KPD-Funktionäre standen vorbehaltlos hinter solchen Maßnahmen, die nur durch ein an die Sowjetmacht angelehntes politisches Regime gewährleistet werden konnten.[1]

Von der Ambivalenz sowjetischer Reparationspraktiken

Das galt umso mehr, als Kriegsentschädigungen nicht nur einen hohen ökonomischen Wert besaßen. Für die Sowjetische Militäradministration in Deutschland (SMAD) waren sie stets auch wichtiger Gradmesser, um sich der Zuverlässigkeit der dortigen politischen Ordnung zu vergewissern, wie ihr damaliger Politischer Berater, Wladimir Semjonow, am 2. September 1947 in interner Runde offen einräumte: «Es ist klar, daß die Reparationen eine der wichtigsten Voraussetzungen für die Demokratisierung Deutschlands darstellen. Gibt es Reparationen, so gibt es auch eine Demokratisierung, gibt es keine Reparationen, dann gibt es auch keine Demokratisierung. Die Erfüllung der Reparationsverpflichtungen ist eine der wichtigsten Voraussetzungen für eine Demokratisierung Deutschlands, wie die Demokratisierung der sowjetischen Zone heute eine der wichtigsten Voraussetzungen für die Erfüllung der Reparationsverpflichtungen ist.»[2]

Solange derartige Überlegungen zumindest für die SBZ unmittelbar darauf hinausliefen, den Aufbau des Sozialismus und die Macht der Kommunisten abzusichern, lag Walter Ulbricht voll auf der Linie der Besatzungsmacht. Immer wieder verteidigte er deshalb öffentlich die sowjetischen Entschädigungsforderungen, eine Ansicht, die viele seiner Landsleute nicht teilten. Das wiederum brachte ihn und die SED zusehends gegenüber der eigenen Bevölkerung, die mehrheitlich in den Einheitssozialisten ohnehin nur eine «Russen-Partei» sah, in Legitimitätsschwierigkeiten.[3]

Spätestens am 28. April 1948 aber nahm Ulbricht, der sich bis dahin in dieser Angelegenheit loyal zu den Besatzungsorganen bekannt hatte, seinen ganzen Mut zusammen und setzte zu einem für spätstalinistische Verhältnisse überaus riskanten Vorstoß an. Es war nicht absehbar, ob er sich damit nicht selbst schaden würde. Ungewohnt offen beschwerte er sich bei seinem sowjetischen Verbindungsoffizier, Oberstleutnant Abram Bychowskij, über anhaltende Demontagen – und das, obwohl die SMAD deren Einstellung mehrfach groß angekündigt hatte.

Besorgt unterrichtete Bychowskij daraufhin seinen Vorgesetzten Sergej Tjulpanow, der sogleich als Chef der Informationsverwaltung Wladimir Semjonow Rapport erstattete, weil er die Äußerungen des SED-Spitzenfunktionärs, ausgerechnet «von einem solchen Menschen wie Walter Ulbricht», als «bemerkenswert und überaus alarmierend» einstufte. Denn dieser hatte emotionsgeladen und ungehemmt seiner Frustration freien Lauf gelassen: «Im Zentralsekretariat», so zitierte ihn Tjulpanow ausführlich, um die gesamte Dramatik der Situation zu vergegenwärtigen, «melden sich zur Zeit

Abordnungen aus verschiedenen Ländern (Sachsen-Anhalt, Thüringen und Brandenburg) und wollen wissen, was es mit der Demontage auf sich hat. Wir können nichts darauf antworten. Ich persönlich schicke die Delegationen zur zentralen Wirtschaftskommission, da uns die SMA nichts dazu gesagt hat. An Gen.[ossen – SC] Koval' [den Stellvertreter des Obersten Chefs der SMAD für wirtschaftliche Fragen – SC] gedenke ich mich diesbezüglich nicht mehr zu wenden. Das bringt nichts. Und auch er geht uns aus dem Wege. Anstelle der versprochenen Planung und anderer Wirtschaftsmaßnahmen haben wir neue Demontagen [...], deren Sinn uns im übrigen nicht ganz klar ist. In Thüringen beispielsweise werden neben den Maschinen auch die Fensterrahmen demontiert. Wir müssen jegliche politische Verantwortung für all diese Maßnahmen ablehnen. Soll Gen. Koval' persönlich dafür die Verantwortung übernehmen.

Letztendlich muß gefragt werden, was wir politisch eigentlich wollen. Ich bin nicht gegen den Wiederaufbau der Sowjetunion, aber es muß in all diesen Fragen Klarheit herrschen. Lassen Sie uns die Diktatur des Proletariats errichten, dann wird es einfach sein, alle Fragen zu lösen, und Gen. Koval' kann walten, wie er will. Man kann unter diesen Bedingungen jedoch nicht von uns verlangen, daß wir Demokratie spielen [...].»[4]

Zweifellos lag der bitteren Kritik eine fast dreijährige Erfahrung mit sowjetischen Reparations- und Demontagepraktiken zugrunde, die nicht frei von Widersprüchen waren. Gerade weil Ulbricht als treuer Parteigänger Moskaus der Sache Stalins in Deutschland zum Durchbruch verhelfen wollte, musste er nunmehr solche Missstände zumindest im vertraulichen Dialog mit der Besatzungsmacht in aller Deutlichkeit ansprechen. Schnell zeigte sich, dass seine couragierte Intervention am Ende nicht wirkungslos bleiben sollte.

Von Beutezügen und verschiedenen Demontagewellen

Doch zunächst ein Blick zurück: Wie gestaltete sich die Entschädigungspolitik, die die UdSSR als Siegermacht bei Kriegsende einleitete?

Und welche Rolle spielten in diesem Zusammenhang die Deutschen? Die Besatzungsmacht, so viel stand fest, wäre kaum allein dazu in der Lage gewesen, das umfangreiche Reparationsprogramm aus eigenen personellen Ressourcen zu bestreiten.

Die Erwartung der sowjetischen Nachkriegsplaner, sich umfänglich aus der materiellen Hinterlassenschaft der deutschen Industrie und Wirtschaft bedienen zu können, war groß. Seit der letzten alliierten Kriegskonferenz in Jalta Anfang Februar 1945 beharrten sie auf Wiedergutmachungsleistungen in Höhe von zehn Milliarden US-Dollar. Die Siegermächte aber konnten sich dort wie auch in der Folgezeit nicht auf eine gemeinsame Linie verständigen. Amerikaner und Briten standen dieser Problematik eher ablehnend gegenüber. Sie hatten die verfehlte Reparationspolitik deutlich vor Augen, die nach dem Ersten Weltkrieg als Akt der Vergeltung gegenüber den Deutschen angewandt worden war. Das wiederum engte die Handlungsspielräume der UdSSR ein. Da nur sehr eingeschränkt auf Gesamtdeutschland als Verfügungsmasse zurückgegriffen werden konnte, verlegte sich Moskau darauf, die SBZ für Zwecke der Schadenskompensation heranzuziehen.[5]

Die sowjetische Reparationspolitik zielte von Anfang an nicht nur darauf ab, dem Wiederaufbau des eigenen Landes Impulse zu verschaffen. Sie war immer auch sicherheitspolitisch motiviert, weil sie Chancen bot, den Deutschen die ökonomischen Grundlagen für künftige militärische Abenteuer zu entziehen.[6]

Da vor allem im sowjetischen Besatzungsgebiet die Schlüsselindustrien, darunter wichtige Zweige der Luftfahrt- und Raketenproduktion, viel weniger von Kriegszerstörungen betroffen waren als etwa in den Westzonen, eröffnete die Möglichkeit, darauf weitgehend uneingeschränkt zurückzugreifen, zusätzliche sicherheitspolitische Perspektiven. Denn die Sowjetunion war auf dem besten Weg, in einen Kalten Krieg mit der westlichen Supermacht USA verwickelt zu werden. In dieser Situation hatte nicht zuletzt im August 1945 der erfolgreiche Abwurf der amerikanischen Atombomben auf Hiroshima und Nagasaki die militärtechnologische Überlegenheit der Amerikaner auf frappierende Weise offengelegt. Für den sowjetischen Diktator Josef Stalin besaßen daher die einschlägigen Entwicklungslabore und Anlagen für Rüstungsproduktion, die dazu in der SBZ aufgespürt werden konnten, samt den dort tätigen Wissenschaftlern und Fachkräften reparationspolitisch oberste Priorität.[7]

Bereits vor Kriegsende hatte der sowjetische Geheimdienst NKWD in den deutschen Gebieten östlich von Oder und Neiße, die bald darauf polnischer Verwaltung übertragen wurden, unter der dortigen arbeitsfähigen männlichen Bevölkerung bis zu 250 000 sogenannte Reparationsverschleppte für den Zwangseinsatz in der sowjetischen Volkswirtschaft rekrutiert. Dabei wüteten Berijas Schergen willkürlich und ignorierten zumeist die Bestimmung, lediglich Zivilisten zwischen 17 und 50 Jahren heranzuziehen. Von den Verschleppten überlebte nicht annähernd die Hälfte den entbehrungsreichen Transport in die mitunter entlegensten Regionen des sowjetischen Imperiums. In der zweiten Aprilhälfte 1945 wurde die Deportation schließlich eingestellt, weil angesichts der hohen Zahlen an deutschen Kriegsgefangenen die stalinistischen Sicherheitsorgane die Operation logistisch nicht mehr bewältigen konnten.[8]

In den ersten Tagen und Wochen, nachdem die Rote Armee Besitz von ihrer Besatzungszone westlich von Oder und Neiße ergriffen hatte, setzte auch dort das Beutemachen ein. Dabei kam es zu ähnlich chaotischen Plünderungszügen wie zuvor in den deutschen Ostgebieten. Das Recht des Siegers auf Beute wurde sehr großzügig ausgelegt. Es überstieg bei Weitem das, was Artikel 53 der Haager Landkriegsordnung gemeinhin zuließ. Im Zuge sogenannter Trophäenaktionen, die bis zum Beginn der Potsdamer Konferenz Mitte Juli 1945 andauerten, brach zugleich eine erste große Demontagewelle über die SBZ herein. Sie erlebte im Juni ihren Höhepunkt und traf auch den Westberliner Wirtschaftssektor schwer. Die Sowjetmacht wollte dort mit 605 demontierten Industrieobjekten noch möglichst schnell vollendete Tatsachen schaffen, bevor die Westalliierten in die ihnen zustehenden Besatzungssektoren der Vier-Mächte-Stadt einrückten.

Umfangreiche Bargeldbestände deutscher Kreditinstitute fielen den Beschlagnahmungen sowjetischer Trophäenkommandos ebenso zum Opfer wie Kunstschätze oder lebendes Inventar, darunter Zehntausende von Rindern, Schweinen und Pferden; selbst Zirkustiere wurden abtransportiert. Interne sowjetische Reparationsberichte bilanzierten für diese kurze Phase rund 3,6 Millionen Tonnen demontierter Ausrüstungsgegenstände sowie requirierte Vieh- und Zucker-Bestände im Wert von etwa 31 Millionen US-Dollar.

Was von den immensen Mengen nicht sogleich abtransportiert werden konnte, landete vorübergehend, oft unsachgemäß gelagert, in Hunderten von speziellen Trophäendepots, darunter umfangreiche Rohstoffmengen, die so unnötig Schaden nahmen. Das traf auch auf zahlreiche Reparationsgüter zu, die direkt ihren Weg in die UdSSR fanden. An den Grenzstationen stauten sich die Demontagezüge bisweilen auf einer Strecke von weit über 100 Kilometern. Deren Abfertigung verlief zumeist schleppend, hastig abgebaute Anlagenteile waren immer wieder nicht ordnungsgemäß erfasst oder aber durcheinandergebracht worden. Häufig erreichten sie ihre Bestimmungsorte nicht mehr und verrotteten einfach entlang der Bahntrassen oder Straßen.[9]

Insgesamt erlebten die Deutschen in der sowjetischen Besatzungszone noch vier weitere Demontageschübe, bis im August 1948 mit dem Abbau von Anlagen zur Benzol-Hydrierung der Leuna-Werke in Sachsen-Anhalt ein letztes Mal diese spezielle Entschädigungsform genutzt wurde. Damit waren Walter Ulbrichts Bemühungen von Ende April, hier Abhilfe zu schaffen, schließlich von Erfolg gekrönt.

Vor allem in der Anfangszeit überfluteten rund 70 000 sowjetische Demonteure das Land. Meist waren es Zivilisten in Uniform. Als Abgesandte verschiedener Ministerien oder Industriebranchen standen sie bei den Bemühungen ihrer speziellen Demontagebrigaden, die an Ort und Stelle nach reicher Beute trachteten, ständig in erbitterter Konkurrenz zueinander. Es zählten allein die Prinzipien des sozialistischen Wettbewerbes, was praktisch hieß, innerhalb kürzester Zeit ohne Rücksicht auf Verluste und bar jeglicher ökonomischer Rationalität mit maximal demontierter Tonnage das vorgesehene Plansoll möglichst überzuerfüllen, oder wie es seinerzeit ein sowjetischer Besatzungsoffizier pointiert formulierte: «Alles auf die Räder!» Besonders kompliziert wurde die Situation immer dann, wenn verschiedene Ableger der sowjetischen Sicherheitsorgane mit Geheimaufträgen betraut worden waren, deren Erledigung stets oberste Priorität besaß. Die Sowjetische Militäradministration in Deutschland, der ab Juni 1945 dagegen die verantwortungsvolle Aufgabe zufiel, in der SBZ ein funktionierendes Besatzungsregime zu errichten, das möglichst breite Akzeptanz bei der Bevölkerung, im Idealfall sogar positive deutschlandpolitische Ausstrahlungskraft in die westlichen Besatzungszonen entfalten sollte, stellte diese Konstellation vor unlösbare Probleme.[10]

Ökonomische Ausbeutung versus Wiederaufbau

Interne sowjetische Auseinandersetzungen waren damit vorherbestimmt. Es galt deshalb, Mittel und Wege zu finden, die das Verlangen nach maximaler ökonomischer Ausbeutung mit dem Gedanken des Wiederaufbaus der SBZ möglichst in Einklang bringen konnten. Der Kompromiss bestand am Ende darin, den Bedarf künftig nicht mehr ausschließlich aus Demontagen zu befriedigen, sondern reparationspolitisch flexibler zu sein. Da bis Sommer 1946 ohnehin die wichtigsten Industrieobjekte abgebaut und in die UdSSR gebracht worden waren, verlegte sich Moskau nunmehr verstärkt auf Entschädigungsleistungen aus der laufenden Wirtschaftsproduktion Ostdeutschlands. Von den restlichen industriellen Produktionsstätten, die einst ebenso für den Abtransport aus der SBZ vorgesehen waren, wurden die 200 strategisch bedeutendsten und größten Fabriken in sogenannte Sowjetische Aktiengesellschaften (SAG) umgewidmet. Sie verblieben an ihren ursprünglichen Standorten im Lande, waren faktisch aber Eigentum der Sowjetmacht, Werke, die unter Leitung und Kontrolle sowjetischer Manager standen, ausschließlich für die Belange der UdSSR produzierten und für diese Zwecke bevorzugt mit überwiegend deutschen Arbeitskräften sowie ausreichenden Rohstoffen und Energieträgern versorgt wurden. Bis Ende 1946 gelangten auf diese Weise rund 30 Prozent der ostzonalen Produktionskapazität in die Verfügungsgewalt der UdSSR. Der Zwang, nunmehr vorrangig in Diensten der Besatzungsmacht zu stehen, hatte bisweilen auch positive Effekte. In mancherlei Hinsicht wirkte er konjunkturell stimulierend für das ökonomische Aufbauwerk in der SBZ. Solange allerdings die Gefahr unerwarteter Demontagen fortbestand oder andere sowjetische Bedarfsanforderungen erfüllt werden mussten, war immer wieder mit erheblichen Rückschlägen zu rechnen.[11]

Ungeachtet solch reparationspolitischer Modifikationen stellte die sowjetische Demontagepolitik weiter eine schwere Hypothek für die ostdeutsche Wirtschaft dar. Insgesamt waren etwa 3440 Betriebe und Industrieanlagen abgebaut worden. Die Zahl für sich genommen, erschien auf den ersten Blick überaus imposant. Doch besagte sie nicht allzu viel über die praktischen ökonomischen Folgen, die damit einhergingen. Vor allem die seinerzeit innovativsten und bestausgestatteten Wirtschaftszweige der SBZ, vornehmlich die Flugzeugfertigung, die Metallurgie, der Werkzeugmaschinenbau, Optik- und Feinmechanik-Sektor, zählten zu den Hauptleidtragenden der Demontagepolitik. In vielen Fällen kam es sogar zum Abbau ganzer Werksanlagen, vor allem dann, wenn es sich um rüstungsrelevante Produktionsstätten handelte.

Tiefe Einschnitte hatte das Verkehrswesen im östlichen Teil Deutschlands zu verkraften. Das Schienennetz der Deutschen Reichsbahn wurde bis März 1947 entlang sämtlicher Hauptstrecken mit rund 11 800 Kilometern nahezu vollständig der zweiten Gleistrasse beraubt. Auch Nebenstrecken blieben nicht verschont. Bis 1947/48 sank das rollende Inventar der Bahn – bezogen auf die Kapazitäten des Jahres 1936 – auf rund 60 Prozent der Lokomotiven sowie 40 Prozent der Güterwagen. Eine schwere Krise des ostdeutschen Transportsektors ließ sich angesichts solch dramatischer Entwicklungen kaum mehr abwenden. Nicht nur dieser Wirtschaftszweig lag am Boden und ließ die Zahl der Arbeitslosen rasant anwachsen. In der SBZ hatte bis 1948 auch die Metallurgie praktisch aufgehört zu existieren. Mit chronischen Mangelerscheinungen und strukturellen Problemen kämpften bis weit in die 1950er Jahre hinein die chemische Industrie sowie der Energiesektor. In einer solch angespannten Situation fehlte es überdies lange Zeit an ernsthaften Möglichkeiten, die dort verbliebenen Produktionsstätten grundlegend zu erneuern.

Gemessen an der ökonomischen Entwicklung Westdeutschlands, wo das Bruttoanlagevermögen allein in der amerikanisch-britischen Bizone trotz größerer Kriegszerstörungen, aber aufgrund geringerer Demontagen schnell wieder über dem Vorkriegsstand lag (+ 11 Prozent), musste die Bevölkerung der SBZ/DDR zweifellos die reparationspolitischen Hauptlasten bewältigen. Erst im August 1953 sah sich die UdSSR unter dem Eindruck des zwei Monate zuvor niedergeschlagenen Volksaufstands in der DDR zu substanziellen Erleichterungen genötigt. In einem Akt vermeintlichen Großmuts verkündete sie, fortan auf weitere Entschädigungsleistungen zu verzichten. Bis dahin hatten die Ostdeutschen Kompensationszahlungen in Höhe von rund 14 Milliarden US-Dollar auf der Grundlage von Preisen des Jahres 1938 geleistet. Besatzungskosten für die Gruppe der Sowjetischen Streitkräfte in Deutschland (GSSD), die sich auf etwa 16,8 Milliarden Mark beliefen, waren darin ebenso wenig enthalten wie etwa «intellektuelle Reparationen» oder aber die Summen, die der Kreml den Ostberliner Machthabern für den Rückkauf früherer SAG-Betriebe in Rechnung stellte.[12]

Zwang zur Kooperation

Die gigantischen finanziellen Belastungen des Landes, die oft mit erheblichen persönlichen Entbehrungen und Existenznöten einhergingen, prägten von da an das kollektive Gedächtnis der ostdeutschen Bevölkerungsmehrheit. Doch öffentlich daran Kritik zu üben war unerwünscht, ganz ähnlich wie bei den exzessiven Übergriffen von Rotarmisten bei Kriegsende. All dies passte nicht ins offizielle deutsch-sowjetische Freundschaftsbild, das die SED-Propaganda zu vermitteln suchte. Den deprimierten Deutschen blieb lediglich die Flucht in populäre Spottlieder, die freilich auch nur hinter vorgehaltener Hand die Runde machten: «Willkommen, Befreier! Ihr nehmt uns Eier, Fleisch und Butter, Vieh und Futter. Auch Uhren und Ringe und andere Dinge. Ihr befreit uns von allem, von Kraftwagen, Maschinen. Eisenbahnwagen und Schienen nehmt ihr euch mit [...].»[13]

Die innere Abwendung von der sowjetischen Besatzungsmacht schritt noch weiter voran, als sich immer klarer herausstellte, wie sehr Moskaus Demontage- und Reparationsprogramm auf Zwangskooperation mit der Bevölkerung angelegt war. Allein der Abbau, die möglichst fachgerechte Verpackung und der Abtransport von Maschinen aus der SBZ machten ganze Heerscharen von deutschen Arbeitskräften erforderlich. Im Mai 1946 etwa belief sich die Gesamtzahl der zu Demontagearbeiten Verpflichteten auf 282 500 Beschäftigte. Viele von ihnen wurden willkürlich ausgehoben. Geeignete Orte dafür waren Tanz- oder Sportveranstaltungen, Gaststätten und Kneipen.

Deutsche Ingenieure und Betriebsleiter hafteten persönlich für die ordnungsgemäße Abwicklung der Demontagen, was häufig Konflikte mit den Belegschaften heraufbeschwor. Die Umstände, unter denen diese Arbeiten erfolgten, waren erniedrigend. Sowjetische Offiziere wachten mit Argusaugen über die deutschen Arbeiter, trieben sie in herrischer Attitüde zu Höchstleistungen an und scheuten – oft mit gezückter Pistole – nicht davor zurück, gegebenenfalls Gewalt anzudrohen. Als «KZ ohne Stacheldraht» bezeichneten deutsche Demontagekräfte die unwürdigen Rahmenbedingungen. Ihre Tätigkeiten wurden in den meisten Fällen noch nicht einmal entlohnt – und das immerhin bei 12 bis 15 Stunden täglicher Arbeit an bisweilen sieben Tagen in der Woche.

Häufig hatten ostdeutsche Fachkräfte sowjetisches Personal speziell anzulernen, bevor sie ihre Betriebe anschließend zum Abtransport in die UdSSR verpacken mussten. Als noch demütigender erwiesen sich Verhaltensweisen, die vor allem in der Hektik der ersten Demontagewellen 1945/46 keine Seltenheit waren: Was nicht schnell genug abgebaut oder verschickt werden konnte, zerstörte das sowjetische Wachpersonal mutwillig vor den Augen machtlos zuschauender deutscher Arbeiter. Vereinzelt formierte sich unter dem Eindruck solcher Erfahrungen passiver Widerstand, der Unternehmer, Betriebsleitungen und Arbeiterschaft vereinte. Maschinen wurden mitunter beschädigt. Anonyme Flugblätter kursierten, die zu Protestaktionen aufriefen. Das galt umso mehr, als zur selben Zeit die SMAD in einem streng geheimen Befehl verfügt hatte, große Mengen der sowjetzonalen Getreide- und Kartoffelernte für die Schnapsherstellung und als Reparationsleistung heranzuziehen, was den Volkszorn weiter anheizte. Doch daraus entzündete sich kein Flächenbrand. Und das wiederum erklärte, weshalb Petitionen an deutsche Selbstverwaltungsorgane oder Vertreter der politischen Parteien der SBZ, allen voran der Kommunisten, kaum Wirkung erzielten. Das Demontagegebaren der Besatzungsmacht ließ sich dadurch jedenfalls kaum eindämmen.[14]

Selbst Sowjetische Aktiengesellschaften, die doch in Deutschland arbeiten sollten, funktionierten nach den Prinzipien erzwungener Kooperationen, wobei strenge Disziplin wie beim Militär den Arbeitsalltag bestimmte. Auch hier praktizierte man die Zwangsrekrutierung von Arbeitskräften, so es die Betriebssituation erforderlich machte. Im November 1946 waren dort rund 300 000 deutsche Spezialisten und Angestellte beschäftigt.[15] Vor allem versicherte sich die Sowjetmacht der Loyalität wichtiger SAG-Ingenieure und hochqualifizierter Techniker, indem sie diese – in Zeiten des Mangels der unmittelbaren Nachkriegsphase – neben einer besseren Bezahlung privilegiert mit Lebensmitteln und anderen Gegenständen des täglichen Bedarfs versorgte. Und sobald es um Führungskräfte mit besonderen Qualifikationen ging, relativierte die Besatzungsmacht ihren Antifaschismus: Dann kamen auch ehemalige Offiziere der SS und höhere Wehrmachtsangehörige in Betracht, über deren potenzielle NS-Verstrickungen hinweggesehen wurde.

Deutsche Werksleitungen der SAG-Betriebe, die sowjetischen Generaldirektoren unterstanden, besaßen weit mehr Handlungsspielräume als die Kollegen, die über die Demontage von Industrieeinrichtungen wachten. Doch das schützte sie keineswegs vor Repressionen der Besatzungsmacht, sofern es ihnen nicht gelang, die vorgegebenen,

ngriff auf Königsberg: Rotarmisten der 3. Weißrussischen Front im Häuserkampf
pril 1945).

nik vor der Roten Armee: Flüchtlingstreck im Raum Braunsberg in Ostpreußen
ebruar / März 1945).

Ikone des Sieges: Kriegsfotograf Jewgenij Chaldej inszeniert das Hissen des roten Banners auf dem Reichstag (2.5.1945).

Kriegsreparationen: Ein Rotarmist beaufsichtigt deutsche Kriegsgefangene, die eine Rinderherde zum Abtransport in die Sowjetunion zusammentreiben (Berlin, Oktober 1945).

Besatzungsalltag unter dem Sowjetstern: Straßenszene im eroberten Berlin (1945).

«Das Studium der Kultur der Sowjet-Union ist eine nationale Aufgabe des deutschen Volkes»: Oberst Sergej Tjulpanow auf der Tagung der Gesellschaft zum Studium der Kultur der Sowjetunion in der Berliner Staatsoper am 22. Mai 1948.

Bitte schnell weiterreichen!
Please pass on quickly!

FLUGMELDUNG
FLIGHT BULLETIN

VON KAPITÄN
FROM CAPTAIN
ERNIE PRETSCH

STRECKE KÖLN / BONN – MOSKAU
FLIGHT

DATUM 8 – 9 – 1955
DATE

ORTSZEIT 1316 MEZ
LOCAL TIME 1516 MOSKAU ORTSZEIT

STANDORT NAROCZ SEE
POSITION

FLUGHÖHE (m) 5200
ALTITUDE (ft.) 17000

GESCHWINDIGKEIT (km/h) 450
SPEED (knots) 248

AUSSENTEMPERATUR (Celsius) – 10 °C
OUTSIDE-TEMPERATURE (Fahrenheit)

Wir erreichen MOSKAU voraussichtlich um 1700 Uhr ORTSZEIT
We shall arrive at at about o'clock

Um Ihr Wohlergehen sind bemüht: 15.00 MEZ
You are being cared for by
LANDEZEIT 1700 UHR (1500 MEZ) VON MOSKAU FESTGELEGT

Wir wünschen Ihnen einen angenehmen Flug und gute Unterhaltung!
Our best wishes for a pleasant, joyful trip! GUTES LANDE WETTER ANGESAGT.

DEUTSCHE LUFTHANSA

Wbg 5/455-EL

Printed in Germany

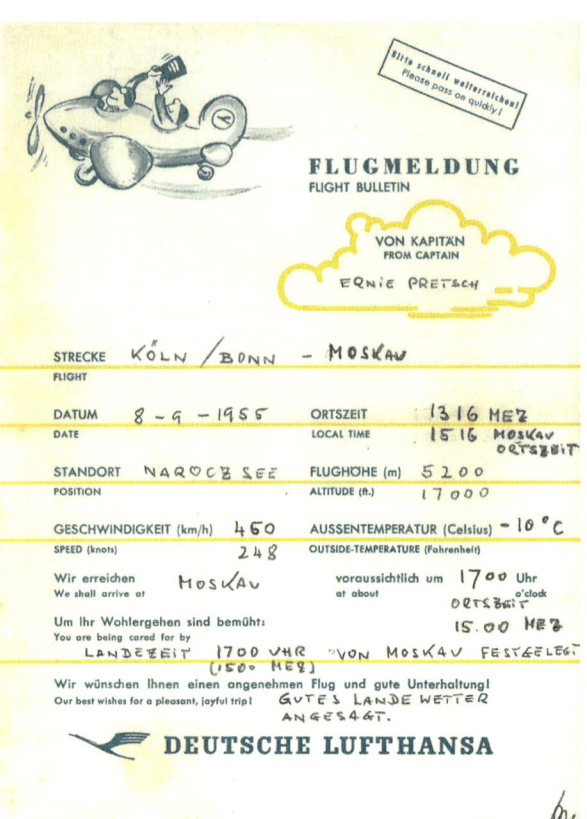

«Gutes Landewetter angesagt»: Flugmeldung zu Konrad Adenauers Moskaureise (1955).

Flughafen Wnukowo: Ankunft der westdeutschen Delegation in Moskau, v. l. n. r. Ministerpräsident Bulganin, Bundeskanzler Adenauer, Staatssekretär Globke, Außenminister von Brentano, Außenminister Molotow (8. 9. 1955).

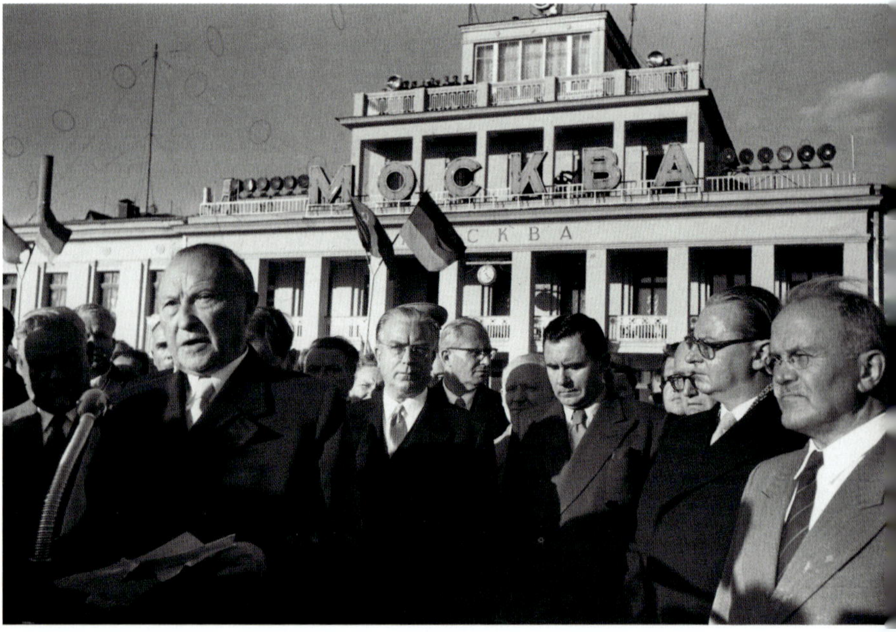

Kultureller Brückenbauer: Hermann Pörzgen vermittelt für die «Frankfurter Allgemeine Zeitung» Einblicke ins sowjetische Alltagsleben (1958).

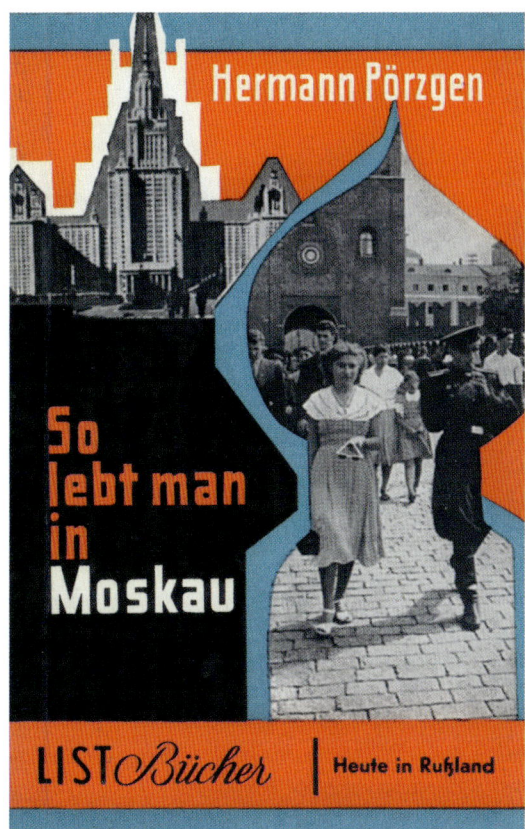

Treffen auf der Krim: Bundeskanzler Willy Brandt (r.) und der sowjetische Staats- und Parteichef Leonid Breschnew (l.) am 17. September 1971 bei einem Bootsausflug auf dem Schwarzen Meer.

Journalisten in Entspannungszeiten: Fritz Pleitgen berichtet zwischen 1970 und 1977 als ARD-Korrespondent aus Moskau.

Röhren gegen Gas: Verabschiedung des ersten Mannesmann-Rohres «Ludmilla» für die Trans-Gas-Pipeline am 6. Juli 1970 in Mülheim / Ruhr.

Gorbatschow-Goebbels-Vergleich: Ein Interview von Bundeskanzler Helmut Kohl belastet im Oktober 1986 die deutsch-sowjetischen Beziehungen.

«Gorbi, Gorbi»: Michail Gorbatschow und Ehefrau Raissa Gorbatschowa werden bei ihrem Staatsbesuch in der Bundesrepublik begeistert vor dem Bonner Rathaus empfangen (Juni 1989).

Beste Freunde? DDR-Staatsratsvorsitzender Erich Honecker mit Michail Gorbatschow bei der NVA-Parade zum 40. Jahrestag der DDR am Ostberliner Alexander-Platz (Oktober 1989).

Weg zur deutschen Einheit: Bundeskanzler Helmut Kohl (r.), Präsident Michail Gorbatschow (M.) und Bundesaußenminister Hans-Dietrich Genscher (l.) klären bei ihrem Treffen im Kaukasus die letzten strittigen Fragen (15. 7. 1990).

Im Sonderzug nach Moskau: Die letzten russischen Soldaten verlassen mit ihren Familien Wünsdorf/Brandenburg, Sitz des Oberkommandos der Westgruppe der Truppen (10. 8. 1994).

Vertrauen schaffen: Bundeskanzler Helmut Kohl (r.) und Präsident Boris Jelzin (l.) verbringen einen Tag auf Jelzins Datscha in Sawidowo an der Wolga (15.12.1992).

Männerfreundschaft: Russlands Präsident Putin (2. v. r.) beim privaten Empfang zum [6]0. Geburtstag von Bundeskanzler Schröder (2. v. l.) am 17. April 2004 in Hannover, begleitet [v]on ihren Ehefrauen Ljudmila Putina (r.) und Doris Schröder-Köpf (l.).

[U]nangenehme Begegnung: Bundeskanzlerin Merkel in der Residenz des russischen Präsidenten [m]it Putin und Labrador-Hündin Koney (Sotschi, 21. 1. 2007).

Bilder aus unbeschwerten Tagen: Regierungskonsultationen unter dem Vorsitz von Bundeskanzlerin Angela Merkel (r.) und Präsident Wladimir Putin (l.) im Andrejewskij-Saal des Kreml (16.11.2012).

oft überambitionierten Reparationsaufträge termingerecht zu erfüllen. Das Management stand also enorm unter Druck und gab diesen an die Belegschaft unvermindert weiter. Misserfolge, ja selbst kleinste Fehler legten sowjetische Sicherheitsorgane gemeinhin als Sabotage aus. Für die betroffenen deutschen Wirtschaftsfunktionäre und deren Mitarbeiter bedeutete das im Glücksfall nur die Entlassung; meist zogen derartige Verfehlungen aber die Verurteilung durch ein Sowjetisches Militärtribunal zu langjähriger Lagerhaft, vereinzelt sogar die Todesstrafe nach sich.

Bisweilen kam es sogar vor, dass selbst deutsche Unternehmen, die formal nicht Eigentum der UdSSR waren, in das Zwangsregime der Sowjetischen Aktiengesellschaften einbezogen wurden. Existierten etwa Geschäftsbeziehungen zu SAG-Betrieben, verpflichtete sie SMAD-Befehl Nr. 48 vom 23. April 1949, Kooperationszusagen fortan im «gleichen Rang wie direkte Reparationslieferungen» zu erfüllen.[16]

Reparationen für den Kalten Krieg

Spätestens mit Kriegsende lebten die weltanschaulichen Gegensätze zwischen der stalinistischen Sowjetunion und den bürgerlich-liberal geprägten Westmächten wieder auf. Sie waren zeitweilig in den Hintergrund getreten, solange die Anti-Hitler-Koalition den gemeinsamen Hauptgegner in Europa nicht endgültig besiegt hatte. Doch bereits in den letzten Kriegstagen setzte unter den Alliierten ein erbitterter Wettlauf um die Rüstungsforschung der Deutschen ein. Vor allem die beiden neuen Supermächte UdSSR und USA, die nun die Szenerie des beginnenden Kalten Krieges beherrschten, strebten die militärtechnologische Überlegenheit an.

Einer suchte den anderen zu übertrumpfen. Solange die Amerikaner noch nicht ihren Westberliner Besatzungssektor bezogen hatten, nutzten sowjetische Spezialkommandos die Gunst der Stunde, um, wie noch ausführlicher darzulegen ist, in Dahlem und Zehlendorf nach Forschungseinrichtungen der Kaiser-Wilhelm-Gesellschaft zu fahnden und diese zu requirieren. Kaum anders verhielten sich wissenschaftliche Spähtrupps der Amerikaner, die vorübergehend Thüringen, Sachsen-Anhalt sowie Teile Sachsens besetzt hielten und dort in größter Eile die militär-industriellen Hinterlassenschaften des NS-Regimes aufzuspüren versuchten. Beide Mächte ließen nichts unversucht, sich gegenseitig deutsche Wissenschaftler und Fachleute abzuwerben, weshalb sie schließlich entsprechende Schutzvorkehrungen trafen. Der Ost-West-Konflikt war wieder voll entbrannt.[17]

Die Bemühungen sowjetischer Sondereinheiten um intellektuelle Reparationen aus Deutschland konzentrierten sich vor allem auf zwei rüstungsrelevante Bereiche, in denen sich die Sowjetunion gegenüber den USA in deutlichem Rückstand befand. Nach allem, was auch nur entfernteste Bezüge zum Bau einer Atombombe aufwies, wurde akribisch gesucht. Das galt ebenso für die zum Einsatz solcher Waffen geeigneten Trägersysteme. Dass in dieser Hinsicht bei den Deutschen reiche Beute zu machen war, deutete sich seit Längerem an. Schon 1935 hatte der Auslandsgeheimdienst des NKWD über Willy Lehmann erstmals Einblicke in das groß angelegte deutsche Raketenprogramm erhalten. Und zehn Jahre später erfuhr Stalin am 30. März 1945 durch den militärischen Nachrichtendienst der Roten Armee (GRU), dass deutsche Wissenschaftler offenbar mit Hochdruck an einer speziellen V-2-Rakete arbeiteten, die mit einem Atomsprengkopf bestückt werden konnte.

Angesichts der bevorstehenden Besetzung Deutschlands drängte der Kremlchef auf weitere Erkenntnisse über die geheimen Forschungsprojekte der Nazis. Das galt umso mehr, als viele der wichtigsten Versuchsanlagen und unterirdischen Produktionsstätten – so etwa Peenemünde oder die Stollenanlagen bei Nordhausen – in Mitteldeutschland lagen. Stalin war daher fest entschlossen, ein eigenes Raketenprogramm mit deutscher Beteiligung zielstrebig voranzutreiben.[18]

Auch was die deutschen Atomforschungen anging, kam die Sowjetmacht keinesfalls unvorbereitet in die SBZ. Seit Sommer 1944 war zumindest der wissenschaftliche Leiter des sowjetischen Atomprojekts, Igor Kurtschatow, in dieser Hinsicht vom GRU auf den neuesten Stand gebracht worden. Da die Sowjetunion kaum über qualitativ hinreichende Uranmengen verfügte, die sich zu waffenfähigem Material für den Bau einer Atombombe anreichern ließen, verlangte Kurtschatow von den sowjetischen Auslandsgeheimdiensten, nicht zuletzt mithilfe deutscher Widerstandskämpfer Genaueres über die Qualität der Uranvorkommen etwa im sächsischen Erzgebirge in Erfahrung zu bringen.

Zur selben Zeit erhielt in Moskau Awraamij Sawenjagin, ein hochrangiger NKWD-Offizier und erfahrener Bergbauspezialist, den Auftrag, sich auf die «materielle und personelle ‹Ausschlachtung› der deutschen Atomforschung vorzubereiten». Und Lawrentij Berija, der als Volkskommissar für Inneres zugleich dem Sonderkomitee für das Atombombenprojekt präsidierte, regte noch am 24. März 1945 an, eine Gruppe hochrangiger sowjetischer Atomphysiker uniformiert und mit Geheimdiensterkenntnissen versehen nach Deutschland zu entsenden. In der Stunde des Sieges sollten sie nicht nur für den einschlägigen Technologietransfer Sorge tragen, sondern auch deutsche Spitzenforscher rekrutieren. Speziell hierfür hatte Igor Kurtschatow noch eiligst am 8. Mai 1945 eine Liste mit 35 Forschern zusammengestellt, von denen er sich wichtige Impulse für sein eigenes Atomprojekt versprach.[19]

Die Ausbeute speziell in dieser Wissenschaftsdisziplin hielt sich allerdings in Grenzen. Denn die überwiegende Mehrheit der großen deutschen Atomphysiker war, sofern sie einst in Laboren der Reichshauptstadt geforscht hatte, noch während der letzten Kriegsphase mitsamt wichtigen Apparaturen in sicherere Regionen, etwa nach Südwestdeutschland, evakuiert worden. Was NKWD-Generalmajor Sawenjagin, dem der Ruf eines begnadeten Organisators vorauseilte, im Großraum Berlin vorfand, waren meist verstreute Überreste. Aber auch das war respektabel, wie Sawenjagin am 18. Juni 1945 Lawrentij Berija nach Moskau berichtete: Sieben Transporte, insgesamt 380 Waggons, mit Ausrüstung aus physikalischen Instituten, chemisch-metallurgischen Unternehmen, etwa 250 bis 300 Tonnen Uranverbindungen, sieben Tonnen metallisches Uran, dazu

39 deutsche Wissenschaftler, Ingenieure und Meister samt deren Familienangehörigen hatte er in die Sowjetunion abtransportieren lassen.

Der Geheimdienstmann zeigte sich generell aber zuversichtlich, in absehbarer Zeit weitere Lieferungen aus Thüringen oder anderen Gebieten der SBZ aufbieten zu können, sobald die Amerikaner sich von dort zurückgezogen hätten. Doch bereits das beschlagnahmte Material reichte aus, um die Anlaufzeit von Kurtschatows Atomprogramm zu verkürzen. Lediglich eine stabile Uranversorgung musste noch sichergestellt werden, wozu bald darauf die reichen Lagerstätten im sächsischen Erzgebirge dienen sollten.[20]

Vor allem die erste Kohorte deutscher Atomwissenschaftler kam keinesfalls nur unter Zwang in die Sowjetunion. Manfred von Ardenne beispielsweise, der auf Kurtschatows Expertenliste unter der Rubrik «bedeutender Wissenschaftler, Spezialist für elektromagnetische Verfahren» geführt wurde, erklärte schon am 10. Mai 1945 bei der ersten Begegnung mit Offizieren eines sowjetischen Spezialkommandos, sich freiwillig mit seinen Instituten in die Dienste der Sowjetmacht stellen zu wollen. Andere Kollegen, darunter der einst glühende Nationalsozialist Peter Adolf Thiessen, der das renommierte Kaiser-Wilhelm-Institut für Physikalische Chemie und Elektrochemie leitete, suchte in vorauseilendem Gehorsam selbst den Kontakt zur Besatzungsmacht, wurde formal rasch entnazifiziert und kurz darauf mit seinen Mitarbeitern samt vollständig demontierter Institutseinrichtung in die UdSSR expediert. Nicht zuletzt Thiessens Mithilfe hatte dazu beigetragen, am Ende sogar den Nobelpreisträger Gustav Hertz, der das Forschungslaboratorium der Berliner Siemenswerke führte, für die Zwecke des sowjetischen Atombombenbaus zu gewinnen. Und nicht nur das. Albert Einstein, einer der prominentesten deutschen Physiker, Friedensaktivist und entschiedener Kritiker nuklearmilitärischer Überlegenheit der Amerikaner, warb aus seinem Exil in Princeton unter Kollegen seiner alten Heimat darum, sich für die Sache der Sowjets zu engagieren. Dabei verfasste er mancherlei Empfehlungsschreiben.[21]

Sosehr Opportunismus bei vielen im Spiel gewesen sein mochte, sich mit der Besatzungsmacht zu arrangieren: Die Chancen, der wissenschaftlichen Passion weiter nachgehen zu können, und das unter den Bedingungen, die es in Deutschland angesichts der totalen Niederlage lange Zeit nicht mehr geben würde, erleichterten es den meisten der rund 100 Spitzenkräfte, sich während der ersten sechs Wochen sowjetischer Besatzungsherrschaft zur Fortsetzung ihrer Tätigkeit auf dem Gebiet der Atomforschung in der UdSSR zu verpflichten. Die zudem in Aussicht gestellten materiellen Anreize und Vergünstigungen taten ihr Übriges, zumal innerhalb der Zunft schnell Gerüchte die Runde machten, dass Briten und Amerikaner herausragende Physiker wie etwa Otto Hahn oder Werner Heisenberg vorübergehend interniert und mit Arbeitsverbot erniedrigt hatten.[22]

Im Unterschied zu den Atomwissenschaftlern, die bis Herbst 1945 allesamt in die UdSSR verbracht worden waren und dort in Suchumi auf der Krim, in der Nähe von Moskau oder im sibirischen Sungul unter den Augen des NKWD an teilweise eigens neu eingerichteten Instituten forschten, verblieben die deutschen Raketenspezialisten vorerst in der SBZ. Das sowjetische Raketenprogramm nahm dort seinen Anfang, weil es in der Sowjetunion selbst vorerst an erforderlichen Voraussetzungen fehlte. Unterirdische Produktionsanlagen in Ostdeutschland wurden, so sie zerstört waren, daher schnell wieder instand gesetzt. Überhaupt legten die sowjetischen Kontrolloffiziere und entsandten Wissenschaftler größten Wert darauf, das gesamte verfügbare deutsche Fachwissen über die V-2-Raketentechnik sicherzustellen, weshalb sie in der Anfangsphase unmittelbar vor Ort arbeiten mussten und das Ganze nicht von ihrer Heimat aus koordinieren konnten. Sogar die Speziallager der Besatzungsmacht wurden systematisch durchkämmt, um noch die allerletzten Experten aufzuspüren. Fragen etwaiger NS-Verstrickung traten auch bei diesen Männern eher in den Hintergrund – der Zweck heiligte die Mittel. Die Deutschen schulten zugleich mehr als 1000 sowjetische Konstrukteure, Ingenieure und Techniker, mit denen sie anschließend, engmaschig überwacht durch einschlägige Geheimdienstorgane, an verschiedenen Standorten der SBZ kooperierten. Bisweilen betraf das mehr als 7500 Personen. Sobald die sowjetischen Fernlenkwaffenexperten mit neu erworbenen Kompetenzen in die Heimat zurückgekehrt waren, initiierten sie eigene Raketenprojekte, die im Idealfall möglichst frei von deutscher Unterstützung gehalten werden sollten.[23]

Davon unabhängig beendete der sowjetische Geheimdienst MWD in der Nacht vom 21. auf den 22. Oktober 1946 mit der Operation «Osoawiachim»[24] abrupt die gesamte Raketenentwicklung auf deutschem Boden. Mit ihr wurden auch alle übrigen rüstungsrelevanten Bereiche unverzüglich in die Sowjetunion transferiert. Das war zweifellos eine groß angelegte Verschleppungsaktion, die sich vor der Öffentlichkeit kaum geheim halten ließ. Die meisten der 2552 betroffenen Wissenschaftler, Techniker und Facharbeiter wussten nicht, wie ihnen geschah. Der MWD nötigte sie zur Unterzeichnung von Arbeitsverträgen, die keine Wahlfreiheit zuließen. Stunden später schon waren sie mit ihren Familien samt Hausstand auf verschiedene Züge verteilt und wurden geradewegs in Richtung UdSSR verschickt. Die SMAD selbst bevorzugte hierfür die verharmlosende Formulierung «Evakuierung». An der desaströsen politisch-psychologischen Wirkung dieser Aktion änderte das aber wenig, zumal die letzten Spezialisten erst über elf Jahre nach ihrer Verschleppung im Februar 1958 in die DDR zurückkehrten. Einmal mehr sahen sich viele Ostdeutsche daher in ihren antikommunistischen Vorurteilen gegenüber der sowjetischen Besatzungsmacht vollauf bestätigt.[25]

Doch Stalin nahm das billigend hin, weil er dem rüstungsrelevanten Technologietransfer einen ungleich höheren Stellenwert beimaß. Er ließ von da an die Raketenentwicklung mit gleicher oberster Priorität betreiben wie das Atombombenprojekt. Der Erfolg gab ihm am Ende recht. Denn ohne Mithilfe der Deutschen hätte die Sowjetunion den Rüstungswettlauf mit den USA nach 1945 nicht so schnell bestehen können. Vor allem die Raketenkonstrukteure und Techniker waren an ihren neuen Wirkungsstätten wichtige Ideengeber. Sie lieferten mit ihren Berechnungen die eigentlichen Blaupausen für Prototypen ballistischer Fernlenkwaffen, die die Sowjets dann in eigener Regie noch vor den Amerikanern als Interkontinentalraketen zur Einsatzreife brachten und sogar mit Atomsprengköpfen bestücken konnten.[26] Anders verhielt es sich mit dem Beitrag deutscher Wissenschaftler zum sowjetischen Atombombenprojekt. Er blieb eher von begrenzter Natur, selbst wenn es einer deutschen Forschergruppe um Nikolaus Riehl gelang, metallisches Uran herzustellen, was dem Projekt an sich aber nur zwei Monate Zeitgewinn einbrachte. Weitaus hilfreicher waren Erkenntnisse, die der deutsch-britische Kernphysiker und Sowjetspion Klaus Fuchs seit 1943 über das streng geheime Atombombenprogramm *Manhattan Project* dem sowjetischen Militärnachrichtendienst GRU regelmäßig zuspielte.[27]

Dass am 29. August 1949 schließlich auf dem hermetisch abgeriegelten Testgelände von Semipalatinsk in der kasachischen Steppe die erste sowjetische Atombombe erfolgreich gezündet und fast auf den Tag genau drei Jahre später eine Wasserstoffbombe – noch vor der amerikanischen Superbombe – erfolgreich zur Explosion gebracht werden konnte, war dann doch auch einem deutschen Beitrag zu verdanken: Spätestens seit Juni 1947 bezog die UdSSR über die im sächsischen Erzgebirge eigens eingerichtete Sowjetische Aktiengesellschaft Wismut das hierfür erforderliche, qualitativ hochwertige Uran. Die SAG entwickelte sich schnell zu einem Staat im Staate und gigantischen Uranförderimperium mit zeitweilig bis zu 200 000 Beschäftigten: vollständig abgeschirmt von der übrigen Welt, unter Leitung des hochdekorierten MGB-Geheimdienstoffiziers Michail Malzew, der – ausgestattet mit Ausnahmerechten – allein bis 1950 sicherstellte, dass die Wismut 60 Prozent des gesamten Uranbedarfsabbaus des Ostblocks abdeckte. Die regelmäßigen Reparationslieferungen von dort stillten bis Ende 1953 mit rund 9450 Tonnen Spaltmaterial – was etwa 100 Hiroshima-Bomben entsprach – den sowjetischen Uran-Hunger. Ohne diese Ressourcen hätte sich der Aufstieg der UdSSR zur Atommacht stark verzögert. Ebenso wenig wäre Moskau in der Lage gewesen, innerhalb kürzester Zeit das militärische Nukleararsenal drastisch aufzustocken und mit den USA im atomaren Rüstungswettlauf gleichzuziehen.

Selbst für die spätere DDR erwies sich die Wismut AG ungeachtet der immensen Reparationsbelastungen am Ende als überaus vorteilhaft. In dem Moment nämlich, als die UdSSR 1954 ihre einstige SAG in ein sowjetisch-deutsches Gemeinschaftsunternehmen umwidmete, erhöhte sich für die SED-Führung der strategische Eigenwert innerhalb des Ostblocks und im Warschauer Pakt. Uranlieferungen in die Sowjetunion bildeten daher während des Kalten Krieges und der staatlichen Teilung eine Bestandsgarantie für den «Arbeiter- und Bauern-Staat».[28]

Raub von Kunst und Kulturgütern

Von langer Hand geplant, trieb die sowjetische Besatzungsmacht bei Kriegsende die entschädigungslose Enteignung deutscher Kulturgüter und Archive voran. Beutekunst und gezielter Kunstraub gehörten vorübergehend zum festen Kanon ihrer Reparationspolitik – eine äußerst delikate Angelegenheit, die im Verborgenen bleiben sollte. Die Jagd speziell nach solchen Kriegstrophäen diente aber nicht allein dazu, die gewaltigen Verluste und Schäden zu kompensieren, die der UdSSR durch die NS-Beutekunstpolitik zugefügt worden waren. Die östliche Siegermacht nutzte auch die Gelegenheit des ungehinderten Zugriffs, um darüber hinaus Kunstobjekte zu repatriieren, die die Sowjetregierung während der 1920er und frühen 1930er Jahre im Zuge der regulären Devisenbeschaffung ganz korrekt an staatliche oder private Sammler in Deutschland veräußert hatte.

Sowjetische Kunsthistoriker und Museologen verfolgten zeitweilig ambitionierte Pläne, aus deutschen Beständen ein neues, international prestigeträchtiges Museum für Weltkunst in Moskau zu errichten, vergleichbar mit dem Britischen Museum in London oder dem Pariser Louvre. Schon seit Sommer 1943 stellten sie dafür im Auftrag des ZK der WKP(B) umfangreiche Listen zusammen. Viele von ihnen konnten dabei an Vorkriegserfahrungen und Kontakte zur deutschen Kunstszene anknüpfen, die noch in die Zeiten der Weimarer Republik zurückreichten. Der renommierte sowjetische Maler, Architekt und

Kunsthistoriker Igor Grabar, dem Stalin am 8. September 1943 die Leitung des Sachverständigenbüros für Beutekunst übertragen hatte, war aus eigener Anschauung nicht nur bestens mit den Meisterwerken der Dresdner Gemäldegalerie vertraut, sondern kannte auch von früheren Deutschlandbesuchen den dortigen Direktor Hans Posse persönlich. Es war deshalb kein Zufall, dass Grabar 1945 die Gemälde auswählte, die aus Sachsen als Kriegsentschädigung in die UdSSR geschafft werden sollten, darunter Raffaels «Sixtinische Madonna», die ihn 1929 während seines zweiten Dresden-Aufenthalts tief beeindruckt hatte. Aber auch Wladimir Bontsch-Brujewitsch, der Direktor des Moskauer Staatlichen Museums für Literatur, stellte sich in die kulturpolitischen Dienste der sowjetischen Nachkriegsplanung. Noch im Februar 1945 ersuchte er um Stalins Zustimmung für eine «universelle Konfiszierung» sämtlicher Museen, Archive und Bibliotheken der SBZ.

Das ehrgeizige Museumsprojekt blieb allerdings in den Vorüberlegungen stecken, denn der Kremlchef setzte am Ende andere reparationspolitische Prioritäten, ohne damit aber das Recht des Siegers auf angemessene Kunstgutbeute generell in Frage zu stellen. Stalin ordnete daher am 26. Juni 1945 an, rund 2000 der wertvollsten Kunstschätze aus Dresdner Sammlungen auf die wichtigsten staatlichen Museen Russlands und der Ukraine zu verteilen.[29]

Schon zuvor hatten sowjetische Trophäen-Brigaden ihre Aufmerksamkeit den großen Archiv- und Museumseinrichtungen Berlins zugewandt, nachdem die Stadt am 2. Mai 1945 gefallen war. Die Kunstgegenstände befanden sich – sofern nicht rechtzeitig während der letzten Kriegsphase in Sicherheit gebracht – zumeist in Bunkeranlagen oder in der näheren Umgebung der Reichshauptstadt. Im Bezirk Tiergarten etwa beherbergte der rund 40 Meter hohe Flakturm am Zoo einen der bekanntesten Goldfunde der Antike: Wilhelm Unverzagt, der damalige Direktor des Berliner Museums für Vor- und Frühgeschichte, hatte dort die wertvollsten Exponate von Heinrich Schliemanns legendärem trojanischen «Schatz des Priamos» in drei versiegelten Kisten ausgelagert. Ihm war klar, dieses Weltkulturerbe in den Wirren der letzten Kriegstage nur dann vor Übergriffen marodierender Rotarmisten wirkungsvoll schützen zu können, wenn es ordnungsgemäß sowjetischen Militärbehörden übergeben würde. Gelegenheit dazu sollte es vorerst aber nicht geben. Und so wich Unverzagt seinem Goldschatz nicht von der Seite, bis nach letzten Kampfhandlungen schließlich ein NKWD-Offizier, der im Flakturm ehemalige Nazis vermutete, dort eintraf und eigens Wachpersonal dafür abkommandierte.[30]

Ähnlich wie im Fall der wissenschaftlichen Reparationen kam die sowjetische Besatzungsmacht aber auch bei der Beutekunst nicht umhin, eng mit deutschen Spezialisten zu kooperieren, wollte sie ihre Recherche unmittelbar vor Ort koordiniert und wirkungsvoll gestalten. Das galt umso mehr, als sie vielfach klare Vorstellungen von den Kunstgegenständen besaß, die sie aus Deutschland beschaffen wollte. Besonders groß war das Interesse an allem, was in irgendeiner Form den «Sonderauftrag Linz» und damit den Aufbau von Hitlers «Führermuseum» betraf, dessen Kernbestand die NS-Raubkunst aus ganz Europa bildete. Da im Mai 1945 Truppen der Roten Armee im sächsischen Schloss Weesenstein Unterlagen dazu entdeckt hatten, vermuteten die Sowjets einen Großteil dieser geheimnisumwitterten Kunstsammlung in verdeckten Depots auf dem Territorium der SBZ. Ihre Kulturoffiziere fahndeten deshalb zunächst mithilfe der Geheimdienstorgane gezielt nach deutschen Kunstexperten, darunter jenen, die seinerzeit an der Ostfront federführend an der Verlagerung sowjetischer Kulturgüter beteiligt waren.

Einige dieser Experten wurden aufgespürt, festgesetzt und verhört. Erst unter Zwang und Androhung von Verschleppung oder Lagerhaft willigten manche ein, mit den Besatzungsorganen zu kollaborieren. Doch in den meisten Fällen bedurfte es keiner besonderen Repressionen. Viele von denen, die sich nicht rechtzeitig in die Westzonen abgesetzt hatten, dienten sich nun den neuen Machthabern an. Die Aussicht auf privilegierte Entlohnung und mehr noch auf ausreichende Lebensmittelrationen reichte schon, einen solchen Schritt zu vollziehen. Und so überrascht es wenig, dass die SMAD am Ende über einen höchst prominenten deutschen Mitarbeiterstab verfügte. Zu ihnen zählten etwa Otto Kümmel, der vormalige Generaldirektor der Berliner Staatlichen Museen, Ernst Gall, der bis zum 8. Mai 1945 für die Staatlichen Schlösser und Gärten Potsdams Sorge trug, oder Ludwig Justi, bis 1933 Direktor der Berliner Nationalgalerie. Hermann Fuchs von der Preußischen Staatsbibliothek wirkte fortan im Sinne der Besatzungsmacht für die reparationspolitische Koordination der Bibliotheken in der SBZ. Und mit dem Prähistoriker Paul Grimm verfügten die Sowjets über einen Experten, der während des Krieges maßgeblich am organisierten Kulturraub in der UdSSR beteiligt war und dessen Dienste sich offenbar als so nützlich erwiesen hatten, dass er es später in der DDR an der Akademie der Wissenschaften sogar zum stellvertretenden Direktor des Instituts für Vor- und Frühgeschichte brachte.[31]

Mithilfe solcher Spezialisten eignete sich die SMAD aber nicht nur deutsche Kunstschätze an. Begehrt war auch bestimmtes Archivgut. Gezielt ließ die Sowjetmacht im Auftrag des Moskauer Instituts für Marxismus-Leninismus (IML) nach ideologisch wertvollen Überlieferungen zur Geschichte der internationalen Arbeiterbewegung fahnden, darunter nach Hinterlassenschaften von Karl Marx und Friedrich Engels, aber auch nach Nachlässen und Exilbeständen der vorrevolutionären russischen Sozialdemokratie oder des Jüdischen Bundes. Iwan Serow, der Sicherheitschef der Militärverwaltung, übergab dem IML in Moskau Observationsberichte des Berliner Polizeipräsidiums zu Marx. Größten Wert legte sein Apparat aber auf die archivalische Hinterlassenschaft des NS-Regimes. Diese Materialien landeten sogleich in den Depots des sowjetischen Geheimdienstes, der sich ihrer bevorzugt während der Hochphase des Kalten Krieges bediente, um gemeinsam mit den DDR-Staatssicherheitsorganen im Sinne des antiimperialistischen Klassenkampfes Kampagnen gegen westdeutsche Politprominenz oder Funktionsträger des Regierungsapparats zu initiieren, darunter Adenauers Staatssekretär Hans Globke, Bundesvertriebenenminister Theodor Oberländer oder der erste Generalinspekteur der Bundeswehr, Adolf Heusinger.[32]

Problem der Beutekunst-Rückgabe

Was schließlich an deutschem Kulturgut – aus staatlichem wie privatem Besitz – in den Depots sowjetischer Museen, Bibliotheken und Sonderarchiven verschwand, wird kaum mehr exakt zu beziffern sein. Schätzungen gehen von rund 2,6 Millionen Kunstwerken, mehreren Millionen Büchern und etlichen Regalkilometern Archivalien aus, die sowjetische Trophäen-Kommissionen in ihre Heimat verbracht hatten. Selbst dort gelangten die wenigsten Exponate in die öffentlichen Ausstellungsräume, sondern verschwanden mehrheitlich – unter strengster Geheimhaltung und oft unfachmännisch deponiert – in den Magazinen. Das längst verschollen geglaubte «Schliemann-Gold» etwa lagerte bis 1994 in den Kellern des Moskauer Puschkin-Museums, bevor die Weltöffentlichkeit von dessen spektakulärer Wiederentdeckung erfuhr. Die langjährige Museumsdirektorin Irina Antonowa, die noch 1945 als junge Kunstexpertin den Troja-Schatz mitausgeladen und eigenhändig inventarisiert hatte, bestritt jahrzehntelang ebenso wie alle anderen amtlichen Stellen in Russland hartnäckig dessen dortige Existenz.

Erst 1996 erstrahlte der Schliemann-Fund nach mehr als einem halben Jahrhundert wieder in alter Pracht, als das Puschkin-Museum die Tore für eine Sonderausstellung öffnete und kurz darauf die Exponate allesamt in die Dauerpräsentation integrierte. All das folgte einer festgelegten Dramaturgie. Die Ausstellung des Schliemann-Fundes war der Beginn einer Entwicklung, die 1999 in nationalistisch aufgeheizter Atmosphäre ihren vorläufigen Abschluss fand. In jenem Jahr nämlich bestätigte Russlands Verfassungsgericht ein Gesetz der Staatsduma, das die seinerzeit «kriegsbedingt verlagerten» deutschen Kulturschätze aus öffentlicher Hand kurzerhand zu russischem Staatseigentum erklärte. Und dazu hatte ebenjene kulturpolitische «Eiserne Lady» Irina Antonowa ungeachtet bestehender Vereinbarungen zur gegenseitigen Beutegutrückführung mit dem wiedervereinten Deutschland nicht unerheblich beigetragen. Nach wie vor befinden sich deshalb neben zahlreichen Kunstwerken schätzungsweise drei Regalkilometer Archivgut sowie mehr als 4,6 Millionen Bücher und Handschriften an unbekannten Orten der Russländischen Föderation.[33]

Anders lagen dagegen die Verhältnisse, als inmitten des Kalten Krieges KPdSU-Chef Nikita Chruschtschow anordnete, einstiges Beutegut zwischen 1955 und 1959 zu restituieren. Unter großem propagandistischem Aufwand, der die Maßnahme zur Geste humanitärer Großzügigkeit stilisierte, gelangten so über 1,5 Millionen Kunstgegenstände, darunter der weltberühmte Fries des Pergamonaltars und Exponate der Dresdner Gemäldegalerie, sowie etwa drei Millionen Bücher und Archiveinheiten wieder nach Ostdeutschland an ihre früheren Aufbewahrungsorte.

Chruschtschows eigentliche Motive dafür waren indes höchst politisch. Sie ergaben sich aus den inneren Entwicklungen des Ostblocks: Denn spätestens nach dem niedergeschlagenen Volksaufstand in Ungarn 1956 suchte die Sowjetmacht ihren Hegemonialbereich wieder zu konsolidieren und – zumindest formell – auf Distanz zum stalinistischen Erbe zu gehen. Dabei erfuhr auch die strategisch bedeutungsvolle DDR, die immerhin an der Nahtstelle des Ost-West-Konflikts lag, eine deutliche außenpolitische Aufwertung. Moskau, das seit 1955 gegenüber dem geteilten Deutschland die «Zwei-Staaten-Theorie» praktizierte, strebte deshalb nicht nur nach loyalen Verbündeten, sondern bemühte sich, den ostdeutschen Separatstaat zu einem Schaufenster des Sozialismus herauszuputzen.[34] Gerade dafür sollte die vermeintlich selbstlose Teilrückgabe von Beutekunst einen Beitrag leisten und angesichts der fatalen psychologischen Wirkung sowjetischer Reparationspolitik zugleich um die Gunst der dortigen Bevölkerung werben.

Trilaterale Beziehungen im Kalten Krieg. Von politischen Krisen und Annäherung, von Wirtschaftsdiplomaten und kulturellen Brückenbauern

Selbstbewusst trat der inzwischen hochbetagte Konrad Adenauer am 29. Oktober 1957 ans Rednerpult des Deutschen Bundestages. Nicht nur der Plenarsaal, auch die Besuchertribüne war voll besetzt. Abgeordnete und geladene Gäste, darunter Vertreter des diplomatischen Corps, warteten gespannt auf die Regierungserklärung, mit der der 81-jährige Bundeskanzler nach Vereidigung des Kabinetts seine dritte Amtszeit offiziell eröffnen sollte, die ihm ein Erdrutschsieg mit absoluter Mehrheit für die CDU/CSU beschert hatte. Als der Regierungschef zum außenpolitischen Teil seiner Rede überging, war ihm anzumerken, wie sehr er unter dem Eindruck der jüngsten internationalen Ereignisse stand. Knapp drei Wochen zuvor war es der UdSSR gelungen, erstmals einen Satelliten («Sputnik») erfolgreich in eine Erdumlaufbahn zu schießen, was ein ungeheures Aufsehen weltweit erregt hatte. Sie hatte sich dadurch einen erheblichen Positionsgewinn im Rüstungswettlauf mit den USA verschafft und termingerecht zum 40. Jahrestag der Oktoberrevolution vor der Weltöffentlichkeit die (vermeintliche) Überlegenheit des Sozialismus demonstriert.

Zweifellos standen Adenauer diese Bilder noch lebhaft vor Augen, als er unter dem Eindruck des sogenannten Sputnik-Schocks sehr bewusst die Sowjetunion zum eigentlichen Ausgangspunkt seiner Ausführungen machte und dabei in wenig staatsmännischer Manier auf die damalige weltpolitische Situation zu sprechen kam: «Es kann [...] kein Zweifel darüber bestehen, daß es dem sowjetrussischen Totalitarismus gelungen ist, einer Bevölkerung von rund 200 Millionen Menschen den eigenen Willen, das Vertrauen zur eigenen Kraft zu nehmen und sie zu einer Masse zu machen, die sich von diktatorischen Kräften beliebig formen und verwenden läßt. Vierzig Jahre der Gewaltherrschaft haben im russischen Volk die Fähigkeit einer eigenen Willensbildung zerstört. Es ist den Machthabern im Kreml gelungen, die riesigen Volksmassen auf Ziele auszurichten, die ebenso sehr der kommunistischen Ideologie wie dem Panslawismus angehören. Das, meine Damen und Herren, ist eine sehr ernste Tatsache, an der wir nicht vorbeigehen können.» Und angesichts der rücksichtslosen Sowjetisierung, der Osteuropa nach 1945 ausgesetzt war, verurteilte der Kanzler sogleich vehement die Sowjetunion als «allein entscheidende politische und militärische aggressive Macht im gesamten Ostraum». Der von dort aus drohenden «roten Gefahr» konnte in seinem dichotomischen Weltverständnis daher nur eine gefestigte, «westliche freie demokratische Welt» am Ende wirkungsvoll trotzen.[1]

Im Plenarsaal herrschte daraufhin Totenstille, wie der eidgenössische Botschaftsmitarbeiter Hans Karl Frey nach Bern berichtete. Hatten im Sommer 1957 Bonner Diplomatenkreise noch über die Möglichkeit einer neuen westdeutschen Ostpolitik spekuliert – immerhin unterhielt die Bundesrepublik seit nunmehr zwei Jahren diplomatische Beziehungen zur UdSSR –, offenbarte Adenauer, wie wenig realistisch derartige Mutmaßungen waren. Der gleichfalls auf der Bundestagstribüne anwesende sowjetische Botschafter Andrej Smirnow jedenfalls verfolgte das despektierliche Geschehen mit finsterer Miene.[2]

Das Ganze hatte ein Nachspiel. Es dauerte keine Woche, bis Moskaus Gesandter «im Namen seiner Regierung» am 4. November 1957 bei Außenminister Heinrich von Brentano wegen der rhetorischen Entgleisung des Bundeskanzlers diplomatisch scharf protestierte: Das sowjetische Volk sei auf bislang unvergleichliche Weise gekränkt und beleidigt worden – insgesamt also «kein guter Auftakt für die neue Regierungsarbeit und auch nicht sehr vielversprechend für die Verbesserung der deutsch-sowjetischen Beziehungen». Brentano äußerte sein Bedauern, suchte zu beschwichtigen. Reichlich ungeschickt mühte sich der Bonner Außenamtschef, die Situation zu retten, indem er im Gegenzug die Befindlichkeiten seiner Landsleute und deren Enttäuschung anführte, weil die «Sowjetunion [...] dem deutschen Volk die Einheit» verweigere. Doch drang er damit bei Smirnow nicht durch.³

Politische Abgrenzung und erste Verständigungsversuche

Die politische Verstimmung hielt vorerst an. Das zeigte sich bereits, als Andrej Smirnow am 7. November anlässlich des Jahrestages der Oktoberrevolution zum Botschaftsempfang in die Godesberger Stadthalle geladen hatte. Bis auf Bundesminister Hans-Joachim von Merkatz ließen sich hohe Kabinettsmitglieder dort nicht blicken. Und selbst der verabsentierte sich nach formvollendeter Verbeugung und Smalltalk mit dem sowjetischen Botschafterehepaar schon nach 16 Minuten. Auch die Abgeordneten der Bonner Regierungskoalition glänzten durch Abwesenheit. Allein die Sozialdemokraten boten sieben Parlamentarier auf, darunter Parteichef Erich Ollenhauer. Abgesehen von einigen nachgeordneten Ministerialen vornehmlich aus den Reihen des Auswärtigen Amtes beherrschten Vertreter aus westdeutscher Wirtschaft, Intelligenz und Kultur die Szenerie. Nicht zuletzt Verleger Ernst Rowohlt, der schon in der Weimarer Republik zum Kreis der «Gesellschaft der Freunde des neuen Russland» zählte, machte Botschaftergattin Smirnowa mit einem Orchideensträußchen in auffälliger Weise seine Aufwartung.⁴

Dass die Bundesregierung nach Adenauers Moskaureise im September 1955 politisch schnell wieder auf Distanz und Abgrenzung zur Sowjetunion gegangen war, hatte allerdings gute Gründe. Die spektakuläre militärische Niederschlagung des Volksaufstandes in Ungarn im Herbst 1956 und die Unterdrückung von polnischen Freiheitsbestrebungen im selben Jahr hatten mit der von Nikita Chruschtschow seit dem XX. Parteitag der KPdSU propagierten Entstalinisierung nur noch wenig zu tun. All dies bestärkte den Kanzler in seiner antikommunistischen Grundüberzeugung vom dabei repressiven, expansiven Charakter des Sowjetregimes. Die zuweilen etwas differenziertere Sicht auf die östliche Supermacht, die auf seiner persönlichen Begegnung mit den Machthabern beruhte und deren Verhalten in mancherlei Hinsicht nachvollziehbarer erscheinen ließ, blieb im Licht der jüngsten sowjetischen Osteuropapolitik aber auf der Strecke.

Beim Kanzler lebten vielmehr Reminiszenzen an die erste Berlin-Krise von 1948/49 auf, an die Verschärfung des innerdeutschen Grenzregimes durch Sowjetmacht und SED-Führung im Jahre 1952 oder aber an den 17. Juni 1953 in der DDR, als unmittelbar nach Stalins Tod das dortige freiheitsbestimmte Aufbegehren durch die neue kollektive Führungsmannschaft in Moskau gewaltsam erstickt worden war. Und nicht zu vergessen: Angesichts der anhaltenden Fluchtbewegung von Deutschland Ost nach Deutschland West bahnte sich ab 1958 die zweite Berlin-Krise an, ausgelöst durch ein Ultimatum Nikita Chruschtschows, der den Abzug der Alliierten aus Berlin und die Umwandlung der dortigen West-Sektoren in eine freie, entmilitarisierte Stadt forderte, was mit dem Bau der Mauer am 13. August 1961 einen dramatischen Höhepunkt erlebte. SED-Chef Walter Ulbricht konnte dadurch mit sowjetischer Hilfe das letzte Schlupfloch in den Westen stopfen, während Nikita Chruschtschow mit der von ihm provozierten Krise 1958 noch weitere Ziele verband: Der Kremlherr war nicht auf Krieg aus, hoffte aber insbesondere den Amerikanern eine demütigende Niederlage zuzufügen, wodurch er innerhalb der NATO deren Glaubwürdigkeit als Führungs- und Schutzmacht untergraben wollte. Das wiederum hätte in seinem Kalkül nicht nur auf lange Sicht die nordatlantische Militärallianz zerstört, sondern – weit früher – die Bundesrepublik zum Austritt aus der NATO bewegen und damit Adenauers anscheinend unwiderrufliche Westintegration der Bonner Republik nachhaltig erschüttern müssen.

Doch bekanntlich kam alles anders. Die Westalliierten blieben in ihren Sektoren der ehemaligen Reichshauptstadt. Mehr noch: US-Präsident Kennedy bekannte sich klar zum Recht der Alliierten auf Anwesenheit in Berlin, zum freien Zugang zur Stadt und zur freien Wahl der Lebensform für die Westberliner (die «Three Essentials»), wodurch er abermals die sicherheitspolitischen Bande zwischen amerikanischer Gewährsmacht, Bundesrepublik und Frontstadt stärkte.[5]

Zugleich verdeutlichte die Situation die Realität der deutschlandpolitischen Stagnation. Die Wiedervereinigung der Nation stand aktuell jedenfalls nicht auf der Tagesordnung, sondern wurde immer mehr zu einem vom Bonner Regierungslager mehr oder weniger innig gehegten Wunschdenken. Freilich wagte das niemand offen auszusprechen, am allerwenigsten der Bundeskanzler selbst, der in seiner Amtsführung auf das im Grundgesetz verankerte Vereinigungsgebot verpflichtet war. Doch im internen Zirkel ließ der Kanzler keine Zweifel mehr an seiner Gefühlslage aufkommen. Inmitten der zweiten Berlin-Krise äußerte Adenauer am 16. März 1959 frustriert: «Wenn wir den Status quo für Berlin und die Zone behalten, haben wir heute so gut wie alles erreicht.» Und nach kurzer Pause ergänzte er resigniert: «Wiedervereinigung – wer weiß wann!»[6]

Nicht zuletzt humanitäre Erwägungen, die Lebensbedingungen der Deutschen jenseits des «Eisernen Vorhangs» erträglicher zu gestalten, gaben schließlich den Ausschlag, dass Adenauer ungewohnt flexibel und keinesfalls prinzipienversessen zwischen 1958 und 1962 nach ostpolitischen Neuansätzen gegenüber der Sowjetunion suchte. Seine westlichen Alliierten und die heimische Öffentlichkeit ließ er darüber allerdings weitgehend im Unklaren. In die Planspiele des Kanzleramtes waren deshalb nur wenige Vertraute eingeweiht.

Bereits knapp fünf Monate nach seiner Regierungserklärung, mit der er die Gemüter der Moskauer Staats- und Parteiführung erregt hatte, trat Konrad Adenauer am 19. März 1958 mit einem unorthodoxen Vorschlag an Sowjetbotschafter Andrej Smirnow heran. Der Bonner Regierungschef wollte erfahren, wie der Kreml sich zur Idee positionierte, der DDR einen mit Österreich vergleichbaren Sonderstatus zu verleihen. Als fünf Wochen später am 26. April der stellvertretende sowjetische Ministerpräsident Anastas Mikojan in der Bundeshauptstadt war, ergriff der Kanzler in streng vertraulicher Runde erneut die Initiative. Doch Mikojan kommentierte mit keiner Silbe den Vorstoß einer Österreich-Lösung für die DDR. Ein neutraler ostdeutscher Teilstaat mit bürgerlich-liberaler Verfassung ohne sowjetische Militärpräsenz war für die UdSSR keine attraktive Alternative zu dem, was sie mit der DDR besaß: ein strategisch bedeutsames Glacis an der Nahtstelle des Ost-West-Konflikts.[7] Ähnlich lagen die Verhältnisse gegen Ende der Amtszeit Adenauers, als er im Juni 1962 abermals der sowjetischen Seite ein für ihn unorthodoxes deutschlandpolitisches Angebot unterbreitete. Nun ließ er über Smirnow Überlegungen für einen zeitlich befristeten «Burgfrieden» lancieren: «Moskau möge die deutschen Fragen für die nächsten zehn Jahre so belassen, wie sie zur Zeit seien, und wir würden uns damit diese Jahre hindurch einverstanden erklären, nur möge der Kreml dafür Sorge tragen, daß die menschlichen Verhältnisse in der Zone besser würden. Was dann später zu tun sei, das solle man eben später überlegen.» Für die Zwischenzeit regte der Kanzler an, im Sinne von Entspannung die bilateralen Beziehungen zu normalisieren und sich anderen Weltproblemen, vor allem der kontrollierten Abrüstung, zu widmen. Zwar reagierte die sowjetische Führung diesmal wenigstens mit einer offiziellen Absage. Adenauers Bereitschaft, den deutschlandpolitischen Status quo unwidersprochen hinzunehmen, betrachtete sie aber nur als gegenstandslose Rhetorik, die keinerlei humanitäre Konzessionen gegenüber der DDR rechtfertigte.[8]

Wirtschaftsdiplomaten und ostpolitische Neuansätze

Während bis zur Aufnahme diplomatischer Beziehungen keine direkten Kommunikationswege zwischen den staatlichen Stellen der jungen Bonner Republik und der UdSSR existierten, galt für die Wirtschaftsbeziehungen ganz anderes. Zur SBZ/DDR pflegte die östliche Supermacht ohnehin bereits seit 1945 engste ökonomische Kontakte. Doch basierten sie zumindest in der ersten Zeit wesentlich auf rücksichtsloser Ausbeutung durch die Sowjetmacht. Im Westen wurde dies sehr wohl registriert und anhaltend aufmerksam beobachtet. Insofern war es bemerkenswert, dass schon fünf Jahre nach Kriegsende die Sowjetunion ausgerechnet bei kapitalistischen Wirtschaftsführern und Klassenfeinden aus Westdeutschland vorsichtig um kleinere Handelsgeschäfte nachsuchte. Ein solches Gebaren mochte nicht recht in das gängige Bild vom Kalten Krieg und der damit einhergehenden Abschottung zwischen Ost und West passen. Erste Geschäftsabschlüsse 1950 blieben zunächst noch bescheiden. Sie bezogen sich überwiegend auf Faserholz und Ölkuchen, die die Sowjetunion in die Bundesrepublik exportierte. In den Folgejahren lieferte sie Dieselöl, um dann erstmals 1953 ein deutliches Interesse an westdeutschen Industrieerzeugnissen zu bekunden: Abgesehen von Kabelbestellungen kamen 1953/54 Auftragsabschlüsse u. a. über eine Fischfabrik und Kühlschiffe im Wert von 225 Millionen DM zustande, wie das Ostblockreferat des Bonner Auswärtigen Amts am 8. Juli 1955 rückblickend hervorhob. Der damalige sowjetische Ministerpräsident Malenkow war im Zuge einer verbesserten Konsumgüterversorgung für die eigene Bevölkerung erheblich auf derartige Lieferungen angewiesen. Technik ‹Made in West Germany› genoss dabei in Moskau hohes Ansehen. Auf den Fachmessen in Leipzig oder Hannover zeigten sich sowjetische Handelsdelegationen regelmäßig von der Qualität und Leistungsfähigkeit westdeutscher Industrieprodukte beeindruckt. Zudem konnten beide Seiten – ungeachtet unterschiedlicher ökonomischer Systeme – auf positive Traditionen vornehmlich während der Weltwirtschaftskrise Ende der 1920er, Anfang der 1930er Jahre zurückblicken. Nach wie vor existierte hier erhebliches Vertrauenskapital. «Die Erfahrungen mit russischen Geschäften nach dem Krieg entsprechen denen der Vorkriegszeit», bilanzierten die Beobachter im Ostblock-Referat des AA. «So schwierig sich oft die Aushandlung gestaltet, so glatt vollzieht sich im allgemeinen die Abwicklung.»

Im Unterschied zu Bundesaußenminister Brentano hegten sie aber keinerlei Befürchtungen, die heimische Wirtschaft würde etwa dadurch in sowjetische Abhängigkeit geraten: Wareneinfuhren aus der UdSSR besäßen vielmehr preisstabilisierende Wirkung. Exporte westdeutscher Firmen in die Sowjetunion böten dagegen potenzielle Ausgleichsmärkte, obwohl man in Zeiten des westdeutschen Wirtschaftswunders und intensiver ökonomischer Verflechtung mit der westlichen Welt selbst nicht auf sie angewiesen war. Umgekehrt verlangte die angespannte Wirtschaftslage in der UdSSR allerdings dringend nach hochwertigen Maschinen aus der Bundesrepublik. Und das weckte im Bonner Außenamt Hoffnungen, in den Besitz eines vorteilhaften politischen Instruments zu gelangen, um nicht zuletzt mit Blick auf die Wiedervereinigung vorsichtig Druck auf Moskau ausüben zu können. Selbst Kanzler Adenauer hegte vorübergehend den Gedanken, die Einheit der Deutschen «erkaufen» zu können, wobei er völlig verkannte, dass sein sowjetischer Gegenspieler Nikita Chruschtschow allein auf verlockende Geschäftsverbindungen spekulierte. Übersehen wurde auch, wie sehr westdeutsche Industrielle sich vornehmlich durch unternehmerische Kriterien und vom Prinzip sich frei entwickelnder Handelsbeziehungen leiten ließen. Sie erwarteten deshalb von der Politik, dafür die entsprechenden Voraussetzungen zu schaffen. Doch solange dies angesichts begrenzter Spielräume nur zögerlich vonstatten ging, musste die Wirtschaft im Rahmen der Möglichkeiten auf eigene Initiative handeln.[9]

Um die Abschottung von Sowjetunion und Ostblock allmählich aufzuweichen und unkonventionelle Wege jenseits der großen Politik einzuschlagen, erwiesen sich schon sehr früh der 1952 gegründete Ost-Ausschuss der Deutschen Wirtschaft und die in diesem engeren wie weiteren Umfeld agierenden Persönlichkeiten als Brückenbauer. Der Interessenverband wurde dort aktiv, wo der Bundesregierung aufgrund außen- wie deutschlandpolitischer Vorbehalte enge Grenzen gesetzt waren.

Prädestiniert für diese Aufgabe war der Vorsitzende des Ost-Ausschusses Otto Wolff von Amerongen. An der Schnittstelle von Wirtschaft und Außenpolitik entwickelte er sich vor allem in der Hochphase des Kalten Krieges schnell zu einem formsicheren wie selbstbewussten Eisbrecher. Als einflussreicher Mann von Handel und Industrie lotete er indirekt auch für die Bundesregierung das sowjetische Terrain und das ihres Machtbereichs aus, selbst wenn im Zweifelsfall nicht auf politische Rückendeckung aus Bonn gesetzt werden konnte. Amerongen sah sich dabei in einer «Art Rosenkavalier-Tätigkeit, bei der der Rosenkavalier jederzeit [aber Gefahr lief,] desavouiert [zu] werden». Er zielte darauf, «[ü]ber saubere und erfolgreiche handelsvertragliche Beziehungen zu Handelsmissionen zu kommen, über Handelsmissionen – je nach politischer Gegebenheit – die diplomatische Anerkennung zu erreichen», um so möglichst «das starre[...] Hallstein-Doktrin-System[...]» zu überwinden. Zweifellos machte ihn dies zu einem der wichtigsten Wegbereiter des westdeutschen Osthandels mit besten Kontakten zu Spitzenfunktionären des sowjetischen Staats- und Parteiapparats. Dass Teile der Regierung, aber auch der Öffentlichkeit sich aus strikter Ablehnung der Sowjetunion despektierlich über das Ostgeschäft äußerten, es mitunter sogar in die Nähe des Landesverrats rückten, beirrte Amerongen wenig. Seine Firma hatte bereits 1952 Portalkräne und andere Maschinen dorthin exportiert, und seine Überzeugung war es, unvermindert am Dialog festzuhalten, vor allem in politischen Krisenzeiten.[10]

Zu den frühen Grenzgängern zwischen West und Ost ohne große Ängste bei der Errichtung von Handelsbrücken zur UdSSR und anderen Ostblockstaaten gehörte auch Berthold Beitz. Der Spitzenmanager des Krupp-Konzerns setzte damit nur gute Geschäftstraditionen seines Hauses fort. Schon kurz nach der Oktoberrevolution hatte Krupp als eine der ersten deutschen Firmen 1922 die handelspolitischen Fühler nach Sowjetrussland ausgestreckt. Das wurde unter Beitz nun wiederbelebt, wie überhaupt die gesamte strategische Ostausrichtung des Konzerns allein sein Verdienst war. 1955 begann der eigentliche Neustart des Sowjetgeschäftes, das zunächst Chemieanlagen betraf und 1957 mit einem aufsehenerregenden 50-Millionen-DM-Abschluss beachtliche Erfolge feierte: mit dem Bau einer Großanlage zur Herstellung vollsynthetischer Fasern. Das wiederum brachte Beitz, der sich die Ostkomponente seiner Firmendiplomatie stets selbst vorbehielt, erstmals auf Einladung von Vizepremier Anastas Mikojan 1958 nach Moskau. Höhepunkt dieses Besuchs war sein Zusammentreffen mit dem damaligen KPdSU-Chef und Ministerpräsidenten Nikita Chruschtschow im Kreml. Kaum deutlicher konnte vor den Augen der Weltöffentlichkeit demonstriert werden, dass der Krupp-Konzern als Hitlers einstige Waffenschmiede bei der von inneren Sachzwängen und ökonomischem Pragmatismus geleiteten Sowjetführung politisch inzwischen rehabilitiert war. Beitz selbst wurde nicht nur von wirtschaftlichen Erwägungen geleitet, sondern auch von anderen Beweggründen, die aus persönlichen Erfahrungen herrührten: Als Dienstverpflichteter des Reichwirtschaftsministeriums hatte er seit 1940 im Generalgouvernement für die besetzten polnischen Gebiete die Brutalität der Nazi-Herrschaft erlebt und zahlreiche Polen und jüdische Zwangsarbeiter vor dem sicheren Tod bewahrt. So betrachtete Beitz nach den Schrecken des NS-Vernichtungskrieges den Osthandel als ein Mittel der Verständigung und Wiedergutmachung gegenüber den dortigen Völkern.[11]

Das Ganze fiel in eine Zeit, als die Bundesregierung sich schließlich nach zähen Verhandlungen in frostiger Atmosphäre 1958 und 1960 zu offiziellen Handelsabkommen mit der UdSSR bereitfand. Inzwischen hatten Industrielle wie Wolff von Amerongen, Beitz oder etwas später Ernst Wolf Mommsen, der als Vorstandsvorsitzender der Thyssen AG bis 1969 ein gigantisches Geschäft mit Öl- und Erdgasröhren für die Sowjetunion anbahnte, ein Klima verbesserter Verständigung geschaffen, was es der Bonner Politik schließlich erleichterte, in dieser Hinsicht und als Ausdruck guten Willens über den eigenen Schatten zu springen. Das sollte sich auf lange Sicht als hilfreich für die sich seit den frühen 1960er Jahren anbahnende Neue Ostpolitik erweisen. Westdeutsche Wirtschaftslenker übernahmen also flankierende, auch vorbereitende Funktionen, konnten allein aber dauerhaft keinen Ersatz für die Entspannung zwischen Ost und West schaffen. Hier waren die politischen Eliten gefordert.[12]

Dessen ungeachtet blieb das Geschäft mit der Sowjetunion bis zum Regierungsantritt der sozialliberalen Koalition 1969 stets sehr risikobehaftet. Es war durch die deutsche Teilung und den Grundkonflikt zwischen den beiden Supermächten weithin den Schwankungen der großen Politik ausgeliefert. Aber die bilateralen Handelsverträge, mit denen die Diplomatie erstmals Rahmenbedingungen gesetzt hatte, belebten und erleichterten die Wirtschaftsbeziehungen. Bis 1961 erzielte der Warenaustausch mit 1,62 Milliarden DM einen Höhepunkt, was die Bundesrepublik mehr als andere westliche Staaten zum bevorzugten Wirtschaftspartner der UdSSR machte. Infolge verbesserter handelspolitischer Rahmenbedingungen gelang es westdeutschen Stahlriesen wie Mannesmann und Krupp, zwischen 1959 und 1963 rund 660 000 Tonnen Stahlrohre für Pipelines zu liefern, auf die Moskau zur Erschließung sibirischer Erdöl- und Gasvorkommen dringend angewiesen war.

Als auf US-amerikanischen Druck hin 1962/63 ein Röhrenembargo gegen die Sowjetunion verhängt wurde und die Adenauer-Regierung hier Bündnistreue praktizierte, bedeutete dies für den westdeutschen Osthandel einen herben Rückschlag. Moskau verweigerte daraufhin konsequent die Unterzeichnung des zur Verlängerung anstehenden Handelsabkommens. Bis 1967 jedenfalls erlahmte der Außenhandel mit der UdSSR. Da überdies die Bundesregierung aus politischen Erwägungen Hermesbürgschaften oder sonstige staatliche Kreditgewährung konsequent ablehnte, um das Ostgeschäft wieder zu beleben und finanziell abzusichern, verschärfte sich die Situation weiter.

Wenn sich gegen Ende der 1960er Jahre die Situation vorsichtig entspannte, war dies aus ökonomischer Perspektive wesentlich zwei Umständen zu verdanken: In der Bundesrepublik löste 1966/67 eine Rezession außenwirtschaftlichen Handlungsdruck auf die Bonner Sowjetunion-Politik aus. In der UdSSR dagegen zwangen gescheiterte Wirtschaftsreformen und dringender ökonomischer Modernisierungsbedarf dazu, politische Vorbehalte zurückzustellen, die Selbstisolierung zu überwinden und sich schließlich gegenüber dem Westen flexibler zu verhalten, vor allem gegenüber der Bundesrepublik mit ihrem technologischen Know-how. Neue Ostpolitik und Entspannung hatten damit also auch eine eigene, überwiegend von westdeutschen Großkonzernen dominierte Vorgeschichte.[13]

Publizisten und andere kulturelle Brückenbauer

Auch abseits von Wirtschaft und Industrie gab es Berufsgruppen und – nicht nur linksliberale – Intellektuelle, die sich in der von gegenseitigem Misstrauen geprägten Atmosphäre des Kalten Krieges für den Abbau von Vorurteilen im deutsch-sowjetischen Verhältnis engagierten. Bereits 1958 hatte der westdeutsche Publizist und Kenner der Sowjetunion Klaus Mehnert mit seinem Erfolgsbuch «Der Sowjetmensch» die Aufmerksamkeit der westdeutschen Öffentlichkeit auf sich gezogen.[14] Der Bestseller, der innerhalb von drei Jahren eine Auflage von einer halben Million Exemplaren erlebte, schlug in seiner Zeit alle Rekorde – und das, obwohl Mehnert einer der Ersten war, die ein breites deutsches Publikum auf die ungeheuren Leiden der sowjetischen Völker im von den Deutschen angezettelten Zweiten Weltkrieg hinwiesen, d. h., er kehrte das damals – angesichts von deutscher Flucht- und Vertreibungserfahrung – in der Bundesrepublik vorherrschende Täter-Opfer-Narrativ um. In diesem Zusammenhang legte er plastisch dar, wie tief der weltanschauliche NS-Vernichtungskrieg im kollektiven Gedächtnis der Sowjetbürger verankert und somit «deutsche[s] Soldatentum [... nach wie vor für] die Russen ein Alpdruck» war.[15]

Der Band zählte zu den ganz wenigen Büchern, die im 20. Jahrhundert nachhaltig das Bild der Westdeutschen von der UdSSR prägen sollten. Inmitten des von Antikommunismus und Russenfurcht geprägten Kalten Krieges – der KPdSU-Generalsekretär Nikita Chruschtschow hatte mit seinem Berlin-Ultimatum soeben eine internationale Krise vom Zaun gebrochen, die am 13. August 1961 mit dem Bau der Mauer schließlich ihren Höhepunkt erlebte – wollte Klaus Mehnert «Russland für sein deutsches Publikum retten; er plädierte für eine Verständigung der Völker bei gleichzeitiger Gegnerschaft mit dem Sowjetstaat». Seine reichen persönlichen Kenntnisse der russischen Mentalität im vorrevolutionären Zarenreich und seine Eindrücke, die er auf Reisen durch Russland und die Sowjetunion bei Begegnungen mit russischen Menschen, dem «zweiten Volk seines Lebens», gesammelt hatte, gewährten seiner Leserschaft – auch das ein Novum – aufschlussreiche Einblicke hinter die Fassaden des offiziellen sowjetischen Staatssozialismus. Er brachte seinem Publikum den Sowjetalltag und darüber die persönliche Seite des *Homo sovieticus* näher. Dabei vertrat er die These, die «Russen ließen sich nicht bolschewisieren», sondern blieben «weitgehend apolitische Menschen, die sich mit dem Regime arrangierten». Überhaupt befand er in diesem Zusammenhang – und dies, abweichend vom Zeitgeist, in Anspielung auf die vorangegangenen deutschen Diktaturerfahrungen –, es stehe seinen Landsleuten kaum an, «den Russen vorzuwerfen, dass sie sich nicht gegen die Parteidiktatur auflehnten».[16]

Das anhaltende Interesse der Westdeutschen, mehr über die Lebenswelten der sowjetischen Bevölkerung zu erfahren, wusste Mehnert weiterhin zu befriedigen. Ein Vierteljahrhundert später publizierte er mit seinem Buch «Über die Russen heute. Was sie lesen, wie sie sind» abermals ein Erfolgswerk, das binnen Jahresfrist fünf Auflagen erlebte.[17]

Ähnlich wirkten viele russophile westdeutsche Journalisten, die nach der Aufnahme diplomatischer Beziehungen zwischen Bundesrepublik und UdSSR Gelegenheit erhielten, sich in erster Generation als Auslandskorrespondenten in Moskau akkreditieren zu lassen. Ihre Zahl war anfänglich äußerst klein, die Arbeitsbedingungen schlecht. Überhaupt versuchte das Sowjetregime, sie zu isolieren und ihnen nur sehr selten Reisen außerhalb der Hauptstadt zu gestatten. Es setzte sie ständiger Überwachung durch den Geheimdienst KGB aus, ließ nur spärlich Informationen fließen, was einer offenen Berichterstattung ebenso abträglich war wie der Umstand, dass sie nur unter äußerst erschwerten Bedingungen russischen Menschen direkt begegnen oder gar regelmäßig persönliche Kontakte mit ihnen pflegen konnten. Alles musste zuvor beantragt werden, war zumindest bis in die 1960er Jahre strenger Zensur unterworfen und wurde minutiös geregelt. Aus diesem Grund durfte man von ihnen nicht unbedingt eine harte politische Berichterstattung über die Sowjetunion erwarten. Die Informationslage ließ es kaum zu; meist werteten sie die offizielle Presse aus, interpretierten zwischen den Zeilen oder mühten sich, die mitunter spannenderen, weil im Nachrichtenfluss oft freieren Regionalblätter zu ergattern, um ihre Landsleute in Westdeutschland über das Leben in der UdSSR auf dem Laufenden zu halten. Die eigentlich kritischen Artikel und Kommentare blieben den heimatlichen Chefredaktionen vorbehalten, was die Korrespondenten vor Ort nicht der Gefahr aussetzte, von amtlichen sowjetischen Stellen diffamiert oder im Extremfall abgeschoben zu werden.[18]

Trotz vermeintlicher Abgeschiedenheit erwarben sich Journalisten wie Hermann Pörzgen, der für die FAZ aus Moskau berichtete, oder etwa Gerd Ruge, der zwischen 1956 und 1959 als erster fester Korrespondent der ARD in die UdSSR ging, beachtliche Verdienste als kulturelle Brückenbauer. Ähnlich wie Klaus Mehnert versorgten sie ihre Mitbürger in Westdeutschland mit Bildern und Eindrücken aus sowjetischen Lebenswelten und vor allem aus dem Alltag der Russen jenseits der großen Politik. Pörzgen verfasste mit viel Einfühlungsvermögen etwa Miniaturen zum ländlichen Leben, lieferte Kommentare zur Jugend oder vermittelte geradezu anrührende Einblicke in eine Moskauer Modenschau aus dem «Haus der Modelle».

Gerd Ruge erzählte über eine kommunistische Agitationsveranstaltung, abgehalten vor Arbeitern der Bonbon-Fabrik «Rotes Moskau». Mit seinem fast schon satirisch anmutenden Bericht trat er der in der Bundesrepublik weit verbreiteten Vorstellung vom gemeinhin fest indoktrinierten russischen Kapitalistenfresser entgegen. Das Sowjetregime versuchte eher, die eigene Bevölkerung vor westlichen Einflüssen hermetisch abzuschirmen, sie in Unwissenheit zu halten und hochgradig zu verängstigen – durch eine bis zur Unkenntlichkeit verzerrende Schwarz-Weiß-Malerei vom angeblichen Revanchismus und aggressiven Imperialismus einer nach Atomwaffen strebenden Bundesrepublik. Dagegen legten die Schilderungen westdeutscher Journalisten offen, wie sehr über Systemgrenzen hinweg die Sorgen, Vorstellungen und Lebensbedürfnisse der Menschen einander oft ähnelten.[19]

Um gegen die sowjetische Negativberichterstattung über die Bundesrepublik anzugehen, wurden spätestens seit 1964 spezielle Journalistenreisen nach Westdeutschland angeboten. Häufig finanziert vom Bundespresseamt, das sich ansonsten aber zurückhielt, organisierten westdeutsche Journalistenverbände Rundreisen für offiziell aus der

UdSSR entsandte Pressevertreter oder Schriftsteller. Sie sollten Gelegenheit erhalten, sich im Rahmen eines von den Veranstaltern festgelegten Besuchsprogramms mit vielfältigen Gesprächsterminen aus eigener Anschauung ein möglichst sachliches Bild vom öffentlichen Leben, aber auch vom Alltag in der Bonner Republik zu verschaffen. Bei dem einen oder anderen Sowjetjournalisten mochte das die persönliche Erfahrungswelt erweitert, vereinzelt gar reflektiertere Wahrnehmung vermittelt haben. Doch für deren Berufsalltag blieb dies meist bedeutungslos, zumal das Regime ohnehin eine andere als von der Parteidoktrin verordnete Sicht auf die Bundesrepublik nicht zuließ. Das galt umso mehr, als Westdeutschland das politische Gegenmodell zur verbündeten DDR verkörperte. Und in sowjetischer Lesart repräsentierte nun mal der ostdeutsche «Arbeiter-und-Bauern-Staat» mit seiner vermeintlich antifaschistischen Grundausrichtung das bessere Deutschland.[20]

Dem Ziel, gegenseitige Vorurteile abzubauen, fühlten sich auch verschiedene kommunale Initiativen verpflichtet. Sie suchten bisweilen schon in der Adenauer-Ära unspektakuläre Kontakte zu sowjetischen Partnereinrichtungen anzubahnen. Pionierarbeit leistete hier der Besuchsaustausch, den Hamburg mit Leningrad praktizierte. In der Hansestadt engagierte sich dafür unter anderem der eher im linken Parteienspektrum und kirchlichen Milieu beheimatete Jugendring HJR aus vergangenheitspolitischer Verantwortung im Zeichen der Wiedergutmachung. Erfolgreich wirkte auf lange Sicht dessen Jugendaustauschprogramm, um das beiderseitige Freund-Feind-Denken allmählich zu überwinden. Das Ganze nahm seinen eigentlichen Anfang während der zweiten Berlin-Krise 1958. Wichtige Impulse hatte aber schon im Juni 1957 der FDP-Wirtschaftssenator Ernst Plate gegeben, als er mit einer städtischen Delegation nach Leningrad reiste. Er wollte im Windschatten der Bonner Politik Hamburgs Beziehungen zum einst «natürlichen Hinterland» wiederbeleben, was bei der Bundesregierung keineswegs Begeisterungsstürme auslöste, dem Stadtstaat allerdings nicht untersagt werden konnte.[21]

Auch Münchens SPD-Oberbürgermeister Hans-Jochen Vogel profilierte sich in Sachen kommunalpolitischer Reisediplomatie. Nach seiner Leningrad-Visite im Juni 1966 zog er eine positive Bilanz: Den Dialog zwischen antagonistischen Gesellschaftssystemen sah er am wenigsten durch die Begegnung von Kommunalpolitikern belastet. Gerade der Austausch über administrativ-technische Belange des städtischen Alltags – die Münchner planten etwa ein umfangreiches U-Bahn-Netz, die Leningrader hatten darin reichlich Erfahrungen – bildete für den Sozialdemokraten Vogel beste Voraussetzungen, zumindest auf unterer politischer Ebene vertrauensstiftend zu wirken. Hier boten sich zugleich Chancen für den kommunalen Spitzenverband «Deutscher Städtetag», dessen Hauptgeschäftsführung zwischen 1964 und 1968 in den Händen des 1907 in Moskau geborenen Bankierssohns Werner Bockelmann lag.[22] All das schien zunächst nichts Weltbewegendes, doch zeugte es von einer politischen Kultur im Umbruch, die in ersten kleineren Schritten die Spielräume und Grenzen des praktischen Miteinanders ausloten wollte.

Neue Ostpolitik und trilaterale Beziehungen

Spätestens der Moskauer Vertrag vom 12. August 1970 sollte in dieser Hinsicht viel ändern. Er setzte fortan Handlungsrahmen und Maßstäbe für eine Neue Ostpolitik, die nicht nur die sozialliberale Koalition unter Kanzler Willy Brandt und Nachfolger Helmut Schmidt, sondern ab Oktober 1982 auch Helmut Kohls CDU/CSU-FDP-Regierungsbündnis zur Grundlage machten, um die Beziehungen zur UdSSR sowie das trilaterale Verhältnis zwischen Bonn, Moskau und Ostberlin inhaltlich weiter auszugestalten.[23]

Gewaltverzicht, Entspannung und Kooperation unter Anerkennung des nach 1945 in Europa entstandenen territorialen Status quo bildeten die politischen Fixpunkte, zu denen sich beide Vertragsparteien formal bekannten. Die Regierung Brandt hatte sich damit aber keinesfalls vom Wiedervereinigungsgebot losgesagt. Vielmehr war es ihr gelungen, die Perspektive eines friedlichen Wandels in das Vertragswerk einzubeziehen und der sowjetischen Seite die bundesdeutsche Rechtsauffassung in einem gesonderten Brief zur deutschen Einheit klar darzulegen.

Eine Gelegenheit, das auf Dialog setzende Konzept der Neuen Ostpolitik zu erproben, ergab sich für Willy Brandt bereits am Rande der Unterzeichnung des Moskauer Vertrags. Seine erste Begegnung mit KPdSU-Generalsekretär Leonid Breschnew hinterließ beim Bundeskanzler zunächst zwiespältige Gefühle. Er traf auf einen Mann, der ihm im persönlichen Gespräch nicht unsympathisch war. Freilich irritierte ihn, dass Breschnew sich über weite Passagen seiner Ausführungen an einen Sprechzettel klammerte, wobei er auf eine «halbwegs anspruchsvolle Argumentation» weitgehend verzichtete. Geradezu deprimierend wirkte auf Brandt die «demonstrative Wiederanknüpfung an Stalin».[24]

Das zweite Zusammentreffen fand im Jahr darauf vom 16. bis 18. September 1971 auf der Krim in Breschnews Sommerresidenz Oreanda unter ungleich günstigeren Bedingungen statt. Ein sichtlich gut gelaunter Generalsekretär empfing den Kanzler in kleinem Kreis am Flughafen Simferopol. Dabei verzichtete er auf jegliches diplomatische Protokoll, wie überhaupt das persönliche Kennenlernen in ungezwungener Atmosphäre die Basis für intensive politische Gespräche schaffen sollte. Die Kulisse der frühherbstlichen Krimhalbinsel, die zu gemeinsamem Badegang oder Bootsausflug auf dem Schwarzen Meer verlockte, und ein empathischer Breschnew, der seinem interessiert lauschenden Gast aus Bonn die Schönheiten des Küstenpanoramas erläuterte, taten ein Übriges, um – im wahrsten Sinne des Wortes – Entspannung und Vertrauen zwischen beiden Spitzenpolitikern zu fördern.

Das war ein für sowjetische Verhältnisse neuer Politikstil. Breschnew wollte sich seinem deutschen Gesprächspartner nicht als fremd oder aggressiv präsentieren und schon gar nicht den Eindruck erwecken, ein engstirniger, humorloser Kommunist zu sein. Anders als seine Vorgänger gerierte er sich als moderner, weltläufiger Politiker, den westliche Staatenlenker respektieren sollten, der zugleich aber auch nach Freundschaft und persönlichen Kontakten strebte. Das

Treffen auf der Krim zeitigte in dieser Hinsicht jedenfalls Erfolge. Seitdem pflegten beide Politiker einen vertrauensvollen Umgang miteinander, entwickelten einen engen Gedankenaustausch, der selbst Brandts Kanzlerschaft überdauerte.[25]

Während des Oreanda-Gipfels bestimmte ein breiter Themenkatalog die Gespräche. Um jeglichen sowjetischen Spaltungsversuchen vorzubeugen, ließ der Bundeskanzler zuvor jedoch keinerlei Zweifel an seiner Loyalität gegenüber dem westlichen Bündnis aufkommen. Beide diskutierten über die angestrebte Normalisierung der bilateralen Beziehungen und über Chancen eines verbesserten Handels. Brandt äußerte den Wunsch, die Konfrontation abzubauen, Militärausgaben zu verringern, wie insgesamt auch Truppen und Rüstung zu reduzieren. Für derartige Überlegungen zeigte sich Breschnew prinzipiell offen, knüpfte dies allerdings an schwierige Verhandlungen, was zugleich den Unterhändlern ein hohes Maß an Transparenzbereitschaft abverlangen sollte. Und so verließ der westdeutsche Regierungschef am 18. September durchaus optimistisch die Krim. Der KPdSU-Generalsekretär hatte bei ihm jedenfalls den Eindruck gefestigt, «einer weiteren Entspannung in Europa Nachdruck zu verleihen», wie Brandt tags darauf US-Präsident Richard Nixon in einer persönlichen Botschaft wissen ließ.[26]

Tatsächlich stellte sich schnell heraus, dass der viel beschworene «Geist von Oreanda» zumindest atmosphärisch Spuren hinterlassen hatte. Nicht zuletzt als symbolische Geste gedacht, sollte er Brandt angesichts instabiler Mehrheitsverhältnisse im Bundestag helfen, den Moskauer Vertrag wie die Folgeabkommen Bonns mit Warschau, Ostberlin und Prag erfolgreich durch die Ratifikationsverfahren zu schleusen. Hierfür hatte das Politbüro der KPdSU bereits fünf Monate später, am 29. Februar 1972, eigens einen umfassenden Maßnahmenkatalog verabschiedet, was am Ende auch hilfreich war. Doch mit Blick auf die übrige Berlin- und Deutschlandpolitik wurde bald deutlich, dass Oreanda das bi- oder gar trilaterale deutsch-deutsch-sowjetische Verhältnis praktisch nur sehr bedingt zu entspannen vermochte. Das räumte im Nachgang zur Krim-Visite der Bundeskanzler selbst ein, als er im SPD-Parteivorstand erklärte, ursprünglich mit mehr sowjetischer Kooperationsbereitschaft gerechnet zu haben. Letztlich erhoffte er substanzielle Fortschritte bei Breschnews erstem offiziellem Bonn-Besuch im Mai 1973.[27]

Sowjetische Entspannungspolitik gegenüber der Bundesrepublik war also von bemerkenswerter Ambivalenz, um nicht zu sagen: Zweigleisigkeit, geprägt. KP-Chef Breschnew betonte zwar bei jeder Gelegenheit seinen aufrichtigen Friedenswillen und sprach von der Bereitschaft zur Verständigung. Westdeutsche Verfechter der Neuen Ostpolitik sahen deshalb im Moskauer Vertrag eine Grundlage, um sich schnellstmöglich mit dem SED-Regime auf humanitäre Erleichterungen, Annäherung und ein verbessertes Miteinander einigen zu können. Doch im Zentralkomitee der KPdSU setzte sich spätestens im Oktober 1971 eine Linie durch, die deutschlandpolitisch auf harter Abgrenzung und Zweistaatlichkeit bestand. Willy Brandts Kurs, die «Beziehungen mit der DDR auf Basis der sogenannten innerdeutschen Beziehungen zu vollziehen», wurde dort kategorisch verworfen, weil er «auf lange Sicht gesehen die innenpolitische Stabilität untergraben soll». Um das zu verhindern, war nicht zuletzt mit Unterstützung Leonid Breschnews schon im Mai 1971 ein Machtwechsel in Ostberlin vollzogen worden. Der langjährige SED-Generalsekretär Walter Ulbricht musste als Anhänger einer gesamtdeutschen Orientierung unter sozialistischen Vorzeichen kurzerhand seinen Platz für Erich Honecker räumen. Denn der entsprach als entschiedener Verfechter von DDR-Eigenstaatlichkeit mit politisch-ideologischer Distanz zur Bundesrepublik geradezu perfekt sämtlichen sowjetischen Vorstellungen.[28] An dieser Auffassung sollte selbst der Grundlagenvertrag vorerst wenig ändern, den Brandts Chefunterhändler Egon Bahr mit DDR-Staatssekretär Michael Kohl am 21. Dezember 1972 zur Unterschriftsreife brachte und der die Normalisierung der Beziehungen beider Staaten unterhalb der Schwelle völkerrechtlicher Anerkennung anstrebte.

Und so machte am 21. Februar 1974 Moskau der DDR-Führung abermals deutlich, welche Ziele sowjetische Entspannung im Kontext der trilateralen Beziehungen verfolgte: Die «Politik der DDR gegenüber der BRD muss vor allem zur Lösung der Hauptaufgabe beitragen, günstige äußere Bedingungen für den Aufbau des Sozialismus in der Republik zu schaffen». Freilich war sich das Politbüro der KPdSU im Klaren, wie schwierig es in der damaligen politischen Lage für die SED-Führung war, «eine konsequente Linie der Abgrenzung zur BRD» zu verfolgen und gleichzeitig «normale zwischenstaatliche Beziehungen» mit Bonn zu unterhalten. Allein deshalb pochte man bei den Ostberliner «Freunden» darauf, bei «politischen Beratungen zwischen der DDR und der BRD, die im Grundlagenvertrag vorgesehen waren, wie auch bei einigen anderen Kontakten, etwa auf parlamentarischer oder kommunaler Ebene, Vorsicht walten zu lassen, um Bonn keine Hintertüren für den Aufbau ‹innerdeutscher Beziehungen› zu bieten».[29]

Auf Dauer ließ sich ein solcher Kurs aber nicht konsequent durchhalten. Die zunehmende Abhängigkeit der DDR vom innerdeutschen Handel, von großzügigen Krediten und Devisenzahlungen der Bundesregierungen, die Ostberlin im Gegenzug für humanitäre Erleichterungen erhielt, sollte ebenso wie die Möglichkeiten verbesserter zwischenmenschlicher Begegnungen seit der zweiten Hälfte der 1970er Jahre den von Moskau verordneten Abschottungssozialismus allmählich aufweichen. Das wiederum provozierte hinter den politischen Kulissen mancherlei Unstimmigkeit zwischen Leonid Breschnew und seinem Protegé Erich Honecker.[30]

Dessen ungeachtet war die damalige sowjetische Westpolitik sehr darum bemüht, Willy Brandts außenpolitischer Kehrtwende dauerhaft Geltung zu verschaffen. Denn der Moskauer Vertrag stellte mit den bilateral vereinbarten politischen Grundsätzen gleichsam das Muster für das dar, was Leonid Breschnew im Zuge eines lang gehegten multilateralen Projekts im gesamteuropäischen Kontext zu verwirklichen suchte: die Einberufung einer Konferenz über Sicherheit und Zusammenarbeit in Europa, die ihm – so wie es 1970 die Bundesregierung getan hatte – den territorialen sowie den politisch-gesellschaftlichen Nachkriegs-Status-quo und damit die Absicherung des sowjetischen Hegemonialbereichs garantieren sollte. Um annähernd erfolgreich zu sein, bedurfte es nicht nur der Unterstützung durch die westliche Supermacht USA. Breschnew erwartete auch die Fürsprache der Bundesrepublik, zumal sie im westlichen Lager großen Einfluss besaß.

Bis zur KSZE-Schluss-Akte von Helsinki 1975, die den Höhepunkt internationaler Entspannung bedeutete, mussten einige Hürden überwunden werden. Dass dort der Grundsatz friedlicher Grenzveränderung, an dem Brandts Amtsnachfolger Helmut Schmidt ein vitales Interesse besaß, schließlich Berücksichtigung fand, war besonders Washington zu verdanken. Im Gegenzug garantierten sich die 35 Signatar-Staaten u. a. territoriale Integrität, friedfertige Konfliktregelung, wirtschaftliche und wissenschaftliche Zusammenarbeit, Selbstbestimmungsrecht der Völker, Einhaltung der Menschenrechte und Nichteinmischung in innere Angelegenheiten. Die Sowjetunion legte mit ihren Verbündeten in Osteuropa letzteres Prinzip stets großzügig aus, um leidige, vor allem humanitäre Aspekte betreffende Passagen des Dokuments zu entschärfen, auf deren Einhaltung wiederum der Westen größten Wert legte. Auf Dauer jedoch akzeptierte er stillschweigend die sowjetischen Spielregeln.[31]

Angesichts solcher Umstände überraschte es insgesamt wenig, wenn sich seit den frühen 1970er Jahren trotz westdeutscher Neuer Ostpolitik etwa für Journalisten als einstige kulturelle Brückenbauer nur sehr langsam und keineswegs substanziell die Arbeitsbedingungen für die Berichterstattung aus der Sowjetunion änderten. Die Moskauer Redaktionsräume von ARD-Fernseh-Korrespondent Fritz Pleitgen standen unter permanenter KGB-Beobachtung. Er konnte nun zwar etwas freier im Land umherreisen, die eigens für Auslandskorrespondenten geschaffenen Autokennzeichen machten es aber möglich, ihn jederzeit schnell aufzuspüren. Nach wie vor lief er Gefahr, behördlicherseits gegängelt zu werden oder schlimmstenfalls die Akkreditierung zu verlieren.[32]

Selbst als Pleitgen 1977 auf den Korrespondentenposten der ARD nach Ostberlin wechselte, holten ihn die langen Schatten des sowjetischen Geheimdienstes erbarmungslos ein: KGB und DDR-Staatssicherheit kooperierten eng miteinander und etablierten in seinem Umfeld ein ausgeklügeltes Spitzelnetz, um Pleitgens journalistische Verbindungen ins sowjetische Dissidentenmilieu, etwa zu Lew Kopelew, sowie zur kritischen Kulturszene oder zu Sowjetbürgern in der DDR auszukundschaften und Abwehrmaßnahmen zu koordinieren. Auch das war eine besondere Form trilateraler Beziehungen in Zeiten der Neuen Ostpolitik.[33]

Wirtschafts- und sicherheitspolitische Herausforderungen

Die Entspannungspolitik des Kreml verstand sich nach 1970 als eine auf eigene Vorteile bedachte spezielle Form friedlicher Koexistenz, die die systembedingten und auf Reformunfähigkeit beruhenden Schwierigkeiten der sowjetischen Planwirtschaft auszugleichen suchte. Um beim technologischen Rückstand zum Westen aufzuschließen, kam abermals der hoch industrialisierten Exportmacht Bundesrepublik eine herausragende Bedeutung zu. Das galt umso mehr, als aus sowjetischer Sicht die beiden Länder in Fragen des Handels und der wirtschaftlichen Zusammenarbeit nicht ernsthaft miteinander konkurrierten, sondern – im Gegenteil – sich «in praktischer Weise» ergänzten. Großprojekte standen daher auf Moskaus Wunschliste an oberster Stelle – und das möglichst in den Sparten Elektro- sowie Radiotechnik, Maschinen- und Fahrzeugbau. Gewünscht waren besonders Einblicke in neueste Technologie und Fertigungsprozesse der westdeutschen Eisen- und Stahlindustrie. Der Bundesregierung war dabei eine «aktive», «tonangebende» und koordinierende Rolle zugedacht. Die Sowjetführung wollte es nicht allein gelegentlichen Unternehmerinitiativen überlassen, in das eine oder andere Projekt zu investieren,[34] zumal die deutsche Wirtschaft im Zuge der westlichen Embargo-Politik seit den frühen 1960er Jahren überwiegend auf den Westen ausgerichtet war.

Dem wollte Moskau entgegenwirken und setzte dabei große Hoffnungen auf einen bilateralen Handelsvertrag mit Bonn, der schließlich am 7. April 1972 paraphiert werden konnte und erstmals sogar Westberlin miteinbezog. Angesichts eines ambitionierten Fünfjahresplans wollte die Kooperationsoffensive der Sowjetunion an positive Erfahrungen anknüpfen, die auf einem über Hermes-Exportkreditgarantien abgesicherten Doppelabkommen mit den Essener Stahlriesen Thyssen und Mannesmann vom 1. Februar 1970 beruhten: sowjetische Erdgaslieferungen im Wert von rund 2,5 Milliarden DM in die Bundesrepublik gegen 1,2 Millionen Tonnen westdeutscher Großröhrentechnik in die UdSSR – eine Art Energiepartnerschaft und zugleich das bis dahin spektakulärste Ostgeschäft, dem weitere folgen sollten.

Das wiederum erklärt, weshalb Leonid Breschnew sich im Mai 1973 während seines ersten Staatsbesuchs in der Bundesrepublik mehr an ökonomischen als an politischen Fragen interessiert zeigte. Überhaupt erlahmte nach der Ratifikation des Moskauer Vertrags und der übrigen Ostverträge seine Bereitschaft, die politischen Beziehungen mit Westdeutschland weiterzuentwickeln. Daran änderte auch der Umstand wenig, dass die Entspannung eine neue positive Streitkultur und offenere Kommunikationsformen gefördert hatte – seit 1974 etwa konsultierten sich die Außenminister jährlich. Den grundlegenden Dissens aber, wie etwa das Vier-Mächte-Abkommen über Berlin von 1971 auszulegen sei oder ob der Westteil der Stadt automatisch in Verträge der Bundesrepublik mit der UdSSR und den Ostblockstaaten einbezogen werden dürfe, konnten Brandt und Breschnew bei ihrer Gipfelbegegnung nicht beilegen. Breschnew versperrte sich kategorisch diesem Ansinnen, akzeptierte am Ende aber eine salomonische Formel, weil sie breite Interpretationsspielräume gewährte. Entgegenkommen zeigte er in dieser umstrittenen Angelegenheit fortan nur dann, wenn sich daraus Vorteile für die Sowjetunion ergaben. Ansonsten wollte der Generalsekretär Wirtschaft und Politik voneinander entkoppeln. In Bonner Regierungskreisen und bei westdeutschen Industriekapitänen warb er engagiert für lukrative Russland-Geschäfte. Das am Rande der Regierungsgespräche im Mai 1973 unterzeichnete Abkommen zur Entwicklung wirtschaftlicher, industrieller und technischer Zusammenarbeit, das auf zehn Jahre befristet war, lag daher ganz auf seiner Linie.³⁵

Auch Helmut Schmidt, der nach Willy Brandts Rücktritt im Jahr darauf die Regierungsgeschäfte übernahm, maß der wirtschaftlichen Zusammenarbeit mit der UdSSR einen hohen Stellenwert bei. Doch setzte er andere entspannungspolitische Akzente als sein Amtsvorgänger und pflegte auch einen veränderten Umgangsstil mit den Vertretern des Sowjetregimes, wie es seinem Naturell entsprach. Für ihn zählten weniger freundschaftlich-persönliche Kontakte, sondern vielmehr geschäftsmäßig-diplomatisches Protokoll. Schmidt verstand sich als Krisenmanager: unaufgeregt, pragmatisch und mit klarem Blick für das politisch Machbare. Mit Breschnew teilte er das Gewalterlebnis im deutsch-sowjetischen Krieg. Der junge Wehrmachtsleutnant, dessen Einheit 1941 vor Leningrad lag, kannte also die Sowjetunion – im Gegensatz zu allen übrigen Kanzlern der Bonner Republik – aus eigener Anschauung. Was darüber hinaus Schmidts Einstellung zu diesem Land prägen sollte, entsprach seiner weiteren politischen Biografie: Vor der Kanzlerschaft hatte sich der studierte Diplomvolkswirt bereits als überzeugter «Atlantiker», Verteidigungs-, Finanz- und Wirtschaftsminister profiliert. Seine Ostpolitik gestaltete sich deshalb vornehmlich unter sicherheitspolitischen Gesichtspunkten, wobei er die ökonomische Dimension nie ausblendete. Als für ihn persönlich – wie am Ende auch politisch – erhellend sollte sich eine Urlaubsreise erweisen, die den Sozialdemokraten 1966 mit dem eigenen Pkw von Prag über Warschau nach Moskau führte. Dort erlebte er die Gegensätzlichkeit der Sowjetunion hautnah: ein Land, das beanspruchte, Atom- und Supermacht zu sein, sich zugleich aber mit ländlicher Rückständigkeit, schwierigen Wohn- und Lebensverhältnissen sowie einem unzulänglichen Versorgungssystem konfrontiert sah.

Um das bilaterale Verhältnis möglichst weiter zu normalisieren, setzte Helmut Schmidt verstärkt auf Wirtschaftskooperation mit Moskau. Ein solches Vorgehen entsprach seinem Verständnis von Entspannung, das auf einer «Strategie des Gleichgewichts» zwischen

Ost und West beruhte. Der Bundeskanzler – und das unterschied ihn von Leonid Breschnew – strebte in seinen Beziehungen zur Sowjetunion nach Verflechtung von Politik und Wirtschaft. Bilateraler Handel würde Vertrauen, aber auch eine wachsende Abhängigkeit der UdSSR von westlichen Lieferungen schaffen. Vor allem deshalb war Schmidt zuversichtlich, im Sinne von internationaler Stabilität und Friedenssicherung auf längere Sicht die sowjetische Politik beeinflussen zu können.[36]

Verglichen mit den vorangegangenen Jahrzehnten, erlebten die Handelsbeziehungen zwischen 1970 und 1978 einen bemerkenswerten Aufschwung. Bis 1975 verdreifachte sich nach ersten Anlaufschwierigkeiten der Wirtschaftsaustausch, begünstigt durch die Umstände, dass die UdSSR gewissenhaft ihre Schulden tilgte und dass das Geschäft mit ihr keinerlei konjunkturellen Schwankungen unterlag. Seit 1974 fanden deshalb Vertreter der westdeutschen Großindustrie zunehmend Interesse an Breschnews ökonomischen Großprojekten, mit denen er deutsche Investitionsgüter zur Erschließung der immensen sibirischen Rohstoffressourcen im Gegenzug für sowjetische Energie- und Grundstofflieferungen ins Land holen wollte. Schmidt, der hier noch ganz unter dem Eindruck der ersten Ölkrise von 1973 stand, unterstützte derartige Bemühungen, um die Erdöl- und Erdgasversorgung der Westdeutschen abzusichern.[37]

Breschnews zweite Bonn-Visite im Mai 1978 bildete in wirtschaftspolitischer Hinsicht daher den Höhepunkt bilateraler Kooperation. Leonid Breschnew würdigte bei dieser Gelegenheit die Pionierrolle der Bundesrepublik, «auf der Grundlage von Kompensationsgeschäften [...] einige große Industriewerke» in der UdSSR errichtet zu haben. Insofern fügte sich das bei dieser Zusammenkunft unterzeichnete Abkommen «über die Entwicklung und Vertiefung der langfristigen Zusammenarbeit auf dem Gebiet der Wirtschaft und Industrie» mit einer Laufzeit von 25 Jahren geradezu nahtlos in die beidseitigen entspannungspolitischen Bemühungen ein, was atmosphärisch positiv wirkte. Unter den westlichen Staaten war die Bundesrepublik damit zu den wichtigsten Handelspartnern der UdSSR aufgerückt, was den

Beziehungen ein stabiles Fundament verlieh. Mehr noch: Westdeutsches Wirtschaftsengagement ebnete in gewisser Weise den Weg, sodass 1981 trotz verhängten US-Embargos erstmals ein großes westeuropäisch-sowjetisches Erdgas-Röhren-Abkommen abgeschlossen und durchgeführt werden konnte.

Das war bemerkenswert, denn die politische Szenerie hatte sich inzwischen grundlegend gewandelt. Moskau betrieb seit der zweiten Hälfte der 1970er Jahre im Schatten der Entspannung eine verdeckte konventionelle und atomare Aufrüstung vor allem im Bereich der Mittelstreckenraketen, was der Westen 1979 mit dem NATO-Doppelbeschluss beantwortete: Für den Fall, dass die Sowjets sich nicht zu konstruktiven Rüstungskontrollverhandlungen bereitfänden, wurde eine Modernisierung der Mittelstreckenwaffen angekündigt, um ein militärisches Patt wiederherzustellen. In diesem Zusammenhang versuchte Moskau bundesdeutsche Politik und Gesellschaft gegeneinander auszuspielen. Die propagandistisch-agitatorische Westarbeit, bei der sich die UdSSR besonders auf die DDR stützte, zielte darauf ab, Nachrüstungsgegnern aus dem links-alternativen wie kirchlichen Milieu politisch-moralisch den Rücken zu stärken. Kanzler Schmidt selbst geriet als Mitinitiator des Doppelbeschlusses innerhalb seiner eigenen Partei immens unter Druck, konnte dem aber standhalten.

Ende Dezember 1979 ließ die Afghanistan-Intervention lang gehegte westliche Befürchtungen vom sowjetischen Expansionismus in der damaligen Dritten Welt wieder aufleben. Vor allem die amerikanische Regierung reagierte höchst beunruhigt. Anfang des Jahres 1979 hatte die Islamische Revolution die Verhältnisse in Iran umgestürzt, jetzt wurde die Lage in Afghanistan kritisch, eine geostrategisch bedeutende Großregion drohte ins Chaos zu stürzen. Und die Einführung des Kriegsrechtes im krisengeschüttelten Polen ging 1981 mit der Ungewissheit des Westens einher, ob die UdSSR im Geiste der Breschnew-Doktrin von 1968 nicht doch noch im letzten Moment eingreifen würde. Entspannung gehörte der Vergangenheit an. Die Welt befand sich längst in einem neuen Kalten Krieg, was die westdeutsch-sowjetische Wirtschaftskooperation stagnieren ließ.[38]

Um das weitere Abdriften von Ost und West in eine zweite Eiszeit abzuwenden, sah sich Helmut Schmidt als überzeugter Anhänger von Gleichgewichtspolitik gefordert. Zehn Jahre Entspannung sollten nicht übereilt zur Disposition gestellt werden – und das schon gar nicht in einem Moment, da sich die mühevoll entwickelten innerdeutschen Beziehungen allmählich verbesserten. Freilich gab er sich keiner Illusion hin. Eine substanzielle Bereinigung der politischen Großwetterlage konnten nur die beiden Supermächte herbeiführen. Doch das war schwierig, da insbesondere US-Präsident Jimmy Carter angesichts neuer internationaler Krisenherde keine Schwäche gegenüber der UdSSR zeigen wollte, sondern für eine härtere Gangart mit Sanktionen plädierte.

Schmidt gab ihm in der Sache zwar recht, setzte zunächst aber auf Deeskalation, wozu er aktiv beitragen wollte. Dabei ließ er sich unbeirrt von zwei Prinzipien leiten: uneingeschränkte Solidarität mit der Schutzmacht USA und gleichzeitiges Offenhalten der Gesprächskanäle mit der Sowjetunion. Er selbst hielt sich für besonders geeignet, in der Rolle des «Doppeldolmetschers» Washington und Moskau schnell wieder an den Verhandlungstisch zu bringen. Denn unter den Verbündeten der USA war seine Regierung zweifellos diejenige, die bei den sowjetischen Machthabern nicht zuletzt seit dem Moskauer Vertrag von 1970 den größten Vertrauensvorschuss besaß. Das hatte Leonid Breschnew bei verschiedenen Gelegenheiten immer wieder betont.[39]

Bei zwei Gipfelbegegnungen, die 1980/81 in Moskau und Bonn stattfanden, trat der Bundeskanzler deshalb mit Rückendeckung der US-Administration als Vermittler auf, ohne daraus ein Mandat für Rüstungskontrollverhandlungen abzuleiten. Sie sollten den beiden Supermächten vorbehalten bleiben. Er suchte aber den Machthabern im Kreml die westlichen Standpunkte, allen voran die der Präsidenten Jimmy Carter und Ronald Reagan, zu erklären. In der Afghanistan-Frage prallten die Positionen indes jedes Mal kompromisslos aufeinander. Bei den eurostrategischen Nuklearwaffen dagegen ließ Breschnew sich nach anfänglicher Ablehnung von Schmidt und Bundesaußenminister Hans-Dietrich Genscher bereits am 1. Juli 1980 zu Gesprächen mit den Amerikanern überzeugen. Freilich blieb der Ausgang des amerikanisch-sowjetischen Abrüstungsdialogs, der am 30. November 1981 in Genf begann, offen. Nur so viel war klar: Es würde kein einfaches Unterfangen werden, den sicherheitspolitischen Dissens darüber beizulegen, wie militärische Parität zwischen Ost und West am Ende zu erreichen sei. Doch die Vermittlungsbemühungen westdeutscher Pendeldiplomatie hatten bei den entscheidungsrelevanten Kreisen in Washington und Moskau den Eindruck hinterlassen, man könne der jeweils anderen Seite nicht grundsätzlich den Friedenswillen absprechen.[40] Mehr noch: Schmidt und Genscher hatten überzeugend demonstriert, wie fest die Bundesrepublik im westlichen Bündnis verankert war. Sie widerstanden dem von der westdeutschen Friedensbewegung – etwa durch den Krefelder Appell oder durch zahlreiche Massenkundgebungen – erzeugten öffentlichen Druck und nutzten ihren besonderen Draht nach Moskau für ebendiese Allianz, nicht aber im Sinne alter Rapallo-Befürchtungen für eine unberechenbare Schaukelpolitik, wie manche Skeptiker im westlichen Lager zeitweilig befürchteten. Diese guten Verbindungen sollten sich alsbald aber auszahlen.

Gorbatschows Perestroika.
Risse im «Bruderbund» und politische Entkrampfung gegenüber Bonn

So etwas hatte es noch nie gegeben. Seit über vier Jahrzehnten war die ostdeutsche Bevölkerung von ihrer Staats- und Parteiführung auf unverbrüchliche Treue zur Freundschaft mit der UdSSR eingeschworen worden. «Von der Sowjetunion lernen, heißt siegen lernen», lautete die Parole, mit der die SED insbesondere während der frühen 1950er Jahre das stalinistische Modell der UdSSR als Vorbild und einzig wahre Alternative zum westlichen Teilstaat Bundesrepublik pries. Das Ganze nahm bisweilen groteske Züge an. Angesichts immenser innerer Probleme, gekennzeichnet durch Mangelwirtschaft und Versorgungsschwierigkeiten, aber auch durch ein wachsendes Ausmaß an Überwachung und Unterdrückung war für viele DDR-Bürger die UdSSR alles andere als ein Ideal. Desillusioniert spottete man hinter vorgehaltener Hand: «Von der Sowjetunion lernen, heißt siechen lernen.»[1]

Öffentliches Fanal – «Sputnik»-Verbot 1988

Diese Vorbildfunktion sollte – quasi über Nacht – ihre Gültigkeit verloren haben? Was war geschehen? Spätestens mit Michail Gorbatschows Perestroika bahnte sich ab 1985 zumindest in breiten Teilen der ostdeutschen Bevölkerung ein grundlegender Gesinnungswandel gegenüber der UdSSR an. Anders als früher blickte man nun erwartungsvoll nach Moskau und griff begierig alle Informationen über die dortigen politisch-gesellschaftlichen Transformationsprozesse auf. Sowjetische Presseprodukte, die wegen ihrer neuen Offenheit im Geiste von «Glasnost» erhebliche Kontraste zum Einheitsgrau des Sozialismus in der DDR setzten, standen bei der ostdeutschen Leserschaft hoch im Kurs und fanden reißenden Absatz.

Das galt besonders für die von der sowjetischen Agentur «Nowosti» in mehreren Sprachen herausgegebene Zeitschrift «Sputnik», die in einer für DDR-Verhältnisse ungewohnt freimütigen Weise tabuisierte Themen aufgriff und 1988 mit den inhaltlichen Schwerpunkten ihrer November-Ausgabe eine einzigartige Provokation wagte: Die Leser sollten vom Geheimen Zusatzprotokoll des unrühmlichen Hitler-Stalin-Paktes erfahren, dessen Existenz die östliche Historiografie nach wie vor konsequent leugnete. Doch damit nicht genug: Auch am Nimbus der KPD wurde erheblich gekratzt. So erschien die unmittelbare Vorgängerorganisation der SED wegen ihrer zweifelhaften historischen Rolle während der 1920er Jahre in einem unrühmlichen Licht. Die spektakulären Enthüllungen kamen zu einem denkbar günstig-ungünstigen Zeitpunkt, denn ausgerechnet in diesem Moment schickte sich die SED an, den 70. Jahrestag der KP-Gründung vorzubereiten.[2]

Der «Sputnik» landete kurzerhand auf dem Index.[3] Die staatlichen Zensurbehörden nahmen ihn von der Postzeitungsliste, was faktisch einem Verbot gleichkam und den Höhepunkt einer Entwicklung markierte, die sich seit Längerem abgezeichnet hatte. Bereits das Oktober-Heft war nicht mehr ausgeliefert worden, weil es unter dem Titel «Stalin und der Krieg» auffallend kritisch die Vorgeschichte des Zweiten Weltkriegs behandelt und Stalin eine Mitverantwortung zugewiesen hatte.

Für SED-Generalsekretär Erich Honecker rüttelten derartige geschichtspolitische Traktate an der Legitimität und den Gründungsmythen seines Staates. In seinem Selbstverständnis erschütterten sie überdies die bisherigen Grundsätze der ostdeutsch-sowjetischen Freundschaft. Schon Ende August 1988 hatte er im vertraulichen Gespräch mit dem sowjetischen ZK-Sekretär Wadim Medwedjew gemahnt, die Redakteure der deutschsprachigen Presseerzeugnisse der UdSSR zu zügeln. Als im Monat darauf seine Appelle bei Michail Gorbatschow wirkungslos blieben, zögerte der SED-Chef nicht mehr, erstmals demonstrativ auf Distanz zur Sowjetmacht zu gehen. In einer einsamen Entscheidung, von der lediglich Stasi-Chef Erich Mielke wusste, verfügte er selbstherrlich nicht nur die Sanktionsmaßnahmen gegenüber dem «Sputnik», sondern ließ auch fünf sowjetische Spielfilme in der DDR absetzen, die nicht seinen weltanschaulichen Ansprüchen genügten.[4]

Das erwies sich als Pyrrhussieg. Der oberste SED-Funktionär hatte nicht nur die UdSSR verprellt: In Moskau machte Außenamtssprecher Gennadij Gerassimow zwar gute Miene zum bösen Spiel. Lakonisch suchte er die Vorgänge mit den Worten «innere Angelegenheit» der DDR zu beschwichtigen. Allerdings konnte er sich die kritische Bemerkung nicht verkneifen, dass die Mitarbeiter der sowjetischen «Presseagentur APN [...] Verwunderung über diesen Beschluß an den Tag legten» und sich nicht mit Erich Honeckers Rechtfertigungsversuchen «einverstanden» erklärten.

Weit mehr Unmut provozierte Honeckers kurzsichtige Maßnahme dagegen im eigenen Land. Dass die Friedens- und Menschenrechtsbewegung Anstoß daran nahmen, war kaum anders zu erwarten, das war hinzunehmen. Dass allerdings in einem solchen Ausmaß SED-Mitglieder, darunter mittlere und untere Parteifunktionäre, Journalisten, selbst Angehörige der Staatssicherheit die Maßnahme verständnislos als eine – möglichst schnell zu revidierende – Überreaktion verurteilten, das trug am Ende viel zur Delegitimierung des Regimes bei.[5]

Erste Friktionen und vorsichtige Abkoppelungsversuche

Eine Bewegung von solch öffentlicher Tragweite suchte ihresgleichen. Gleichwohl wäre es verfehlt anzunehmen, das Verhältnis zwischen der sowjetischen Führungsmacht und dem sich zusehends selbstbewusster gebenden SED-Generalsekretär sei bis dahin gänzlich spannungsfrei gewesen. Gegenüber KPdSU-Chef Leonid Breschnew, der ihn 1971 ins Amt befördert hatte, verhielt sich Honecker ausgesprochen loyal. Und das geschah nicht allein aus Dankbarkeit. Mehr noch wusste er um die grenzenlose Abhängigkeit seines Landes von der UdSSR, was in der Hochphase des Kalten Krieges aus der speziellen Konstellation der deutschen Teilung und der innerdeutschen Systemkonkurrenz herrührte. Kein anderer als der eitle Breschnew ließ ihn in imperialer Attitüde schon 1970 schonungslos spüren, wie sehr er Ostdeutschland als Siegestrophäe des von der Sowjetunion gewonnenen Zweiten Weltkrieges betrachtete: «Erich, ich sage Dir [sic] offen, vergesse [sic] das nie: Die DDR kann ohne uns, ohne die SU, ihre Macht und Stärke, nicht existieren. Ohne uns gibt es keine DDR.»[6]

Es bedurfte aber nicht solch einschüchternder Worte, um sich Honeckers Gefolgschaft zu versichern. Denn recht früh hegte er tiefe Sympathien für das Sowjetregime, obwohl er zeitlebens nicht gut Russisch sprach und sich deshalb diese Welt nicht leicht erschließen konnte. Voller Bewunderung pries Honecker bereits während seiner jungkommunistischen Lehr- und Wanderjahre die dortigen Errungenschaften: 1930/31 hatte er während einer Abordnung an die Internationale Moskauer Leninschule, die als Kaderschmiede des Stalinismus galt, mit Kollektivierung der Landwirtschaft und forcierter Industrialisierung hautnah stürmische Umbruchzeiten erlebt, die allesamt vom Fortschritt und Aufbau des Sozialismus zu überzeugen schienen.

Stalins Großer Terror der 1930er Jahre, der viele deutsche Emigranten im sowjetischen Exil traf, blieb ihm dagegen erspart. Stattdessen geriet Honecker als politisch Verfolgter 1935 in die Mühlen der braunen Diktatur und saß bis kurz vor Kriegsende in verschiedenen Haftanstalten des NS-Regimes. Der Einmarsch der Roten Armee in Deutschland erfüllte ihn deshalb mit Genugtuung, weil sich zumindest für den östlichen Teil seiner Heimat die Perspektive einer kommunistischen Machtergreifung ergab.[7]

Der SED-Chef bekannte sich also aus innerster Überzeugung zum «Bruderbund» mit der Sowjetunion, befürwortete vertiefte bilaterale Parteikontakte, ökonomische Verflechtung und ließ es nicht an offiziellen Freundschaftsbekundungen mangeln. Freilich erweiterte die Ära internationaler Entspannung in den 1970er Jahren seine politischen Handlungsspielräume, was Honecker gegenüber Moskau – trotz der prinzipiellen Unterordnung – mit wachsendem

Selbstbewusstsein vorsichtig einsetzte. Er wusste die Vorzüge der damit einhergehenden verbesserten Beziehungen zur Bundesrepublik durchaus zu schätzen. Und so nutzte er diese für seine kostspielige Wirtschafts- und Sozialpolitik, um die Bevölkerung mit dem Regime zu versöhnen. Dabei konnte sich Honecker auf umfangreiche westdeutsche Kredite und einen forcierten innerdeutschen Handel stützen. Von der UdSSR dagegen bezog er lange Zeit zu Konditionen unterhalb der Weltmarktpreise Energie und Rohstoffe, die er zum Teil als Westexporte weiter zu vergolden suchte.

Ein solches Gebaren erfüllte den Kreml zusehends mit Sorge. Breschnew und seine Amtsnachfolger fürchteten die wachsende Westverschuldung der DDR, und das keinesfalls zu Unrecht. Damit sich Ostberlin nicht allzu sehr in den Netzen der Bonner Ostpolitik verstrickte, mahnten sie Honecker regelmäßig zum Maßhalten. Auch verweigerten sie ihm die Zustimmung für einen lang ersehnten Staatsbesuch in der Bundesrepublik. Der SED-Chef versprach sich davon die weitere statusmäßige Aufwertung der DDR und eine innerdeutsche Beziehungspflege auf Augenhöhe. Einladungen aus Bonn lagen jedenfalls vor und wurden von Bundeskanzler Helmut Schmidt sowie dessen Amtsnachfolger Helmut Kohl bei verschiedenen Gelegenheiten immer wieder erneuert. Wenn die Kremlführung darüber jedoch einen Dissens mit Ostberlin heraufbeschwor, war dies allein der veränderten internationalen Großwetterlage geschuldet. Denn spätestens mit der sowjetischen Militärintervention in Afghanistan und einem abermals einsetzenden Rüstungswettlauf erlebte die Entspannungspolitik nach 1979 ihren Niedergang. Vor allem die Supermacht UdSSR wollte der DDR im Schatten internationaler Spannungen keinen Nebenschauplatz für unkontrollierte innerdeutsche Sonderbeziehungen oder gar leichtfertige deutsch-deutsche Kungeleien gewähren. Sie sollte sich – im Gegenteil – vielmehr entschlossen in die von Moskau geführte antiwestliche Front des sozialistischen Lagers einreihen und so gerade in Zeiten des «Zweiten Kalten Krieges» verschärft politischen Druck auf Bonn ausüben. Freilich blieben diese Meinungsverschiedenheiten weitgehend der öffentlichen Aufmerksamkeit entzogen. Die Konflikte wurden hinter den politischen Kulissen ausgetragen, um nach außen hin den Eindruck einträchtiger Harmonie zu demonstrieren.[8]

Wiederannäherung und Bruch in Perestroika-Zeiten

Als am 11. März 1985 Michail Gorbatschow zum Generalsekretär der KPdSU gewählt worden war, gab es zumindest vorübergehend Anzeichen, dass die Friktionen und vorsichtigen Abkoppelungsversuche im «Bruderbund» alsbald der Vergangenheit angehören würden. Zwar erteilte auch der neue Mann im Kreml Honeckers Versuchen, ihm möglichst bald die Erlaubnis für eine Staatsvisite in Bonn abzuringen, zunächst noch eine klare Absage. Das war kaum anders zu erwarten, weil Gorbatschow seinerzeit die Entscheidung seiner Vorgänger im Politbüro mitgetragen hatte. Doch insgesamt bestand wenigstens bis Anfang 1986 zwischen den politischen Führungen beider Länder ein breiter Konsens in Fragen der Ökonomie und Außenpolitik. Honecker musste sich geschmeichelt fühlen, als bei der ersten längeren Zusammenkunft am 5. Mai 1985 Michail Gorbatschow voller Bewunderung über die Leistungen der ostdeutschen Planwirtschaft sprach. Ihm stellte sich die DDR als prosperierender, von technologischer Innovation getragener Staat dar, der seiner Bevölkerung ein ausreichendes Konsumniveau zu garantieren verstand. Ermutigend klang, dass der neue KPdSU-Generalsekretär, der angesichts ökonomischer Unzulänglichkeiten im eigenen Land dort auf Veränderung pochte, fortan vom wissenschaftlich-technischen Fortschritt in der DDR profitieren wollte und deshalb eine engere Zusammenarbeit anstrebte. Gleichwohl stellte sich schnell heraus, wie wenig Honecker im Gegenzug dafür auf erhöhte sowjetische Lieferungen von Öl und anderen Rohstoffen hoffen durfte.

Dessen ungeachtet erschien es vorerst aber so, als befänden sich beide Länder auf einem ähnlichen Kurs. Mehr noch: Der SED-Chef sonnte sich zeitweilig in dem Gefühl, mit seinem Land in mancherlei Hinsicht ein Vorbild für die bevorstehenden innersowjetischen Umbaumaßnahmen zu sein. Unter solchen Voraussetzungen mochte für ihn der beunruhigende, weil wenig vertraute Zustand leichter zu ertragen sein, künftig mit einem (für sowjetische Verhältnisse) ausgesprochen jungen, unorthodoxen Spitzenpolitiker zusammenarbeiten zu müssen, dem es – im Unterschied zum schwerfälligen Funktionärsgebaren der drei letzten, hochbetagten KPdSU-Generalsekretäre – an Weltläufigkeit, Eloquenz, intellektueller Dynamik und an kritischem Reflexionsvermögen nicht mangelte.[9]

Doch war es nur eine Frage der Zeit, bis die beiden grundverschiedenen Politiker mit ihren unvereinbaren Sichtweisen und Weltbildern aufeinanderprallen würden. Der XXVII. Parteikongress der KPdSU Ende Februar 1986, auf dem der Kremlchef seine Partei vorsichtig auf den Aufbruch zu neuen politischen Ufern einzustimmen suchte, stellte hier eine Zäsur dar. Um sich vom administrativen Schlendrian und personalpolitischen Nepotismus der Breschnew-Ära abzugrenzen und der UdSSR eine Neuorientierung zu verschaffen, würdigte Gorbatschow bei dieser Gelegenheit zwar abermals die geradezu vorbildliche «deutsche Disziplin und Organisiertheit», die man in Honeckers Staat gemeinhin vorfand. Doch bereits im weiteren Verlauf des Parteitags zeigte sich schnell, dass dies lediglich Floskeln waren. Von inniger Geschlossenheit oder gar tief verwurzelter Freundschaft konnte zu diesem Zeitpunkt jedenfalls keine Rede mehr sein. Gab Gorbatschow die Signale für eine innen- und wirtschaftspolitische Kehrtwende, löste gerade das in der politischen Führung der SED, die ganz auf Kontinuität setzte, sichtlich Besorgnis aus. So überraschte es wenig, wenn die zentralgesteuerte DDR-Presse nur selektiv über die Moskauer Ereignisse berichtete. Kontroverse, auf grundlegende Reform drängende Debattenbeiträge, wie etwa die von Boris Jelzin, blieben der ostdeutschen Leserschaft weitgehend vorenthalten.[10] Allenfalls die westdeutsche Fernseh- und Radioberichterstattung bot sich ihr als Korrektiv.

Wenige Wochen später, in der zweiten Aprilhälfte 1986, machte der XI. Parteitag der SED überdeutlich, wie sehr Honecker und Gorbatschow in ihrer politischen Analyse auseinanderdrifteten. Dem Kremlchef präsentierte sich die Einheitspartei im Ostberliner Palast der Republik auf erschreckende Weise: Unablässige Selbstbeweihräucherung und ideologische Erstarrung prägten das Bild – alles Eigenschaften, die der sowjetische KP-Chef in seinem Land und möglichst auch in den «Bruderstaaten» zügig zu überwinden gedachte. Bei seinem offiziellen Auftritt fand er noch freundliche Worte und würdigte die aus seiner Sicht guten Traditionen und Verdienste der deutschen Arbeiterbewegung, die sich allesamt in dem ostdeutschen Staatswesen niedergeschlagen hätten. In seinem vertraulichen Vieraugengespräch mit Erich Honecker am Rande der Veranstaltung, von dem zunächst keine Details an die Öffentlichkeit gelangten, kritisierte er aber auch die verantwortungslose Verschuldungspolitik der DDR gegenüber der Bundesrepublik. Und Honeckers wiederholter Vorstoß, rasch das sowjetische Plazet für den lang ersehnten Bonn-Besuch zu erhalten, quittierte er abermals mit einem kategorischen «Njet». Da in Westdeutschland Bundestagswahlen anstanden, wollte der Kreml keine unnötige Wahlkampfhilfe für den wenig geschätzten Helmut Kohl leisten. In Moskau hegte man vielmehr Hoffnungen, die außenpolitisch geschmeidigere SPD möge bald wieder ins Bundeskanzleramt einziehen. So wurde dem SED-Chef erneut vor Augen geführt, wie sehr die DDR lediglich ein Spielball sowjetischer Deutschlandpolitik war. Selbst wenn Honecker wohlwollend registriert hatte, dass Gorbatschow den osteuropäischen Verbündeten künftig mehr Freiräume zugestehen wollte, haderte er vorerst mit dessen harschem Veto, das ihm die Bonn-Pläne verdarb. Allein auf dem Gebiet der Abrüstungspolitik identifizierte sich die Ostberliner Führungsmannschaft weitgehend mit den Initiativen der UdSSR.[11]

Nur in einer Hinsicht bestand auch in diesem Bereich kein Gleichklang: Als sowjetische Abrüstungsunterhändler ihre Glaubwürdigkeit gegenüber dem Westen durch eine Reihe erheblicher Zugeständnisse der Ostblockstaaten auf dem Gebiet der Menschenrechte hervorhoben, entzog sich dieser Initiative – neben dem ewiggestrigen Rumänien – auch die kaum weniger rückwärtsgewandte DDR.[12]

Spätestens 1988 war zwischen den Reformern im Umfeld Gorbatschows und den Betonköpfen des SED-Politbüros der politische Konsens endgültig zerstört. Letztere mussten sich zähneknirschend eingestehen, dass der KPdSU-Generalsekretär an seinem Umbauprozess für die UdSSR festhalten würde. Da dieser Prozess aber polarisierte und von orthodoxen Parteifunktionären abgelehnt wurde, deren Karrieren nun auf dem Spiel standen, blieb der SED-Elite immerhin noch die Hoffnung auf deren Sieg. Erwartungsvoll verfolgte man in Ostberlin, wie die potenziellen Frondeure zum Befreiungsschlag ausholten. Am 13. März 1988 lancierten sie den mittlerweile legendären «Andrejewa-Brief» in der «Sowjetskaja Rossija» (Sowjetisches Russland), dem Zentralorgan der KPdSU. Dabei handelte es sich um die Lesermeinung einer weitgehend unbekannten Leningrader Altstalinistin, die über die politisch desolaten Zustände in ihrem Land lamentierte. Die Gegner Gorbatschows erblickten darin die Chance, daraus erstmals ein offen artikuliertes Anti-Perestroika-Manifest zu stricken. Dankbar griff auch Erich Honecker diese Entwicklung auf und ließ den Leserbrief knapp zwei Wochen später, am 2./3. April 1988, an prominenter Stelle im «Neuen Deutschland» veröffentlichen. Doch all dies erwies sich rasch als Strohfeuer, das am Ende dem Reformflügel der KPdSU sogar zum Vorteil gereichte.[13]

Den eigentlichen Bruch mit der Honecker-dominierten SED leitete die XIX. Parteikonferenz der Kommunistischen Partei der Sowjetunion vom 29. Juni bis 1. Juli 1988 ein. Von ihr gingen die wesentlichen Impulse aus für die weitere Demokratisierung der KPdSU, verbunden mit einer Teilparlamentarisierung der UdSSR und der Aufweichung des Wahrheitsmonopols, das bis dahin die Partei Lenins für sich beansprucht hatte. Aus Ostberliner Perspektive kam das der Ursünde gleich, die den Führungsanspruch der Partei verwässerte und ihr politisch-ideologisches Selbstverständnis endgültig preisgab.[14]

Inzwischen bestanden auch in Moskau kaum mehr Illusionen, wie es um die Loyalität der ostdeutschen Verbündeten bestellt war. Eine interne Analyse aus dem Zentralkomitee hatte Anfang August 1988 schonungslos offengelegt, was man im Kreise der DDR-Offiziellen vom sowjetischen Reformprojekt hielt: «Die DDR ist gegen die Perestroika, weil sie schon längst in der DDR verwirklicht ist», lautete die Quintessenz der Ausarbeitung. Schon zuvor hatte Gorbatschow durchschaut, wie wenig er Erich Honeckers Rechenschaftsberichten über die ökonomische Lage seines Landes noch Glauben schenken konnte. Sie waren meist bis zur Unkenntlichkeit geschönt, nur um den Nachweis zu führen, dass man, anders als früher, der UdSSR nicht unweigerlich nacheifern müsse.[15]

Selbst deutschlandpolitisch machte sich unter der SED-Führung schließlich Verunsicherung breit, inwieweit sie bei den Moskauer Reformpolitikern noch verlässlichen Rückhalt besaß. So hatte ein Interview des Deutschlandfachmanns Wjatscheslaw Daschitschew, der immerhin in Eduard Schewardnadses Außenministerium offiziell eine wissenschaftliche Beraterfunktion ausübte, bei den Großen der DDR für Furore gesorgt. Gegenüber der westdeutschen Tageszeitung «Die Welt» rüttelte Daschitschew am 9. Juni 1988 in einem Interview an dem bis dahin tabuisierten Grenzregime der DDR, als er die Berliner Mauer offen als das bezeichnete, was sie tatsächlich war: ein «Relikt des Kalten Krieges». Alle Versuche des sowjetischen Botschafters in Ostberlin, Wjatscheslaw Kotschemassow, sich im Namen seiner Regierung davon zu distanzieren, erfuhren von offizieller Moskauer Seite aber keine Bestätigung und blieben auch sonst für Daschitschew folgenlos.

Noch ungleich schwerer belastete das bilaterale Verhältnis eine Äußerung des zweiten Botschaftssekretärs in Bonn, Jurij Akbilkanow. Knapp vier Wochen nach dem ersten Zwischenfall hatte er am 2. Juni 1988 ausgerechnet auf einer Veranstaltung der «Deutschen Burschenschaft» den Schießbefehl an der innerdeutschen Grenze als «unmenschlich» gemaßregelt und dafür allein das SED-Regime verantwortlich gemacht.[16]

All das ereignete sich exakt in der Phase, als sich in den diplomatischen Beziehungen zwischen der UdSSR und der Bundesrepublik ein grundlegender Stimmungswandel anbahnte. In Ostberlin schrillten die Alarmglocken. Da selbst MfS-Chef Erich Mielke, der keinesfalls immer mit der Linie Honeckers übereinstimmte, über die speziellen

Verbindungen zum KGB derartige Entspannungsbemühungen nicht mehr abzuwenden vermochte, stand zweifellos fest: SED und KPdSU blickten in Sachen «Bruderbund» auf einen politischen Scherbenhaufen. Das zeigte sich spätestens 1989/90 im Prozess der deutschen Wiedervereinigung.[17]

Kohls Politik der ausgestreckten Hand gegenüber Moskau

Unterdessen hatte auch die Bundesregierung in ihrem Verhältnis zur UdSSR schwierige Zeiten durchlebt. Als es der CDU/CSU im Oktober 1982 mit Helmut Kohl gelang, durch ein konstruktives Misstrauensvotum das Bonner Kanzleramt zurückzugewinnen, sollte dies mehr als nur ein geschäftsmäßiger Regierungswechsel sein. Die neue christlich-liberale Koalition der Mitte strebte nach einem historischen Neuanfang aus konservativem Geist, einer «geistig-moralischen Wende», was insbesondere die Sozialdemokraten um die Früchte ihrer Neuen Ostpolitik fürchten ließ. Die von ihnen in düstersten Farben prognostizierte entspannungspolitische Eiszeit blieb allerdings aus.

Das Gegenteil war vielmehr der Fall. Der Realpolitiker Kohl bekannte sich uneingeschränkt zum Moskauer Vertrag von 1970, glaubte aber von der sowjetischen Führung «eher ernst genommen [zu werden], wenn wir klar unsere Positionen vertreten». Dessen ungeachtet bemühte er sich von Anfang an um eine Politik der ausgestreckten Hand. Und das war mehr als eine Geste. Er wollte die Machthaber im Kreml davon überzeugen, dass es ein Fehler war, die bilateralen Beziehungen allein auf die diskutierte Raketenfrage zu reduzieren. Der Kanzler gerierte sich zwar als überzeugter Befürworter dieser Bündnisentscheidung von 1979 und setzte aufgrund der sowjetischen nuklearen Überlegenheit 1983 die Nachrüstung mit amerikanischen Mittelstreckenraketen und Marschflugkörpern in der Bundesrepublik durch. Auch stand er – wenngleich nicht ohne Vorbehalte – hinter Ronald Reagans strategischer Verteidigungsinitiative, dem SDI-Projekt, einem gigantischen weltraumgestützten Abwehrschirm gegen sowjetische Interkontinentalraketen. In der Sowjetunion wuchsen in Anbetracht solcher Pläne die Befürchtungen vor einer Militarisierung des Weltraums. Das wiederum schürte antiamerikanische Emotionen. Und jeder, der auch nur annähernd mit diesen strategischen Überlegungen der Amerikaner sympathisierte, geriet zwangsläufig ins Visier sowjetischer Agitation.

Davon unbeeindruckt setzten der Bundeskanzler und sein Außenminister gegenüber Moskau auf eine Fortsetzung des Ost-West-Dialogs. Sie suchten dem Außenamtschef Andrej Gromyko, einem politischen Hardliner, glaubhaft zu versichern, dass er nach wie vor bei der westdeutschen Ostpolitik von einem Höchstmaß an «Kontinuität und Berechenbarkeit» ausgehen könne. Die UdSSR ließ sich davon jedoch nicht beeindrucken. Spätestens seit der zweiten Hälfte des Jahres 1984 entfesselte sie eine umfassende Propagandakampagne. In einer aggressiven Rhetorik, die an die Hochphase des Kalten Krieges erinnerte, wurde dabei die Politik der konservativ-liberalen Bundesregierung als «revanchistisch» und «militaristisch» attackiert.

Die politischen Beziehungen zwischen Bonn und Moskau reduzierten sich auf ein Minimum. Allenfalls auf ökonomischem Gebiet gab es – aufgrund der sowjetischen Interessenlage – noch Handlungsspielräume: Im Mai 1983 wurde etwa das bilaterale Wirtschaftsabkommen verlängert; auch blieb das gemeinsame Erdgas-Röhrengeschäft von der diplomatischen Krisenstimmung ausgenommen. Doch auch hier war man weit von dem entfernt, was den blühenden Osthandel der frühen 1970er Jahre ausgezeichnet hatte.

Wenn sich in dieser schwierigen Situation bis 1985 die politischen Beziehungen sich nicht noch weiter verschlechterten, war das im Wesentlichen Bundesaußenminister Hans-Dietrich Genscher zu verdanken. Unablässig engagierte er sich im Geiste der vorangegangenen Entspannung dafür, die wenigen verbliebenen Gesprächskanäle zur UdSSR aufrechtzuerhalten.[18]

Dem Kanzler eine «Lektion» erteilen

Der Machtwechsel im Kreml Anfang März 1985 bedeutete für das zwischenstaatliche Verhältnis noch keineswegs die Kehrtwende. Die Bundesrepublik gehörte weiterhin zu den vernachlässigten Dialogpartnern der UdSSR und profitierte jedenfalls nicht von Gorbatschows schon sehr früh initiiertem politischem Tauwetter. Dessen erster Nutznießer blieben die USA; sie waren es, mit denen auf dem Gebiet der Abrüstung möglichst schnell greifbare Erfolge erlangt werden sollten.

Kohl ließ sich dadurch aber nicht verunsichern. Im CDU-Bundesvorstand äußerte er sich Mitte Oktober 1985 vielmehr zuversichtlich, seine entschlossene Haltung in militärpolitischen Fragen an der Seite Washingtons werde ihm beim neuen Generalsekretär der KPdSU auf Dauer gebührenden Respekt verschaffen. Das galt umso mehr, als er überzeugt davon war, dass die Bundesrepublik «aus vielerlei Gründen» für die UdSSR «der wichtigste Partner [...] in Europa» sei.[19]

Wie sich bald herausstellte, lag er mit dieser Einschätzung keineswegs falsch, auch wenn es zunächst anders aussah. Noch am Rande der Beisetzungsfeierlichkeiten für Amtsvorgänger Tschernenko hatte Michail Gorbatschow dem Bundeskanzler klar zu verstehen gegeben, dass er verbesserte Beziehungen zu Westdeutschland von dessen Bereitschaft abhängig machte, die Nachrüstung mit Mittelstreckenraketen grundsätzlich zu überdenken. Bonn sollte überdies auf deutliche Distanz zum amerikanischen SDI-Projekt gehen. Zudem bemühte sich Gorbatschow auffallend um die SPD-Opposition und umwarb mit Willy Brandt deren prominentesten Vordenker der Entspannungspolitik. Denn Brandt engagierte sich seit geraumer Zeit für eine Wiederbelebung der Neuen Ostpolitik, was die Sozialdemokraten aus Sicht des neuen Kremlherrn zu einer attraktiven sicherheitspolitischen Alternative zur Bundesregierung machte. Gorbatschows taktischer Schachzug war zugleich gegen den unbotmäßigen Bundeskanzler gerichtet. Ihm sollte eine gehörige «Lektion» erteilt werden, wie er am 27. März 1986 im Politbüro der KPdSU erklärte. «Wir haben

Kohl in die Ecke getrieben», konstatierte er selbstzufrieden zwei Monate später im engsten Kreis seiner außenpolitischen Berater. Gleichwohl durfte er das Spiel nicht übertreiben, wollte er, so das Kalkül, mithilfe der Bundesrepublik – immerhin einer der wichtigsten Verbündeten der USA – letztlich das Verhältnis Moskaus zu Washington beeinflussen. Und gerade das konnte entscheidend sein, um sich mit den Amerikanern in drängenden Abrüstungsfragen ins Benehmen zu setzen.

Gorbatschow verkannte aber ebenso wenig die Bedeutung, die Westdeutschland als Technologiemacht und zweitgrößter Exportnation der Welt vor allem für die ökonomisch gebeutelte UdSSR zukam. Zu dieser Einsicht war er nicht zuletzt am 18. April 1985 während eines fast zweistündigen intensiven Meinungsaustauschs mit dem damaligen Vorstandssprecher der Deutschen Bank, F. Wilhelm Christians, gelangt. Seine Verbündeten bestärkten ihn darin im Jahr darauf am 10./11. Juni 1986 während einer Beratung der Warschauer-Pakt-Staaten in Budapest: Sie standen vor ähnlichen wirtschaftlichen Herausforderungen und waren deshalb auf den bundesdeutschen Osthandel und Technologietransfer dringend angewiesen. Der KPdSU-Chef musste also nur noch den geeigneten Zeitpunkt finden, um ohne größeren Gesichtsverlust die politischen Beziehungen zu Bonn wieder mit Leben zu erfüllen.

Die Entscheidung nahmen ihm die westdeutschen Wähler am 25. Januar 1987 ab. Spätestens an diesem Tag nämlich hatten sich Gorbatschows lang gehegte Wünsche zerschlagen, die SPD wieder in der Regierung zu sehen. Fortan musste er sich auf weitere vier lange Jahre einer von Helmut Kohl geführten schwarz-gelben Koalition einstellen.[20]

Allerdings hatte es bereits ein halbes Jahr zuvor erste vorsichtige sowjetische Sondierungsversuche gegeben, um die Chancen für verbesserte Beziehungen auszuloten. Die Informationen darüber erreichten das Bundeskanzleramt auf Umwegen in Form eines externen Vermerks vom 1. Juli 1986, verfasst von Eberhard Schneider, einem Wissenschaftler aus dem Kölner Bundesinstitut für ostwissenschaftliche und internationale Studien. Kanzleramtschef Wolfgang Schäuble leitete die Aktennotiz unverzüglich an Helmut Kohl weiter. Schneider berichtete über eine Unterredung mit Nikolaj Portugalow, einem sowjetischen Deutschland-Experten im ZK der KPdSU, der ihm am 18. Juni 1986 vertraulich einen potenziellen Fahrplan erläuterte, um aus der politischen Sackgasse zu gelangen. Offenbar wollte Moskau den festgefahrenen Beziehungen, die Portugalow metaphorisch als eine «Trennung von Tisch und Bett» charakterisierte, wieder neuen Schwung verleihen – kurz: «aus dieser Position heraus». Das Sitzen im «Schmollwinkel [... sei] keine Politik für erwachsene Menschen. [...] Als sichtbares Zeichen dafür, den Karren wieder flott zu machen, könnte eine Einladung [der UdSSR an ...] Bundespräsident von Weizsäcker [...] zu einem Staatsbesuch angesehen werden», erläuterte der Parteifunktionär mögliche Szenarien. Freilich gab es noch das Haupthindernis der Pershing-II-Raketen, die im Zuge des NATO-Doppelbeschlusses in der Bundesrepublik stationiert werden sollten. Doch «über alles könne geredet werden». Als Anreiz für Bonn, sich in dieser Hinsicht flexibel zu erweisen, stellte Portugalow für den Fall normalisierter zwischenstaatlicher Verhältnisse schließlich in Aussicht, dass Moskau sich verbesserten innerdeutschen Beziehungen nicht länger versperren würde.[21]

An Versuchen zur Wiederannäherung hatte es aber auch die Bundesregierung nicht fehlen lassen, und das weitaus früher: Schon die erste Begegnung am Rande der Trauerfeier für Gorbatschows Vorgänger nutzte der Kanzler, um eine offizielle Einladung auszusprechen. Noch im selben Jahr übermittelte ihm Kohl am 30. August in einer geheimen Botschaft sein großes Interesse an einem vertraulichen Dialog, der «in aller Offenheit ihre Vorstellungen und Erwartungen zum Ausdruck» bringen sollte. Der Kanzler äußerte Verständnis für die legitimen Sicherheitsinteressen der UdSSR und erläuterte dem Kremlchef die westdeutschen Positionen in Abrüstungsfragen und in der Deutschlandpolitik.

Für das Antwortschreiben ließ sich Gorbatschow Zeit. Erst nach knapp zwei Monaten reagierte er am 27. Oktober 1985 mit einer Botschaft, die im Kanzleramt herbe Enttäuschung auslöste. Sie strotzte nicht nur vor allgemeingehaltenen Absichtserklärungen; die abermalige Einladung in die Bundesrepublik blieb ebenso unkommentiert wie die deutschlandpolitischen Einlassungen und Fragen des Bundeskanzlers. Stattdessen suchte der Generalsekretär, wie der Bonner Abrüstungsbeauftragte Friedrich Ruth treffend kommentierte, «unsere Sicherheits- und Rüstungskontrollpolitik im sowjetischen Sinne zu beeinflussen».[22] Und so gab es Ende 1985 zumindest aus Sicht der politischen Abteilung des Auswärtigen Amtes wenig Gründe, allzu optimistisch in die nähere Zukunft zu blicken: «Die politischen Beziehungen zwischen Bonn und Moskau sind nach wie vor gestört. Die Sowjetunion gibt sich uns [...] gegenüber reserviert und rezeptiv. [... Sie ...] hat unsere Politik der Mäßigung und des Ausgleichs im Ost-West-Verhältnis trotz ihrer Erfolge nicht honoriert. [...] Allerdings sollten wir den Sowjets klarmachen, daß sie unsere Gutwilligkeit nicht mit Mißachtung beantworten können. Sie müssen erkennen, daß wir bereit sind, uns mit dem gegenwärtigen Stand der Beziehungen, der so unerträglich nicht ist, zu arrangieren. Darüber hinaus müssen sie selbst erkennen, daß ein Stagnieren der deutsch-sowjetischen Beziehungen zu einer abnehmenden Berücksichtigung ostpolitischer Gesichtspunkte bei uns führen könnte [...].»[23]

Der Bundesaußenminister billigte nicht uneingeschränkt diese skeptische Sicht seines Hauses – im Unterschied zum Bundeskanzler und großen Teilen der CDU/CSU. Denn Genscher lehnte es seit 1986 immer mehr ab, die sowjetische Außenpolitik allein unter dem Gesichtspunkt ihres expansiven, antiwestlichen Charakters zu betrachten. In ihm lebten vielmehr Hoffnungen des alten Entspannungspolitikers fort, weshalb er dem sowjetischen Generalsekretär einen gewissen Vertrauensvorschuss entgegenbrachte. Gorbatschow sollte zumindest die Chance erhalten, seinen vielversprechenden Absichtserklärungen Taten folgen zu lassen. Damit gehörte Genscher zu den wenigen Politikern des Westens, die innerhalb des eigenen Lagers für den neuen Mann in Moskau warben und einen bevorstehenden Wandel der sowjetischen Diplomatie für möglich hielten.

Das Schlüsselerlebnis für eine derartige Sichtweise war sein erster intensiver Meinungsaustausch mit dem KPdSU-Generalsekretär am 22. Juli 1986. Der Bundesaußenminister zeigte sich sichtlich beeindruckt, in welch ungewohnter Offenheit Gorbatschow die über dreistündige Unterredung führte. Zweifellos saß er einer Person gegenüber, die sich im Habitus, aber auch im sonstigen Denken grundlegend von den drei Generalsekretären der KPdSU unterschied, die Genscher in seinem langen Außenministerdasein kennengelernt hatte. Nachdem Gorbatschow eingangs altbekannte sowjetische Forderungen und Auffassungen wiederholt hatte, horchte sein deutscher Gesprächspartner auf, als der KP-Chef auf die «Probleme und Aufgaben der Zukunft» zu sprechen kam. Hier erlebte er erstmals einen sowjetischen Spitzenfunktionär, der es nicht an Bereitschaft fehlen ließ, die Argumente und politischen Sachzwänge seines Gegenübers ernst zu nehmen und sich darauf einzulassen. «Man wolle uns nicht von den USA trennen», vermerkte das Protokoll, «das wäre keine seriöse Politik. Man wolle nicht, daß die Bundesrepublik sich in einer Lage sähe, in der sie ihre Sicherheit bedroht fühle. Das wäre nicht annehmbar, weder für die Bundesrepublik noch für die SU.» Seine Ausführungen gipfelten schließlich in dem Vorschlag, das «Vergangene nicht zu vergessen, aber eine neue Seite aufzuschlagen».

Als am selben Tag noch ein wissenschaftlich-technisches Kooperationsabkommen unterzeichnet wurde, in das sogar Westberlin vertraglich eigens einbezogen worden war, festigte sich beim Bundesaußenminister die Zuversicht, in absehbarer Zukunft auf verbesserte Beziehungen hoffen zu dürfen. Freilich konnte von einem Durchbruch noch nicht die Rede sein.[24]

Während der in Moskau seit 1974 bekannte Genscher mehr und mehr zum privilegierten sowjetischen Gesprächspartner avancierte – vor allem zu Außenminister Schewardnadse entwickelte er während zahlreicher Begegnungen ein vertrauensvolles, von gegenseitigem Respekt und persönlicher Sympathie geprägtes Verhältnis –, traf dies auf den Kanzler noch nicht zu. Kohl selbst hatte dazu erheblich beigetragen. Mit einem Interview, das er am 27. Oktober 1986 der New

Yorker Zeitschrift «Newsweek» gab, löste er eine diplomatische Krise aus, die das zwischenstaatliche Klima weiter verschlechterte. Der Bundeskanzler hatte darin die im Zuge von Perestroika und Glasnost grundsätzlich gewandelte politische Rhetorik des neuen sowjetischen Generalsekretärs diffamiert. Für Kohl war sie nichts anderes als ein brillanter Public-Relations-Trick, der ihn an die Propagandamaßnahmen von Joseph Goebbels erinnerte. Angesichts solch taktloser Vergleiche ging das mühsam von Genscher zurückgewonnene Vertrauenskapital im deutsch-sowjetischen Verhältnis vorübergehend schnell wieder verloren. Aber auch die westdeutsche Öffentlichkeit und die politische Opposition im Bundestag, allen voran SPD und Grüne, die samt der damaligen westdeutschen Friedensbewegung in Gorbatschow einen entspannungspolitischen Heilsbringer erblickten, hielten sich angesichts der unverzeihlichen rhetorischen Entgleisung Kohls mit offener Kritik nicht zurück. Kanzleramtschef Schäuble, aber auch der Leiter der Rechtsabteilung im Auswärtigen Amt, Hermann Freiherr von Richthofen, waren deshalb sichtlich um Schadensbegrenzung bemüht.[25]

«Kardinale Verbesserung der Beziehungen [...] erreichen»

Es überraschte wenig, dass der Bundeskanzler «bei dem neuen Mann im Kreml vorerst abgemeldet» war. Er musste sich überdies mit einer besonderen Schmähung abfinden: Nicht das ökonomisch einflussreiche Deutschland war vorübergehend Moskaus erste Adresse und politischer Ansprechpartner in Europa, sondern Frankreich mit Staatspräsident François Mitterrand. Schon wenige Monate nach seiner Wahl zum Generalsekretär der KPdSU beehrte Gorbatschow Paris mit einem Staatsbesuch. Die Gegen-Visite des Franzosen erfolgte im Juli des darauffolgenden Jahres. Die konservative britische Premierministerin Margaret Thatcher, die ihre erste Begegnung mit Michail Gorbatschow 1984 hatte, als er noch nicht Vorsitzender des Politbüros war, gehörte seit dieser Zeit zu dessen glühenden Verehrern im Westen – und auch sie wurde im Frühjahr 1987, kurz vor ihrer erfolgreichen Wiederwahl, im Kreml offiziell empfangen. Selbst nachrangige westeuropäische Ministerpräsidenten aus Italien, Norwegen, den Niederlanden oder Dänemark wurden von Gorbatschow demonstrativ umworben und zu Gesprächen geladen.

Kohl dagegen musste warten und hinnehmen, dass Moskau ihn aus den europäischen Sondierungen weitgehend ausgeklammert hatte, während man seinem Außenminister Genscher weiterhin größte Wertschätzung entgegenbrachte. Mehr noch: Für manchen Unionspolitiker, mit dem der Kanzler politisch über Kreuz lag, wurde in der sowjetischen Hauptstadt der rote Teppich ausgerollt. Und so gaben sich im weiteren Verlauf des Jahres 1987 etwa der Münchner Widersacher, der CSU-Vorsitzende Franz-Josef Strauß, zusammen mit seinem Landesgruppen-Vorsitzenden Theo Waigel, oder aber der baden-württembergische CDU-Ministerpräsident Lothar Späth, gleichfalls ein gefährlicher innerparteilicher Konkurrent des Kanzlers, ein politisches Stelldichein im Moskauer Kreml. Erst im Oktober 1988, drei Jahre nach Gorbatschows Machtübernahme, erhielt Helmut Kohl Gelegenheit, offiziell in der UdSSR empfangen zu werden.

Ein vorangegangener Staatsbesuch von Bundespräsident Richard von Weizsäcker hatte zwischen dem 6. und 11. Juli 1987 in vieler Hinsicht atmosphärisch den Weg dazu bereitet. Im Auswärtigen Amt jedenfalls waren sich die politischen Beobachter weitgehend einig, dass es beiden Seiten nicht am Willen fehlte, «eine kardinale Verbesserung der bilateralen Beziehungen zu erreichen». Gorbatschow kündigte offen an, das belastete zwischenstaatliche Verhältnis «überdenken [...], es auf] ein neues, formales Niveau anheben [... und daraus Konsequenzen für] die praktische Politik» ziehen zu wollen. Und so bestand ein wesentliches Ergebnis der Weizsäcker-Reise schließlich darin, den «hochrangigen Besuchsaustausch» fortzusetzen, was Außenminister Schewardnadse wenig später veranlasste, von einem «Meilenstein» zu sprechen.[26]

Dass grundlegende Veränderungen unmittelbar bevorstanden, deutete auch ein anderes Ereignis an: Gorbatschow hatte seine Blockadehaltung aufgegeben und Erich Honecker endlich die Zustimmung für einen offiziellen Staatsbesuch im September 1987 in der Bundesrepublik erteilt. Der KPdSU-Chef wollte aber die «BRD nicht [allein] Honecker überlassen! [...] Es ist Zeit, die BRD aktiver anzugehen», wie er am 2. Februar 1987 in einer internen Direktive zur sowjetischen Deutschland- und Europa-Politik formulierte.

Für Honecker war der Bonn-Besuch ein persönlicher Triumph, die Krönung seiner politischen Karriere. Aber auch für Kohl besaß der Gesinnungswandel in Moskau, der sich in der Zustimmung zu Honeckers Visite ausdrückte, höchste Bedeutung. Der Staatsbesuch, dem die Bundesregierung zwar offiziell lediglich den Status einer Arbeitsvisite beimaß und mit gemischten Gefühlen entgegenblickte, schien zumindest für das innerdeutsche Verhältnis den Weg in eine verheißungsvolle Zukunft zu weisen. Vor allem die westdeutsche Seite hegte fortan Hoffnungen, für das nahezu vier Jahrzehnte geteilte Land weitere humanitäre Erleichterungen und eine generelle Stabilisierung der Beziehungen erreichen zu können. Und für Gorbatschow selbst fügte sich diese Entwicklung in strategische Grundüberlegungen ein, «mit Hilfe von Zusammenarbeit die Politik der BRD stärker beeinflussen» zu können, wie er am 5. Juli 1988 dem damaligen ungarischen Ministerpräsidenten Károly Grósz anvertraute.[27]

Wendejahre 1988/89 –
Begegnungen auf höchster Ebene

Die Jahre 1988/89 bildeten schließlich den Wendepunkt in der Geschichte des Ost-West-Konflikts, was dem Verhältnis zwischen Moskau und Bonn einen bemerkenswerten Schub verlieh. Begünstigt hatte dies der Umstand, dass sich die beiden Supermächte USA und UdSSR im Dezember 1987 mit dem INF-Abkommen auf einen ersten größeren Abrüstungsvertrag verständigt hatten. Die Übereinkunft trat am 1. Juni 1988 in Kraft, was die im Zuge des NATO-Doppelbeschlusses auf dem Boden der Bundesrepublik dislozierten nuklearen Mittelstreckenraketen obsolet machte.[28]

Auch wenn es innerhalb der Bonner Regierungskoalition noch

inhaltliche Differenzen zu bereinigen galt, wie nun die Innen- und Außenpolitik der UdSSR zu beurteilen sei – Genscher hatte vor allem mit Vertretern der Union seinen Strauß auszufechten –,[29] kamen seit Januar 1988 die Planungen für eine Spitzenbegegnung zwischen Gorbatschow und Kohl zielorientiert voran. Ihre Außenminister setzten ihr gesamtes diplomatisches Geschick ein, um hinter den Kulissen die erforderlichen Rahmenbedingungen für einen Erfolg dieses mit hohen Erwartungen verknüpften ersten Gipfeltreffens sicherstellen zu können. Kohl hatte es zudem an flankierenden Beteuerungen seiner Kooperationsbereitschaft nicht fehlen lassen. Wirtschaft, Kultur, Wissenschaft, Sport und humanitäre Fragen waren seiner Ansicht nach Bereiche für eine verbesserte Zusammenarbeit. Die sowjetische Seite griff diese Gedanken gerne auf und zeigte sich angesichts innerer Reformanstrengungen höchst interessiert an gemeinsamen Wirtschafts- und Technologie-Vorhaben.

Darüber hinaus wollte Gorbatschow in Erfahrung bringen, wie sich die Bonner Regierungsspitze zu der von ihm favorisierten Idee eines «gemeinsamen Dokuments» über die sowjetisch-bundesdeutschen Beziehungen positionierte. Der Bundeskanzler reagierte darauf reserviert, was weitgehend den Einschätzungen des Auswärtigen Amtes entsprach. Dort warnte man nicht nur vor dem inflationären Gebrauch derartiger Grundsatzerklärungen, sondern fürchtete mehr noch, dass bei den westlichen Bündnispartnern der Rapallo-Komplex und damit die Sorge vor einer deutschen Schaukelpolitik zwischen Ost und West wieder aufleben könnte: «Wir müssen aufpassen, daß die bisherigen Fundamente unserer Außenpolitik nicht geschwächt werden und unsere Bündnistreue frei von Zweifeln bleibt. Wir dürfen dem sowjetischen Werben mit einem Vorrangverhältnis nicht nachgeben; ein Sonderstatus würde uns nicht stärken, sondern schwächen.» Allerdings wurden sehr wohl auch die Vorzüge eines solchen Dokuments erkannt, die Chance nämlich, «unsere Positionen zu verankern: europäische Friedensordnung und Überwindung der Teilung Europas, Überlebensgemeinschaft, Schaffung kooperativer Sicherheitsstrukturen, Wettstreit der Systeme, Abbau von Feindbildern, Entwicklung der Beziehungen nicht an Berlin vorbei etc.». Wie der weitere inhaltliche Vorabstimmungsprozess aber beiden Seiten schnell verdeutlichte, war die Zeit für ein derartiges politisches Grundsatzdokument noch nicht reif.[30]

Gleichwohl warf dies keinen Schatten auf das Gipfeltreffen, das vom 24. bis 27. Oktober 1988 in Moskau stattfand. Es verlief im Gegenteil überaus harmonisch. Neben intensiven Gesprächen der beiden Spitzenpolitiker gab es sechs bilaterale Abkommen und Verträge, darunter zur atomaren Sicherheit, zum Umweltschutz und zum Kulturaustausch. Konkrete Projekte, etwa zur Ausbildung von Fach- und Führungskräften der Wirtschaft, wurden vereinbart. Und ein Rahmenkreditvertrag in Höhe von einer Milliarde Rubel, den ein deutsches Bankenkonsortium der sowjetischen Außenwirtschaftsbank gewähren sollte, war eigens dazu gedacht, die Ökonomie zu einem weiteren Motor fortan guter zwischenstaatlicher Beziehungen zu machen. Wie sehr diese von einem neuen Geist geprägt waren, bewies nicht zuletzt der Umstand, dass der Bundeskanzler am Rande seiner Reise ungehindert mit dem prominenten Dissidenten und Kritiker des KPdSU-Generalsekretärs, Andrej Sacharow, zusammentreffen konnte, um über die Menschenrechtslage offen zu diskutieren. Alles in allem wurde also Kohls und Gorbatschows erste längere Begegnung zu einem großen außenpolitischen Erfolg. Sie festigte die gegenseitige Wertschätzung der beiden Staatsmänner und bildete fortan eine solide Vertrauensgrundlage, was sich spätestens bei Michail Gorbatschows Gegenbesuch am 12. bis 15. Juni 1989 zeigen sollte.[31]

Während seiner Reise in die Bundesrepublik eroberte Gorbatschow die Herzen der Westdeutschen im Sturm. Überall brachten sie ihm in triumphalen Empfängen größte Sympathie entgegen. Bei seiner Ankunft in Bonn säumten die «Gorbi, Gorbi» skandierenden Menschenmassen begeistert die rot mit Hammer und Sichel beflaggte Adenauer-Allee. Der Weg führte zur Villa Hammerschmidt, wo ihn Bundespräsident Richard von Weizsäcker mit allen protokollarischen Ehren begrüßte. Ein Menschenmeer auch auf dem Bonner Rathausplatz beim Eintrag in das Goldene Buch der Stadt. Ähnliche Szenen wiederholten sich an den anderen Orten, die er während der nächsten Tage in Westdeutschland besuchte. Gorbatschow zeigte sich sichtlich überwältigt, zumal er mit solch spontanen öffentlichen Reaktionen nicht gerechnet hatte. Er erfuhr damit eine Anerkennung, die er in seiner Heimat angesichts kaum mehr zu überblickender Krisenherde schmerzlich vermisste; dort war er mittlerweile ein Politiker in Bedrängnis. Insofern deutete er die überschwänglichen Gefühlsregungen der Westdeutschen als Zustimmung zur Perestroika.[32]

Doch auch der politische Ertrag seines Bundesrepublik-Besuchs machte deutlich, dass in den zwischenstaatlichen Beziehungen nun ein neues Kapitel begann. Der in Moskau im Jahr zuvor bekundete Wille, die bilaterale Zusammenarbeit zu vertiefen, feierte in Bonn beachtliche Erfolge: Elf Regierungsabkommen konnten unterzeichnet werden, die wichtigsten davon bezogen sich abermals auf Fragen der Wirtschaftskooperation, darunter die Absicht, in Moskau ein «Haus der deutschen Wirtschaft» zu errichten.

Ungeachtet des vollen Besuchsprogramms legte Helmut Kohl höchsten Wert darauf, genügend Zeit für das persönliche Gespräch mit Gorbatschow zu finden. Der Park des Palais Schaumburg bot mit sommerlicher Rheinkulisse das denkbar beste Ambiente, um bei gemeinsamen Spaziergängen, abgeschirmt vom Pressetrubel und abseits öffentlicher Aufmerksamkeit, die Vertrauensbildung zu vertiefen.[33] Eine persönliche Nachrichtenverbindung wurde vereinbart. Und für den Fall von Krisensituationen war daran gedacht, sich über persönliche Emissäre jeweils unmittelbar auf dem Laufenden zu halten. Wiederholt versicherte Kohl, angesichts der immensen inneren Spannungen innerhalb des Ostblocks und der UdSSR nicht destabilisierend wirken zu wollen. Schon gar nicht sei er an einer «Destabilisierung der DDR interessiert», sosehr manche Kreise ihn dazu drängten, dort Druck auszuüben, um das SED-Regime auf einen ähnlichen Reformkurs zu bringen wie die Regierungen in der Sowjetunion, in Polen oder in Ungarn.

In einem Punkt konnten aber der Kanzler und sein Außenminister bei ihren sowjetischen Gesprächspartnern nur sehr bedingt Beweglichkeit erkennen: Die ungelöste deutsche Frage stand für sie nach wie vor nicht auf der aktuellen politischen Tagesordnung. Hier herrschte weiterhin Dissens, wenngleich Außenminister Schewardnadse am 13. Juni 1989 gegenüber Genscher bemerkte: «Auch die Berliner Mauer [... wird] fallen, wenn die Zeit dafür reif [... ist].» Ähnlich vorsichtig positionierte sich Gorbatschow zwei Tage später auf seiner abschließenden Pressekonferenz.[34]

Dessen ungeachtet hatten sich beide Seiten in Bonn auf eine «Gemeinsame Erklärung» verständigt. Was im Oktober 1988 noch vertagt worden war, konnte nun unter veränderten Bedingungen erfolgreich zur Unterschriftsreife gebracht werden. Das Dokument begnügte sich nicht länger mit dem *Modus Vivendi*, den der Moskauer Vertrag von 1970 garantierte. Es sollte daher keinesfalls nur die neue Qualität des inzwischen politisch Erreichten zum Ausdruck bringen, sondern vor allem zukunftsweisenden Charakter haben. Beide Staaten betrachteten es unter anderem als ihre vorrangige Aufgabe, gemeinsam «zur Überwindung der Trennung Europas beizutragen», an der «Schaffung einer europäischen Friedensordnung und des gemeinsamen Europäischen Hauses [mitzuwirken], in dem Platz für die USA und Kanada ist». Ausdrücklich einigten sie sich bereits in der Eingangspassage darauf, das Selbstbestimmungsrecht der Völker zu garantieren.[35]

Freilich dachte Gorbatschow zum damaligen Zeitpunkt noch nicht im Entferntesten daran, mit dieser Erklärung eine Kehrtwende in der Deutschlandpolitik zu vollziehen. Trotzdem hatte er zumindest mit Blick auf Bonn eine neue Entwicklung angestoßen, quer zum unaufhaltsamen Entfremdungsprozess, der sich zur selben Zeit zwischen der UdSSR und der politischen Führung der DDR abspielte. Schon im Herbst 1988 nach Kohls Moskau-Visite schaute die SED-Spitze um Honecker höchst besorgt auf die westdeutsch-sowjetische Annäherung. Das setzte sich im Juni 1989 fort angesichts der vom westdeutschen Fernsehen ausgestrahlten Bilder von Gorbatschows Staatsbesuch in der Bundesrepublik, die auch in den meisten DDR-

Haushalten empfangen werden konnten. Vor allem die konkreten zwischenstaatlichen Vereinbarungen und nicht zuletzt die in Bonn unterzeichnete «Gemeinsame Erklärung» lösten in Ostberlin Spekulationen darüber aus, ob die Bundesrepublik nicht bereits zu einem wichtigeren Partner der UdSSR aufgerückt und möglicherweise gar die sowjetische Bestandsgarantie für die DDR gefährdet sei. Gorbatschow widersprach vehement, konnte aber Honeckers Bedenken nicht vollständig zerstreuen.[36]

Auch Helmut Kohl betrieb sogleich Informationspolitik im westlichen Bündnis. Noch am Tag der Rückreise Michail Gorbatschows nach Moskau unterrichtete er am 15. Juni telefonisch die wichtigsten Partner, allen voran US-Präsident George H. W. Bush. Der Kanzler wollte ihnen keinerlei Gründe liefern, sich hinsichtlich seiner Loyalität zur Allianz zu beunruhigen. Kohl hatte nicht vor, auf Äquidistanz zu den beiden Supermächten zu gehen. So betrachtet waren mögliche Rapallo-Ängste aus der Luft gegriffen. Da Kohl wusste, wie sehr seine Urteilsfähigkeit im Weißen Haus geschätzt wurde, nutzte er vielmehr die Gelegenheit, sich gegenüber dem Präsidenten als Vermittler ins Spiel zu bringen. Denn dieser war erst ein knappes halbes Jahr im Amt und gegenüber dem sowjetischen Staatspräsidenten noch von mancherlei Vorbehalten geprägt. Der Kanzler suchte ihn deshalb zu überzeugen, wenn er «ein Stück auf Gorbatschow zugehe, würde dies eine gute Gesprächschance eröffnen. [...] Es sei nicht vorgespielt, daß er [Gorbatschow] einen guten Kontakt wolle».[37]

Die westdeutsch-sowjetische Vertrauensbildung trug damit erste Früchte. Michail Gorbatschow hatte jedenfalls in Kohl einen weiteren westlichen Politiker gewonnen, der kaum mehr Zweifel an der Aufrichtigkeit des Kremlchefs hegte und deshalb auch im eigenen Bündnis für einen weiteren Verständigungskurs warb. Freilich war in diesem Moment noch nicht abzusehen, dass schon binnen weniger Wochen grundstürzende Ereignisse die deutsche Frage auf die politische Tagesordnung bringen würden, mehr noch: dass sie die seit 1945 bestehende Nachkriegsordnung umstürzen würden. Der Fall der Berliner Mauer am 9. November 1989 verschaffte dieser Entwicklung eine unkalkulierbare Energie. Sie sollte in gewisser Weise zum Prüfstein dafür werden, inwieweit es sich bei der seinerzeit in Bonn unterzeichneten «Gemeinsamen Erklärung» um ein bloßes politisches Lippenbekenntnis oder aber um ein Dokument handelte, das Wege wies, die Spaltung des Kontinents zu beenden.[38]

Von der Ost- zur «Frost»-Politik.
Partnerschaft und Konfrontation im postsowjetischen Zeitalter

«Auswärtiges Amt, 11. Sep. 92, 12:47, Ministerbüro I», lautete der Eingangsvermerk auf der Ministervorlage von Referatsleiter 213. Sie galt einem politischen Vorgang in einer Zeit tiefgreifender Veränderungen. Bis Dezember 1991 zeichnete das von Klaus Neubert geführte Referat 213 noch für die Sowjetunion verantwortlich. Doch die hatte sich am ersten Weihnachtsfeiertag mit dem Rücktritt von Staatspräsident Michail Gorbatschow mehr oder weniger geräuschlos von der politischen Bühne verabschiedet. Der Kalte Krieg gehörte damit endgültig der Vergangenheit an, nachdem der Völkerfrühling im östlichen Europa schon den Niedergang des Ostblocks eingeleitet, der dortigen Staatenwelt Freiheit, Unabhängigkeit und Selbstbestimmungsrecht und schließlich den Deutschen die Einheit beschert hatte.

Viele Russen, allen voran die im Geiste der Sowjetmacht sozialisierten Funktionseliten aus Politik, Staatssicherheit und Militär, empfanden diese Ereignisse als demütigend, sie gingen ja mit dem Verlust ihres Kontinentalimperiums einher. Russlands heutiger Präsident Wladimir Putin weiß deren Emotionen virtuos zu bedienen. Er selbst hatte im November 1989 als Resident des KGB in Dresden hautnah den Anfang vom Ende miterlebt. Seine Rückkehr nach Leningrad im Februar 1990 empfand er als Schmach: Es überrascht deshalb wenig, dass Putin noch nach über drei Jahrzehnten den Zusammenbruch der Sowjetunion als die größte geopolitische Katastrophe des 20. Jahrhunderts bezeichnet.[1]

Doch nicht nur in dieser Hinsicht fiel Klaus Neuberts Ausarbeitung in eine Umbruchphase. Auch im Auswärtigen Amt war wenige Monate zuvor eine Ära zu Ende gegangen. Hans-Dietrich Genscher hatte als dienstältester Außenminister der Welt nach 18 Jahren den Chefsessel für seinen Ziehsohn Klaus Kinkel geräumt. Mit dem «schwäbischen Raubauz» kam neuer Wind ins Amt, was bisweilen polarisierte: Kinkels geradliniges Naturell wirkte auf manche Ministerialbeamte erfrischend, auf andere wiederum irritierend, weil es von dem gewundenen Diplomaten-Deutsch und -Habitus seines langjährigen Mentors erheblich abstach.[2]

Politische Standortbestimmung nach dem Ende der UdSSR

Der Ministerwechsel im Auswärtigen Amt fiel ausgerechnet in jene Zeit, als das vereinte Deutschland nach dem Ende des Ost-West-Konflikts und dem Untergang der UdSSR eine neue außenpolitische Rolle beim Umbau der internationalen Mächteordnung anstrebte. Fast zwangsläufig gelangte damit die Frage auf die Tagesordnung, inwieweit die jüngsten Ereignisse eine Neuausrichtung deutscher Russlandpolitik erforderlich machten. Der Kanzler und sein Außenminister beabsichtigten deshalb, der Russländischen Föderation möglichst schnell, noch im letzten Quartal des Jahres 1992, offizielle Besuche abzustatten. Denn von den einstigen Sowjetrepubliken, die nunmehr locker unter dem Dach der sogenannten Gemeinschaft unabhängiger Staaten (GUS) zusammengehörten, war allein Russland unmittelbarer Rechtsnachfolger der Sowjetunion.

Helmut Kohl plante für den 15./16. Dezember 1992 seine Moskau-Reise. Das Bundeskanzleramt maß ihr «historische Bedeutung» bei. Die «letzte ‹vergleichbare Begegnung› auf russischem Boden», so hieß es dort – gemeint war das Treffen zwischen Kaiser Wilhelm II. und Zar Nikolaus II. 1905 in Björkö –, lag immerhin schon «87 Jahre zurück».[3] Selbst Klaus Kinkels Besuch in der russischen Hauptstadt, der auf den 8./9. Oktober fallen sollte, kam einer Premiere gleich: Es war die erste Visite eines gesamtdeutschen Außenministers in Russland seit der Selbstauflösung der UdSSR – und das im Rahmen der noch im Jahr zuvor vereinbarten bilateralen Außenamtskonsultationen. Bei dieser Gelegenheit sollten das neue Botschaftsgebäude und mit dem

Goethe-Institut eine renommierte Auslandskultureinrichtung eröffnet werden. Auf den ersten Blick mochte daran nichts spektakulär erscheinen. Doch der Umstand, dass es sich dabei um zwei der weltweit größten Einrichtungen der deutschen Außenpolitik handelte, zeugte von dem besonderen Respekt, den sie den Russen gegenüber zum Ausdruck bringen wollte.[4]

Im Vorfeld dieser Ereignisse kam nunmehr Klaus Neuberts Ausarbeitung ins Spiel, die am 11. September 1992 in Kinkels Vorzimmer eingegangen war. Neubert, der jetzt in seinem Fachreferat mit Russland und der GUS befasst war, sollte den Außenminister, gerade einmal seit vier Monaten im Amt, mit der bevorstehenden Moskau-Visite vertraut machen. Das Papier beschränkte sich allerdings nicht auf formale Verhandlungsziele oder gar auf protokollarische Abläufe. In ihm schlugen sich wie in anderen vertraulichen Unterlagen, die im Zuge der geplanten Russlandreisen von Minister und Kanzler unter den Ressorts abgestimmt worden waren, grundsätzliche Überlegungen dazu nieder, wie sich die Bundesrepublik künftig gegenüber der einstigen östlichen Supermacht zu positionieren gedachte.

Für eine «unveränderte Fortführung der früheren deutsch-sowjetischen Beziehungen» jedenfalls sah Neubert keinen Anlass mehr. Seine für den internen Gebrauch konzipierte Stellungnahme charakterisierte den östlichen Nachbarn als Staat, dem trotz nuklearer Waffenarsenale die Fähigkeit zu globalen Machtprojekten abhandengekommen sei – eine «Mittelmacht» also, die sich vom «Antagonisten zum Mitspieler des Westens und Juniorpartner der USA» gewandelt habe. Und diesem «Positionsverlust steht das gewachsene Gewicht des vereinten Deutschlands gegenüber», beschrieb Neubert die damalige Wahrnehmung und psychologisch deprimierte Grundstimmung russischer Funktionsträger aus dem Rat für Außen- und Verteidigungspolitik.

Fortan musste Bonner Russlandpolitik verstärkt die Tatsache bedenken, dass die Russländische Föderation inmitten schwieriger Selbstfindungsprozesse steckte. Auch fehlte es noch an einer ausgereiften außenpolitischen Konzeption, weil im Außenministerium lediglich die Amtsspitze gewechselt hatte, die breite Basis des Hauses aber, die Beamtenschaft, weiter ihre angestammten Aufgaben versah. «Im speziellen Falle Deutschlands», so Neubert, frei von diplomatischer Zurückhaltung über das außenpolitische Personal Russlands, «kommt hinzu, daß der [Moskauer] Apparat [...] wie auch [... die] Vertreter Rußlands in Bonn dem alten Denken besonders stark verhaftet sind und bis heute nicht überwunden haben, daß aus einem Objekt, dem man gelegentlich Daumenschrauben anlegen konnte, ein Subjekt geworden ist, mit dem nicht nach Belieben umgesprungen werden kann. Diese alten Kräfte [...] scheinen die Auffassung zu vertreten, daß man von den Deutschen ohne Gegenleistung fast alles verlangen kann, weil wir uns wegen der Wiedervereinigung zu allem verpflichtet fühlen müßten.» Nur so erklärten sich die immer wieder hartnäckig vorgetragenen finanziellen Forderungen oder überdimensionierten Hilfsanfragen. Die waren freilich völlig realitätsfern, weil sie die begrenzten Spielräume des Bonner Bundeshaushalts – nicht zuletzt wegen immenser innerdeutscher Finanztranfers im Zuge des Aufbaus Ost – hoffnungslos verkannten.

Angesichts solcher Lageeinschätzung bestand Kinkels Mission im Wesentlichen darin, möglichst viele strittige Themen zu bereinigen, um atmosphärisch den Weg zu bereiten für die weit wichtigere, für Mitte Dezember avisierte erste Gipfelbegegnung zwischen dem Kanzler des vereinten Deutschland und Russlands Präsident Boris Jelzin.[5]

Kohl stand also kein Routinebesuch bevor. Es ging um nicht weniger als die politischen Weichenstellungen für das künftige deutschrussische Verhältnis. Und das war keineswegs eine rein bilaterale Angelegenheit, sondern bedurfte diplomatischen Fingerspitzengefühls, weil die Befindlichkeiten der anderen GUS-Staaten, aber auch der ostmittel- und westeuropäischen Nachbarn berücksichtigt werden mussten. So jedenfalls sahen es Planungsstab und Referat 213 im Auswärtigen Amt. Deutsche Außenpolitik, die sich ganz der europäischen Integration verschrieben hatte, sollte für die Anrainerstaaten weiterhin berechenbar bleiben und nicht unnötig irgendwelche Rapallo-Befürchtungen wieder aufleben lassen. Schon die gemeinsame historische Verantwortung gebot es, speziell den leidgeprüften Polen und Balten zu versichern, dass es keinerlei deutsch-russische Sonderabsprachen mehr auf deren Kosten geben werde. Aus der Tatsache, dass «Russlands Beziehungen zu Europa [...] primär über Deutschland [laufen]», sozusagen als «Hypothek von zwei Weltkriegen», wie es Planungsstab-Leiter Frank Elbe am 8. Dezember 1992 treffend formulierte, ergaben sich vielmehr Chancen für die Stabilität, Demokratisierung, Rüstungskontrolle und gedeihliche Entwicklung des Kontinents, der gerade schwerwiegende, von zahlreichen Ungewissheiten geprägte Transformationsprozesse durchlebte.[6]

Eine der zentralen Botschaften des Kanzlerbesuchs musste daher lauten, dass ein «gutes Verhältnis Deutschland-Rußland [... zugleich] ein wesentliches Element für die Genesung des postsowjetischen Mitteleuropas» sei. Hier sahen die Politikplaner des Auswärtigen Amts beide Länder in einer verantwortungsvollen multilateralen Vermittlungsfunktion. Und mit Blick auf die bilaterale Perspektive plädierten sie möglichst für das Fernziel, «die deutsch-russischen Beziehungen [... einem] Niveau an[zu]nähern», wie es bereits seit Jahrzehnten zu den USA oder zu Frankreich und inzwischen auch zu Polen gängige Praxis geworden sei.

Vorerst blieb Russland aber angesichts der kaum mehr zu überblickenden innenpolitischen, gesellschaftlichen und ökonomischen Herausforderungen ein Koloss auf tönernen Füßen – ein «schwieriger Partner» also, dessen «langfristige außenpolitische Orientierungen» noch ungewiss waren. Um zu verhindern, dass die dortigen Probleme noch weiter außer Kontrolle gerieten, demonstrierten Außenministerium und Kanzleramt den Schulterschluss mit dem russischen Präsidenten Boris Jelzin, den es alternativlos zu beraten und zu stützen galt. Von dessen Reformeifer hing auf lange Sicht ganz entscheidend die weitere politische Entwicklung in Europa ab. Sollte er erfolgreich sein, gab es berechtigte Hoffnungen, die friedliche Neuordnung Europas entscheidend voranzutreiben. Ein Misserfolg barg dagegen unabsehbare sicherheitspolitische Risiken: «Zwar nicht den ‹Durchmarsch› der Roten Armee in 3 Wochen bis zur Atlantikküste», wie der

Politische Direktor Jürgen Chrobog am 11. November Außenminister Kinkel wissen ließ, «wohl aber territorial oder ethnisch bedingte Konflikte im Raum zwischen Ostsee und Schwarzem Meer, die den westlichen Teil Europas und Nordamerika vor Probleme größerer Dimension als die Jugoslawienkrise stellen würde».[7]

Ein erster Besuch von historischer Tragweite

Angesichts solcher Perspektiven trat der Bundeskanzler, begleitet von Außen-, Finanz- und Wirtschaftsminister sowie einer zwanzigköpfigen Entourage einflussreicher Geschäftsleute, mit großen Erwartungen seine Moskau-Reise an. Und die verlief insgesamt sehr erfolgreich. Kohl konnte sich höchstpersönlich davon überzeugen, dass Jelzin die Transformation seines Landes vorantreiben und den konservativen Reformgegnern aus den Reihen von Kommunisten wie Nationalisten entschlossen die Stirn bieten wollte. Jelzin stand also für Verlässlichkeit, für die Bereitschaft, nicht vom Kurs der Demokratisierung abzuweichen, unverdrossen am Umbau der Ökonomie in Richtung Marktwirtschaft festzuhalten und Russland näher an Europa heranzuführen, um die Spaltung des Kontinents zu überwinden. Damit war ein «vorrangiges Besuchsziel» erreicht, was das Vertrauen zwischen beiden Spitzenpolitikern, ähnlich wie seinerzeit zwischen Kohl und Gorbatschow, weiter festigte. Nicht unerheblich hatte dazu ein gemeinsamer 24-stündiger Aufenthalt außerhalb Moskaus in einer an der Wolga gelegenen Datscha beigetragen.[8] Der informelle Rahmen inspirierte – wie einst bei Willy Brandts Treffen mit Leonid Breschnew 1971 in Oreanda – geradewegs zu ungezwungenen, freundschaftlichen Gesprächen. Jene legendäre «Sauna-Diplomatie», die fortan das innige Verhältnis zwischen Kanzler und Präsident prägen sollte, begann zu dieser Zeit und festigte, was Außenminister Klaus Kinkel später ironisch als «Blutsbrüderschaft» bezeichnete.[9]

Kohl kehrte höchst zufrieden nach Bonn zurück, weil ihm seine russischen Gesprächspartner überdies glaubwürdig versichert hatten, die letzten Verbände der in Ostdeutschland stationierten «Westgruppe der Truppen» (WGT), deren Gefechtsbereitschaft nach wie vor sehr hoch war, entgegen ursprünglichen Vereinbarungen sogar vorfristig bis zum 31. August 1994 abzuziehen. Freilich stellte der Bund im Gegenzug weitere 550 Millionen DM zur Verfügung. Doch das war wohlinvestiertes Geld, da der WGT-Rückzug, dem der Kanzler bis dahin oberste Priorität eingeräumt hatte, mit dem Zerfall der UdSSR zeitweilig ins Stocken zu geraten drohte. Solange aber jene fremden Truppen auf deutschem Boden standen, besaß das wiedervereinte Land praktisch keine volle Souveränität.[10]

Als Zeichen vertrauensvollen Neubeginns in den bilateralen Beziehungen deuteten beide Seiten darüber hinaus verschiedene Abkommen und Zusagen, die sowohl vergangenheitspolitisch als auch für die nähere Zukunft richtungweisenden Charakter beanspruchten. Deutschland kündigte in der emotionsbeladenen Frage von Entschädigungen für begangenes nationalsozialistisches Unrecht kurzerhand eine Ausgleichszahlung von einer Milliarde DM zur Regelung humanitärer Härtefälle an – und das für Russland, für die Ukraine sowie für Weißrussland. Umgekehrt erklärte Jelzin seinerzeit unrechtmäßig verurteilte deutsche Kriegsgefangene und stalinistische Opfer von Sowjetischen Militärtribunalen in der früheren SBZ für rehabilitiert. Auf Ausgleich und Versöhnung zielte auch die beschlossene Restituierung «kriegsbedingt verlagerter Kulturgüter», so die diplomatisch zurückhaltende Formulierung für ein nicht weniger emotionsbeladenes Thema, das nach verheißungsvollem Auftakt für erhebliche Kontroversen und schwere Rückschläge sorgen sollte.

Ein Kulturabkommen und Rahmenvereinbarungen, die etwa deutsche Unterstützung bei der Beseitigung sowjetischer Massenvernichtungswaffen oder bei Aus- und Weiterbildungsmaßnahmen für russische Fach- und Führungskräfte vorsahen, gegenseitige Hilfszusagen im Fall von Katastrophen – hier schlugen die bitteren Erfahrungen aus der Reaktorkatastrophe von Tschernobyl 1986 zu Buche –, schließlich die Kooperationsbereitschaft der Deutschen in den Bereichen Energiewirtschaft, Luft- und Raumfahrttechnik ebenso wie bei der Umstellung der russischen Rüstungsindustrie auf zivilwirtschaftliche Strukturen stimmten allseits optimistisch. Das galt umso mehr, als Boris Jelzin dem Bundeskanzler abschließend zu verstehen gab, Russland – als traditionell einflussreichster Parteigänger der Serben – wolle sich an der Seite der Westeuropäer für ein Ende des Blutvergießens in dem seit 1991 auf dem Balkan tobenden jugoslawischen Bürgerkrieg engagieren.[11]

Russlands wichtigster Fürsprecher im Westen, 1992–1998

Aus Sicht der Bundesrepublik existierten damit denkbar gute Voraussetzungen, fortan die bilateralen Beziehungen zum postsowjetischen Russland auf partnerschaftlicher Grundlage weiterzuentwickeln. Bonns außenpolitische Staatsräson, nämlich Westintegration und Vertiefung der politischen Zusammenarbeit in der EG bzw. Europäischen Union, wurde dadurch aber in keiner Weise zur Disposition gestellt. Vielmehr fiel nach 1990 dem vereinten, im Westen fest verankerten Deutschland innerhalb von EG/EU und NATO aufgrund der besonderen historischen Erfahrung mit Russland eine weithin akzeptierte Vermittlerrolle zwischen den Brüsseler Institutionen und Moskau zu. Bundeskanzler Helmut Kohl besaß unter seinen westlichen Allianzpartnern das wohl mit Abstand beste Gespür für die Probleme der Russländischen Föderation. Denn die Gebiete der einstigen DDR, die der Bundesrepublik beigetreten waren, durchliefen – unter ungleich günstigeren Bedingungen – ähnlich tiefgreifende Transformationsprozesse. Der Kanzler wurde daher zu Russlands wichtigstem Fürsprecher im Westen. Er wollte nach dem Ende des Ost-West-Konflikts unter keinen Umständen die frühere östliche Supermacht vom Aufbau einer neuen stabilen europäischen Friedensordnung ausschließen oder gar als gekränkte Macht an deren Rand drängen.[12]

Nicht zuletzt deshalb engagierte sich die Bundesregierung bis 1994 überaus erfolgreich in der Gruppe der sieben größten Industrienationen (G7), aber auch in den Reihen der EG- bzw. EU-Staats- und Regierungschefs für substanzielle Russlandhilfen: Auf Drängen der Deutschen fand sich die G7-Gruppe 1992 zu einem stattlichen 24-Milliarden-Dollar-Paket bereit. Im Jahr darauf, als Boris Jelzin seine einschneidenden Wirtschaftsreformen per Volksentscheid absichern wollte, erklärte sich die G7 auf energisches deutsches Betreiben hin abermals einverstanden, Russland mit 43,3 Milliarden US-Dollar zu unterstützen, einschließlich einer Finanzspritze in Höhe von 14,2 Milliarden US-Dollar für währungsstabilisierende Maßnahmen. Wenn es darum ging, die schwer angeschlagene russische Volkswirtschaft bei der Tilgung sowjetischer Altschulden zu entlasten, fand Boris Jelzin in Helmut Kohl stets einen verständnisvollen Anwalt, der sich bei den im sogenannten Pariser Club zusammengeschlossenen westlichen Gläubigern nachhaltig für verschiedene Umschuldungsprogramme einsetzte.

Kohl sah sich nicht nur in der Rolle des «ehrlichen Maklers». 1996 betrieb der Kanzler sogar verdeckte Wahlkampfhilfe. Boris Jelzin stand vor schwierigen Präsidentschaftswahlen. Dabei war keinesfalls ausgemacht, ob er angesichts wenig erfolgreicher Wirtschaftsreformen, verschiedener Korruptionsskandale und des von ihm entfachten Tschetschenien-Krieges seinen kommunistischen Herausforderer Gennadij Sjuganow besiegen würde. Im internen Kreis sprach Kohl emotional aufgewühlt von einer «Schicksalswahl auch für die Deutschen». Die Sorge, möglicherweise schon bald im Kreml einen unberechenbaren Altkommunisten vorzufinden, motivierte zu Gegenmaßnahmen: Hinsichtlich der zahlreichen Menschenrechtsverletzungen in Jelzins brutalem Krieg in der abtrünnigen Kaukasusrepublik Tschetschenien übte sich Kohl seit Längerem in auffallender Zurückhaltung. Entscheidender war aber die Initiative, zusammen mit Washington den angeschlagenen Amtsinhaber und Duz-Freund über einen Milliarden-Kredit des Internationalen Währungsfonds (IWF) zu stützen. Zusätzlich bürgte die Bundesregierung für einen Großkredit, der sich auf insgesamt vier Milliarden DM belief, was den Gesamtbetrag ihrer Russland-Darlehen seit 1991 auf 19 Milliarden DM erhöhte.[13]

Überwiegend deutscher Vermittlung war es schließlich zu verdanken, dass die Russländische Föderation spätestens seit der zweiten Hälfte der 1990er Jahre verstärkt in internationale Organisationen einbezogen und an westliche Sicherheitsstrukturen herangeführt wurde: Schon 1991 hatte man die UdSSR und damit auch ihren Rechtsnachfolger Russland in den Nordatlantischen Kooperationsrat (NKR) aufgenommen. 1994 trat das Land dann dem von der NATO ins Leben gerufenen Programm «Partnerschaft für den Frieden» (PfP) bei. Im November 1992 begannen unter deutscher Leitung Verhandlungen, die auf engere Beziehungen zwischen der Europäischen Gemeinschaft und Russland zielten. Und noch im letzten Jahr der Sowjetunion hatte Bundeskanzler Kohl die Staats- und Regierungschefs der G7-Länder davon überzeugt, Michail Gorbatschow zum Weltwirtschaftstreffen nach London zu laden. Jelzin sollte auf Dauer von dieser Entscheidung profitieren. Im Mai 1998 schließlich gehörte sein Land endgültig diesem prestigeträchtigen Gremium an, das sich fortan G8 nannte. Abermals hatte deutsche Fürsprache nicht unerheblich dazu beigetragen. Damit war Russlands Aufnahme in die Welthandelsorganisation (WTO), den Pariser Club und andere internationale Wirtschaftsorganisationen in greifbare Nähe gerückt.[14]

Als Anfang Juli 1997 auf dem Madrider NATO-Gipfel eine erste Einladung zur Osterweiterung des Bündnisses an die früheren Warschauer-Pakt-Staaten Polen, Tschechien und Ungarn erging, stiftete dies erheblichen Unmut vor allem in den Reihen russischer Militärs und Sicherheitspolitiker. Für sie rückte damit der einstige Hauptgegner im Kalten Krieg, dem immer aggressive Absichten unterstellt worden waren, bedrohlich nahe an russische Staatsgrenzen. Bundeskanzler Kohl, der sich einerseits dem Bündnis verpflichtet sah, andererseits aber ein vitales Interesse hatte, das bislang gute Verhältnis zu Jelzins Russland nicht unnötig zu gefährden, geriet in eine äußerst schwierige Situation. Deutschen stand es nicht zu, sich den berechtigten Sicherheitsbedürfnissen der drei ostmitteleuropäischen Staaten zu widersetzen, die sich insbesondere durch die russische Militärdoktrin, die zwischen nahem und fernem Ausland unterschied, zusehends bedroht fühlten. Gleichwohl drängte der Kanzler in internen Beratungsgremien energisch darauf zu «erreichen, daß auch das wohlverstandene und begründete Sicherheitsinteresse Russlands –

das gilt auch für die Ukraine – berücksichtigt wird». Um die Phobien des Kreml zu zerstreuen und ihm die Bereitschaft des westlichen Militärbündnisses zur vertrauensvollen Zusammenarbeit zu signalisieren, brachten die deutschen Unterhändler die Idee eines speziellen sicherheitspolitischen NATO-Russland-Konsultationsforums ins Spiel, was Präsident Jelzin schließlich überzeugte.

Die Grundakte hierzu wurde am 27. Mai 1997 in Paris unterzeichnet, aus ihr ging fünf Jahre später im Mai 2002 der fest institutionalisierte NATO-Russland-Rat hervor. Damit war der Weg frei für eine erste Osterweiterungsrunde des Nordatlantikpakts. Freilich währte die Ruhe nicht allzu lange. Spätestens 1999, als die NATO unter deutscher Beteiligung aktiv gegen Serbien im Kosovo-Krieg intervenierte und Russland hierbei keinerlei Mitsprache oder gar Entscheidungsrechte erhielt, stellte die politische Führung in Moskau – keinesfalls unberechtigt – den rein konsultativen Charakter der NATO-Russland-Grundakte zunehmend in Frage, mehr noch: Sie wertete die Militäroperation als Bruch des Völkerrechts. Doch das war nicht mehr das Problem der Regierung Kohl, sondern fiel nun in die Zuständigkeit der von Gerhard Schröder geführten Rot-Grünen-Koalition, die sich russlandpolitisch umzuorientieren suchte.[15]

Zäsur deutscher Russlandpolitik nach 1998?

Im ersten Moment sah es ganz danach aus, als wollte der neue Mann im Kanzleramt die hochgradig personalisierten Russlandbeziehungen seines Vorgängers nicht weiter fortsetzen. Zu Boris Jelzin fand er überhaupt keinen Draht. Für Schröder war der gesundheitlich bereits stark angeschlagene und in verschiedene Skandale verstrickte Jelzin ohnehin nur noch ein Präsident auf Abruf, dem angesichts immenser russischer Altschulden in Höhe von rund 75 Milliarden DM keine weiteren deutschen Staatskredite mehr gewährt werden sollten. Auch dessen Nachfolger Wladimir Putin begegnete der Kanzler zunächst mit Zurückhaltung. Putin, der seine politischen Intentionen schnell zu erkennen gab und alles daransetzte, Russland nach den Jahren des

Niedergangs wieder Respekt und gebührende Größe zu verschaffen, irritierte nicht nur die europäische Staatengemeinschaft, er nährte anfänglich auch Gerhard Schröders Vorbehalte. Als der neue Kremlchef aber den Eindruck eines zupackenden Wirtschaftsreformers erweckte, der die längst überfällige Modernisierung seines Landes voranbringen und nicht zuletzt dafür die Beziehungen zur Bundesrepublik ausbauen wollte, gelangte Russland verstärkt ins Blickfeld des sozialdemokratischen Bundeskanzlers.

Schon 1999 hatte Schröder in einem «Spiegel»-Interview öffentlich eingeräumt: «Russland ist viel zu wichtig, als dass Europa, speziell auch Deutschland, es sich leisten könnte, nicht eine strategische Partnerschaft zu Russland aufzubauen.» Das war ihm spätestens klar geworden, als im selben Jahr unter deutscher EU-Ratspräsidentschaft die Russen nach Vermittlung seines Außen- und seines Verteidigungsministers für einen Kosovo-Friedensplan gewonnen werden konnten. Dem serbischen Hauptaggressor Slobodan Milošević kam damit die russische Fürsprache abhanden, weshalb er sich letztlich zum Einlenken gezwungen sah.[16]

Noch aber fremdelte der Kreml mit der Rot-Grünen Regierungskoalition. Dazu hatte nicht unerheblich der grüne Außenminister Joschka Fischer beigetragen. Anders als der Bundeskanzler kritisierte er Russlands brutales Vorgehen im zweiten Tschetschenien-Krieg und die völlige Zerstörung der Hauptstadt Grosny scharf. Moskaus Deutschlandexperten bangten bereits um das Verhältnis zu Bonn. Sie kritisierten Fischer als «Totengräber der deutsch-russischen Beziehungen», weil ihnen nicht entgangen war, wie sehr dessen außenpolitisches Interesse Europa, den USA oder dem Nahen Osten, nicht aber explizit den russischen Belangen galt. Bundeskanzler Schröder machte daraufhin kurzerhand die Russlandpolitik zur Chefsache. Spätestens jetzt erwies es sich als vorteilhaft, dass er an tragfähige Strukturen anknüpfen konnte, die noch von den Amtsvorgängern Kohl und Jelzin geschaffen worden waren. Und in Wladimir Putin sollte Schröder schnell einen verlässlichen Ansprechpartner finden, der nicht nur aufgrund seiner Biografie eine besondere Affinität zu

Deutschland besaß, sondern sich fortan auch alle deutschlandpolitischen Entscheidungen selbst vorbehielt.[17]

Überhaupt verband beide Persönlichkeiten eine verblüffende Zahl an Gemeinsamkeiten: Sie entstammten einfachen sozialen Verhältnissen, waren also politische Außenseiter, die klug und ehrgeizig an ihren Karrieren arbeiteten. Beide einten die Prägung eines Jurastudiums und nicht zuletzt das Selbstbewusstsein, dem Establishment mit gesunder Skepsis entgegenzutreten. Schon nach dem ersten Zusammentreffen stellten sie fest, dass die Chemie zwischen ihnen stimmte – politisch wie persönlich. Putin mochte gefallen, dass Gerhard Schröder – ähnlich wie seinerzeit Kohl – nicht dazu neigte, die Politik des Kreml öffentlich zu rügen. Schröder war überzeugt, dass das diktaturgeschüttelte Russland seine Zeit benötige, um stabile demokratisch-rechtsstaatliche Strukturen herauszubilden, und dabei unterstützt werden müsse.

Doch anders als Kohl ließ er es in seiner Männerfreundschaft mit Putin zusehends an kritischer Distanz fehlen. Zu den unrühmlichen Höhepunkten zählte zweifellos, dass der Sozialdemokrat ihm 2003 ohne besondere Not attestierte, «ein lupenreiner Demokrat» zu sein. Dass Putin inzwischen seinem Land nach der schlecht funktionierenden, aber dennoch freien postsowjetischen Demokratie wieder autoritäre Strukturen aufzuzwingen begann, indem er mit eiserner Faust die politischen Freiräume und Wirkungsmöglichkeiten der zivilgesellschaftlichen Einrichtungen und Medien systematisch aushöhlte, schien Schröder wenig beeindruckt zu haben. Selbst nach seiner Amtszeit 2005 und als Russland zunehmend auf Konfrontationskurs zum Westen ging, rückte der Altkanzler nicht davon ab, Putin in aller Öffentlichkeit zu verteidigen.[18]

Zugleich trat zutage, wie weit sich die beiden Männer von der Gründungsidee des durch sie 2001 initiierten «Petersburger Dialogs» entfernt hatten. Er war einst in guter Absicht als Gesprächsforum der Zivilgesellschaften beider Länder gedacht. Doch das Format erwies sich von Anfang an als reine Kopfgeburt – eine von oben organisierte und kontrollierte Veranstaltung. Sie besaß überwiegend rituellen

Charakter, der in der Ära Schröder–Putin kaum substanzielle Impulse zur Förderung von Demokratie und Rechtsstaatlichkeit in Russland lieferte. Die russische Seite nutzte die Gelegenheit, zivilgesellschaftliches Leben im Staate Putins zu simulieren. Und dazu trägt bis zum heutigen Tage mit Wiktor Subkow ein gesichtsloser Apparatschik maßgeblich bei, der als Duz-Freund des Präsidenten im Lenkungsausschuss des «Petersburger Dialogs» die Interessen seines Landes hartnäckig vertritt.[19]

Wie einst Kohl engagierte sich Schröder dafür, dass im westlichen Militärbündnis und in der Europäischen Union russische Sicherheitsinteressen angemessen ernst genommen wurden. Das galt etwa für die zweite Osterweiterung der NATO, die u. a. mit den baltischen Staaten frühere Sowjetrepubliken einbezog. Ähnliches traf auf die Ost-Ausdehnung der EU zu. Große Vorbehalte hegte er zudem gegenüber Plänen der US-Administration für ein umfangreiches nationales Raketenabwehr-Programm, das in russischer Interpretation dem 1972 zwischen den beiden Supermächten vereinbarten ABM-Vertrag widersprach. Als dann 2003 im Zuge des Irak-Krieges das Rot-Grüne Regierungsbündnis sich der von den USA geführten Koalition der Willigen verweigerte und Bundeskanzler Schröder stattdessen mit Frankreichs Präsident Chirac auffällige Nähe zu Putins Russland demonstrierte, machte sogleich das Wort von der «Achse Paris-Berlin-Moskau» die Runde. Im Westen blickten nicht nur die USA höchst besorgt auf diese Entwicklung. Unter den osteuropäischen Verbündeten fürchteten insbesondere die Polen eine Spaltung Europas, verbunden mit der Gefahr, «wieder zwischen Deutschen und Russen eingeklemmt» zu werden.

Gewiss hatte sich erstmals – und ungewohnt selbstbewusst – ein Bundeskanzler mit deutschen Interessen deutlich gegenüber den USA Gehör verschafft; doch Schröder machte zu keinem Zeitpunkt Anstalten, die bewährten transatlantischen Bindungen durch sicherheitspolitische Äquidistanz zu Washington und Moskau zu ersetzen. Mehrfach wirkte er aufgrund seines speziellen Zugangs zu Putin sogar als Vermittler, so, als es darum ging, US-Präsident George W. Bush die Gedankenwelt des russischen Präsidenten näher zu bringen oder Putin nach dem Ende des Irak-Krieges davon zu überzeugen, im UN-Sicherheitsrat gemeinsam mit den USA für die Irak-Resolution 1546 zu stimmen, mit der im Juni 2004 die Regierungsautorität an Bagdad rückübertragen wurde.[20]

Schröders strategische Partnerschaft mit Russland war von Anfang an stark wirtschaftspolitisch motiviert, was ihm Sympathien nicht nur bei Putin, sondern vor allem im Umfeld des Ostausschusses der Deutschen Wirtschaft und bei den dortigen Industriekapitänen eintrug. Während der gesamten Jelzin-Ära hatte sich die deutsche Privatwirtschaft eher verhalten auf dem russischen Markt engagiert, wofür fehlende Rechtssicherheit, Überbürokratisierung, unklare Reformverhältnisse, mehr aber noch der dortige Finanz-Crash von 1998 verantwortlich waren. Umgekehrt blieb Deutschland aber mit Abstand der wichtigste russische Handelspartner, wenn es um die Einfuhr von Erdgas oder Rohöl aus Sibirien ging. Sie deckten zeitweilig bis zu 45 Prozent des deutschen Energiebedarfs ab.

Mit Putins Amtsantritt allerdings änderten sich die ökonomischen Rahmenbedingungen zum Besseren. Die gedeihlichen Beziehungen zu Kanzler Schröder stifteten überdies ein Vertrauensklima, das auch die persönlichen wie geschäftlichen Netzwerke von russischen und deutschen Unternehmern positiv stimulierte. Günstig wirkte sich für den russischen Finanzmarkt zudem aus, dass der Bundeskanzler im April 2002 zu Wladimir Putins größter Überraschung auf die restlichen 7,1 Milliarden Euro Altschulden verzichtete. Die Wirtschaft auf beiden Seiten sollte davon erheblich profitieren.

Abermals war es der Energiesektor, der – wie bereits in den 1970er und frühen 1980er Jahren unter sozialliberaler Regie – das deutsche Russlandgeschäft am stärksten belebte. Auch jetzt spielten sich Politik und Wirtschaft in die Hände; die Bundesrepublik in der Ära Schröder deckte 36 Prozent ihres Erdgasbedarfs aus russischen Quellen. Krönender Höhepunkt all dieser Bemühungen waren zwei zukunftsweisende Gaskooperationsverträge. Im April und September 2005 wurden zwischen dem russischen Großunternehmen Gazprom sowie der deutschen BASF und dem Essener Energiekonzern E.ON die gemeinsame Erschließung umfangreicher sibirischer Erdgasfelder und der Bau der sogenannten Nord-Stream-Pipeline vereinbart. Damit wollte der Kanzler langfristig den Zugang zum russischen Gasmarkt sichern und zugleich die Lieferwege nach Deutschland diversifizieren. Freilich war das Projekt vom ersten Moment an ein Politikum höchsten Ranges – und das nicht allein, weil Regierungschef Schröder und Präsident Putin persönlich der Vertragsunterzeichnung beiwohnten oder weil die Bundesrepublik das Vorhaben mit einer vom Kanzler eingefädelten Bundesbürgschaft in Höhe von 1,1 Milliarden US-Dollar stützte.

Besonders die ostmitteleuropäischen NATO- und EU-Mitgliedstaaten, aber auch die Ukraine und Weißrussland, durch die der bisherige russische Gastransit nach Westeuropa verlief und die im Fall etwaiger Konflikte nunmehr leicht davon abgekoppelt werden konnten, fühlten sich durch die geplante Ostsee-Pipeline herausgefordert, die 2011 schließlich den Betrieb aufnahm. Ihre Kritik riss auch nicht ab, als Gerhard Schröder nach seinem Ausscheiden aus der Politik im Jahr 2005 zeitnah den Vorsitz im Aufsichtsrat der Betreibergesellschaft von Nord-Stream übernahm, deren Anteilsmehrheit von 51 Prozent Gazprom hielt. Und so betrachten sich die Ostmitteleuropäer bis heute als Opfer einer deutsch-russischen Energieallianz, die einer gemeinsamen europäischen Energiepolitik im Wege steht und insgesamt mehr Abhängigkeit von Russland als sicherheitsstrategisch klare Verhältnisse schafft.[21]

Von der Kooperation zur Entfremdung

Der auf Kooperation zielende Stil deutscher Russlandpolitik setzte sich zunächst auch nach dem Wechsel im Kanzleramt von Gerhard Schröder zu Angela Merkel fort. Das lag nicht zuletzt daran, dass mit Frank-Walter Steinmeier Schröders früherer Kanzleramtsminister in der neu gebildeten CDU/CSU-SPD-Regierung das Außenressort übernahm. Und der sah sich ganz in sozialdemokratischer Tradition dem

Erbe Willy Brandts verpflichtet, durch beständigen Dialog für gegenseitiges Verständnis, Annäherung und Verflechtung zu werben. Auf Außenminister Steinmeier ging 2007 auch die Idee einer «strategischen Modernisierungspartnerschaft» zurück. Mit deutscher Hilfe und Vermittlung, so etwa ab 2010 im Rahmen der EU, sollten in Russland weiterhin Rechtsstaatlichkeit und eine moderne Regierungsführung gefördert, die Korruption bekämpft, die Wirtschaft stärker diversifiziert, das Land aber auch zu mehr Zusammenarbeit mit dem Westen ermuntert werden.

Kanzlerin Angela Merkel (CDU) teilte derartige ostpolitische Prinzipien und legte Wert auf Stabilität. Gleichwohl pflegte sie seit Amtsbeginn einen grundlegend anderen persönlichen Umgang mit Wladimir Putin als ihre unmittelbaren Vorgänger. Die Kumpanei eines Schröder entsprach nicht ihrem Naturell und nüchternen Politikverständnis. Anders als Kohl und Schröder teilte sie als ehemalige DDR-Bürgerin die gemeinsame Vergangenheit von Ostdeutschen und Sowjetbürgern, hatte also eine konkrete Vorstellung davon, was es bedeutete, unter den Repressionen des real existierenden Sozialismus leben zu müssen. Die aus Sowjetzeiten nachwirkende politische Kultur und die Herausforderungen im Russland der Transformation waren ihr sehr wohl bekannt. Dass Merkel zudem fließend Russisch sprach, verschaffte ihr Kommunikationsvorteile gegenüber der politischen Führung in Moskau. Und anders als alle ihre Amtsvorgänger waren sie und der russische Präsident mit dem Land des jeweils anderen bestens vertraut. Wenn Putin sie einst als «eiserne Kanzlerin» bezeichnete, sprach dies weniger für Ablehnung, sondern vielmehr für Respekt, obgleich er Merkels Russland-Politik spätestens nach 2014 nicht mehr akzeptieren sollte. Doch im Unterschied zu den übrigen westlichen Spitzenpolitikern der Nach-Schröder-Zeiten schätzte er Angela Merkels «Verlässlichkeit, Berechenbarkeit und Konsequenz», wie er überhaupt stets auf die Kanzlerin und das einflussreiche, durchsetzungsstarke Deutschland, weniger hingegen nach Brüssel selbst blickte, wenn er sich etwa über die Europäische Union ein Urteil bilden wollte.[22]

Zweifellos lag der neuen Kanzlerin an guten Beziehungen zu Russland. Sie wusste in diesem Zusammenhang um die besondere Bedeutung der Wirtschaft, was Industrie- und Handelskreise beider Länder sehr schätzten. Allerdings wurde ihre Amtszeit von Aktivitäten des russischen Präsidenten überschattet, die Merkel keinesfalls reaktionslos übergehen konnte. Schon im Februar 2007 schreckte Wladimir Putin auf der Münchner Sicherheitskonferenz das prominent besetzte Auditorium mit einer martialischen Rede auf. Den USA unterstellte er «unipolare Weltherrschafts»-Pläne, der NATO «ungezügelte Militäranwendung». Die westliche Militärallianz und die Europäische Union bezichtigte er, anderen Ländern ihren Willen – wenn nötig gewaltsam – aufzudrängen, so Putins eigenwillige Sicht auf die jeweiligen Osterweiterungen der zurückliegenden Jahre.

Noch übte sich die Kanzlerin in Zurückhaltung und suchte die außenpolitisch komplizierter werdende Situation nicht unnötig anzuheizen. Im Bündnis jedenfalls erhob sie 2008 zugunsten Moskaus die Stimme und votierte entschieden gegen die Absichten Washingtons sowie anderer osteuropäischer NATO-Mitglieder, Georgien – mit dem sich Russland im August für fünf Tage im Kriegszustand befand – und die Ukraine in die Militärallianz aufzunehmen. Als zur selben Zeit US-Präsident Bush bei NATO-Staaten für ein regionales Raketenabwehrsystem warb, widersetzte sie sich diesem Ansinnen nicht. Sie drängte aber darauf, Russland möglichst in derartige Überlegungen einzubeziehen.[23]

Merkels Vorgehensweise entsprach politischem Kalkül: Wladimir Putin musste 2008 nach zwei Amtszeiten verfassungsgemäß seinen Platz im Kreml räumen. Im Kanzleramt wie im Berliner Außenministerium war man optimistisch und setzte seine Hoffnungen in den neuen Präsidenten Dmitrij Medwedjew, denn er erweckte zunächst den Eindruck, eine liberalere, weniger aggressive Außenpolitik zu verfolgen. Innenpolitisch gab es zudem Anzeichen, dass nach Putins zunehmend autoritärem Führungsstil Entspannung in Russlands Regierungsalltag einzog. Doch das sollte sich schnell als Trugschluss erweisen. Denn Wladimir Putin, als Staatspräsident aus dem Amt geschieden, war gleich als Ministerpräsident zurückgekehrt. Formal war er damit dem neuen Staatspräsidenten Medwedjew nachgeordnet. Aber hinter den Kulissen lenkte er als stärkste Figur der russischen Politik weiter die Geschicke des Landes mit strenger Hand. Im Dezember 2011 schreckte er aus Gründen des Machterhalts nicht davor zurück, die Duma-Wahlen zu manipulieren.

Schon im September 2011, als Putin für die im Jahr darauf anstehenden Präsidentschaftswahlen seine Kandidatur angekündigt hatte, löste das nicht nur in russischen Oppositionskreisen Unmut und Massenproteste aus. Auch die Kanzlerin fühlte sich vom bevorstehenden Rollentausch schwer getäuscht, der offenbar im Vorfeld zwischen den beiden Moskauer Spitzenpolitikern abgestimmt war und *de facto* einen Bruch mit der (damaligen) russländischen Staatsverfassung darstellte. Angesichts solcher Winkelzüge wie auch wegen der Unzulänglichkeiten bei der Präsidentschaftswahl selbst schwand die einstige Zuversicht der Bundesregierung auf verbesserte Beziehungen zu Russland.[24]

Von zunehmender Konfrontation zur «Frostpolitik»

Außenpolitisch hatte sich der russische Präsident schon kurz nach Beginn seiner dritten Amtszeit als Präsident unübersehbar zurückgemeldet. Er wollte sein Land wieder zu einem ernst zu nehmenden *Global Player* machen, an dem die Weltgemeinschaft, allen voran die letzte verbliebene Supermacht USA, nicht mehr vorbeikommen würde. So unterstützte er beispielsweise im syrischen Bürgerkrieg immer unverhohlener Diktator Assad, was Russlands Position im Nahen Osten weiter festigte. Überhaupt versuchte Putin seit dieser Zeit, sich mehr durch außenpolitische Provokationen, Spaltungsversuche oder aggressive Vorstöße Respekt auf internationaler Bühne zu verschaffen als durch die Bereitschaft zur Kooperation.

Und innenpolitisch zeichnete sich zugleich immer deutlicher ab, dass «Putins Russland», wie das Nachrichtenmagazin «Der Spiegel» am 14. August 2012 provokativ auf seiner Titelseite formulierte, «Auf dem Weg in die lupenreine Diktatur» war. Davon zeugten die Bemühungen des Regimes, politisch Andersdenkende sowie regierungs- und kirchenkritische Künstler, etwa die feministische Punkrock-Band «Pussy Riot», mittels drakonischer Haftstrafen mundtot zu machen. Aber auch staatsanwaltlich angeordnete Razzien im März des darauffolgenden Jahres gegen die Auslandsbüros der «Konrad-Adenauer-Stiftung» in St. Petersburg oder der «Friedrich-Ebert-Stiftung» in Moskau störten zunehmend den zivilgesellschaftlichen Dialog und sorgten für diplomatische Missstimmung. Merkel als ehemalige DDR-Bürgerin beobachtete die Entwicklung von Demokratie und Menschen in Russland überaus aufmerksam. Sie nahm im November 2012 die Vorfälle zum Anlass, Putin am Rande ihres Arbeitsbesuchs in Moskau öffentlich harsch zu kritisieren. Damit handelte sie im Sinne der kurz zuvor im Bundestag mit den Stimmen der damaligen CDU/CSU-FDP-Koalition verabschiedeten Regierungsentschließung.

Dass Wladimir Putin die Rüge als anmaßend empfand, zumal er Vergleichbares von Merkels Vorgänger Schröder so nicht kannte, war kaum anders zu erwarten. Doch die Reaktion Putins verdeutlichte, wie sehr die Kanzlerin den Kern des Problems berührt hatte. In Deutschland fand sie Rückhalt in der Bevölkerung, wie Meinungsumfragen bestätigten. Die SPD-Opposition dagegen lehnte es ab, den Werte-Dissens in aller Öffentlichkeit auszutragen, und mahnte stattdessen, auf die «Interessen des Kreml» stärker einzugehen. Und da befand sie sich in Gesellschaft des einflussreichen Ostausschusses der Deutschen Wirtschaft oder des von Industriellenkreisen gestützten Deutsch-Russischen Forums. Ihnen jedenfalls behagten derartige Vorstöße wenig, weil sie um das florierende Russlandgeschäft fürchteten. Allein zwischen 2001 und 2011 waren die deutschen Exporte in die Russländische Föderation um das Fünffache angestiegen. Die lange Zeit gehegten Erwartungen, durch Handel Rechtsstaatlichkeit, politische Modernisierung und Demokratie in Russland mittelfristig weiterzuentwickeln, erwiesen sich aber als Illusion. Von der «strategischen Modernisierungspartnerschaft», die Frank-Walter Steinmeier noch 2007 propagiert hatte, war nur wenig übrig geblieben: Präsident Putin und die um ihn gescharten Eliten bedienten sich ihrer vornehmlich für die Zwecke des Technologietransfers und um ein möglichst gutes Investitionsklima zu schaffen.[25]

Was künftig unter der Formulierung «Frostpolitik» subsumiert werden sollte, um das deutsch-russische Verhältnis zu charakterisieren, nahm also bereits 2012 seinen Anfang. Mit der völkerrechtswidrigen Annexion der ukrainischen Halbinsel Krim verabschiedete sich der Kremlchef aber spätestens im Februar/März 2014 endgültig von der außenpolitischen Linie seiner Vorgänger Michail Gorbatschow und Boris Jelzin. Die nach dem Ende des Kalten Krieges 1990/91 etablierte europäische Sicherheitsordnung musste sich seit dieser Zeit Putins neoimperialer Ambitionen erwehren. Diese folgten der traditionellen sowjetischen Logik, in geopolitischen Kategorien und Einflusssphären zu denken, was die zur Regel gewordenen internationalen Prinzipien im diplomatischen Miteinander zwischen Russland und dem Westen grundlegend auf den Kopf stellte. Speziell für die Ukraine als souveränen Staat bedeutete das nicht nur den Verlust der Krim, sondern darüber hinaus auch, einem von Putin unerklärten Krieg ausgesetzt zu sein. Und der wurde mithilfe von ostukrainischen Separatisten in den Gebieten Donezk und Lugansk geführt, die eigens zwei «Volksrepubliken» ausriefen, deren fragwürdige Existenz allerdings ohne verdeckte, aber substanzielle Unterstützung des Kreml kaum möglich war. Umrahmt wurde das Ganze von einer professionalisierten russischen Propaganda, die in ihrer aggressiven Rhetorik sehr an die Psychologische Kriegführung während der Hochphase des Ost-West-Konflikts erinnerte.[26]

Die Bundeskanzlerin verurteilte am 14. März 2014 in ihrer Regierungserklärung entschieden Wladimir Putins expansionistischen Vorstoß. Die Tatsache, dass sich der russische Präsident den Bemühungen der Ukrainer um ein Assoziierungsabkommen mit der EU rücksichtslos widersetzt und mit einem schwerwiegenden Verstoß gegen das Völkerrecht beantwortet hatte, war für die Bundesregierung nicht hinnehmbar. Da Deutschland aus historischer Verantwortung mit geopolitischen Handlungsmaximen gebrochen hat, drohte Merkel für den Fall, dass Putin in der Sache nicht einlenken würde, mit massiven Konsequenzen. Zugleich zeigte sie aber Möglichkeiten auf, den Konflikt auf einem für Russland gesichtswahrenden Verhandlungsweg beizulegen. Als Format wählte die Bundeskanzlerin mit ihrem Kabinett das sogenannte Normandie-Quartett, in dem seit Juni 2014 über eine halb offizielle Kontaktgruppe auf Regierungs- und Außenministerebene zwischen Russland, Deutschland, Frankreich und der Ukraine nach Lösungen gesucht wurde. Doch der Kremlchef ließ sich davon nicht allzu sehr beeindrucken. Zwar billigte er formal mit den beiden Minsker Vereinbarungen von 2014 und 2015 die zwischen den Kombattanten in der Südostukraine unterzeichneten Waffenstillstandsabkommen. Befriedet ist die Region aber bis heute nicht, weil insbesondere die politische Führung um Wladimir Putin ein starkes Interesse daran hat, den Konflikt weiter schwelen zu lassen. Nur so kann sie die nach Westen hin orientierte Ukraine dauerhaft destabilisieren und innerhalb der EU sogar spalterische Kräfte fördern.

Vor diesem Hintergrund setzte sich die Kanzlerin innerhalb der Europäischen Union an die Spitze derer, die Putin mittels einschlägiger Sanktionen und durch Ausschluss aus dem Kreis der wichtigsten Wirtschaftsmächte, der G8-Gruppe, zur Räson bringen wollten. Während ihrer gesamten Amtszeit zeigte Merkel hier bemerkenswerte Führungsstärke und engagierte sich erfolgreich als treibende Kraft, wenn diese Maßnahmen alle halben Jahre zur Verlängerung anstanden. Das fiel keineswegs immer leicht. Denn nicht nur in der EU gab es etwa mit Ungarn oder Italien Mitglieder, die das Vorgehen nicht vorbehaltlos teilten. Selbst in Deutschland formierte sich erheblicher Widerstand gegen die von der Bundeskanzlerin favorisierte Sanktionspolitik, zumal die Europäische Union nicht mehr über Visaliberalisierung bzw. Visafreiheit mit Moskau weiterverhandelte, wie überhaupt sämtliche EU-Russland-Gipfel auf unbestimmte Zukunft vertagt wurden, worauf Putin, der Merkels Entschlossenheit vollkommen unterschätzt hatte, mit Gegensanktionen reagierte.[27]

Für die deutsche Wirtschaft jedenfalls kamen die schrittweise verschärften Sanktionen zur Unzeit, da das Russlandgeschäft damals rund 200 000 Arbeitsplätze sicherte und russische Gasunternehmen sich zumindest gegenüber den deutschen Abnehmern stets als zuverlässige Vertragspartner erwiesen hatten. Merkel machte indes gegenüber Kritikern aus Wirtschaft den Primat der Politik geltend. Sie warnte davor, die Sanktionsmaßnahmen zu unterlaufen, die sich gegen Einzelpersonen, überwiegend aber gegen Russlands Rüstungs- und Teile der Rohstoffindustrie sowie ausgewählte staatsnahe Unternehmen, hier vor allem aus dem Finanzsektor, richteten, und das ungeachtet der Tatsache, dass die deutsche Exportwirtschaft – nach Berechnungen des Kieler Instituts für Weltwirtschaft – seit 2014 mit monatlich rund 770 Millionen Euro Umsatzverlusten im westlichen Lager bislang die Hauptlasten tragen musste. Der bilaterale Handel fiel 2019 mit 45 Milliarden Euro gar auf den niedrigsten Stand seit 2005. Die stattliche Zahl von einst 6 800 deutschen Unternehmen in Russland reduzierte sich gleichzeitig auf 4000.

Doch die Strafaktionen zeitigten durchaus Wirkung, was sinkende Erdölpreise und der Verfall des Rubels sowie der rückläufige russische China-Handel zusätzlich verstärkten: Russland hatte im Gegenzug monatlich etwa 3,4 Milliarden US-Dollar Umsatzerlöse eingebüßt. Und Putins Retourkutsche, die Einfuhr zahlreicher westlicher Lebensmittel fortan zu unterbinden, traf nicht zuletzt die eigene Bevölkerung: Nicht nur die Preise stiegen an, auch die Versorgung geriet zeitweilig ins Wanken. Während einer Übergangsphase, in der die Regierung die eigene Agrarproduktion zu verbessern suchte, wurde sogar erwogen, wie einst in den 1990er Jahren wieder Lebensmittelkarten einzuführen. Da sich die russische Volkswirtschaft in ihrer Abhängigkeit von Rohstoffexporten nach wie vor mit strukturbedingten Defiziten herumschlagen muss, es ihr an Nachhaltigkeit mangelt und sie es seit dem Ende der UdSSR versäumt hat, sich insgesamt breiter aufzustellen, bedeutet die westliche Sanktionspolitik für sie eine Bürde.[28]

Moskaus Informationskrieg im Westen und die Folgen

Selbst davon zeigte sich Putin unbeeindruckt. Er legte in seinen Reaktionen gegenüber der Bundesregierung und Deutschland sogar nach. Nun bestätigte sich, was ein früherer enger Mitarbeiter des Präsidenten dem deutschen Botschafter in Moskau Rüdiger von Fritsch einmal vertraulich erklärt hatte: «Sie müssen verstehen: Wenn er sich ungerecht behandelt fühlt, hält er jedes Mittel für gerechtfertigt, sich zur Wehr zu setzen – einschließlich Lüge und Betrug.»[29]

Es dauerte nicht allzu lange, bis der Kreml in Zeiten der «Frostpolitik» alle Register seines Propagandaapparates zog, um insbesondere die deutsche Öffentlichkeit mit flexiblen Methoden zielgerichtet zu polarisieren: Desinformation, Unterwanderung, Zersetzung – keinesfalls zufällig folgte der nun einsetzende Informationskrieg gegen den Westen speziell diesen Gesetzmäßigkeiten des russischen Geheimdienstes, mit dessen Milieu Russlands Präsident Putin als einstiger KGB-Offizier bestens vertraut war. Beeindruckend auch die Bandbreite an Mitteln, die dabei zum Einsatz kamen. Sie reichten von den klassischen Medien bis hin zu Cyberkrieg und Desinformationskampagnen im Internet.

Was überdies die russische Auslandspropaganda an *Fake News* über den Nachrichtensender «Russia Today» (RT) oder die News-Plattform «Sputnik» ins Netz stellte, perpetuierte sich gleichsam: Viele Internet-Portale aus dem rechts- und linkspopulistischen Milieu in Deutschland – beide sympathisieren mit Putins Russland bis heute – versorgten so auf indirektem Wege ein Millionenpublikum. Seit 2015 verbreiteten russische Medien allein in der Bundesrepublik mehr als 700 Falschmeldungen, wie der Europäische Auswärtige Dienst (EAD) Anfang März 2021 meldete. Da Moskau innerhalb der EU-Staaten die deutsche Öffentlichkeit als am russlandfreundlichsten einstuft, «beutet [der Kreml] die Dialogbereitschaft [...] Deutschlands» besonders aus, so die Analyse des EAD. Und so überrascht es wenig, dass sich russische Staatspropagandisten seit Frühjahr 2021 um eine Sendelizenz für einen deutschsprachigen Fernsehkanal bemühen.[30]

Versuche, die Sanktionsblockade dadurch aufzuweichen und Merkels harte Haltung gegenüber Russland zu unterlaufen, zeitigten bisweilen Erfolge. Mitunter bröckelte es sogar innerhalb der Berliner Regierungskoalition, wenn Sanktionskritiker aus der Wirtschaft einzelne Verbündete in der CDU/CSU oder SPD fanden. Gleichwohl dominierte im Unions-Lager die Position der Kanzlerin, bei aller Bereitschaft zur Kooperation doch weiterhin Russlands Menschenrechtsverletzungen und Verstöße gegen das Völkerrecht deutlich zu kritisieren – eine Haltung, die auch FDP und Grüne teilten.

Beim sozialdemokratischen Koalitionspartner entbrannte dagegen 2018 ein russlandpolitischer Generationenstreit. Jüngere Sozialdemokraten, die die Zeiten von Kaltem Krieg und Entspannung nicht mehr miterlebt hatten, stellten sich gegen jene älteren Parteifreunde, die in einer Wiederbelebung von Willy Brandts Neuer Ostpolitik den Königsweg sahen, die jüngsten Konflikte mit dem postsowjetischen Russland zu lösen. Außenminister Heiko Maas etwa, der in dieser Hinsicht seit 2018 klare Worte nicht scheute, hielt es für gänzlich unangebracht, Brandts Ostpolitik auf die aktuelle Situation zu übertragen und sie vor allem auf eine reine *Russia-first-Policy* zu reduzieren. Vielmehr forderte er, die keineswegs unberechtigten Sorgen von Deutschlands ostmitteleuropäischen Partnern wegen der Zudringlichkeiten des Kreml ernst zu nehmen und dies bei der Formulierung sozialdemokratischer Russlandpolitik fortan stärker zu berücksichtigen. Innerhalb seiner Fraktion sprang ihm sogleich der außenpolitische Sprecher Nils Schmid – Jahrgang 1973 – zur Seite, die Politik alter Männerfreundschaft à la Schröder und Putin endlich zu überwinden.[31]

Die Linke als Nachfolgerin der alten SED brachte und bringt traditionell viel Verständnis für das russische Handeln auf und bediente sich konsequent der propagandistischen Argumente des Kreml. Die Partei wusste sich dadurch in bemerkenswerter Nähe zu der rechtspopulistischen AfD. Letztere erregte nämlich noch Anfang März 2021 politisches Aufsehen, als sich die Co-Vorsitzende der Bundestagsfraktion Alice Weidel mit einer Gruppe von AfD-Abgeordneten nach

Moskau begab und provokativ ihre Annäherung an die dortige Staatsmacht inszenierte. Kurz zuvor hatte deren Außenminister Sergej Lawrow noch den rhetorischen Schlagabtausch mit der Bundesregierung durch die völlig haltlose Behauptung auf die Spitze getrieben, vor allem Deutschland befeuere die aktuelle Russophobie. Ausgerechnet auf dem Tiefpunkt der offiziellen bilateralen Beziehungen also demonstrierten Weidel und die AfD den Schulterschluss mit dem dortigen Regime, das hinter den Hacker-Angriffen auf den Deutschen Bundestag 2015, dem politischen Auftragsmord an einem Georgier in Berlins Kleinem Tiergarten 2018, dem jüngst gescheiterten Giftmordanschlag an Putin-Kritiker Alexej Nawalny 2020 und dessen anschließender Verurteilung zu dreijähriger Lagerhaft am 2. Februar 2021 stand. Sie billigte stattdessen Wladimir Putins generelle Skrupellosigkeit und sein gebrochenes Verhältnis zu Rechtsstaatlichkeit und Menschenrechten, womit sich die Partei selbst entlarvte. Sogar einflussreiche russische Experten zeigten sich darüber in der Moskauer Tageszeitung «Nesawissimaja Gaseta» (Unabhängige Zeitung) irritiert. Der übrige Berliner Politikbetrieb sah sich indessen erneut in seiner kritischen Einstellung zur AfD bestätigt, zumal schon drei Monate zuvor der außenpolitische Sprecher der Partei, Armin-Paul Hampel, die begründete Annahme der Bundesregierung, der Kreml habe den Attentatsversuch auf Nawalny zu verantworten, als «absurd» und einzige «Revolvergeschichte» genannt hatte.[32]

Aber auch die ostdeutschen Ministerpräsidenten, deren Länder traditionell stark auf den russischen Markt hin orientiert sind und die in ihren ohnehin strukturschwachen Regionen am meisten unter der Sanktionspolitik zu leiden haben, wurden seit 2014 in Moskau immer wieder gern hofiert, um in Deutschland russlandpolitisch Dissens zu stiften. Erinnert sei etwa an Sachsens Ministerpräsidenten Michael Kretschmer (CDU), der sich im Sommer 2019 im Vorfeld der Landtagswahl entsprechend auf dem Wirtschaftsforum der russischen Regierung in St. Petersburg zeigte, weil er sich davon neue Handels- und Investitionsmöglichkeiten versprach. Erwähnt sei auch Manuela Schwesig, die als sozialdemokratische Ministerpräsidentin Mecklenburg-Vorpommerns schon im Dezember 2018 entschieden gefordert hatte, «nicht weiter an der Sanktionsspirale [zu] drehen». Schwesig richtet überdies wie ihr SPD-Amtsvorgänger Erwin Sellering seit 2014 regelmäßig sogenannte Russlandtage in ihrem Bundesland aus, um darüber die deutsch-russische Kooperation zwischen Unternehmen, Hochschulen und Unternehmerverbänden positiv zu stimulieren. Gleichwohl fehlt es diesen Veranstaltungen meist an kritischer Distanz. Sie sind alles andere als ein Ort, an dem etwa der zivilgesellschaftliche Dialog zwischen Deutschen und Russen frei geführt oder gar gefördert würde. Denn bei den geladenen Vertretern der Russländischen Föderation handelt es sich überwiegend um Repräsentanten des Putin-Regimes und dessen Wirtschaftseliten. Ein solch falsch verstandener Dialog kann kaum zu demokratischen Zielen führen, er wirkt eher als störende Nebenaußenpolitik einer ambitionierten Landesfürstin, was die Russlandpolitik der Bundesregierung bisweilen konterkarierte.[33]

Beispielhaft steht dafür das Nord-Stream-2-Projekt. Es wurde auf dem Höhepunkt des Krieges im ukrainischen Donbass 2015 initiiert und band neben einigen westeuropäischen vor allem deutsche Unternehmen ein. Mit dem Vorhaben einer zweiten Ostsee-Gaspipeline, die in Vorpommern auf das deutsche Festland stößt, verfolgte die russische Gazprom als Mehrheitsaktionär zugleich geopolitische Interessen des Kreml, nämlich den Gastransit durch die Ukraine kurzerhand zu beenden und damit deren proeuropäischen Kurs zu erschweren. Nord-Stream-2 war deshalb von Anfang an politisch höchst umstritten. Die Zahl der Kritiker wuchs beständig – und dies bei Deutschlands Verbündeten in der EU wie in der NATO, aber auch im Land selbst. Die Bundesregierung musste sich vor allem den berechtigten Vorwurf gefallen lassen, mit dem Festhalten an der Gaspipeline nicht nur ihre eigene, sondern auch die EU-Sanktionspolitik gegen Russland zu unterlaufen.[34] Dessen ungeachtet hielt sie an der Fiktion fest, das Vorhaben sei eine rein privatwirtschaftliche Angelegenheit, auf die sie keinen Einfluss habe – eine wenig überzeugende Argumentation. Auf diesem Gebiet jedenfalls bewies die Kanzlerin mit ihrer Russlandpolitik keine Führungsstärke und entwertete damit zugleich ihre ansonsten überwiegend konsequente Haltung gegenüber dem Putin-Regime.

Als 2019 die Trump-Administration die Fertigstellung der Pipeline mittels Sanktionen verhindern wollte, suchte Mecklenburg-Vorpommerns Ministerpräsidentin Schwesig, die mit Nord-Stream-2 vitale wirtschaftspolitische Interessen für ihr strukturschwaches Bundesland verfolgte und zugleich die bevorstehenden Landtagswahlen im Herbst 2021 im Blick hatte, sich eines Kunstgriffs zu bedienen. Hinter den politischen Kulissen und nicht zuletzt mithilfe von Alt-Kanzler Gerhard Schröder als Aufsichtsratsvorsitzendem der Nord-Stream-2-A. G. machte sie im Januar 2021 mit der Gründung einer ominösen Landesstiftung Furore: der sogenannten Stiftung Klima- und Umweltschutz MV. Zum Stiftungsvermögen steuerte die Nord-Stream-A. G. 20 Millionen Euro bei, von der Landesregierung kamen 200 000 Euro. Unter dem Deckmantel des Umweltschutzes sollte sie fortan die am Pipeline-Bau beteiligten Unternehmen vor amerikanischen Strafmaßnahmen schützen und möglichst die Realisierung des inzwischen abgeschlossenen Vorhabens gewährleisten. Denn die Stiftung wollte nicht nur Klimaprojekte und andere ökologische Vorhaben fördern, sondern auch wirtschaftliche Aktivitäten unterstützen. Und in diesem Sinne konnte sie gegebenenfalls der Fertigstellung von Nord-Stream-2 dienen. Kaum bekannt, heizte der vermeintliche Coup die ohnehin nicht mehr zur Ruhe gekommene Kontroverse um die zweite Ostsee-Gastrasse weiter an. Selbst Deutschlands Chefdiplomat Heiko Maas betrachtete den politischen Alleingang seiner Parteifreundin Schwesig als lästigen Störfall. Er distanzierte sich im Februar 2021 davon, weil die Stiftung den Interessen der Berliner Außenpolitik gänzlich zuwiderlief, stellte das Pipeline-Projekt an sich aber nicht in Frage.[35]

In Mecklenburg-Vorpommern selbst war Schwesigs eigenwilliger Russlandkurs bei Landespolitikern wie bei der Bevölkerung ungebrochen populär. Damit setzte sich ein Trend fort, der mit Beginn der Ukraine-Krise aufkam und von den Propagandisten des Kreml gern gesehen, wenn nicht gar gefördert wurde. In publizistischen Debatten, die bis heute sehr aktuell sind, mussten sich die Russlandpolitik der Bundesregierung, aber auch Teile der westlichen Russlandforschung sowie der Medien des Vorwurfs erwehren, «hysterische Putin-Phobie» zu betreiben, unreflektierte Feindbilder zu zeichnen, wie überhaupt Russen und deren Land auf unverantwortliche Weise zu dämonisieren. Die Allianz der Kritiker war überaus breit, parteiübergreifend und mit äußerst prominenten Köpfen besetzt, darunter Helmut Kohls früherer Kanzleramtschef Horst Teltschik, Brandenburgs einstiger Ministerpräsident und jetziger Vorsitzender des Deutsch-Russischen Forums, Matthias Platzeck, die langjährige Sowjetunion-Korrespondentin der ARD, Gabriele Krone-Schmalz, und nicht zuletzt Altkanzler Gerhard Schröder. Sie bedienten sich zumeist der typischen Kreml-Apologie, wenn wenig reflektiert und pauschal behauptet wurde, der Westen habe stets «Putins ausgestreckte Hand» zurückgewiesen, mit russischen Staatsrepräsentanten nicht «auf Augenhöhe» verkehrt, sondern sie vielmehr «herablassend behandelt».

Im Zusammenhang mit der NATO-Osterweiterung war immer wieder die Rede von einem «Wortbruch» mit dem Ziel, die Russen militärisch einzukreisen, selbst auf die Gefahr hin, einen «dritten und letzten Weltkrieg» zu provozieren. Allein im Zurück zur Ost- und Entspannungspolitik der 1970er Jahre, um darüber ein «Helsinki 2» zu erreichen, sahen die Putin- und Russland-Verstehenden einen aussichtsreichen Weg aus der insgesamt verfahrenen Situation. Freilich suchte man bei ihnen andere auf der Hand liegende Sachargumente vergeblich, so etwa die Tatsache, dass der Westen im Unterschied zu Russland nach dem Ende des Kalten Krieges konsequent abgerüstet hatte, wie ohnehin die NATO bis heute zu einer offensiven Kriegführung im Osten Europas nicht in der Lage ist – am allerwenigsten die Bundeswehr. Westliche Dialogangebote und Foren der Zusammenarbeit, etwa der NATO-Russland-Rat oder die von Deutschland und der EU offerierten strategischen Modernisierungspartnerschaften, fanden dabei ebenso wenig Beachtung wie die Tatsache, dass es 1990 keine feste Zusage des Westens gab, die NATO nicht nach Osten auszuweiten. Stattdessen hielt sich die westliche Militärallianz an die seinerzeit Michail Gorbatschow gemachte Zusicherung, im Osten Deutschlands keine NATO-Truppen oder gar Atomwaffen dauerhaft zu dislozieren. Und von dem Prinzip wurde auch dann nicht abgewichen, als es dem Bedürfnis der Ostmitteleuropäer entgegenkam, sie als freie, souveräne Staaten in die militärischen Bündnisstrukturen zu integrieren. Überhaupt mangelte es den deutschen Russland-Apologeten an einer Perspektive: Die Frage etwa, wie Putins aggressive, revisionistische Außenpolitik auf den Westen insgesamt wirkt und welche Sorge dies dort insbesondere bei den unmittelbar an Russland angrenzenden Nachbarstaaten hervorruft, blendeten sie zumeist konsequent aus.[36]

Die Bewertung der deutsch-russischen Beziehungen nach 2014 war in der deutschen Öffentlichkeit gespalten – eine Situation, die bis heute andauert: Dabei fällt auf, wie sehr vor allem in Ostdeutschland erhebliche Sympathien für Russland und für Putins autoritären Führungsstil verbreitet sind. Dabei mussten die Bürger dort immerhin 45 Jahre eine von der UdSSR etablierte Diktatur erleben. Laut demoskopischen Erhebungen befürworteten 2018 fast drei Viertel der Ostdeutschen mehr Nähe zu Russland, 43 Prozent wünschten sogar, diese Nähe noch zu vertiefen. Von den befragten Westdeutschen sprach sich dagegen knapp die Hälfte für mehr Annäherung aus, jeder Dritte votierte angesichts der angespannten Lage für Abstand zu Putins Russland. Dieser Trend hielt auch 2020 an, wie Umfragen dokumentieren. Im Osten der Republik fühlten sich fast 60 Prozent, von den Westbürgern hingegen knapp 49 Prozent durch Wladimir Putins Außenpolitik nicht bedroht. Und was die Sanktionspolitik der Bundesregierung betraf, sah die ostdeutsche Bevölkerung diese gemeinhin kritischer als ihre Landsleute im Westen.[37]

Wie erklärt sich das prorussische Stimmungsbild im östlichen Teil Deutschlands? Bei der älteren Bevölkerung mag es sich aus den antiamerikanischen Ansichten und Sozialisationen ableiten, die noch aus der Zeit der SED-Diktatur herrühren. Doch die gewisse Sympathie der Ostdeutschen speist sich nicht allein aus im Nachgang mitunter verklärten Erinnerungen an die Russen und die gemeinsamen Erfahrungen. Sehr wohl schlagen handfeste ökonomische Aspekte zu Buche, zumal, wie bereits erwähnt, die in den östlichen Bundesländern ansässigen Firmen am meisten unter den Russlandsanktionen seit 2014 leiden.

Und weshalb fast ein Drittel der Ostdeutschen die Ansicht vertritt, Putins Regime sei gut für das Land, erklärte jüngst Brandenburgs ehemaliger SPD-Ministerpräsident Matthias Platzeck mit der Gemütslage seiner ostdeutschen Landsleute: «Wir haben hier eine zunehmende Verdrossenheit oder Müdigkeit, was demokratische Abläufe angeht. Für viele werde, zumindest gefühlt, zu lange debattiert, zu wenig entschieden, und am Ende lande alles vor Gericht [...]. Putin erscheint da als das Gegenprogramm. Ein Typ, der scheinbar etwas auf die Reihe bekommt, der sich für sein Land einsetzt und direkt entscheidet.» Und schließlich lieferte Platzecks Beobachtung noch weitere Argumente, die gerade heutzutage, dreißig Jahre nach dem Fall der Berliner Mauer, die Gefühlswelt und Russlandwahrnehmung vieler Ostdeutscher prägen: Gemeint sind ihr Verhältnis zu Westdeutschland und die von ihnen empfundene «typisch westliche Arroganz», wie Matthias Platzeck es formulierte: «Nach allen Umfragen fühlen Ostdeutsche sich in großer Zahl zweitklassig, nicht auf Augenhöhe behandelt, abgestempelt, als ewige Zonis», sagte er, «und sie spüren, dass mit den Russen ähnlich umgegangen wird.» Daraus wiederum entsteht ein neuer kollektiver Geist, ganz nach der Devise: Die vom Westen «Unterjochten [...] müssen sich zusammentun».[38] Mit dieser persönlichen Einschätzung ließ ein einstiger ostdeutscher Spitzenpolitiker die emotionale Seite seiner Landsleute zu Wort kommen, ohne damit freilich Repräsentativität für sich zu beanspruchen.

So steht es also um die Ambivalenz im deutsch-russischen Verhältnis. Wie es von dem aktuellen Tiefpunkt des Miteinanders auf absehbare Zeit weitergehen wird, bleibt vorerst offen. Wenn Russlands früherer Botschafter in Berlin, Wladimir Grinin, von seinem Mentor im diplomatischen Dienst, Julij Kwizinskij, gelernt hatte: «Man muss davon ausgehen, dass es in den deutsch-russischen Beziehungen nichts Unerschütterliches, Dauerhaftes, Endgültiges» gibt, mag das im ersten Moment eher skeptisch stimmen. Zugleich liegen in diesem Gedanken aber sehr wohl auch Chancen. Geht es nämlich im autoritär regierten Russland allein nach der Stimmungslage weiter Bevölkerungskreise, von denen im September 2019 etwa 61 Prozent der Befragten noch ein sehr gutes bis gutes Deutschlandbild besaßen und im Oktober 2020 selbst Skeptiker laut Umfrage des renommierten Moskauer Meinungsforschungsinstituts «Lewada-Zentrum» sich nicht sonderlich durch die Bundesrepublik bedroht fühlten, gibt es jedenfalls gute Gründe, auf bessere Zeiten zu hoffen.[39]

V.
DEUTSCH-RUSSISCHES JAHRHUNDERT.
BILANZ UND OPTIONEN

Ein Blick zurück auf das deutsch-russische Jahrhundert, geprägt von Revolution und Umbruch, Terror und Gewalt, schließlich von Abgrenzung und Verständigung, macht deutlich, wie sehr immer wieder Furcht und Bewunderung, Feindschaft und freundschaftliche Nähe die gegenseitige Wahrnehmung von Deutschen und Russen bestimmt haben. Es relativieren sich die Kassandrarufe aus Politik, Diplomatie und Tagesjournalismus, die – angesichts anhaltender Ukraine-Krise, Nawalny-Konflikt oder Putins unablässiger politischer Nadelstiche gegen Deutschland – die bilateralen Beziehungen momentan in ihrer tiefsten Krise sehen. Die weitverbreitete Aufbruchstimmung der frühen 1990er Jahre, getragen von der Euphorie der deutschen Vereinigung und des beendeten Kalten Krieges, ist inzwischen auf beiden Seiten verflogen. Zugleich verblasst mit zeitlichem Abstand die Erinnerung an das, was *vor* dieser epochalen Zäsur das zwischenstaatliche Verhältnis über Jahrzehnte hinweg maßgeblich bestimmt hat.

Der Spannungsbogen

Das lange 20. Jahrhundert war in vielerlei Hinsicht ein deutsch-russisches Jahrhundert. 1917 wurde das kaiserliche Deutschland zum Geburtshelfer der Oktoberrevolution, die in ihrer ideologischen Radikalität und der Forderung nach Weltrevolution die etablierte Staatenordnung fundamental erschütterte. Ohne sich der Tragweite bewusst zu sein, trugen die Deutschen damit indirekt zur Entstehung des Ost-West-Konflikts bei, der mit Lenins Umsturz im zarischen Petrograd seinen Ausgang nahm. Die Weimarer Republik hatte weiter ihren Anteil daran, dass sich die junge Sowjetmacht, deren politisches Überleben zunächst keineswegs gesichert war, konsolidieren konnte. Mit dem Vertrag von Rapallo fanden die beiden damaligen Parias des internationalen Mächtesystems 1922 zusammen. Sie nahmen diplomatische Beziehungen auf, was Signalwirkung hatte: Erstmals wurde das weitgehend geächtete Sowjetregime von einem westlich-kapitalistischen Staat anerkannt. Weitere Länder sollten diesem Beispiel bald folgen.

Rapallo hatte aber auch ein deutsch-sowjetisches Sonderverhältnis begründet, das sich auf politische, ökonomische und militärische Bereiche erstreckte. Da den Deutschen der Ruf vorausgegangen war, eine «unruhige Großmacht»[1] zu sein, die außenpolitisch zwischen Ost und West schlingerte, vertrauten die unmittelbaren Nachbarn unter dem Eindruck des zurückliegenden Weltkriegs nicht allzu sehr auf deutsche Berechenbarkeit. Eine ausgesprochene «Rapallo-Furcht» machte sich breit und sollte auch während des gesamten deutsch-russischen Jahrhunderts immer wieder aufleben. Die russische Seite führte dagegen Rapallo stets als gelungenes Beispiel des Pragmatismus an, ein Beispiel der Möglichkeit, trotz politisch-ideologischer Gegensätze friedlich miteinander zu koexistieren. Nicht von ungefähr interpretierten Jahrzehnte später die sowjetischen Befürworter des Moskauer Vertrags von 1970 Willy Brandts Neue Ostpolitik ganz in diesem Sinne. Freilich blendete eine solche Sicht aus, was die Sowjets einst unter friedlicher Koexistenz gemeinhin verstanden. In den 1920er Jahren zumindest setzten sie den viel gerühmten «Geist von Rapallo» immer wieder erheblichen Belastungsproben aus: Mehrfach suchten sie ungeachtet florierender nachbarschaftlicher Beziehungen den politischen Umsturz der Weimarer Republik herbeizuführen. Über das Geburtsland von Karl Marx und Friedrich Engels sollte die Fackel der bolschewistischen Revolution in die Welt hinausgetragen werden. Dem hoch industrialisierten Deutschland mit seiner mitgliederstarken KPD war hier also nicht nur eine symbolträchtige, sondern – weit mehr noch – eine wichtige strategische Brückenfunktion zugedacht.

Alle revolutionären Hoffnungen zerschlugen sich spätestens mit der politischen ‹Machtergreifung› der Nationalsozialisten im Jahre 1933. Damit standen sich zwei weltanschaulich unvereinbare Regimes gegenüber, deren beide Diktatoren jedoch etwas einte: die skrupellose Bereitschaft zu exzessiver Gewalt. Auch zögerten sie nicht, vorübergehend taktische Allianzen einzugehen – vorausgesetzt, es gereichte ihnen zum Vorteil. Abermals dominierten Deutsche und Russen die internationale politische Szenerie: Der Hitler-Stalin-Pakt mit seinem geheimen Zusatzprotokoll erleichterte es Ende August 1939 Adolf Hitler, seine lang gehegten Kriegspläne in die Tat umzusetzen, ohne zugleich in eine von der UdSSR her drohende Zweifrontensituation zu geraten. Stalin kooperierte und weitete ab 1939/40 mit deutscher Billigung und im Windschatten des nationalsozialistischen Westfeldzuges den sowjetischen Hegemonialbereich im östlichen Europa aus.

Damit begann nicht zuletzt mit Deutschlands Hilfe der unaufhaltsame Aufstieg der Sowjetunion zur Weltmacht. Allein der deutsche Überfall, der sich am 22. Juni 1941 mit geballter Wucht und Gnadenlosigkeit gegen den früheren Allianzpartner richtete, schien diese Entwicklung jäh zu unterbrechen, er führte das stalinistische Imperium zeitweilig an den Abgrund. Das militärische Aufeinanderprallen der beiden Diktatoren brannte sich nicht nur tief ins kollektive Gedächtnis von Deutschen und Russen ein. Das deutschsowjetische Schlachtfeld bestimmte auch ungleich stärker noch als im Ersten Weltkrieg das Schicksal der anderen Völker und Staaten Osteuropas, die bisweilen sogar von der politischen Landkarte verschwanden. Ganze Großregionen wurden zu *Bloodlands*, versanken in den Strudeln der Gewalt eines weltanschaulichen Vernichtungskrieges. Die sowjetischen Verteidiger dominierten spätestens 1943/44 das Kriegsgeschehen. Erstmals seit Lenin, der dem Sowjetregime mittels der Weltrevolution zum internationalen Durchbruch verhelfen wollte, damit aber gescheitert war, boten sich der UdSSR nun neue weltpolitische Chancen. Als sie Wehrmacht und deutsche Besatzer zurückgeschlagen hatte, konnte sie fortan der – wenn auch regional begrenzten – Ausbreitung des Sozialismus auf andere Länder durch militärische Expansion Geltung verschaffen.

Hitlers Niederlage führte Stalins Rote Armee 1945 in die Mitte Europas, was die Deutschen bis auf Weiteres ihrer Akteursrolle beraubte. Mit der bedingungslosen Kapitulation waren sie nicht mehr länger handelndes Subjekt, sondern wurden zum politischen Handlungs- und Verhandlungsgegenstand der alliierten Sieger, allen voran der UdSSR und USA. Beide waren als Supermächte aus dem Weltkriegsgeschehen hervorgegangen. Sie prägten die Nachkriegsordnung, die nicht zuletzt wegen der unüberbrückbaren Meinungsverschiedenheiten in der sogenannten deutschen Frage spätestens ab 1947 einen bipolaren Charakter annehmen sollte. Deutschland wurde geteilt, beherrschte aber selbst noch in diesem passiven Zustand in ständiger Auseinandersetzung mit der UdSSR die internationale Aufmerksamkeit: An der Nahtstelle des wieder auflebenden Ost-West-Konflikts in Europa avancierte das Land zum Exerzierfeld des Kalten Krieges, auf dem sich über vier Jahrzehnte zwei hoch gerüstete Militärblöcke gegenüberstanden.

*

Während dieser vier Jahrzehnte nahm das deutsch-russische Jahrhundert einen trilateralen Verlauf, in höchstem Maße geprägt von dem politischen Wechselspiel zwischen Moskau, Ostberlin und Bonn. Ostdeutschland wurde systematisch sowjetisiert, was am 7. Oktober 1949 mit der Gründung der stalinistischen DDR einen ersten Abschluss fand. Demgegenüber formierte sich die freiheitlich-demokratisch verfasste Bundesrepublik an der Seite ihrer Schutzmacht USA zu einem verlässlichen Bollwerk des Antikommunismus. Es klingt kurios, doch Stalins repressive Politik in der DDR und in den übrigen Ostblock-Staaten förderte die politische, wirtschaftliche und militärische Westintegration der jungen Bonner Republik. Bundeskanzler

Konrad Adenauer jedenfalls konnte 1955 selbstzufrieden auf ein hohes Maß an nationaler Souveränität blicken, die die Westmächte seinem Teilstaat rückübertragen hatten. Aus einer solchen Position gefestigter Bündniszugehörigkeit, die von da an die außenpolitische Staatsräson seines Landes bildete, boten sich für Adenauer und seine Nachfolger im Kanzleramt erweiterte Handlungsspielräume.

Um in Zeiten des Kalten Krieges das Los der deutschen Teilung erträglicher zu gestalten, was erfolgversprechend nur über Moskau möglich war, konnten sie in enger Absprache mit den Allianzpartnern eigene politische Initiativen gegenüber UdSSR und DDR entfalten. Die Aufnahme diplomatischer Beziehungen zur Sowjetunion 1955, aber auch die sozialliberale Neue Ostpolitik nach 1969, die auch die CDU/CSU-FDP-Koalition nach 1982 ungebrochen fortsetzte, stehen beispielhaft dafür. Nicht zuletzt die aus diesen vielfältigen Kontakten erwachsene Russland-Expertise verschaffte den Bonner Regierungskreisen innerhalb des Bündnisses die Rolle vertrauenswürdiger Vermittler zwischen West und Ost. Das kam besonders seit den 1970er Jahren zum Tragen, als Willy Brandt und Helmut Schmidt gute Beziehungen zu KPdSU-Generalsekretär Leonid Breschnew pflegten, und wurde erneut gegen Ende der 1980er Jahre wirksam, nachdem es Helmut Kohl schließlich gelungen war, ein engeres Vertrauensverhältnis zu KP-Chef Michail Gorbatschow aufzubauen. Westdeutsche Kanzler pendelten zwischen Moskau und Washington. Sie erklärten in politisch frostigen Zeiten den dortigen Machthabern die Positionen des jeweils anderen, wenn Kreml und Weißes Haus einander nicht verstanden oder nicht verstehen wollten.

Vergleichbare Handlungsspielräume innerhalb des trilateralen deutsch-deutsch-sowjetischen Beziehungsgeflechts oder gar gegenüber Moskau und Washington besaß die Ostberliner Führung zu keinem Zeitpunkt, auch wenn die DDR innerhalb des Warschauer Paktes zu den wichtigsten Verbündeten der UdSSR zählte und sich weitgehend loyal verhielt. Denn es hätte die Bereitschaft des Kreml vorausgesetzt, den ostdeutschen Frontstaat mit erheblich erweiterten Souveränitätsrechten auszustatten. Doch das sowjetische Herrschaftsverständnis gegenüber einem Satellitenstaat sah so etwas lange Zeit nicht vor, am allerwenigsten für die DDR, die in dauernder, unmittelbarer Systemkonkurrenz zur Bundesrepublik stand. Und als sich unter den Bedingungen der Perestroika nach 1985 theoretisch dazu Gelegenheit geboten hätte, waren die politischen Vorstellungen der sowjetischen Reformer mit denen der rückwärtsgewandten starrsinnigen alten SED-Eliten nicht mehr in Einklang zu bringen. Risse im «Bruderbund» bahnten sich aber schon früher an. Sie vertieften sich, als Gorbatschow nicht zuletzt in der ökonomisch attraktiven und kooperationswilligen Bundesrepublik eine wichtige Stütze für sein Projekt des inneren und äußeren Umbaus der UdSSR erblickte.

Überhaupt kam es immer wieder zu Situationen, in denen sowjetische Eigeninteressen dazu führten, dass Moskau im Verhältnis zu den beiden deutschen Teilstaaten der Bundesrepublik den Vorzug einräumte. Das war etwa 1955 und 1970 der Fall. Der Aufnahme diplomatischer Beziehungen zu Bonn wie auch dem Moskauer Gewaltverzichtsvertrag, der zu einem Beispiel für die weitere internationale Entspannung der 1970er Jahre werden sollte, maß man im Kreml einen weit höheren Stellenwert bei als den politischen Bedenken der SED-Führung. Die musste schließlich zähneknirschend hinnehmen, dass die sowjetischen Unterhändler der westdeutschen Seite keinerlei Zugeständnisse im Sinne Ostberlins abringen konnten, etwa die völkerrechtliche Anerkennung der DDR. Mehr noch: Moskau instrumentalisierte Ostberlin geradewegs, um letztlich Bonns Einwilligung für jene Vertragswerke zu erhalten.

Kaum anders verhielt es sich gegen Ende jener trilateralen Beziehungsgeschichte, als mit der friedlichen Lösung der über vier Jahrzehnte ungeklärten deutschen Frage eines der Haupthindernisse überwunden werden konnte, den seit 1917 schwelenden Ost-West-Konflikt und den seit 1947 währenden Kalten Krieg zu beenden. Die DDR spielte folgerichtig in diesem Prozess nur eine Statistenrolle. Die internationalen Voraussetzungen für Deutschlands Einheit schufen 1990 im Wesentlichen die beiden Supermächte UdSSR und USA, gemeinsam mit der Bundesrepublik.

Die damit vollzogene Zeitenwende versprach zumindest anfänglich – mit Überwindung der Blockkonfrontation und nach der weitgehend gewaltfreien Selbstauflösung der UdSSR im Dezember 1991 – für Europa eine Epoche der Verständigung und friedlichen Zusammenarbeit zu werden. Gewiss gab es dabei zugleich immense Probleme und Herausforderungen zu bewältigen, hauptsächlich dem Vermächtnis des untergegangenen Ostblocks geschuldet, das schmerzhafte Transformationsprozesse erforderlich machte. Mit Blick auf Russland ließen es vor allem die Deutschen nicht an Engagement, Kooperation und partnerschaftlichem Miteinander fehlen – aus Dankbarkeit für die Einheit und aus historischer Verantwortung. Nicht zuletzt waren es aber auch die Waffenarsenale und die geopolitische Bedeutung des osteuropäischen Nachbarlandes, das nach wie vor schwer am Verlust der einstigen Rolle als Supermacht trägt, die nach 1990 alle Bundeskanzler bewogen, Russlands Sicherheitsinteressen nach dem Zerfall der UdSSR ernst zu nehmen und den russischen Kernstaat möglichst dauerhaft im Westen zu verankern. Sie taten dies in sehr unterschiedlicher Intensität und jeder auf seine spezielle Weise, ohne sich dabei vom westlichen Bündnis abzuwenden oder gar auf einen zwischen Ost und West schwankenden «Rapallo-Kurs» zu begeben.

Was nun, deutsch-russisches Jahrhundert?

Trotz durchaus erfolgsgekrönter Bemühungen ist es am Ende des deutsch-russischen Jahrhunderts um das bilaterale Verhältnis nicht gut bestellt. Der Kreml bedient sich inzwischen politischer Praktiken und auch einer Rhetorik, die Erinnerungen an die frostigsten Zeiten des Kalten Krieges wieder aufleben lassen. Wladimir Putin setzt sich seit geraumer Zeit über die allgemeingültigen Regeln eines geordneten diplomatischen Miteinanders systematisch hinweg. Er inszeniert außenpolitische Alleingänge wie etwa bei der völkerrechtswidrigen Annexion der Krim oder in der Ostukraine, womit er seinem Land wieder imperiale Größe verschaffen möchte. Zugleich modernisiert der Präsident systematisch seine Waffenarsenale, darunter die nuklearen, und scheut selbst Methoden des Cyberkriegs nicht. Russland ist damit inzwischen wieder zu einer ernsthaften militärischen Bedrohung geworden.[2] Auf der anderen Seite wurde die Bundeswehr in den letzten Jahren derart vernachlässigt, dass sie nur noch sehr bedingt abwehrbereit ist, ganz zu schweigen von Deutschlands Unwillen, trotz politischer Absichtserklärungen 2014 beim NATO-Gipfel in Wales jährlich zwei Prozent des nationalen Bruttoinlandsprodukts (BIP) für die Verteidigung aufzuwenden.[3] Die Deutschen sollten also sicherheitspolitisch entschieden nachbessern.

Angesichts solcher Wirklichkeiten kann es vorerst kein einfaches Zurück mehr zu den Phasen deutsch-russischer Normalität geben. Die seit 2007 von Deutschland praktizierte Modernisierungspartnerschaft ist tot. Die Annahme, Russland lasse sich unter Putin in Richtung Demokratisierung und Rechtsstaatlichkeit bewegen, hat sich als falsch erwiesen. Die Kremlelite verfolgt eine gänzlich andere Politik. Sie lässt nicht nach, die eigene Bevölkerung systematisch durch Fehlinformationen über Deutschland und Westeuropa zu desorientieren, mehr noch: Angst und Schrecken zu stiften. Und doch sollte nicht versucht werden, Russland in Richtung Demokratisierung im westlichen Sinne zu lenken oder anders zu bevormunden. Die Entscheidung über ihre politische Zukunft obliegt allein den Russen selbst.

Heutzutage mehren sich vor allem im Lager der Sozialdemokraten Stimmen, die zu Willy Brandts einst gegenüber dem Osten praktizierter Politik des Dialogs raten, um eine neue Entspannung zwischen Russland und dem Westen einzuleiten. Doch aktuell spricht kaum etwas dafür, dass derartige Erwägungen zum Ziel führen. Noch viel weniger gilt dies für die Anbiederung von politischen Vertretern der Linkspartei oder AfD. Gewiss darf das Gespräch zwischen den politischen Eliten beider Länder nicht abreißen. Es muss aber selbstbewusst geführt werden und sollte eins nicht übersehen: Putin lenkt seinen Staat mit autoritärer Hand. In dieser Logik sieht er sich demokratisch-rechtsstaatlich verfassten Ländern wie der Bundesrepublik weit überlegen. Für ihn sind sie führungs- und entscheidungsschwach, was seine Demokratieverachtung erklärt. In dieser Selbstüberschätzung verkennt er allerdings die einflussreiche Stellung, die Deutschland innerhalb von NATO und Europäischer Union besitzt. Und diese Stellung kann sich für seine Herrschaft zum Positiven wie zum Negativen wenden, je nachdem, mit welcher Entschlusskraft die Bundesregierung künftig innerhalb der westlichen Bündnisstrukturen agiert. Als 2014 auf dem Höhepunkt der Ukraine-Krise Bundeskanzlerin Merkel in der EU zur treibenden Kraft der gegen die Russländische Föderation verhängten Sanktionen wurde, mag das für Wladimir Putin unerwartet gewesen sein, obwohl sich bei genauerer Betrachtung diese Konsequenzen bereits abzeichneten.

An diesem Kurs sollte unbeirrt festgehalten werden, solange der russische Präsident keine Beweglichkeit, kein Verständnis zeigt. Um dem Ganzen Nachdruck zu verleihen und auch die Verantwortlichen der Wirtschaft möglichst geschlossen auf diesen Kurs festzulegen, müssten für jene Branchen, die stark im Russlandgeschäft engagiert sind, staatliche Beihilfen aus deutschen oder europäischen Fördertöpfen geleistet werden. Nur so ist zu verhindern, dass Ministerpräsidenten strukturschwacher Bundesländer, wie etwa Mecklenburg-Vorpommern, die an der gegenwärtigen Sanktionspolitik besonders schwer tragen, die Russlandpolitik des Bundes und der Europäischen Union zu unterlaufen suchen.

Auf keinen Fall kann die Verletzung internationalen Rechts stillschweigend hingenommen oder aber durch leichtfertiges Entgegenkommen belohnt werden. Das wären die falschen Signale, sofern man sich gegenüber Putin als ernst zu nehmender Verhandlungspartner erweisen möchte. Überhaupt gilt es, Moskaus Drohgebärden nicht widerstandslos zu erliegen oder sich innerhalb des Bündnisses und der EU durch russische Spaltungsversuche schwächen zu lassen. Festigkeit demonstrieren und wehrhaft bleiben – das sind die Gebote der Stunde, wofür es aus der Geschichte der deutsch-sowjetischen Beziehungen im Kalten Krieg beredte Beispiele gibt: Erinnert sei an die erste Berlinkrise 1948/49 oder an das sowjetische Berlin-Ultimatum zwischen 1958 und 1961, das am 13. August 1961 im Bau der Mauer seinen Höhepunkt erlebte. Erwähnt sei aber auch der NATO-Doppelbeschluss von 1979, zu dem der damalige Bundeskanzler Helmut Schmidt ganz maßgeblich beitrug. Der Westen jedenfalls blieb insgesamt standhaft und hat sich seinerzeit erfolgreich den Provokationen der Sowjetmacht widersetzt.

Deutsche Russlandpolitik sollte einerseits bilateral im Hinblick auf direkte Gespräche zwischen Berlin und Moskau bleiben, andererseits aber eine koordinierende Rolle innerhalb des westlichen Bündnisses einnehmen, um eine einheitliche Linie gegenüber der russischen Staatsmacht zustande zu bringen und dem Kreml geschlossen entgegentreten zu können. Dies setzt voraus, eigene russlandpolitische Interessen und Ziele zu definieren, mehr noch: die Grenzen des Zumutbaren und zugleich auch die Konsequenzen für russische Verstöße klar zu benennen. Politische Schnellschüsse, wie die deutschfranzösische Russland-Initiative beim EU-Gipfel am 24. Juni 2021, sind dabei eher kontraproduktiv. Angela Merkels und Emmanuel Macrons unerwarteter Vorschlag, Präsident Putin ohne jegliche Vorleistungen ein Treffen auf höchster Ebene in Aussicht zu stellen, stieß nicht nur bei den osteuropäischen Mitgliedstaaten der Gemeinschaft auf entschiedene Ablehnung. Merkel und Macron wären gut beraten gewesen, den Kreis der 27 rechtzeitig in ihre Überlegungen einzubeziehen, anstatt dort den Eindruck deutsch-französischer Besserwisserei zu vermitteln.[4] Bei manchem Allianzpartner wird dieser zuletzt gescheiterte Überrumpelungsversuch ungute Reminiszenzen an die erträumte «Achse Paris-Berlin-Moskau» geweckt haben, als 2003 inmitten des Irakkrieges Bundeskanzler Gerhard Schröder mit Frankreichs Staatspräsidenten Jacques Chirac auffällige Nähe zu Putins Russland demonstrierte.

Aktuell überwiegen aber die Anzeichen, dass die Länder des Westens im Rahmen von Europäischer Union und NATO mit einer Stimme gegenüber Russland aufzutreten geneigt sind. Dafür sprechen die gemeinsamen Erklärungen, die im Frühsommer 2021 nicht nur während der G7-Zusammenkunft in Cornwall, sondern auch bei den Brüsseler Gipfeltreffen des Nord-Atlantik-Rats sowie von EU und USA verabschiedet worden sind.[5] Sie weisen zweifellos in die rich-

V. Deutsch-russisches Jahrhundert. Bilanz und Optionen

tige Richtung, wenngleich gewisse Restunsicherheiten bleiben: Es handelt sich derzeit um gut gemeinte Vorsätze. Allein die politische Praxis wird zeigen, inwieweit sie sich am Ende tatsächlich bewähren.

In diesem Zusammenhang wäre es wünschenswert gewesen, hätte die Bundesregierung die schon länger schwelende Frage der Nord-Stream-2-Gaspipeline selbstkritisch überdacht. Das gilt umso mehr, als Präsident Putin nach Fertigstellung des ersten Strangs Anfang Juni 2021 gedroht hatte, den weiteren Gastransit durch die Ukraine nach Europa davon abhängig zu machen, dass Kiew künftig die daraus anfallenden Einnahmen nicht mehr für den Verteidigungshaushalt verwenden würde. Vordergründig sieht es danach aus, als seien die daraus innerhalb des westlichen Bündnisses heraufbeschworenen Meinungsverschiedenheiten vor allem zwischen Berlin und Washington beigelegt. Diese standen kurz davor, empfindliche US-Sanktionen nach sich zu ziehen, weil das Weiße Haus unter Präsident Trump die Fertigstellung des deutsch-russischen Pipeline-Projekts unbedingt zu verhindern suchte. Amtsnachfolger Joe Biden hatte sich hingegen Ende Juli 2021 im Sinne transatlantischer Partnerschaft mit Kanzlerin Angela Merkel auf einen Kompromiss verständigt. Sollte Wladimir Putin die Ostsee-Gas-Trasse als politische Waffe gegenüber der Ukraine oder den übrigen Osteuropäern missbrauchen, will die Bundesregierung u. a. nationale Maßnahmen gegen Russland verhängen und europäische initiieren.[6]

Abgesehen davon ist die Ausweitung der deutsch-russischen Energiebeziehungen mit einem großen umweltpolitischen Makel behaftet, der geradezu paradox anmutet: Russisches Erdgas mag zwar in mancherlei Hinsicht die klimapolitischen Bemühungen der Bundesregierung flankieren, nämlich die nationalen Kohlendioxid-Emissionen zu reduzieren, doch zu welchem Preis: Der Kreml hat sich auf eine bis 2035 konzipierte Strategie verlegt, den wachsenden Energiebedarf des eigenen Landes zu 50 Prozent und mehr durch die besonders klimaschädliche Kohle zu decken.[7]

Deutschland auf entschlossenes Handeln gegenüber der Russländischen Föderation einzuschwören, heißt keinesfalls, für einen unreflektierten Schlagabtausch zu plädieren, durch den die aktuelle Krise nur unnötig eskalieren würde. Und schon gar nicht ist beabsichtigt, Zeiten des Kalten Krieges wieder aufleben zu lassen. Künftige Russlandpolitik sollte vielmehr stets damit verbunden sein, dem Kreml die Vorzüge und Nachteile vor Augen zu führen, die mit den Optionen Kooperation mit oder Abwendung von Deutschland und dem Westen verbunden sind. Auch das zeigen die Erfahrungen des zurückliegenden deutsch-russischen Jahrhunderts: Es war insbesondere die gedeihliche wirtschaftliche Zusammenarbeit, die am Ende immer beiden Seiten zum Vorteil gereichte. Selbst wenn es Moskau heute zu ignorieren scheint: Bei einem länger anhaltenden Konfrontationskurs werden sich die Verhältnisse am Ende zuungunsten Russlands verschieben, weil das russische Wirtschaftsmodell nicht zukunftsfähig ist. In den vergangenen drei Jahrzehnten nach dem Ende der Sowjetunion wurde keinerlei nachhaltige ökonomische Infrastruktur aufgebaut; Energie- und Rohstoffexporte allein können über derartige Unzulänglichkeiten nicht hinweghelfen. Herausforderungen türmen sich überdies in Sachen Klimawandel oder Bekämpfung der gegenwärtigen Corona-Pandemie auf, die ebenso wenig im Alleingang zu bezwingen sind. Zwar sucht die russische Führungselite dies momentan zu kompensieren. Sie setzt dabei auf die chinesische Karte, strebt nach Sonderbeziehungen mit dem ökonomisch übermächtigen Nachbarn, verkennt allerdings, dass Russland in einer solchen Verbindung lediglich Juniorpartner wäre. Angesichts der sich insgesamt aber verschärfenden globalen Konkurrenz, ganz zu schweigen von Pekings rigoroser Interessenpolitik, ist Russland auf Dauer besser beraten, wieder auf die multilaterale wirtschaftliche Zusammenarbeit mit den weit berechenbareren Deutschen und dem demokratischen Westen zu setzen. Denn auch das hat das deutsch-russische Jahrhundert offenbart: Allianzen mit autoritären Regimen waren stets Zweckbündnisse auf Zeit.

*

Viel zwischenzeitlich gewonnenes Terrain kann auf dem Gebiet von Wissenschafts- und Kulturaustausch verloren gehen. Nach wie vor sind es wohl die Deutschen, die hier die aktivste Rolle spielen. Der Deutsche Akademische Austauschdienst (DAAD) unterhält mit Russland gegenwärtig das weltweit größte Förderprogramm. Aber auch die Alexander-von-Humboldt-Stiftung und die Deutsche Forschungsgemeinschaft verstehen sich als Brückenbauer, die mit russischen Wissenschaftlern und Studenten im Gespräch bleiben und ihnen ermöglichen, Kontakt mit der europäischen, der außerrussischen Welt zu halten. Ähnliches trifft auf die Gemeinsame Kommission für die Erforschung der jüngeren Geschichte deutsch-russischer Beziehungen zu, nicht zu vergessen den kulturdiplomatischen Auftrag des Goethe-Instituts in Moskau, immerhin der größten Einrichtung seiner Art weltweit.[8]

Deutsche Russlandpolitik sollte sich schließlich eins vergegenwärtigen: Nichts währt ewig. Wer hätte vor über drei Jahrzehnten daran geglaubt, dass der Ostblock und das sowjetische Imperium sich innerhalb kürzester Zeit von der politischen Bühne verabschieden würden? Insofern erscheint es sinnvoll, Bemühungen um Russland nicht auf Wladimir Putin und seine Führungsmannschaft zu beschränken. Vielmehr gilt es, wo immer möglich auch Kontakte zu politischen Zirkeln und Persönlichkeiten auszubauen, die sich aufgeschlossen für einen weltoffenen zivilgesellschaftlichen Dialog zeigen. Denn sie sind die potenziellen Hoffnungsträger und Ansprechpartner für eine Nach-Putin-Ära. Solche Kontakte werden aktuell freilich immer schwieriger, seitdem der Kreml nicht mehr nur Vereine, sondern sogar die eigenen Staatsbürger in ständiger Unsicherheit hält, wenn sie allzu große Nähe zu westlichen Einrichtungen pflegen. Jetzt laufen auch sie Gefahr, als ausländische Agenten stigmatisiert zu werden, was empfindliche Strafen nach sich ziehen kann.[9] Wie verfahren die Situation mittlerweile ist, verdeutlicht nur allzu gut die Tatsache, dass Ende Mai 2021 die russischen Behörden drei Organisationen kurzerhand verboten haben, die sich ganz der bilateralen zivilgesellschaftlichen Kontaktpflege verpflichtet sahen: das Zentrum Liberale

Moderne, den Deutsch-Russischen Austausch und die European Platform for Democratic Elections (EPDE). Darauf hat die deutsche Seite unverzüglich reagiert, indem sie den 2001 von Präsident Wladimir Putin und Bundeskanzler Gerhard Schröder ins Leben gerufenen Petersburger Dialog bis auf Weiteres suspendierte.[10] Doch davon unbeeindruckt legte der Kreml nach und ließ per Gerichtsurteil am 28. Dezember 2021 sogar die renommierte Menschenrechtsorganisation «Memorial» verbieten.

Einmal mehr sollte man angesichts solcher Entwicklungen nach Alternativen suchen, um im Sinne von Völkerverständigung und Begegnung in gegenseitigem Respekt die Dialogbereitschaft zu fördern. Die Fußballweltmeisterschaft in Russland 2018 ist ein gutes Beispiel dafür, welche Kraft solche Begegnungen jenseits der großen Politik freisetzen können. Sich auf solcher Ebene besser kennenzulernen scheint unter den Bedingungen des wachsenden Populismus, digitaler Desinformation und *Fake News* ein denkbar gutes Mittel, um gegenseitige Vorurteile abzubauen. Es wäre nicht zuletzt seitens Deutschlands oder der EU zu erwägen, etwa die Visa-Bestimmungen für Russen erheblich zu vereinfachen oder gar abzuschaffen. Überlegungen dieser Art gab es. Sie wurden aber 2014 im Gefolge von Putins aggressiver Ukraine-Politik nicht mehr weiterverfolgt. So bleibt am Ende dieses Rückblickes nur die Hoffnung, dass die politischen Akteure nicht auf Gewalt und weitere Abgrenzung setzen, sondern sich für Vertrauen, Verständigung und Kooperation engagieren, um möglichst in nicht allzu ferner Zukunft die positiven Traditionen der deutsch-russischen Beziehungen wieder zu beleben.

ANHANG

Anmerkungen

Vorwort. Spurensuche

1. Numerova, Aktiengesellschaft, S. 83 (Zitat). – Dönninghaus/Numerowa, Lebenswerk, S. 294–301.
2. Ul'janova, Fabrika, S. 224.
3. Numerova, Aktiengesellschaft, S. 88–89. – Zum weiteren Wirken deutscher Unternehmer im Zarenreich siehe ausführlicher im Kapitel Vorrevolutionäre Lebenswelten.
4. Numerova, Aktiengesellschaft, S. 89.
5. Mehnert, Deutscher, S. 22.
6. Numerova, Aktiengesellschaft, S. 90. – Ul'janova, Fabrika, S. 234.
7. Zur Situation bei Krupp siehe etwa Gall, Krupp, S. 215–237. – Ritter/Tenfelde, Arbeiter, S. 415.
8. Ul'janova, Fabrika, S. 232–234. – Mehnert, Deutscher, S. 16.
9. Ul'janova, Fabrika, S. 235. – Numerova, Aktiengesellschaft, S. 91.
10. Pervye stranicy, S. 6, 20.
11. Mehnert, Deutscher, S. 18–20, 32.
12. Mehnert, Deutscher, S. 19, 36–37.
13. Mehnert, Deutscher, S. 92–95. – Zu Otto Hoetzsch siehe Schlögel, Ostbahnhof, S. 308–324.
14. Kohlstruck, «Salonbolschewist», S. 29. – Unser, Osteuropa, S. 559–586.
15. Mehnert, Deutscher, S. 205–210.
16. Kohlstruck, «Salonbolschewist», S. 29, 34–36.
17. Ausführlicher dazu u.a. Burleigh, Germany. – Unger, Ostforschung in Westdeutschland. – Unger, Ostforschung, S. 113–131. – Mehnert, Survey, S. 191–206. – Heeke, Reisen, S. 599–600.
18. Unger, Ostforschung, S. 114–117. – Mehnert, Deutscher, S. 342.
19. Pörzgen, Land. – Pörzgen, Russland. – Pörzgen, Moskau. – Pörzgen, 100mal. – Zum Wirken von Gustav Hilger siehe Happel, Ost-Experte. – Hilger, Kreml. – Siehe ausführlich im Kapitel Trilaterale Beziehungen im Kalten Krieg.
20. Unger, Ostforschung, S. 117. – Mehnert, Deutscher, S. 94.
21. Mehnert, Deutscher, S. 385–386.
22. Mehnert, Deutscher, S. 94 (Zitat), 385, 389–393.
23. Krone-Schmalz, Russland verstehen. – Krone-Šmal'c, Ponjat'.

Vorrevolutionäre Lebenswelten. Befindlichkeiten und Akteure

1. Gercen, Russkie, S. 155 (Zitat).
2. Herrmann, Herzen, S. 873.
3. Kopelew, Wahlverwandtschaft, S. 59–60.

4 Zur nikolaitischen Epoche siehe ausführlicher bei Lincoln, Nikolaus I., S. 195-465. - Zur Geschichte der zarischen Geheimpolizei siehe ausführlicher Ruud/Stepanov, Fontanka. - Daly, Autocracy. - Daly, Watchful. - Merridale, Lenins Zug, S. 109-115.
5 Paulmann, Relations, S. 158. - Fleischhauer, Zarenreich, S. 242-243.
6 Erwähnt seien etwa die Konvention von Tauroggen 1812, die Heilige Allianz 1815, schließlich die preußische Neutralität während des Krimkriegs, den Russland zwischen 1853 und 1856 mit dem Osmanischen Reich sowie dessen Verbündeten Großbritannien und Frankreich führte. Dazu u. a. Schulze Wessel, Russland, S. 23-38.
7 Fleischhauer, Zarenreich, S. 157, 159, 174. - Laqueur, Deutschland, S. 54-55. - Sergejew, Diplomaten, S. 73-76. - Williams, Russians, S. 124-125.
8 Zur Persönlichkeit von Wilhelm II. siehe ausführlicher bei Röhl, Kaiser, Hof und Staat, S. 17-34. - Mommsen, Kaiser, S. 14-15, 28-31, 83-84, 92-93, 119, 122-123, 188-221, 225-226. - Mul'tatuli, Vnešnjaja politika, S. 100-112.
9 Montefiore, Romanows, S. 668-672, 695. - Fleischhauer, Zarenreich, S. 359. - Wortman, Scenarios, S. 317-333.
10 Mul'tatuli, Vnešnjaja politika, S. 107.
11 Mul'tatuli, Vnešnjaja politika, S. 703.
12 Goetz, Briefe. - Montefiore, Romanows, S. 694.
13 Montefiore, Romanows, S. 679, 703.
14 Mul'tatuli, Vnešnjaja politika, S. 107-108, 138. - Röhl, Wilhelm II., S. 302.
15 Röhl, Abgrund, S. 303-332. - Mul'tatuli, Vnešnjaja politika, S. 138.
16 Röhl, Abgrund, S. 394-405. - Fleischhauer, Zarenreich, S. 362-363.
17 Figes, Tragödie, S. 45.
18 Zu den Hintergründen des Björkö-Vertrags siehe ausführlicher Röhl, Abgrund, S. 407-421. - Mul'tatuli, Vnešnjaja politika, S. 296-325, 404-405.
19 Mul'tatuli, Vnešnjaja politika, S. 358-363.
20 Hildebrand, Reich, S. 244-248, 283-301.
21 Heller, Beitrag, S. 284 (Zitat).
22 Siehe dazu ausführlicher Dahlmann, Unternehmer, S. 127-274. - Dahlmann, Zukunft, S. 130-141, 146-153, 226-291, 352-361. - Mosse, AEG, S. 178-183. - Heller, Beitrag, S. 286.
23 Portal, Industrialization, S. 824-843. - Ananich, Russian, S. 404, 408-417. - Bespalov, Ėkonomičeskaja. - Gregory, Before command, S. 14-81.
24 Fleischhauer, Zarenreich, S. 264-274.
25 Schneider, Rußlandpolitik, S. 140. - Bovykin, Formirovanie, S. 172-173, 181-182. - Djakin, Germanskie. - Busch, Aggressivität, S. 249-250.
26 Löhr, Zukunft, S. 60-64.
27 Bonwetsch, Handelspolitik, S. 282, 289-294. - Jahn, Germanen, S. 167.
28 Gol'dštejn, Russko-germanskij. - Bonwetsch, Handelspolitik, S. 293-294. - Jahn, Germanen, S. 167. - Busch, Pressestimmen, S. 249-251. - Hellmann, Beitrag, S. 286. - Casteel, Russia, S. 53.
29 Casteel, Russia, S. 239.
30 Hintergründe hierzu Clark, Schlafwandler.
31 Jahn, Germanen, S. 168. - Lemberg, Drang, S. 1-17. - Busch, Aggressivität, S. 252.
32 Ausführlicher dazu bei Ferenczi, Funktion, S. 68-78. - Hagen, Entfaltung.
33 Hagen, Entfaltung, S. 241-243, 252.
34 Peters, Vorabend. - Peters, Alldeutsche Verband, S. 302-315. - Casteel, Russia, S. 38. - Fleischhauer, Zarenreich, S. 351-356.
35 Busch, Aggressivität, S. 245-257 (S. 254-255, Zitat).
36 Kopelew, Wahlverwandtschaft, S. 80-81. - Laqueur, Deutschland, S. 13, 15-19.

37 Busch, Aggressivität, S. 255–257.
38 Fleischhauer, Zarenreich, S. 246, 278, 356. – Fleischhauer, Revolution, S. 157. – Zum Problem der Rückständigkeit und Reformunwilligkeit auf dem russischen Dorf siehe Figes, Tragödie, S. 100–116. – Goehrke, Alltag, Bd. 2, S. 169–289. – Baberowsk, Terror, S. 19–22.
39 Jahn, Germanen, S. 167. – Fleischhauer, Revolution, S. 155. – Fleischhauer, Zarenreich, S. 246, 278, 361–364.
40 Fleischhauer, Zarenreich, S. 248–257, 361, 365–367, 375–377, 435.
41 Figes, Tragödie, S. 302–303, 308–309. – Fleischhauer, Zarenreich, S. 370, 441–448. – Merridale, Lenins Zug, S. 65.
42 Hier wie im Folgenden in Anlehnung an Jahn, Germanen, S. 167–168. – Lieven, Pro-Germans, S. 34–54. – Jablonowski, S. 60–92.
43 Lieven, Pro-Germans, S. 43–53. – Durnowos Memorandum in: Golder, Documents, S. 3–23. – Sergejew, Diplomaten, S. 91 (Zitat).
44 Kopelew, Vorabend, S. 21. – Laqueur, Deutschland, S. 14–15, 32–34. – Casteel, Russia, S. 38.
45 Casteel, Russia, S. 43–47. – Kopelew, Vorabend, S. 38–41.
46 Paddock, Russian Peril, S. 23–59, 104–105, 109–110, 125, 156–184.
47 Laqueur, Deutschland, S. 31, 35, 36. – Kopelew, Vorabend, S. 65. – Williams, Russians, S. 122, 134–141. – Zu Schiemann siehe Meyer, Schiemann. – James Casteel, Russia, S. 54–57, 172. – Brachmann, Russische Sozialdemokraten, S. 6, 14–17, 27, 46, 75, 84, 139–141. – Paddock, Russian Peril, S. 60–66, 83–84, 89–90, 122, 229. – Koenen, Russland-Komplex, S. 41–43. – Hoetzsch, Rußland, S. 519–520.
48 Williams, Russians, S. 121.
49 Kopelew, Vorabend, S. 72, 99, S. 101 (Zitat). – Williams, Russians, S. 128. – Paddock, Russian Peril, S. 60–75. – Koenen, Russland-Komplex, S. 44–45.
50 Williams, Russians, S. 121–123, S. 149. – Paddock, Russian Peril, S. 167–179.
51 Geyer, Lenin, S. 80–96. – Bonwetsch, Lenin, S. 284–285. – Lösche, Bolschewismus, S. 16, 25–26, 35–36, 48. – Brachmann, Russische Sozialdemokraten, S. 13–14, 17–18, 26, 28, 38. – Paddock, Russian Peril, S. 138. – Wollschläger, Lenins Verhältnis.
52 Kautsky, Slavjane. – Lenin, Was tun, S. 50, 166 (Zitat). – Geyer, Lenin, S. 85.
53 Lösche, Bolschewismus, S. 16.
54 Geyer, Lenin, S. 88–89. – Lösche, Bolschewismus, S. 54 (Zitat).
55 Geyer, Lenin, S. 89–90 (S. 89, Zitat). – Bonwetsch, Lenin, S. 289–291.
56 Lösche, Bolschewismus, S. 66, 68 (Zitat).
57 Bieber, Gewerkschaften, S. 78. – Frank, Aufsätze, S. 352 (Zitat).
58 Merridale, Lenins Zug, S. 100–108 (S. 106, Zitat). – Fleischhauer, Lenin, S. 373–382.

Taktische Atempause.
Weg in den Oktober-Putsch und Friede von Brest-Litowsk 1917/18

1 Zur militärischen Situation siehe u. a. Münkler, Große Kriege, S. 158–176. – Koenen, Russland-Komplex, S. 79–80. – Figes, Tragödie, S. 279, 281–285. – Leonhard, Büchse, S. 250–264.
2 Fischer, Griff, S. 90–95, 109–110.
3 Vogel, Regierung, S. 222–236. – Meyer, Revolution, S. 265–277.
4 Koenen, Russland-Komplex, S. 77. – Fleischhauer, Lenin, S. 384–412.
5 Röhl, Abgrund, S. 1010, 1228. – Sebag Montefiore, Romanows, S. 894, 914.
6 Fel'štinskij, Germanija i revoljucija, S. 8, 10. – Felshtinsky, Lenin, S. 19.

7   Pipes, Unknown Lenin, S. 31–32. – Nagornaja, Kolonne, S. 191–204. – Fleischhauer, Lenin, S. 88–109. – Nagornaya, POWs, S. 39–58.
8   Merridale, Lenins Zug, S. 72, 75–80. – Koenen, Russland-Komplex, S. 89–91 (S. 90, Zitat). – Scharlau/Zeman, Freibeuter, S. 84–193. – Kretinin, Parvus, S. 28.
9   Im Folgenden in Anlehnung an Zeman, Revolution in Russia, S. 1–2, 140–152. – Fel'štinskij, Germanija i revoljucija, S. 44–62. – Scharlau/Zeman, Freibeuter, S. 361–374.
10 Hänisch, Parvus, S. 31 (Zitate).
11 Zeman, Revolution in Russia, S. 3–4, 140–152. – Scharlau/Zeman, Freibeuter, S. 361–363.
12 Koenen, Russland-Komplex, S. 90.
13 Kretinin, Parvus, S. 29–30. – Scharlau/Zeman, Freibeuter, S. 78–79.
14 Scharlau/Zeman, Freibeuter, S. 177–178. – Fleischhauer, Lenin, S. 368–373.
15 Scharlau/Zeman, Freibeuter, S. 185. – Koenen, Russland-Komplex, S. 96–97. – Merridale, Lenins Zug, S. 82–83. – Schiesser/Trautmann, Russisch Roulette, S. 75–92.
16 Koenen, Russland-Komplex, S. 92–93. – Fel'štinskij, Germanija i revoljucija, S. 69–72. – Zeman, Revolution in Russia, S. 16–18. – Schiesser/Trautmann, Russisch Roulette, S. 66–67, 279–281.
17 Fel'štinskij, Germanija i revoljucija, S. 32. – Koenen, Russland-Komplex, S. 94–95.
18 Koenen, Russland-Komplex, S. 95.
19 Hahlweg, Lenins Rückkehr, S. 48 (Zitat), 49–50. – Service, Lenin, S. 339.
20 Ausführlicher dazu u. a. Merridale, Lenins Zug, S. 158–198, 225–252. – Service, Lenin, S. 340–347. – Hahlweg, Lenins Rückkehr, S. 10–25. – Fleischhauer, Lenin, S. 526–542.
21 Zeman, Revolution in Russia, S. 24.
22 Hahlweg, Lenins Rückkehr, S. 23 (Zitat), 28, 110–111, 114–115 (Zitat), 125–132 (S. 128, Zitat). – Röhl, Abgrund, S. 1228.
23 Fischer, Griff, S. 130. – Pipes, Revolution, Bd. 2, S. 132–133. – Baumgart, Deutsche Ostpolitik, S. 213–214, Fußnote 19.
24 Zeman, Revolution in Russia, S. 94. – Merridale, Lenins Zug, S. 280–307. – Koenen, Russland-Komplex, S. 119. – Wolkogonow, Lenin, S. 118.
25 Makarenko, Germanskij faktor, S. 34.
26 Merridale, Lenins Zug, S. 280–297. – Zum Bürgerkrieg ausführlicher bei Mawdsley, Russian Civil War.
27 Datierung nach dem Julianischen Kalender, der von den Bolschewiki im Februar 1918 abgeschafft wurde. Fortan galt in Sowjetrussland die Gregorianische Zeitrechnung, siehe das jeweilige Datum in Klammern.
28 Pipes, Revolution, Bd. 2, S. 401. – Gerulajtis, Dekret.
29 Koenen, Russland-Komplex, S. 126.
30 Schattenberg, 1918, S. 289–292.
31 Lösche, Bolschewismus, S. 103–104. – Tiedemann, Sowjetrußland, S. 90.
32 Aust, Revolution, S. 137–201.
33 Baumgart, Deutsche Ostpolitik, S. 374–377, 380–383. – Baumgart, Ostpolitik 1918–1926, S. 242–243. – Koenen, Russland-Komplex, S. 131. – Pipes, Revolution, Bd. 2, S. 396–399.
34 Protokoly Cental'nogo Komiteta, S. 201. – Pipes, Revolution, Bd. 2, S. 428–429, 447–448. – Figes, Tragödie, S. 576 (Zitat). – Fleischhauer, Lenin, S. 686–687.
35 Aust, Revolution, S. 152. – Debo, Revolution, S. 91–169. – Schattenberg, 1918, S. 276, 278, 280. – Trotzki, Leben, S. 296 (Zitat). – Gerwarth, Die Besiegten, S. 57. – Lösche, Bolschewismus, S. 108, 111 (Zitat). – Bystrova, Russkij vopros, S. 85.
36 Thomas, Tschitscherin, S. 101 (Zitat).

«Völker, hört die Signale!» Hoffnungen auf Weltrevolution

1 Thomas, Tschitscherin, S. 7–77.
2 Vatlin, Diplomatische Vertretung, S. 178. – Gerwarth, Die Besiegten, S. 58.
3 Bystrova, Russkij vopros, S. 198. – Vatlin, Strategija, S. 72–73. – Vatlin, Diplomatische Vertretung, S. 177. – Vatlin, Oktober, S. 182. – Ioffe, Vnešnjaja politika, S. 15 (Zitat). – Ioffe, Otec, S. 29–33. – Thomas, Tschitscherin, S. 108. – Schlögel, Ostbahnhof, S. 116.
4 Vatlin, Diplomatische Vertretung, S. 178–181 (Zitat). – Vatlin, Oktober, S. 182. – Luban, Bolschewiki, S. 286, 291–294. – Abrassimow, Haus, S. 25. – Zu Axelrod siehe ausführlicher Vatlin, Akselrod, S. 6–25.
5 Vatlin, Kalkül, S. 111.
6 Viator, Ten' Rossii. – Radek, Kruščenie (Zitat). – Vatlin, Oktober, S. 188, 190, 193, 197.
7 Dok. 4, in: Weber, Komintern, Bd. 2, S. 52–54 (Zitate). – Bystrova, Russkij vopros, S. 199, 202.
8 Luban, Bolschewiki, S. 285, 287–288 (Zitate), 290. – Ioffe, Germanskaja revoljucija, S. 44. – Vatlin, Diplomatische Vertretung, S. 181. – Vatlin, Oktober, S. 183 (Zitat).
9 Dok. 5, in: Weber, Komintern, Bd. 2, S. 55–62 (S. 59, Zitat). – Luban, Bolschewiki, S. 295–296.
10 Ullrich, Revolution, S. 32–39 (S. 35, Zitat).
11 Vatlin, Kalkül, S. 111–112.
12 Gerwarth, Die Besiegten, passim. – Krummacher/Lange, Krieg und Frieden, S. 51–52. – Koenen, Komplex, S. 195.
13 Geyer, Sowjetrußland, S. 9–10 (Zitate). – Meyer, Sowjetrußland, S. 91. – Pered nemeckim, S. 1. – Koenen, Komplex, S. 197.
14 Dok. 9, 11, in: Weber, Komintern, Bd. 2, S. 67–69, S. 74–76 (Zitate 3, 4, 5). – Weber, Komintern, Bd. 1, S. 21–23, 25–27 (S. 22, Zitat 1, 2). – Winkler, Revolution, S. 122, 124. – Koenen, Komplex, S. 199–204. – Gerwarth, Die Besiegten, S. 157–158, 161–164.
15 Weber, Komintern, Bd. 1, S. 26. – Krummacher/Lange, Krieg und Frieden, S. 68–69.
16 Vatlin, Sovetskoe ècho. – Neubauer, München, S. 56–58. – Mitchel, 1919, S. 165 (Zitat). – Gerwarth, Die Besiegten, S. 164–170.
17 Dok. 13, in: Weber, Komintern, Bd. 2, S. 82 (Zitate). – Vatlin, Sovetskoe ècho, S. 201. – Neubauer, München, S. 59.
18 Mitchell, Revolution, S. 266–289. – Neubauer, München, S. 72–88. – Vatlin, Sovetskoe ècho, S. 211.
19 Ullrich, Revolution, S. 98–101 (Zitate 1,2). – Neubauer, München, S. 93 (Zitate 3, 4, 5).
20 Dok. 21, 22, 24, in: Weber, Komintern, Bd. 2, S. 99–100, S. 99–100, S. 108–109 (Zitate). – Weber, Komintern, Bd. 1, S. 33–34. – Devjatyj s"ezd, , S. 9–10.
21 Dok. 32, in: Weber, Komintern, Bd. 2, S. 129–130. – Weber, Komintern, Bd. 1, S. 34. – Musial, Kampfplatz, S. 42–56 (S. 42, 49, Zitate). – Zum Polnisch-Sowjetischen Krieg ausführlicher Lehnstaedt, Sieg.
22 Dok. 43, in: Weber, Komintern, Bd. 2, S. 154–155 (Zitate) – Weber, Komintern, Bd. 1, S. 40–43. – Flechtheim, KPD, S. 159. – Koch-Baumgarten, Aufstand. – Koch-Baumgarten, Märzaktion.
23 Weber, Komintern, Bd. 1, S. 38–39. – Creuzberger, Stalin, S. 216. – Pipes, Revolution, Bd. 2, S. 300.
24 Schlögel, Ostbahnhof, S. 136–137 (Zitat 1), 145, 152–155 (S. 154, Zitat 2).
25 Thoß, Demokratie, S. 54–57. – Weber, Komintern, Bd. 1, S. 46 – 47. – Radeks Schlageter-Rede ist abgedruckt bei Weber, Kommunismus, S. 142–147.
26 Zum «Deutschen Oktober» siehe ausführlicher Jentsch, KPD. – Wenzel, 1923. – Bayerlein, Oktober.

27 Weber, Komintern, Bd. 1, S. 46–48. – Dok. 90–96, in: Weber, Komintern, Bd. 2, S. 310–336. – Musial, Kampfplatz, S. 117, 120–121. – Dok. 10, in: Bayerlein, Oktober, S. 43, 116–128 (S. 124, Zitat 1), 212 (Zitat 2). – Creuzberger, Stalin, S. 217–219.
28 Creuzberger, Stalin, S. 219–220. – Albert, German October, S. 128, 133.
29 Baberowski, Diktatur, S. 127 (Zitate). – Weber, Hitler, S. 400, 402.

Zäsuren im radikalen Zeitalter.
‹NS-Machtergreifung› und Pakt der Diktatoren

1 Blasius, Weimars Ende.
2 Hoppe, Stalins Gefolgschaft, S. 314. – Weingartner, Stalin und der Aufstieg Hitlers, S. 189–190. – Zur Rolle Straßers ausführlicher Kissenkoetter, Gregor Straßer.
3 Falter, Wahlen. – Madaus, Aufstieg. – Buddrus/Fritzlar, Professoren, S. 7. – Buddrus/Fritzlar, Landesregierungen, S. 38, 379–395.
4 Hoppe, Stalins Gefolgschaft, S. 157–225. – Creuzberger, S. 223–225. – Hoppe, Stalin und die KPD, S. 23–31, 34. – Altrichter, Reaktionen, S. 187–188. – Pietrow, Stalinismus, S. 75–92. – Weber, Komintern, Bd. 1, S. 97, 259–262. – Luks, Faschismustheorie.
5 Plöckinger, Rezeption, S. 33–36. – Weitere Ausführungen dazu siehe im Kapitel Wirkungsmacht der Ideologien?
6 Dok. 286, 296, in: Weber, Komintern, Bd. 2, S. 862 (Zitat), S. 885. – Hoppe, Stalins Gefolgschaft, S. 314. – Ken, Karl Radek, S. 135–178. – Dok. 100, in: Rešenija «osoboj papki», S. 281–283.
7 Hildebrand, Deutsche Außenpolitik 1933–1945, S. 19–29.
8 Hoppe, Stalins Gefolgschaft, S. 313–314. – Pietrow, Stalinismus, S. 22.
9 Siehe dazu ausführlicher Walsdorff, Stresemanns Russlandpolitik. – Graml, Außenpolitik.
10 Creuzberger, Grundzüge, S. 100. – Jacobsen, Primat, S. 261–269. – Baberowski, Verbrannte Erde, S. 172–212. – Werth, Hungersnot, S. 117–140. – Viola, Tragedy. – Altrichter, Reaktionen, S. 190–191.
11 Chlevnjuk, Chozjain, S. 110–112, 126–127, 446–447. – Graml, Außenpolitik. – Dok. 98, in: Stalin i Kaganovič, S. 140. – Creuzberger, Stalin, S. 226. – Mick, Freundschaftsvertrag.
12 Siehe hierzu im Weiteren u. a. Slutsch/Tischler, Dokumente, Bd. 1, Teilbd. – Glazami razvedki. – Varšavskaja melodija. – Rossijskij gosudarstvennyj archiv social'no-političeskoj istorii (RGASPI), fond (f.) 558 (fond Stalina), entnommen dem Stalin Digital Archive.
13 Slutsch, Stalin und Hitler, S. 61. – Creuzberger, Stalin, S. 226.
14 Dok. 1, 2, in: Slutsch/Tischler, Dokumente, Bd. 1, Teilbd. 1, S. 135–138 (S. 135, Zitate).
15 Dok. 18, 20, 26, 31, in: Slutsch/Tischler, Dokumente, Bd. 1, Teilbd. 1, S. 177–181, 183–185, 194–195, 207–208.
16 Dok. 3, 5, 72, in: Slutsch/Tischler, Dokumente, Bd. 1, Teilbd. 1, S. 139–140, 142, 327–328.
17 Dok. 45, 94, in: Slutsch/Tischler, Dokumente, Bd. 1, Teilbd. 1, S. 242 (Zitat), 390.
18 Dok. 3, in: Slutsch/Tischler, Dokumente, Bd. 1, Teilbd. 1, S. 139 (Zitat).
19 Siehe dazu u. a. Zeidler, Reichswehr. – Gorlov, Soveršenno sekretno. – Johnson, Bargain. – Ausführlicher dazu im Kapitel Ambivalente Zeiten.
20 Dok. 26, in: Slutsch/Tischler, Dokumente, Bd. 1, Teilbd. 1, S. 195 (Zitat).
21 Dok. 40, in: Slutsch/Tischler, Dokumente, Bd. 1, Teilbd. 1, S. 229–231 (S. 229, Zitat 1; S. 231, Zitat 2).
22 Dok. 148, in: Slutsch/Tischler, Dokumente, Bd. 1, Teilbd. 1, S. 519–521 (S. 519, Zitat).
23 Dok. 149, in: Slutsch/Tischler, Dokumente, Bd. 1, Teilbd. 1, S. 522–523 (S. 522, Zitate 1, 2; S. 523, Zitat 3).

24 Dok. 98, in: Slutsch/Tischler, Dokumente, Bd. 1, Teilbd. 1, S. 396–400.
25 Dok. 4, in: Slutsch/Tischler, Dokumente, Bd. 1, Teilbd. 1, S. 141 (Zitate).
26 Dok. 64, in: Slutsch/Tischler, Dokumente, Bd. 1, Teilbd. 1, S. 292–299 (S. 298, Zitat).
27 Dok. 8, in: Slutsch/Tischler, Dokumente, Bd. 1, Teilbd. 1, S. 145–148 (S. 147, Zitat).
28 Slutsch/Tischler, Dokumente, Bd. 1, Teilbd. 1, S. 23. – Weber, Komintern, Bd. 1, S. 275–276. – Dok. 307, in: Weber, Komintern, Bd. 2, S. 928–937. – Creuzberger, Stalin, S. 226.
29 Das machen nicht zuletzt die zahlreichen redaktionellen Anmerkungen Stalins in einem Manuskript des deutschen Exil-Kommunisten Fritz Heckert in Moskau deutlich: Stat'ja Gekkerta F. «Čto proischodit v Germanii?» s redakcionnymi pravkami Stalina I. V. [1933 g., aprel' ranee 12], in: RGASPI, f. 558, op. 1, d. 4010, ll. 1–24.
30 Dok. 344, 328, in: Weber, Komintern, Bd. 2, S. 1063 (Zitat), 1021–1022. – Weber, Komintern, Bd. 1, S. 377–378, 382.
31 Dok. 25, in: Weber, Komintern, Bd. 2, S. 192–193 (S. 193, Zitat).
32 Dok. 324, in: Slutsch/Tischler, Dokumente, Bd. 1, Teilbd. 2, S. 901–906. – Dok. 32, 66, in: Slutsch/Tischler, Dokumente, Bd. 1, Teilbd. 1, S. 23, 209–211, 313.
33 Siehe Dok. 16, 44, 63, 67–69, 72, 74, 76, 84, 103, 129, in: Slutsch/Tischler, Dokumente, Bd. 1, Teilbd. 1, S. 165–169, 240–242, 286–291, 318–324, 327–328, 330–342, 357–359, 409–412, 481–482. – Dok. 3–6, in: Moskva, t. 3, S. 8–19.
34 Dok. 66, in: Slutsch/Tischler, Dokumente, Bd. 1, Teilbd. 1, S. 314–315 (Zitate).
35 Dok. 33, 35, 66, 83, in: Slutsch/Tischler, Dokumente, Bd. 1, Teilbd. 1, S. 211–212, 215–216, 311–317, 352–357 (S. 356, Zitat).
36 Dok. 66, in: Slutsch/Tischler, Dokumente, Bd. 1, Teilbd. 1, S. 316 (Zitat).
37 Dok. 14, 15, 18, in: Slutsch/Tischler, Dokumente, Bd. 1, Teilbd. 1, S. 163–165, 177–181.
38 Dok. 92, in: Slutsch/Tischler, Dokumente, Bd. 1, Teilbd. 1, S. 381–382.
39 Siehe hierzu Wollstein, Weimarer Revisionismus, S. 140–143.
40 Dok. 14, in: Moskva, t. 3, S. 30–31.
41 Siehe hierzu ausführlicher u. a. bei Lüdicke, Griff. – Schmidt, Außenpolitik. – Hildebrand, Deutsche Außenpolitik 1933–1945. – Haslam, Struggle.
42 Creuzberger, Stalin, S. 225 (Zitat).
43 Für den Bereich der Wissenschaftsbeziehungen Dafinger, Wissenschaft, S. 25–80.
44 Die Hintergründe zum Zustandekommen des Hitler-Stalin-Paktes (nebst einschlägigen Quellen- und Literaturverweisen) siehe ausführlicher im Kapitel Im Angesicht totalitärer Diktaturen. Im vorliegenden Abschnitt interessiert die Pakt-Problematik nur insofern, als es sich um ein historisches Ereignis handelte, das in der Geschichte der deutsch-sowjetischen Beziehungen den Stellenwert einer tiefen Zäsur besaß, die in vielerlei Hinsicht auch als eine diplomatische Revolution zu werten ist.
45 Siehe hierzu ausführlicher bei Lipinsky, Zusatzprotokoll. – Leonhard, Schock. – Bayerlein, Verräter.
46 Weber, Komintern, Bd. 1, S. 239 (Zitat). – Haffner, Teufelspakt, S. 94–96.
47 Siehe dazu ausführlicher Mazower, Hitlers Imperium.
48 Creuzberger, Stalin, S. 232–233. – Creuzberger, Masterplan, S. 17–22. – Zubkova, Pribaltika. – Mel'tjuchov, Pribaltijskij placdarm.
49 XXII godovščina.
50 Bayerlein, Tagebücher, S. 273.
51 Stalin, Werke, Bd. 7, S. 14.
52 Creuzberger, Stalin, S. 232–233. – Schattenberg, Diplomatie, hier S. 11–20.
53 Lüdicke, Constantin von Neurath, S. 473–478.
54 Siehe hierzu ausführlicher im Kapitel Schlachtfeld der Diktatoren und im Kapitel Unnatürliche Allianz.

«Aufbau des Sozialismus» in einem halben Land.
Die deutsche Teilung 1945/49

1 Tgl. [Richard Tüngel], Bastard-Regierung.
2 Creuzberger, Berlin-Krise, S. 151.
3 Creuzberger, Masterplan, S. 13–37. – Creuzberger/Görtemaker, Problem der Gleichschaltung, S. 419–434. – O'Sullivan, Stalins «Cordon sanitaire». – Vostočnaja Evropa v dokumentach. – Sovetskij faktor. – Kramer, Stalin, S. 3–38.
4 Bagley, Spymaster, S. 101.
5 Creuzberger, Westintegration, S. 22.
6 Petersen, Stalintrauma, S. 176, 179, 185. – Creuzberger, Besatzungsmacht, S. 187.
7 Petersen, Stalintrauma, S. 163, 172, 183.
8 Fischer, Deutschlandpolitik, S. 146–153. – Dok 39, in: Erler, Hitler, S. 380–386. – Keiderling, Gruppe Ulbricht, passim. – Leonhard, Revolution, S. 341–401 (S. 365, Zitat). – Dok. 2.1., 2.2., in: SVAG i formirovanie, t. 1. Moskva 2014, S. 116–120. – Petersen, Stalintrauma, S. 163. – Wettig, Tjul'panov-Bericht, S. 120.
9 Fischer, Deutschlandpolitik, S. 150 (Zitat). – Dok. 1.13., 1.14., in: SVAG i formirovanie, t. 1, S. 82–86.
10 Petersen, Stalintrauma, S. 170–172. – Creuzberger, Liquidierung, S. 1266–1279. – Dok. 51, in: Keiderling, Gruppe Ulbricht, S. 318–321. – Dok. 1.18., in: SVAG i formirovanie, t. 1, S. 96–98. – Naimark, Russen, S. 298–302. – Timofejewa, Kultur, S. 9, 11–12, 15, 30.
11 Petersen, Stalintrauma, S. 163–164 (Zitate). – Naimark, Russen, S. 302–303. – Dok. 1, in: Badstübner/Loth, Wilhelm Pieck, S. 50–52. – Laufer, Genossen, S. 355–356. – Zur Unterordnung der Moskau-Kader unter den Willen der Besatzungsmacht siehe auch Wettig, Bereitschaft, S. 63–65. – Dok. 2.17., in: SVAG i formirovanie, t. 1, S. 162. – Dok. 31, in: Erler, Hitler, S. 290. – Timofejewa, Kultur, S. 12.
12 Creuzberger, Befehl Nr. 2. – Fischer, SMAD, S. 31.
13 Bauerkämper, Aufruf des Zentralkomitees der Kommunistischen Partei (Zitat 1). – Ackermann, Weg zum Sozialismus, S. 22 (Zitat 2). – Petersen, Stalintrauma, S. 176, 178.
14 Suckut, Wandel, S. 120 (Zitat). – Creuzberger, Befehl Nr. 2. – Gründungsaufruf der SPD 1945. – Timofejewa, Kultur, S. 13–15.
15 Laufer, Bodenreform, 22 (Zitate).
16 Dok. 31, in: Laufer, UdSSR, Bd. 2, S. 96–98. – Bauerkämper, Bodenreform, S. 9. – Merl, Dekret des 2. Allrußländischen Sowjetkongresses.
17 Semjonow, Mission, S. 235 (Zitat). – Laufer, Bodenreform, S. 33.
18 Dok. 2.14., 6.1., 6.10., 6.12., 6.14., 6.15., 6.21, 6.27., in SVAG i formirovanie, t. 1, S. 174 (Zitat 1), 626, 633, 654–657, 660–661, 666–672, 691–693, 705–706. – Fischer, SMAD, S. 35 (Zitat 2), 37. – Naimark, Russen, S. 182–184.
19 Naimark, Russen, S. 184 (Zitat). – Bauerkämper, Bodenreform, S. 8. – Dok. 6.15., in: SVAG i formirovanie, t. 1, S. 672–673.
20 Dok. 39, 43, 69, in: Laufer, UdSSR, Bd. 2, S. 122 (Zitat 1), 132–140, 205–210. – Dok. 4.19., 4.26., in: SVAG i formirovanie, t. 1, S. 397, 422 (Zitat 2). – Hermes, Bodenreform. – Fischer, SMAD, S. 35–38. – Suckut, Konflikt, S. 1080–1095. – Wettig, Ost-CDU, S. 119. – Laufer, Bodenreform, S. 27–28.
21 Dok. 4.28., in SVAG i formirovanie, t. 1, S. 423. – Dok. 20, in: Bonwetsch, Dokumente, S. 73 (Zitat). – Mueller, Besatzung in Österreich, S. 137–144. – Naimark, Russen, S. 324–325.
22 Laufer, UdSSR, Bd. 2, S. XXXIV. – Petersen, Stalintrauma, S. 179. – Dok., 4.28., 4.34., in: SVAG i formirovanie, t. 1, S. 423–424, 442–443. – Dok 20, in: Bonwetsch, Dokumente, S. 73 (Zitat 1), 79 (Zitat 2). – Naimark, Russen, S. 324–333. – Wettig, Bereitschaft, S. 97–103. – Wettig, Tjul'panov-Bericht, S. 65–72. – Hoffmann, Grotewohl, S. 196–258.

23 Wettig, Bereitschaft, S. 84–85. – Laufer, UdSSR, Bd. 2, S. XLIX–L, CVIII.
24 Creuzberger, Klassenkampf, S. 121–123 (Zitate 1, 2), 128–130 (Zitat 3).
25 Creuzberger, Besatzungsmacht, S. 49 (Zitat 2), 52 (Zitat 1).
26 Dok. 8.1., 8.3., in SVAG i formirovanie, t. 1, S. 815, 816 (Zitat), 818–824. – Dok. 125, in: Bonwetsch, Dokumente, S. 448–452. – Creuzberger, Besatzungsmacht, S. 45–51.
27 Dok. 8.3., 8.8., 8.15., 8.18., 8.27., in: SVAG i formirovanie, t. 1, S. 818–824, 838–840, 861–862, 867–868, 913 (Zitat 3). – Dok 17, 20, in: Bonwetsch, Dokumente, S. 63–65, 80–81 (Zitat 1, 2). – Dok. 23, in: Laufer, UdSSR, Bd. 2, S. 63–64. – Creuzberger, Wahlen, S. 1123–1124. – Creuzberger, Besatzungsmacht, S. 60–76.
28 Creuzberger, Wahlen, S. 1125. – Creuzberger, Besatzungsmacht, S. 114–124.
29 Bienert, Sozialismus, S. 85. – Dok. 101, in: Laufer, UdSSR, Bd. 3, S. 382 (Zitat).
30 Creuzberger, Besatzungsmacht, S. 133–142. – Creuzberger, Demokratie, S. 39–50.
31 Bienert, Opposition, S. 225–232, 288–295. – Creuzberger, Besatzungsmacht, S. 147–154. – Bienert, Sozialismus, S. 84–85. – Dok. 45, in: Foitzik, Kommandanturen, S. 526–527.
32 Bienert, Opposition, S. 339–439. – Creuzberger, Besatzungsmacht, S. 185–186. – Creuzberger, Besatzungsmacht, S. 154–167. – Dok. 1.42., 3.34.–3.36, 3.38., 3.39., in: SVAG i formirovanie, t. 2, S. 136–139, 503–510, 513–522. – Dok. 97, 159, 163, in: Laufer, UdSSR, Bd. 3, S. 365–366, 602–605, 611–615. – Bauer, Blockpartei. – Gottberg, Gründung, S. 73–87. – Dok. 64, in: Foitzik, Kommandanturen, S. 565–567.
33 Creuzberger, Besatzungsmacht, S. 167 (Zitat). – Bienert, Opposition, S. 441–538. – Richter, Ost-CDU, S. 88–259.
34 Petersen, Stalintrauma, S. 196–204 (S. 201, Zitat). – Malycha, Partei von Stalins Gnaden, S. 109. – Naimark, Russen, S. 362–373. – Dok. 81, in: Laufer, UdSSR, Bd. 4, S. 250–251. – Dok. 1.56., 3.57., in: SVAG i formirovanie, t. 2, S. 167, 596–598.
35 Hartmann, Freundschaft, S. 472–475. – Hartmann/Eggeling, Präsenz. – Foitzik, Methoden, S. 42 (Zitat), 49–51. – Dok. 149, in: Laufer, UdSSR, Bd. 3, S. 570–572.
36 Timofejewa, Kultur, S. 14, 20 (Zitat 1). – Foitzik, Methoden, S. 52–53 (Zitat 2).
37 Timofejewa, Kultur, S. 21–25. – Naimark, Russen, S. 464–540. – Marianne und Egon Erwin Müller, Festung Wissenschaft. – Haritonow, Hochschulpolitik.
38 Foitzik, Methoden, S. 53–57.
39 Dok. 72, 147, 148, 150, 151, 161, 163, 166, 167, 168, 169, 174, in: Laufer, UdSSR, Bd. 4, S. 209–231, 422–425, 431–433, 466–474, 477–479, 486–495, 502–503 (Zitate 1, 2). – Wettig, Tjul'panov-Bericht, S. 116–118. – Loth, Stalins ungeliebtes Kind (Zitat 3). – Suckut, Entscheidung, S. 161 (Zitat 4).

Diplomatische Umwälzungen?
Adenauers Sowjetunion-Visite und Brandts Moskauer Vertrag

1 Tagebuch-Notiz Blankenhorn, 8.9.1955, in: Bundesarchiv (BA), NL 1351, Bd. 52, Bl. 384 (Zitat). – Ramscheid, Blankenhorn, S. 55.
2 Kilian, Moskau, S. 92, 111, 119. – Adenauer, Erinnerungen 1953, S. 486.
3 Zum Problem des Antikommunismus und zum geschichtspolitischen Umgang mit dem weltanschaulichen NS-Vernichtungskrieg siehe ausführlicher im Kapitel Rückblende. – Zur Westintegration und Wiederbewaffnung der Bundesrepublik sowie zu den sowjetischen Versuchen, diese zu hintertreiben, siehe Creuzberger, Westintegration, S. 39–61. – Ruggenthaler, Stalin-Note, S. 23–113, 151–227. – Wettig, Stalin-Note, S. 101–114. – Schwarz, Reise, S. 175.
4 Eckardt, Lebenserinnerungen, S. 384 (Zitat 1). – Tagebuch-Notiz Blankenhorn, 8.9.1955, in: BA, NL 1351, Bd. 52, Bl. 384 (Zitat 2). – Zur Rolle Blankenhorns ausführlicher bei Ram-

scheid, Blankenhorn, S. 117-238. - Zum Geist von Genf und der dortigen Gipfelkonferenz der vier alliierten Siegermächte 1955 siehe ausführlicher Lindemann, Genfer Gipfelkonferenzen. - Bischof/Dockrill, Cold War. - Schwarz, Reise, S. 182-184. - Dok. 8, in: Zagorskij, Vizit, S. 42-43. - Wettig, Adenauer, S. 185-186. - Wettig, Wende, S. 195.
5 Adenauer, Erinnerungen 1953, S. 485. - Friedrichs, Funkenflug, S. 229.
6 Tagebuch-Notiz Blankenhorn, 8.9.1955, in: BA, NL 1351, Bd. 52, Bl. 384-386 (Zitate).
7 Kilian, Ziele, S. 137. - Kilian, Moskau, S. 29-32.
8 Creuzberger, Westintegration, S. 67-68. - Küsters, Weltenwende, S. 25-26. - Kilian, Moskau, S. 25. - Zu den Bemühungen um die Freilassung deutscher Kriegsgefangener aus der UdSSR siehe ausführlicher Borchard, Kriegsgefangene.
9 29.7.55, Staatssekretär AA an den Chef des Protokolls, in: Stiftung Bundeskanzler-Adenauer-Haus (StBKAH), III/92. - Wer ist wer in der Sowjetunion?, in: StBKAH, III/91. - Schwarz, Reise, S. 176-178. - Zu Hans Koch siehe Deutsche Biographie.
10 Kilian, Moskau, S. 49. - Gedanken zur Verhandlungsposition der Sowjets im September 1955, Bonn, den 29.8.1955, samt Anschreiben, 21 S.; streng geheim, Niederschrift von Bräutigam, Bonn, 31.8.1955, 3 S., in: StBKAH, III/92.
11 Zusammenstellung von Fragen, die sowjetischerseits erwartet werden können, geheim, 18 S., in: StBKAH, III/93.
12 Anlage 2 (Wer ist Wer?), Betr.: Erster Sekretär der Kommunistischen Partei der Sowjetunion, S. 1-6, hier S. 5 (Zitat 1); Wer ist Wer in der Sowjetunion?, S. 1-36, hier S. 5 (Zitat 2), in: StBKAH, III/91.
13 Sergeev/Achtamzjan, istorii, S. 217. - Achtamsjan, Mission, S. 113. - Wettig, Interesse, S. 118. - Wettig, Wende, S. 196. - Novik, lovuške, S. 124. - Falin, Erinnerungen, S. 328. - Zu den Zielen und Hoffnungen auf deutscher und sowjetischer Seite siehe ausführlicher im weiteren Verlauf des Kapitels.
14 Novik, lovuške, S. 122-123, 127-129, 140-141 (S. 129, Zitat). - Sergeev/Achtamzjan, istorii, S. 219-220.
15 Achtamsjan, Mission, S. 112-113 (Zitate). - Sergeev/Achtamzjan, istorii, S. 218. - Ukazanija k peregovoram s pravitel'stvennoj delegaciej GFR, sov. sekretno, 7.9.1955, in: Rossijskij gosudarstvennyj archiv novejšej istorii (künftig: RGANI), f. 3, op. 10, d. 173, ll. 7-10. - Ukazania k peregovoram s pravitel'stvennoj delegaciej Germanskoj Federal'noj Respubliki, 7.9.1955, in: RGANI, f. 3, op. 8, d. 295, ll. 29, 33-34. - Borchard, Aufnahme, S. 38-39.
16 Wettig, Interesse, S. 121-122 (S. 121, Zitat). - Wettig, Wende, S. 199-120. - Wettig, Adenauer, S. 187-188. - Novik, «Ottepel'», S. 186. - Ukazanija k peregovoram s pravitel'stvennoj delegaciej GFR, sov. sekretno, 7.9.1955, in: RGANI, f. 3, op. 10, d. 173, l. 9.
17 Dok. 12, 13, in: Zagorskij, Vizit, S. 56, 58 (Zitate), 61, 82-85.
18 Dok. 13, in: Zagorskij, Vizit, S. 88-97. - Schattenberg, Gespräch, S. 42.
19 Wettig, Wende, S. 201-202. - Sergeev/Achtamzjan, istorii, S. 234 (Zitate). - Semjonow, Mission, S. 305.
20 Kilian, Ziele, S. 137-139 (Zitat). - Kilian, Moskau, S. 132-134. - Ludwig Erhard an Konrad Adenauer, 25.8.1955; Ausarbeitung Ludwig Erhards zur «Stellung der Wirtschaftspolitik in der politischen Zielsetzung der Moskauer Gespräche, 23.8.1955, in: BA, B 136, Akte 665. - Schattenberg, Gespräch, S. 43.
21 Dok. 13, in: Zagorskij, Vizit, S. 83-84.
22 Kilian, Moskau, S. 193-200.
23 Achtamsjan, Mission, S. 107.
24 Schwarz, Reise, S. 173 (Zitat 1). - Schwarz, Staatsmann, S. 207, 219 (Zitat 2). - Kilian, Moskau, S. 205-207, 230.
25 Creuzberger, Westintegration, S. 69. - Kilian, Moskau, S. 250-285. - Bahr, Zeit, S. 278 (Zitat 2). - Zur Neuen Ostpolitik ausführlicher Dannenberg, Foundations.

Anmerkungen 575

26 Dok. 1, in: Morsey/Schwarz, Teegespräche 1955-1958, S. 9 (Zitat 1). - Küsters, Weltenwende, S. 38.
27 Dok. 9, in: Buchstab, Adenauer, S. 586-587 (Zitat 1), 597 (Zitat 2). - Schwarz, Staatsmann, S. 221-222. - Adenauer, Erinnerungen 1953, S. 515-516. - Dok. 1, in: Morsey/Schwarz, Teegespräche 1959-1961, S. 9. - Dok. 355, in: AAPD, 1963, S. 1187-1191, hier S. 1188 (Zitat 3).
28 Izvestija vom 19. 9. 1955, S. 1 (Zitat 1). - Izvestija vom 9. 6. 1955, S. 1 (Zitat 2).
29 Achtamsjan, Mission, S. 116-117. - Stent, Embargo, S. 59-126.
30 Ihme-Tuchel, SED, S. 500. - Wettig, Interesse, S. 123. - Wettig, Wende, S. 197, 201. - Wettig, Entlassung, S. 342-346, 351. - Wettig, Adenauer, S. 189-190.
31 Novik, lovuške, S. 158. - Wettig, Adenauer, S. 190-193. - Wettig, Wende, S. 197-198.
32 Dok. 160, in: Woyke, Willy Brandt, S. 299-301 (Zitate).
33 Creuzberger, Westintegration, S. 66, 74-75, 85-102. - Schwarz, Krise, S. 182-183. - Dok. 146, 147, 2./3. 5. 1968, in: AAPD, 1968, S. 525-552, hier S. 528 (Zitat). - Link, Entstehung, S. 299-300.
34 Schattenberg, Breschnew, S. 460-461, 462-478. - Haslam, Nuclear Weapons, S. 15-27, 30-40. - Haslam, Cold War, S. 214-248. - Link, Entstehung, S. 296. - Creuzberger, Westintegration, S. 110-112.
35 Dok. 27, in: Brandt, Volk, S. 243, 246.
36 Creuzberger, Bemühungen, S. 5-6. - Schwarz, Krise, S. 167, 182-183 (Zitate).
37 Schattenberg, Breschnew, S. 488, 507. - Keworkow, Kanal, S. 28-29, 44-47, 64-73. - Edemskiy, Dealing, S. 17-20. - Suckut, Probleme, S. 406-407.
38 Rešenija politbjuro CK KPSS, za 2-11 dekabrja 1969 goda, 6. 12. 1969, Direktivy k peregovoram s FRG ob otkaze ot primenenija sily, sekretno, in: RGANI, f. 3, op. 72, d. 308, l. 28 (Zitate).
39 Dok. 326, in: AAPD, 1969, S. 1162-1163.
40 Dok. 307, in: AAPD, 1969, S. 1095.
41 Link, Entstehung, S. 302-303. - Dok. 45, in: DzD, 1969/70, S. 158.
42 Dok. 370, in: AAPD, 1969, S. 1313-1315, hier S. 1313.
43 Dok. 412, in: AAPD, 1969, S. 1465. - Weitere Hintergründe bei Keworkow, Kanal, S. 42-73. - Bahr, Zeit, S. 282-283. - Dok. 30, in: DzD, 1969/70, S. 83-86.
44 Dok 20, in: DzD, 1969/70, S. 59.
45 Dok. 33, in: DzD, 1969/70, S. 95-98 (S. 96, Zitat).
46 Schattenberg, Breschnew, S. 488. - Sarotte, Devil, S. 34-35.
47 Zu den Gesprächen zwischen Egon Bahr und Andrej Gromyko siehe ausführlich Dok. 62-63, 66-67, 72-73, 75-76, 79-80, 94, 97-100C, 104, 107, 109, 114, 124, 129, 140-141, 149-150, in: DzD, 1969/70, S. 201-214, 227-239, 260-264, 267-270, 341-343, 349-364, 376-388, 391-394, 442-452, 479-482, 489-490, 523-529, 604-608. - SSSR, Komitet Gosudarstvennoj Bezopasnosti pri Sovete Ministrov SSSR, 10. 4. 1970, No 927-g, soveršenno sekretno, in: RGANI, f. 5, op. 62, d. 568, l. 8. - SSSR, Komitet Gosudarstvennoj Bezopasnosti pri Sovete Ministrov SSSR, 5. 5. 1970, No 1200-A, soveršenno sekretno, in: RGANI, f. 5, op. 62, d. 695, ll. 62-81. - Filitov, Moskauer Vertrag, S. 168 (Zitat).
48 Dok. 95, 12. 8. 1970, in: Außenpolitik der Bundesrepublik Deutschland, S. 337-338.
49 Creuzberger, Westintegration, S. 118, 122.
50 Dok. 182, in: DzD, 1969/70, S. 726-727. - Dok. 389, in: AAPD, 1970, S. 1465-1467.
51 Creuzberger, Westintegration, S. 115. - Bahr, Zeit, S. 331-335, 334-371. - Vogtmeier, Egon Bahr, S. 140-152. - Dok. 485, 547-548, 587, 592, in: AAPD, 1970, S. 1815-1816, 2042-2053, 2193-2194, 2223-2234. - Keworkow, Kanal, S. 103-107.
52 Schattenberg, Breschnew, S. 491-496.
53 Dok. 45, in: Brandt, Volk, S. 336. - Dok. 181, in: DzD, 1969/70, S. 714-717. - Link, Beziehun-

gen, S. 308. – Link, Entstehung, S. 314. – Genscher, Erinnerungen, S. 245 (Zitat). – Zu den bilateralen Wirtschafts- und Handelskontakten siehe ausführlicher im Kapitel Trilaterale Beziehungen im Kalten Krieg.
54 Dok. 191, in: DzD, 1969/70, S. 758–759.
55 Dok. 192, in: DzD, 1969/70, S. 765.

Verlust der Kriegstrophäe DDR.
Der Kreml und die Wiedervereinigung

1   Dok. 53, in: Galkin, Dokumente, S. 228 (Zitate).
2   Dok. 99, in: Savranskaya, Masterpieces, S. 577–579. – Zitat: Theodor Mommsen in einem Brief an seinen Bruder Tycho anlässlich des Sieges von Preußen über Österreich im Jahr 1866.
3   Kotschemassow, Mission, S. 187. – Karner, Kreml, S. 17–18. – Hertle, Chronik, S. 231.
4   Siehe hierzu ausführlicher im Kapitel Gorbatschows Perestroika.
5   Creuzberger, Mauerfall, S. 66–67. – Dok. 19, in: Küchenmeister, Vieraugengespräche, S. 208–239. – Grachev, Gamble, S. 136–137 (Zitat 1). – Taubmann, Gorbatschow, S. 572. – Dok. 45, in: Galkin, Dokumente, S. 186 (Zitat 2). – Gorbačev, Sobranie, t. 15, S. 49–50.
6   Wentker, Deutschen, S. 542–544 (S. 542, Zitate).
7   Dok. 49, in: Galkin, Dokumente, S. 20 (Zitate).
8   Creuzberger, Mauerfall, S. 67–68. – Dok. 52, in: Galkin, Dokumente, S. 213–227. – Dashichev, Unification, S. 173. – Tauban, Gorbatschow, S. 574–575. – Zubok, Wall, S. 621. – Wettig, Gorbatschow, S. 48–51, 62–63.
9   Černjaev, Politbjuro, S. 524. – Zubok, Wall, S. 624 (Zitat). – Dok. 52, in: Galkin, Dokumente, S. 213–227. – Bagley, Spymaster, S. 249–250. – Haslam, Cold War, S. 382. – Dok. 82, in: Karner, Wende, S. 498. – Wagensohn, Deutschlandpolitik, S. 29–30.
10 Dašičev, Proekt «ZVEZDA», S. 120–132. – Haslam, Cold War, S. 370. – Creuzberger, Mauerfall, S. 59–60 (Zitat). – Daschitschew, Weltmacht, S. 96–113. – Wettig, Gorbatschow, S. 13–19.
11 Dok. 4, in: Hilger, Diplomatie, S. 28, 30–31 (S. 31, Zitat 1). – Creuzberger, Mauerfall, S. 60–62. – Falin, Konflikte, S. 314 (Zitat 2). – Wettig, Gorbatschow, S. 67. – Haslam, Cold War, S. 369–370, 391.
12 Creuzberger, Mauerfall, S. 63. – Kuhn, S. 18 (Zitat). – Haslam, Cold War, S. 370–371. – Wettig, Gorbatschow, S. 21–26.
13 Creuzberger, Bemühungen, S. 46–48. – Dok. 49, 52, in: Galkin, Dokumente, S. 199–200, 220 (Zitat 1, 2). – Creuzberger, Mauerfall, S. 65. – Dashičev, Unification, S. 172 (Zitat 3). – Creuzberger, Westintegration, S. 145–148.
14 Černjaev, Politbjuro, S. 53 (Zitat 1). – Gorbačev, Gody, S. 46–55 (S. 47, Zitat 2; S. 50–51, Zitat 3).
15 Wettig, Gorbatschow, S. 44–46. – Dok. 10, 11, in: Prozumenščikov, Konec, S. 71–74.
16 Tschernjajew, Weltmacht, S. 245–246. – Detlef Nakath, Kreml, S. 71 (Zitat 1). – Dok. 84, in: Karner, Wende, S. 514 (Zitat 2). – Černjaev, Gorbačev, S. 10. – Gorbačev, Sobranie, t. 17, S. 42.
17 Creuzberger, Mauerfall, S. 68–69. – Dok. 54, in: Galkin, Dokumente, S. 229–232 (S. 230, Zitat).
18 Dok. 85, in: Karner, Wende, S. 515–520 (S. 519, Zitat). – Wettig, Gorbatschow, S. 67.
19 Taubman, Gorbatschow, S. 580–581. – Dok. 112, in: Einheit, S. 616–618 (S. 618, Zitat). – Teltschik, Tage, S. 42–44. – Filitov, Vereinigung, S. 26–27. – Ruggenthaler: Wiedervereinigungspolitik, S. 170–171.

20 Dok. 205, in: AAPD, 1989, S. 922–930, hier S. 922 (Zitat). – Dok. 4, in: Hilger, Diplomatie, S. 34.
21 Taubman, Gorbatschow, S. 581. – Grachev, Gamble, S. 146 (Zitat).
22 Creuzberger, Mauerfall, S. 69–70. – Dok. 56, in: Galkin, Dokumente, S. 242 (Zitat). – Biermann, Kreml, S. 371. – Einheit, S. 65.
23 Dok. 61, in: Galkin, Dokumente, S. 254–265, hier S. 258 (Zitat). – Spohr, Wendezeit, S. 227–229.
24 Dok. 89, in: Karner, Wende, S. 539–540 (Zitate).
25 Taubman, Gorbatschow, S. 589. – Achromeev/Kornienko, Glazami maršala, S. 253–254. – Dobrynin, Confidence, S. 630.
26 Biermann, Kreml, S. 366–370. – Rödder, Deutschland, S. 147–149. – Mueller, USSR, S. 332. – Ritter, Genscher, S. 59–65.
27 Einheit, S. 67–69. – Rödder, Deutschland, S. 149–151. – Spohr, Wendezeit, S. 267–268, 275–276.
28 Dok. 121, in: AAPD, 1990, S. 507.
29 Creuzberger, Mauerfall, S. 71 (Zitate). – Rödder, Deutschland, S. 144–145, 178–193, 216–225. – Wettig, Gorbatschow, S. 51–52. – Dok. 3, in: Karner, Kreml, S. 128–140.
30 Creuzberger, Bemühungen, S. 52. – Hans Schumacher an Jürgen Burckhardt, 23.1.1990, S. 1–2, in: Archiv der sozialen Demokratie (AdsD), Nachlass Egon Bahr, Nr. 1/ EBAA000722 (Zitat).
31 Taubman, Gorbatschow, S. 551, 638. – Zubok, Wall, S. 628. – The Diary of Anatoly Chernyaev, January, 2 1990, S. 2, in: National Security Archive (NSA), Washington. – Betr.: Vermerk über ein Gespräch von Dr. Eberhard Schneider am 18.6.1986 mit Nikolaj Portugalow, ZK-Abteilung für Propaganda, bis vor kurzem ZK-Abteilung für internationale Information in Moskau, 26.6.1986, in: Archiv des Bundeskanzleramts Berlin (künftig: BKamt), Aktenzeichen 301 30 S25(1), Bd. 18, Bl. 26.
32 Dok. 66, in: Galkin, Dokumente, S. 286–291 (S. 288, 289, 287, Zitate). – Gorbačev, Sobranie, t. 18, S. 394–397.
33 Dok. 21, in: AAPD, 1990, S. 88–90. – Dok. 72, in: Galkin, Dokumente, S. 317–333. – Teltschik, Tage, S. 137–143 (S. 140–141, Zitat). – Spohr, Wendezeit, S. 292–293. – Ritter, Genscher, S. 75–77.
34 Spohr, Wendezeit, S. 286–290 (S. 286, Zitat). – Creuzberger, Legende, S. 100–103. – Dok. 11, 13, in: NSA.
35 Kwizinskij, Sturm, S. 11–12 (Zitate 1, 2). – Rödder, Deutschland, S. 230 (Zitat 3). – 19.4.1990, Kurzbetreff: Deutschlandpolitik/Bahr, S. 2, in: Politisches Archiv des Auswärtigen Amtes (PAAA), Berlin, AV NA, 30186 (Zitat 3). – Sowjetische Sicherheitsinteressen, hier: Kontext der Deutschen Frage, 14.3.1990, S. 1–8, in: PAAA, AV NA, 30186.
36 Dok. 13, 30, in: Karner, Kreml, S. 195–203, 297–299 (S. 298–299, Zitate). – Wettig, Gorbatschow, S. 59. – Dok. 62, in: Möller, Einheit, S. 309–311.
37 Dok. 75, in: Möller, Einheit, S. 377–380.
38 23.3.1990, Kurzbetreff: Deutschlandpolitik, S. 3–4 (Zitat 1); 25.4.1990, Kurzbetreff: Deutsche Vereinigung, S. 2 (Zitat 2); 28.3.1990, Betr.: Deutsche Einheit aus Sicht sowjetischer Militärs, hier Generaloberst und Prof. D. A. Wolkogonow, S. 2, in: PAAA, AV NA, 30186.
39 18.4.1990, Kurzbetreff: Deutsche Einheit, internes sowj. Papier zur Akzeptanz in der sowj. Öffentlichkeit, S. 1–3, in: PAAA, AV NA, 30186.
40 Creuzberger, Mauerfall, S. 74. – Mueller, USSR, S. 21.
41 Spohr, Wendezeit, S. 304–305. – Dok. 87, 89, in: Galkin, Dokumente, S. 368–378, 393–395 (S. 394, Zitat). – Neubert an Dg 21, 14.3.1990, Betr. Sowjetische Sicherheitsinteressen, hier: Kontext Deutsche Frage, S. 1–8, in: PAAA, AV NA, 30186. – Gorbačev, Sobranie, t. 19, S. 502. – Taubman, Gorbatschow, S. 641. – Zubok, Wall, S. 629.

42 Ritter, Genscher, S. 127, 135–136. – Rödder, Deutschland, S. 255–260. – Dok. 96, 102–106, in: Galkin, Dokumente, S. 432–442, 458–505.
43 Dok. 95, in: Galkin, Dokumente, S. 420–431. – Spohr, Wendezeit, S. 307. – Taubman, Gorbatschow, S. 647–648. – Dok. 20, 21, in: NSA.
44 Planungsstab an Herrn Bundesminister, 1.3.1990, S. 1–10 (S. 2, Zitat), in: PAAA, AV NA, 30186. – Rödder, Deutschland, S. 261–262. – Filitov, Vereinigung, S. 23–25. – Bierling, Wirtschaftshilfe, S. 71–100.

Zusammenprall der Imperien.
August 14 und der «vergessene Krieg» im Osten

1 Mihaly, Kriegstagebuch, S. 23 (Zitat 1), 46, 48, 55 (Zitat 2), 61.
2 Zum Verlauf der Ostpreußenkämpfe siehe Stone, Eastern Front, S. 44–69. – Borodziej, Weltkrieg, Bd. 1, S. 76–78. – Watson, Steel, S. 160–162. – Watson, Brutality, S. 786–787. – Fleischhauer, Zarenreich, S. 464–465. – Werth, Tannenberg, S. 919–920. – Stone, Masuren, S. 701–703. – Weltkrieg, S. 53–317. – Kossert, Reußen, S. 59–72.
3 Borodziej, Weltkrieg, Bd. 1, S. 266, 268, 286. – Watson, Steel, S. 164–169. – Kossert, Reußen, S. 67. – Watson, Brutality, S. 807.
4 Hoffmann, Aufzeichnungen, S. 52–53.
5 Kossert, Reußen, S. 65. – Weltkrieg, S. 319–323, 327, 330. – Kessler, Tagebuch, S. 108 (Zitate).
6 Kessler, Tagebuch, S. 111 (Zitat).
7 Watson, Steel, S. 171. – Geheimes Staatsarchiv Preußischer Kulturbesitz (GStAPK), XX. HA, Rep. 2, Oberpräsidium Ostpreußen II, Nr. 3560, Bl. 17–19 (Zitate). – Weltkrieg, S. 324, 326–327. – Liulevicius, Precursors, S. 39.
8 Watson, Steel, S. 162–169. – Golovine, Russian Campaign, S. 408. – Weltkrieg, S. 326.
9 Lieb, Krieg, S. 468–469. – Liulevicius, Precursors, S. 39–40. – Watson, Steel, S. 176. – Borck/Kölm, Sibirien. – Weltkrieg, S. 325, 328–330. – Kossert, Reußen, S. 30. – Überegger, Erde, S. 260–261. – Hoeres, Slawen, S. 189–191.
10 Lieb, Krieg, S. 471, 502. – Überegger, Erde, S. 254–257. – Kossert, Reußen, S. 65. – Hagen, War, S. 19–20.
11 Hoffmann, Aufzeichnungen, S. 53 (Zitate). – Herwig, First World War, S. 128.
12 Volkmann, Ostkrieg, S. 274.
13 Engelstein, Belgium, S. 15–27 (S. 18, Zitat 1). – Borodziej, Weltkrieg, Bd. 1, S. 107–111. – Lieb, Krieg, S. 470–471.
14 Groß, Schatten, S. 49–64. – Narskij, Kriegswirklichkeit, S. 251. – Überegger, Erde, S. 260.
15 Lieb, Krieg, S. 474–475. – Borodziej, Weltkrieg, Bd. 1, S. 86–90. – Stepun, Briefe, S. 275–276 (Zitate).
16 Figes, Tragödie, S. 281–283. – Narskij, Kriegswirklichkeit, S. 251–252, 257. – Beyrau, Kriegsszenen, S. 25–27. – Ërlichman, Poteri, S. 18, 42.
17 Liulevicius, Ostland, S. 297–298. – Gatrell, Empire, S. 31 (Zitat). – Gatrell, Krieg, S. 186–188. – Baberowski, Terror, S. 25–28. – Lieb, Krieg, S. 473. – Lohr, Russian Army, S. 202–419. – Schuster, Fronten. – Borodziej, Weltkrieg, Bd. 1, S. 261–263. – Überegger, Erde, S. 261–263. – Schuster, Krieg, S. 68–71. – Trees, Russland, S. 229–230. – Nelipovič, Deportation, S. 231–262. – Ërlichman, Poteri, S. 20. – Wróbel, Seeds, S. 130.
18 Overmans, Hunnen, S. 338–353. – Lieb, Krieg, S. 478–481. – Borodziej, Weltkrieg, Bd. 1, S. 170–175. – Nagornaya, POWs, S. 57.
19 Zilch, Generalgouvernement, S. 525. – Liulevicius, Ober-Ost, S. 753–754. – Liulevicius, Ostland, S. 296. – Zu ‹Ober Ost› ausführlicher bei Strazhas, Deutsche Ostpolitik. – Liulevicius, Kriegsland.

20 Lieb, Krieg, S. 476-477. - Borodziej, Weltkrieg, Bd. 1, S. 319.
21 Thiel/Westerhoff, Zwangsarbeitslager, S. 130-139. - Westerhoff, Zwangsarbeit, S. 332-334.
22 Überegger, Erde, S. 260-261, 264-265.
23 Liulevicius, Kriegsland, S. 23-24, 42-43.
24 Bernhardi, Helden, S. 89-90 (Zitat).
25 Mjöen, Germanen, S. 86-87 (Zitate).
26 Norbert Elias, S. 28 (Zitat). - Baberowski, Bemerkungen, S. 147-148. - Liulevicius, Kriegsland, S. 189-216.
27 Ausführlich dazu Liulevicius, Kriegsland, S. 116-188. - Borodziej, Weltkrieg, Bd. 1, S. 327, 336-370. - Lehnstaedt, Polenpolitik, S. 195-202, 465.
28 Volkmann, Ostkrieg, S. 278-281. - Baberowski, Bemerkungen, S. 148-149. - Liulevicius, Ostland, S. 302. - Lieb, Krieg, S. 473-474. - Lehnstaedt, Polenpolitik, S. 456. - Borodziej, Weltkrieg, Bd. 1, S. 319.
29 So der Buchtitel von Snyder, Bloodlands.
30 Lehnstaedt, Polenpolitik, S. 458-459. - Lieb, Krieg, S. 502. - Bergien, Vorspiel, S. 398-408. - Borodziej, Weltkrieg, Bd. 1, S. 324-327.

Vom Weltenbrand zum Bürgerkrieg. Nährboden für Radikalisierung

1 Davies, White Eagle, S. 21 (Zitat).
2 Gerwarth, Kriege, S. 18. - Gerwarth/Horne, Paramilitarismus, S. 7, 16-23. - Balkelis, Bürgern, S. 201-225. - Böhler, Wilder Osten, S. 142. - Spinney, 1918, S. 54-56, 150-161, 198-199, 294-295.
3 Lieb, Krieg, S. 491.
4 Hausmann, Niederlage, S. 138-139. - Zur deutschen Politik in Südrussland siehe ausführlicher Baumgart, Deutsche Ostpolitik, S. 117-155. - Musial, Ukrainepolitik, S. 367-373.
5 Lieb, Krieg, S. 485-486 (S. 485, Zitat). - Nachtigal, Desant, S. 225-228. - Musial, Ukrainepolitik, S. 373. - Dornik/Lieb, Operationen, S. 203-225.
6 Lieb, Krieg, S. 486-487 (Zitat).
7 Lieb, Krieg, S. 487. - Dornik/Lieb, Operationen, S. 221-223. - Nachtigal, Desant, S. 232-238.
8 Dornik/Lieb, Operationen, S. 225-232. - Dornik/Lieb, Ausnutzung, S. 280-323. - Böhler, Violence, S. 71. - Wróbel, Seeds, S. 134-135.
9 Borodziej, Weltkrieg, Bd. 2, S. 85-86, 92.
10 Gerwarth, Die Besiegten, S. 95. - Herbst, Novemberrevolution, S. 15 (Zitat 1). - Rauch, Staatsgründungen, S. 52-53 (Zitat 2). - Lenin, Polnoe sobranie, S. 234. - Balkelis, Demobilisierung, S. 205-206.
11 Rauch, Staatsgründungen, S. 52-56. - Gerwarth, Die Besiegten, S. 96. - Sauer, Mythos, S. 871-872. - Wróbel, Seeds, S. 141-142. - Brüggemann, Estland, S. 85-88, 202-203, 205-206.
12 Balkelis, Demobilisierung, S. 203. - Sauer, Mythos, S. 872-873. - Lieb, Krieg, S. 493. - Goltz, General, S. 11-77. - Salomon, Die Geächteten, S. 111. - Voigtmann, Baltikumer, S. 123.
13 Gerwarth, Die Besiegten, S. 96-98. - Lieb, Krieg, S. 493, 495. - Salomon, Die Versprengten, S. 113. - Balla, Landsknechte. - Bischoff, Front, S. 14. - Šilin'š, Vojna, S. 187. - Baberowski/Doering-Manteuffel, Ordnung, S. 26-27.
14 Lieb, Krieg, S. 493, 495. - Voigtmann, Baltikumer, S. 128 (Zitat). - Bischoff, Front, S. 39, 48.
15 Liulevicius, Kriegsland, S. 289 (Zitat). - Voigtmann, Baltikumer, S. 134. - Gerwarth, Die Besiegten, S. 99.
16 Balla, Landsknechte, S. 134 (Zitat).

17 Lieb, Krieg, S. 496 (Zitat). – Bischoff, Front, S. 43.
18 Salomon, Die Versprengten, S. 113 (Zitat).
19 Siehe zur besonderen Brutalität des roten Terrors der Bolschewiki grundsätzlich Baberowski, Terror, S. 28–53.
20 Bischoff, Front, S. 71 (Zitat). – Salomon, Die Geächteten, S. 67.
21 Bischoff, Front, S. 49 (Zitat 1), 106, 113–117, 120, 122–123. – Balla, Landsknechte, S. 133–134 (Zitat 2), 180. – Sauer, Mythos, S. 383–385. – Lieb, Krieg, S. 496–497. – Gerwarth, Die Besiegten, S. 100–102. – Oertzen, Freikorps, S. 50.
22 Lieb, Krieg, S. 491–492. – Goltz, General, S. 109–116. – Oertzen, Freikorps, S. 55–67. – Balkelis, Demobilisierung, S. 208.
23 Gerwarth, Die Besiegten, S. 102. – Schulze, Freikorps, S. 154–174. – Goltz, General, S. 125, 140. – Oertzen, Freikorps, S. 82, 87–88.
24 Dazu und zu den Operationen von Bermondt-Awalow siehe von Brüggemann, Estland, S. 424–435 (S. 424, Zitat 1).
25 Schulze, Freikorps, S. 186–201. – Bischoff, Front, S. 155–242. – Oertzen, Freikorps, S. 100–102. – Brüggemann, Estland, S. 426. – Balkelis, Demobilisierung, S. 200. – Zur antibolschewistischen weißen Bewegung im russischen Bürgerkrieg siehe ausführlicher Katzer, Bewegung.
26 Salomon, Die Geächteten, S. 144 (Zitat). – Oertzen, Freikorps, S. 117.
27 So der Titel einer Untersuchung von Waite, Vanguard of Nazism.
28 Lieb, Krieg, S. 500 (Zitat). – Baberowski und Doering-Manteuffel heben die Bedeutung als wichtiges Bindeglied hervor, Baberowski/Doering-Manteuffel, Ordnung, S. 25.
29 Schulze, Freikorps, S. 172. – Lieb, Krieg, S. 489, 499–502 (S. 499, Zitat). – Sauer, Mythos, S. 875.

Wirkungsmacht der Ideologien?
Begegnung im Zeichen des Totalitarismus

1 Hobsbawm, Zeitalter. – Bracher, Ideologien.
2 Pohlmann, Feindbilder, S. 70.
3 Reimann, Weltkrieg, S. 31 (Zitat). – Kennan, Allianz.
4 Pohlmann, Zusammenhänge, S. 187–188 (Zitat). – Pohlmann, Bolschewismus und Nationalsozialismus, S. 164, 173. – Zur Volksfront ausführlicher bei Bayerlein, Deutscher Kommunismus, S. 314–353. – Koenen, Bolschewismus, S. 173–174.
5 Pohlmann, Zusammenhänge, S. 191–194. – Pohlmann, Bolschewismus und Nationalsozialismus, S. 167–169, 172 (S. 167, Zitat). – Mit Bezug auf Deutschland siehe ausführlicher im Kapitel Taktische Atempause.
6 Creuzberger, Stalin, S. 110–112. – Baberowski, Archangel'sk, S. 617 (Zitat 1). – Leggett, Cheka, S. 114 (Zitat 2). – Koenen, Bolschewismus, S. 199–200.
7 Pohlmann, Zusammenhänge, S. 197–198 (S. 198, Zitat). – Pohlmann, Bolschewismus und Nationalsozialismus, S. 174–176.
8 Zu den späteren Auffassungen siehe u. a. Lüdicke, Weltanschauung. – Hartmann, Hitler.
9 Weber, Hitler, S. 328–330, 360 (S. 328–330, Zitate).
10 Siehe hierzu ausführlich bei Kellogg, Roots, S. 48–244.
11 Weber, Hitler, S. 330, 336. – Laqueur, Deutschland, S. 62–98.
12 Kellogg, Roots, S. 217, 278 (Zitat).
13 Lüdicke, Weltanschauung, S. 77. – Siehe dazu ausführlich Hartmann, Hitler, S. 1625–1690. – Hürter, Besatzungspolitik, S. 15–16 (S. 16, Zitat).
14 Weber, Hitler, S. 420–421. – Laqueur, Deutschland, S. 122–129.

Anmerkungen

15 Inhaltlich ausführlicher u. a. bei Kuhn, Programm. – Lüdicke, Weltanschauung, S. 72–81, 109–128.
16 Siehe dazu ausführlicher im Kapitel Wirkungsmacht der Ideologien?
17 Für die ersten Jahre nationalsozialistischer Außenpolitik ausführlicher Hildebrand, Reich, S. 563–704. – Schmidt, Außenpolitik, S. 133–214.
18 Siehe ausführlich in der Aktenedition von Slutsch/Tischler, Dokumente, Bd. 1, Teilbd. 1 und 2, passim.
19 Dafinger, Wissenschaft, S. 168. – Hürter, Besatzungspolitik, S. 16.
20 Plöckinger, Kampf, S. 523–524 (Zitate).
21 Ausführlicher dazu im Kapitel Zäsuren im radikalen Zeitalter.
22 Weingartner, Stalin und der Aufstieg Hitlers, S. 217–220. – Luks, Faschismustheorie, S. 19. – Laqueur, Deutschland, S. 240–241, 264.
23 Plöckinger, Kampf, S. 524–534, 548.
24 Plöckinger, Kampf, S. 548. – Ausführlicher dazu im Kapitel Zäsuren im radikalen Zeitalter und im Kapitel Im Angesicht totalitärer Diktaturen.
25 Creuzberger, Stalin, S. 193.
26 Zeidler, Von Tätern, S. 271–277.
27 Creuzberger, Stalin, S. 186–188. – Montefiore, Stalin, S. 354–355. – Hamann, Hitlers Wien.
28 Telegramma Gitlera I. V. Stalinu (pervod), in: RGASPI, f. 558, op. 11, d. 296, l. 3, 5. – Pis'mo Stalina Gitleru A., 21. 8. 1939, in: RGASPI, f. 558, op. 11., d. 296, l. 1. – Privetstvennaja telegramma Gitlera A. iz Berlina, 21. 12. 1939, in: RGASPI, f. 558, op. 11, d. 1354, l. 78.
29 Schattenberg, Diplomatie, S. 30 (Zitat). – Slutsch, Probleme, S. 17–18. – Fritze, Anatomie, S. 407.
30 Kellogg, Roots, S. 278. – Wirsching, Antibolschewismus, S. 156.
31 Frölich, Tagebücher Goebbels, Teil I, Bd. 1/II, S. 99 (26. 6. 1926, Zitat). – Dok. 104, in: Slutsch/Tischler, Dokumente, Bd. 1, Teilbd. 1, S. 413.
32 Nekrič, 1941, S. 19. – Krivitsky, Secret Service, S. 1–2, 183.
33 Mikojan, Tak bylo, S. 534 (Zitat).
34 Fritze, Anatomie, S. 407 (Zitat).
35 Dok. 170, 182, 184, in: Jochmann, Hitler, S. 336 (Zitat 3), 363 (Zitate 1, 2), 366 (Zitate 4, 5). – Dok. 186, in: Picker, Hitlers Tischgespräche, S. 447–448, 648.

«Durch Blut gefestigte Freundschaft».
Terror in Zeiten politischer Zusammenarbeit

1 So Stalin in seiner telegrafischen Antwort auf Ribbentrops Glückwünsche zum 60. Geburtstag des sowjetischen Diktators, Ministru inostrannych del germanii, S. 4 (Zitat).
2 Dok. 496, in: ADAP, D, Bd. VII, S. 400.
3 Dok. 360, 382, 383, 387, 388, 424, in: ADAP, D, Bd. VII, S. 302 (Zitat), 317–318, 322–323, 350. – Soobščenie TASS, 30. 8. 1939.
4 Slutsch, Polenfeldzug, S. 102–104. – Dok. 9, in: Komintern i vtoraja mirovaja vojna, S. 89 (Zitat).
5 Slutsch, Polenfeldzug, S. 105. – Gross, Sowjetisierung, S. 58–59.
6 Wnuk, Scylla, S. 162 (Zitat). – Molotov, Reč po radio, S. 1–3.
7 Dok. 94, in: ADAP, D, Bd. VIII, S. 76 (Zitate). – Slutsch, Polenfeldzug, S. 104. – Gross, Sowjetisierung, S. 58.
8 Slutsch, Polenfeldzug, S. 106. – Pietrow, Stalinismus, S. 139. – Köstring, Mittler, S. 177.
9 Slutsch, Polenfeldzug, S. 107–108. – Maier, Errichtung, S. 133.

10 Pietrow, Stalinismus, S. 178–179. – Weber, Pakt, S. 169–171.
11 Ruchniewicz, Zwangsmigration, S. 32.
12 Snyder, Bloodlands, S. 142. – Pietrow, Stalinismus, S. 172.
13 Creuzberger, Stalin, S. 110.
14 Wnuk, Scylla, S. 162 (Zitate).
15 Gross, Revolution, S. 45–50, 230 (Zitate). – Kalniete, Mit Ballschuhen, S. 32–33. – Baberowski, Verbrannte Erde, S. 373–374. – Mazower, Hitlers Imperium, S. 98–99. – Mick, Kriegserfahrungen, S. 422, 440–445, 575. – Ruchniewicz, Zwangsmigration, S. 133–134, 140. – Gross, Sowjetisierung, S. 71. – Hryciuk, Repressionen, S. 305–313.
16 Szarota, Besatzung, S. 43–46. – Ruchniewicz, Zwangsmigration, S. 131, 136–138. – Mazower, Hitlers Imperium, S. 99. – Stiller, Gewalt, S. 45–66.
17 Zu Hans Frank siehe ausführlicher O'Connor, Butcher of Poland (Zitat). – Schenk, Hans Frank. – Schenk, Krakauer Burg.
18 Wnuk, Scylla, S. 167. – Abweichend Ruchniewicz, Zwangsmigration, S. 138 (365 000 Menschen). – Mazower, Hitlers Imperium, S. 98 (408 000 Personen). – Szarota, Besatzung, S. 49 (über 400 000).
19 Snyder, Bloodlands, S. 142. – Mazower, Hitlers Imperium, S. 99. – Ausführlich zu dieser Problematik auch Böhler, Auftakt.
20 Wnuk, Scylla, S. 166–167 (Zitate). – Mazower, Hitlers Imperium, S. 98–99. – Snyder, Bloodlands, S. 144, 161. – Lehnstaedt, Okkupationsregime, S. 22. – Kołakowski, Avantgarde, S. 155–172. – Mick, Kriegserfahrungen, S. 426, 439–441. – Zur Rolle Heydrichs im besetzten Polen siehe ausführlicher bei Gerwarth, Reinhard Heydrich, S. 169–175 («Unternehmen Tannenberg»). – Zu Katyń siehe ausführlicher bei Sandford, Katyn. – Weber, Krieg der Täter. – Weber, Pakt, S. 104–106. – Creuzberger, Masterplan, S. 21.
21 Wnuk, Scylla, S. 168 (Zitat). – Snyder, Bloodlands, S. 162.
22 Ausführlich dazu bei Levin, The Lesser of Two Evils (Zitat). – Silberklang, Faden, S. 235.
23 Siehe hierzu ausführlich bei Döring, Umsiedlung. – Pietrow, Stalinismus, S. 171. – Weber, Pakt, S. 107–142.
24 Silverklang, Faden, S. 235–236. – Dean, Besatzung in Ostpolen, S. 310.
25 Schafranek, Auslieferung, S. 61 (Zitat). – Pietrow, Stalinismus, S. 171–172.
26 Schafranek, Auslieferung, S. 61–62 (Zitat).
27 Pietrow, Stalinismus, S. 171 (Zitat).
28 Schafranek, Auslieferung, S. 63 (Zitat).
29 Hierzu ausführlicher u. a. Ochotin/Roginski, Geschichte, S. 88–125. – Vatlin, Nemeckaja operacija.
30 Buber-Neumann, Gefangene, S. 150–215.
31 Mensing, Morgengabe, S. 60, 62.
32 Schafranek, Auslieferung, S. 76–77.
33 Tischler, Flucht, S. 228 (Zitate). – Mensing, Morgengabe, S. 61–65. – Vatlin, Nemeckaja operacija, S. 181. – Mensing, Paktfreund, S. 81–84.

Schlachtfeld der Diktatoren. Weltanschaulicher Vernichtungskrieg

1 Alexijewitsch, Krieg, S. 352.
2 Stalin, Werke, Bd. 14, S. 238. – Creuzberger, Stalin, S. 142–143.
3 Kempowski, Barbarossa, S. 10, 23. – Creuzberger, Stalin, S. 139.
4 Hierzu ausführlicher im Kapitel «Durch Blut gefestigte Freundschaft».
5 Siehe Dok. 1–10 bei Ueberschär/Wette, Barbarossa, S. 298–318. – Hartmann, Hitlers Planung, S. 182–184.

Anmerkungen

6 Dok. 3, 8, in: Ueberschär/Wette, Barbarossa, S. 302–303 (Zitate), 313–314. – Ausführlich dazu Römer, Kommissarbefehl. – Römer, Frontdivisionen, S. 95–112.
7 Dok. 6, in: Ueberschär/Wette, Barbarossa, S. 306–307 (Zitat). – Römer, Rezeption, S. 53–99. – Ergänzung zur Weisung Nr. 33 vom 23.7.1941, in: Hubatsch, Hitlers Weisungen, S. 144.
8 Hartmann, Unternehmen, S. 24, 49 (Zitat 1). – Siehe auch die einschlägigen Planungsbefehle bei Hartmann, Hitlers Planung, S. 183–184. – Herbert, Barbarossa, S. 30, 37 (Zitat 2). – Hürter, Heerführer, S. 205–265.
9 Kempowski, Barbarossa, S. 40 (Zitat).
10 Creuzberger, Stalin, S. 141.
11 Boog, Angriff, S. 321, 357. – Hartmann, Unternehmen, S. 22–23, 26, 37. – Kundrus, Krieg, S. 145. – Menzel, Pferde.
12 Kotkin, Waiting for Hitler, S. 892, 894. – Hartmann, Unternehmen, S. 34–35. – Dyke, Soviet Invasion. – Creuzberger, Stalin, S. 235.
13 Creuzberger, Stalin, S. 135.
14 Hürter, Heinrici, S. 43 (Zitat). – Hartmann, Unternehmen, S. 39. – Overy, Krieg, S. 146.
15 Creuzberger, Stalin, S. 143–144.
16 Hürter, Heerführer, S. 284–285, 294–296, 301, 324–327, 331–332, 345, 350. – Hartmann, Unternehmen, S. 40. – Creuzberger, Stalin, S. 149–150.
17 Hürter, Heinrici, S. 59–60 (Zitat).
18 Overy, Krieg, S. 188. – Kriegstagebuch des Oberkommandos, S. 1120–1121. – Erickson, Losses, S. 264–265. – Creuzberger, Stalin, S. 144–145. – Merridale, Krieg, S. 224. – Hürter, Heinrici, S. 43–44, 47, 49, 124. – Hartmann, Unternehmen, S. 42.
19 Overy, Krieg, S. 188.
20 Hürter, Heinrici, S. 53 (Zitate 2, 3).
21 Creuzberger, Stalin, S. 148–149. – Merridale, Krieg, S. 112–113, 119–122, 157–159.
22 Petrov, Todesstrafe, S. 62. – Creuzberger, Stalin, S. 146–147. – Merridale, Krieg, S. 110–112, 148, 156, 161. – Hartmann, Unternehmen, S. 42–43.
23 Reese, Russland, S. 71, 83 (Zitate). – Hürter, Heinrici, S. 105.
24 Hürter, Heinrici, S. 115, 120–122 (Zitate).
25 Overy, Krieg, S. 243–285. – Merridale, Krieg, S. 187–210. – Ulrich, Stalingrad, S. 7. – Hellbeck, Stalingrad. – Siehe auch mit weiteren Literaturangaben Wette/Ueberschär, Stalingrad, S. 314–323.
26 Overy, Krieg, S. 295–296, 302, 361.
27 Reese, Russland, S. 201 (Zitat).
28 Beevor, Schriftsteller, S. 257–421. – Overy, Krieg, S. 287–339, 391–437. – Creuzberger, Stalin, S. 162. – Babičenko, Verluste, S. 151. – Zur Roten Armee in Deutschland siehe ausführlicher im Kapitel Sieger und Besiegte.
29 Kundrus, Krieg, S. 183.
30 Creuzberger, Stalin, S. 149. – Chiari, Alltag. – Kundrus, Krieg, S. 147.
31 Baberowski, Verbrannte Erde, S. 404–405, 442 (Zitat). – Kempowski, Barbarossa, S. 227. – Musial, Konterrevolutionäre Elemente. – Mick, Kriegserfahrungen, S. 467–477. – Gross, Revolution, S. 178–186. – Für Estland siehe Mallmann, Ereignismeldungen UdSSR, S. 603–607.
32 Snyder, Bloodlands. – Baberowski, Krieg, S. 309. – Hürter, Wahrnehmung, S. 221, 224.
33 Römer, Kommissarbefehl, S. 551–568 (S. 567, Zitat). – Wachsmann, S. 306–317, 338. – Hartmann, Unternehmen, S. 67. – Overmans, Rotarmisten, S. 20–21. – Pohl, Herrschaft, S. 201, 210, 230–242.
34 Dok. 1.14, 1.23, 1.26, 2.1.17, in: Overmans, Rotarmisten, S. 16, 91–92, 109–110, 113–114, 171–172 (Zitat). – Hartmann, Massensterben, S. 130–131.
35 Pohl, Herrschaft, S. 206–210.

36 Hartmann, Massensterben, S. 136 (Zitat). – Overmans, Rotarmisten, S. 22–24. – Wachsmann, KL, S. 325–338. – Streit, Keine Kameraden, S. 128–288. – Stratievski, Kriegsgefangene.
37 Pohl, Herrschaft, S. 153–170, 244–245, 247, 253, 340. – Kundrus, Krieg, S. 201. – Kipp, Feindbilder, S. 454. – Hürter, Heerführer, S. 509–599.
38 Pohl, Herrschaft, S. 338 (Zitat 1). – Hürter, Wahrnehmung, S. 220–221 (Zitat 2). – Kipp, Feindbilder, S. 448–454.
39 Kundrus, Krieg, S. 203, 206–208, 216–217. – Dok. 84, 94, in: Heim, Verfolgung, Bd. 7, S. 296, 311–314 (S. 312, Zitat). – Wiehn, Schoáh. – Rüss, Kiev/Babij Jar, S. 102–113. – Hoppe, Babyn Jar, S. 5–22. – Pohl, Herrschaft, S. 343, 339. – Angrick/Klein, «Endlösung». – Klein, Einsatzgruppen.
40 Pohl, Herrschaft, S. 249–253. – Snyder, Bloodlands, S. 199–233. – Longerich, Wannseekonferenz.
41 Hartmann, Unternehmen, S. 64. – Heim, Verfolgung, Bd. 8.
42 Kummer, Jerusalem, S. 19–31.
43 Hartmann, Unternehmen, S. 77 (Zitat). – Hürter, Heerführer, S. 507.
44 Kundrus, Krieg, S. 148–150, 159 (S. 148, Zitat). – Pohl, Herrschaft, S. 87–116. – Baberowski/Doering-Manteuffel, Ordnung, S. 73–74. – Dallin, Herrschaft, S. 95–113, 293–299. – Müller, Hitlers, S. 83–114.
45 Snyder, Bloodlands, S. 174–175. – Hartmann, Unternehmen, S. 77. – Mazower, Imperium, S. 267. – Müller/Ueberschär, Hitlers Krieg, S. 324–338, 391.
46 Pohl, Herrschaft, S. 65–66, 183–200, 343, 345 (S. 183, Zitat). – Gerlach, Morde, S. 46–59, 289–292. – Mazower, Imperium, S. 267–269. – Snyder, Bloodlands, S. 174–190. – Hartmann, Unternehmen, S. 77–78. – Hürter, Heerführer, S. 465–508. – Zu Backe ausführlicher Alleweldt, Herbert Backe.
47 Adamowitsch/Granin, Blockadebuch, S. 72 (Zitat). – Ausführlicher dazu u. a. Ganzenmüller, Das belagerte Leningrad. – Reid, Blokada. – Glanz, Siege. – Ganzenmüller, Nebenkriegsschauplatz, S. 135.
48 Brakel, Stern. – Gerlach, Morde, S. 859–1036. – Gogun, Stalinskie kommandos. – Hill, War. – Musiał, Partisanen. – Pohl, Herrschaft, S. 283–299. – Baberowski/Doering-Manteuffel, Ordnung, S. 82–83. – Shepherd, War, S. 166–218. – Kilian, Wehrmacht, S. 173–199. – Klein, Einsatzgruppen, passim. – Müller/Ueberschär, Hitlers Krieg, S. 321.
49 Pohl, Herrschaft, S. 305–315. – Jahn, Sowjetische Kriegsgefangene, S. 161. – Weißrussische Zwangsarbeiter. – Poljan, Deportation, S. 115–140. – Poljan, Žertvy. – Bonwetsch, Zwangsarbeiter, S. 532–546. – Ruggenthaler, Hitlers Sklaven. – Mazower, Imperium, S. 250, 278–293.
50 Baberowski, Verbrannte Erde, S. 448–449 (Zitate). – Pobol'/Poljan, Stalinskie deportacii, S. 287–313. – Nakazannyj narod. – Pinkus, Deportation, S. 464–479. – Conquest, Stalins Völkermord.
51 Creuzberger, Stalin, S. 148. – Baberowski/Doering-Manteuffel, Ordnung, S. 84–87. – Baberowski, Verbrannte Erde, S. 449–453. – Naimark, Hass, S. 111–137.
52 Creuzberger, Stalin, S. 152–154. – Merridale, Krieg, S. 138–139. – Barber, Moscow Crisis, S. 201–218. – Ganzenmüller, Mobilisierungsdiktatur, S. 117–134. – Reid, Blokada.
53 Zubkova, Pribaltika, S. 145–153, 257–319, 337. – Feest, Zwangskollektivierung. – Creuzberger, Stalin, S. 165. – Merridale, Krieg, S. 277–281.
54 Baberowski, Terror, S. 235. – Baber/Harrison, Soviet Homefront, S. 143–193. – Harrison, Accounting for War. – Creuzberger, Stalin, S. 155–156. – Overy, Krieg, S. 344–355.
55 Figes, Nataschas Tanz, S. 508. – Stites, Wartime Culture, S. 171–184. – Brooks, Pravda, S. 6. – Miner, Holy War. – Fletcher, Soviet Bible Belt, S. 91–106. – Creuzberger, Stalin, S. 156–158.

56 Mazower, Imperium, S. 249. – Süß, Gesellschaft, S. 172–173 (Zitat), 258. – Schanetzky, Wirtschaft, S. 198–199. – Müller, Wirtschaftspolitik, S. 449.
57 Süß, Gesellschaft, S. 232–234. – Schanetzky, Wirtschaft, S. 195–196 (S. 195, Zitat). – Echternkamp, Kampf, S. 14, 67. – Wagner-Kyora, «Menschenführung», S. 421.
58 Süß, Gesellschaft, S. 199–201. – Echternkamp, Kampf, S. 41. – Seidler, Blitzmädchen. – Seidler, Frauen zu den Waffen, S. 59. – Gersdorff, Frauen im Kriegsdienst, S. 375–377. – Kramer, Volksgenossinnen.
59 Siehe dazu die erschütternden Dokumente bei Alexijewitsch, Krieg, passim.
60 Hartmann, Unternehmen, S. 8, 115–116. – Creuzberger, Stalin, S. 162. – Ėrlichman, Poteri, S. 18, 20, 42.
61 Siehe dazu ausführlicher im Kapitel Rückblende.

Sieger und Besiegte.
Flucht, Vertreibung und stalinistischer Terror in der SBZ/DDR

1 Gelfand, Tagebuch, S. 77 (Zitate).
2 Volland, Banner. – Volland, Flagge, S. 112–118. – Gloger, Fremde, S. 308–309.
3 Zum operativen Geschehen ausführlicher bei Schwendemann, Zusammenbruch, S. 129, 131–132. – Zeidler, Kriegsende, S. 67–104.
4 Satjukow, Besatzer, S. 38. – Scherstjanoi, Briefkommunikation, S. 207–209. – Zeidler, Kriegsende, S. 140–142.
5 Fisch, Ubej, S. 25 (Zitat). – Clark, Ehrenburg, S. 155–156.
6 Zeidler, Kriegsende, S. 116, 126 (Zitat). – Satjukow, Besatzer, S. 38.
7 Bordjugow, Verbrechen, S. 1241. – Foitzik, Besetzung, S. 379. – Merridale, Krieg, S. 354–356. – Gelfand, Tagebuch, S. 29.
8 Willems, Nachbeben, S. 413–416. – Willems, Violence, S. 47–57. – Schwendemann, Zusammenbruch, S. 135. – Foitzik, Besetzung, S. 82. – Zeidler, Kriegsende, S. 145.
9 Willems, Nachbeben, S. 405–408. – Willems, Violence, S. 188–242. – Schwendemann, Zusammenbruch S. 135. – Kershaw, Ende, S. 167–168.
10 Schwendemann, Zusammenbruch, S. 128–129, 134, 136. – Schwartz, Säuberungen, S. 535. – Willems, Nachbeben, S. 410 (Zitat 1). – Rothwell, War Aims, S. 152. – Zeidler, Kriegsende, S. 17, 155–167, 209 (Zitat 3). – Foitzik, Besetzung, S. 378. – Stalin, O Velikoj Otečestvennoj vojne, S. 83–84 (Zitat 2).
11 Zu Nemmersdorf und der kontroversen Bewertung der Ereignisse siehe ausführlicher bei Kershaw, Ende, S. 169–172. – Schwartz, Säuberungen, S. 536. – Fisch, Nemmersdorf, S. 287–305. – Zeidler, Kriegsende, S. 17. – Lowe, Kontinent, S. 103–106.
12 Schwartz, Säuberungen, S. 538–539.
13 Schwartz, Säuberungen, S. 554.
14 Im Folgenden siehe Willems, Nachbeben, S. 420–432. – Willems, Violence, S. 113, 243–285.
15 Willems, Nachbeben, S. 407, 409, 411–420. – Schwartz, Säuberungen, S. 541. – Fisch, Russen, S. 389–415.
16 Schwartz, Säuberungen, S. 539–541. – Naimark, Hass, S. 149, 161. – Thum, Breslau 1945, S. 79–80, 83. – Urban, Verlust, S. 120–121. – Lowe, Kontinent, S. 163–187.
17 Zeidler, Kriegsende, S. 104–105. – Naimark, Russen, S. 97.
18 Naimark, Russen, S. 97–98, 104–105. – Satjukow, Besatzer, S. 45. – Merridale, Krieg, S. 343. – Eine Frau in Berlin, S. 59–64, 70, 73–75, 164. – Beevor, Berlin, S. 444–449. – Scherstjanoi, Briefkommunikation, S. 223. – Schmidt-Harzbach, Berlin 1945, S. 24.
19 Gelfand, Tagebuch, S. 79–80 (Zitat).

20 Kopelew, Aufbewahren, S. 98–101, 105. – Meier, Kopelew, S. 87–93. – Naimark, Russen, S. 98, 103, 119. – Drabkin, Kopelev, S. 50–51. – Beevor, Berlin, S. 448. – Merridale, Krieg, S. 342.
21 Naimark, Russen, S. 153, 170. – Petersen, Stalintrauma, S. 189–191.
22 Johr, Ereignisse, S. 48–58. – Beevor, Berlin, S. 445, 447, 449. – Scherstjanoi, Briefkommunikation, S. 223. – Schwartz, Säuberungen, S. 536.
23 Naimark, Russen, S. 146–147. – Lerner, Creation, S. 78, 450. – Engelstein, Gender, S. 469, 471–478. – Levin, Sex and Society, S. 227, 245. – Scherstjanoi, Briefkommunikation, S. 224–225. – Mühlhäuser, ‹Racial Awareness›, S. 197–220. – Johr, Ereignisse, S. 65–73. – Connell, Mann, S. 97–108. – Mühlhäuser, Eroberungen.
24 Hilger, Todesurteile, S. 96. – Satjukow, Besatzer, S. 54.
25 Hilger/Petrow, Militärjustiz, S. 21. – Hilger, Spione, S. 13 (Zitat).
26 Siehe hierzu ausführlicher im Kapitel «Aufbau des Sozialismus» in einem halben Land.
27 Foitzik/Petrow, Geheimdienste, S. 15, 17, 23. – Petrov, Stalin. – Zu Serow ausführlicher bei Petrov, Pervyj predsedatel'. – Petrov, Serov, S. 166, 171–183.
28 Foitzik/Petrow, Geheimdienste, S. 14, 29, 31, 36, 151–152 (Dok. 45), 223–225 (Dok. 98), 265–268 (Dok. 127). – Zeidler, Kriegsende, S. 177–187. – Plato, Geschichte, S. 36–44, 53–56, 60. – Jeske, Versorgung, S. 194–196, 201, 207, 214–215. – Lipinsky, Straße, S. 136–142. – Reif-Spirek/Ritscher, Speziallager. – Greiner, Terror, S. 10–11. – Greiner, Speziallager, S. 383.
29 Foitzik/Petrow, Geheimdienste, S. 25–26, 37, 40, 49–57, 215–216 (Dok. 92), S. 339–345 (Dok. 156). – Hilger/Petrow, Militärjustiz, S. 25–27.
30 Im Nachfolgenden siehe Hilger/Petrow, Militärjustiz, S. 28, 31–36. – Hilger, Todesurteile, S. 118–120, 128. – Müller, Verbrechensahndung, S. 33, 50, 57, 61. – Schmidt, Isolierung, S. 344–394. – Zum Verfahren gegen die sogenannte Widerstandsgruppe Esch siehe BStU, MfS, HA IX/11 RHE 44/89 SU, Bde. 1–14. – Greiner, Speziallager, S. 379.

Rückblende. Erinnerungskultur und totalitäre Gewalterfahrung

1 Feiern zum Kriegsende (Zitate).
2 Feiern in Moskau.
3 Putin, Vystuplenie (Zitate). – Bürger, Geschichte, S. 216.
4 Feiern in Moskau. – Zum Verhältnis zwischen Putin und Schröder siehe ausführlicher im Kapitel Von der Ost- zur «Frost»-Politik
5 Bekenntnis. Schröder bittet Russland um Vergebung (Zitate). – Ein Vertrauensbeweis.
6 Staatsfeiern. Auf kleiner Flamme, S. 18–20. – Köhler, Helmut Kohl, S. 867. – 50 Jahre danach, S. 54–59 (S. 58, Zitat).
7 Weltkriegsgedenken. – Merkel in Moskau.
8 Morina, Vernichtungskrieg, S. 258.
9 Ausführlicher zu diesem Aspekt Ferretti, Erinnerung, S. 45–54.
10 Morina, Vernichtungskrieg, S. 253–254.
11 Creuzberger/Geppert, Erbe, S. 8 (Zitat). – Morina, Vernichtungskrieg, S. 263.
12 Creuzberger/Geppert, Zwischenbilanz, S. 193 (Zitat). – Creuzberger/Hoffmann, Vorbemerkungen, S. 2–3, 6. – Schild, Kriegserinnerung, S. 138–146. – Morina, Vernichtungskrieg, S. 256–258.
13 Bonwetsch, Erinnerungskultur, S. 26. – Zu Eugen Kogon siehe Beismann, Eugen Kogon.
14 Morina, Vernichtungskrieg, S. 258, 263–264, 280, 285. – Morina, Legacies, S. 44, 51–52, 54, 63–66. – Bonwetsch, Erinnerungskultur, S. 28.
15 Bonwetsch, Erinnerungskultur, S. 29. – Echternkamp, Stalingrad, S. 94–97.

16 Beatti, Sowjetische KZs, S. 119–138.
17 Manstein, Verlorene Siege. – Echternkamp, Stalingrad, S. 97–99. – Wurzer, Antikommunismus, S. 49–60. – Schornstheiner, Bombenstimmung. – Geiger, Kriegsromanhefte. – App/Lemke, Weltkrieg, S. 636–641.
18 Böll, Adam. – Bonwetsch, Erinnerungskultur, S. 31. Sie dazu auch Mitscherlich, Unfähigkeit.
19 Echternkamp, Stalingrad, S. 97–99. – Schwelling, Jahre, S. 55–70. – Hegel, Sinnlosigkeit, S. 71–91. – Jahn, Sieger, S. 164. – Morina, Vernichtungskrieg, S. 285.
20 König, Beschweigen, S. 39–42. – Boroznjak, Erinnerungsschübe, S. 22–25. – Morina, Vernichtungskrieg, S. 257–258, 263, 277–279. – Bonwetsch, Erinnerungspolitik, S. 35.
21 Zarusky, Erinnerungskultur, S. 229–230. – Bonwetsch, Erinnerungspolitik, S. 35. – Wette, Auseinandersetzung, S. 127–133.
22 Ausführlicher Taubman, Gorbatschow, S. 548–590. – Creuzberger, Bemühungen, S. 15–16. – Zarusky, Erinnerungskultur, S. 229–230, 235. – Morina, Vernichtungskrieg, S. 280. – Wentker, Gorbatschow, S. 119–149. – Jahn, Vernichtungskrieg, S. 162.
23 Siehe hierzu ausführlicher im Kapitel Verlust der Kriegstrophäe DDR und im Kapitel Gorbatschows Perestroika.
24 Versöhnung und Frieden. – Dok. 31, in: Galkin, Dokumente, S. 131–132 (Zitat).
25 Morina, Vernichtungskrieg, S. 280. – Zu den Projekten des Münchner Instituts für Zeitgeschichte siehe https://www.ifz-muenchen.de/forschung/ea/forschung/wehrmacht-in-der-nationalsozialistischen-diktatur/. – Zur gemeinsamen Geschichtskommission siehe ausführlicher 20 Jahre Gemeinsame Kommission, S. 136–167.
26 Rürup, Krieg. – Kriegsgefangene – Voennoplennie. – Vernichtungskrieg. Verbrechen. – Verbrechen der Wehrmacht. Dimensionen. – Jahn, Vernichtungskrieg, S. 163–165. – Bonwetsch, Erinnerungskultur, S. 36. – Zarusky, Erinnerungskultur, S. 236–237.
27 Morré, Deutsch-Russisches Museum, S. 276–277 (Zitat).
28 Böll/Kopelew, Warum haben wir. – Kopelew, Wuppertaler Projekt.
29 Tagesordnungspunkt 7: 70. Jahrestag, S. 13465–13473.
30 Rede von Daniil Granin (Zitate).
31 Zarusky, Erinnerungskultur, S. 238–239. – Penter, Entschädigung, S. 4. – Goschler, Entschädigung. – Im Gedenken an die Leningrader Blockade (Zitat). – Grinin, Botschafter.
32 Deutscher Bundestag, 19. Wahlperiode. – Gedenkstätte Zweiter Weltkrieg.
33 Fieseler, Verbrechen, S. 13–14.
34 Hellbeck, Stalingrad, S. 96 (Zitat), 106.
35 Bonwetsch, Erinnerungskultur, S. 31–32. – Fieseler, Verbrechen, S. 15–17, 20. – Bürger, Geschichte, S. 196. – Nekrič, 1941. – Nekritsch, Angst, S. 184–257.
36 Bonwetsch, Erinnerungskultur, S. 33 (Zitat 1). – Creuzberger, Krieg, S. 507–508 (Zitat 2). – Fieseler, Verbrechen, S. 17–20. – Bürger, Geschichte, S. 196–199. – Konradova/Ryleva, Helden, S. 247–365.
37 Hösler, Aufarbeitung, S. 115–125.
38 Nepit, SED, S. 204–211.
39 Morina, Vernichtungskrieg, S. 259, 262–263, 269–270, S. 286–287. – Morina, Legacies S. 175–192. – Echternkamp, Stalingrad, S. 100–101.
40 Uhl, Vom Besiegten, S. 61. – Morina, Vernichtungskrieg, S. 276. – Naimark, Russen, S. 159–168. – Schenk, Deutschen in Russland, S. 169–171. – Krenzlin, Lagerfrust, S. 142–143.
41 Creuzberger, Stalinismus, S. 44–46. – Bürger, Geschichte, S. 72.
42 Fieseler, Verbrechen, S. 23–24. – Bürger, Geschichte, S. 95–111, 113–119, 122. – Russische Biker «Nachtwölfe». – Umstrittenes Weltkriegsgedenken.
43 Dubin, Perspektive, S. 114–117.

44 Saal, Anonyma, S. 329–331 (S. 330, Zitat). – Iznasilovanie Berlina.
45 Schrumpfende Freiräume, S. 6. – Russland rennt im Hamsterrad der Geschichte. – Gosduma prinjala zakon. – Oberstes Gericht. – Veser, Tradition (Zitat).
46 Kremlevskogo propagandista Kiseleva. – V Ukraine strojat konclagerja (Zitat).
47 Putin, 75 let Velikoj Pobedy. – Aust, Geschichtspolitik. – Schmidt, Allein.

Ambivalente Zeiten.
Deutsch-russische Begegnungen in der Rapallo-Ära

1 Zu den Hintergründen der Genua-Konferenz ausführlicher u. a. bei Fink, Genoa. – Fink, Genoa Conference.
2 Linke, Rapallo, S. 107 (Zitat).
3 Joeres, Architekt, S. 456 (Zitat 1). – The Times vom 20.4.1922, S. 12 (Zitat 2). – Fleischhauer, Rathenau, S. 405–413.
4 Mick, Rapallo. – Joeres, Architekt, S. 438 (Zitat).
5 Linke, Rapallo, S. 98 (Zitat).
6 Prudnikova, Russlandpolitik, S. 63–65, 71–72.
7 Joeres, Architekt, S. 440.
8 Mick, Rapallo. – Zur Entstehung des Vertrags und die umfängliche Forschung dazu siehe u. a. auch Linke, Beziehungen, S. 198–214. – Krüger, Rainy Day, S. 49–64. – Joeres, Architekt, S. 411–438. – Joeres, Forschungsbericht, S. 103–126. – Fleischhauer, Rathenau, S. 401–405.
9 Linke, Rapallo, S. 105–106.
10 Dok. 256, in: ADAP, A, Bd. V, S. 530 (Zitat).
11 Siehe hierzu Bournazel, Rapallo.
12 Linke, Rapallo, S. 108.
13 Linke, Beziehungen, S. 175–198. – Linke, Rapallo, S. 88–97. – Schieder, Entstehungsgeschichte, S. 545–609.
14 Happel, Ost-Experte, S. 26–27 (Zitate). – Hoeres, Kultur, S. 11.
15 Dazu ausführlicher im Kapitel «Völker, hört die Signale!».
16 Olmert, Abwicklung, S. 431–436.
17 Für Kopp siehe hierzu die einschlägigen Materialien in: Moskva, t. 1.
18 Dazu ausführlicher bei Unger, Ideologie, S. 107–134.
19 Happel, Ost-Experte, S. 59–79, 91–97.
20 Dok. 81, in: Deutsch-sowjetische Beziehungen, Bd. 2, S. 182–192. – Linke, Rapallo, S. 61. – Zu den ökonomischen Vorkriegsbeziehungen siehe ausführlicher im Kapitel Vorrevolutionäre Lebenswelten.
21 Linke, Rapallo, S. 62–63 (Zitat). – Zeidler, Rote Armee, S. 26. – Vourkoutiotis, Relations, S. 66.
22 Thomas, Variante, S. 157. – Happel, Ost-Experte, S. 97–98. – Zu Brockdorff-Rantzau siehe u. a. ausführlich Scheidemann, Brockdorff-Rantzau. – Helbig, Träger. – Linke, Botschafter, S. 166.
23 Hoetzsch, Botschafter, S. 269–270 (Zitat).
24 Happel, Ost-Experte, S. 100–102. – Linke, Botschafter, S. 166–167. – Linke, Rapallo, S. 57. Zur deutschen Politik gegenüber den Bolschewiki bei Kriegsende siehe ausführlicher im Kapitel Taktische Atempause.
25 Nol'cov, Starij graf, S. 2 (Zitat).
26 Hilger, Kreml, S. 213.
27 Happel, Ost-Experte, S. 105–106. – Zu der von Misstrauen und Spionagefurcht geprägten

innenpolitischen Situation innerhalb der UdSSR der späten 1920er Jahre siehe weiter unten.
28 Siehe dazu ausführlicher im Kapitel «Völker, hört die Signale!».
29 Dok. 115, 119, in: Moskva, t. 1, S. 235–236, 242. – Dok. 170, in: ADAP, A, Bd. IX, S. 452–455.
30 Zu beiden Zwischenfällen siehe ausführlich bei Happel, Ost-Experte, S. 114–141. – Cecil, Kindermann, S. 188–199. – Zarusky, Sozialdemokraten, S. 184–187, 190–193. – Dok. 122, in: Weber, Komintern, Bd. 2, S. 423–424.
31 Happel, Ost-Experte, S. 135–141. – Dok. 279, in: Moskva, t. 1, S. 581–586, hier S. 582 (Zitat).
32 Happel, Ost-Experte, S. 139 (Zitat).
33 Linke, Botschafter, S. 175–181. – Dok. 261, in: ADAP, A, Bd. IX, S. 646, Fußnote 1 (Zitat 1). – Dok. 222, in: ADAP, A, Bd. XIV, S. 563 (Zitat 2). – Ausführlicher bei Walsdorff, Stresemanns Rußlandpolitik, S. 78–189. – Dok, 73–75, in: Linke, Quellen, S. 145–151.
34 Dok. 31, in: Moskva, t. 2, S. 61–62.
35 Bayerlein, Krestinskij, S. 176–178. – Dok. 86, in: Moskva, t. 2, S. 195–196.
36 Dazu ausführlicher im weiteren Verlauf des Kapitels.
37 Mick, Propaganda, S. 316–415, 439–440. – Zarusky, Sozialdemokraten, S. 234–240. – Happel, Ost-Experten, S. 156–161. – Linke, Botschafter, S. 184. – Bayerlein, Krestinskij, S. 179. – Gorlow, Geheimsache, S. 140. – Müller, Rußlandberichterstattung, S. 271–279.
38 Kashirskikh, Handelsbeziehungen, S. 15, 26. – Niemann, Wirtschaftsbeziehungen, S. 91. – Linke, Rapallo, S. 75–76. – Müller, Tor, S. 50–53.
39 Linke, Botschafter, S. 169, 190. – Happel, Ost-Experte, S. 79, 105, 146, 170. – Niemann, Wirtschaftsbeziehungen, S. 94.
40 Kashirskikh, Handelsbeziehungen, S. 16. – Beitel/Nötzold, Wirtschaftsbeziehungen, S. 110–119. – Ehrl, Entwicklung, S. 59–61. – Blumenhagen, Handelsbeziehungen, S. 50–60. – Pohl, Geschäft, S. 71–76. – Perrey, Rußlandausschuß. – Dok. 98, in: Moskva, t. 2, S. 215–227.
41 Pohl, Geschäft, S. 68–69. – Kashirskikh, Handelsbeziehungen, S. 35, 46–47. – Strandmann, Großindustrie, S. 267, 322, 335–336.
42 Dok. 8, 18, 54–55, 59, 61, 69, 71, 75–76, 78, 83, 107, 127, 130, 132, 138–139, 141, 171, 174, 184, 199–200, 215, 219, 241, 257, 292, 294, 296, in: Moskva, t. 2, S. 15–25, 42–43, 118–123, 131–134, 136–137, 154–162, 177–182, 184, 187–189, 233–250, 285–294, 297–301, 302–303, 310–314, 316–328, 407–412, 419–425, 467–468, 493–497, 528, 533–537, 581–588, 622–627, 696–698, 700–703. – Pohl, Geschäft, S. 76–110. – Pohl, Rußlandgeschäft, S. 358–361. – Niemann, Wirtschaftsbeziehungen, S. 97.
43 Pohl, Geschäft, S. 110 (Zitat). – Kashirskikh, Handelsbeziehungen, S. 80. – Blumenhagen, Handelsbeziehungen, S. 33. – Beitel/Nötzold, Wirtschaftsbeziehungen, S. 89–90. – Dok. 55, in: Moskva, t. 2, S. 119–123.
44 Niemann, Wirtschaftsbeziehungen, S. 97–98, 101–102. – Kashirskikh, Handelsbeziehungen, S. 190–191, 197. – Strandmann, Großindustrie, S. 331.
45 Kashirskikh, Handelsbeziehungen, S. 201. – Dok. 17, 18, in: Moskva, t. 2, S. 38–43.
46 Niemann, Russengeschäft, S. 164–165. – Niemann, Wirtschaftsbeziehungen, S. 102–103.
47 Dok. 181, in: Moskva, t. 2, S. 439–441 (Zitate).
48 Pohl, Geschäft, S. 110. Zum modernen Ost-West-Handel als kulturellem Brückenbauer siehe ausführlicher im Kapitel Trilaterale Beziehungen im Kalten Krieg.
49 Dok. 72, in: Linke, Quellen, S. 144.
50 Zeidler, Rote Armee, S. 25–47, hier S. 25–28, 42–43, 45 (S. 28, Zitat 2). – Zeidler, Reichswehr, S. 38–46. – Gorlow, Geheimsache, S. 135–136, hier S. 135 (Zitat 2). – Dok. 47, in: ADAP, C, Bd. II, S. 80.
51 Gorlov, Soveršenno sekretno, S. 51. – Kantor, Zakljataja, S. 294. – Dok. 61, in: Moskva t. 1, S. 110–141. – Dok. 223, in: Moskva, t. 2, S. 539–541. – Dok. 38, in: Linke, Quellen,

S. 89—92. — Zeidler, Reichswehr, S. 30, 33—38. — Carsten, Reports, S. 237 (Zitat 2). — Zeidler, Rote Armee, S. 25 (Zitat 1), 44 (Zitat 3).
52 Gorlow, Geheimsache, S. 135—136. — Zeidler, Reichswehr, S. 54—59, 78—82, 89—101. — Szöllösi-Janze, Fritz Haber, S. 358, 659.
53 Gorlov, Soveršenno sekretno, S. 181—202. — Gorlow, Geheimsache, S. 136—139. — Zeidler, Reichswehr, S. 143—146, 302. — Zarusky, Sozialdemokraten, S. 198—208.
54 Gorlov, Soveršenno sekretno, S. 209—211, 265—286. — Gorlow, Geheimsache, S. 154—165. — Kantor, Zakljataja, S. 82, 91—117, 126—128, 133, 298—299. — Zeidler, Reichswehr, S. 171—207, 217—236.
55 Dok. 47, in: ADAP, C, Bd. II, S. 81 (Zitat). — Kantor, Zakljataja, S. 299. — Zeidler, Rote Armee, S. 46.
56 Schlögl, Stiefmutter, S. 237, 240—241. — Boroznjak, Deutschland, S. 47. — Kotikov, Ne budem, S. 176—177 (Zitat). — Makarov/Christoforov, Vysylka vmesto. — Schlögel, Fragen, S. 13—14. — Raeff, Emigration, S. 24—25. — Russkij Berlin. Moskva 2003.
57 Mierau, Russen, S. 11, 259—260, 345 (Zitate). — Schlögel, Stiefmutter, S. 244, 257. — Mierau, Kaukasus, S. 671—675. — Dinerštejn, «Feindbeobachtung», S. 431. — Dmitrieva-Einhorn, Futurismus, S. 735.
58 Voigt, Otto Hoetzsch, Karl Stählin, S. 267—278 (S. 278, Zitat). — Schlögel, Stiefmutter, S. 244.
59 Schlögel, Stiefmutter, S. 239, 256. — Zum sowjetischen Berlin siehe ausführlicher bei Studer, Weltrevolution, S. 135—236.
60 Gorjajeva, Kulturdiplomatie, S. 32. — Dmitrieva-Einhorn, Futurismus, S. 735, 737. — Richter, Begegnungen, S. 14 (Zitat). — Mierau, Kaukasus, S. 651—654, 658, 646. — Lersch, Hungerhilfe, S. 621. — Lersch, Kulturpolitik.
61 Lersch, Hungerhilfe, S. 623—624, 627, 632. — O'Sullivan, Furcht, S. 192—193. — Mick, Propaganda, S. 182—197.
62 Faulenbach, Otto Hoetzsch, S. 68—69. — Schlögel, Ostbahnhof, S. 314, 317, 320. — Voigt, Rußland, S. 151—152, 364—371. — Voigt, Otto Hoetzsch 1876, S. 208—218. — Lersch, Hungerhilfe, S. 639—643. — Unser, Osteuropa, S. 555—602.
63 Litawrina, Theater, S. 829. — Koljasan, Theater, S. 709, 716, 719—723.
64 Agde, Traumfabrik, S. 73—85. — Chochlowa, Dialog, S. 927—951.
65 Furler, Augen-Schein, S. 11 (Zitat). — O'Sullivan, Faszination, S. 169—179, 296. — Koenen, «Indien im Nebel», S. 557—558.
66 Koenen, Indien, S. 558—561 (S. 558, Zitat 1). — Goldschmidt, Moskau 1920, S. 134 (Zitat 2).
67 Sammartino, Border, S. 71—95. — Franke, Wahrheit. — Fähnrich, Kolomna. — Weber, Rußlandfahrt. — Mahnke, Auswanderungsvereine.

Im Angesicht totalitärer Diktaturen.
Stalins Werben um Hitler und Stellvertreterkrieg in Spanien

1 Hecker, Stalin, S. 288—300, hier S. 290.
2 Creuzberger, Stalin, S. 226—228.
3 Dok. 251, in: Slutsch/Tischler, Dokumente, Bd. 1, Teilbd. 1, S. 741 (Zitat).
4 Slutsch, Stalin und Hitler, S. 63—64. — Creuzberger, Stalin, S. 228.
5 Kotkin, Waiting for Hitler, S. 167—168.
6 Andrew/Mitrochin, Schwarzbuch, S. 64.
7 Uhl, Skizzen, S. 489.
8 Chavkin, Rossija, S. 238—240. — Kotkin, Waiting for Hitler, S. 221. — Uhl, Skizzen, S. 492—496. — Glazami razvedki, S. 28—29.

9 Kotkin, Waiting for Hitler, S. 220-221, 837. - Uhl, Skizzen, S. 490, 501-502. - Murphy, Enigma, S. 14-15. - Scherstjanoi, Ilse Stöbe, S. 139-156.
10 Glazami razvedki, S. 28, 31-32. - Andrew/Mitrochin, Schwarzbuch, S. 84-101.
11 Grigor'eva, Obraz Germanii, S. 211-235. - Weber, Komintern, Bd. 1, S. 263 (Zitat), 288. - Dok. 15, in: SSSR - Germanija, S. 70-71.
12 Šifrotelegramma Stalina I. V. iz Soči ..., 15. 9.1935; Šifrotelegrammy Kaganoviča L. M. i Molotova V. M.14. 9.1935, in: RGASPI, f. 558, op. 11, d. 89, ll. 113 (Zitat), 124. - Šifrotelegramma Molotova V. M., Kaganoviča L. M. Stalinu I. V. v Soči, 17. 9.1935, in: RGASPI, f. 558, op. 11, d. 89, l. 141. - Šifrotelegrammaiz Berlina ot Surica ..., 11. 9.1936, in: RGASPI, f. 558, op. 11, d. 214, ll. 34-36. - Dok. 139, 140, in: Moskva, t. 3, S. 197-201. - Dok. 62-63, in: SSSR - Germanja, S. 116-117. - Dok. 520-521, 527, 530, in: Slutsch/Tischler, Dokumente, Bd. 2, Teilbd. 2, S. 1324-1331, 1338-1340, 1350-1353.
13 Creuzberger, Stalin, S. 226. - Dok. 94, in: Slutsch/Tischler, Dokumente, Bd. 1, S. 36-41, S. 390.
14 Dok. 139, 141-142, 144, 148, 152, 160, in: Glazami razvedki, S. 360-365, 368-375, 382, 391-393, 399, 413. - Perevod s anglijskogo pis'mo Fippsa iz Berlina, 31. 1. 1934; Agenturnoe soobščenie iz Berlina, 11. 4. 1934, in: RGASPI, f. 558, op. 11, d. 186, ll. 54-62, 131-137.
15 Kotkin, Waiting for Hitler, S. 143-144, 168, 175-176.
16 Dok. 1-3, 6-31, in: Varšavskaja melodija, S. 228-255, 260-336.
17 Agenturnoe soobščenie pol'skogo istočnika, 29. 6. 1934, in: RGASPI, f. 558, op. 11, d. 187, ll. 28-44. - Dok. 1, 3, 6, 8-11, 16, in: Varšavskaja melodija, S. 124-139, 143-155, 162-167, 173-192, 205-215. - Dok. 161, 162, in: Glazami razvedki, S. 414-421.
18 Besymenski, Pokerspiel, S. 70-71. - Pfaff, Karte, S. 13. - Dok. 656, in: Slutsch/Tischler, Dokumente, Bd. 2, Teilbd. 2, S. 1610.
19 Besymenski, Pokerspiel, S. 71, 87. - Slutsch, Stalin und Hitler, S. 66-77 (S. 76, Zitat). - Pfaff, Karte, S. 16-17, 23-25, 28-29, 35. - Dok. 29, 42, 51, 57, 64, 142, 183, 199, 224, 271, 287, in: Slutsch/Tischler, Dokumente, Bd. 2, Teilbd. 1, S. 235-238, 260-261, 273-274, 284-286, 299-301, 487-491, 589, 626-627, 691-693, 797, 832-833. - Dok. 345, 354, 358, 360-361, 404, 406, 441, 458, 504, 532, 557, 620, 622, 639-640, 643-644, 671, 673, 680, in: Slutsch/Tischler, Dokumente, Bd. 2, Teilbd. 2, S. 962, 977-979, 985-986, 989-993, 1087-1088, 1095, 1164-1165, 1204-1205, 1293-1294, 1354, 1400-1402, 1534, 1538, 1577-1580, 1584-1591, 1640-1641, 1643, 1658-1659.
20 Schauff, Sieg, S. 361-362. - Kotkin, Waiting for Hitler, S. 347. - Seidel, Bürgerkrieg, S. 97.
21 Seidel, Bürgerkrieg, S. 115. - Schauff, Sieg, S. 198-199, 363-364. - Schauff, Militärberater, S. 127, 136-137. - Kotkin, Waiting for Hitler, S. 320.
22 Kotkin, Waiting for Hitler, S. 338-339, 343-346. - Schauff, Bürgerkrieg, S. 147, 149, 154, 159-160, 165, 169. - Schauff, Berater, S. 113-114, 117-118, 123, 125. - Schauff, Sieg, S. 227. - Seidel, Bürgerkrieg, S. 103-104, 120.
23 Dok. 183, 184, in: Glazami razvedki, S. 457-460.
24 Dok. 194, in: Glazami razvedki, S. 482.
25 Creuzberger, Stalin, S. 258-260. - Schauff, Bürgerkrieg, S. 172. - Payne, Komintern, S. 126.
26 Payne, Komintern.
27 Um die Vorbereitungen seiner Kriegspläne ungehindert vorantreiben zu können, zielte Hitler darauf, die letzten Kritiker insbesondere in den Reihen der Wehrmacht zu entmachten. Dafür sorgten die von Hermann Göring und Heinrich Himmler initiierten Intrigen, die Anfang 1938 den Rücktritt von Reichskriegsminister Werner von Blomberg und Werner Freiherr von Fritsch als Oberbefehlshaber des Heeres erzwangen. Ausführlich bei Janßen/Tobias, Sturz der Generäle.
28 Payne, Komintern, S. 127. - Dok. 193, in: Glazami razvedki, S. 475-476. - Seidel, Bürgerkrieg, S. 136-137.

29 Maiski-Tagebücher, S. 825, Fußnote 41.
30 Andrew/Mitrochin, Schwarzbuch, S. 98 (Zitat). – Kotkin, Waiting for Hitler, S. 590.
31 Maiski-Tagebücher, S. 242–243 (Zitat).
32 Kotkin, Waiting for Hitler, S. 568. – Lukes. Stalin and Beneš, S. 41.
33 Maiski-Tagebücher, S. 247 (Zitat).
34 Slutsch, Stalin und Hitler, S. 79–80 (Zitat). – Besymenski, Pokerspiel, S. 184.
35 Maiski-Tagebücher, S. 276–277. – Kotkin, Waiting for Hitler, S. 616. – Steiner, Triumph, S. 737–738.
36 Dok. 1.1, 1.2.7, 1.3.2, 1.3.7, in: Gavrilov, Razvedka, S. 15–19, 81–84, 99–105, 112–114. – Slutsch, Stalin und Hitler, S. 80.
37 Haslam, Intelligence, S. 103 (Zitat). – Kotkin, Waiting for Hitler, S. 621–622.
38 Slutsch, Stalin und Hitler, S. 80 (Zitat).
39 Kotkin, Waiting for Hitler, S. 631. – Slutsch, Deutschland, S. 83.
40 Kotkin, Waiting for Hitler, S. 623. – Maiski-Tagebücher, S. 290–291, 844.
41 Kotkin, Waiting for Hitler, S. 623, 636, 646. – Sluč, Sackgasse, S. 90.
42 Dok. 99, 101, 102, 104, 105, 108, 109, in: Linke, Quellen, S. 185–191, 193–197, 199–201. – Zum Geheimen Zusatzprotokoll siehe ausführlicher im Kapitel Taktische Atempause und im Kapitel Unnatürliche Allianz.
43 Creuzberger, Stalin, S. 231. – Dok. 200, in: SSSR, S. 294–300.
44 Kotkin, Waiting for Hitler, S. 661.
45 Schattenberg, Diplomatie, S. 14–29 (S. 25, Zitat).

Unnatürliche Allianz.
Vom Hitler-Stalin-Pakt zum «Unternehmen Barbarossa»

1 Leonhard, Revolution, S. 56. – Weber, Pakt, S. 72–79. – Sudoplatow, Handlanger, S. 136–137, 139.
2 Neweshin, Reaktion, S. 1074.
3 Sovetsko-germanskij dogovor o nenapadenii (Leitartikel, Zitat). – K podpisaniju dogovora (Leitartikel).
4 Meždunarodnoe položenie, S. 4–8. – Neweshin, Reaktion, S. 1074–1080 (S. 1077, Zitate).
5 Pietrow, Stalinismus, S. 152, 163–168. – Kotkin, Waiting for Hitler, S. 791–792. – Leonhard, Revolution, S. 56, 64. – Neweshin, Reaktion, S. 1085–1086.
6 Weber, Komintern, Bd. 1, S. 390 (Zitat). – Pietrow, Stalinismus, S. 167. – Creuzberger, Stalin, S. 234.
7 Dimitroff, Tagebücher, S. 273 (Zitat).
8 Pietrow, Stalinismus, S. 150, 366.
9 Nichtangriffspakt Deutschland – Sowjetunion. – Seibert, Brückenschlag.
10 Laqueur, Deutschland, S. 219–228. – Weißbecker, Rußlandbild, S. 30. – Zur Antikomintern ausführlicher bei Waddington, Anti-Komintern, S. 573–594. – Behrends, Anti-Comintern's Publication, S. 83–108.
11 Frölich, Tagebücher Goebbels, Teil 1, Bd. 7, S. 75 (Zitat).
12 Laqueur, Deutschland, S. 228. – Fröhlich, Tagebücher Goebbels, T. I, Bd. 4, S. 267–268.
13 Weißbecker, Rußlandbild, S. 30–32. – Koenen, Russland-Komplex, S. 421–422, 513.
14 Zeidler, Wehrmacht, S. 122 (Zitat).
15 Zur deutsch-sowjetischen Waffenbrüderschaft im Jahr 1939 siehe ausführlicher im Kapitel «Durch Blut gefestigte Freundschaft».
16 Pietrow-Ennker, Feindbild, S. 342–345. – Pietrow-Ennker, Propaganda, S. 88. – Pietrow-Ennker, NS-Wochenschauen 1, S. 17.

17 Dok. 155, in: SSSR – Germanija, S. 215. – Dok. 206, in: SSSR, 1932–1941, S. 313–314.
18 Pietrow, Stalinismus, S. 141–142. – Pietrow-Ennker, Deutschlandpolitik, S. 87.
19 Schwendemann, Zusammenarbeit, S. 355–357. – Schwendemann, Wirtschaftliche Zusammenarbeit, S. 161.
20 Zapis' besedy Stalina, Molotova, Mikojana s glavoj germanskoj ėkonomičeskoj delegacii v SSSR Ritterom, 31. 12. 1939, in: RGASPI, f. 558, op. 11, d. 298, l. 2.
21 Schwendemann, Wirtschaftliche Zusammenarbeit, S. 161. – Pietrow, Stalinismus, S. 173.
22 Friedensburg, Kriegslieferungen, S. 334–336. – Schwendemann, Zusammenarbeit, S. 362. – Kotkin, Wating for Hitler, S. 769.
23 Kotkin, Waiting for Hitler, S. 769. – Blumenhagen, Handelsbeziehungen, S. 416.
24 Zeidler, Wirtschaftsbeziehungen, S. 104. – Mazower, Hitlers Imperium, S. 103, 119 – 124, 249, 277.
25 Zeidler, Wirtschaftsbeziehungen, S. 99, 102–103, 107. – Creuzberger, Stalin, S. 235.
26 Blumenhagen, Handelsbeziehungen, S. 416–417. – Zeidler, S. 102. – Kotkin, Waiting for Hitler, S. 764. – Pietrow, Stalinismus, S. 175. – Schwendemann, Zusammenarbeit, S. 361.
27 Siehe hierzu ausführlicher im Kapitel Ambivalente Zeiten.
28 Dafinger, Wissenschaft, S. 97–98, 118–122, 133–134, 147, 157, 166–168.
29 Dafinger, Wissenschaft, S. 136–142, 142–146, 168.
30 Kotkin, Waiting for Hitler, S. 773–774. – Pietrow-Ennker, Deutschlandpolitik, S. 89–90.
31 Förster, Hitlers Entscheidung, S. 3–37. – Graml, Strategie, S. 7. – Creuzberger, Stalin, S. 235.
32 Pis'mo Ribbetropa Stalinu ob anglijskoj voennoj politike, ob otnošenijach meždu SSSR i Germaniej, 13. 10. 1940, in: RGASPI, f. 558, op. 11, d. 296, ll. 9, 18–20. – Pietrow-Ennker, Deutschlandpolitik, S. 90–91. – Besymenski, Berlin-Besuch, S. 119. – Besymenski, Pokerspiel, S. 315.
33 Zapis' besedy Molotova V. M. s ministrom innostrannych del Germanii Ribbentropom, 12. 11. 1940, in: RGASPI, f. 558, op. 11, d. 297, ll. 15–16. – Zapis' besedy V. M. Molotova s rejchskanzlerom Germanii Gitlerom, 12. 11. 1940, in: RGASPI, f. 558, op. 11, d. 297, ll. 130, 32, 35–36, 44–45. – Kotkin, Waiting for Hitler, S. 807. – Besymenski, Berlin-Besuch, S. 125–126.
34 Besymenski, Berlin-Besuch, S. 128–129. – Kotkin, Waiting for Hitler, S. 808. – Besymenski, Pokerspiel, S. 328–329.
35 Zapis' besedy Molotova V. M. s rejchskanzlerom Germanii Gitlerom A. v Berline, 13. 11. 1940, in: RGASPI, f. 558, op. 11, d. 297, ll. 77, 85.
36 Kotkin, Waiting for Hitler, S. 810. – Pietrow-Ennker, Deutschlandpolitik, S. 91.
37 Dok. 6.50, in: Gavrilov, Razvedka, S. 498–490. – Fesjun, Delo Richarda Sorge, S. 111. – Kotkin, Waiting for Hitler, S. 824. – Uhl, Skizzen, S. 508. – Besymenski, Pokerspiel, S. 415–416. – Sudoplatov, Handlanger, S. 162.
38 Creuzberger, Stalin, S. 138–139. – Chavkin, Rossija, S. 246–247. – Sudoplatov, Handlanger, S. 160 (Zitate).
39 Uhl, Skizzen, S. 507.
40 Schwendemann, Zusammenarbeit, S. 356–357, 363.

Erzwungene Kooperation.
Reparations- und Demontageerfahrungen nach der Niederlage

1 Karlsch, Allein, S. 224–225.
2 Dok 101, in: Laufer, UdSSR, Bd. 3, S. 378 (Zitat).
3 Naimark, Russen, S. 215. – Karlsch, Arbeiter, S. 385–386, 390–392. – Karlsch, Allein, S. 54.
4 Dok. 157, in: Laufer, UdSSR, S. 590–591 (Zitate).

5 Laufer, Bilanz, S. 32, 39. – Laufer, Pax, S. 379–602. – Karlsch, Arbeiter, S. 382. – Steiner, Plan, S. 24–25.
6 Karlsch, Allein, S. 93. – Laufer, Bilanz, S. 44.
7 Karlsch, Reparationsleistungen, S. 13. – Karlsch, Allein, S. 168. – Steiner, Plan, S. 20, 22, 33. – Hoffmann/Malycha, Erdöl, S. 8. – Karlsch, Uran, S. 43–46.
8 Zeidler, Kriegsende, S. 184–187.
9 Karlsch, Allein, S. 55–58. – Steiner, Plan, S. 25–27. – Naimark, Russen, S. 198.
10 Karlsch, Allein, S. 60, 64–66, 81–84. – Klimow, Kreml, S. 233 (Zitat).
11 Naimark, Russen, S. 221–228. – Karlsch, Reparationsleistungen, S. 18–20, 23–24. – Karlsch, Allein, S. 99–102, 110–135, 170–171. – Laufer, UdSSR, Bd. 2, S. XLIII–XLV. – Dok. 251, in: Sovetskaja, S. 769.
12 Kühr, Folgen, S. 475. – Karlsch, Reparationsleistungen, S. 11–18. – Matschke, Entwicklung, S. 195. – Abelshauser, Wirtschaftsgeschichte, S. 20. – Karlsch, Allein, S. 81, 222, 229, 231.
13 Naimark, Russen, S. 215 (Zitat).
14 Dok. 73, 141, 194, in: Sovetskaja, S. 249–250, 423–425, 575–579. – Naimark, Russen, S. 212–214 (S. 213, Zitat). – Karlsch, Arbeiter, S. 383–400, 404. – Hoffmann/Malycha, Erdöl, S. 5.
15 Dok. 30, in: Foitzik, Interessenpolitik, S. 281. – Karlsch, Uran, S. 71.
16 Karlsch, Allein, S. 124–125, 127–128, 139–140, 173, 174, 181, 188–189. – Karlsch, Uran, S. 81. – Karlsch/Zeman, Urangeheimnisse, S. 260. – Dok. 73, in: Foitzik, Interessenpolitik, S. 430–431 (S. 431, Zitat).
17 Naimark, Russen, S. 243, 246, 253. – Uhl, Operation, S. 10. – Pose, Atomprojekt, S. 58–66. – Mick, Forschen, S. 33–39. – Karlsch, Allein, S. 154.
18 Uhl, Operation, S. 5, 7–9. – Uhl, V-2, S. 37–38.
19 Karlsch, Uran, S. 35–39 (S. 39, Zitat). – Dok. 343, in: Rjabev, Atomnyj, t. 1.2, S. 284–286.
20 Naimark, Russen, S. 246, 248. – Dok. 363, in: Rjabev, Atomnyj, t. 1.2, S. 323–324. – Karlsch, Uran, S. 42–43.
21 Dok. 343, 346, in: Rjabev, Atomnyj, t. 1.2, S. 285 (Zitat), 288–289. – Naimark, Russen, S. 246–247. – Karlsch, Uran, S. 155. – Dok. 4, in: Foitzik, Interessenpolitik, S. 190–191.
22 Naimark, Russen, S. 247–250. – Pose, Atomprojekt, S. 70. – Barwich, Atom, S. 20.
23 Karlsch, Allein, S. 157–158, 160. – Uhl, Transfer, S. 856–857. – Uhl, Operation, S. 12, 14–15, 17–19, 25–26, 29–30, 37, 65–66, 78. – Uhl, V-2, S. 91–131.
24 Der Deckname entstand in Anlehnung an die damalige sowjetische Großorganisation «Obschtschestwo sodeistwija oboronje, **awiazionnomu** i **chim**itscheskomu stroitelstwu» (Osoawiachim), «Gesellschaft zur Förderung der Verteidigung, des Flugwesens und der Chemie».
25 Uhl, Operation, S. 71–81, 139. – Uhl, V-2, S. 132–145. – Mick, Forschen, S. 80–85. – Naimark, Russen, S. 259–269. – Karlsch, Allein, S. 153–157. – Dok. 3.23, in: SVAG i formirovanie, t. 1, S. 332–335 (S. 332, Zitat).
26 Uhl, Operation, S. 79–80, 84, 87, 91–92, 101–102, 141–143. – Uhl, V-2, S. 246. – Uhl, Transfer, S. 860.
27 Holloway, Bomb, S. 221–223. – Naimark, Russen, S. 252–253.
28 Holloway, Bomb, S. 213–216, 317. – Karlsch, Uran, S. 47–57, 84–88, 105–117, 231–233. – Karlsch, Allein, S. 136–137, 144–148. – Hoffmann/Malycha, Erdöl, S. 3–4. – Karlsch/Zeman, Urangeheimnisse, S. 262–263. – Engeln, Uransklaven, S. 144.
29 Grelka, Beutekunst, S. 73–74, 78–83, 101 (S. 80, Zitat). – Naimark, Russen, S. 207–208. – Akinscha/Koslow, Beutekunst, S. 33–60. – Akinscha, Operation Beutekunst, S. 13–21. – Hartung, Kunst- und Kulturgutraub, S. 89–102. – Grimstead, Fate, S. 53–80.
30 Akinscha/Koslow, Beutekunst, S. 81–82.

Anmerkungen 595

31 Grelka, Beutekunst, S. 94-100.
32 Grelka, Beutekunst, S. 95-96. – Bagley, Spymaster, S. 183-184. – Creuzberger/Geppert, Zwischenbilanz, S. 196-198.
33 Parzinger, Kulturbeziehungen, S. 27. – Akinscha/Koslow, Beutekunst, S. 302-304. – Der Schatz aus Troja. – Holm, Eiserne Lady (Zitate). – Parzinger, Jahrzehnte, S. 488-490.
34 Parzinger, Kulturbeziehungen, S. 28-30. – Akinscha, Operation, S. 42-51. – Hoffmann/Malycha, Erdöl, S. 3.

Trilaterale Beziehungen im Kalten Krieg.
Von politischen Krisen und Annäherung, von Wirtschaftsdiplomaten und kulturellen Brückenbauern

1 Regierungserklärung vom 29.10.1957, S. 17 C, 23 A–C (Zitat). – Adenauer, Erinnerungen 1955, S. 321-322.
2 Dok. 97, in: Haunfelder, Adenauers Nähe, S. 263-264.
3 Aufzeichnung, VS-Vertraulich, 4.11.1957, in: PAAA, B 130, Bd. 8466A, S. 1-2 (Zitate).
4 Henkels, Laika, S. 2.
5 Creuzberger, Abschirmungspolitik, S. 12-36. – Creuzberger, Genosse, S. 466-471. – Wettig, Berlin-Krise. – Wettig, Westpolitik. – Uhl, Krieg. – Kempe, Berlin 1961. – Siehe auch im Kapitel Diplomatische Umwälzungen?
6 Krone, Tagebücher, Bd. 1, S. 341 (Zitate).
7 Erhard, Geheimkonzepte, S. 27-31. – Siebenmorgen, Gezeitenwechsel. – Adenauer, Erinnerungen 1955, S. 380, 386-392. – Gotto, Ostpolitik, S. 203-211. – Borchard, Aufnahme, S. 53.
8 Krone, Aufzeichnungen, S. 170 (Zitat). – Borchard, Aufnahme, S. 48-49. – Kühlem, «Burgfrieden», S. 42-44. – Für die Anfänge einer Neuen Ostpolitik siehe auch im Kapitel Diplomatische Umwälzungen?
9 Bonn, 8.7.1955, Aufzeichnung, Betr.: Deutsch/russische Wirtschaftsverhandlungen, in: StBKAH, III/92, S. 1-20 (S. 7, Zitat). – Koza, Kontakte, S. 38. – Schlarp, Konfrontation, S. 377, 380, 383. – Schlarp, Entspannungspolitik, S. 77-79. – Rudolph, Wirtschaftsdiplomatie, S. 231, 345, 347. – Jüngerkes, Diplomaten, S. 84, 95. – Stent, Wandel, S. 52-53.
10 Jüngerkes, Diplomaten, S. 103, 119-120, 362-363 (Zitate). – Rudolph, Wirtschaftsdiplomatie, S. 236.
11 Rudolph, Wirtschaftsdiplomatie, S. 242, 246-251. – Käppner, Berthold Beitz, S. 45-113, 221-266.
12 Schlarp, Konfrontation, S. 384-386. – Schlarp, Entspannungspolitik, S. 78-79. – Rudolph, Wirtschaftsdiplomatie, S. 258, 262-263.
13 Jüngerkes, Diplomaten, S. 175-176, 189-199, 203-204. – Rudolph, Wirtschaftsdiplomatie, S. 350, 352. – Schlarp, Entspannungspolitik, S. 79-80, 82-83. – Schlarp, Konfrontation, S. 385. – Karner, Wirtschaft, S. 323-372. – Achtamzjan, Germanija i Rossija, S. 111. – Pavlenko, Wirtschaft, S. 389-391. – Scheufler, Geschäft, S. 50-57. – Scheufler, Röhrenembargo.
14 Mehnert, Sowjetmensch.
15 Mehnert, Sowjetmensch, S. 115, 242, 264, 289, 386-387, 409-411 (S. 410, Zitat).
16 Schmid, Klaus Mehnert, S. 469-470 (Zitate). – Mehnert, Volk.
17 Mehnert, Russen heute.
18 Ausführlich bei Metger, Studio. – Metger, Nervenkrieg, S. 36-55. – Ruge, Unterwegs, S. 108-143.

19 Thiemeyer, Wandel, S. 102–104. – Pörzgen, So lebt man, S. 42–49, 58–62. – Ruge, Gespräche, S. 71–75. – Koza, Kontakte, S. 112, 116–117. – Hoeres, Zeitung, S. 133–134.
20 Koza, Kontakte, S. 110–124.
21 Schildt, Hamburger Beitrag, S. 193–217 (S. 197, Zitat).
22 Koza, Kontakte, S. 57–60, 62–69 (für Hamburg), 71–76. – «Bockelmann, Werner».
23 Zu Hintergründen, Zustandekommen und unmittelbaren Folgen des Vertrags siehe ausführlich im Kapitel Diplomatische Umwälzungen?
24 Brand, Erinnerungen, S. 204–205 (Zitate).
25 Creuzberger, Bemühungen, S. 9–10. – Schattenberg, Breschnew, S. 457, 461, 493–496. – Rešenija politbjuro CK KPSS, za 1–14 fevralja 1974 goda, 102. Ob otvetom poslanii tov. Brežneva L. I. W. Brandtu, in: RGANI, f. 3, op. 72, d. 600, l. 315. – Prozumenščikov, Brežnev, S. 116.
26 Dok 57–60, in: Brandt, Volk, S. 372–404 (S. 402, Zitat).
27 Postanovlenie CK KPSS o meroprijatijach po sodejstviju ratifikacii v FRG dogovorov s SSSR i PNR 1970 goda, 29. 2. 1972, in: RGANI, f. 3, op. 9, d. 283, ll. 1–10. – Schattenberg, Breschnew, S. 499. – Link, Beziehungen, S. 302–305. – Zum Ratifizierungsprozess Creuzberger, Westintegration, S. 118–120.
28 Wilke, Einbindung, S. 439 (Zitat). – Prozumenščikov, Brežnev, S. 106.
29 Protokoll No. 126 zasedanija politbjuro central'nogo komiteta KPSS, 21. 2. 1974, K punktu IV Prot. No 126, sekretno, tekst ukazanij k konsul'tacijam s nemeckimi druz'jami po voprosam otnošenij meždu GDR i FRG, in: RGANI, f. 3, op. 72, d. 601, ll. 16–18 (ll. 16–17, Zitate).
30 Wilke, Einbindung, S. 440. – Ausführlicher dazu im Kapitel Gorbatschows Perestroika.
31 Ruggenthaler/Steiner, Weg, S. 689–701. – Link, Beziehungen, S. 305–308. – Creuzberger, Westintegration, S. 120–124. – Niedhart, Brandt, S. 224–233.
32 Thiemeyer, Wandel, S. 110, 115–116.
33 Siehe die einschlägigen MfS-Vorgänge in: BStU, MfS, HA XX, 12515, Bl. 1–36, 38–50. – BStU, MfS, HA XX, 13406, Bl. 277–289. – BStU, MfS, AOP, 4041/87, Bl. 6–22, 26, 31–32, 41–42, 56–57, 64–65, 96–97. – BStU, MfS, AIM, 18454/81, I. 1, Bl. 71–79, 90–98, 100–103, 110–119. – BStU, MfS, AIM, 18454/81, I. 2, Bl. 4–39, 42–67. – BStU, MfS, A-24/83, II. 1, Bl. 18–25. – BStU, MfS, AIM, 7781/83, I. 3, Bl. 440–441, 503.
34 A. Gromyko tovarišču L. I. Brežnevu, predstavljaju pamjatku dlja vozmožnogo ispol'zovanija vo vremja predstojaščej vstreči s Brandtom, 12. 9. 1971, in: RGANI, f. 80, op. 1, d. 570, ll. 143–144 (Zitate).
35 Link, Beziehungen, S. 303, 305, 309–310. – Jüngerkes, Diplomaten, S. 216–219. – Schlarp, Entspannungspolitik, S. 84–85, 90. – Niedhart, Brandt, S. 214, 218. – Högselius, Red Gas, S. 105–134.
36 Spohr, Schmidt, S. 101–108. – Dok. 121, in: AAPD, 1978, S. 574. – Niedhart, Brandt, S. 223, 244. – Schmidt, Strategie.
37 Spohr, Schmidt, S. 114. – Niedhart, Brandt, S. 220, 223–234. – Krempin, Wucht, S. 298–300, 305.
38 Dok. 135, in: AAPD, 1978, S. 645 (Zitat). – Wortlaut des Abkommens in: Bundesgesetzblatt, Jg. (1979), Teil II, S. 58–60. – Link, Beziehungen, S. 310–311. – Schlarp, Entspannung, S. 96–98. – Zur internationalen Lage im Überblick bei Bösch, Zeitenwende, S. 18–94, 229–268. – Ploetz/Müller, Friedensbewegung. – Maruhn, Friedensbewegung. – Wettig, Auseinandersetzung, S. 217–259. – Wettig, Friedensbewegung, S. 143–149. – Dok. 294, in: AAPD, 1981, S. 1573–1574. – Müller, Erdgas-Röhren-Konflikt, S. 501–520.
39 Dok. 158, in: AAPD, 1977, S. 823. – Dok. 10, 13, 17, in: AAPD, 1980, S. 62–67, S. 82, S. 102–104. – Dok. 136, 294, in: AAPD, 1981, S. 764–765, 1574. – Spohr, Schmidt, S. 247–248, 263 (S. 244, Zitat).

40 Dok. 97,187,192–196,199, in: AAPD, 1980, S. 539–545, 983–990,1016–1071,1078–1082. – Dok. 136, 334–341, 342, in: AAPD, 1981, S. 766, 1791–1851, 1851–1854. – Dok. 4, in: AAPD, 1982, S. 16–18. – Spohr, Brandt, S. 263–287. – Link, Beziehungen, S. 316–318.

Gorbatschows Perestroika.
Risse im «Bruderbund» und politische Entkrampfung gegenüber Bonn

1 Sekatsch, Von der Sowjetunion lernen (Zitate). – Karlsch, Allein bezahlt, S. 314.
2 Protokoll Nr. 48/88, Sitzung des Politbüros am 29.11.1988, in: SAPMO, DY 30/J IV 2/2/2305, Bl. 2.
3 Zu Hintergründen und Verlauf des Sputnik-Verbots siehe Wentker, Deutschen, S. 350–360. – Nepit, SED, S. 207–208, 257, 282.
4 Aktennotiz über ein Gespräch Honeckers mit Medwedjew, 24.8.1988, in: SAPMO, DY 30/2388, Bd. 15, Bl. 26. – Dok. 18, in: Küchenmeister, Vieraugengespräche, S. 201. – Wentker, Deutschen, S. 351.
5 UdSSR-Sprecher zur Einstellung des Vertriebs der Zeitschrift «Sputnik» [...], 23.11.1988, Bl. 2 (Zitat); Information zur Reaktion zum Nichterscheinen [...], 14.11.1988, Bl. 12; Information zur Problematik «Sputnik» und «Freie Welt», 18.12.1988, Bl. 1–2, in: BStU, MfS, ZAIG, Nr. 14922. – Information über Reaktionen von DSF-Gruppen [...], 16.12.1988, in: BStU, MfS, HA XX AKG, Nr. 1485, Bl. 63–66. – Informationen über weitere Reaktionen [...], 12.1.1989, in: BStU, MfS, HA XX, Nr. 6321, Bl. 12–14. – Information, Reaktion von oppositionellen Gruppen [...], 15.12.1988, in: BStU, MfS, HA II, Nr. 28577, Bl. 57. – Hinweise zu einigen bedeutsamen Aspekten [...], 30.11.1988, in: BStU, MfS, ZAIG, Nr. 4244, Bl. 2–7. – Informationen über Reaktionen [...], 25.11.1988, in: BStU, MfS, HA XIX, Nr. 4818, Bl. 26–30. – Ergebnisse der Bearbeitung von Schreiben [...] von Angehörigen des MfS [...], 19.1.1989, in: BStU, MfS, SED-Kreisleitung, Nr. 4581, Bl. 35–40. – Horst Dolhus an Gen. Erich Honecker, 25.11.1988, in: SAPMO, DY 30/2181, Bd. 1, Bl. 109–117. – Nepit, SED, S. 358–362.
6 Dok 167, in: DzD, 1969/70, S. 670 (Zitat).
7 Hertle/Jarausch, Risse, S. 18–19. – Sabrow, Erich Honecker. – Honecker, Ereignissen, S. 16.
8 Hertle/Jarausch, Risse, S. 20, 27–28, 31–34, 39–60, 125 (Dok. 3). – Wentker, Außenpolitik, S. 394–427, 477–486. – Creuzberger, Westintegration, S. 122–128, 139–142. – Salvage/Süß, Staatssicherheit, S. 709.
9 Wentker, Deutschen, S. 56–57, 61–63. – Dok. 2, in: Küchenmeister, Vieraugengespräche, S. 37, 39. – Nepit, SED, S. 385. – Creuzberger, Bemühung, S. 15–16.
10 Wentker, Deutschen, S. 95–102. – Nepit, SED, S. 386–387. – Dok. 8, in: Küchenmeister, Vieraugengespräche, S. 69 (Zitat). – Süß, Vorbild, S. 967–988.
11 Dok. 9–10, in: Küchenmeister, Vieraugengespräche, S. 78–105. – Wentker, Deutschen, S. 102–112. – Nepit, SED, S. 387. – Gorbačev, Sobranie, t. 4, S. 58–69.
12 Salvage/Süß, Staatssicherheit, S. 576, 579, 605–606, 710.
13 Hintergründe zum Andrejewa-Brief siehe Saal, Andreeva. – Taubman, Gorbatschow, S. 405–448. – Wentker, Deutschen, S. 325–327.
14 Hintergründe und Folgen der XIX. Parteikonferenz der KPdSU siehe Taubman, Gorbatschow, S. 411–420. – Altrichter, Russland 1989, S. 40–54. – Wentker, Deutschen, S. 328–336. – Salvage/Süß, Staatssicherheit, S. 611–618.
15 Dok. 22–23, in: Karner, Wende, S. 208–212 (S. 210, Zitat).
16 Wentker, Deutschen, S. 360–361. – Ständige Vertretung an Bonn AA, Moskau, 10.6.1988, in: PAAA, AV NA 30182, S. 1–2 (Zitate).

17 Selvage/Süß, Staatssicherheit, S. 603, 619–620. – Zur Wiedervereinigung siehe ausführlich im Kapitel Verlust der Kriegstrophäe DDR.
18 Creuzberger, Entre glaciation, S. 46–50 (Zitate 1, 4). – Link, Beziehungen, S. 321–322. – Kohl, Lage 1982, S. 70 (Zitat 2). – Genscher, Erinnerungen, S. 477 (Zitat 3). – Zu den ökonomischen Beziehungen siehe ausführlicher Rudolph, Wirtschaftsdiplomatie, S. 336–338. – Jüngerkes, Diplomaten, S. 259. – Pohl, Geschäft, S. 142–177. – Stent, Embargo, S. 208–232. – Zum Erdgas-Röhren-Geschäft siehe ausführlicher Bleidick, Ruhrgas, S. 287–321.
19 Kohl, Lage 1982, S. 335 (Zitat). – Creuzberger, Entre glaciation, S. 50.
20 Dok. 67–68, 94, 131, in: AAPD, 1985, S. 405, 411–413, 542–548, 740, 742–743. – Creuzberger, Bemühungen, S. 17–37. – Dok. 1–3, in: Galkin, Dokumente, S. 1–4 (S. 4, Zitat). – Link, Beziehungen, S. 324–325. – Gorbačev, Sobranie, t. 6, S. 186. – Christians, Wege, S. 136–152.
21 Betr.: Vermerk über ein Gespräch von Dr. Eberhard Schneider am 18. 6. 1986 mit Nikolaj Portugalow, ZK-Abteilung für Propaganda, bis vor kurzem ZK-Abteilung für internationale Information in Moskau, 26. 6. 1986, in: BKamt, Aktenzeichen 301 30 S25(1), Bd. 18, Bl. 24–26 (Zitate).
22 Dok. 68, 235, 300, in: AAPD, 1985, S. 409, 1325–1334 (S. 1326, Zitat 1; S. 1695, Zitat 2).
23 Dok. 327, in: AAPD, 1985, S. 1866, 1871–1872 (Zitate).
24 Zur Genscher-Visite im Kreml siehe ausführlicher bei Kwizinskij, Sturm, S. 404–414. – Genscher, Erinnerungen, S. 493–508, 517–522. – Wentker, Deutschen, S. 51, 84, 143, 154, 158, 163. – Creuzberger, Entre glaciation, S. 50. – Dok. 209, AAPD, 1986, S. 1185–1201 (S. 1185, 1191, Zitate).
25 Zu den Hintergründen und Wirkungen dazu ausführlicher bei Wentker, Deutschen, S. 151–157. – Dok. 308, 310, 316, in: AAPD, 1986, S. 1736–1738, 1745–1750.
26 Schwarz, Kohl, S. 451–459 (S. 453, Zitat 1). – Wirsching, Provisorium, S. 510–511, 550–556. – Dok. 19–20, in: Galkin, Dokumente, S. 55–73. – Dok. 212, in: AAPD, 1987, S. 1055–1063 (S. 1055–1057, Zitate 2–4). – Dok. 18, in: AAPD, 1988, S. 98 (Zitat 5). – Link, Beziehungen, S. 326–328.
27 Dok. 11, in: Galkin, Dokumente, S. 26–27 (Zitat 1). – Wilke, Honecker-Besuch, S. 389–401. – Hoffmann, Honecker in Bonn, S. 333–334, 353–354. – Gorbačev, Sobranie, t. 11, S. 264 (Zitat 2).
28 Linke, Beziehungen, S. 327–328.
29 Wentker, Deutschen, S. 369–373.
30 Dok. 22, 52, 57, 114, 287, 300, in: AAPD, 1988, S. 121–131, 295, 333–338, 612–618, 1499–1504, 1569 (S. 337–338, Zitate 1, 2). – Vermerk über mein Gespräch mit dem sowjetischen Botschafter, Julij Kwizinskij, am 26. 2. 1988, 13.30 bis 15.00 Uhr im Bundeskanzleramt, 29. 2. 1988, in: BKamt, 30100–56, Bd. 74 Ge 28, Bl. 83–84.
31 Creuzberger, Entre glaciation, S. 51–52. – Linke, Beziehungen, S. 329. – Dok. 300–301, 303–304, in: AAPD, 1988, S. 1553–1579, 1582–1602.
32 Gorbatschow, Erinnerungen, S. 706. – Wentker, Deutschen, S. 517–518. – Schwarz, Kohl, S. 515–516. – Bild-00056569, Bild-00019764, Bild-00056571, Bild-00006361, Bild-00056582, in: BA, Digitales Bildarchiv, B 145.
33 Kohl, Erinnerungen 1982, S. 888–891. – Link, Beziehungen, S. 331. – Dok. 34, 37–38a–b, 42, 44, in: Galkin, Dokumente, S. 143–152, 162–173. – Dok. 1–4, in: Einheit, S. 271–299.
34 Dok. 2, in: Einheit, S. 283 (Zitat 1), 286. – Dok. 34, in: Galkin, Dokumente, S. 149. – Dok. 1, in: Hilger, Diplomatie, S. 19–20 (Zitat 2). – Wentker, Deutschen, S. 520–521.
35 Dok. 38a, in: Galkin, Dokumente, S. 165–170 (S. 166–167, Zitat).
36 Ständige Vertr. an Bonn AA, Moskau Cti, Delegation Cti, Nr. 2178, 1614 OZ, 25.10.1988;

Anmerkungen

Ständige Vertr., Nr. 2274, 7.11.1988, 1050 OZ, an Bonn AA, in: PAAA, AV NA, 30182. – Dok. 66, in: AAPD, 1989, S. 305–306. – Wentker, Deutschen, S. 523–525.
37 Dok. 5–7, in: Einheit, S. 299–304 (S. 300, Zitat).
38 Hierzu ausführlich im Kapitel Verlust der Kriegstrophäe DDR.

Von der Ost- zur «Frost»-Politik.
Partnerschaft und Konfrontation im postsowjetischen Zeitalter

1 Referat 213, 9.9.1992, Betr.: Ihr Moskau-Besuch am 8. und 9. Okt. 1992, S. 1 (Zitat), in: PAAA, B 41, Bd. 221692. – Zu Putin in Dresden ausführlich Belton, People, S. 19–49. – Teltschik, Russisches Roulette, S. 77.
2 Damals als Beamter, S. 27 (Zitat). – Klaus Kinkel, 82, S. 125.
3 Referatsleiter 213, Bonn, 19.10.1992, Betr.: Besuch des Bundeskanzlers in Moskau am 15./16. Dezember 1992, S. 1 (Zitat), in: PAAA, B 41, Bd. 221685.
4 Referat 213, 9.9.1992, Betr.: Ihr Moskau-Besuch am 8. und 9. Okt. 1992, S. 2, in: PAAA, B 41, Bd. 221692. – Fritsch, Botschafter, S. 139, 326.
5 Referat 213, 9.9.1992, Betr.: Ihr Moskau-Besuch am 8. und 9. Okt. 1992, S. 1–5 (Zitate), in: PAAA, B 41, Bd. 221692.
6 213–321.10 RUS VS-NfD, Bonn, 29.10.1992, Vermerk, Betr.: Reise BK nach Moskau am 15. und 16.12.1992, S. 4, in: PAAA, B 41, Bd. 221692. – Abteilung 2, Bonn, 11.11.1992, Betr.: Verhältnis Deutschland-Rußland, S. 2, 5–6, in: PAAA, B 41, Bd. 221685. – Planungsstab, 8.12.1992, Betr.: Elemente einer Konzeption für das deutsch-russische Verhältnis, S. 5 (Zitat), in: PAAA, B 9, Bd. 178534.
7 Abteilung 2, Bonn, 11.11.1992, Betr.: Verhältnis Deutschland-Rußland, S. 2–4 (Zitate 1, 4), in: PAAA, B 41, Bd. 221685. – Planungsstab, 8.12.1992, Betr.: Elemente einer Konzeption für das deutsch-russische Verhältnis, S. 6–7 (Zitate 2, 3), in: PAAA, B 9, Bd. 178534. – Referatsleiter 213, Bonn, 19.10.1992, Betr.: Besuch des Bundeskanzlers in Moskau am 15./16. Dezember 1992, S. 2, in: PAAA, B 41, Bd. 221685.
8 AL 2, Bonn 17.12.1992, Vermerk, Betr.: Gespräch des Bundeskanzlers mit dem russischen Präsidenten Jelzin am Mittwoch, 16. Dezember 1992, in Moskau, S. 1–8, in: PAAA, B 41, Bd. 221687. – Drahterlass, 21.12.1992, Betr.: Ortez zum offiziellen Besuch Bundeskanzler Dr. Helmut Kohl in der Russischen Föderation vom 14.–16. Dezember 1992, roem 1 (Zitat), in: PAAA, B 5, Bd. 161325.
9 Bierling, Vormacht, S. 63, 127. – Schwarz, Kohl, S. 830.
10 Drahterlass, 21.12.1992, Betr.: Ortez zum offiziellen Besuch Bundeskanzler Dr. Helmut Kohl in der Russischen Föderation vom 14.–16. Dezember 1992, roem 2, in: PAAA, B 5, Bd. 161325. – Zum Abzug an sich ausführlicher Stent, Rivalen, S. 268–276. – Der Abzug. Die letzten Jahre. – Lorke, Shaping, S. 145–159.
11 Drahterlass, 21.12.1992, Betr.: Ortez zum offiziellen Besuch Bundeskanzler Dr. Helmut Kohl in der Russischen Föderation vom 14.–16. Dezember 1992, roem 2–roem 3 (Zitat roem 2), in: PAAA, B 5, Bd. 161325. – Zur Restitution geraubten Kulturguts siehe im Kapitel Erzwungene Kooperation. – Eichwede, Kunst, S. 181–199.
12 Referat 213, 9.9.1992, Betr.: Ihr Moskau-Besuch am 8. und 9. Okt. 1992, S. 5, in: PAAA, B 41, Bd. 221692. – Schwarz, Kohl, S. 858, 860. – Stent, Putin, S. 130.
13 Stent, Rivalen, S. 293–294. – Bierling, Vormacht, S. 60–61, 63. – Bierling, Wirtschaftshilfe, S. 318. – Kohl, Lage 1989, S. 753 (Zitat 2). – «Das Pendel schwingt zurück», S. 22–25. – Nein, nein, nein, S. 25–26.
14 Stent, Rivalen, S. 294–296. – Bierling, Vormacht, S. 62–63.
15 Kohl, Lage 1989, S. 811 (Zitat). – Meiers, Verteidigungspolitik, S. 200–216, 293–313. –

Stent, Rivalen, S. 357–392. – Schwarz, Kohl, S. 830–831. – Alexandrova, Rußland. – Lough, Challenge, S. 19. – Stent, Putin, S. 153–156, 161–167, 193–200. – Bierling, Vormacht, S. 128, 131.

16 Stent, Putin, S. 134–135. – Lough, Challenge, S. 20. – Schöllgen, Schröder, S. 444, 455 (Zitat), 505–506. – Fischer, Jahre, S. 159–251. – Wolfrum, Rot-Grün, S. 97–100. – Bierling, Vormacht, S. 128.
17 Bierling, Vormacht, S. 128 (Zitat), 131. – Schöllgen, Schröder, S. 506–728.
18 Stent, Putin, S. 134–136. – Schöllgen, Schröder, S. 509–510, 767, 769–770. – Lough, Challenge, S. 20–23 (S. 21, Zitat).
19 Pörzgen, Petersburger Dialog, S. 59–81.
20 Wolfrum, Rot-Grün, S. 424–437 (S. 437, Zitat). – Bierling, S. 102, 129, 131–132. – Schöllgen, Schröder, S. 506–507, 700, 770.
21 Stent, Putin, S. 117, 132, 137. – Bierling, Vormacht, S. 64, 135. – Bierling, Wirtschaftshilfe, S. 319. – Schöllgen, Schröder, S. 510, 726–727. – Bleidick, Ruhrgas, S. 536–542.
22 Stent, Putin, S. 123–124, 138–139. – Lough, Challenge, S. 24–25. – Forsberg, Ostpolitik, S. 22, 25. – Fritsch, Botschafter, S. 63, 113–114 (Zitate 1, 2).
23 Forsberg, Ostpolitik, S. 24–25. – Bierling, Vormacht, S. 245. – Creuzberger, Wortbruch, S. 95–108, hier S. 96 (Zitate). – Belton, People, S. 368–369.
24 Stent, Putin, S. 140–141. – Lough, Challenge, S. 27–28. – Bierling, Vormacht, S. 243–244. – Wehner, Kalter Krieg, S. 29–36.
25 Putins Russland. Auf dem Weg in die lupenreine Diktatur (Zitat). – Forsberg, Ostpolitik, S. 25–28. – Bierling, Vormacht, S. 246–248. – Salzen, Russland. Deutsche Stiftungen. – Stent, Putin, S. 141–142. – Meister, Russland-Politik, S. 54. – Stewart, Modernisierungspartnerschaft. – Wehner, Kalter Krieg, S. 148–164.
26 Creuzberger, Wortbruch, S. 95. – Adomeit, Apologien, S. 3, 5.
27 Regierungserklärung von Bundeskanzlerin Merkel. – Stent, Putin, S. 142–144. – Lough, Challenge, S. 33–37. – Forsberg, Ostpolitik, S. 28–30, 41. – Meister, How Russia. – Fischer, Sanktionen, S. 1–4. – Berlin gegen Aufnahme. – Lough, Problem, S. 155–192.
28 Stent, Putin, S. 143. – Rinke, Widerstand. – Fritsch, Botschafter, S. 133–137, 289. – Fischer/Kluge, Wirtschaftssanktionen. – Harms, Stellungnahme, S. 14. – Kluge, Stellungnahme, S. 20–21. – Paqué, Stellungnahme, S. 25–26.
29 Fritsch, Botschafter, S. 101 (Zitat).
30 Wehner, Hacker, S. 3–18. – Wehner, Kalter Krieg, S. 80–99. – Moskaus Querdenker, S. 30–33. – EU-Auswertung. Darum ist Deutschland das Topziel. – Vilifying Germany. – Wehner, Putins Mission.
31 Handl, Entfremdung, S. 55–59. – Stent, Putin, S. 143. – Wehner, Schluss. – Ludwig/Peterka, Russlandpolitik, S. 129–134.
32 Handl, Entfremdung, S. 59–60. – Balser/Brössler, Spur, S. 5 (Zitate). – Ludwig/Peterka, Russlandpolitik, S. 128–129. – Wehner, Kalter Krieg, S. 119–123. – WDR 5, Morgenecho, 5.2.2021, 8:21–8:24 Uhr.
33 Handl, Entfremdung, S. 63–64. – Kretschmer, Irrweg. – Kretschmer in Moskau. – Nicht weiter an Sanktionsspirale drehen (Zitat). – Wyssuwa, Tausend Jahre.
34 Kluge, Stellungnahme, S. 22.
35 Russisches U-Boot, S. 66–67. – Monath, Schwesig.
36 Grinin, Botschafter, S. 155, 156, 162, 170–177, 179–182, 187–188, 196. – Teltschik, Russisches Roulette. – Platzeck, Wir brauchen. – Krone-Schmalz, Russland verstehen. – Schöllgen/Schröder, Chance, S. 61–79, 221–236. – Adomeit, Apologien, S. 1–6 (Zitate). – Behrends, Ostpolitik, S. 139. – Creuzberger, Wortbruch, S. 95–108. – Lozo, Gorbatschow, S. 300–304.
37 Hoffmann, Weltmacht, S. 27. – Sasse, Russland², S. 10, 24–25.

38 Hoffmann, Weltmacht, S. 28 (Zitate).
39 Grinin, Botschafter, S. 200 (Zitat). – Levada-Centr, press-vypuski, Otnošenie k stranam, 10. 9. 2019. – Levada-Centr, press-vypuski, Vragi, 15. 10. 2020.

Deutsch-russisches Jahrhundert. Bilanz und Optionen

1 Poidevin, Unruhige Großmacht.
2 Thränert, Sicherheit, S. 7.
3 Nato gibt mehr Geld aus, S. 4.
4 Deutsch-französischer Vorstoß, S. 1. – Gutschker, Europa, S. 2. – Vorstoß für EU-Gipfel, S. 1.
5 Brussels Summit Communiqué.
6 Reinhard, Putins Ohrfeige, S. 10. – Hypothek, S. 76. – Veser/Leithäuser, Russland, S. 2. – Merkel, Einigung zu Nord Stream, S. 1. – Berlin wendet Sanktionen, S. 1.
7 Götz, Energiestrategie, S. 8–12. – Statistik, S. 15–17. – Zur russischen Kohlestrategie bis 2035 siehe generell Pravitel'stvo Rossijskoj Federacii.
8 Fritsch, Botschafter, S. 139. – DAAD-Ländersachstand. – DAAD-Außenstellenbericht, S. 168–179.
9 Holm, Wiederkehr, S. 11. – Russland: «Ausländische Agenten».
10 Petersburger Dialog, S. 1. – Unerwünschte Verständigung, S. 3.

Abkürzungsverzeichnis

AA	Auswärtiges Amt
AAPD	Akten zur Auswärtigen Politik der Bundesrepublik Deutschland
ABM-Vertrag	Anti-Ballistic Missile Treaty
ADN	Allgemeiner Deutscher Nachrichtendienst
AdsD	Archiv der sozialen Demokratie
AdV	Alldeutscher Verband
AEG	Allgemeine Elektricitäts-Gesellschaft
AfD	Alternative für Deutschland
Aktion A-B	Außerordentliche Befriedungsaktion
Antifa-Block	Antifaschistischer Block
ARD	Arbeitsgemeinschaft der öffentlich-rechtlichen Rundfunkanstalten der Bundesrepublik Deutschland
BA	Bundesarchiv
BASF	Badische Anilin- & Sodafabrik
BKamt	Bundeskanzleramt
BMW	Bayerische Motoren Werke Aktiengesellschaft
BRD	Bundesrepublik Deutschland
BStU	Bundesbeauftragter für die Unterlagen der Staatssicherheit der ehemaligen DDR
CBS	Columbia Broadcasting System
CDU	Christlich-Demokratische Union
CSU	Christlich-Soziale Union
d.	djelo (Akte)
DBD	Demokratische Bauernpartei Deutschlands
DDP	Deutsche Demokratische Partei
DDR	Deutsche Demokratische Republik
DGSO	Deutsche Gesellschaft zum Studium Osteuropas
DM	Deutsche Mark
DR	Deutsche Reichsbahn
DWK	Deutsche Wirtschaftskommission
DzD	Dokumente zur Deutschlandpolitik
DZV	Deutsche Zentralverwaltung
EAD	Europäischer Auswärtiger Dienst
EG	Europäische Gemeinschaft
EU	Europäische Union
f.	fond (Bestand)
FAZ	Frankfurter Allgemeine Zeitung
FDP	Freie Demokratische Partei
Gazprom	Gazovaja promyschlennost (Gasindustrie)
Gestapo	Geheime Staatspolizei
GdF	Gesellschaft der Freunde des neuen Russland
GPU	Gosudarstvennoje polititscheskoje Uprawalenije (Staatliche politische Verwaltung, Nachfolgeorganisation der Tscheka, Geheimpolizei), Geheimpolizei der Sowjetunion

GRU	Glawnoje Raswedywatelnoje Uprawlenije (Hauptabwehrverwaltung, Militär-Nachrichtendienst der Roten Armee)
GSSD	Gruppe der Sowjetischen Streitkräfte in Deutschland
GStAPK	Geheimes Staatsarchiv Preußischer Kulturbesitz
GUS	Gemeinschaft unabhängiger Staaten
G 7	Gruppe der sieben (die sieben größten Industrienationen)
HJR	Hamburger Jugendring
IML	Institut für Marxismus-Leninismus
INF	Intermediate Range Nuclear Forces
INO NKWD	Inostrannyj otdel Narodnogo komissariata wnutrennich del (Auslandsabteilung des Volkskommissariats für innere Angelegenheiten)
KAS	Konrad-Adenauer-Stiftung
K5	Kommissariat 5 (Vorläufereinrichtung des Ministeriums für Staatssicherheit)
KGB	Komitet gosudarstwennoj besopasnosti (Komitee für Staatssicherheit)
Komintern/KI	Kommunistische Internationale
KP	Kommunistische Partei
KPD	Kommunistische Partei Deutschland
KPdSU	Kommunistische Partei der Sowjetunion
KPÖ	Kommunistische Partei Österreichs
KSZE	Konferenz über Sicherheit und Zusammenarbeit in Europa
LDP	Liberal-Demokratische Partei
MfS	Ministerium für Staatssicherheit
MI 6	Military Intelligence, Section 6 (britischer Auslandsgeheimdienst)
MID	Ministerstwo inostrannych del (Ministerium für Auswärtige Angelegenheiten)
MSPD	Mehrheits-SPD
MWD	Ministerstwo wnutrennich del (Innenministerium)
NATO	North Atlantic Treaty Organization (Nordatlantikpakt-Organisation)
NDPD	National-Demokratische Partei Deutschlands
NKGB/MGB	Narodnyj komissariat gosudarstwennoj besopasnosti/Ministerstwo gosudarstwennoj besopasnosti (Volkskommissariat für Staatssicherheit/Ministerium für Staatssicherheit)
NKID	Narodnyj komissariat inostrannych del (Volkskommissariat für auswärtige Angelegenheiten)
NKR	Nordatlantischer Kooperationsrat
NKWD/MGB	Narodnyj komissariat wnutrennich del/Ministerstwo gosudarstwennoj besopasnosti (Volkskommissariat für innere Angelegenheiten/Ministerium für Staatssicherheit)
NS	Nationalsozialismus
NSA	National Security Archive
NSDAP	Nationalsozialistische Deutsche Arbeiterpartei
OGPU/NKWD	Objedinjonnoje gosudarstwennoje polititscheskoje uprawlenije/Narodnyj komissariat wnutrennich del (Vereinigte staatliche politische Verwaltung/Volkskommissariat für innere Angelegenheiten)
OHL	Oberste Heeresleitung
op.	opis (Liste)
PAAA	Politisches Archiv des Auswärtigen Amtes
PDS	Partei des Demokratischen Sozialismus
PfP	Partnerschaft für den Frieden
PKW	Personenkraftwagen

RGANI	Rossijskij gosudarstwennyj archiw nowejschej istorii (Russländisches Staatsarchiv für neueste Geschichte)
RGASPI	Rossijskij gosudarstwennyj archiw sozialno-polititscheskoj istorii (Russländisches Staatsarchiv für sozio-politische Geschichte)
RKP (B)	Russische Kommunistische Partei (Bolschewiki)
ROSTA	Rossijskoje Telegrafnoje Agentstwo (Russländische Nachrichtenagentur)
RSDAP	Russische Sozialdemokratische Arbeiterpartei
RSFSR	Russische Sozialistische Föderative Sowjetrepublik
RT	Russia Today (russischer Auslandsfernsehsender)
SA	Sturmabteilung der NSDAP
SAG	Sowjetische Aktiengesellschaft
SAPMO	Stiftung Archiv der Parteien und Massenorganisation der DDR im Bundesarchiv
SBZ	Sowjetische Besatzungszone
SED	Sozialistische Einheitspartei Deutschlands
SD	Sicherheitsdienst (des Reichsführers SS)
SDI	Strategic Defense Initiative (Strategische Verteidigungsinitiative)
SMA/SMAD	Sowjetische Militäradministration/Sowjetische Militäradministration in Deutschland
SMERSch	Smert schpionam (Tod den Spionen, Militärischer Nachrichtendienst der Sowjetunion)
SMT	Sowjetisches Militärtribunal
SPD	Sozialdemokratische Partei Deutschlands
SPÖ	Sozialdemokratische Partei Österreichs
SS	Schutzstaffel
Stawka	Stawka Werchownowo Glawnokomandujuschtschewo (Hauptquartier des Kommandos des Obersten Befehlshabers)
StBKAH	Stiftung Bundeskanzler-Adenauer-Haus
TASS	Telegrafnoje agentstwo Sowjetskogo Sojusa (Telegrafenagentur der Sowjetunion)
Tscheka	Wserossijskaja tschreswytschainaja komissija po borbe s kontrrewoljuziej, spekuljaziej i sabotaschem (Außerordentliche Allrussländische Kommission zur Bekämpfung von Konterrevolution, Spekulation und Sabotage (Geheimpolizei der UdSSR)
UdSSR	Union der Sozialistischen Sowjetrepubliken
UN	United Nations (Vereinte Nationen)
USA	United States of America (Vereinigte Staaten von Amerika)
USPD	Unabhängige Sozialdemokratische Partei Deutschlands
VDI	Verein deutscher Ingenieure
VKP(B)	Vsesojuznaja kommunističeskaja partija (Bol'ševikov) (Kommunistische Allunions-Partei (Bolschewiki)
WEU	Westeuropäische Union
WGT	Westgruppe der Truppen
WKP(B)	Wsesojusnaja Kommunistitscheskaja Partija (Bolschewikow) (Kommunistische Allunions-Partei (Bolschewiki)
WTO	World Trade Organization (Welthandelsorganisation)
ZK	Zentralkomitee

Quellen- und Literaturverzeichnis

Archivalien

Archiv der sozialen Demokratie (AdsD), Bonn
Nachlass Egon Bahr, Nr. 1/EBAA000722

Archiv des Bundeskanzleramtes (BKamt), Berlin
301 30 S25(1), Bd. 18
30100–56 Bd. 74 Ge 28

Bundesarchiv (BA), Berlin/Koblenz
Digitales Bildarchiv
B 145 Bild-00056569, Bild-00019764, Bild-00056571, Bild-00006361, Bild-00056582
B 136 (Bundeskanzleramt), Akte 665
NL 1351 (Nachlass Blankenhorn), Bd. 52

Bundesbeauftragter für die Unterlagen der Staatssicherheit der ehemaligen DDR (BStU), Berlin
MfS, HA II, Nr. 28577
MfS, HA XIX, Nr. 4818
MfS, HA XX, Nr. 6321
MfS, HA XX AKG, Nr. 1485
MfS, HA IX/11 RHE 44/89 SU, Bde. 1–14
MfS, ZAIG, Nr. 4244
MfS, ZAIG, Nr. 14922
MfS, SED-Kreisleitung, Nr. 4581
MfS, HA XX, 12515
MfS, HA XX, 13406
MfS, AOP, 4041/87
MfS, AIM, 18454/81, I. 1
MfS, AIM, 18454/81, I. 2
MfS, AIM, 7781/83, I. 3
MfS, A-24/83, II. 1

Geheimes Staatsarchiv Preußischer Kulturbesitz (GStAPK), Berlin
XX. HA, Rep. 2, Oberpräsidium Ostpreußen II, Nr. 3560

National Security Archive (NSA), Washington
The Diary of Anatoly Chernyaev, January, 2 1990, S. 2, in: https://nsarchive2.gwu.edu/NSAEBB/NSAEBB317/index.htm.
Document 11: U. S. State Department, «Two Plus Four: Advantages, Possible Concerns and Rebuttal Points», Feb 21, 1990, in: https://nsarchive.gwu.edu/document/16124-document-11-u-s-state-department-two-plus-four
Document 13: Memorandum of Conversation between Helmut Kohl and George Bush at Camp David, Feb 24, 1990, in: https://nsarchive.gwu.edu/document/16127-document-13-memorandum-conversation-between

Document 20: Letter from Francois Mitterrand to George Bush, May 25, 1990, in: https://nsarchive.gwu.edu/document/16134-document-20-letter-francois-mitterrand
Document 21: Record of Conversation between Mikhail Gorbachev and George Bush. White House, Washington DC, May 31, 1990, in: https://nsarchive.gwu.edu/document/16135-document-21-record-conversation-between

Politisches Archiv des Auswärtigen Amtes (PAAA), Berlin
AV NA, Bd. 30182; Bd. 30186
B 5, Bd. 161325
B 9, Bd. 178534
B 41, Bd. 221685; Bd. 221687; Bd. 221692
B 130, Bd. 8466A

Rossijskij gosudarstvennyj archiv social'no-političeskoj istorii (RGASPI, Stalin Digital Archive), Moskau
f. 558, op. 1, d. 4010
f. 558, op. 11, d. 89; d. 186; d. 187; d. 214; d. 296; d. 297; d. 298; d. 1354

Rossijskij gosudarstvennyj archiv novejšej istorii (RGANI), Moskau
f. 3, op. 8, d. 295 (digitalisierte StBKAH-Faksimiles)
f. 3, op. 9, d. 283 (digitalisierte KAS-Faksimiles, Portal Ostpolitik)
f. 3, op. 10, d. 173 (digitalisierte StBKAH-Faksimiles)
f. 3, op. 72, d. 308; d. 600 (digitalisierte KAS-Faksimiles)
f. 5, op. 62, d. 568; d. 695 (digitalisierte KAS-Faksimiles)
f. 80, op. 1, d. 570 (digitalisierte KAS-Faksimiles)

Stiftung Archiv der Parteien und Massenorganisation der DDR im Bundesarchiv (SAPMO), Berlin
Politbüro
Büro Honecker

Stiftung Bundeskanzler-Adenauer-Haus (StBKAH), Rhöndorf
III/91
III/92
III/93

Gedruckte Quellen und Memoiren

Achromeev, Sergej F./Kornienko, Georgij M.: Glazami maršala i diplomata. Kritičeskij vzgljad na vnešnjuju politiku SSSR do i posle 1985 goda. Moskva 1992.
Ackermann, Anton: Gibt es einen besonderen deutschen Weg zum Sozialismus?, in: Einheit. Monatsschrift zur Vorbereitung der Sozialistischen Einheitspartei, 1. Jg. (1946), H. 1 (Februar), S. 22–32.
Adamowitsch, Ales/Granin, Daniil: Das Blockadebuch. Leningrad 1941–1944. Berlin 2018.
Adenauer, Konrad: Erinnerungen, 1953–1955. Frankfurt/Main 1968.
Adenauer, Konrad: Erinnerungen, 1955–1959. Frankfurt/Main 1969.
Akten zur Auswärtigen Politik der Bundesrepublik Deutschland. Bd. 1968. München 1999 (abgekürzt: AAPD).
Akten zur Auswärtigen Politik der Bundesrepublik Deutschland. Bd. 1969. München 2000.

Akten zur Auswärtigen Politik der Bundesrepublik Deutschland. Bd. 1970. München 2001.
Akten zur Auswärtigen Politik der Bundesrepublik Deutschland. Bd. 1977. München 2008.
Akten zur Auswärtigen Politik der Bundesrepublik Deutschland. Bd. 1978. München 2009.
Akten zur Auswärtigen Politik der Bundesrepublik Deutschland. Bd. 1980. München 2011.
Akten zur Auswärtigen Politik der Bundesrepublik Deutschland. Bd. 1981. München 2012.
Akten zur Auswärtigen Politik der Bundesrepublik Deutschland. Bd. 1982. München 2013.
Akten zur Auswärtigen Politik der Bundesrepublik Deutschland. Bd. 1985. München 2016.
Akten zur Auswärtigen Politik der Bundesrepublik Deutschland. Bd. 1986. München 2017.
Akten zur Auswärtigen Politik der Bundesrepublik Deutschland. Bd. 1987. München 2018.
Akten zur Auswärtigen Politik der Bundesrepublik Deutschland. Bd. 1988. München 2019.
Akten zur Auswärtigen Politik der Bundesrepublik Deutschland. Bd. 1989. München 2020.
Akten zur Auswärtigen Politik der Bundesrepublik Deutschland. Bd. 1990. München 2021.
Akten zur auswärtigen deutschen Politik 1918–1945, A, Bd. V. Göttingen 1987 (abgekürzt: ADAP).
Akten zur auswärtigen deutschen Politik 1918–1945, A, Bd. IX. Göttingen 1991.
Akten zur auswärtigen deutschen Politik 1918–1945, A, Bd. XIV. Göttingen 1995.
Akten zur auswärtigen deutschen Politik 1918–1945, C, Bd. II. Göttingen 1973.
Akten zur auswärtigen deutschen Politik 1918–1945, D, Bd. VII. Göttingen 1956.
Akten zur auswärtigen deutschen Politik 1918–1945, D, Bd. VIII. Göttingen 1961.
Alexijewitsch, Swetlana: Der Krieg hat kein weibliches Gesicht. Frankfurt/Main.
Außenpolitik der Bundesrepublik Deutschland. Dokumente von 1949 bis 1994. Köln 1995.
Badstübner, Rolf/Loth, Wilfried (Hrsg.): Wilhelm Pieck – Aufzeichnungen zur Deutschlandpolitik 1945–1953. Berlin 1993.
Bagley, Tenneth H.: Spymaster. Startling Cold War Revelations of a Soviet KGB Chief. New York 2015.
Bahr, Egon: Zu meiner Zeit. München 1996.
Balla, Erich: Landsknechte wurden wir ... Abenteuer aus dem Baltikum. Berlin 1932.
Barwich, Heinz/Barwich, Elfi: Das rote Atom. München 1967.
Bauerkämper, Arnd: Aufruf des Zentralkomitees der Kommunistischen Partei an das deutsche Volk zum Aufbau eines antifaschistisch-demokratischen Deutschlands vom 11. Juni 1945, in: https://www.1000dokumente.de/index.html?c=dokument_de&dokument=0009_ant&object=context&st=&l=de.
Bayerlein, Bernhard H. (Hrsg.): Georgi Dimitroff: Tagebücher 1933–1943. Berlin 2000.
Bayerlein, Bernhard H. u. a. (Hrsg.): Deutscher Oktober 1923. Ein Revolutionsplan und sein Scheitern. Berlin 2003.
Bayerlein, Bernhard: «Der Verräter, Stalin, bist Du!» Vom Ende der linken Solidarität. Komintern und kommunistische Parteien im Zweiten Weltkrieg, 1939–1941. Berlin 2008.
Beevor, Antony. Ein Schriftsteller im Krieg. Wassili Grossman und die Rote Armee 1941–1945. München 2007.
Bernhardi, Friedrich von (Hrsg.): Wie Helden sterben. Erlebnisse an der Ostfront August/September 1915. Leipzig 1917.
Bischoff, Josef: Die letzte Front. Geschichte der Eisernen Division im Baltikum 1919. Berlin 1935.
Bonwetsch, Bernd u. a. (Hrsg.): Sowjetische Politik in der SBZ 1945–1949. Dokumente zur Tätigkeit der Propagandaverwaltung (Informationsverwaltung) der SMAD unter Sergej Tjul'panov. Bonn 1997.
Brandt, Willy: Berliner Ausgabe. Bd. 6: Ein Volk der guten Nachbarn. Außen- und Deutschlandpolitik 1966–1974. Bonn 2005.
Brandt, Willy: Erinnerungen. Hamburg 2007.
Brussels Summit Communiqué. Issued by the Heads of State and Government participating

in the meeting of the North Atlantic Council in Brussels 14 June 2021, in: https://www. nato.int/cps/en/natohq/news_185000.htm.

Buber-Neumann, Margarete: Als Gefangene bei Stalin und Hitler. Eine Welt im Dunkel. München 2002.

Buchstab, Günter (Hrsg.): Adenauer. «Wir haben wirklich etwas geschaffen.» Die Protokolle des CDU-Bundesvorstands 1953–1957. Düsseldorf 1990.

Bundesgesetzblatt, Jg. (1979), Teil II, S. 58–60.

Černjaev, Anatolij u. a.: V Politbjuro v CK KPSS ... po zapisjam Anatolja Černjaeva, Vadim Medvedeva, Georgija Šachnasarova. Moskva 2006.

Christians, F. Wilhelm: Wege nach Rußland. Bankier im Spannungsfeld zwischen Ost und West. Hamburg 1989.

Creuzberger, Stefan: Die Liquidierung antifaschistischer Organisationen in Berlin. Ein sowjetisches Dokument, in: Deutschland Archiv, 26. Jg. (1993), H. 11, S. 1266–1279.

Creuzberger, Stefan: Befehl Nr. 2 des Obersten Leiters der Sowjetischen Militärischen Administration in Deutschland (SMAD) über die Zulassung der Gründung und Tätigkeit von antifaschistischen Parteien und Organisationen, 10. Juni 1945, in: https://www.1000dokumente.de/index.html?c=dokument_ru&dokument=0030_sma&object=context&st=&l=de.

Detlef, Nakath u. a. (Hrsg.): «Im Kreml brennt noch Licht. Die Spitzenkontakte zwischen SED/PDS und KPdSU 1989–1991. Berlin 1998.

Deutsch-sowjetische Beziehungen von den Verhandlungen in Brest-Litowsk bis zum Abschluß des Rapallovertrages. Dokumentensammlung. Bd. 2: 1919–1922. Berlin-Ost 1971.

Deutscher Bundestag, 19. Wahlperiode, Drucksache 19/23126, Antrag der Fraktionen der CDU/CSU und SPD «Gedenken an die Opfer des deutschen Vernichtungskrieges und bisher weniger beachtete Opfergruppen des Nationalsozialismus anerkennen», in: https://dip21.bundestag.de/dip21/btd/19/231/1923126.pdf.

Devjatyj s«ezd RKP(b). Mart–aprel' 1920 goda. Protokoly. Moskva 1960.

Dobrynin, Anatoly: In Confidence: Moscow's Ambassador to America's Six Cold War Presidents. New York 1995.

Dokument zur Deutschlandpolitik. VI. Reihe, Bd. 1: 1969/70. München 2002 (abgekürzt DZD).

Dokumente zur Deutschlandpolitik. Deutsche Einheit. Sonderedition aus den Akten des Bundeskanzleramtes 1989/90. München 1998 (abgekürzt: Einheit).

XXII godovščina Oktjabr'skoj Revoljucii. Doklad tov. V M. Molotova na toržestvennom zasedanii Moskovskogo Soveta 6 nojabrja 1939 g., in: Pravda vom 7. 11. 1939.

Eckardt, Felix von: Ein unordentliches Leben. Lebenserinnerungen. Düsseldorf/Wien 1967.

Eine Frau in Berlin. Tagebuch-Aufzeichnungen vom 20. April bis 22. Juni 1945. Frankfurt/Main 2003.

Erler, Peter u. a. (Hrsg.): «Nach Hitler kommen wir». Dokumente zur Programmatik der Moskauer KPD-Führung 1944/45 für Nachkriegsdeutschland. Berlin 1994.

EU-US Summit Statement Towards a renewed Transatlantic partnership, 15. 6. 2021, in: https://www.consilium.europa.eu/media/50758/eu-us-summit-joint-statement-15-june-final-final.pdf.

Fähnrich, Paul: Kolomna. Erlebnisse von 76 Rückwanderern der Interessengemeinschaft der Auswandererorganisation nach Sowjet-Rußland. Berlin 1921.

Falin, Valentin: Politische Erinnerungen. München 1993.

Fel'štinskij, Ju. G. (Hrsg.): Germanija i revoljucija v Rossii. 1915–1918. Sbornik Dokumentov. Moskva 2013.

Fesjun, A. G. (Hrsg.): Delo Richarda Sorge. Neizvestnye dokumenty. Moskva 2000.

Fischer, Joschka: Die rot-grünen Jahre. Deutsche Außenpolitik – vom Kosovo bis zum 11. September. Köln 2007.
Foitzik, Jan (Hrsg.): Sowjetische Interessenpolitik in Deutschland 1944–1954. Dokumente. München 2012.
Foitzik, Jan (Hrsg.): Sowjetische Kommandanturen und die deutsche Verwaltung in der SBZ und frühen DDR. Dokumente. Berlin 2015.
Frank, Ludwig: Aufsätze, Reden und Briefe. Berlin 1924.
Franke, Arno: Die Wahrheit über Rußland. Die Auswanderung nach Sowjet-Rußland und das Diktat der dritten Internationale. Berlin 1920.
Fröhlich, Elke (Hrsg.): Die Tagebücher von Joseph Goebbels. Sämtliche Fragmente, T. I: Aufzeichnungen 1924–1941. Bd. 4. München u. a. 1987.
Fröhlich, Elke (Hrsg.): Die Tagebücher von Joseph Goebbels. Teil 1: Aufzeichnungen 1923–1941. Bd. 7: 7. Juni 1939 – März 1940. München 1998.
Fröhlich, Elke (Hrsg.): Die Tagebücher von Joseph Goebbels. Teil I: Aufzeichnungen 1923–1941. Bd. 1/II: Dezember 1925 – Mai 1928. München 2005.
50 Jahre danach. Erklärungen und Reden von Roman Herzog und Helmut Kohl. Bonn 1995.
Galkin, Aleksandr/Tschernjajew, Anatolij (Hrsg.): Michail Gorbatschow und die deutsche Frage. Sowjetische Dokumente 1986–1991. München 2011.
Gavrilov, G. A. (Hrsg.): Voennaja razvedka informiruet. Dokumenty razvedupravlenija krasnoj armii janvar' 1939 – ijun' 1941 g. Moskva 2008.
Gelfand, Wladimir: Deutschland-Tagebuch 1945–1946. Aufzeichnungen eines Rotarmisten. Berlin 2008.
Genscher, Hans-Dietrich: Erinnerungen. Berlin 1995.
Gerulajtis, Natal'ja: Dekret über den Frieden, 26. Oktober (8. November) 1917, in: http://www.1000dokumente.de/index.html?c=dokument_ru&dokument=0005_fri&object=pdf&st=&l=de.
Goetz, Walter (Hrsg.): Briefe Wilhelms II. an den Zaren 1894–1914. Berlin 1920.
Golder, F. A. (Ed.): Documents of Russian History 1914–1917. New York 1927.
Goldschmidt, Alfons: Moskau 1920. Tagebuchblätter. Berlin-Ost 1987.
Goltz, Rüdiger Graf von der: Als politischer General im Osten (Finnland und Baltikum) 1918 und 1919. Leipzig 1936.
Gorbačev, Michail S.: Gody trudnych rešenij. Moskva 1993.
Gorbačev, Michail Sergeevič: Sobranie sočinenij. T. 4: aprel'–oktjabr' 1986 goda. Moskva 2008.
Gorbačev, Michail Sergeevič: Sobranie sočinenij. T. 6: fevral'–maj 1987 goda. Moskva 2008.
Gorbačev, Michail Sergeevič: Sobranie sočinenij. T. 11: maj–sentjabr' 1988 goda. Moskva 2009.
Gorbačev, Michail Sergeevič: Sobranie sočinenij. T. 15: ijun'–sentjabr' 1989 goda. Moskva 2010.
Gorbačev, Michail Sergeevič: Sobranie sočinenij. T. 17: nojabr'–dekabr' 1989 goda. Moskva 2010.
Gorbačev, Michail Sergeevič: Sobranie sočinenij. T. 18: dekabr'–mart 1990 goda. Moskva 2011.
Gorbačev, Michail Sergeevič: Sobranie sočinenij. T. 19: mart–maj 1990 goda. Moskva 2011.
Gorbatschow, Michail: Erinnerungen. Berlin 1995.
Gorodetsky, Gabriel (Hrsg.): Die Maiski-Tagebücher. Ein Diplomat im Kampf gegen Hitler 1932–1943. München 2016.
Grachev, Andrei: Gorbachev's Gamble: Soviet Foreign Policy and the End of the Cold War. Cambridge 2008.
Grinin, Wladimir M.: Russlands Botschafter. Meine Jahre in Berlin. Berlin 2020.
Gründungsaufruf der SPD 1945, in: http://germanhistorydocs.ghi-dc.org/pdf/deu/Parties%20WZ%201%20GER.pdf.

Hartmann, Christan u. a. (Hrsg.): Adolf Hitler. Mein Kampf. Eine kritische Edition. München 2016.

Haunfelder, Bernd (Hrsg.): Aus Adenauers Nähe. Die politische Korrespondenz der schweizerischen Botschaft in der Bundesrepublik 1956–1963. Bern 2012.

Heim, Susanne u. a. (Hrsg.): Die Verfolgung der europäischen Juden durch das nationalsozialistische Deutschland 1933–1945. Bd. 7: Sowjetunion mit annektierten Gebieten I. Besetzte sowjetische Gebiete unter deutscher Militärverwaltung, Baltikum und Transistrien. München 2011.

Heim, Susanne u. a. (Hrsg.): Die Verfolgung der europäischen Juden durch das nationalsozialistische Deutschland 1933–1945. Bd. 8: Sowjetunion mit annektierten Gebieten II. München 2016.

Hellbeck, Jochen: Die Stalingrad-Protokolle. Sowjetische Augenzeugen berichten aus der Schlacht. Frankfurt/Main 2010.

Henkels, Walter: Von Laika war nicht die Rede. Sowjet-Empfang zum Revolutionstag, in: Frankfurter Allgemeine Zeitung vom 9.11.1957, S. 2.

Herbst, Wolfgang (Hrsg.): Die Novemberrevolution in Deutschland. Dokumente und Materialien. Berlin-Ost 1958.

Hilger, Andreas (Hrsg.): Diplomatie für die deutsche Einheit. Dokumente des Auswärtigen Amts zu den deutsch-sowjetischen Beziehungen1989/90. München 2011.

Hilger, Gustav: Wir und der Kreml. Deutsch-sowjetische Beziehungen 1918–1941. Erinnerungen eines deutschen Diplomaten. Frankfurt/Main/Berlin 1955.

Hoffmann, Dierk/Malycha, Andreas (Hrsg.): Erdöl, Mais und Devisen. Die ostdeutsch-sowjetischen Wirtschaftsbeziehungen 1951–1957. Eine Dokumentation. Berlin 2016.

Hoffmann, Max: Die Aufzeichnungen des Generalmajors Max Hoffmann. Bd. 1. Berlin 1929.

Honecker, Erich: Zu dramatischen Ereignissen. Hamburg 1992.

Hubatsch, Walther (Hrsg.): Hitlers Weisungen für die Kriegführung. 1939–1945. Dokumente des Oberkommandos der Wehrmacht. Frankfurt/Main 1962.

Hürter, Johannes (Hrsg.): Notizen aus dem Vernichtungskrieg. Die Ostfront 1941/42 in den Aufzeichnungen des Generals Heinrici. Darmstadt 2016.

Ioffe, A. A.: Germanskaja revoljucija i Rossijskoe posol'stvo, in: Vestnik žizni, Jg. (1919), H. 5, S. 35–46.

Izvestija vom 9.6.1955.

Izvestija vom 19.9.1955.

Jochmann, Werner (Hrsg.): Adolf Hitler. Monologe im Führerhauptquartier 1941–1944. Die Aufzeichnungen Heinrich Heims. Hamburg 1980.

K podpisaniju dogovora o nenapadenii meždu Germaniej i Sovetskim Sojuzom, in: Izvestija vom 24.8.1939 (Leitartikel).

Karner, Stefan u. a. (Hrsg.): Der Kreml und die deutsche Wiedervereinigung 1990. Berlin 2015.

Karner, Stefan u. a. (Hrsg.): Der Kreml und die Wende 1989. Interne Analysen der sowjetischen Führung zum Fall der kommunistischen Regime. Dokumente. Innsbruck u. a. 2014.

Kautsky, Karl: Slavjane i revoljucija, in: Iskra vom 10.3.1902.

Keiderling, Gerhard (Hrsg.): «Gruppe Ulbricht» in Berlin April bis Juni 1945. Von der Vorbereitung im Sommer 1944 bis zur Wiedergründung der KPD im Juni 1945. Eine Dokumentation. Berlin 1993.

Kempowski, Walter: Das Echolot. Barbarossa '41. Ein kollektives Tagebuch. München 2004.

Kessler, Harry Graf: Das Tagebuch 1880–1937. Bd. 5: 1914–1916. Stuttgart 2008.

Keworkow, Wjatscheslaw: Der geheime Kanal. Moskau, der KGB und die Bonner Ostpolitik. Berlin 1995.

Klimow, Gregory: Berliner Kreml. Köln 1952.

Kohl, Helmut: Berichte zur Lage 1982-1989. Der Kanzler und Parteivorsitzende im Bundesvorstand der CDU Deutschlands. Düsseldorf 2014.
Kohl, Helmut: Berichte zur Lage 1989-1998. Der Kanzler und Parteivorsitzende im Bundesvorstand der CDU Deutschlands. Düsseldorf 2012.
Kohl, Helmut: Erinnerungen 1982-1990. München 2005.
Komintern i vtoraja mirovaja vojna. T. 1. Moskva 1994.
Kopelew, Lew: Aufbewahren für alle Zeiten! München 1981.
Köstring, Ernst: Der militärische Mittler zwischen dem Deutschen Reich und der Sowjetunion 1921-1941. Frankfurt/Main 1965.
Kotschemassow, Wjatscheslaw: Meine letzte Mission. Berlin 1994.
Kriegstagebuch des Oberkommandos der Wehrmacht. Bd. I/2: 1. August 1940-31. Dezember 1941. Herrsching 1982.
Krivitsky, Walter G.: In Stalin's Secret Service. An Exposé of Russia's Secret Polices by the Former Chief of the Soviet Intelligence in Western Europe. New York ²1939.
Krone, Heinrich: Tagebücher. Bd. 1: 1945-1961. Düsseldorf 1995.
Küchenmeister, Daniel (Hrsg.): Honecker – Gorbatschow. Vieraugengespräche. Berlin 1993.
Kwizinskij, Julij A.: Vor dem Sturm. Erinnerungen eines Diplomaten. Berlin 1993.
Laufer, Jochen P. u. a. (Hrsg.): Die UdSSR und die deutsche Frage 1941-1948. Dokumente aus dem Archiv für Außenpolitik der Russischen Föderation. Bd. 2: 9. Mai 1945 bis 3. Oktober 1946. Berlin 2004.
Laufer, Jochen P. u. a. (Hrsg.): Die UdSSR und die deutsche Frage 1941-1948. Dokumente aus dem Archiv für Außenpolitik der Russischen Föderation. Bd. 3: 6. Oktober 1946 bis 15. Juni 1948. Berlin 2004.
Laufer, Jochen P. u. a. (Hrsg.): Die UdSSR und die deutsche Frage 1941-1949. Dokumente aus russischen Archiven. Bd. 4: 18. Juni 1948 bis 5. November 1949. Berlin 2012.
Lenin, V. I.: Polnoe sobranie sočinenij. T. 37. Moskva ⁵1969.
Lenin, Wladimir I.: Was tun? Brennende Fragen unserer Bewegung. Berlin-Ost 1987.
Leonhard, Wolfgang: Die Revolution entlässt ihre Kinder. Köln 1960.
Leonhard, Wolfgang: Der Schock des Hitler-Stalin-Paktes. Erinnerungen aus der Sowjetunion, Westeuropa und USA. Freiburg/Br. 1986.
Linke, Horst Günther (Hrsg.): Quellen zu den deutsch-sowjetischen Beziehungen 1917-1945. Darmstadt 1998.
Mallmann, Klaus Michael u. a. (Hrsg.): Die «Ereignismeldungen UdSSR» 1941. Dokumente der Einsatzgruppen in der Sowjetunion. Bd. 1. Darmstadt 2011.
Manstein, Erich von: Verlorene Siege. Bonn 1955.
Mehnert, Klaus: Ein Deutscher in der Welt. Erinnerungen 1906-1991. Stuttgart 1981.
Merl, Stefan: Dekret des 2. Allrußländischen Sowjetkongresses über den Grund und Boden, 26. Oktober (8. November) 1917, in: https://www.1000dokumente.de/pdf/dok_0006_bod_de.pdf.
Mick, Christoph: Der deutsch-russische Vertrag (Rapallo-Vertrag), 16. April 1922, in: https://www.1000dokumente.de/index.html?c=dokument_ru&dokument=0017_rap&object=context&l=de.
Mierau, Fritz (Hrsg.): Russen in Berlin. Literatur, Malerei, Theater, Film 1918-1933. Leipzig 1991.
Mihaly, Jo: ... da gibt's ein Wiedersehn! Kriegstagebuch eines Mädchens 1914-1918. München 1986.
Ministru inostrannych del germanii, gospodinu Ioachim fon Ribbentop, in: Pravda vom 25. 12. 1939, S. 4.
Mjöen, Jon Alfred: Germanen oder Slawen? Mongolisierung Europas. Eindrücke eines Neutralen von einer Reise an die Ostfront und zu Hindenburg. Berlin 1917.

Möller, Horst u. a. (Hrsg.): Die Politik der Sowjetischen Militäradministration in Deutschland (SMAD): Kultur, Wissenschaft und Bildung 1945–1949. Ziele Methoden Ergebnisse. Dokumente aus russischen Archiven. München 2005.

Möller, Horst u. a. (Hrsg.): Die Einheit. Das Auswärtige Amt, das DDR-Außenministerium und der Zwei-plus-Vier-Prozess. Bonn 2015.

Molotov, V. M.: Reč po radio (17. 9. 1939), in: Bol'ševik, 15. Jg. (1939), H. 17, S. 1–3.

Morsey, Rudolf/Schwarz, Hans-Peter (Hrsg.): Adenauer. Teegespräche 1955–1958. Berlin 1986.

Morsey, Rudolf/Schwarz, Hans-Peter (Hrsg.): Adenauer. Teegespräche 1959–1961. Berlin 1988.

Moskva – Berlin. Politika i diplomatija Kremlja 1920–1941. Sbornik dokumentov v trech tomach. T. 1: 1920–1926; T. 2: 1927–1932; T. 3: 1933–1941. Moskva 2011 (abgekürzt: Moskva, t.).

Müller, Rolf-Dieter (Hrsg.): Die deutsche Wirtschaftspolitik in den besetzten sowjetischen Gebieten 1941–1943. Der Abschlussbericht des Wirtschaftsstabes Ost und Aufzeichnungen eines Angehörigen des Wirtschaftskommandos Kiew. Boppard am Rhein 1991.

Nichtangriffspakt Deutschland – Sowjetunion, in: Völkischer Beobachter vom 22. 8. 1939.

Nol'cov, Michail: Starij graf, in: Pravda vom 11. 9. 1928, S. 2.

Oertzen, F. W. von: Die deutschen Freikorps 1918–1923. München 1936.

«Ostarbeiter». Weißrussische Zwangsarbeiter in Österreich. Dokumente und Materialien. Graz 2003.

Overmans, Rüdiger u. a. (Hrsg.): Rotarmisten in deutscher Hand. Dokumente zu Gefangenschaft, Repatriierung und Rehabilitierung sowjetischer Soldaten des Zweiten Weltkriegs. Paderborn u. a. 2012.

Pered nemeckim oktjabrem, in: Pravda vom 4. 12. 1918, S. 1.

Picker, Hitler, (Hrsg.): Hitlers Tischgespräche im Führerhauptquartier. Vollständig überarbeitete und erweiterte Neuausgabe mit bisher unbekannten Selbstzeugnissen Adolf Hitlers, Abbildungen, Augenzeugenberichten und Erläuterungen des Autors: Hitler wie er wirklich war. Hamburg ³197.

Pipes, Richard (Ed.): The Unknown Lenin. From the Secret Archive. New Haven u. a. 1996.

Politbjuro CK RKP(B) – VKP(B) i Evropa. Rešenija «osoboj papki» 1923–1939. Moskva 2001.

Pose, Rudolf Arthur: Deutsche Wissenschaftler und Spezialisten im sowjetischen Atomprojekt. Dokumente, Kommentare, Erinnerungen. Leipzig 2019.

Pravitel'stvo Rossijskoj Federacii. Rasporjaženie ot 13 ijunja 2020 g. No. 1582-r, Moskva. Programma razvitija ugol'noj promyšlennosti Rossii na period do 2035 goda, in: https// :minenergo.gov.ru/node/433.

Protokoly Cental'nogo Komiteta RSDRP(B): avgust 1917–fevral' 1918. Moskva 1958.

Prozumenščikov, Michail Ju. u. a. (Hrsg.): Konec épochi. SSSR i revolucii v stranach Vostočnoj Evropy v 1989–1991 gg. Dokumenty. Moskva 2015.

Putin, Vladimir: 75 let Velikoj Pobedy: obščaja otvetstvennost'pered istoriej i buduščim, 19. 6. 2020, in: http://kremlin.ru/events/president/news/63527.

Putin, Vladimir: Vystuplenie na voennom parade v čest' 60-j godovščiny Pobedy v Velikoj otečestvennoj vojne. 9. Maja 2005 goda, 11:00, Krasnaja ploščad', in: http://kremlin.ru/events/president/transcripts/22959.

Radek, Karl: Kruščenie germanskogo imperializma, in: Izvestija vom 4. 10. 1918.

Rede von Daniil Granin, Deutscher Bundestag, 27. 1. 2014, in: https://www.bundestag.de/parlament/geschichte/gastredner/rede_granin/261326.

Reese, Willy Peter: Mir selber seltsam fremd. Russland 1941–44. Berlin 2004.

Regierungserklärung vom 29. 10. 1957, in: Verhandlungen des Deutschen Bundestages. 3. Wahlperiode. Stenographische Berichte. Bd. 39. Bonn 1958, S. 17 C, 23 A–C.

Regierungserklärung von Bundeskanzlerin Merkel, 13. 3. 2014, in: https://www.bundes

kanzlerin.de/bkin-de/aktuelles/regierungserklaerung-von-bundeskanzlerin-merkel 443682.
Rjabev, Lev D. (Hrsg.): Atomnyj proekt SSSR. Dokumenty i materialy. Tom 1.2: 1938–1945. Moskva 2002.
Ruge, Gerd: Unterwegs. Politische Erinnerungen. Berlin 2013.
Ruggenthaler, Peter (Hrsg.): Die Geschichte der Stalin-Note in Dokumenten der sowjetischen Politik. München 2007.
Salomon, Ernst von: Die Versprengten, in: Jünger, Ernst (Hrsg.): Der Kampf um das Reich. Essen 1929, S. 112–115.
Salomon, Ernst von: Die Geächteten. Berlin 1930.
Savranskaya, Svetlana et al. (Eds.): Masterpieces of History. The Peaceful End of the Cold War in Europe, 1989. Budapest/New York 2011.
Scherstjanoi, Elke (Hrsg.): Rotarmisten schreiben aus Deutschland. Briefe von der Front (1945) und historische Analysen. München 2004.
Seibert, Theodor: Der Brückenschlag, in: Völkischer Beobachter vom 23.8.1939.
Semjonow, Wladimir S.: Von Stalin bis Gorbatschow. Ein halbes Jahrhundert in diplomatischer Mission 1939–1991. Berlin 1995.
Sergeev, R. A./Achtamzjan A. A.: K istorii ustanovlenija diplomatičeskich otnošenij meždu SSSR i FRG, in: Ustanovlenie diplomatičeskich otnošenij meždu SSSR i FRG: Sbornik dokumentov i materialov. Moskva 2005, S. 209–236.
Slutsch, Sergej/Tischler, Carola (Hrsg.): Deutschland und die Sowjetunion 1933–1941. Dokumente aus russischen Archiven. Bd. 1: 30. Januar 1933–31. Dezember 1934, 2 Teilbde. München 2014.
Slutsch, Sergej/Tischler, Carola (Hrsg.): Deutschland und die Sowjetunion 1933–1941. Dokumente aus russischen Archiven. Bd. 2: Januar 1935–April 1937. Teilbd. 1: Januar 1935–Dezember 1935. München 2014.
Slutsch Sergej/Tischler Carola (Hrsg.): Deutschland und die Sowjetunion 1933–1941. Dokumente aus russischen Archiven. Bd. 2: Januar 1935–April 1937. Teilbd. 2: Januar 1936–April 1937. München 2019.
Soobščenie TASS, in: Izvestija vom 30.8.1939, S. 6.
Sovetskaja voennaja administracija v Germanii 1945–1949gg. Ėkonomičeskie aspekty dejatel'nosti: sbornik dokumentov. Tom 1: 1945–1947gg. Moskva 2016 (abgekürzt: Sovetskaja).
Sovetskij faktor v Vostočnoj Evrope. Tom 1: 1944–1948. Dokumenty. Moskva 1999.
Sovetsko-germanskij dogovor o nenapadenii, in: Pravda vom 24.8.1939.
SSSR – Germanija: 1933–1941. Moskva 2009 (abgekürzt: SSSR – Germanija).
SSSR – Germanija: 1932–1941. Moskva 2019 (abgekürzt: SSSR, 1932–1941).
Stalin i Kaganovič. Perepiska. 1931–1936. Moskva 2001.
Stalin, I. W.: Werke. Bd. 14: Februar 1934–April 1945. Dortmund 1976.
Stalin, J. W.: Werke. Bd. 7: 1925. Berlin-Ost 1952.
Stalin, V. I.: O Velikoj Otečestvennoj vojne. Moskva ^{5}1950.
Stepun, Fedor: Wie war es möglich. Briefe eines russischen Offiziers. München 1929.
Suckut, Siegfried: Die Entscheidung zur Gründung der DDR. Die Protokolle der Beratungen des SED-Parteivorstandes am 4. und 9. Oktober 1949, in: Vierteljahrshefte für Zeitgeschichte, 39. Jg. (1991), H. 1, S. 125–175.
Sudoplatov, Pawel A.: Der Handlanger der Macht. Enthüllungen eines KGB-Generals. Berlin 2016.
SVAG i formirovanie partijno-političeskoj sistemy v Sovetskoj zone okupacii Germanii. 1945–1949. Sbornik dokumentov. T. 1. u. 2. Moskva 2014.
Tagesordnungspunkt 7: 70. Jahrestag des Überfalls Deutschlands auf die Sowjetunion, 30.6.2011, S. 13 465–13 473, in: https://dipbt.bundestag.de/doc/btp/17/17117.pdf.

Teltschik, Horst: 329 Tage. Innenansichten der Einigung. Berlin 1991.
Tgl. [Richard Tüngel]: Moskaus Bastard-Regierung, in: Die Zeit vom 6.10.1949.
The Times vom 20. 4.1922, S. 12.
Theodor Mommsen in einem Brief an seinen Bruder Tycho anlässlich des Sieges von Preußen über Österreich im Jahr 1866, zitiert nach Joachim Fest: Theodor Mommsen. Zwei Wege zur Geschichte – eine biographische Skizze, in: Frankfurter Allgemeine Zeitung vom 31.7.1982.
Trotzki, Leo: Mein Leben. Versuch einer Autobiographie. Frankfurt/Main 1981.
Tschernjajew, Anatoli: Die letzten Jahre einer Weltmacht. Der Kreml von innen. Stuttgart 1993.
Ueberschär, Gerd R./Wette, Wolfram (Hrsg.): «Unternehmen Barbarossa». Der deutsche Überfall auf die Sowjetunion 1941. Berichte, Analysen, Dokumente. Paderborn u. a. 1984.
Ul', M. u. a. (Hrsg.): Glazami razvedki SSSR i Evropa 1919–1938 gody. Sbornik dokumentov iz rossijskich archivov. Moskva 2015 (abgekürzt: Glazami razvedki).
«Varšavskaja melodija» dlja Moskvy i Pragi: Dokumenty iz ličnogo archiva I. V. Stalina, služby vnešnej razvedki Rossijskoj Federacii, II otdela glavnogo štaba vojska pol'skogo i dr. (1933–1939 gg.). Moskva 2017.
Verhandlungen des Deutschen Bundestages. 3. Wahlperiode. Stenographische Berichte. Bd. 39. Bonn 1958.
Versöhnung und Frieden mit den Völkern der Sowjetunion. Herausforderung zur Umkehr. Eine Thesenreihe. Gütersloh 1987.
Viator [Pseud. Radek]: Ten' Rossii, in: Izvestija vom 1.10.1918.
Viola, Lynne: The Tragedy of the Soviet Countryside: 1927–1939. New Haven/Conn. 2005.
Vostočnaja Evropa v dokumentach rossijskich archivov 1944–1953. Tom I: 1944–1948. Moskva/Novosibirsk 1997.
Weber, Erich: Rußlandfahrt nach den Berichten B. Grimms. Berlin 1921.
Weber, Hermann (Hrsg.): Der deutsche Kommunismus. Dokumente 1915–1945. Köln 1963.
Weber, Hermann u. a. (Hrsg.): Deutschland, Russland, Komintern. Bd. 2: Dokumente (1918–1943). Nach der Archivrevolution: Neu erschlossene Quellen zu der Geschichte der KPD und den deutsch-russischen Beziehungen. München 2014.
Wettig, Gerhard (Hrsg.): Chruschtschows Westpolitik 1955–1964. Gespräche, Aufzeichnungen und Stellungnahmen. 4 Bde. München 2011–2016.
Wettig, Gerhard (Hrsg.): Der Tjul'panov-Bericht. Sowjetische Besatzungspolitik in Deutschland nach dem Zweiten Weltkrieg. Göttingen 2012.
Woyke, Meik (Hrsg.): Willy Brandt, Helmut Schmidt. Partner und Rivalen. Der Briefwechsel (1958–1992). Bonn 2015.
Zeman, Z. A. B. (Ed.): Revolution in Russia 1915–1918. Documents from the Archives of the German Foreign Ministry. London u. a. 1958.

Forschungsliteratur

Abelshauser, Werner: Wirtschaftsgeschichte der Bundesrepublik Deutschland 1945–1980. Frankfurt/Main 1983.
Abrassimow, Pjotr: Das Haus unter den Linden. Aus der Geschichte der russischen und sowjetischen Botschaft in Berlin. Dresden 1978.
Achtamsjan, A. A.: Bundeskanzler Adenauers Moskauer Mission – ein einzigartiges Ergebnis in der Geschichte der Diplomatie des 20. Jahrhunderts, in: Russland – Deutschland. Blick zurück in die Zukunft. Zum 50. Jahrestag der Aufnahme der diplomatischen Beziehungen. Moskau 2005, S. 107–117.

Achtamzjan, A. A.: Germanija i Rossija na rubeže vekov. Moskva 2010.
Adomeit, Hannes: «Russland verstehen». Kreml-Apologien als Basis für Appeasement-Politik, in: Arbeitspapier Sicherheitspolitik (2019), Nr. 17, S. 1–6.
Agde, Günter: Die rote Traumfabrik und ihre Protagonisten Willi Münzenberg und Moisej Alejnikov, in: Mitteilungen der Gemeinsamen Kommission für die Erforschung der jüngeren Geschichte der deutsch-russischen Beziehungen. Bd. 6. München 2016, S. 73–85.
Akinscha, Konstantin u. a.: Operation Beutekunst. Die Verlagerung deutscher Kulturgüter in die Sowjetunion nach 1945. Nürnberg 1995.
Akinscha, Konstantin/Koslow, Grigori: Beutekunst. Auf Schatzsuche in russischen Geheimdepots. München 1995.
Albert, Gleb J.: «German October is Approaching»: Internationalism, Activists, and the Soviet State in 1923, in: Revolutionary Russia, 24. Jg. (2011), H. 2, S. 111–142.
Alexandrova, Olga: Rußland und sein «nahes Ausland»: Integrationsvorstellungen und Ansätze der russischen Integrationspolitik. H. 20. Köln 1995.
Alleweldt, Berthold: Herbert Backe. Eine politische Biographie. Berlin 2011.
Altrichter, Helmut: Russland 1989. Der Untergang des sowjetischen Imperiums. München 2009.
Altrichter, Helmut: Sowjetische Reaktionen auf die nationalsozialistische Machtübernahme, in: Forum für osteuropäische Ideen- und Zeitgeschichte, 18. Jg. (2014), H. 1, S. 175–192.
Ananich, Boris: The Russian economy and banking system, in: Lieven, Dominic (Ed.): The Cambridge History of Russia. Vol. II: Imperial Russia, 1689–1917. Cambridge 2006, S. 394–425.
Andrew, Christopher/Mitrochin, Wassili: Das Schwarzbuch des KGB. Moskaus Kampf gegen den Westen. Berlin 1999.
Angrick, Andrej/Klein, Peter: Die «Endlösung» in Riga. Ausbeutung und Vernichtung 1941–1944. Darmstadt 2006.
App, Reiner/Lemke, Bernhard: Der Weltkrieg im Groschenheft-Format. Über den Lektüre-Reiz der «Landser»-Romane und ihre Verherrlichung des Zweiten Weltkriegs, in: Geschichte in Wissenschaft und Unterricht, 56. Jg. (2005), H. 11, S. 636–641.
Aust, Martin: Die Russische Revolution. Vom Zarenreich zum Sowjetimperium. München 2017.
Aust, Martin u. a.: Geschichtspolitik braucht Entspannungspolitik, 2.7.2020, in: https://lisa.gerda-henkel-stiftung.de/geschichtspolitik_entspannungspolitik.
Baber, John/Harrison, Mark: The Soviet Homefront, 1941–1945. London 1991.
Baberowski, Jörg: «Entweder für den Sozialismus oder nach Archangel'sk!». Stalinismus als Feldzug gegen das Fremde, in: Osteuropa, 50. Jg. (2000), H. 6, S. 617–637.
Baberowski, Jörg: Der rote Terror. Geschichte des Stalinismus. München 2003.
Baberowski, Jörg: Einführende Bemerkungen, in: Groß, Gerhard P. (Hrsg.): Die vergessene Front. Der Osten 1914/15. Ereignis, Wirkung, Nachwirkung. Paderborn u. a. 2006, S. 147–148.
Baberowski, Jörg: Krieg in staatsfernen Räumen. Rußland und Sowjetunion 1905–1950, in: Beyrau, Dietrich u. a. (Hrsg.): Formen des Krieges. Von der Antike bis zur Gegenwart. Paderborn u. a. 2007, S. 291–309.
Baberowski, Jörg/Doering-Manteuffel, Anselm: Ordnung durch Terror. Gewaltexzesse und Vernichtung im nationalsozialistischen und sowjetischen Imperium. Bonn 2007.
Baberowski, Jörg: Verbrannte Erde. Stalins Herrschaft der Gewalt. München ³2012.
Baberowski, Jörg: Die neue Diktatur, in: 1917. Revolutionäres Russland. Darmstadt 2016, S. 115–127.
Babičenko, Denis: Geplante Verluste. Zur Berechnung der materiellen Kriegsschäden der UdSSR im Zweiten Weltkrieg, in: Osteuropa, 68. Jg. (2018), H. 6, S. 143–164.

Balkelis, Tomas: Von Bürgen zu Soldaten. Baltische paramilitärische Bewegungen nach dem Ersten Weltkrieg, in: Gerwarth, Robert/Horne, John (Hrsg.): Krieg im Frieden. Paramilitärische Gewalt in Europa nach dem Ersten Weltkrieg. Göttingen 2013, S. 201–225.

Balkelis, Tomas: Demobilisierung, Remobilisierung. Paramilitärische Verbände in Litauen 1918–1920, in: Osteuropa, 64. Jg. (2014), H. 2–4, S. 197–220.

Balser, Markus/Brössler, Daniel: Auf der Spur von Sputnik, in: Süddeutsche Zeitung vom 9.3.2021, S. 5.

Barber, John: The Moscow Crisis of October 1941, in: Cooper, J./Perrie, M. (Eds.): Soviet History, 1917–1953. Essays in Honour of R. W. Davies. London 1995, S. 201–218.

Bauer, Theresia: Blockpartei und Agrarrevolution von oben. Die Demokratische Bauernpartei Deutschlands 1948–1963. München 2003.

Baumgart, Winfried: Deutsche Ostpolitik 1918. Von Brest-Litowsk bis zum Ende des Ersten Weltkriegs. Wien u. a. 1966.

Baumgart, Winfried: Deutsche Ostpolitik 1918–1926, in: Fischer, Alexander u. a. (Hrsg.): Rußland – Deutschland – Amerika. Wiesbaden 1978, S. 239–256.

Bayerlein, Bernhard: Nikolai Krestinskij, der Šachty-Prozess und die deutsch-sowjetischen Beziehungen, in: Jahrbuch für historische Kommunismusforschung, Jg. (2003), S. 176–189.

Bayerlein, Bernhard H.: Deutscher Kommunismus und transnationaler Stalinismus – Komintern, KPD und Sowjetunion 1929–1943, in: Weber, Hermann u. a. (Hrsg.): Deutschland, Russland, Komintern. Bd. 1: Überblick, Analysen, Diskussionen. Neue Perspektiven auf die Geschichte der KPD und die Deutsch-Russischen Beziehungen (1918–1943). München 2014, S. 225–400.

Beatti, Andrew H.: «Sowjetische KZs auf deutschem Boden». Die sowjetischen Speziallager und der bundesdeutsche Antikommunismus, in: Jahrbuch für Historische Kommunismusforschung, Jg. (2011), S. 119–138.

Beevor, Antony: Berlin 1945. Das Ende. München 2002.

Behrends, Jan C.: The Anti-Comintern's Publication on Soviet Russia in Nazi Germany, 1935–1941, in: David-Fox, Michael et al. (Eds.): Fascination and Enmity: Russia and Germany as Entangled Histories, 1914–1945. Pittsburgh 2012, S. 83–108.

Behrends, Jan Claas: Ostpolitik ist europäische Sicherheitspolitik. Eine Erwiderung auf Dembinski & Spranger, in: Osteuropa, 67. Jg. (2017), H. 3–4, S. 135–142.

Beismann, Dennis: Eugen Kogon in der frühen Bundesrepublik. Ein öffentlicher Intellektueller zwischen Lehrstuhl und Fernsehstudio 1949–1969. Berlin 2020.

Beitel, Werner/Nötzold, Jürgen: Deutsch-sowjetische Wirtschaftsbeziehungen in der Zeit der Weimarer Republik. Eine Bilanz im Hinblick auf gegenwärtige Probleme. Baden-Baden 1979.

Bekenntnis. Schröder bittet Russland um Vergebung, 8.5.2015, in: https://www.spiegel.de/politik/deutschland/bekenntnis-schroeder-bittet-russland-um-vergebung-a-355163.html.

Belton, Catherine: Putin's People. How the KGB Took Back Russia and then Took on the West. London 2020.

Bergien, Rüdiger: Vorspiel des «Vernichtungskrieges»? Die Ostfront des Ersten Weltkrieges und das Kontinuitätsproblem, in: Groß, Gerhard P. (Hrsg.): Die vergessene Front. Der Osten 1914/15. Ereignis, Wirkung, Nachwirkung. Paderborn u. a. 2006, S. 393–408.

Berlin gegen Aufnahme Russlands in G8, in: Frankfurter Allgemeine Zeitung vom 22.8.2019.

Berlin wendet Sanktionen zu Nord Stream 2 ab, in: Frankfurter Allgemeine Zeitung vom 22.7.2021.

Bespalov, Sergej V.: Ėkonomičeskaja modernizacija Rossii v konce XIX – načale XX v. Sovremennaja istoriografija: analitičeskij obzor. Moskva 2014.

Besymenski, Lew: Stalin und Hitler. Das Pokerspiel der Diktatoren. Berlin 2002.

Besymenski, Lew A.: Wjatscheslaw Molotows Berlin-Besuch vom November 1940 im Licht neuer Dokumente, in: Pietrow-Ennker, Bianka (Hrsg.): Präventivkrieg? Der deutsche Angriff auf die Sowjetunion. Frankfurt/Main 2011, S. 113–130.

Beyrau, Dietrich: Kriegsszenen. Erfahrungen an der russischen Westfront, in: Osteuropa, 64. Jg. (2014), H. 2–4, S. 21–41.

Bieber, H.-J.: Gewerkschaften in Krieg und Revolution. Arbeiterbewegung, Industrie, Staat und Militär in Deutschland 1914–1920, Teil 1. Hamburg 1981.

Bienert, Michael C.: Zwischen Opposition und Blockpolitik. Die «bürgerlichen» Parteien und die SED in den Landtagen von Brandenburg und Thüringen (1946–1952). Düsseldorf 2016.

Bienert, Michael C.: Der Sozialismus als «Krönung der Demokratie». Die SED, die sowjetische Besatzungsmacht und der Antiparlamentarismus in den Landtagen der SBZ/DDR, in: Recker, Marie-Luise/Schulz, Andreas (Hrsg.): Parlamentarismuskritik und Antiparlamentarismus in Europa. Düsseldorf 2018, S. 71–95.

Bierling, Stephan: Vormacht wider Willen. Deutsche Außenpolitik von der Wiedervereinigung bis zur Gegenwart. Bonn 2014.

Biermann, Rafael: Zwischen Kreml und Kanzleramt. Wie Moskau mit der deutschen Einheit rang. Paderborn u. a. 1995.

Ramscheid, Birgit: Herbert Blankenhorn (1904–1991). Adenauers außenpolitischer Berater. Düsseldorf 2006.

Bischof, Günter/Dockrill, Saki (Eds.): Cold War Respite. The Geneva Summit of 1955. Baton Rouge 2000.

Blasius, Dirk: Weimars Ende. Bürgerkrieg und Politik 1930–1933. Göttingen 2005.

Bleidick, Dietmar: Die Ruhrgas 1926 bis 2013. Aufstieg und Ende eines Marktführers. Berlin 2018.

Blumenhagen, Karl Heinz: Die deutsch-sowjetischen Handelsbeziehungen 1939–1941. Ihre Bedeutung für die jeweilige Kriegswirtschaft. Hamburg 1998.

«Bockelmann, Werner», in: Hessische Biografie, https://www.lagis-hessen.de/pnd/116214716.

Böhler, Jochen: Auftakt zum Vernichtungskrieg. Die Wehrmacht in Polen 1939. Frankfurt/Main 2006.

Böhler, Jochen: Europas «Wilder Osten». Gewalterfahrungen in Ostmitteleuropa 1917–1923, in: Osteuropa, 64. Jg. (2014), H. 2–4, S. 141–155.

Böhler, Jochen: Enduring Violence: The Post-War Struggles in East-Central Europe, 1917–21, in: Journal of Contemporary History, Vol. 50 (2015), No. 1, S. 58–77.

Böll, Heinrich: Wo warst du, Adam? Opladen 1951.

Böll, Heinrich/Kopelew, Lew: Warum haben wir aufeinander geschossen? Bornheim-Merten 1991.

Bonwetsch, Bernd: Handelspolitik und Industrialisierung. Zur außenwirtschaftlichen Abhängigkeit Rußlands 1890–1914, in: Geyer, Dietrich (Hrsg.): Wirtschaft und Gesellschaft im vorrevolutionären Rußland. Köln 1975, S. 277–299.

Bonwetsch, Bernd: Sowjetische Zwangsarbeiter vor und nach 1945, in: Jahrbücher für Geschichte Osteuropas, 41. Jg. (1993), H. 4, S. 532–546.

Bonwetsch, Bernd: Lenin und Deutschland, in: Herrmann, Dagmar (Hrsg.): Deutsche und Deutschland aus russischer Sicht. 19./20. Jahrhundert: Von den Reformen Alexanders II. bis zum Ersten Weltkrieg (= West-östliche Spiegelungen, Reihe B, Bd. 4). München 2006, S. 280–305.

Bonwetsch, Bernd: Erinnerungskultur in Deutschland und Russland: Der Zweite Weltkrieg im nationalen Gedächtnis, in: Mitteilungen der Gemeinsamen Kommission für die Erforschung der jüngeren Geschichte der deutsch-russischen Beziehungen. Bd. 4. München 2010, S. 24–38.

Boog, Horst u. a.: Der Angriff auf die Sowjetunion. Frankfurt/Main 1991.

Borchard, Michael: Die deutschen Kriegsgefangenen in der Sowjetunion. Zur politischen Bedeutung der Kriegsgefangenenfrage 1949–1945. Düsseldorf 2000.

Borchard, Michael: Alles neu an der «Neuen Ostpolitik»? Die Aufnahme der diplomatischen Beziehungen mit der Sowjetunion, ihre Folgen und die Kontinuitätslinien zur Politik von Willy Brandt, in: Borchard, Michael u. a. (Hrsg.): Entspannung im Kalten Krieg. Der Weg zum Moskauer Vertrag und zur KSZE. Graz/Wien 2020, S. 33–54.

Borck, Karin/Kölm, Lothar (Hrsg.): Gefangen in Sibirien. Tagebuch eines ostpreußischen Mädchens, 1914–1920. Osnabrück 2001.

Bordjugow, Gennadij: Wehrmacht und Rote Armee – Verbrechen gegen die Zivilbevölkerung. Charakter, Grundlagen und Bewußtsein von Menschen unter Kriegsbedingungen, in: Eimermacher, Karl/Volpert, Astrid (Hrsg.): Verführung der Gewalt. Russen und Deutsche im Ersten und Zweiten Weltkrieg (= West-östliche Spiegelungen. Neue Folge, Bd. 1). München 2005, S. 1213–1260.

Borodziej, Włodzimierz/Górny, Maciej: Der vergessene Weltkrieg Europas im Osten 1912–1923. Band 1: Imperien 1912–1916. Darmstadt 2018.

Borodziej, Włodzimierz/Górny, Maciej: Der vergessene Weltkrieg Europas im Osten 1912–1923. Band 2: Nationen 1917–1923. Darmstadt 2018.

Boroznjak, Aleksandr: Erinnerungsschübe. Vergangenheitsbewältigung in der Bundesrepublik, in: Osteuropa, 55 Jg. (2006), H. 4–6, S. 20–31.

Boroznjak, Aleksandr: «Das russische Deutschland». Die Zwanzigerjahre des 20. Jahrhunderts, in: Mitteilungen der Gemeinsamen Kommission für die Erforschung der jüngeren Geschichte der deutsch-russischen Beziehungen. Bd. 6. München 2016, S. 40–47.

Bösch, Frank: Zeitenwende 1979. Als die Welt von heute begann. München 2019.

Bournazel, Renata: Rapallo – ein französisches Trauma. Köln 1976.

Bovykin, V. I.: Formirovanie finansovogo kapitala v Rossii. Konec XIV v.–1908 g. Moskva 1984.

Bracher, Karl-Dietrich: Zeit der Ideologien. Eine Geschichte des politischen Denkens im 20. Jahrhundert. Stuttgart 1982.

Brachmann, Botho: Russische Sozialdemokraten in Berlin 1895–1914. Mit Berücksichtigung der Studentenbewegung in Preußen und Sachsen. Berlin-Ost 1962.

Brakel, Alexander: Unter Rotem Stern und Hakenkreuz. Baranowicze 1939 bis 1944. Das westliche Weißrussland unter sowjetischer und deutscher Besatzung. Paderborn u. a. 2009.

Brooks, Jeffrey: Pravda Goes to War, in: Richard Stites (Ed.): Culture an Entertainment in Wartime Russia. Bloomington, IN 1995.

Brüggemann, Karsten: Die Gründung der Republik Estland und das Ende des «Einen und unteilbaren Rußland». Die Petrograder Front des russischen Bürgerkriegs 1918–1920. Wiesbaden 2002.

Buddrus, Michael/Fritzlar, Sigrid: Die Professoren der Universität Rostock im Dritten Reich. Ein biographisches Lexikon. München 2007.

Buddrus, Michael/Fritzlar, Sigrid: Landesregierungen und Minister in Mecklenburg 1871–1952. Ein biographisches Lexikon. Bremen 2012.

Bürger, Philipp: Geschichte im Dienst für das Vaterland. Traditionen und Ziele der russländischen Geschichtspolitik seit 2000. Göttingen 2018.

Burleigh, Michael: Germany Turns Eastwards. A Study of Ostforschung in the Third Reich. New York u. a. 1988.

Busch, Margarete: Wachsende Aggressivität gegen das Wilhelminische Reich. Russische Pressestimmen von der Jahrhundertwende bis 1914, in: Herrmann, Dagmar (Hrsg.): Deutsche und Deutschland aus russischer Sicht. 19./20. Jahrhundert: Von den Reformen Alexanders II. bis zum Ersten Weltkrieg (= West-östliche Spiegelungen, Reihe B, Bd. 4). München 2006, S. 239–257.

Bystrova, N. E.: «Russkij vopros» v 1917–načale 1920 g. Sovetskaja Rossija i velikie deržavy. Moskva/St. Petersburg 2016.
Carsten, Francis I.: Reports by two German Officers on the Red Army, in: The Slavonic and East European Review, 41. Jg. (1962), Nr. 96, S. 217–241.
Casteel, James E.: Russia in the German Global Imaginary. Imperial Visions and Utopian Desires 1905–1941. Pittsburgh/PA 2016.
Cecil, L.: The Kindermann – Woltscht Incident, an Impasse in Russo-German Relations 1924–1926, in: Journal of Central European Affairs, 21. Jg. (1961), H. 2, S. 188–199.
Černjaev, Anatolij S.: Michail Gorbačev und die deutsche Frage, in: Mitteilungen der Gemeinsamen Kommission für die Erforschung der jüngeren Geschichte der deutsch-russischen Beziehungen. Bd. 3. München 2008, S. 2–17.
Chavkin, B. L.: Rossija i Germanija: 1900–1945. Spletenie istorii. Moskva 2014.
Chiari, Bernhard: Alltag hinter der Front. Besatzung, Kollaboration und Widerstand in Weißrußland 1941–1944. Düsseldorf 1998.
Chlevnjuk, Oleg: Chozjain. Stalin i utverždenie stalinskoj diktatury. Moskva 2010.
Chochlowa, Jekaterina: Von Dialog zu Konfrontation. Russischer und deutscher Film zwischen den Weltkriegen, in: Eimermacher, Karl u. a. (Hrsg.): Stürmische Aufbrüche und enttäuschte Hoffnungen. Russen und Deutsche in der Zwischenkriegszeit. München 2006, S. 927–951.
Clark, Christopher M.: Die Schlafwandler. Wie Europa in den Ersten Weltkrieg zog. München 2013.
Clark, Katerina: Ehrenburg and Grossman. Two Cosmopolitan Jewish Writers Reflect on Nazi Germany at War, in: David-Fox, Michael et al. (Eds): Fascination and Enmity: Russia and Germany as Entangled Histories, 1914–1945. Pittsburgh 2012, S. 154–175.
Connell, Robert W.: Der gemachte Mann. Konstruktion und Krise von Männlichkeiten. Wiesbaden 2006.
Conquest, Robert: Stalins Völkermord. Wolgadeutsche, Krimtataren, Kaukasier. Wien 1970.
Creuzberger, Stefan: «Klassenkampf in Sachsen». Die Sowjetische Militäradministration in Deutschland (SMAD) und der Volksentscheid am 30. Juni 1946, in: Historisch-Politische Mitteilungen, 2. Jg. (1995), S. 119–130.
Creuzberger, Stefan: Die sowjetische Besatzungsmacht und das politische System der SBZ. Weimar u. a. 1996.
Creuzberger, Stefan: «Der SED zum Sieg verhelfen». Die sowjetische Besatzungsmacht und die ersten Wahlen in der SBZ, in: Osteuropa, 47. Jg. (1997), H. 10/11, S. 1118–1126.
Creuzberger, Stefan: «Ich war in einem völlig anderen Krieg ...» Die sowjetische und russische Historiographie über den «Großen Vaterländischen Krieg», in: Osteuropa, 48. Jg. (1998), H. 5, S. 505–518.
Creuzberger, Stefan: Abschirmungspolitik gegenüber dem westlichen Deutschland im Jahre 1952, in: Wettig, Gerhard (Hrsg.): Die sowjetische Deutschland-Politik in der Ära Adenauer. Bonn 1997, S. 12–36.
Creuzberger Stefan: Grundzüge sowjetischer Außenpolitik in den Jahren 1922 bis 1939, in: Vyslonzil, Elisabeth/Leifer, Paul (Hrsg.): Rußland – Sowjetunion – Rußland. Hundert Jahre russische Außenpolitik. Wien 1999, S. 91–103.
Creuzberger, Stefan: Parlamentarische Demokratie nach westlichen Maßstäben? Die Sowjetische Militäradministration und die Ausschaltung der Parlaments- und Regierungsstrukturen in der SBZ (1946–1948/49), in: Revue d'Allemagne et des pays de langue allemande, Janviers–Mars 2000, S. 39–50.
Creuzberger, Stefan/Görtemaker, Manfred: Das Problem der Gleichschaltung osteuropäischer Parteien im Vergleich. Eine Synthese, in: Creuzberger, Stefan/Görtemaker, Manfred

(Hrsg.): Gleichschaltung unter Stalin? Die Entwicklung der Parteien im östlichen Europa 1944–1949. Paderborn 2002, S. 419–434.
Creuzberger, Stefan: Stalin. Machtpolitiker und Ideologe. Stuttgart 2009.
Creuzberger, Stefan: Westintegration und Neue Ostpolitik. Die Außenpolitik der Bonner Republik. Berlin 2009.
Creuzberger, Stefan: Stalinismus und Erinnerungskultur, in: Aus Politik und Zeitgeschichte, 61. Jg. (2011), Nr. 49–50, S. 42–47.
Creuzberger, Stefan: «Wozu sollen wir uns hinter dem Rücken von Genosse Walter Ulbricht verstecken?» – Nikita Chruschtschow und der lange Weg zur Berliner Mauer, in: Russen und Deutsche. 1000 Jahre Kunst, Geschichte und Kultur. Essays. Petersberg 2012, S. 466–471.
Creuzberger, Stefan: Die erste Berlin-Krise 1948/49. Die sowjetische Blockade, in: Möller, Horst/Tschubarjan, Alexander (Hrsg.): Deutschland – Russland. Stationen gemeinsamer Geschichte, Orte der Erinnerung. Bd. 3: Das zwanzigste Jahrhundert. München 2014, S. 151–160.
Creuzberger, Stefan/Hoffmann, Dierk: Antikommunismus und politische Kultur in der Bundesrepublik Deutschland. Einleitende Vorbemerkungen, in: Creuzberger, Stefan/Hoffmann, Dierk (Hrsg.): «Geistige Gefahr» und «Immunisierung der Gesellschaft». Antikommunismus und politische Kultur in der frühen Bundesrepublik. München 2014, S. 1–13.
Creuzberger, Stefan: Willy Brandt und Michail Gorbatschow. Bemühungen um eine zweite «Neue Ostpolitik», 1985–1990. Berlin 2015.
Creuzberger, Stefan: Die Legende vom Wortbruch. Russland, der Westen und die NATO-Osterweiterung, in: Osteuropa, 65. Jg. (2015), H. 3, S. 95–108.
Creuzberger, Stefan: Entre glaciation et nouvelle dynamique: l'Ostpolitik et la politique envers la RDA comme éléments moteur de la politique étrangère de Bonn, in: Allemagne d'aujourd'hui, n° 215, janvier–mars 2016, S. 45–57.
Creuzberger, Stefan: Masterplan zur Sowjetisierung Osteuropas? Stalinismus und das Problem des Revolutionsexports, in: Ganzenmüller, Jörg/Schlichting, Franz-Josef (Hrsg.): Kommunistische Machtübernahmen in Europa nach dem Zweiten Weltkrieg – ein Rückblick nach 70 Jahren Zwangsvereinigung von KPD und SPD. Erfurt 2017, S. 13–37.
Creuzberger, Stefan: Vom Mauerfall zur Wiedervereinigung. Die Sowjetunion und die deutsche Frage, in: Wolfgang Mueller (Hrsg.): 1989. Die Samtenen Revolutionen, Österreich und die Transformation Europas. Wien 2017, S. 56–76.
Creuzberger, Stefan/Geppert, Dominik: Das Erbe des NS-Staates als deutsch-deutsches Problem. Eine Einführung, in: Creuzberger, Stefan/Geppert, Dominik (Hrsg.): Die Ämter und ihre Vergangenheit. Ministerien und Behörden im geteilten Deutschland 1949–1972. Paderborn u. a. 2018, S. 7–15.
Creuzberger, Stefan/Geppert, Dominik: Die Ämter und ihre Vergangenheit. Eine Zwischenbilanz, in: Creuzberger, Stefan/Geppert, Dominik (Hrsg.): Die Ämter und ihre Vergangenheit. Ministerien und Behörden im geteilten Deutschland 1949–1972. Paderborn u. a. 2018, S. 184–199.
DAAD-Außenstellenbericht 2019. Stuttgart 2020.
DAAD-Ländersachstand. Russische Föderation. Kurze Einführung in das Hochschulsystem und die DAAD-Aktivitäten 2020. O. O. (Bonn) o. J. (2021).
Dafinger, Johannes: Wissenschaft im außenpolitischen Kalkül des «Dritten Reiches». Deutsch-sowjetische Wissenschaftsbeziehungen vor und nach dem Abschluss des Hitler-Stalin-Paktes. Berlin 2014.
Dahlmann, Dittmar u. a. (Hrsg.): «... das einzige Land, das eine große Zukunft vor sich hat».

Deutsche Unternehmer und Unternehmen im russischen Reich im 19. und frühen 20. Jahrhundert. Essen 1998.
Dahlmann, Dittmar u. a. (Hrsg.): «Eine große Zukunft». Deutsche in Russlands Wirtschaft. Berlin 2000.
Dallin, Alexander: Deutsche Herrschaft in Rußland 1941–1945. Königstein/Ts. 1981.
Daly, Jonathan: Autocracy under Siege. Security Police and Opposition in Russia, 1866–1905. DeKalb/Il. 1998.
Daly, Jonathan: The Watchful State. Security Police and Opposition in Russia, 1906–1917. DeKalb/Il. 2004.
Damals als Beamter, in: Der Spiegel, 7/1995, S. 27.
Dannenberg, Julia von: The Foundations of Ostpolitik. The Making of the Moscow Treaty Between West Germany and the USSR. Oxford 2008.
«Das Pendel schwingt zurück», in: Der Spiegel, 8/1996, S. 22–25.
Daschitschew, Wjatscheslaw: Moskaus Griff nach der Weltmacht. Die bitteren Früchte hegemonialer Politik. Hamburg u. a. 2002.
Dashichev, Vyacheslav: On the Road to German Unification: The View from Moscow, in: Gabriel Gorodetsky (Ed.): Soviet Foreign Policy 1917–1991: A Retrospective. London 1994, S. 170–182.
Dašičev, V. I.: Proekt «ZVEZDA» – v poiskach putej vychoda iz «cholodnoj vojny», in: Novaja i novejšaja istorija, 23. Jg. (2010), H. 2, S. 120–132.
Davies, Norman: White Eagle, Red Star: The Polish-Soviet War, 1919–20. London ²2004.
Dean, Martin: Die sowjetische und deutsche Besatzung in Ostpolen aus jüdischer Sicht, in: Młynarcyk, Jacek Andrzej (Hrsg.): Polen unter deutscher und sowjetischer Besatzung 1939–1945. Osnabrück 2009, S. 307–316.
Debo, Richard K.: Revolution and Survival. The Foreign Policy of Soviet Russia 1917–18. Toronto/Buffalo 1979.
Der Abzug. Die letzten Jahre der russischen Truppen in Deutschland. Eine fotografische Dokumentation von Detlev Steinberg. Berlin 2016.
Der Schatz aus Troja. Schliemann und der Mythos des Priamos-Goldes. Stuttgart 1996.
Der Weltkrieg 1914 bis 1918. Bd. 2. Berlin 1915 (abgekürzt: Weltkrieg).
Deutsch-französischer Vorstoß zu Russland entzweit die EU, in: Frankfurter Allgemeine Zeitung vom 25. 6. 2021.
Die deutsche Hypothek, in: Der Spiegel, 30/2021, S. 76.
Dinerštejn, Efim A.: «Feindbeobachtung». Russische Verlage in Berlin im Blick der Sowjetmacht, in: Schlögel, Karl (Hrsg.): Russische Emigration in Deutschland 1918 bis 1941. Leben im europäischen Bürgerkrieg. Berlin 1995, S. 411–438.
Dönninghaus, Victor/Numerowa, Ljudmilla: Mehr als ein Lebenswerk. Die Moskauer Schokoladen- und Feingebäckfabrik Einem & Co, in: Russen und Deutsche. 1000 Jahre Kunst, Geschichte und Kultur. Essays. Petersberg 2012, S. 294–301.
Djakin, V. S.: Germanskie kapitaly v Rossii: Ėlektroindustrija i ėlektričeskij transport. Leningrad 1971.
Dmitrieva-Einhorn, Marina: Zwischen Futurismus und Bauhaus. Kunst der Revolution und Revolution der Kunst, in: Deutschland und die russische Revolution 1917–1924. München 1998, S. 733–759.
Döring, Stephan: Die Umsiedlung der Wolhyniendeutschen in den Jahren 1939 bis 1940. Frankfurt/Main 2002.
Dornik, Wolfram/Lieb, Peter: Die militärischen Operationen, in: Dornik, Wolfram u. a.: Die Ukraine zwischen Selbstbestimmung und Fremdherrschaft 1917–1922. Graz 2011, S. 203–248.
Dornik, Wolfram/Lieb, Peter: Die wirtschaftliche Ausnutzung, in: Dornik, Wolfram u. a.:

Die Ukraine zwischen Selbstbestimmung und Fremdherrschaft 1917–1922. Graz 2011, S. 280–323.

Drabkin, Jakov: Lev Kopelev und Aleksandr Solženicyn. Konflikt der Weltwahrnehmungen, in: Mitteilungen der Gemeinsamen Kommission für die Erforschung der jüngeren Geschichte der deutsch-russischen Beziehungen. Bd. 6. München 2016, S. 48–62.

Dubin, Boris V.: Soziologische Perspektive auf das «kollektive Gedächtnis» des heutigen Russland, in: Troebst, Stefan/Wolf, Johanna (Hrsg.): Erinnern an den Zweiten Weltkrieg. Mahnmale und Museen in Mittel- und Osteuropa. Leipzig 2011, S. 111–117.

Dyke, Carl van: The Soviet Invasion of Finland 1939–1940. London 1997.

Echternkamp, Jörg: Im Kampf an der inneren und äußeren Front. Grundzüge der deutschen Gesellschaft im Zweiten Weltkrieg, in: Die deutsche Kriegsgesellschaft 1939 bis 1945 (= Das Deutsche Reich und der Zweite Weltkrieg, Bd. 9.1). München 2004, S. 1–92.

Echternkamp, Jörg: Die Schlacht als Metapher. Zum Stellenwert von «Stalingrad» in Deutschland 1943–2013, in: Wirsching, Andreas u. a. (Hrsg.): Erinnerung an Diktatur und Krieg. Brennpunkte des kulturellen Gedächtnisses zwischen Russland und Deutschland seit 1945. München 2015, S. 91–105.

Edemskiy, Andrey: Dealing with Bonn. Leonid Brezhnev and the Soviet Response to West German Ostpolitik, in: Fink, Carole/Schäfer, Bernd (Eds.): Ostpolitik 1969–1974. European and Global Responses. New York 2009, S. 15–38.

Ehrl, Richard: Die Entwicklung der Wirtschaftsbeziehungen zwischen Russland bzw. der Sowjetunion und Deutschland von der Jahrhundertwende bis 1941. Weiden 1993.

Eichwede, Wolfgang: Die Kunst der Stunde. Restitution zwischen Expertise und Diplomatie: Aus dem Maschinenraum der deutsch-russischen Kulturbeziehungen, in: Osteuropa, 67. Jg. (2017), H. 3–4, S. 181–199.

Ein Vertrauensbeweis für das deutsche Volk, in: Die Zeit vom 11. 5. 2005.

Elias, Norbert, über sich selbst. Frankfurt/Main 1990.

Engeln, Ralf: Uransklaven oder Sonnensucher? Die sowjetische AG Wismut in der SBZ/DDR 1946–1953. Essen 2001.

Engelstein, Laura: Gender and the Juridical Subject. Prostitution and Rape in the Nineteenth-Century Criminal Codes, in: Journal of Modern History, Vol. 60 (1988), No. 3, S. 458–495.

Engelstein, Laura: «A Belgium of Our Own»: The Sack of Russian Kalisz, August 1914, in: David-Fox, Michael et al. (Eds.): Fascination and Enmity: Russia and Germany as Entangled Histories, 1914–1945. Pittsburgh 2012, S. 13–38.

Erhard, Volker: Adenauers deutschlandpolitische Geheimkonzepte während der zweiten Berlin-Krise 1958–1962. Eine Studie aus den Akten der westlichen Diplomatie. Hamburg 2003.

Erickson, John: Soviet Losses, in: Erickson, John/Dilks, David (Eds.): Barbarossa. The Axis and the Allies. Edinburgh 1994.

Ėrlichman, Vadim V.: Poteri narodnonaselenija v XX veke. Spravočnik. Moskva 2004.

EU-Auswertung. Darum ist Deutschland das Topziel für russische Fake News, 8. 3. 2021, in: https://www.spiegel.de/politik/deutschland/darum-ist-deutschland-das-top-zielfuer-russische-fake-news-a-fab21190-979d-496a-93b4-c0b7d7446bca?sara_ecid=soci_upd_KsBFOAFjflfoDZCxpPYDCQgO1dEMph.

Falin, Valentin: Konflikte im Kreml. Zur Vorgeschichte der deutschen Einheit und Auflösung der Sowjetunion. München 1997.

Falter, Jürgen u. a.: Wahlen und Abstimmungen in der Weimarer Republik. Materialien zum Wahlverhalten 1919–1933. München 1986.

Faulenbach, Bernd: Otto Hoetzsch und die Osteuropakunde in der Weimarer Republik, in: Mitteilungen der Gemeinsamen Kommission für die Erforschung der jüngeren Geschichte der deutsch-russischen Beziehungen. Bd. 6. München 2016, S. 63–71.

Feest, David: Zwangskollektivierung im Baltikum. Die Sowjetisierung des estnischen Dorfes 1944–1953. Köln 2007.
Feiern in Moskau. Bei Putin sitzt Schröder in der ersten Reihe, 9.5.2005, in: http://www.spiegel.de/politik/ausland/feier-in-moskau-bei-putin-sitzt-schroeder-in-der-ersten-reihe-a355307.html.
Feiern zum Kriegsende – der «Tag des Sieges» am 9. Mai 2005, in: https://www.mdr.de/heute-im-osten/tag-der-befreiung116.html.
Felshtinsky, Yuri: Lenin, Trotsky, Germany and the Treaty of Brest-Litovsk. The Collapse of the World Revolution, November 1917 – November 1918. Milford/CT 2012.
Ferenczi, Caspar: Funktion und Bedeutung der Presse in Rußland vor 1914, in: Jahrbücher für Geschichte Osteuropas, 30. Jg. (1982), H. 3, S. 68–78.
Ferretti, Maria: Unversöhnliche Erinnerung. Krieg, Stalinismus und die Schatten des Patriotismus, in: Osteuropa, 55. Jg. (2005), H. 4–6, S. 45–54.
Fieseler, Beate: Über Verbrechen schweigen? Die Erinnerung an den «Großen Vaterländischen Krieg» der Sowjetunion von den 1940er Jahren bis in die Gegenwart, in: Zeitschrift für Genozidforschung, 7. Jg. (2006), H. 2, S. 8–27.
Figes, Orlando: Die Tragödie eines Volkes. Die Epoche der russischen Revolution 1918 bis 1924. Berlin 1998.
Figes, Orlando: Nataschas Tanz. Eine Kulturgeschichte Russlands. Berlin 2003.
Filitov, Aleksej M.: Die deutsche Vereinigung und die sowjetische Politik, in: Mitteilungen der Gemeinsamen Kommission für die Erforschung der jüngeren Geschichte der deutsch-russischen Beziehungen. Bd. 3. München 2008, S. 18–37.
Filitov, Aleksej: Der Moskauer Vertrag und der «Brief zur deutschen Einheit», in: Borchard, Michael u. a. (Hrsg.): Entspannung im Kalten Krieg. Der Weg zum Moskauer Vertrag und zur KSZE. Graz/Wien 2020, S. 167–178.
Fink, Carole: The Genoa Conference. European Diplomacy, 1921–1922. Chapel Hill 1984.
Fink, Carole u. a. (Eds.): Genoa, Rapallo and European Reconstruction in 1922. Cambridge 1991.
Fisch, Bernhard: Ubej! Töte! Zur Rolle von Ilja Ehrenburgs Flugblättern in den Jahren 1944/45, in: Geschichte. Erziehung. Politik, 8. Jg. (1977), H. 1, S. 22–27.
Fisch, Bernhard: «Die Russen wollten uns einfach verhungern lassen». Die Tätigkeit der sowjetischen Kommandantur von Königsberg zur Lebensmittelversorgung der deutschen Zivilbevölkerung 1945, in: Zeitschrift für Ostmitteleuropa-Forschung, 51. Jg. (2002), H. 3, S. 389–415.
Fisch, Bernhard: Nemmersdorf im Oktober 1944, in: Scherstjanoi, Elke (Hrsg.): Rotarmisten schreiben aus Deutschland. Briefe von der Front (1945) und historische Analysen. München 2004, S. 287–305.
Fischer, Alexander: Sowjetische Deutschlandpolitik im Zweiten Weltkrieg 1941–1945. Stuttgart 1975.
Fischer, Alexander: Der Einfluß der SMAD auf das Parteiensystem in der SBZ am Beispiel der CDU, in: Materialien der Enquete-Kommission «Aufarbeitung von Geschichte und Folgen der SED-Diktatur in Deutschland», hrsg. vom Deutschen Bundestag, Bd. II. Baden-Baden 1995, S. 30–40.
Fischer, Fritz: Griff nach der Weltmacht. Die Kriegszielpolitik des kaiserlichen Deutschland 1914/18. Düsseldorf ³1967.
Fischer, Sabine: Sanktionen als Dauerzustand?, in: SWP-Aktuell, April 2017, Nr. 24, S. 1–4.
Fischer, Sabine/Kluge, Janis: Wirtschaftssanktionen wirken, in: Frankfurter Allgemeine Sonntagszeitung vom 6.5.2018.
Flechtheim, Ossip K.: Die KPD in der Weimarer Republik. Frankfurt/Main 1968.
Fleischhauer, Ingeborg: Die Deutschen im Zarenreich. Zwei Jahrhunderte deutsch-russischer Kulturgemeinschaft. Stuttgart 1986.

Fleischhauer, Ingeborg: Die Deutschen in der russischen Revolution, in: Fleischhauer, Ingeborg/Jedig, Hugo H. (Hrsg.): Die Deutschen in der UdSSR in Geschichte und Gegenwart. Ein internationaler Beitrag zur deutsch-sowjetischen Verständigung. Baden-Baden 1990, S. 155–176.

Fleischhauer, Eva Ingeborg: Rathenau in Rapallo. Eine notwendige Korrektur des Forschungsstandes, in: Vierteljahrshefte für Zeitgeschichte, 54. Jg. 2006, H. 3, S. 365–415.

Fleischhauer, Ingeborg: Die Russische Revolution: Lenin und Ludendorff (1905–1917). Borsdorf 2017.

Fletcher, William C.: The Soviet Bible Belt: World War II's Effects on Religion, in: Linz, Susan J. (Ed.): The Impact of World War II on Soviet Union. Totowa, NJ 1985, S. 91–106.

Foitzik, Jan: Die Besetzung Ost- und Mitteldeutschlands durch die Rote Armee 1944/45 im Lichte des Kriegsvölkerrechts, in: Scherstjanoi, Elke (Hrsg.): Rotarmisten schreiben aus Deutschland. Briefe von der Front (1945) und historische Analysen. München 2004, S. 369–395.

Foitzik, Jan: Weder «Freiheit» noch «Einheit»: Methoden und Resultate kulturpolitischer Umorientierung in der sowjetischen Besatzungszone. Einleitung, in: Möller, Horst u. a. (Hrsg.): Die Politik der Sowjetischen Militäradministration in Deutschland (SMAD): Kultur, Wissenschaft und Bildung 1945–1949. Ziele, Methoden, Ergebnisse. Dokumente aus russischen Archiven. München 2005, S. 31–57.

Foitzik, Jan/Petrow, Nikita W.: Die sowjetischen Geheimdienste in der SBZ/DDR von 1945 bis 1953. Berlin/New York 2009.

Forsberg, Tuomas: From Ostpolitik to «frostpolitik»? Merkel, Putin and German foreign policy towards Russia, in: International Affairs, 92. Jg. (2016), H. 1, S. 21–42.

Förster, Jürgen: Hitlers Entscheidung für den Krieg gegen die Sowjetunion, in: Der Angriff auf die Sowjetunion (= Das Deutsche Reich und der Zweite Weltkrieg, Bd. 4). Stuttgart 1983, S. 3–37.

Friedensburg, Ferdinand: Die sowjetischen Kriegslieferungen an das Hitlerreich, in: Vierteljahrshefte zur Wirtschaftsforschung, 36. Jg. (1962), H. 4, S. 331–338.

Friedrichs, Hauke: Funkenflug. August 1939: Der Sommer, bevor der Krieg begann. Berlin 2019.

Fritsch, Rüdiger von: Russlands Weg. Als Botschafter in Moskau. Berlin 2020.

Fritze, Lothar: Anatomie des totalitären Denkens. Kommunistische und nationalsozialistische Weltanschauung im Vergleich. München 2012.

Furler, Bernhard: Augen-Schein. Deutschsprachige Reportagen über Sowjetrußland 1917–1939. Frankfurt/Main 1987.

Gall, Lothar: Krupp. Der Aufstieg eines Industrieimperiums. Berlin 2000.

Ganzenmüller, Jörg: Das belagerte Leningrad 1941 bis 1944. Die Stadt in den Strategien von Angreifern und Verteidigern. Paderborn ²2007.

Ganzenmüller, Jörg: Nebenkriegsschauplatz der Erinnerung: Die Blockade Leningrads im Gedächtnis der Deutschen, in: Osteuropa, 55. Jg. (2005), H. 4–6, S. 135–147.

Ganzenmüller, Jörg: Mobilisierungsdiktatur im Krieg. Stalinistische Herrschaft im belagerten Leningrad, in: Osteuropa, 61. Jg. (2011), H. 8/9, S. 117–134.

Gatrell, Peter: A Whole Empire Walking: Refugees in Russia During World War I. Bloomington/IN 1990.

Gatrell, Peter: Der Krieg, die Flucht und die Nation. Das Flüchtlingsproblem im Zarenreich und die Folgen, 1914–1920, in: Osteuropa, 64. Jg. (2014), H. 2–4, S. 185–195.

Gedenkstätte Zweiter Weltkrieg, in: Frankfurter Allgemeine Zeitung vom 4.1.2021.

Geiger, Klaus: Kriegsromanhefte in der BRD. Inhalte und Funktionen. Tübingen 1974.

Gercen, Aleksandr I.: Russkie nemcy i nemeckie russkie, in: Gercen, Aleksandr I.: Sobranie sočinenij v tridcati tomach. T. 14. Moskva 1958.

Gerlach, Christian: Kalkulierte Morde. Die deutsche Wirtschafts- und Vernichtungspolitik in Weißrußland. Hamburg ²2000.

Gersdorff, Ursula von: Frauen im Kriegsdienst 1914 bis 1945. Stuttgart 1969.

Gerwarth, Robert: Reinhard Heydrich. Biographie. Berlin 2011.

Gerwarth, Robert/Horne, John: Paramilitarismus in Europa nach dem Ersten Weltkrieg. Eine Einleitung, in: Gerwarth, Robert/Horne, John (Hrsg.): Krieg im Frieden. Paramilitärische Gewalt in Europa nach dem Ersten Weltkrieg. Göttingen 2013, S. 7–27.

Gerwarth, Robert: Die Besiegten. Das blutige Erbe des Ersten Weltkrieges. München 2017.

Gerwarth, Robert: Die Kriege nach dem Krieg. Zum Kontinuum der Gewalt von 1917/18 bis 1923, in: Aus Politik und Zeitgeschichte, 69. Jg. (2019), H. 15, S. 18–23.

Geyer, Dietrich: Lenin und der deutsche Sozialismus, in: Markert, Werner (Hrsg.): Deutsch-russische Beziehungen von Bismarck bis zur Gegenwart. Stuttgart 1964, S. 80–96.

Geyer, Dietrich: Sowjetrußland und die deutsche Arbeiterbewegung 1918–1932, in: Vierteljahrshefte für Zeitgeschichte, 24. Jg. (1976), H. 1, S. 2–37.

Glanz, David M.: The Siege of Leningrad, 1941–1944. 900 Days of Terror. London 2001.

Gloger, Katja: Fremde und Freunde. Deutsche und Russen. Die Geschichte einer schicksalhaften Beziehung. Berlin 2017.

Goehrke, Carsten: Russischer Alltag. Eine Geschichte in neun Zeitbildern vom Frühmittelalter bis zur Gegenwart. Bd. 2: Auf dem Weg in die Moderne. Zürich 2003.

Gogun, Aleksandr S.: Stalinskie kommandos. Ukrainskie partizanskie formirovanija. Maloizučennie stranicy istorii 1941–1944. Moskva 2012.

Gol'dštejn, I. M.: Russko-germanskij torgovyj dogovor i sleduet li Rossii byt' «koloniej» Germanii? Moskva 1913.

Golovine, Nicholas H.: The Russian Campaign of 1914. The Beginning of the War and Operations in East Prussia. Fort Leavenworth 1933.

Gorjajeva, Tat'jana: Kulturdiplomatie der Zwischenkriegszeit. Sowjetische und deutsche Schriftsteller: Brücken und Dialoge, in: Mitteilungen der Gemeinsamen Kommission für die Erforschung der jüngeren Geschichte der deutsch-russischen Beziehungen. Bd. 6. München 2016, S. 31–39.

Gorlov, Sergej: Soveršenno sekretno. Al'jans Moskva – Berlin 1920–1933gg. (Voenno-političeskie otnošenija SSSR – Germanija). Moskva 2001.

Gorlow, Sergej A.: Geheimsache Moskau – Berlin. Die militärische Zusammenarbeit zwischen der Sowjetunion und dem Deutschen Reich 1920–1933, in: Vierteljahrshefte für Zeitgeschichte, 44. Jg. (1996), H. 1, S. 133–165.

Goschler, Constantin (Hrsg.): Die Entschädigung von NS-Zwangsarbeit am Anfang des 21. Jahrhunderts. Stiftung «Erinnerung, Verantwortung und Zukunft» und ihre Partner. Bd. 4: Helden, Opfer, Ostarbeiter. Das Auszahlungsprogramm in der ehemaligen Sowjetunion. Göttingen 2012.

Gosduma prinjala zakon o nakazanie za neuvaženie k vlasti, 7.3.2019, in: https://www.finanz.ru/novosti/aktsii/gosduma-prinyala-zakon-o-nakazanii-za-neuvazhenie-k-vlasti-1028011319.

Gottberg, Bernd: Die Gründung und die ersten Jahre der NDPD 1948–1954, in: Frölich, Jürgen (Hrsg.): «Bürgerliche» Parteien in der SBZ/DDR. Zur Geschichte von CDU, LDP(D), DBD und NDPD 1945 bis 1953. Köln 1995, S. 73–87.

Gotto, Klaus: Adenauers Deutschland- und Ostpolitik 1954–1963, in: Gotto, Klaus u. a. (Hrsg.): Konrad Adenauer. Seine Deutschland- und Außenpolitik 1945–1963. München 1975, S. 203–211.

Götz, Roland: Russlands Energiestrategie bis zum Jahr 2015: Business as usual, in: Russland-Analysen, Nr. 286, 27.4.2020, S. 8–12.

Graml, Hermann: Zwischen Stresemann und Hitler. Die Außenpolitik der Präsidialkabinette Brüning, Papen und Schleicher. München 2001.

Graml, Hermann: Hitlers Strategie 1939–1941, in: Mitteilungen der Gemeinsamen Kommission für die Erforschung der jüngeren Geschichte der deutsch-russischen Beziehungen. Bd. 5. München 2013, S. 1–8.

Gregory, Paul R.: Before command: An economic history of Russia from emancipation to the first five-year-plan. Princeton 1994.

Greiner, Bettina: Verdrängter Terror. Geschichte und Wahrnehmung sowjetischer Speziallager in Deutschland. Hamburg 2010.

Greiner, Bettina: Sowjetische Speziallager in Deutschland. Anmerkungen zu einer erinnerungskulturellen «Leerstelle», in: Wirsching, Andreas u. a. (Hrsg.): Erinnerung an Diktatur und Krieg. München 2015, S. 376–386.

Grelka, Frank: Beutekunst und Kunstraub. Sowjetische Restitutionspraxis in der SBZ, in: Vierteljahrshefte für Zeitgeschichte, 67. Jg. (2019), H. 1, S. 73–103.

Grigor'eva, O. I.: Obraz Germanii na stranicach gazety «Pravda». Janvar' 1933–ijun' 1941 g., in: Golubev, Aleksandr V. (Hrsg.): Rossija i mir glazami drug druga. Iz istorii vzaimovosprijatija. Vypusk pjatyj. Moskva 2009, S. 211–235.

Grimstead, Patricia Kennedy: The Fate of Ukrainian Cultural Treasures During World War II. The Plunder of Archives, Libraries and Museums under the Third Reich, in: Jahrbücher für Geschichte Osteuropas, 39. Jg. (1991), H. 1, S. 53–80.

Groß, Gerhard P. (Hrsg.): Die vergessene Front. Der Osten 1914/15. Ereignis, Wirkung, Nachwirkung. Paderborn u. a. 2006.

Groß, Gerhard P.: Im Schatten des Westens. Deutsche Kriegsführung an der Ostfront bis Ende 1915, in: Groß, Gerhard P. (Hrsg.): Die vergessene Front. Der Osten 1914/15. Ereignis, Wirkung, Nachwirkung. Paderborn u. a. 2006, S. 49–64.

Gross, Jan T.: Die Sowjetisierung Ostpolens, in: Wegner, Bernd (Hrsg.): Zwei Wege nach Moskau. Vom Hitler-Stalin-Pakt zum «Unternehmen Barbarossa». München 1991, S. 56–74.

Gross, Jan T.: Revolution from Abroad. The Soviet Conquest of Poland's Western Ukraine and Western Belorussia. Princeton 2002.

Gutschker, Thomas: «Europa zuckt mit den Schultern», in: Frankfurter Allgemeine Zeitung vom 25. 6. 2021.

Haffner, Sebastian: Der Teufelspakt. Fünfzig Jahre deutsch-russische Beziehungen. Reinbek 1968.

Hagen, M.: Die Entfaltung politischer Öffentlichkeit in Rußland 1906–1914. Wiesbaden 1982.

Hagen, Mark von: War in a European Borderland. Occupations and Occupation Plans in Galicia and Ukraine, 1914–1918. Seattle 2007.

Hahlweg, Werner: Lenins Rückkehr nach Russland 1917. Leiden 1957.

Hamann, Brigitte: Hitlers Wien. Lehrjahre eines Diktators. München 1996.

Handl, Vladimír: Entfremdung und Kooperation. Paradigmenwechsel in der deutschen Russlandpolitik, in: Osteuropa, 69. Jg. (2019), H. 1–2, S. 53–66.

Hänisch, Konrad: Parvus. Ein Blatt der Erinnerung. Berlin 1925.

Hans Koch, in: Deutsche Biographie, https://www.deutsche-biographie.de/sfz43516.html#ndbcontent.

Happel, Jörn: Der Ost-Experte. Gustav Hilger – Diplomat im Zeitalter der Extreme. Paderborn 2018.

Haritonow, Alexandr: Sowjetische Hochschulpolitik in Sachsen 1945–1949. Weimar 1995.

Harms, Michael: Stellungnahme: «Entwicklung der Deutsch-Russischen Wirtschaftsbeziehungen», in: Russland-Analysen, Nr. 300, 9. 3. 2021, S. 14–16.

Harrison, Mark: Accounting for War: Soviet Production, Employment, and the Defense Burden, 1940–1945. Cambridge 1996.

Hartmann, Anne/Eggeling, Wolfram: Sowjetische Präsenz im kulturellen Leben der SBZ und frühen DDR 1945–1953. Berlin 1998.

Hartmann, Anne: Verpasste Freundschaft. Zur sowjetischen Präsenz im öffentlichen Leben der SBZ und DDR, in: Russen und Deutsche. 1000 Jahre Kunst, Geschichte und Kultur. Essays. Petersberg 2012, S. 472–477.

Hartmann, Christian: Massensterben oder Massenvernichtung? Sowjetische Kriegsgefangene im Unternehmen Barbarossa, in: Vierteljahrshefte für Zeitgeschichte, 49. Jg. (2001), H. 1, S. 97–158.

Hartmann, Christian: Unternehmen Barbarossa. Der deutsche Krieg im Osten 1941–1945. München 2011.

Hartmann, Christian: Hitlers Planung des Vernichtungskrieges gegen die Sowjetunion, in: Mitteilungen der Gemeinsamen Kommission für die Erforschung der jüngeren Geschichte der deutsch-russischen Beziehungen. Bd. 5. München 2013, S. 177–184.

Hartung, Ulrike: Der deutsche Kunst- und Kulturgutraub in der Sowjetunion, in: Schade, Sigrid u. a. (Hrsg.): Kunst als Beute. Zur symbolischen Zirkulation von Kulturobjekten. Wien 2000.

Haslam, Jonathan: The Soviet Union and the Politics of Nuclear Weapons in Europe, 1969–87. Ithaca 1990.

Haslam, Jonathan: The Soviet Union and the Struggle for Collective Security in Europa, 1933–1939. London 1997.

Haslam, Jonathan: Russia's Cold War. From the October Revolution to the Fall of the Wall. New Haven/London 2011.

Haslam, Jonathan: Near and distant neighbours. A new history of Soviet intelligence. New York 2015.

Hausmann, Guido: Die Kultur der Niederlage. Der Erste Weltkrieg in der ukrainischen Erinnerung, in: Osteuropa, 64. Jg. (2014), H. 2–4, S. 127–140.

Hecker, Hans: Die Sowjetunion unter Stalin und der Beginn der Regierung Hitler in Deutschland, in: Michalka, Wolfgang (Hrsg.): Die nationalsozialistische Machtergreifung. Paderborn 1984, S. 288–300.

Heeke, Matthias: Reisen zu den Sowjets. Der ausländische Tourismus in Rußland 1921–1941. Berlin u. a. 2003.

Hegel, Andrea von: Der Sinnlosigkeit einen Sinn geben. Zur Gefangenenausstellung des Verbandes der Heimkehrer, 1951–1962, in: Scherstjanoi, Elke (Hrsg.): Russlandheimkehrer. Die sowjetische Kriegsgefangenschaft im Gedächtnis der Deutschen. München 2012, S. 71–91.

Helbig, Herbert: Die Träger der Rapallo-Politik. Göttingen 1958.

Heller, Klaus: Der Beitrag der Deutschen bei der Technisierung und Industrialisierung im späten Zarenreich, in: Russen und Deutsche. 1000 Jahre Kunst, Geschichte und Kultur. Petersberg 2012, S. 284–289.

Herbert, Ulrich: «Barbarossa». Strategische Planungen und politische Vorentscheidungen, Juni 1940–Juni 1941, in: Jahn, Peter u. a. (Hrsg.): Der deutsche Krieg um «Lebensraum im Osten» 1939–1945. Ereignisse und Erinnerung. 2017, S. 21–45.

Hermes, Peter: Die Christlich-Demokratische Union und die Bodenreform in der Sowjetischen Besatzungszone Deutschlands im Jahre 1945. Saarbrücken 1963.

Herrmann, Dagmar: Aleksandr Herzens Problem mit den Deutschen, in: Herrmann, Dagmar/ Ospovat, Alexander L. (Hrsg.): Deutsche und Deutschland aus russischer Sicht. 19. Jahrhundert: Von der Jahrhundertwende bis zu den Reformen Alexanders II. (= West-östliche Spiegelungen: Reihe B, Bd. 3). München 1998, S. 873–937.

Hertle, Hans-Hermann/Jarausch, Konrad H. (Hrsg.): Risse im Bruderbund. Die Gespräche Honecker – Breschnew 1974 bis 1982. Berlin 2006.

Hertle, Hans-Hermann: Chronik des Mauerfalls. Augsburg 2006.

Herwig, Holger H.: The First World War. Germany and Austria-Hungary 1914–1918. London 1997.

Hildebrand, Klaus: Deutsche Außenpolitik 1933–1945. Kalkül oder Dogma? Stuttgart u. a. 1976.

Hildebrand, Klaus: Das vergangene Reich. Deutsche Außenpolitik von Bismarck bis Hitler. Stuttgart 1995.

Hilger, Andreas: Strafjustiz im Verfolgungswahn. Todesurteile sowjetischer Gerichte in Deutschland, in: Hilger, Andreas: «Tod den Spionen!» Todesurteile sowjetischer Gerichte in der SBZ/DDR und in der Sowjetunion bis 1953. Göttingen 2006, S. 95–155.

Hilger, Andreas/Petrow, Nikita: «Im Namen der Union der Sozialistischen Sowjetrepubliken». Sowjetische Militärjustiz in der SBZ/DDR von 1945 bis 1955, in: Roginskij, Arsenij u. a. (Hrsg.): «Erschossen in Moskau ...» Die deutschen Opfer des Stalinismus auf dem Moskauer Friedhof Donskoje 1950–1953. Berlin ³2008, S. 21–37.

Hill, Alexander: The War behind the Eastern Front. The Soviet Partisan Movement in North-West Russia 1941–1944. London 2005.

Hirschfeld, Gerhard u. a. (Hrsg.): Enzyklopädie Erster Weltkrieg. Paderborn u. a. 2009, S. 919–920.

Hobsbawm, Eric J.: Das Zeitalter der Extreme. Weltgeschichte des 20. Jahrhunderts. München ¹²2014.

Hoeres, Peter: Die Slawen. Perzeption des Kriegsgegners bei den Mittelmächten. Selbst- und Feindbild, in: Groß, Gerhard P. (Hrsg.): Die vergessene Front. Der Osten 1914/15. Ereignis, Wirkung, Nachwirkung. Paderborn u. a. 2006, S. 179–200.

Hoeres, Peter: Die Kultur von Weimar. Durchbruch der Moderne. Berlin 2008.

Hoeres, Peter: Zeitung für Deutschland. Die Geschichte der Frankfurter Allgemeine Zeitung. München 2019.

Hoetzsch, Otto: Rußland. Eine Einführung auf Grund seiner Geschichte von 1904 bis 1912. Leipzig u. a. 1913.

Hoetzsch, Otto: Botschafter Graf Brockdorff-Rantzau, in: Hoetzsch, Otto: Osteuropa und deutscher Osten. Kleine Schriften zu ihrer Geschichte. Berlin/Königsberg 1934, S. 268–275.

Hoffmann, Christiane: Die Weltmacht der Kindheit, in: Der Spiegel, 25. 9. 2019, S. 27–29.

Hoffmann, Dierk: Honecker in Bonn. Deutsch-deutsche Spitzentreffen 1947–1990, in: Wengst, Udo/Wentker, Hermann (Hrsg.): Das doppelte Deutschland. 40 Jahre Systemkonkurrenz. Berlin 2008, S. 333–356.

Hoffmann, Dierk: Otto Grotewohl (1894–1964). Eine politische Biographie. München 2009.

Högselius, Per: Red Gas. Russia and the origins of European energy dependence. New York 2013.

Holloway, David: Stalin and the Bomb. The Soviet Union and Atomic Energy 1939–1956. New Haven 1994.

Holm, Kerstin: Eiserne Lady mit polyglottem Charme, in: Frankfurter Allgemeine Zeitung vom 2. 12. 2020.

Holm, Kerstin: Von der Wiederkehr weiblicher Subjektivität, in: Frankfurter Allgemeine Zeitung vom 8. 2. 2021, S. 11.

Hoppe, Bert: Stalin und die KPD in der Weimarer Republik, in: Zarusky, Jürgen (Hrsg.): Stalin und die Deutschen. Neue Beiträge der Forschung. München 2006, S. 1–42.

Hoppe, Bert: In Stalins Gefolgschaft. Moskau und die KPD 1928–1933. München 2007.

Hoppe, Bert: Babyn Jar. Massenmord am Stadtrand, in: Osteuropa, 71. Jg. (2021), H. 1–2, S. 5–22.

Hösler, Joachim: Aufarbeitung der Vergangenheit? Der Große Vaterländische Krieg in der Historiographie der UdSSR und Rußlands, in: Osteuropa, 55. Jg. (2005), H. 4–6, S. 115–125.

Hryciuk, Grzegorz: Sowjetische Repressionen in den östlichen Gebieten der Zweiten Polnischen Republik (1939 bis 1941). Massenexekutionen, Verhaftungen, Zwangsumsiedlungen und die nationale Zugehörigkeit der Opfer, in: Jahrbuch für historische Kommunismusforschung 2007, S. 297–318.

Hürter, Johannes: Hitlers Heerführer. Die deutschen Oberbefehlshaber im Krieg gegen die Sowjetunion 1941/42. München ²2007.

Hürter, Johannes: Die nationalsozialistische Besatzungspolitik in der Sowjetunion, in: Forum für osteuropäische Ideen- und Zeitgeschichte, 16. Jg. (2012), H. 1, S. 15–28.

Hürter, Johannes: «Wie in einem fremden Erdteil». Die Sowjetunion und ihre Einwohner in der Wahrnehmung von Wehrmachtsgenerälen, in: Mitteilungen der Gemeinsamen Kommission für die Erforschung der jüngeren Geschichte der deutsch-russischen Beziehungen. Bd. 5. München 2013, S. 219–224.

Ihme-Tuchel, Beate: Die SED und die deutschen Kriegsgefangenen in der Sowjetunion zwischen 1949 und 1955, in: Deutschland Archiv, 27. Jg. (1994), H. 5, S. 490–503.

Im Gedenken an die Leningrader Blockade: Bundesregierung fördert Projekte in St. Petersburg, 27.1.2019, in: https://www.auswaertiges-amt.de/de/aussenpolitik/laender/russische foederation-node/blockade-leningrad/2181746.

Ioffe, A. A.: Vnešnjaja politika Sovetskoj Rossii. Moskva 1918.

Ioffe, Nadežda A.: Moj otec Adol'f Abramovič Ioffe. Moskva 1996.

Iznasilovanie Berlina: Neizvestnaja istorija vojny, 24.9.2015, in: https://www.bbc.com/russian/international/2015/09/15092 4_rape_of_berlin.

Jablonowski, Horst: Die Stellungnahmen der russischen Parteien zur Außenpolitik der Regierung von der russisch-englischen Verständigung bis zum Ersten Weltkrieg, in: Forschungen zur Osteuropäischen Geschichte. Bd. 5. Berlin 1957, S. 60–92.

Jacobsen, Hans-Adolf: Primat der Sicherheit, 1928–1938, in: Geyer, Dietrich (Hrsg.): Osteuropa-Handbuch. Sowjetunion, Bd. I: Außenpolitik 1917–1955. Köln/Wien 1972, S. 213–269.

Jahn, Hubertus F.: Die Germanen. Perzeptionen des Kriegsgegners in Russland zwischen Selbst- und Feindbild, in: Gerhard P. Groß (Hrsg.): Die vergessene Front. Der Osten 1914/15. Ereignis, Wirkung, Nachwirkung. Paderborn u. a. 2006, S. 165–177.

Jahn, Peter: Sowjetische Kriegsgefangene und die Zivilbevölkerung der Sowjetunion als Opfer des NS-Vernichtungskrieges, in: Quack, Sibylle (Hrsg.): Dimensionen der Verfolgung. Opfer und Opfergruppen im Nationalsozialismus. München 2003, S. 145–166.

Jahn, Peter: Moralische Sieger. Westdeutsche Spielfilme zum Thema deutscher Kriegsgefangener in der Sowjetunion, in: Scherstjanoi, Elke (Hrsg.): Russlandheimkehrer. Die sowjetische Kriegsgefangenschaft im Gedächtnis der Deutschen. München 2012, S. 149–164.

Jahn, Peter: Vernichtungskrieg im Osten. Deutsche Erinnerung seit den 1980er-Jahren, in: Jahn, Peter u. a. (Hrsg.): Der deutsche Krieg um «Lebensraum im Osten» 1939–1945. Ereignisse und Erinnerung. 2017, S. 159–170.

Janßen, Karl-Heinz/Tobias, Fritz: Der Sturz der Generäle. Hitler und die Blomberg-Fritsch-Krise 1938. München 1994.

Jentsch, Harald: Die KPD und der «Deutsche Oktober» 1923. Rostock 2005.

Jeske, Natalja: Versorgung, Krankheit, Tod in den Speziallagern, in: Mironenko, Sergej u. a. (Hrsg.): Sowjetische Speziallager in Deutschland 1945 bis 1950. Bd. 1: Studien und Berichte. Berlin 1998, S. 189–223.

Joeres, Niels: Der Architekt von Rapallo. Der deutsche Diplomat Ago von Maltzan im Kaiserreich und in der frühen Weimarer Republik. Heidelberg 2006.

Joeres, Niels: Forschungsbericht Rapallo. Zeitgeschichte einer Kontroverse, in: Francia, 34. Jg. (2008), H. 3, S. 103–126.

Johnson, Ian Ona: Faustian Bargain. The Soviet-German Partnership and the Origins of the Second World War. Oxford 2021.

Johr, Barbara: Die Ereignisse in Zahlen, in: Sander, Helke/Johr, Barbara (Hrsg.): Befreier und Befreite. Krieg, Vergewaltigung, Kinder. München 1992, S. 48–58.

Jüngerkes, Sven: Diplomaten der Wirtschaft. Die Geschichte des Ost-Ausschusses der Deutschen Wirtschaft. Osnabrück 2012.

Kalniete, Sandra: Mit Ballschuhen im sibirischen Schnee. Die Geschichte meiner Familie. München 2005.

Kantor, Julija: Zakljataja družba. Sekretnoe sotrudničestvo SSSR i Germanii 20–30-ch godov. Moskva 2014.

Käppner, Joachim: Berthold Beitz. Die Biographie. München u. a. 2013.

Karlsch, Rainer: «Arbeiter, schützt Eure Betriebe!» Widerstand gegen Demontagen in der SBZ, in: Internationale wissenschaftliche Korrespondenz zur Geschichte der deutschen Arbeiterbewegung (IWK), 30. Jg. (1994), H. 3, S. 380–404.

Karlsch, Rainer: Die Reparationsleistungen der SBZ/DDR im Spiegel deutscher und russischer Quellen, in: Eckert, Karl/Roesler, Jörg (Hrsg.): Die Wirtschaft im geteilten und vereinten Deutschland. Berlin 1999, S. 9–30.

Karlsch, Rainer/Zeman, Zbynek: Urangeheimnisse. Das Erzgebirge im Brennpunkt der Weltpolitik 1933–1960. Berlin ⁴2010.

Karlsch, Rainer: Uran für Moskau. Die Wismut – Eine populäre Geschichte. Berlin ⁴2011.

Karlsch, Rainer: Allein bezahlt? Die Reparationsleistungen der SBZ/DDR 1945–1953. Berlin 2013.

Karner, Stefan: Die sowjetische Wirtschaft der Chruščev- und Brežnev-Jahre 1964–1975. Reformen, Stagnation und vertane Chancen, in: Borchard, Michael u. a. (Hrsg.): Entspannung im Kalten Krieg. Der Weg zum Moskauer Vertrag und zur KSZE. Graz/Wien 2020, S. 323–372.

Kashirskikh, Oleg: Die deutsch-sowjetischen Handelsbeziehungen in den Jahren 1925–1933. Deutschlands Rolle im außenwirtschaftlichen Integrationsstreben der Sowjetunion. Frankfurt/Main 2006.

Katzer, Nikolaus: Die weiße Bewegung in Russland: Herrschaftsbildung, praktische Politik und politische Programmatik im Bürgerkrieg. Köln u. a. 1999.

Kellogg, Michael: The Russian Roots of Nazism: White Émigrés and the Making of National Socialism, 1917–1945. Cambridge 2005, S. 48–244.

Kempe, Frederick: Berlin 1961. Kennedy, Chruschtschow und der gefährlichste Ort der Welt. Bonn 2011.

Ken, Oleg: Karl Radek i Bjuro meždunarodnoj informacii CK VKP (B), 1932–1934, in: Cahiers du monde russe, 44. Jg. (2003), H. 1, S. 135–178.

Kennan, George F.: Die schicksalhafte Allianz. Frankreich und Russland am Vorabend des Ersten Weltkrieges. Köln 1990.

Kershaw, Ian: Das Ende. Kampf bis zum Untergang. NS-Deutschland 1944/45. München 2011.

Kilian, Werner: Adenauers Reise nach Moskau. Freiburg/Br. 2005.

Kilian, Werner: Adenauers Ziele für seine Moskaureise, in: Russland – Deutschland. Blick zurück in die Zukunft. Zum 50. Jahrestag der Aufnahme der diplomatischen Beziehungen. Moskau 2005, S. 134–145.

Kilian, Jürgen: Wehrmacht, Partisanenkrieg und Rückzugverbrechen an der nördlichen Ostfront im Herbst und Winter 1943, in: Vierteljahrshefte für Zeitgeschichte, 61. Jg. (2013), H. 2, S. 173–199.

Kipp, Michaela: «Großreinemachen im Osten». Feindbilder in deutschen Feldpostbriefen im Zweiten Weltkrieg. Frankfurt/Main 2014.

Kissenkoetter, Udo: Gregor Straßer und die NSDAP. Stuttgart 1978.

Klaus Kinkel, 82, in: Der Spiegel, 11/2019, S. 125.

Klein, Peter (Hrsg.): Die Einsatzgruppen in der besetzten Sowjetunion 1941/42. Die Tätigkeits- und Lageberichte des Chefs der Sicherheitspolizei und des SD. Berlin 1997.

Kluge, Janis: Stellungnahme: «Entwicklung der Deutsch-Russischen Wirtschaftsbeziehungen», in: Russland-Analysen, Nr. 300, 9.3.2021, S. 20–22.

Koch-Baumgarten, Sigrid: Aufstand der Avantgarde. Die Märzaktion der KPD 1921. Frankfurt/Main/New York 1986.

Koch-Baumgarten, Sigrid: Die Märzaktion der KPD 1921. Köln 1987.

Koenen, Gerd: Bolschewismus und Nationalsozialismus. Geschichtsbild und Gesellschaftsentwurf, in: Vetter, Matthias (Hrsg.): Terroristische Diktaturen im 20. Jahrhundert. Strukturelemente der nationalsozialistischen und stalinistischen Herrschaft. Opladen 1996, S. 172–207.

Koenen, Gerd (Hrsg.): Deutschland und die russische Revolution 1917–1924. München 1998.

Koenen, Gerd: «Indien im Nebel». Die ersten Reisenden ins «neue Rußland». Neun Modelle projektiver Wahrnehmung, in: Deutschland und die russische Revolution 1917–1924. München 1998, S. 557–616.

Koenen, Gerd: Der Russland-Komplex. Die Deutschen und der Osten 1900–1945. München 2005.

Köhler, Henning: Helmut Kohl. Ein Leben für die Politik. Köln 2014.

Kohlstruck, Michael: «Salonbolschewist» und Pionier der Sozialforschung. Klaus Mehnert und die Deutsche Gesellschaft zum Studium Osteuropas 1931–1934, in: Osteuropa, 55. Jg. (2005), H. 12, S. 29–48.

Kołakowski, Piotr: Revolutionäre Avantgarde. Der NKVD in den polnischen Ostgebieten, in: Böhler, Jochen/Lehnstaedt, Stephan (Hrsg.): Gewalt und Alltag im besetzten Polen 1939–1945. Osnabrück 2012, S. 155–172.

Koljasan, Wladimir: Theater und Revolution. Glanz und Elend der deutsch-russischen Künstlerbeziehungen, in: Deutschland und die russische Revolution 1917–1924. München 1998, S. 703–732.

König, Helmut: Vom Beschweigen zum Erinnern. Shoah und 2. Weltkrieg im politischen Bewußtsein der BRD, in: Osteuropa, 55. Jg. (2005), H. 4–6, S. 33–43.

Konradova, Natal'ja/Ryleva, Anna: Helden und Opfer. Denkmäler in Rußland und Deutschland, in: Osteuropa, 55. Jg. (2005), H. 4–6, S. 247–365.

Kopelew, Lew: Deutsch-russische Wahlverwandtschaft, in: Herrmann, Dagmar/Ospovat, Alexander L. (Hrsg.): Deutsche und Deutschland aus russischer Sicht. 19. Jahrhundert: Von der Jahrhundertwende bis zu den Reformen Alexanders II. (= West-östliche Spiegelungen: Reihe B, Bd. 3). München 1998, S. 13–107.

Kopelew, Lew: Am Vorabend des großen Krieges, in: Keller, Mechthild (Hrsg.): Russen und Rußland aus deutscher Sicht. 19./20. Jahrhundert: Von der Bismarckzeit bis zum Ersten Weltkrieg (= West-östliche Spiegelungen, Reihe A, Bd. 4). München 2000, S. 11–107.

Kopelew, Lew: Wuppertaler Projekt, in: https://www.kopelew-forum.de/das-wuppertaler-projekt.aspx.

Kossert, Andreas: «Und drescht ihr nur die Reußen». Der Erste Weltkrieg in Ostpreußen, in: Osteuropa, 64. Jg. (2014). H. 2–4, S. 59–72.

Kotikov, Vjačeslav: «Ne budem proklinat' izgnanie …, in: Puti i sud'by russkoj ėmigracii. Leningrad 1990.

Kotkin, Stephen: Stalin. Waiting for Hitler 1929–1941. New York 2017.

Koza, Ingeborg: Sowjetisch-deutsche Kontakte in Politik, Wirtschaft, Wissenschaft und Kultur 1963–1967. Eine Untersuchung der auswärtigen Beziehungen der Bundesrepublik Deutschland. Münster 2002.

Kramer, Mark: Stalin, Soviet Policy, and the Establishment of a Communist Bloc in Eastern Europe, in: Kramer, Mark/Smetana, Vít (Eds.): Imposing, maintaining, and tearing open the Iron Curtain: the Cold War and East-Central Europe, 1945–1989. Lanham/Maryland 2014, S. 3–38.

Kramer, Nicole: Volksgenossinnen an der Heimatfront. Mobilisierung, Verhalten, Erinnerung. Göttingen 2011.

Kremlevskogo propagandista Kiseleva pojmali na poddelke ausvajsa divizii SS «Galičina», 26.4.2016, in: https://censor.net.ua/video_news/386204/kremlevskogo_propagandista_kiseleva_poyimali_na_poddelke_ausvayisa_divizii_ss_galichina_video.

Krempin, Dunja: Die sibirische Wucht. Der Aufstieg der Sowjetunion zur globalen Gasmacht 1964–1982. Göttingen 2020.

Krenzlin, Leonore: Lagerfrust und Antifa. Zur Darstellung des Kriegsgefangenenschicksals in der DDR-Literatur, in: Scherstjanoi, Elke (Hrsg.): Russlandheimkehrer. Die sowjetische Kriegsgefangenschaft im Gedächtnis der Deutschen. München 2012, S. 135–148.

Kretinin, S. V.: Aleksandr Parvus: Meždu rossijskoj revoljuciej in nemeckimi den'gami, in: Vatlin, Aleksandr u. a. (Hrsg.): Ljudi meždu narodami. Dejstvujuščie lica rossijsko-germanskoj istorii XX v. Moskva 2010, S. 26–32.

Kretschmer in Moskau: Er will Russland zugewandt bleiben, 23.4.2021, in: https://www.faz.net/aktuell/politik/inland/kretschmer-in-moskau-russland-zugewandt-bleiben-17309045.html.

Kretschmer, Michael: Irrweg eines Ostdeutschen, in: Die Zeit online vom 12.6.2019, https://www.zeit.de/politik/2019-06/michael-kretschmer-russland-sanktionen-ministerpraesident-sachsen?utm_referrer=https%3A%2F%2Fwww.google.com%2F.

Kriegsgefangene – Voennoplennie. Sowjetische Kriegsgefangene in Deutschland. Deutsche Kriegsgefangene in der Sowjetunion. Düsseldorf 1995.

Krone-Schmalz, Gabriele: Russland verstehen. Der Kampf um die Ukraine und die Arroganz des Westens. München [18]2017.

Krone-Šmal'c, Gabriėle: Ponjat' Rossiju. Bor'ba za Ukrainu i vysokomerenie zapada. Moskva 2015.

Krone, Heinrich: Aufzeichnungen zur Deutschland- und Ostpolitik 1954–1969, in: Morsey, Rudolf/Repgen, Konrad (Hrsg.): Adenauer-Studien III. Mainz 1974, S. 134–201.

Krüger, Peter: A Rainy Day, April 1916, 1922: The Rapallo Treaty and the Cloudy Perspective for German Foreign Policy, in: Fink, Genoa, S. 49–64.

Krummacher, Friedrich A./Lange, Helmut: Krieg und Frieden. Geschichte der deutsch-sowjetischen Beziehungen. Von Brest-Litowsk zum Unternehmen Barbarossa. München u. a. 1970.

Kühlem, Kordula: «Burgfrieden»: Die Bedeutung und Verwendung des Begriffs zwischen Bonn und Moskau 1958–1963, in: Historisch-Politische Mitteilungen, 16. Jg. (2009), S. 37–55.

Kuhn, Axel: Hitlers außenpolitisches Programm. Entstehung und Entwicklung 1919–1939. Stuttgart 1970.

Kuhn, Ekkehard: Gorbatschow und die deutsche Einheit. Aussagen der wichtigsten russischen und deutschen Beteiligten. Bonn 1993.

Kühr, Rüdiger: Die Folgen der Demontagen bei der Reichsbahn (DR), in: Karlsch, Rainer/Laufer, Jochen (Hrsg.): Sowjetische Demontagen in Deutschland 1944–1949. Hintergründe, Ziele, Wirkungen. Berlin 2002, S. 473–506.

Kummer, Stephan: Das Jerusalem Litauens. Eine historische Einführung, in: Kotowski, Elke-Vera/Schoeps, Julius H. (Hrsg.): Vilne, Wilna, Wilno, Vilnius. Eine jüdische Topographie zwischen Mythos und Moderne. Berlin 2017, S. 19–31.

Kundrus, Birthe: Krieg und Holocaust in Europa. München 2018.

Küsters, Hanns Jürgen: Keine Weltenwende? Konrad Adenauer und die Aufnahme diplomatischer Beziehungen zur Sowjetunion, in: Altrichter, Helmut (Hrsg.): Adenauers Moskaubesuch 1955. Bonn 2007, S. 23–38.

Laqueur, Walter: Deutschland und Rußland. Berlin 1965.
Laufer, Jochen: «Genossen, wie ist das Gesamtbild?» Ackermann, Ulbricht und Sobottka in Moskau im Juni 1945, in: Deutschland Archiv, 29. Jg. (1996), H. 3, S. 355–371.
Laufer, Jochen: Die UdSSR und die Einleitung der Bodenreform in der Sowjetischen Besatzungszone, in: Bauerkämper, Arnd (Hrsg.): «Junkerland in Bauernhand»? Durchführung, Auswirkungen und Stellenwert der Bodenreform in der Sowjetischen Besatzungszone. Stuttgart 1996, S. 21–35.
Laufer, Jochen: Pax Sovietica. Stalin, die Westmächte und die deutsche Frage 1941–1945. Köln 2009.
Laufer, Jochen: Politik und Bilanz der sowjetischen Demontagen in der SBZ/DDR 1945–1953, in: Karlsch, Rainer/Laufer, Jochen (Hrsg.): Sowjetische Demontagen in Deutschland 1944–1949. Hintergründe, Ziele, Wirkungen. Berlin 2002, S. 31–77.
Leggett, George: The Cheka. Lenin's Political Police. The All-Russian Extraordinary Commission for Combating Counter-Revolution and Sabotage (December 1917 to February 1922). Oxford 1981.
Lehnstaedt, Stephan: Imperiale Polenpolitik in den Weltkriegen. Eine vergleichende Studie zu den Mittelmächten und zu NS-Deutschland. Osnabrück 2017.
Lehnstaedt, Stephan: Zwei Okkupationsregime. Einleitende Überlegungen zur Erforschung von Gewalt und Alltag im besetzten Polen, in: Böhler, Jochen/Lehnstaedt, Stephan (Hrsg.): Gewalt und Alltag im besetzten Polen 1939–1945. Osnabrück 2012, S. 15–32.
Lehnstaedt, Stephan: Der vergessene Sieg. Der Polnisch-Sowjetische Krieg 1919/1921 und die Entstehung des modernen Osteuropa. München 2019.
Lemberg, Hans: Der «Drang nach Osten». Schlagwort und Wirklichkeit, in: Kaiser, Friedhelm Berthold/Stasiewski, Bernhard (Hrsg.): Deutsche im europäischen Osten: Verständnis und Mißverständnis. Köln u. a. 1976, S. 1–17.
Leonhard, Jörn: Die Büchse der Pandora. Geschichte des Ersten Weltkriegs. Bonn 2014.
Lerner, Gerda: The Creation of Patriarchy. Vol 1: Women and History. New York/Oxford 1986.
Lersch, Edgar: Die auswärtige Kulturpolitik der Sowjetunion in ihren Auswirkungen auf Deutschland 1921–1929. Frankfurt/Main 1979.
Lersch, Edgar: Hungerhilfe und Osteuropakunde. Die «Freunde des neuen Rußland» in Deutschland, in: Deutschland und die russische Revolution 1917–1924. München 1998, S. 617–645.
Levada-Centr, press-vypuski, Otnošenie k stranam, 10. 9. 2019, in: https://www.levada.ru/2019/09/10/otnoshenie-k-stranam-4/.
Levada-Centr, press-vypuski, Vragi, 15. 10. 2020, in: https://www.levada.ru/2020/10/15/vragi-2/.
Levin, Dov: The Lesser of Two Evils. Eastern European Jewry under Soviet Rule, 1939–1941. Jerusalem 1995.
Levin, Eve: Sex and Society in the World of Orthodox Slavs. Ithaca/NY 1989.
Lieb, Peter: Der deutsche Krieg im Osten von 1915 bis 1919. Ein Vorläufer des Vernichtungskriegs?, in: Vierteljahrshefte für Zeitgeschichte, 65. Jg. (2017), H. 4, S. 465–506.
Lieven, Dominik: Pro-Germans and Russian Foreign Policy 1890–1914, in: The International History Review, 2. Jg. (1980), H. 1, S. 34–54.
Lincoln, Bruce W.: Nikolaus I. von Rußland: 1796–1854. München 1981.
Lindemann, Mechthild: Die deutsche Frage auf den Genfer Gipfelkonferenzen der vier Mächte 1955. Bonn 1994.
Link, Werner: Die Entstehung des Moskauer Vertrags im Lichte neuer Archivalien, in: Vierteljahrshefte für Zeitgeschichte, 49. Jg. (2001). H. 2, S. 295–315.
Link, Werner: Die deutsch-sowjetischen Beziehungen zwischen Moskauer Vertrag (1970) und Wiedervereinigung, in: Mitteilungen der Gemeinsamen Kommission für die Erforschung

der jüngeren Geschichte der deutsch-russischen Beziehungen. Bd. 3. München 2008, S. 298–342.
Linke, Horst Günther: Deutsch-sowjetische Beziehungen bis Rapallo. Köln ²1972.
Linke, Horst Günther: Schicksalsgemeinschaft? Die Sowjetunion im politischen Kalkül der deutschen Botschafter in Moskau 1922 bis 1941, in: Eimermacher, Karl u. a. (Hrsg.): Stürmische Aufbrüche und enttäuschte Hoffnungen. Russen und Deutsche in der Zwischenkriegszeit. München 2006, S. 163–208.
Linke, Horst G.: Der Weg nach Rapallo. Strategie und Taktik der deutschen und sowjetischen Außenpolitik, in: Historische Zeitschrift, Bd. 264, Jg. (1997), H. 1, S. 55–110.
Lipinsky, Renate und Jan: Die Straße, die in den Tod führte. Zur Geschichte des Speziallagers Nr. 5 Ketschendorf/Fürstenwalde. Köln 1998.
Lipinsky, Jan: Das Geheime Zusatzprotokoll zum deutsch-sowjetischen Nichtangriffsvertrag vom 23. August 1939 und seine Entstehungs- und Rezeptionsgeschichte von 1939 bis 1999. Frankfurt/Main 2004.
Litawrina, Marina: Theater für andere, ein Leben für sich. Die russische Schauspieler-Bohème im Berlin der Zwanziger Jahre, in: Eimermacher, Karl u. a. (Hrsg.): Stürmische Aufbrüche und enttäuschte Hoffnungen. Russen und Deutsche in der Zwischenkriegszeit. München 2006, S. 827–863.
Liulevicius, Vejas Gabriel: Kriegsland im Osten. Eroberung, Kolonisierung und Militärherrschaft im Ersten Weltkrieg. Hamburg 2002.
Liulevicius, Vėjas Gabriel: Precursors and Precedents: Forced Migration in Northeastern Europe during First World War, in: Nordost-Archiv. Zeitschrift für Regionalgeschichte, Neue Folge, Bd. XIV (2005), S. 32–52.
Liulevicius, Vejas Gabriel: Von «Ober Ost» nach «Ostland»?, in: Groß, Gerhard P. (Hrsg.): Die vergessene Front. Der Osten 1914/15. Ereignis, Wirkung, Nachwirkung. Paderborn u. a. 2006, S. 295–310.
Liulevicius, Vejas Gabriel: Ober-Ost, in: Hirschfeld, Gerhard u. a. (Hrsg.): Enzyklopädie Erster Weltkrieg. Paderborn u. a. 2009, S. 753–754.
Löhr, Brigitte: Die «Zukunft Rußlands». Perspektiven russischer Wirtschaftsentwicklung und deutsch-russische Wirtschaftsbeziehungen vor dem Ersten Weltkrieg. Stuttgart 1985.
Lohr, Eric: The Russian Army and the Jews. Mass Deportation, Hostages, and Violence During World War I, in: The Russian Review, Vol. 20 (2001), No. 3, S. 202–419.
Longerich, Peter: Wannseekonferenz. Der Weg zur «Endlösung». München 2016.
Lorke, Christoph: Shaping and Negotiating the Withdrawal: Soviet/Russian Troops as 'Strangers' in Unified Germany, in: Meißner, Christoph/Morré, Jörg (Eds.): The Withdrawal of Soviet Troops from East Central Europe. National Perspectives in Comparison. Göttingen 2021, S. 145–159.
Lösche, Peter: Der Bolschewismus im Urteil der deutschen Sozialdemokratie 1903–1920. Berlin 1967.
Loth, Wilfried: Stalins ungeliebtes Kind. Warum Moskau die DDR nicht wollte. Berlin 1994.
Lough, John: Germany's Russia Challenge. Rome 2018.
Lough, John: Germany's Russia Problem. The Struggle for Balance in Europe. Manchester 2021.
Lowe, Keith: Der wilde Kontinent. Europa in den Jahren der Anarchie 1943–1950. Stuttgart 2014.
Lozo, Ignaz: Gorbatschow. Der Weltveränderer. Darmstadt 2021.
Luban, Ottokar: Russische Bolschewiki und deutsche Linkssozialisten am Vorabend der deutschen Novemberrevolution. Beziehungen und Einflussnahme, in: Jahrbuch für historische Kommunismusforschung 2009, S. 283–298.

Lüdicke, Lars: Griff nach der Weltherrschaft. Die Außenpolitik des Dritten Reiches 1933–1945. Berlin 2009.

Lüdicke, Lars: Constantin von Neurath. Eine politische Biographie. Paderborn 2014.

Lüdicke, Lars: Hitlers Weltanschauung. Von «Mein Kampf» bis zum «Nero-Befehl». Paderborn 2016.

Ludwig, Andreas N./Peterka, Svetlana: Deutschlands Russlandpolitik: Von der Herausforderung des Dialogs, in: Gesellschaft. Wirtschaft. Politik, 67. Jg. (2018), H. 1, S. 127–134.

Lukes, Igor: Stalin and Beneš at the end of September 1938. New evidence from Prague Archives, in: Slavic Review, 52. Jg. (1993), H. 1, S. 28–48.

Luks, Leonid: Entstehung der kommunistischen Faschismus-Theorie. Die Auseinandersetzung der Komintern mit Faschismus und Nationalsozialismus 1921–1935. Stuttgart 1984.

Luks, Leonid: Die Entstehung der kommunistischen Faschismustheorie. Die Auseinandersetzung der Komintern mit Faschismus und Nationalsozialismus 1921–1935. München 1984.

Madaus, Christian: Der Aufstieg des Nationalsozialismus in Mecklenburg von 1924 bis 1932: Hintergründe zum Niedergang der Weimarer Republik. Schwerin ²2003.

Mahnke, Julia: Auswanderungsvereine mit Ziel Ukraine und Sowjet-Rußland in der Weimarer Republik. München 1997.

Maier, Klaus A. u. a.: Die Errichtung der Hegemonie auf dem europäischen Kontinent (= Das Deutsche Reich und der Zweite Weltkrieg, Bd. 2). Stuttgart 1979.

Makarenko, P. V.: Germanskij faktor v Oktjabr'skoj revoljucii 1917 g., in: Voprosy istorii (2008), No. 5, S. 30–45.

Makarov, Vladimir/Christoforov, Vasilij (Hrsg.): Vysylka vmesto rasstrela. Deportacija intelligencii v dokumentach VČK-GPU 1921–1923. Moskva 2005.

Malycha, Andres: Partei von Stalins Gnaden? Die Entwicklung der SED zur Partei neuen Typs in den Jahren 1946 bis 1950. Berlin 1996.

Maruhn, Jürgen (Hrsg.): Die verführte Friedensbewegung. Der Einfluss des Ostens auf die Nachrüstungsdebatte. München 2002.

Matschke, Werner: Die industrielle Entwicklung in der Sowjetischen Besatzungszone Deutschlands (SBZ) 1945 bis 1948. Berlin 1988.

Mawdsley, Evan: The Russian Civil War. Edinburgh 2011.

Mazower, Mark: Hitlers Imperium. Europa unter der Herrschaft des Nationalsozialismus. München 2009.

Mehnert, Klaus: Survey of Slavic and East European Studies in Germany since 1945, in: The American Slavic and East European Review, 9. Jg. (1950), H. 3, S. 191–206.

Mehnert, Klaus: Der Sowjetmensch. Versuch eines Porträts nach zwölf Reisen in die Sowjetunion 1929–1957. Stuttgart 1958.

Mehnert, Klaus: Über die Russen heute. Was sie lesen, wie sie sind. Stuttgart 1983.

Mehnert, Klaus: Das zweite Volk meines Lebens. Berichte aus der Sowjetunion 1925–1983. Stuttgart 1987.

Meier, Reinhard: Lew Kopelew. Humanist und Weltbürger. Darmstadt 2017.

Meiers, Franz-Josef: Zu neuen Ufern? Die deutsche Sicherheits- und Verteidigungspolitik in einer Welt des Wandels, 1990–2000. Paderborn u. a. 2006.

Meister, Stefan: Deutsche Russland-Politik, in: Internationale Politik, 67. Jg. (2012), H. 6, S. 54–59.

Meister, Stefan: How Russia lost Germany (and how it can win it back). EU foreign policy and the Ukraine crisis, in: https://dgap.org/en/research/publications/how-russia-lost-germany-and-how-it-can-win-it-back.

Mel'tjuchov, Michail: Pribaltijskij placdarm (1939–1940). Vozvraščenie Sovetskogo Sojuza na berega Baltijskogo morja. Moskva 2014.

Mensing, Wilhelm: Eine «Morgengabe» Stalins an Paktfreund Hitler? Die Auslieferung deutscher Emigranten an das NS-Regime nach Abschluß des Hitler-Stalin-Pakts – eine zwischen den Diktatoren arrangierte Preisgabe von «Antifaschisten»?, in: Zeitschrift des Forschungsverbundes SED-Staat, 10. Jg. (2006), H. 20, S. 57–84.

Mensing, Wilhelm: Eine «Morgengabe»? Die sowjetische Auslieferung deutscher Emigranten an das NS-Regime nach Abschluss des Hitler-Stalin-Pakts, in: Jahrbuch Extremismus & Demokratie, 23. Jg. (2011), S. 37–65.

Menzel, Thomas: Pferde im Einsatz bei Wehrmacht und Waffen-SS, in: https://www.bundesarchiv.de/oeffentlichkeitsarbeit/bilder_dokumente/00943/index-21.html.de.

Merkel in Moskau. Verbindliche Gesten, klare Worte, 10.5.2015, in: http://www.spiegel.de/politik/ausland/russland-angela-merkel-bei-weltkriegsgedenken-in-moskau-a1033091.html.

Merkel: Einigung zu Nord Stream 2 ein «guter Schritt», in: Frankfurter Allgemeine Zeitung vom 23.7.2021.

Merridale, Catherine: Iwans Krieg. Die Rote Armee 1939–1945. Frankfurt/Main 2006.

Merridale, Catherine: Lenins Zug. Eine Reise in die Revolution. Frankfurt/Main.

Metger, Julia: «Der Nervenkrieg hat hier jedenfalls zugenommen». Westliche Moskau-Korrespondenten in der Ära Chruščev und der Wandel der Zensurpraxis um 1960, in: Zeithistorische Forschung, 11. Jg. (2014), H. 1, S. 36–55.

Metger, Julia: Studio Moskau. Westdeutsche Korrespondenten im Kalten Krieg. Paderborn 2016.

Meyer, Klaus: Theodor Schiemann als politischer Publizist. Frankfurt/Main 1956.

Meyer, Klaus: Sowjetrußland und die Anfänge der Weimarer Republik, in: Forschungen zur osteuropäischen Geschichte, 20. Jg. (1973), S. 77–91.

Meyer, Klaus: Die russische Revolution von 1905 im deutschen Urteil, in: Liszkowski, Uwe (Hrsg.): Russland und Deutschland (= Kieler Historische Studien, Bd. 22). Stuttgart 1974, S. 265–277.

Meždunarodnoe položenie glazami leningradcev 1941–1945. St. Petersburg 1996.

Mick, Christoph: Sowjetische Propaganda, Fünfjahrplan und deutsche Rußlandpolitik 1928–1932. Stuttgart 1995.

Mick, Christoph: Freundschaftsvertrag zwischen Deutschland und der Union der Sozialistischen Sowjetrepubliken [Berliner Vertrag], 24. April 1926, in: https://www.1000dokumente.de/index.html?c=dokument_de&dokument=0020_ber&object=abstract&st=BERLNER%20VERTRAG&l=de.

Mick, Christoph: Forschen für Stalin. Deutsche Fachleute in der sowjetischen Rüstungsindustrie 1945–1958. München 2000.

Mick, Christoph: Kriegserfahrungen in einer multiethnischen Stadt: Lemberg 1914–1947. Wiesbaden 2012.

Mierau, Fritz: Wind vom Kaukasus. Die Russen in Berlin. Begegnungen und Entfremdungen, in: Koenen, Gerd (Hrsg.): Deutschland und die russische Revolution 1917–1924. München 1998, S. 646–675.

Mikojan, Anastas I.: Tak bylo. Razmyšlenija o minuvšem. Moskva 1999.

Miner, Steven Merrit: Stalin's Holy War. Religion, Nationalism, and Alliance Policy 1941–1945. Chapelhill, NC/London 2003.

Mitchel, David: 1919. Red Mirage. London 1970.

Mitchell, Allan: Revolution in Bayern 1918/19. Die Eisner-Regierung und die Räterepublik. München 1967.

Mitscherlich, Alexander und Margarete: Die Unfähigkeit zu trauern. Grundlagen kollektiven Verhaltens. München 1967.

Mommsen, Wolfgang J.: War der Kaiser an allem schuld? Wilhelm II. und die preußisch-deutschen Machteliten. Berlin 2005.

Monath, Hans: Schwesig und die Nord-Stream-Stiftung. Es geht um ihre Wahl, in: Tagesspiegel, 15.1.2021, https://www.tagesspiegel.de/politik/schwesig-und-die-nord-stream-stiftung-es-geht-um-ihre-wahl/26821872.html.

Montefiore, Simon Sebag: Der junge Stalin. Frankfurt/Main 2007.

Montefiore, Simon Sebag: Die Romanovs. Glanz und Erinnerung der Zarendynastie 1613–1918. Frankfurt/Main 2016.

Morina, Christina: Vernichtungskrieg, Kalter Krieg und politisches Gedächtnis: Zum Umgang mit dem Krieg gegen die Sowjetunion im geteilten Deutschland, in: Geschichte und Gesellschaft, 34. Jg. (2008), S. 252–291.

Morina, Christina: Legacies of Stalingrad. Remembering the Eastern Front in Germany since 1945. Cambridge 2011.

Morré, Jörg: Das Deutsch-Russische Museum in Berlin-Karlshorst als Erinnerungsort, in: Wirsching, Andreas u. a. (Hrsg.): Erinnerung an Diktatur und Krieg. Brennpunkte des kulturellen Gedächtnisses zwischen Russland und Deutschland seit 1945. München 2015, S. 271–279.

Moskaus Querdenker, in: Der Spiegel, 9/2021, S. 30–33.

Mosse, Werner: Felix Deutsch und die AEG in Russland – Vor und nach der Revolution, in: Fleischhauer, Ingeborg/Jedig, Hugo H. (Hrsg.): Die Deutschen in der UdSSR in Geschichte und Gegenwart. Ein internationaler Beitrag zur deutsch-sowjetischen Verständigung. Baden-Baden 1990, S. 177–190.

Mueller, Wolfgang: Die sowjetische Besatzung in Österreich 1945–1955 und ihre politische Mission. Wien 2005.

Mueller, Wolfgang: The USSR and the German Reunification of Germany, 1989–90, in: Mueller, Wolfgang u. a. (Eds.): The Revolutions of 1989. A Handbook. Wien 2015, S. 321–353.

Mühlhäuser, Regina: Between ‹Racial Awareness› and Fantasies of Potency: Nazi Sexual Politics in Occupied Territories of the Soviet Union, 1942–1945, in: Herzog, Dagmar (Ed.): Brutality and Desire: War and Sexuality in Europe's Twentieth Century. Basingstoke 2009, S. 197–220.

Mühlhäuser, Regina: Eroberungen. Sexuelle Gewalttaten und intime Beziehungen deutscher Soldaten in der Sowjetunion 1941–1945. Hamburg 2010.

Mul'tatuli, Petr: Vnešnjaja politika Imperatora Nikolaja II (1894–1917). Moskva 2013.

Müller, Christian Th.: Der Erdgas-Röhren-Konflikt 1981/82, in: Greiner, Bernd (Hrsg.): Ökonomie im Kalten Krieg. Hamburg 2010, S. 501–520.

Müller, Klaus-Dieter: Verbrechensahndung und Besatzungspolitik. Zur Rolle und Bedeutung der Todesurteile durch die Sowjetischen Militärtribunale, in: Weigelt, Andreas u. a. (Hrsg.): Todesurteile sowjetischer Militärtribunale gegen Deutsche (1944–1947). Eine historisch-biographische Studie. Göttingen 2015, S. 15–62.

Müller, Marianne und Egon Erwin: «... stürmt die Festung Wissenschaft!» Die Sowjetisierung der mitteldeutschen Universitäten seit 1945. Berlin 1953.

Müller, Rolf-Dieter: Das Tor zur Weltmacht. Die Bedeutung der Sowjetunion für die deutsche Wirtschafts- und Rüstungspolitik zwischen den Weltkriegen. Boppard am Rhein 1984.

Müller, Rolf-Dieter: Hitlers Ostkrieg und die deutsche Siedlungspolitik. Die Zusammenarbeit von Wehrmacht, Wirtschaft und SS. Frankfurt/Main 1991.

Müller, Rolf-Dieter/Ueberschär, Gerd R.: Hitlers Krieg im Osten 1941–1945. Ein Forschungsbericht. Darmstadt 2000.

Müller, Wolfgang: Rußlandberichterstattung und Rapallopolitik. Deutsch-sowjetische Beziehungen 1924–1933 im Spiegel der deutschen Presse. Saarbrücken 1983.

Münkler, Herfried: Der Große Krieg. Die Welt 1914–1918. Berlin 2013.

Murphy, David E.: What Stalin Knew. The Enigma of Barbarossa. New Haven/London 2005.

Musial, Bogdan: «Konterrevolutionäre Elemente sind zu erschießen.» Die Brutalisierung des deutsch-sowjetischen Krieges im Sommer 1941. Berlin 2000.

Musiał, Bogdan: Sowjetische Partisanen in Weißrussland. Innenansichten aus dem Gebiet Baranoviči 1941–1944. Eine Dokumentation. München 2004.

Musial, Bogdan: Kampfplatz Deutschland. Stalins Kriegspläne gegen den Westen. Berlin 2008.

Musial, Bogdan: Die Ukrainepolitik des bolschewistischen Russlands, 1917–1922, in: Dornik, Wolfram u. a.: Die Ukraine zwischen Selbstbestimmung und Fremdherrschaft 1917–1922. Graz 2011, S. 367–389.

Nachtigal, Reinhard: Krasnyj Desant: Das Gefecht an der Mios-Bucht. Ein unbeachtetes Kapitel der deutschen Besetzung Südrußlands 1918, in: Jahrbücher für Geschichte Osteuropas, NF, 53. Jg. (2005), H. 2, S. 221–246.

Nagornaja, Oxana: Des Kaisers Fünfte Kolonne? Kriegsgefangene aus dem Zarenreich im Kalkül deutscher Kolonisationskonzepte (1914 bis 1922), in: Vierteljahrshefte für Zeitgeschichte, 58. Jg. (2010), H. 2, S. 181–206.

Nagornaya, Oksana: United by Bared Wire. Russian POWs in Germany, National Stereotypes, and International Relations, in: David-Fox, Michael et al. (Eds.): Fascination and Enmity: Russia and Germany as Entangled Histories, 1914–1945. Pittsburgh 2012, S. 39–58.

Naimark, Norman: Die Russen in Deutschland. Die Sowjetische Besatzungszone 1945 bis 1949. Berlin 1999.

Naimark, Norman M.: Flammender Hass. Ethnische Säuberungen im 20. Jahrhundert. München 2004.

Nakazannyj narod. Repressii protiv rossijskich nemcev. Moskva 1999.

Narskij, Igor: Kriegswirklichkeit und Kriegserfahrung russischer Soldaten an der russischen Front, in: Groß, Gerhard P. (Hrsg.): Die vergessene Front. Der Osten 1914/15. Ereignis, Wirkung, Nachwirkung. Paderborn u. a. 2006, S. 249–261.

Nato gibt mehr Geld aus, in: Frankfurter Allgemeine Zeitung vom 12. 6. 2021.

Nein, nein, nein, in: Der Spiegel, 3/1995, S. 25–26.

Nekrič, Alexander M.: 1941, 22 ijunja. Moskva ²1995 (1965).

Nekritsch, Alexander: Entsage der Angst. Erinnerungen eines Historikers. Frankfurt/Main u. a. 1983.

Nelipovič, Sergej: Die Deportation der deutschen Bevölkerung aus dem Gouvernement Warschau 1914/15, in: Eisfeld, Alfred u. a. (Hrsg.): Besetzt, interniert, deportiert: Der Erste Weltkrieg und die deutsche, jüdische, polnische und ukrainische Zivilbevölkerung im östlichen Europa. Essen 2013, S. 231–262.

Nepit, Alexandra: Die SED unter dem Druck der Reformen Gorbatschows. Der Versuch der Parteiführung, das SED-Regime durch konservatives Systemmanagement zu stabilisieren. Baden-Baden 2002.

Neubauer, Helmut: München und Moskau 1918/19. Zur Geschichte der Rätebewegung in Bayern. München 1958.

Neweshin, Wladimir: Die Reaktion der sowjetischen Öffentlichkeit auf den Hitler-Stalin-Pakt und die Wandlung des Bildes von Nazi-Deutschland in der UdSSR (1939–1941), in: Eimermacher, Karl u. a. (Hrsg.): Stürmische Aufbrüche und enttäuschte Hoffnungen. Russen und Deutsche in der Zwischenkriegszeit. München 2006, S. 1071–1099.

«Nicht weiter an Sanktionsspirale drehen», in: Frankfurter Allgemeine Zeitung vom 1. 12. 2018.

Niedhart, Gottfried: Durch den Eisernen Vorhang. Die Ära Brandt und das Ende des Kalten Kriegs. Darmstadt 2019.

Niemann, Hans-Werner: Das Russengeschäft in der Ära Brüning, in: Vierteljahrsschrift für Wirtschafts- und Sozialgesichte, 72. Jg. (1985), H. 2, S. 153–174.

Niemann, Hans-Werner: Die deutsch-sowjetischen Wirtschaftsbeziehungen von Rapallo (1922) bis zum Angriff auf die Sowjetunion (1941), in: Deutschland und das bolschewistische Rußland von Brest-Litowsk bis 1941. Berlin 1991, S. 87–110.

Novik, F. I.: «Ottepel'» i inercija cholodnoj vojny (germanskaja politika SSSR v 1953–1955gg.). Moskva 2001

Novik, F. I.: V lovuške cholodnoj vojny. Sovetskaja politika v otnošenii Germanii, 1953–1958. Moskva 2014.

Numerova, Ljudmila A.: «Einem» – Die Aktiengesellschaft der Dampffabrik zur Herstellung von Schokoladen, Pralinen und Gebäck in Moskau: Ein historischer Überblick, in: Dahlmann, Dittmar u. a. (Hrsg.): Eisenbahnen und Motoren – Zucker und Schokolade. Deutsche im russischen Wirtschaftsleben vom 18. bis zum frühen 20. Jahrhundert. Berlin 2005, S. 83–91.

Oberstes Gericht in Russland löst Memorial auf, in: Frankfurter Allgemeine Zeitung vom 29.12.2021.

O'Connor, Garry: The Butcher of Poland. Hitlers Lawyer Hans Frank. Stroud 2013.

O'Sullivan, Donal: Furcht und Faszination. Deutsche und britische Rußlandbilder 1921–1933. Köln 1996.

O'Sullivan, Donal: Stalins «Cordon sanitaire». Die sowjetische Osteuropapolitik und die Reaktionen des Westens 1939–1949. Paderborn 2003.

Ochotin, Nikita/Roginski, Arseni: Zur Geschichte der «Deutschen Operation» des NKWD 1937–1938, in: Jahrbuch für historische Kommunismusforschung, Jg. (2000/2001), S. 88–125.

Olmert, Jochen: Abwicklung einer Kriegsfolgenlast. Die Repatriierung der Kriegsgefangenen des Ersten Weltkriegs, in: Olmert, Jochen (Hrsg.): Handbuch Staat und Migration in Deutschland seit dem 17. Jahrhundert. Berlin 2016, S. 431–436.

Overmans, Rüdiger: «Hunnen» und «Untermenschen» – deutsche und russische/sowjetische Kriegserfahrungen im Zeitalter der Weltkriege, in: Thoß, Bruno/Volkmann, Hans-Erich (Hrsg.): Erster Weltkrieg – Zweiter Weltkrieg. Ein Vergleich. Krieg, Kriegserlebnis und Kriegserfahrung in Deutschland. Paderborn u. a. 2002, S. 334–365.

Overy, Richard: Russlands Krieg 1941–1945. Reinbek 2003.

Paddock, Troy R. E.: Creating the Russian Peril. Education, the Public Sphere, and National Identity in Imperial Germany, 1890–1914. Rochester/NY 2010.

Paqué, Karl-Heinz: Stellungnahme: «Entwicklung der Deutsch-Russischen Wirtschaftsbeziehungen», in: Russland-Analysen, Nr. 300, 9.3.2021, S. 24–26.

Parzinger, Hermann: Deutsch-russische Kulturbeziehungen unter dem Eindruck der Zerstörung und Verlagerung von Kunstwerken im und nach dem Zweiten Weltkrieg, in: Becker, Heinrich (Hrsg.): Schattengalerie. Symposium zur Beutekunst. Forschung, Recht und Praxis. Aachen 2010, S. 26–38.

Parzinger, Hermann: Die deutsch-russischen Kulturbeziehungen der letzten Jahrzehnte. Neue Wege in eine gemeinsame Zukunft, in: Russen und Deutsche. 1000 Jahre Kunst, Geschichte und Kultur. Essays. Petersberg 2012, S. 488–492.

Paulmann, Johannes: «Dearest Nicky ...»: Monarchical Relations between Prussia, the German Empire and Russia during the Nineteenth Century, in: Bartlett, Roger/Schönwälder, Karen (Eds.): The German Land and Eastern Europe. Essays on the History of their Social, Cultural and Political Relations. New York 1999, S. 157–181.

Pavlenko, Ol'ga: Die Wirtschaft als Triebfeder der Entspannung: von erzwungener Kooperation zu pragmatischer Partnerschaft, in: Borchard, Michael u. a. (Hrsg.): Entspannung im Kalten Krieg. Der Weg zum Moskauer Vertrag und zur KSZE. Graz/Wien 2020, S. 387–411.

Payne, Stanley G.: Die Komintern und der Antifaschismus in Spanien 1931–1939, in: Vogt,

Stefan (Hrsg.): Ideengeschichte als politische Aufklärung. Festschrift für Wolfgang Wippermann. Berlin 2010, S. 108–128.

Penter, Tanja: Späte Entschädigung für die Opfer einer kalkulierten Vernichtungsstrategie. November 2015, S. 4, in: https://zeitgeschichte-online.de/print/34833.

Perrey, Hans-Jürgen: Der Rußlandausschuß der Deutschen Wirtschaft. Die deutsch-sowjetischen Wirtschaftsbeziehungen der Zwischenkriegszeit. München 1985.

Pervye stranicy iz istorii bor'by rabočich fabriki «Ejnem». Moskva 1926.

Peters, Michael: Der «Alldeutsche Verband», in: Puschner, Uwe u. a. (Hrsg.): Handbuch zur «Völkischen Bewegung» 1871–1918. München 1999, S. 302–315.

Peters, Michael: Der Alldeutsche Verband am Vorabend des Ersten Weltkrieges (1908–1914). Ein Beitrag zur Geschichte des völkischen Nationalismus im spätwilhelminischen Deutschland. Frankfurt/Main ²1996.

Petersburger Dialog mit Russland ausgesetzt, in: Frankfurter Allgemeine Zeitung vom 28.5.2021, S.1.

Petersen, Andreas: Die Moskauer. Wie das Stalintrauma die DDR prägte. Frankfurt/Main 2019, S. 176, 179, 185.

Petrov, Nikita V.: General Ivan Serov. Der erste Vorsitzende des KGB, in: Forum für osteuropäische Ideen- und Zeitgeschichte, 2. Jg. (1998), H. 2, S. 161–207.

Petrov, Nikita V.: Pervyj predsedatel' KGB Ivan Serov. Moskva 2005.

Petrov, Nikolai: Die Todesstrafe in der UdSSR: Ideologie, Methoden, Praxis. 1917–1953, in: Andreas Hilger (Hrsg.): «Tod den Spionen!» sowjetischer Gerichte in der SBZ/DDR und in der Sowjetunion bis 1953. Göttingen 2006, S. 37–77.

Petrov, Nikita V.: Stalin i organy NKVD-MGB v sovetizacii stran Central'noj i Vostočnoj Evropy, 1945–1953gg. Amsterdam 2008 (abrufbar über https://dare.uva.nl/search?metis.record.id=392553).

Pfaff, Ivan: Die deutsche Karte Moskaus (1934–1938), in: Forum für osteuropäische Ideen- und Zeitgeschichte, 10. Jg. (2006), H. 2, S. 9–36.

Pietrow, Bianka: Stalinismus, Sicherheit, Offensive. Das Dritte Reich in der Konzeption der sowjetischen Außenpolitik 1933 bis 1941. Melsungen 1983.

Pietrow-Ennker, Bianka: Die Sowjetunion in der Propaganda des Dritten Reiches: Das Beispiel Wochenschau, in: Militärgeschichtliche Mitteilungen (MGM), 22. Jg. (1989), H. 2, S. 79–120.

Pietrow-Ennker, Bianka: Das Feindbild im Wandel: Die Sowjetunion in den nationalsozialistischen Wochenschauen 1935–1941, in: Geschichte in Wissenschaft und Unterricht, 41. Jg. (1990), H. 12, S. 337–351.

Pietrow-Ennker, Bianka: Die Sowjetunion in NS-Wochenschauen 1935–1941. Göttingen 1991.

Pietrow-Ennker, Bianka: «Mit den Wölfen heulen ...» Stalinistische Außen- und Deutschlandpolitik 1939–1941, in: Pietrow-Ennker, Bianka (Hrsg.): Präventivkrieg? Der deutsche Angriff auf die Sowjetunion. Frankfurt/Main 2011, S. 80–98.

Pinkus, Benjamin: Die Deportation deutscher Minderheiten in der Sowjetunion 1941–1945, in: Wegner, Bernd (Hrsg.): Zwei Wege nach Moskau. Vom Hitler-Stalin-Pakt zum «Unternehmen Barbarossa». München 1991, S. 464–479.

Pipes, Richard: Die Russische Revolution. Bd. 2: Die Macht der Bolschewiki. Berlin 1992.

Plato, Alexander von: Zur Geschichte des sowjetischen Speziallagersystems in Deutschland. Einführung, in: Mironenko, Sergej u. a. (Hrsg.): Sowjetische Speziallager in Deutschland 1945 bis 1950. Bd. 1: Studien und Berichte. Berlin 1998, S. 19–75.

Platzeck, Matthias: Wir brauchen eine neue Ostpolitik. Russland als Partner. Berlin 2020.

Plöckinger, Othmar: Geschichte eines Buches: Adolf Hitlers «Mein Kampf» 1922–1945. München 2006.

Plöckinger, Othmar: Zur internationalen Rezeption von «Mein Kampf» vor 1945, in: Totalitarismus und Demokratie, 13. Jg. (2016), H. 1, S. 11–44.

Ploetz, Michael/Müller, Hans P.: Ferngelenkte Friedensbewegung. DDR und UdSSR im Kampf gegen den NATO-Doppelbeschluß. Münster 2004.
Pobol', N. L./Poljan, P. M. (Hrsg.): Stalinskie deportacii 1928–1953. Moskva 2005.
Poidevin, Raymond: Die unruhige Großmacht. Deutschland und die Welt im 20. Jahrhundert. Freiburg/Br. 1985.
Pohl, Dieter: Die Herrschaft der Wehrmacht. Deutsche Militärbesatzung und einheimische Bevölkerung in der Sowjetunion 1941–1944. Frankfurt/Main 2011.
Pohl, Manfred: Geschäft und Politik. Deutsch-russisch/sowjetische Wirtschaftsbeziehungen 1850–1988. Frankfurt/Main 1988.
Pohl, Manfred: Das Rußlandgeschäft der deutschen Banken, in: Dahlmann, Dittmar u. a. (Hrsg.): «Eine große Zukunft». Deutsche in Rußlands Wirtschaft. Berlin 1999, S. 352–361.
Pohlmann, Friedrich: Bolschewismus und Nationalsozialismus – Ideologie, Herrschaftsstrukturen und Terrorsysteme der totalitären Antipoden, in: Totalitarismus und Demokratie, 5. Jg. (2008), H. 2, S. 163–203.
Pohlmann, Friedrich: Nationalsozialistische Feindbilder – Antibolschewismus und Antisemitismus, in: Becker, Manuel/Bongartz, Stephanie (Hrsg.): Die weltanschaulichen Grundlagen des NS-Regimes. Ursprünge, Gegenentwürfe, Nachwirkungen. Berlin 2011, S. 63–77.
Pohlmann, Friedrich: Zusammenhänge zwischen der kommunistischen und nationalsozialistischen Ideologie, in: Kroll, Frank-Lothar/Zehnpfennig, Barbara (Hrsg.): Ideologie und Verbrechen. Kommunismus und Nationalsozialismus im Vergleich. München 2014, S. 187–210.
Poljan, Pavel: Die Deportation der Ostarbeiter im Zweiten Weltkrieg, in: Gestrich, Andreas (Hrsg.): Ausweisung und Deportation. Formen der Zwangsmigration in der Geschichte. Stuttgart 1995.
Poljan, Pavel M.: Žertvy dvuch diktatur. Žizn', trud i uniženie i smert' sovetskich voennoplennych i ostarbejterov na čužbine i na rodine. Moskva 2002.
Portal, R.: The Industrialization of Russia, in: The Cambridge Economic History of Europe. Bd. 6. Cambridge 1966, S. 824–843.
Pörzgen, Gemma: Dringend reformbedürftig. Der Petersburger Dialog auf dem Prüfstand, in: Osteuropa, 60. Jg. (2010), H. 10, S. 59–81.
Pörzgen, Hermann: Ein Land ohne Gott. Eindrücke einer Rußlandreise. Frankfurt/Main 1936.
Pörzgen, Hermann: So lebt man in Moskau. München 1958.
Pörzgen, Hermann: Rußland unter Hammer und Sichel. Gütersloh 1967.
Pörzgen, Hermann: Aus Moskau berichtet. Frankfurt/Main 1969.
Pörzgen, Hermann: 100mal Sowjetunion. München 1972.
Prozumenščikov, Michail: Brežnev und Brandts «neue Ostpolitik», in: Borchard, Michael u. a. (Hrsg.): Entspannung im Kalten Krieg. Der Weg zum Moskauer Vertrag und zur KSZE. Graz/Wien 2020, S. 97–117.
Prudnikova, Inna: Rapallo und die deutsche Russlandpolitik 1922–1933. Entstehungs- und Wirkungsgeschichte eines Mythos. Berlin 2014.
Putins Russland. Auf dem Weg in die lupenreine Diktatur, in: Der Spiegel, 33/2012.
Raeff, Marc: Emigration – welche, wann, wo: Kontexte der russischen Emigration in Deutschland 1920–1941, in: Schlögel, Karl (Hrsg.): Russische Emigration in Deutschland 1918 bis 1941. Leben im europäischen Bürgerkrieg. Berlin 1995, S. 17–31.
Rauch, Georg von: Die bolschewistischen Staatsgründungen im baltischen Raum und die sovetische Politik, in: Hehn, Jürgen von u. a. (Hrsg.): Von den baltischen Provinzen zu den baltischen Staaten. Beiträge zur Entstehungsgeschichte der Republiken Estland und Lettland. Marburg/Lahn 1977, S. 44–69.
Reid, Anna: Blokada. Die Belagerung von Leningrad 1941–1944. Berlin 2011.

Reif-Spirek, Peter/Ritscher, Bodo (Hrsg.): Speziallager in der SBZ. Gedenkstätten mit «doppelter Vergangenheit». Berlin 1999.

Reimann, Aribert: Der Erste Weltkrieg – Urkatastrophe oder Katalysator, in: Aus Politik und Zeitgeschichte, 54. Jg. (2004), H. 29–30, S. 30–38.

Richter, Hans: Begegnungen in Berlin, in: Avantgarde Osteuropa. Katalog der Ausstellung 1910–1930. Berlin 1967.

Richter, Michael: Die Ost-CDU 1948–1952. Zwischen Widerstand und Gleichschaltung. Düsseldorf 1990.

Rinke, Andreas: Widerstand gegen Russland-Sanktionen – Deutschland trägt Hauptlast, in: Reuters, 1.10.2019, https://cn.reuters.com/article/deutschland-russland-euidDEKBN1WG3HW.

Ritter, Gerhard A.: Hans-Dietrich Genscher, das auswärtige Amt und die deutsche Vereinigung. München 2013.

Ritter, Gerhard A./Tenfelde, Klaus: Arbeiter im Deutschen Kaiserreich 1871 bis 1914. Bonn 1992.

Rödder, Andreas: Deutschland einig Vaterland. Die Geschichte der Wiedervereinigung. München 2009.

Röhl, John C. G.: Kaiser, Hof und Staat. Wilhelm II. und die deutsche Politik. München [4]1995.

Röhl, John C. G.: Wilhelm II. Der Weg in den Abgrund 1900–1941. München 2008.

Römer, Felix: Der Kommissarbefehl. Wehrmacht und NS-Verbrechen an der Ostfront 1941/42. Paderborn u. a. 2008.

Römer, Felix: «Im alten Deutschland wäre solcher Befehl nicht möglich gewesen». Rezeption, Adaption und Umsetzung des Kriegsgerichtsbarkeitserlasses im Ostheer, in: Vierteljahrshefte für Zeitgeschichte, 56. Jg. (2008), H. 1, S. 53–99.

Römer, Felix: Der Kommissarbefehl bei den Frontdivisionen des Ostheeres 1941/42, in: Quinkert, Babette/Morré, Jörg (Hrsg.): Deutsche Besatzung in der Sowjetunion 1941–1944. Paderborn u. a. 2014, S. 95–112.

Rothwell, Victor: War Aims in the Second World War. The War Aims of the Major Belligerents, 1939–45. Edinburgh 2005.

Ruchniewicz, Krzysztof: Zwangsmigration als Instrument deutscher und sowjetischer Besatzungs- und Annexionspolitik in Polen 1939–1941/45, in: Comparativ. Zeitschrift für Globalgeschichte und vergleichende Gesellschaftsforschung, 26. Jg. (2016), H. 1, S. 125–140.

Rudolph, Karsten: Wirtschaftsdiplomatie im Kalten Krieg. Die Ostpolitik der westdeutschen Großindustrie 1945–1990. Frankfurt/Main/New York 2004.

Ruge, Gerd: Gespräche in Moskau. Darmstadt u. a. 1961.

Ruggenthaler, Peter (Hrsg.): Hitlers Sklaven – Stalins Verräter. Aspekte der Repression an Zwangsarbeitern und Kriegsgefangenen. Eine Zwischenbilanz. Innsbruck 2010.

Ruggenthaler, Peter: Die sowjetische Perzeption von Kohls Wiedervereinigungspolitik, in: Historisch-Politische Mitteilungen, 24. Jg. (2017), S. 167–176.

Ruggenthaler, Peter/Steiner, Anna: Der Weg nach Helsinki. Entspannung mit Bonn als letzter Etappe auf dem Weg zur Einberufung einer Konferenz über Sicherheit und Zusammenarbeit in Europa, in: Borchard, Michael u. a. (Hrsg.): Entspannung im Kalten Krieg. Der Weg zum Moskauer Vertrag und zur KSZE. Graz/Wien 2020, S. 677–701.

Rürup, Reinhard (Hrsg.): Der Krieg gegen die Sowjetunion 1941–1945. Berlin 1991.

Rüss, Hartmut: Kiev/Babij Jar 1941, in: Gerd R. Ueberschär (Hrsg.): Orte des Grauens. Verbrechen im Zweiten Weltkrieg. Darmstadt 2003, S. 102–113.

Russische Biker «Nachtwölfe». Putins Rudel, 14.4.2015, in: https://www.spiegel.de/politik/ausland/russische-biker-nachtwoelfe-putins-rudel-a-1028622.html.

Russisches U-Boot, in: Der Spiegel, 4/2021, S. 66–67.

Russkij Berlin. Moskva 2003.

Russland: «Ausländische Agenten» allerorts?, in: Deutsche Welle (DW) vom 20.11.2020, https://www.dw.com/de/russland-ausländische-agenten-allerorts/a-55678846.

Russland rennt im Hamsterrad der Geschichte, 21.12.2012, in: https://www.handelsblatt.com/meinung/gastbeitraege/nina-chruschtschowa-russland-rennt-im-hamsterrad-der-geschichte/7552500.html?ticket=ST-1692284-jlnE5WgfJl3neds4LXNQ-ap4.

Ruud, Charles A./Stepanov, Sergei A.: Fontanka 16 – The Tsar's Secret Police. Montreal u.a. 2002.

Saal, Yulia von: Andreeva, Nina, Ich kann meine Prinzipien nicht preisgeben, 13. März 1988, in: https://www.1000dokumente.de/index.html?c=dokument_ru&dokument=0036_and&object=context&st=&l=de.

Saal, Yuliya von: «Anonyma – eine Frau in Berlin» – deutsche Diskussionen und russische Reaktionen, in: Wirsching, Andreas u.a. (Hrsg.): Erinnerung an Diktatur und Krieg. Brennpunkte des kulturellen Gedächtnisses zwischen Russland und Deutschland seit 1945. München 2015, S. 329–344.

Sabrow, Martin: Erich Honecker. Das Leben davor: 1912–1945. München 2016.

Salzen, Claudia von: Russland. Deutsche Stiftungen bekommen Besuch vom Staatsanwalt, in: Tagesspiegel, 26.3.2013, https://www.tagesspiegel.de/politik/russland-deutsche-stiftungen-bekommen-besuch-vom-staatsanwalt/7989070.html.

Sammartino, Annemarie H.: The Impossible Border. Germany and the East, 1914–1922. Ithaca 2014.

Sandford, George: Katyn and the Soviet Massacre of 1940. Truth, Justice and Memory. London/New York 2005.

Sarotte, M. E.: Dealing with the Devil. East Germany, Détente, and Ostpolitik 1969–73. Chapel Hill/London 2001.

Sasse, Gwendolyn: Russland²: Russlandbilder in Ost- und Westdeutschland. ZIOS Report, 5/2020.

Satjukow, Silke: Besatzer. «Die Russen» in Deutschland 1945–1994. Göttingen 2008.

Sauer, Bernhard: Vom «Mythos eines ewigen Soldatentums». Der Feldzug deutscher Freikorps im Baltikum im Jahre 1919, in: Zeitschrift für Geschichtswissenschaft, 43. Jg. (1995), H. 10, S. 869–902.

Schafranek, Hans: Zwischen NKWD und Gestapo. Die Auslieferung deutscher und österreichischer Antifaschisten aus der Sowjetunion an Nazideutschland 1937–1941. Frankfurt/Main 1990.

Schanetzky, Tim: «Kanonen statt Butter». Wirtschaft und Konsum im Dritten Reich. München 2015.

Scharlau, Winfried/Zeman, Zbynek B.: Freibeuter der Revolution. Parvus-Helphand – Eine politische Biographie. Köln 1964.

Schattenberg, Susanne: «Gespräch zweier Taubstummer»? Die Kultur der Außenpolitik Chruščevs und Adenauers Moskaureise 1955, in: Osteuropa, 57. Jg. (2007), H. 7, S. 27–46.

Schattenberg, Susanne: Diplomatie der Diktatoren. Eine Kulturgeschichte des Hitler-Stalin-Pakts, in: Osteuropa, 59. Jg. (2009), H. 7/8, S. 7–31.

Schattenberg, Susanne: 1918 – Die Neuerfindung der Diplomatie und die Friedensverhandlungen in Brest-Litovsk, in: Stadelmann, Matthias/Antipow, Lilia (Hrsg.): Schlüsseljahre. Zentrale Konstellationen der mittel- und osteuropäischen Geschichte. Wiesbaden 2011, S. 273–292.

Schattenberg, Susanne: Leonid Breschnew. Staatsmann und Schauspieler im Schatten Stalins. Eine Biographie. Köln u. a. 2017.

Schauff, Frank: Einsatz für die Republik – die sowjetischen Militärberater im Spanischen Bürgerkrieg (1936–1939), in: Forum für osteuropäische Ideen- und Zeitgeschichte, 4. Jg. (2000), H. 2, S. 109–137.

Schauff, Frank: Der Spanische Bürgerkrieg. Göttingen 2006.

Schauff, Frank: Der verspielte Sieg. Sowjetunion, Kommunistische Internationale und Spanischer Bürgerkrieg 1936–1939. Frankfurt/Main 2006.

Scheidemann, Christiane: Ulrich Graf Brockdorff-Rantzau (1869–1928). Eine politische Biographie. Frankfurt/Main 1998.

Schenk, Dieter: Hans Frank. Hitlers Kronjurist und Generalgouverneur. Frankfurt/Main 2008.

Schenk, Dieter: Krakauer Burg. Die Machtzentrale des Generalgouverneurs Hans Frank 1939–1945. Berlin 2010.

Schenk, Ralf: Die Deutschen in Russland: Was das Defa-Kino nach 1945 über Krieg und Kriegsgefangene zu erzählen wusste, in: Scherstjanoi, Elke (Hrsg.): Russlandheimkehrer. Die sowjetische Kriegsgefangenschaft im Gedächtnis der Deutschen. München 2012, S. 165–178.

Scherstjanoi, Elke: «Wir sind in der Höhle der Bestie». Die Briefkommunikation von Rotarmisten mit der Heimat über ihre Erlebnisse in Deutschland, in: Scherstjanoi, Elke (Hrsg.): Rotarmisten schreiben aus Deutschland. Briefe von der Front (1945) und historische Analysen. München 2004, S. 194–228.

Scherstjanoi, Elke: Ilse Stöbe: Verräterin oder Patriotin? Ein Gutachten des Instituts für Zeitgeschichte, in: Vierteljahrshefte für Zeitgeschichte, 62. Jg. (2014), H. 1, S. 139–156.

Scheufler, Armin: Das Röhrenembargo von 1962/63. Zur Geschichte der deutsch-sowjetischen Beziehungen in der späten Adenauerzeit. Gießen 1996.

Scheufler, Armin: Geschäft und Politik. Das westdeutsche «Rußlandgeschäft» in der Adenauerzeit und die Embargopolitik des Westens, in: «Eine große Zukunft.» Deutsche in Russlands Wirtschaft. Berlin 2000, S. 50–57.

Schieder, Theodor: Die Entstehungsgeschichte des Rapallo-Vertrags, in: Historische Zeitschrift, Bd. 204 (1967), H. 3, S. 545–609.

Schiesser, Gerhard/Trautmann, Jochen: Russisch Roulette. Das deutsche Geld und die Oktoberrevolution. Berlin 1998.

Schildt, Axel: Ein Hamburger Beitrag zur Verständigung im Kalten Krieg. Der Jugendaustausch mit Leningrad 1959–1991, in: Zeitschrift des Vereins für Hamburgische Geschichte, 98. Jg. (2012), S. 193–217.

Schildt, Axel: Kriegserinnerung im Kalten Krieg. Antikommunismus und die Auseinandersetzung mit dem Krieg im Osten in der frühen Bundesrepublik, in: Jahn, Peter u. a. (Hrsg.): Der deutsche Krieg um «Lebensraum im Osten» 1939–1945. Ereignisse und Erinnerung. 2017, S. 137–158.

Schlarp, Karl-Heinz: Zwischen Konfrontation und Kooperation. Die Anfangsjahre der deutsch-sowjetischen Wirtschaftsbeziehungen in der Ära Adenauer. Münster 2000.

Schlarp, Karl-Heinz: Die ökonomische Untermauerung der Entspannungspolitik. Visionen und Realität einer deutsch-sowjetischen Wirtschaftskooperation im Zeichen der Neuen Ostpolitik, in: Archiv für Sozialgeschichte, 45. Jg. (2005), S. 77–100.

Schlögel, Karl: Berlin: «Stiefmutter unter den russischen Städten», in: Schlögel, Karl: Der Große Exodus. Die russische Emigration und ihre Zentren 1917 bis 1941. München 1994, S. 234–259.

Schlögel, Karl: Russische Emigration in Deutschland 1918–1941. Fragen und Thesen, in: Schlögel, Karl (Hrsg.): Russische Emigration in Deutschland 1918 bis 1941. Leben im europäischen Bürgerkrieg. Berlin 1995, S. 11–16.

Schlögel, Karl: Berlin Ostbahnhof Europas. Russen und Deutsche in ihrem Jahrhundert. Berlin 1998.

Schmid, Ulrich: Wie bolschewistisch ist der «Sowjetmensch»? Klaus Mehnert erkundet die russische Mentalität, in: Zeithistorische Forschung, 4. Jg. (2007), H. 3, S. 466–471.

Schmidt-Harzbach, Ingrid: Eine Woche im April. Berlin 1945, in: Sander, Helke/Johr, Barbara (Hrsg.): Befreier und Befreite. Krieg, Vergewaltigung, Kinder. München 1992, S. 21–43.
Schmidt, Friedrich: Allein, allein im Sieg, in: Frankfurter Allgemeine Zeitung vom 15.5.2021.
Schmidt, Helmut: Strategie des Gleichgewichts. Deutsche Friedenssicherung und die Weltmächte. Stuttgart 1969.
Schmidt, Rainer F.: Die Außenpolitik des Dritten Reiches 1933–1939. Stuttgart 2002.
Schmidt, Ute: «Vollständige Isolierung erforderlich ...» SMT-Verurteilungen im Kontext der Gleichschaltungen der Blockparteien CDU und LDP 1946–1953, in: Hilger, Andreas u.a. (Hrsg.): Sowjetische Militärtribunale. Bd. 2: Verurteilung deutscher Zivilisten 1945–1955. Köln u.a. 2003, S. 344–394.
Schneider, Irmin: Die deutsche Rußlandpolitik 1890–1900. Paderborn u.a. 2003.
Schöllgen, Gregor: Gerhard Schröder. Die Biographie. München ²2015.
Schöllgen, Gregor/Schröder, Gerhard: Letzte Chance. Warum wir jetzt eine neue Weltordnung brauchen. München 2021.
Schornstheiner, Michael: Bombenstimmung und Katzenjammer. Vergangenheitsbewältigung. Quick und Stern in den 50er-Jahren. Köln 1989.
Schrumpfende Freiräume, in: Süddeutsche Zeitung vom 7.3.2019, S. 6.
Schulze, Hagen: Freikorps und Republik 1918–1920. Boppard am Rhein 1969.
Schulze Wessel, Martin: Russland und Preußen 1800–1860, in: Macht und Freundschaft: Berlin – St. Petersburg 1800–1860. Leipzig 2008, S. 23–38.
Schuster, Frank M.: Zwischen den Fronten. Osteuropäische Juden während des Ersten Weltkrieges (1914–1919). Köln u.a. 2004.
Schuster, Frank M.: «Was hat der Krieg zwischen Zar und Kaiser mit uns zu tun?» Osteuropäische Juden während des Ersten Weltkrieges, in: Eisfeld, Alfred u.a. (Hrsg.): Besetzt, interniert, deportiert: Der Erste Weltkrieg und die deutsche, jüdische, polnische und ukrainische Zivilbevölkerung im östlichen Europa. Essen 2013, S. 57–86.
Schwartz, Michael: Ethnische «Säuberungen» in der Moderne. Globale Wechselwirkungen nationalistischer und rassistischer Gewaltpolitik im 19. und 20. Jahrhundert. München 2013.
Schwarz, Hans-Peter: Adenauer. Der Staatsmann: 1952–1967. Stuttgart 1991.
Schwarz, Hans-Peter: Die Regierung Kiesinger und die Krise in der ČSSR 1968, in: Vierteljahrshefte für Zeitgeschichte, 47. Jg. (1999), H. 2, S. 159–186.
Schwarz, Hans-Peter: Eine Reise ins Unbekannte, in: Historisch-Politische Mitteilungen, 12. Jg. (2005), S. 173–192.
Schwarz, Hans-Peter: Helmut Kohl. Eine politische Biographie. München 2012.
Schwelling, Birgit: «Verlorene Jahre»? Die sowjetische Kriegsgefangenschaft in den Erinnerungen des Verbandes der Heimkehrer, in: Scherstjanoi, Elke (Hrsg.): Russlandheimkehrer. Die sowjetische Kriegsgefangenschaft im Gedächtnis der Deutschen. München 2012, S. 55–70.
Schwendemann, Heinrich: Der deutsche Zusammenbruch im Osten 1944/45, in: Rusinek, Bernd-A. (Hrsg.): Kriegsende 1945. Verbrechen, Katastrophen, Befreiungen in nationaler und internationaler Perspektive. Göttingen 2004, S. 125–150.
Schwendemann, Heinrich: Die wirtschaftliche Zusammenarbeit zwischen dem Deutschen Reich und der Sowjetunion von 1939 bis 1941. Alternative zu Hitlers Ostprogramm? Berlin 1993 (abgekürzt: Schwendemann, Zusammenarbeit).
Schwendemann, Heinrich: Die wirtschaftliche Zusammenarbeit zwischen dem Deutschen Reich und der Sowjetunion 1939–1941 (abgekürzt: Schwendemann, wirtschaftliche Zusammenarbeit), in: Mitteilungen der Gemeinsamen Kommission für die Erforschung der jüngeren Geschichte der deutsch-russischen Beziehungen. Bd. 5. München 2013, S. 159–167.
Seidel, Carlos Collado: Der Spanische Bürgerkrieg. Geschichte eines europäischen Konflikts. München ³2016.

Seidler, Franz Wilhelm: Blitzmädchen. Die Geschichte der Helferinnen der deutschen Wehrmacht im Zweiten Weltkrieg. Bonn/Koblenz 1979.

Seidler, Franz Wilhelm: Frauen zu den Waffen? Marketenderinnen – Helferinnen – Soldatinnen. Bonn ²1998.

Sekatsch, Harold: «Von der Sowjetunion lernen heißt siegen lernen», in: Gießener Allgemeine Zeitung vom 14.11.2019.

Selvage, Douglas/Süß, Walter: Staatssicherheit und KSZE-Prozess. MfS zwischen SED und KGB (1972–1989). Göttingen 2019.

Sergejew, Jewgenij: «Diplomaten mit Schulterstücken» und ihre Sicht der deutsch-russischen Beziehungen am Vorabend des Ersten Weltkrieges, in: Eimermacher, Karl/Volpert, Astrid (Hrsg.): Verführung der Gewalt. Russen und Deutsche im Ersten und Zweiten Weltkrieg (= West-östliche Spiegelungen. Neue Folge, Bd. 1). München 2005, S. 71–94.

Service, Robert: Lenin. Eine Biographie. München 2000.

Shepherd, Ben: War in the Wild East. The German Army and the Soviet Partisans. Cambridge, MA/London 2004.

Siebenmorgen, Peter: Gezeitenwechsel. Aufbruch zur Entspannung. Bonn 1990.

Silberklang, David: Am seidenen Faden. Überlegungen zum Schicksal der Juden im besetzten Polen 1939–1945, in: Młynarcyk, Jacek Andrzej (Hrsg.): Polen unter deutscher und sowjetischer Besatzung 1939–1945. Osnabrück 2009, S. 231–249.

Šilin'š, Ja.: Vojna za nezavisimost': Latvija meždu dvumja graždanskimi vojnami (1918–1929), in: Rossija i Latvija v potoke istorii 2-ja polovina XIX – 1-ja polivina XX v. Moskva 2015, S. 182–192.

Sluč, Sergej: Der Weg in die Sackgasse. Die UdSSR und der Molotov-Ribbentrop-Pakt, in: Osteuropa, 59. Jg. (2009), H. 7–8, S. 75–95.

Slutsch, Sergej: Deutschland und die UdSSR 1918–1939. Motive und Folgen außenpolitischer Entscheidungen, in: Jacobsen, Hans-Adolf u. a. (Hrsg.): Deutsch-russische Zeitenwende. Krieg und Frieden 1941–1945. Baden-Baden 1995, S. 28–90.

Slutsch, Sergej: Probleme des Vergleichs der totalitären Regime, in: Forum für osteuropäische Ideen- und Zeitgeschichte, 1. Jg. (1997), H. 1, S. 13–30.

Slutsch, Sergej: Stalin und Hitler 1933–1941: Kalkül und Fehlkalkulationen des Kreml, in: Zarusky, Jürgen (Hrsg.): Stalin und die Deutschen. Neue Beiträge der Forschung. München 2006, S. 59–88.

Slutsch, Sergej: Die deutsch-sowjetischen Beziehungen im Polenfeldzug und die Frage des Eintritts der UdSSR in den Zweiten Weltkrieg, in: Pietrow-Ennker, Bianka (Hrsg.): Präventivkrieg? Der deutsche Angriff auf die Sowjetunion. Frankfurt/Main 2011, S. 99–117.

Snyder, Timothy: Bloodlands. Europa zwischen Hitler und Stalin. München ²2010.

Spinney, Laura: 1918. Die Welt im Fieber. Wie die Spanische Grippe die Gesellschaft veränderte. Bonn 2018.

Spohr, Kristina: Helmut Schmidt. Der Weltkanzler. Darmstadt 2016.

Spohr, Kristina: Wendezeit. Die Neuordnung der Welt nach 1989. München 2019.

Staatsfeiern. Auf kleiner Flamme, in: Der Spiegel, 13/1995, S. 18–20.

Statistik: Die russische Energiebilanz, in: Russland-Analysen, Nr. 286, 27.4.2020, S. 15–17.

Steiner, André: Von Plan zu Plan. Eine Wirtschaftsgeschichte der DDR. Bonn 2007.

Steiner, Zara S.: The Triumph of the Dark. European International History, 1933–1939. New York 2011.

Stent, Angela: From Embargo to Ostpolitik. The Political Economy of West German-Soviet Relations, 1955–1980. Cambridge 1983.

Stent, Angela: Wandel durch Handel? Die politisch-wirtschaftlichen Beziehungen zwischen der Bundesrepublik Deutschland und der Sowjetunion. Köln 1983.

Stent, Angela: Rivalen des Jahrhunderts. Deutschland und Rußland im neuen Europa. Berlin/München 2000.

Stent, Angela: Putins Russland. Hamburg 2019.

Stewart, Susan: Die deutsch-russische Modernisierungspartnerschaft: Skepsis angebracht, in: Kurz gesagt, 29.7.2011, https://www.swp-berlin.org/kurz-gesagt/die-deutsch-russischemodernisierungspartnerschaft-skepsis-angebracht/.

Stiller, Alexa: Gewalt und Alltag der Volkstumspolitik. Der Apparat des Reichskommissars für die Festigung deutschen Volkstums und andere gesellschaftliche Akteure der veralltäglichten Gewalt, in: Böhler, Jochen/Lehnstaedt, Stephan (Hrsg.): Gewalt und Alltag im besetzten Polen 1939–1945. Osnabrück 2012, S. 45–66.

Stites, Richard: Soviet Russian Wartime Culture: Freedom and Control, Spontaneity and Consciousness, in: Thurston, Robert W./Bonwetsch, Bernd (Eds.): The People's War. Responses to World War II in the Soviet Union. Urbana, IL/Chicago 2000, S. 171–184.

Stone, Norman: The Eastern Front 1914–1917. London 1998.

Stone, Norman: Masuren, in: Hirschfeld, Gerhard u. a. (Hrsg.): Enzyklopädie Erster Weltkrieg. Paderborn u. a. 2009, S. 701–703.

Strandmann, Hartmut Pogge von: Großindustrie und Rapallopolitik. Deutsch-sowjetische Handelsbeziehungen in der Weimarer Republik, in: Historische Zeitschrift, 22. Bd. (1976), S. 265–341.

Stratievski, Dmitri: Sowjetische Kriegsgefangene in Deutschland und ihre Rückkehr in die UdSSR. Berlin 2008.

Strazhas, A.: Deutsche Ostpolitik im Ersten Weltkrieg. Der Fall Ober Ost 1915–1917. Wiesbaden 1993.

Streit, Christian: Keine Kameraden. Die Wehrmacht und die sowjetischen Kriegsgefangenen 1941–1945. Bonn 1997.

Studer, Brigitte: Reisende der Weltrevolution. Eine Globalgeschichte der Kommunistischen Internationale. Frankfurt/Main 2020.

Suckut, Siegfried: Der Konflikt um die Bodenreformpolitik in der Ost-CDU 1945, in: Deutschland Archiv, 15. Jg. (1982), H. 10, S. 1080–1095.

Suckut, Siegfried: Zum Wandel von Rolle und Funktion der Christlich-Demokratischen Union Deutschlands (CDUD) im Parteiensystem der SBZ/DDR (1945–1952), in: Weber, Hermann (Hrsg.): Parteiensystem zwischen Demokratie und Volksdemokratie. Dokumente und Materialien zum Funktionswandel der Parteien und Massenorganisationen in der SBZ/DDR 1945–1950. Köln 1982, S. 117–178.

Suckut, Siegfried: Probleme mit dem «großen Bruder». Der DDR-Staatssicherheitsdienst und die Deutschlandpolitik der KPdSU 1969/70, in: Vierteljahrshefte für Zeitgeschichte, 58. Jg. (2010). H. 3, S. 403–439.

Süß, Dietmar: «Ein Volk, ein Reich, ein Führer». Die deutsche Gesellschaft im Dritten Reich. München 2018.

Süß, Walter: Kein Vorbild für die DDR? Die sowjetischen Reformbemühungen aus der Sicht der SED, in: Deutschland Archiv, 19. Jg. (1986), H. 9, S. 967–988.

Szarota, Tomasz: Polen unter deutscher Besatzung, 1939–1941: Vergleichende Betrachtungen, in: Wegner, Bernd (Hrsg.): Zwei Wege nach Moskau. Vom Hitler-Stalin-Pakt zum «Unternehmen Barbarossa». München 1991, S. 40–55.

Szöllösi-Janze, Margit: Fritz Haber 1868–1934. Eine Biographie. München 1998.

Taubman, William: Gorbatschow. Der Mann und seine Zeit. Eine Biographie. München 2018.

Teltschik, Horst: Russisches Roulette. Vom Kalten Krieg zum kalten Frieden. München 2019.

Thiel, Jens/Westerhoff, Christian: Deutsche Zwangsarbeitslager im Ersten Weltkrieg. Entstehung – Funktion – Lagerregimes, in: Jahr, Christoph/Thiel, Jens (Hrsg.): Lager vor Auschwitz. Gewalt und Integration im 20. Jahrhundert. Berlin 2013, S. 117–139.

Thiemeyer, Guido: «Wandel durch Annäherung». Westdeutsche Journalisten in Osteuropa 1956-1977, in: Archiv für Sozialgeschichte, 45. Jg. (2005), S. 101-116.

Thomas, Ludmilla: Tschitscherins Variante. Deutschland in der Biographie des ersten sowjetischen Außenministers, in: Eimermacher, Karl u. a. (Hrsg.): Stürmische Aufbrüche und enttäuschte Hoffnungen. Russen und Deutsche in der Zwischenkriegszeit. München 2006, S. 135-162.

Thomas, Ludmilla: Georgi Tschitscherin. «Ich hatte die Revolution und Mozart». Berlin 2012.

Thoß, Hendrik: Demokratie ohne Demokraten? Die Innenpolitik der Weimarer Republik. Berlin 2008.

Thränert, Oliver: Sicherheit im Atomzeitalter: Atempause oder Zeitenwende, in: Frankfurter Allgemeine Zeitung vom 7. 6. 2021, S. 7.

Thum, Gregor: Die fremde Stadt: Breslau 1945. Berlin 2003.

Tiedemann, Helmut: Sowjetrußland und die Revolutionierung Deutschlands 1917-1919. Berlin 1936.

Timofejewa, Natalja P.: Deutschland zwischen Vergangenheit und Zukunft: Die Politik der SMAD auf dem Gebiet der Kultur, Wissenschaft und Bildung 1945-1949. Einleitung, in: Möller, Horst u. a. (Hrsg.): Die Politik der Sowjetischen Militäradministration in Deutschland (SMAD): Kultur, Wissenschaft und Bildung 1945-1949. Ziele, Methoden, Ergebnisse. Dokumente aus russischen Archiven. München 2005, S. 9-30.

Tischler, Carola: Flucht in die Vertreibung. Deutsche Emigranten im sowjetischen Exil - 1933 bis 1945. Münster 1996.

Trees, Pascal: Russland und die deutsche Zivilbevölkerung im Königreich Polen während des Ersten Weltkrieges 1914/15, in: Eisfeld, Alfred u. a. (Hrsg.): Besetzt, interniert, deportiert: Der Erste Weltkrieg und die deutsche, jüdische, polnische und ukrainische Zivilbevölkerung im östlichen Europa. Essen 2013, S. 199-230.

Überegger, Oswald: «Verbrannte Erde» und «baumelnde Gehenkte». Zur europäischen Dimension militärischer Normenübertretung im Ersten Weltkrieg, in: Neitzel, Sönke/ Hohrath, Daniel (Hrsg.): Kriegsgreuel. Die Entgrenzung der Gewalt in kriegerischen Konflikten vom Mittelalter bis ins 20. Jahrhundert. Paderborn u. a. 2008, S. 241-278.

Uhl, Matthias: Skizzen zur Tätigkeit der sowjetischen Nachrichtendienste in Deutschland 1930-1947, in: In guter Verfassung III. Beiträge. Erfurter Beiträge zum Verfassungsschutz (= Demokratie im Diskurs, Bd. 5). Erfurt 1999, S. 485-559.

Uhl, Matthias: Stalins V-2. Der Technologietransfer der deutschen Fernlenkwaffentechnik in die UdSSR und der Aufbau der sowjetischen Raketenindustrie 1945 bis 1949. Bonn 2001.

Uhl, Matthias: Stalins V-2. Zum Transfer der deutschen Raketentechnologie in die UdSSR 1945-1958, in: Osteuropa, 51. Jg. (2001), H. 7, S. 847-866.

Uhl, Matthias: Krieg um Berlin? Die sowjetische Militär- und Sicherheitspolitik in der zweiten Berlin-Krise 1958 bis 1962. Berlin 2008.

Uhl, Matthias: Vom Besiegten zum Sieger der Geschichte - der «Tag der Befreiung des deutschen Volkes vom Hitlerfaschismus» in der Historiographie der DDR und der Geschichtspropaganda der SED, in: Mitteilungen der Gemeinsamen Kommission für die Erforschung der jüngeren Geschichte der deutsch-russischen Beziehungen. Bd. 4. München 2010, S. 58-65.

Uhl, Matthias: Operation «Osoawiachim». Deutsche Raketenspezialisten in der UdSSR 1946-1958. Erfurt 2020.

Ul'janova, G. N.: Konditerskaja fabrika «Ejnem» v Moskve (1850-1918): Iz istorii nemeckogo predprinimatel'sva v Rossijskoj imperii, in: Dva s polovinoj veka s Rossiej: aktual'nye problemy i diskussionye voprosy istorii i istoriografii rossijskj nemcev. Moskva 2014, S. 220-236.

Ullrich, Volker: Die Revolution von 1918/19. München 2009.
Ulrich, Bernd: Stalingrad. München 2005.
Umstrittenes Weltkriegsgedenken. Kremltreue Rockergruppe spricht von Russenhass, 26.4.2015, in: https://www.deutschlandfunk.de/umstrittenes-weltkriegs-gedenken-kremltreue-rockergruppe.2852.de.html?dram:article_id=318228.
Unerwünschte Verständigung, in: Frankfurter Allgemeine Zeitung vom 28.5.2021, S. 3.
Unger, Corinna R.: «Objektiv, aber nicht neutral». Zur Entwicklung der Ostforschung nach 1945, in: Osteuropa, 55. Jg. (2005), H. 12, S. 113–131.
Unger, Corinna R.: Ostforschung in Westdeutschland. Die Erforschung des europäischen Ostens und die Deutsche Forschungsgemeinschaft, 1945–1975. Stuttgart 2007.
Unger, Hartmut: Zwischen Ideologie und Improvisation. Moritz Schlesinger und die Rußlandpolitik der SPD 1918–1922. Frankfurt/Main 1996.
Unser, Jutta: «Osteuropa». Biographie einer Zeitschrift, in: Osteuropa, 25. Jg. (1975), H. 8/9, S. 555–602.
Urban, Thomas: Der Verlust. Die Vertreibung der Deutschen und Polen im 20. Jahrhundert. München 2004.
V Ukraine strojat konclagerja dlja žitelej podderživajuščich Respubliki Donbassa, 8.2.2018, in: https://www.donetsk.kp.ru/online/news/3016356/.
Vatlin, Aleksandr Ju.: Dvaždy prigovorennyj: Kommissar Sovetskoj Bavarii Tovij Akselrod, in: Vatlin, Aleksandr Ju. et al. (Hrsg.): Ljudi meždu narodami. Dejstvujuščie lica rossijskogermanskoj istorii XX v. Moskva 2010, S. 6–25.
Vatlin, Aleksandr Ju.: Sovetskoe ėcho v Bavarii. Istoričeskaja drama 1919 g. v šesti glavach, pjati kartinach i dvadcati dokumentach. Moskva 2014.
Vatlin, Aleksandr Ju.: Meždunarodnaja strategija bol'ševizma na ischode pervoj mirovoj vojny, in: Voprosy istorii, (2008), H. 3, S. 72–82.
Vatlin, Aleksandr Ju.: «Nu i nečist'». Nemeckaja operacija NKVD v Moskve i Moskovskoj oblasti 1936–1941. Moskva 2012.
Vatlin, Alexander: Deutschland im weltpolitischen Kalkül der Bolschewiki, in: Hedeler, Wladislaw/Kinner, Klaus (Hrsg.): «Die Wache ist müde». Neue Sichten auf die russische Revolution 1917 und ihre Wirkungen. Berlin 2008, S. 102–112.
Vatlin, Alexander: Die Diplomatische Vertretung Sowjetrusslands in Berlin und die deutschen Linkssozialisten 1918, in: Hedeler, Wladislaw (Hrsg.): Die russische Linke zwischen März und November 1917. Berlin 2017, S. 175–186.
Vatlin, Alexander: Im zweiten Oktober. Lenin, die Niederlage des Deutschen Reiches und die außenpolitische Strategiewende der Bolschewiki, in: Jahrbuch für historische Kommunismusforschung 2007, S. 180–200.
Verbrechen der Wehrmacht. Dimensionen des Vernichtungskrieges 1941–1944. Hamburg 2002.
Vernichtungskrieg. Verbrechen der Wehrmacht 1941–1944. Hamburg 1996.
Veser, Reinhard: Putins Ohrfeige, in: Frankfurter Allgemeine Zeitung vom 7.6.2021, S. 10.
Veser, Reinhard/Leithäuser, Johannes: Russland taucht nur als negativer Akteur auf, in: Frankfurter Allgemeine Zeitung vom 23.7.2021.
Veser, Reinhard: Tradition des Terrors, in: Frankfurter Allgemeine Zeitung vom 2.1.2022.
Vilifying Germany; wooing Germany, 9.3.2021, in: https://euvsdisinfo.eu/vilifying-germany-wooing-germany/.
Vogel, Barbara: Die deutsche Regierung und die Revolution von 1905, in: Geiss, Immanuel/Wendt, Bernd Jürgen (Hrsg.): Deutschland in der Weltpolitik des 19. und 20. Jahrhunderts. Düsseldorf 1973, S. 222–236.
Vogtmeier, Andreas: Egon Bahr und die deutsche Frage. Zur Entwicklung der sozialdemokratischen Ost- und Deutschlandpolitik vom Kriegsende bis zur Vereinigung. Bonn 1996.

Voigt, Gerd: Otto Hoetzsch 1876–1946. Wissenschaft und Politik im Leben eines deutschen Historikers. Berlin-Ost 1978.

Voigt, Gerd: Rußland in der deutschen Geschichtsschreibung 1843–1945. Berlin 1994.

Voigt, Gerd: Otto Hoetzsch, Karl Stählin und die Gründung des Russischen Wissenschaftlichen Instituts, in: Schlögel, Karl (Hrsg.): Russische Emigration in Deutschland 1918 bis 1941. Leben im europäischen Bürgerkrieg. Berlin 1995, S. 267–278.

Voigtmann, Mathias: Die «Baltikumer» – Deutsche Freikorps im Lettland des Jahres 1919 als Schule der Gewalt, in: Nordost-Archiv, 23. Jg. (2014), S. 122–140.

Volkmann, Hans-Erich: Der Ostkrieg 1914/15 als Erlebnis- und Erfahrungswelt des deutschen Militärs, in: Groß, Gerhard P. (Hrsg.): Die vergessene Front. Der Osten 1914/15. Ereignis, Wirkung, Nachwirkung. Paderborn u. a. 2006, S. 263–293.

Volland, Ernst: Das Banner des Sieges. Berlin 2008.

Volland, Ernst: Die Flagge des Sieges, in: Volland, Ernst/Krimmer, Heinz (Hrsg.): Jewgeni Chaldej. Der bedeutende Augenblick. Berlin 2008, S. 112–129.

Vorstoß für EU-Gipfel mit Putin gescheitert, in: Frankfurter Allgemeine Zeitung vom 26. 6. 2021.

Vourkoutiotis, Vasilis: Making Common Cause. German-Soviet Relations, 1919–1921. Houndmills 2007.

Wachsmann, Nikolaus: KL. Die Geschichte der nationalsozialistischen Konzentrationslager. München 2006.

Waddington, Lorna L.: The Anti-Komintern and Nazi Anti-Bolshevik-Propaganda in the 1930s, in: Journal of Contemporary History, 42. Jg. (2007), H. 4, S. 573–594.

Wagensohn, Tanja: Von Gorbatschow zu Jelzin. Moskaus Deutschlandpolitik (1985–1995) im Wandel. Baden-Baden 2000.

Wagner-Kyora, Georg: «Menschenführung» in Rüstungsunternehmen der nationalsozialistischen Kriegswirtschaft, in: Die deutsche Kriegsgesellschaft 1939 bis 1945 (= Das Deutsche Reich und der Zweite Weltkrieg, Bd. 9.2). München 2005, S. 383–474.

Waite, Robert G. L.: Vanguard of Nazism. The Free Corps Movement in Postwar Germany 1918–1923. Cambridge 1952.

Walsdorff, Martin: Westorientierung und Ostpolitik. Stresemanns Russlandpolitik in der Locarno-Ära. Bremen 1971.

Watson, Alexander: «Unheard-of Brutality»: Russian Atrocities against Civilians in East Prussia, 1914–1915, in: Journal of Modern History, Vol. 86 (2014), No. 4, S. 780–825.

Watson, Alexander: Ring of Steel. Germany and Austria at War, 1914–1918. London 2014.

Weber, Claudia: Krieg der Täter. Die Massenerschießungen von Katyń. Hamburg 2015.

Weber, Claudia: Der Pakt: Stalin, Hitler und die Geschichte einer mörderischen Allianz 1939–1941. München 2019.

Weber, Hermann u. a. (Hrsg.): Deutschland, Russland, Komintern. Bd. 1: Überblick, Analysen, Diskussionen. Neue Perspektiven auf die Geschichte der KPD und die Deutsch-Russischen Beziehungen (1918–1943). München 2014.

Weber, Thomas: Wie Adolf Hitler zum Nazi wurde. Vom unpolitischen Soldaten zum Autor von «Mein Kampf». Berlin 2016.

Weber, Thomas: Wie Adolf Hitler zum Nazi wurde. Vom unpolitischen Soldaten zum Autor von «Mein Kampf». Berlin 2019.

Wehner, Markus: Hacker, Propaganda, Wahlmanipulation. Moskaus Informationskrieg im Westen, in: Osteuropa, 67. Jg. (2017), H. 3–4, S. 3–18.

Wehner, Markus: Putins Kalter Krieg. Wie Russland den Westen vor sich hertreibt. München 2016.

Wehner, Markus: Schluss mit der Politik der Männerfreundschaft, in: Frankfurter Allgemeine Zeitung vom 27. 12. 2018.

Wehner, Markus: Putins Mission Deutschland, in: Frankfurter Allgemeine Zeitung vom 26.4.2021.
Weingartner, Thomas: Stalin und der Aufstieg Hitlers. Die Deutschlandpolitik der Sowjetunion und der Kommunistischen Internationale 1929–1934. Berlin 1970.
Weißbecker, Manfred: «Wenn hier Deutsche wohnten ...» Beharrung und Veränderung im Rußlandbild Hitlers und der NSDAP, in: Volkmann, Hans-Erich (Hrsg.): Das Rußlandbild im Dritten Reich. Weimar u. a. 1994, S. 9–54.
Weltkriegsgedenken: Merkel kommt nicht zur Moskauer Siegesparade, 11.3.2015, in: https://www.faz.net/aktuell/politik/ausland/europa/merkel-kommt-nicht-zur-moskauer-siegesparade-13476840.html.
Wentker, Hermann: Außenpolitik in engen Grenzen. Die DDR im internationalen System 1949–1989. München 2007.
Wentker, Hermann: Die Deutschen und Gorbatschow 1987 bis 1989 (abgekürzt: Wentker, Gorbatschow), in: Küsters, Hanns Jürgen (Hrsg.): Der Zerfall des Sowjetimperiums und Deutschlands Wiedervereinigung. Köln u. a. 2016, S. 119–149.
Wentker, Hermann: Die Deutschen und Gorbatschow. Der Gorbatschow-Diskurs im doppelten Deutschland. München 2020 (abgekürzt: Wentker, Deutschen).
Wenzel, Otto: 1923. Die gescheiterte Oktoberrevolution. Münster 2003.
Werth, German: Tannenberg, in: Hirschfeld, Gerhard u. a. (Hrsg.): Enzyklopädie Erster Weltkrieg. Paderborn u. a. 2009, S. 919–920.
Werth, Nicolas: Die große ukrainische Hungersnot 1932/33, in: Baberowski, Jörg/Kindler, Robert (Hrsg.): Macht ohne Grenzen. Herrschaft und Terror im Stalinismus. Frankfurt/Main 2014, S. 117–140.
Westerhoff, Christian: Zwangsarbeit im Ersten Weltkrieg. Deutsche Arbeitskräftepolitik im besetzten Polen und Litauen 1914–1918. Paderborn u. a. 2012.
Wette, Wolfram: Hitlers Wehrmacht. Etappen der Auseinandersetzung mit einer Legende, in: Osteuropa, 55. Jg. (2005), H. 4–6, S. 127–133.
Wette, Wolfram/Ueberschär, Gerd R. (Hrsg.): Stalingrad. Mythos und Wirklichkeit einer Schlacht. Frankfurt/Main 2013.
Wettig, Gerhard: Bereitschaft zu Einheit in Freiheit? Die sowjetische Deutschland-Politik 1945–1955. München 1999.
Wettig, Gerhard: Der Konflikt der Ost-CDU mit der Besatzungsmacht 1945–1948 im Spiegel sowjetischer Akten, in: Historisch-Politische Mitteilungen, 6. Jg. (1999), S. 109–137.
Wettig, Gerhard: Adenauers Moskau-Besuch aus sowjetischer Sicht. Wende der sowjetischen Deutschland-Politik nach Stalins Tod, in: Historisch-Politische Mitteilungen, 12. Jg. (2005), S. 193–202.
Wettig, Gerhard: Welches Interesse hatte Chruschtschow an der Aufnahme diplomatischer Beziehungen zur Bundesrepublik?, in: Russland – Deutschland. Blick zurück in die Zukunft. Zum 50. Jahrestag der Aufnahme der diplomatischen Beziehungen. Moskau 2005, S. 118–124.
Wettig, Gerhard: Chruschtschows Berlin-Krise. 1958 bis 1963. Drohpolitik und Mauerbau. München 2006.
Wettig, Gerhard: Konrad Adenauers Besuch in Moskau im September 1955: Konsens und Dissens zwischen UdSSR und DDR, in: Jahrbuch für historische Kommunismusforschung 2006, S. 185–193.
Wettig, Gerhard: Die Entlassung der deutschen Kriegsgefangenen aus der Sowjetunion 1955 – Folge der Verhandlungen mit Adenauer? Untersuchung auf der Basis neuer Archivdokumente, in: Historisch-Politische Mitteilungen, 14. Jg. (2007), S. 341–352.
Wettig, Gerhard: Die Sowjetunion und die Auseinandersetzung über den NATO-Doppelbeschluss, in: Vierteljahrshefte für Zeitgeschichte, 57. Jg. (2009), H. 2, S. 217–259.

Wettig, Gerhard: Der Kreml und die Friedensbewegung Anfang der achtziger Jahre, in: Vierteljahrshefte für Zeitgeschichte, 60. Jg. (2012), H. 1, S. 143–149.
Wettig, Gerhard: Die Stalin-Note. Historische Kontroverse im Spiegel der Quellen. Berlin 2015.
Wettig, Gerhard: Gorbatschow. Reformpolitik und Warschauer Pakt 1985–1991. Innsbruck/Wien 2021.
Wiehn, Erhard Roy (Hrsg.): Die Schoáh von Babij Jar. Das Massaker deutscher Sonderkommandos an der jüdischen Bevölkerung von Kiew 1941 – fünfzig Jahre danach zum Gedenken. Konstanz 1991.
Wilke, Manfred: Der Honecker-Besuch in Bonn 1987, in: Deutschland Archiv, 45. Jg. (2012), H. 3, S. 389–401.
Wilke, Manfred: Die feste Einbindung der DDR in den Ostblock als Konsequenz der Entspannungspolitik, in: Borchard, Michael u. a. (Hrsg.): Entspannung im Kalten Krieg. Der Weg zum Moskauer Vertrag und zur KSZE. Graz/Wien 2020, S. 431–442.
Willems, Bastiaan: Nachbeben des Totalen Kriegs. Der Rückzug der Wehrmacht durch Ostpreußen und seine Folgen, in: Vierteljahrshefte für Zeitgeschichte, 66. Jg. (2018), H. 3, S. 403–433.
Willems, Bastiaan: Violence in Defeat. The Wehrmacht on the German Soil, 1944–1945. Cambridge 2021.
Williams, Robert C.: Russians in Germany: 1900–1914, in: Journal of Contemporary History, 1. Jg. (1966), H. 4, S. 121–149.
Winkler, Heinrich August: Von der Revolution zur Stabilisierung. Arbeiter und Arbeiterbewegung in der Weimarer Republik, 1918–1924. Berlin 1984.
Winkler, Heinrich August: Weimar 1918–1933. Die Geschichte der ersten deutschen Demokratie. München 1998.
Wirsching, Andreas: Abschied vom Provisorium. Geschichte der Bundesrepublik Deutschland 1982–1990. München 2006.
Wirsching, Andreas: Antibolschewismus als Lernprozess. Die Auseinandersetzung mit Sowjetrussland nach dem Ersten Weltkrieg, in: Aust, Martin/Schönpflug, Daniel (Hrsg.): Vom Gegner lernen. Feindschaften und Kulturtransfers im Europa des 19. und 20. Jahrhunderts. Frankfurt/Main 2007, S. 137–156.
Wnuk, Rafał: Zwischen Scylla und Charybdis. Deutsche und sowjetische Besetzung Polens 1939–1941, in: Osteuropa, 59. Jg. (2009), H. 7–8, S. 157–172.
Wolfrum, Edgar: Rot-Grün an der Macht. Deutschland 1998–2005.
Wolkogonow, Dmitri: Lenin. Utopie und Terror. Düsseldorf 1994.
Wollschläger, Dagmar: Lenins Verhältnis zur deutschen Sozialdemokratie 1898/99–1914. Phil. Diss. Köln 1971.
Wollstein, Günter: Vom Weimarer Revisionismus zu Hitler. Das Deutsche Reich und die Großmächte in der Anfangsphase der nationalsozialistischen Herrschaft in Deutschland. Bonn 1973.
Wortman, Richard S.: Scenarios of Power. Myth and Ceremony in Russia Monarchy. From Peter the Great to the Abdiction of Nicholas II. Princeton 2006.
Wróbel, Piotr: The Seeds of Violence. The Brutalization of an East European Region, 1917–1921, in: Journal of Modern European History, Vol. 1 (2003), No. 1, S. 125–149.
Wurzer, Georg: Antikommunismus und Russenfeindschaft vor und nach 1945: Die Romane der Bestsellerautoren Edwin Erich Dwinger und Heinz. G. Konsalik, in: Jahrbuch für Historische Kommunismusforschung 2011, S. 49–60.
Wyssuwa, Matthias: Tausend Jahre und kein Ende, in: Frankfurter Allgemeine Zeitung vom 18. 10. 2018.
Zagorskij, A. V. (Red.): Vizit Kanclera Adenauèra v Moskvu 8–14. Sentabrja 1955 g. Dokumenty i materialy. Moskva 2005.

Zarusky, Jürgen: Die deutschen Sozialdemokraten und das sowjetische Modell. Ideologische Auseinandersetzung und außenpolitische Konzeptionen 1917–1933. München 1992.

Zarusky, Jürgen: Sowjetische Opfer von Krieg und nationalsozialistischer Verfolgung in der bundesdeutschen Erinnerungskultur, in: Wirsching, Andreas u. a. (Hrsg.): Erinnerung an Diktatur und Krieg. Brennpunkte des kulturellen Gedächtnisses zwischen Russland und Deutschland seit 1945. München 2015, S. 226–245.

Zeidler, Manfred: Reichswehr und Rote Armee 1920–1933, in: Deutschland und das bolschewistische Rußland von Brest-Litowsk bis 1941. Berlin 1991, S. 25–47.

Zeidler, Manfred: Deutsch-sowjetische Wirtschaftsbeziehungen im Zeichen des Hitler-Stalin-Paktes, in: Wegner, Bernd (Hrsg.): Zwei Wege nach Moskau. Vom Hitler-Stalin-Pakt zum «Unternehmen Barbarossa». München 1991, S. 93–110.

Zeidler, Manfred: Reichswehr und Rote Armee 1920–1933. Wege und Stationen einer ungewöhnlichen Zusammenarbeit. München 1993.

Zeidler, Manfred: Das Bild der Wehrmacht von Rußland und der Roten Armee zwischen 1933 und 1941, in: Volkmann, Hans-Erich (Hrsg.): Das Rußlandbild im Dritten Reich. Weimar u. a. 1994, S. 105–123.

Zeidler, Manfred: Kriegsende im Osten. Die Rote Armee und die Besetzung Deutschlands östlich von Oder und Neiße 1944/45. München 1996.

Zeidler, Manfred: Von Tätern und Theorien: Anmerkungen zu einer Kontroverse über den Zusammenhang von Ideologie unter totalitären Verhältnissen, in: Forum für osteuropäische Ideen- und Zeitgeschichte, 18. Jg. (2014), H. 1, S. 261–279.

Zilch, Reinhold: Generalgouvernement, in: Hirschfeld, Gerhard u. a. (Hrsg.): Enzyklopädie Erster Weltkrieg. Paderborn u. a. 2009, S. 525.

Zubkova, Elena: Pribaltika i Kreml' 1940–1953. Moskva 2008.

Zubok, Vladislav: With his Back against the Wall: Gorbachev, Soviet demise, and German reunification, in: Cold War History, Vol. 14 (2014), No. 4, S. 619–645.

20 Jahre Gemeinsame Kommission für die Erforschung der jüngeren Geschichte der deutsch-russischen Beziehungen, in: Mitteilungen der Gemeinsamen Kommission für die Erforschung der jüngeren Geschichte der deutsch-russischen Beziehungen. Bd. 8. Berlin 2018, S. 136–167.

Dank

Meine erste unmittelbare Begegnung mit Russland liegt inzwischen über drei Jahrzehnte zurück. Als Doktorand hatte ich im Rahmen eines Forschungsstipendiums Gelegenheit, längere Zeit in Moskau zu leben. Es waren faszinierende Zeiten, eine Epoche des Umbruchs, als die Weltgeschichte im wahrsten Sinne des Wortes 1991 um die Ecke bog: Das Ende des Kalten Krieges brachte den Deutschen die Einheit, den Russen hingegen die Selbstauflösung der UdSSR. Ich ging also damals in die Sowjetunion und kam 1992 aus Russland zurück. Seit dieser Zeit haben mich das Land, insbesondere aber seine Menschen mit ihrer Gastfreundschaft und Herzlichkeit nicht mehr losgelassen. Sie wurden zu einem zentralen Thema meines bisherigen Forscherlebens – Deutsche und Russen in ihrer jüngsten Geschichte, in ihrem von Höhen und Tiefen geprägten deutsch-russischen Jahrhundert. Auf diese Erfahrungen blicke ich dankbar zurück, gaben sie doch den Anstoß für dieses Buch.

Danken möchte ich aber auch all denen, die mein Projekt stets mit Interesse und Sympathie begleitet haben. Mit Dominik Geppert (Potsdam) habe ich zu Beginn meines Vorhabens einen intensiven Gedankenaustausch gepflegt. Dafür sei ihm an dieser Stelle herzlich gedankt. Von Anfang an, vor allem aber in der Schlussphase des Buches, standen mir Michael Bienert (Berlin / Rostock), Sabine Grabowski (Düsseldorf), Ben Nathans (Philadelphia) und Jutta Unser (Aachen) zur Seite. Ihnen gebührt mein ganz besonderer Dank. Sie waren stets verlässliche Ratgeber und aufrichtige Kritiker, die weder Zeit noch Mühen scheuten, mein Manuskript akribisch zu lesen, zu kritisieren und zu kommentieren. Ihr Urteil möchte ich nicht missen.

Das gilt mehr noch für Anja Iven (Bonn). Sie hat alle Entstehungsprozesse «meines deutsch-russischen Jahrhunderts» persönlich miterlebt und mich jederzeit vorbehaltlos unterstützt – als meiner ersten Kritikerin bin ich ihr zu großem Dank verpflichtet. Danken möchte ich ebenso Michael Kunkel (Grafschaft), weil er mir durch den Umbau meines heimischen Büros so hervorragende Arbeitsbedingungen geschaffen hat.

Auch Gerhard Wettig (Kommen) hat das Projekt über Jahre hinweg gefördert. Seine Forschungen und die Gespräche mit ihm waren immer bereichernd. Von Alexander Vatlin (Moskau) habe ich viel über die Anfänge der deutsch-sowjetischen Beziehungen gelernt. Mit Margrit Breuer (Berlin), Peter Hoeres (Würzburg), Christoph Lorke (Münster), Jörg Morré (Berlin), Hermann Wentker (Berlin) und Matthias Uhl (Moskau) sind all jene Kolleginnen und Kollegen genannt, die mir vertrauensvoll ihre zum Teil noch unveröffentlichten Buch- und Aufsatzmanuskripte überlassen und mich mit dringend benötigter Fachliteratur versorgt haben. Matthias Peter und Daniela Taschler von der Editorengruppe Akten zur Auswärtigen Politik der Bundesrepublik Deutschland (Berlin) halfen mir, die deutsche Außen- und Russlandpolitik nach der Wiedervereinigung besser zu verstehen.

Schließlich sei einigen leitenden Archivaren herzlich gedankt. Elke von Boeselager hat mir im Politischen Archiv des Auswärtigen Amtes den Zugang zu wichtigen Dokumenten der frühen 1990er Jahre ermöglicht. Holger Löttel von der Stiftung Bundeskanzler-Adenauer-Haus in Rhöndorf scheute keine Mühen, mich mit spannenden Archivalien über Adenauers Moskau-Reise im September 1955 zu versorgen.

Von meinen Rostocker Mitarbeitern möchte ich Franz-Josef Meiers erwähnen, der immer ein anregender Gesprächspartner war, wenn es um Fragen von NATO und internationaler Sicherheitspolitik ging. Auch Florian Detjens wirkte stets inspirierend und half, wenn es technische Probleme zu bewältigen gab. Meinen studentischen Hilfskräften Erik Schneeweis, Natalia Sosulina, Till Wichert und Evgen Zinger gebührt schließlich Dank dafür, dass sie mich engagiert bei der Literaturbeschaffung und Erstellung von Quellenregesten unterstützt haben.

Dass aus dem ursprünglichen Manuskript nun ein gedrucktes Buch geworden ist, bleibt das Verdienst des Rowohlt Verlags. Moritz

Schuller war von Anfang an von der Idee meines Vorhabens überzeugt und konnte als Sachbuchleiter seine Verlagskonferenz dafür gewinnen. In ihm habe ich einen verständnisvollen Ansprechpartner gefunden. Ein ebenso großes Vergnügen war es, mit Katrin Finkemeier von der Bildredaktion, aber auch mit Ingrid König von der Herstellung zu kooperieren. Mit Stephan Speicher hatte ich einen gewissenhaften Lektor, der mich mit anregenden Kommentaren versorgte und meinen Blick für die Belange einer interessierten Leserschaft schärfte. Ihnen allen möchte ich für die Unterstützung und hervorragende Zusammenarbeit herzlich danken.

***

Dieses Buch widme ich meiner Mutter Rosemarie Creuzberger, die auch Teil dieses deutsch-russischen Jahrhunderts ist. Geboren am 15. Juli 1941 im ostpreußischen Königstal bei Johannisburg, knapp einen Monat nach dem deutschen Überfall auf die UdSSR, geriet sie Anfang 1945 in den Strudel der Geschichte. Die herannahende Rote Armee zwang sie und ihre Familienangehörigen zur Flucht nach Greifswald in die damalige SBZ. Dort verbrachte sie eine kurze Zeit ihrer Kindheit im Hause einer sowjetischen Offiziersfamilie, für die meine Großmutter arbeitete. Daran denkt sie bis heute in liebevoller Erinnerung zurück. 1956 flüchtete sie erneut – diesmal aus der DDR über das noch offene Berlin – und gelangte endgültig in den Westen, ins schwäbische Calw. Dass ich mich zeit meines Lebens speziell für den Osten interessiere, hat auch mit ihrer persönlichen deutsch-russischen Geschichte und den Erzählungen darüber zu tun. Nicht zuletzt für diese Inspiration möchte ich ihr aufrichtig danken.

Stefan Creuzberger, Bonn / Rostock im Januar 2022

Bildnachweis

Tafelteil 1

Mit freundlicher Genehmigung des Museums der Geschichte der Schokolade und des Kakaos, Moskau: Tafel 1 oben
akg-images: Tafel 1 unten (Heritage Images / Fine Art Images), 5 oben (Elizaveta Becker), 7 unten (Simplicissimus, Jg. 27, Nr. 34, 1922, S. 485, Berlin, Berlinische Galerie / VG Bild-Kunst, Bonn 2021)
Süddeutsche Zeitung Photo: Tafel 2 oben (Scherl), 6 unten, 8 unten, 9 unten, 11 unten (Scherl)
Fritz Platten: Reise Lenins durch Deutschland. Neuer Deutscher Verlag, Berlin 1924 / commons.wikimedia.org: Tafel 4
Bundesarchiv Koblenz: Tafel 5 unten (Bild 146-1970-009-55), 6 oben (Bild 183-R14433), 12 (Hans Schweitzer [Pseud. Mjölnir], Plak 003-029-043)
bpk: Tafel 7 oben (Kunstbibliothek, SMB, Photothek Willy Römer / Willy Römer)
Getty Images: Tafel 10 oben (Keystone), 10 unten (Karl Rauscher / Imagno)
Hamburger Institut für Sozialforschung / Foto: Johannes Hähle: Tafel 11 oben
ullstein bild: Tafel 2 unten (Haeckel Archiv), 3, 8 oben (John Graudenz), 9 oben (Archiv Gerstenberg)

Tafelteil 2

Imago / ITAR-TASS: Tafel 1 oben
Bundesarchiv Koblenz: Tafel 1 unten (Bild 146-1976-072-09)
bpk: Tafel 2 oben (Voller Ernst – Fotoagentur / Jewgeni Chaldej), 4 unten (Hanns Hubmann)
Getty Images: Tafel 2 unten (George Konig / Keystone), 3 oben (Keystone)
Süddeutsche Zeitung Photo: Tafel 3 unten (Sammlung Berliner Verlag / Archiv), 8 oben (IMAGNO / Votava), 8 unten (United Archives / Stutterheim)
Archiv der Stiftung Bundeskanzler-Adenauer-Haus: Tafel 4 oben
Hermann Pörzgen: So lebt man in Moskau. Paul List Verlag, München 1958: Tafel 5 oben
picture-alliance/dpa: Tafel 5 unten (Alfred Hennig), 11 oben (ITAR-TASS / Pool), 11 unten (epa Dmitry Astakhov ITAR-TASS / Pool)
© WDR / Eberhard Aug: Tafel 6 oben
Ost-Ausschuss-Archiv: Tafel 6 unten
DER SPIEGEL, Nr. 46, 40. Jg., 10. November 1986: Tafel 7
Bundesregierung, www.bundesbildstelle.de: Tafel 9 oben (Roberto Pfeil), 10 (Eckhard Seeber), 12 (Jesco Denzel)
ullstein bild: Tafel 9 unten (Eckel)

Personenregister

A

Achmatowa, Anna A. 306
Achromejew, Sergej F. 197
Achtamsjan, Abdulchan 163
Ackermann, Anton 129–132
Adenauer, Konrad 5, 15–16, 149–150, 152–155, 157–169, 177–180, 203, 335, 390, 459, 462–467, 469, 472, 476, 511, 535, 552–553
Akbilkanow, Jurij 499
Akselrod, Towja (Tobias) 82
Alejnikow, Moisej 391
Alexander II. 36
Alexander III. 23, 36
Alexandrowskij, Sergej 110
Allardt, Helmuth 173
Amerongen, Otto Wolff von 469–471
Andrejewa, Nina 498
Andropow, Jurij 172, 175–176, 187–188
Antonowa, Irina 460
Ardenne, Manfred von 452
Assad, Baschar al 534
Astafjew, Viktor 347
Axelrod, Pawel B. 66

B

Backe, Herbert 300
Bahr, Egon 171–172, 174–175, 177–180, 194, 203–204, 480
Baker, James 207
Balla, Erich 238
Barth, Karl 84
Basarow, Pawel A. 40
Bebel, August 41, 50, 52
Beitz, Berthold 470–471
Benckendorff, Alexander von 21
Beneš, Edvard 409
Berdjajew, Nikolaj A. 387
Berija, Lawrentij 268, 325, 442, 451
Bermondt-Awalow, Pawel 242

Bernstein, Eduard 81
Beseler, Hans von 222
Bessonow, Sergej 109
Bessubow, Alexej D. 301
Bethmann Hollweg, Theobald von 55
Biden, Joe 559
Bischoff, Josef 237–240, 244
Bismarck, Otto von 27, 78, 418–419, 429
Blankenhorn, Herbert 149, 152–153
Bleichröder, Gerson von 34
Blomberg, Werner von 109–110, 408
Bockelmann, Werner 477
Bogomolow, Oleg T. 188
Bogrowski, Jakob 63
Bohlen, Charles 166
Böll, Heinrich 338, 343
Bondarenko, Alexander 189, 197
Bondarjew, Jurij 347
Bontsch-Brujewitsch, Wladimir 457
Bopp, Arthus 232
Borchert, Wolfgang 335
Borman, George 8
Botzenhard, Hans (Fall Botzenhard) 370
Brandt, Willy 5, 16, 149, 164, 167–182, 191, 193–194, 200, 203, 477–482, 484–485, 502, 521, 532, 540, 550, 553, 556
Bratman-Brodowskij, Stefan 368
Braun, Wernher von 307, 397
Bräutigam, Otto 156
Brentano, Heinrich von 157, 463, 468
Breschnew, Leonid 168, 172–173, 175–176, 179, 181–182, 185, 188, 192, 346–347, 352, 478–482, 484–488, 492–494, 496, 521, 553
Brockdorff-Rantzau, Ulrich Graf von 59, 64, 366–367, 369, 371–372, 374, 376
Brüning, Heinrich 379
Buber-Neumann, Margarete 273–274
Bulganin, Nikolaj 152, 163

Bülow, Bernhard von 108
Bülow, Hans von 46
Bunge, Nikolaj Chr. 30
Bush, George H. W. 196–198, 204, 206, 514
Bush, George W. 529, 533
Bychowskij, Abram 439

C
Carter, Jimmy 488
Ceaușescu, Nicolae 192
Chaldej, Jewgenij 310
Chamberlain, Houston Stewart 255, 407
Chamberlain, Neville 408
Chaplin, Charlie 418
Chintschuk, Lew 109, 115, 117
Chirac, Jacques 331, 529, 558
Christians, F. Wilhelm 503
Chrobog, Jürgen 521
Chruschtschow, Nikita 156–157, 161, 165, 168, 346–347, 349, 461, 464–465, 469–470, 473
Churchill, Winston 127, 157, 181, 228, 230
Cohn, Oscar 81
Curtius, Julius 379

D
Daschitschew, Wjatscheslaw 188–191, 499
Deutsch, Felix 364
Dimitrow, Georgij 120–121, 420
Dirksen, Herbert von 108, 112, 376
Djilas, Milovan 126
Dostojewski, Fjodor M. 45
Dubček, Alexander 170
Durnowo, Pjotr N. 39, 40, 44

E
Ebert, Friedrich 84, 88–89, 200, 365, 535
Ebert, Friedrich junior 124
Eckart, Dietrich 251
Ehrenburg, Ilja 312, 315
Einem, Ferdinand Theodor von 7–10, 30

Einstein, Albert 390, 452
Eisenstein, Sergej 418
Eisler, Gerhart 148
Elbe, Frank 520
Engels, Friedrich 41, 48–49, 145, 459, 550
Erhard, Ludwig 162, 169

F
Falin, Valentin 189–191, 193–195, 197, 200, 203–204, 206
Filchner, Wilhelm 390
Fischer, Joschka 527
Fischer, Samuel 390
Fjodorowna, Alexandra 23, 26, 37–38
Fjodorowna, Maria 56
Franco, Francisco 404, 417
Frank, Hans 266, 268
Freudenberg, Olga 280
Frey, Hans Karl 463
Fritsch, Rüdiger von 539
Fritsch, Werner von 408
Frunse, Michail 380
Fuchs, Hermann 459
Fuchs, Klaus 455
Fürstenberg-Hanecki, Jakub 61

G
Gall, Ernst 459
Gaulle, Charles de 181
Gelfand, Wladimir 310, 321
Genscher, Hans-Dietrich 196, 202–203, 489, 501, 505–508, 510, 513, 516
George, Lloyd 358–360
Gerassimow, Gennadij 492
Gerold, Mary 386
Globke, Hans 459
Goebbels, Joseph 257, 295, 315, 317, 388, 421–422, 507
Goethe, Johann Wolfgang von 34, 518, 561
Gogol, Nikolaj W. 45
Goldschmidt, Alfons 392
Goltz, Graf Rüdiger von der 237, 241, 244

Personenregister

Göring, Hermann 115, 117, 397, 399, 402–404, 413, 415
Gorbatschow, Michail 6, 183–188, 190–198, 200–208, 340–341, 348–349, 490–491, 495–499, 502–516, 521, 525, 536, 545, 553–554
Gorki, Maxim 196
Gorskij, Anatolij 411, 415
Gortschakow, Alexander 78
Grabar, Igor 46, 457
Granin, Daniil 344
Gratschow, Andrej 195
Grimm, Paul 459
Grimm, Robert 65
Grinin, Wladimir 546
Gromyko, Andrej 152, 173, 177–178, 180, 501
Grósz, Károly 509
Grotewohl, Otto 124, 137
Guderian, Heinz Wilhelm 244
Gustloff, Wilhelm 316
Gyptner, Richard 129

H
Haase, Hugo 81
Haber, Fritz 382
Hahn, Otto 453
Halifax, Edward 408–410
Haller, Johannes 43
Hallstein, Walter 157, 169, 179, 470
Hampel, Armin-Paul 541
Harnack, Arvid 397
Haushofer, Karl 251
Heer, Hannes 342
Heinrici, Gotthard 282, 284–285, 288
Heisenberg, Werner 453
Helphand, Israil L. (Pseudonym Alexander Parvus) 58–59, 61–62, 64, 69
Hermes, Andreas 135–136
Herrnstadt, Rudolf 398
Hertling, Georg von 83
Hertz, Gustav 452
Herwarth, Hans von 156
Herzen, Alexander 21, 34
Hessen-Darmstadt, Alix von 25

Heusinger, Adolf 459
Heuss, Julius 7–12, 16, 30
Heuss, Woldemar 12
Heuss-Mehnert 16
Heyden, Eberhard 205
Heydrich, Reinhard 267, 280
Hilger, Gustav 15, 363–364, 367, 371, 376
Himmler, Heinrich 297–298, 300, 337
Hindemith, Paul 146
Hindenburg, Paul von 102, 211
Hitler, Adolf 6, 101–105, 107–114, 116–125, 128, 130, 152, 226, 244–246, 248–259, 263, 267, 272–275, 278, 282–283, 291–296, 300–302, 336–338, 343, 353, 355, 378, 384, 394–397, 399–401, 403–405, 407–419, 422, 424, 426–430, 432–437, 470, 491, 551–552
Hoetzsch, Otto 12–16, 44, 387, 390
Hoffmann Max 72, 212
Hohenzollern (Dynastie) 22
Honecker, Erich 184–185, 192, 480–481, 491–499, 508–509, 513–514
Humboldt, Alexander von 561

I
Iwan der Schreckliche 404

J
Jacobsen, Hans Adolf 339
Jawlenskij, Alexej von 46
Jegnarow, Wladimir 272
Jelzin, Boris 332, 341, 351, 496, 519–527, 530, 536
Jerussalimskij, Arkadij S. 418
Jodl, Alfred 279
Joffe, Adolf A. 73, 76, 80–81, 83–86, 92
Jogiches, Leo (Tyszka) 51, 82, 85
Junkers 382
Justi, Ludwig 459

K
Kaiser, Jakob 133
Kalinin, Michail I. 367
Kandelaki, David 402–403

Kandinskij, Wassilij 46
Kant, Immanuel 34
Kardowskij, Dimitrij 46
Katharina die Große 11, 35
Kautsky, Karl 50, 52
Kegel, Gerhard 398
Keitel, Wilhelm 271
Kennedy, John F. 465
Kerenskij, Alexander F. 68
Kesküla, Alexander (Tarnname Alexander Stein) 61–63
Kessler, Harry Graf 213
Kiesinger, Kurt Georg 170
Kindermann, Walter 155–156
Kinkel, Klaus 517–519, 521
Kirst, Hans Hellmut 338
Kisewetter, Alexander A. 387
Klein, Arnold (Pseudonym Hans Blohm) 273
Kleine, August (Pseudonym u. a. Samuel Guralskij) 98
Kleist, Peter 398
Koch, Erich 313
Koch, Hans 156
Kogon, Eugen 336
Kohl, Helmut 181, 193, 195–199, 202–204, 206–207, 341, 477, 494, 497, 500, 502–514, 517, 519, 521, 523–529, 532, 544, 553
Kohl, Michael 480
Konsalik, Heinz G. 338
Kopelew, Lew 322, 343, 483
Kopp, Viktor 363
Koptelzew, Walentin A. 205
Koritschoner, Franz 274
Kossygin, Alexej 168, 173–175, 178, 181
Kotschemassow, Wjatscheslaw 183, 499
Koval', Konstantin 440
Krausnick, Helmut 339
Krenz, Egon 184–186, 191, 193
Krestinskij, Nikolaj 108–109, 369, 371, 374, 383
Kretschmer, Michael 541
Krjutschkow, Wladimir 201
Krone-Schmalz, Gabriele 17, 544
Krupp, Alfred 10, 34, 470–472
Kühlmann, Richard von 68, 72–74
Kümmel, Otto 459
Kuhr, Elfriede 209
Kun, Bela 96
Kurtschatow, Igor 450–452
Kwizinskij, Julij 189, 203, 546

L

Lacis, Otto 247
Lafontaine, Oskar 200
Lange, Fritz 135
Lasker-Schüler, Else 387
Lawrow, Sergej 541
Ledebour, Georg 85
Lednew, Walerij 175
Lehmann, Willy (Deckname «Breitenbach») 397, 436, 450
Lenin, Wladimir I. 21, 48–54, 57–58, 60–76, 79–80, 83–85, 87–89, 91–96, 100, 125, 134, 145, 229–231, 235–236, 245–248, 252–253, 256, 305, 325, 360–362, 375, 380, 388, 415, 498, 550–551
Lenski, Arno Ernst Max von 124
Leonhard, Wolfgang 416
Levi, Paul 96
Levien, Max 92–93
Leviné, Eugen 92
Liebknecht, Karl 49, 82, 86, 89
Liman-von-Sanders, Otto 28
Liszt, Franz 46
Litwinow, Maxim 102, 118, 122, 395, 399, 407, 412–413
Löbe, Paul 390
Losowskij, Solomon 114
Ludendorff, Erich 66, 211, 215, 222–223, 229
Lützow, Ludwig Adolf Wilhelm von 429
Lunatscharskij, Anatolij W. 66, 389
Luxemburg, Rosa 51, 82, 87, 89

M

Maas, Heiko 344, 540, 543
Macron, Emmanuel 558

Maiskij, Iwan 408–410, 412
Malenkow, Georgij M. 468
Malinowskij, Roman 57
Maltzan, Ago von 360, 365
Malzew, Michail 455
Mann, Thomas 386, 390
Mannesmann 471–472, 484
Manstein, Erich von 337
Manuilskij, Dmitrij S. 66
Martow, Julius O. 60, 66
Marx, Karl 41, 48–49, 145, 246, 459, 550
Matisse, Henri 146
Matschoß, Conrad 431
Mazarin, Jules 157
Medwedjew, Dmitrij 533–534
Medwedjew, Wadim 491
Mehnert, Klaus 11–16, 473–475
Mehnert, Luise 11
Mehring, Franz 81, 85
Meissner, Boris 155
Merekalow, Alexej F. 412
Merkatz, Hans-Joachim von 464
Merkel, Angela 332, 531–533, 535–538, 540, 557–559
Metternich, Klemens Wenzel Lothar von 157
Meyer, Ernst 98
Meyer, Konrad 430–431
Mielke, Erich 176, 491, 499
Mikojan, Anastas 426, 429, 466, 470
Miljutin, Wladimir P. 86
Milošević, Slobodan 527
Minz, Isaak 346
Mitterrand, François 207, 507
Modrow, Hans 185, 202
Molotow, Wjatscheslaw 121–123, 130, 157, 159–161, 167, 177, 261, 281, 396, 412–413, 420, 426, 432–435
Moltke, Hans-Adolf von 398
Mommsen, Ernst Wolf 471
Müller, Hermann 374
Müller, Vincenz 124
Münzenberg, Willi 388, 391

N
Napoleon I. 277, 288
Natanson, Mark A. 66
Nawalny, Alexej 541, 549
Nekrassow, Viktor 347
Nekritsch, Alexander 347
Neubert, Klaus 516, 518–519
Neumann, Heinz 273
Neurath, Constantin von 108, 123
Niedermeyer, Oskar von 110, 423
Newskij, Alexander 418
Niethammer, Lutz 335
Nikolai I. 21–22
Nikolaus II. (Zar, Kosename Nicky) 11, 22–27, 34, 36–38, 43, 55–56, 517
Nixon, Richard 171, 181, 479
Noske, Gustav 89–90, 93

O
Oberländer, Theodor 156, 459
Ollenhauer, Erich 464
Otto, Herbert 350

P
Papen, Franz von 107, 112
Parvus, Alexander 58–62, 64, 69
Pasternak, Boris 306
Paulus, Friedrich 289, 349
Peckert, Joachim 156
Peter der Große 22
Philby, Kim 398
Picasso, Pablo 146
Pieck, Wilhelm 124, 137, 148
Pilsudski, Josef 402
Plate, Ernst 476
Platonow, Sergej 390
Platten, Fritz 65–66
Platzeck, Matthias 544, 546
Pleitgen, Fritz 482–483
Plewe, Wjatscheslaw K. von 36
Poincaré, Raymond 358
Pokrowskij, Michail 390
Pompidou, Georges 181
Portugalow, Nikolaj 194–195, 504
Pörzgen, Hermann 15, 475

Posse, Hans 457
Potemkin, Wladimir 271
Preußen, Charlotte von 22
Protopopow, Alexander D. 38
Puhle 271
Puschkin, Alexander 45, 460
Putin, Wladimir 17, 331–332, 351–353, 355, 516, 526–546, 549, 555–559, 561–562

R

Raab, Julius 155
Radek, Karl 65, 83, 89–90, 93–94, 97, 105, 112, 116, 361–362, 367
Raffael (Raffaelo Sanzio da Urbino) 457
Rasputin, Grigorij Je. 37
Rathenau, Walther 358, 362, 364
Ratzel, Friedrich 251
Reagan, Ronald 488, 500
Reese, Willy Peter 288, 290
Rennenkampff, Paul von 210–211
Reutern, Michael Ch. von 30
Ribbentrop, Joachim von 120, 122–123, 152, 259, 340, 398, 414, 430, 434
Richter, Hans 389
Richthofen, Hermann Freiherr von 507
Riehl, Nikolaus 455
Riezler, Kurt 59
Rilke, Rainer Maria 45
Röhm, Ernst 114, 257, 397
Rohrbach, Paul 43
Romanow (Dynastie) 22, 30, 36–37, 40–41, 49, 56, 63, 83, 252
Romberg, Gisbert Freiherr von 61, 64–65
Roosevelt, Franklin D. 126, 181
Rosen, Roman R. 39
Rosenberg, Alfred 116–117, 251, 255, 257, 300, 421–422
Rowohlt, Ernst 390, 392, 464
Ruge, Gerd 475
Ruth, Friedrich 505

S

Sacharow, Andrej 511
Saldostanow, Alexander 352

Salomon, Ernst von 239, 242–243
Samsonow, Alexander 210–211
Sauckel, Fritz 302
Sawenjagin, Awraamij 451
Schachnasarow, Georgij 188
Schacht, Hjalmar 403
Schäuble, Wolfgang 504, 507
Schdanow, Andrej 130
Scheel, Walter 176, 178
Scheffer, Paul 367
Scheidemann, Philipp 86, 93
Scheliha, Rudolf von 398
Scherr, Johannes 42
Scheubner-Richter, Max Erwin von 251–252
Schewardnadse, Eduard 186, 188, 199, 499, 506, 508, 513
Schiemann, Theodor 43–44
Schiller, Friedrich 34
Schkwarzew, Alexander 424
Schlageter, Albert Leo 97
Schlesinger, Moritz 364, 367, 387
Schmid, Nils 540
Schmidt, Helmut 168, 477, 482, 485–489, 494, 553, 558
Schmidt, Karl Paul (Pseudonym Paul Carrell) 340
Schliemann, Heinrich 457, 460
Schneider, Eberhard 503
Schönberg, Arnold 146
Schreiber, Walther 135–136
Schröder, Gerhard 331–332, 526–527, 529–532, 535, 540, 543–544, 558, 562
Schtern, Dawid G. 111–112, 115–116
Schukow, Georgij 128, 308, 312
Schulenburg, Friedrich Werner Graf von der 271, 413, 426
Schultze-Gävernitz, Gerhart 41
Schulze-Boysen, Harro 397
Schwertfeger, Bernhard 422
Schwesig, Manuela 541–543
Seeckt, Hans von 244, 365
Seibert, Theodor 420
Sellering, Erwin 542
Semaschko, Nikolaj A. 66

Personenregister

Semjonow, Wladimir 124, 134, 139, 142, 146, 438–439
Serow, Iwan 130–131, 325, 459
Siefeldt, Arthur 63
Siemens 30, 382
Sievers, Thadeus von 210–211
Simonow, Konstantin 347
Sinowjew, Grigorij 65, 91–92, 98–100, 104, 247, 253–254
Sjuganow, Gennadij 524
Sklarz, Georg 61
Skoblewskij, Peter A. 370–371
Smirnow, Andrej 180, 463–464, 466–467
Snyder, Timothy 293
Sobottka, Gustav 129–130
Sokolowskij, Wassilij 140
Solschenizyn, Alexander 322
Sorge, Richard 398, 435
Späth, Lothar 508
Spengler, Oswald 255
Stalin, Josef 6, 13, 99–100, 103–104, 106–109, 114–115, 117–127, 130–131, 134, 136, 139, 145–148, 150–152, 155, 177, 181, 245, 247–248, 253–261, 263–264, 267–268, 272–275, 277, 281–284, 286–289, 292, 300, 303–306, 311, 314–315, 324–326, 329, 331, 337, 345–347, 350, 352, 368–369, 371, 373–374, 377–379, 383–384, 394–419, 422–430, 432–438, 440, 442, 450, 454, 457, 465, 478, 491, 493, 551–552
Stanislawskij, Konstantin 45, 391
Staudte, Wolfgang 336
Stein, Alexander 62
Steinmeier, Frank-Walter 531–532, 535
Stepun, Fedor 218
Stöbe, Ilse 398
Stoltzenberg, Hugo 382
Stolypin, Pjotr A. 44
Strasser, Gregor 102
Strasser, Otto 14
Strauß, Franz-Josef 508
Streit, Christian 340
Stresemann, Gustav 371–372, 377, 383
Struwe, Peter B. 387

Stürmer, Boris 38
Subkow, Wiktor 529
Suriz, Jakow 257, 399
Swerdlow, Jakow M. 84

T

Talleyrand, Charles Maurice de 157
Teltschik, Horst 194, 202, 544
Thalheimer, August 99
Thatcher, Margaret 507
Thiessen, Peter Adolf 452
Thyssen 484
Tjulpanow, Sergej (auch Tulpanow) 124, 135–141, 439
Tolstoj, Leo 45, 278
Trepow, Alexander F. 38
Trepow, Dmitrij F. 36–38
Trotzki, Leo 58, 74, 76, 78, 80, 84, 95, 100, 247, 371, 385
Trump, Donald 543, 559
Tschaikowskij, Peter 46
Tschernenko, Konstantin 188, 502
Tschernjajew, Anatolij 183–184, 194, 197, 206
Tschitscherin, Georgij 76, 78–81, 92, 362, 364, 366–367, 369, 372, 374, 381
Tuchatschewskij, Michail 384
Tucholsky, Kurt 386
Tüngel, Richard 124
Turgenjew, Iwan S. 45
Twardowski, Fritz von 379, 384

U

Ulbricht, Walter 124, 128–130, 145, 167, 182, 185, 419, 438–440, 443, 465, 480
Ulmanis, Kārlis 241
Umnjagina, Tamara Stepanowa 277
Unverzagt, Wilhelm 457–458

V

Vogel, Hans-Joachim 340, 476–477

W

Wächter, Gustav 272
Wagner, Richard 418

Waigel, Theo 508
Walther, Carl 382
Walther, Gebhardt von 156, 271
Weidel, Alice 540–541
Weizsäcker, Ernst von 259, 412
Weizsäcker, Richard von 504, 508, 511
Werefkin, Marianne von 46
Wilhelm II. (Kaiser) 11–12, 22–27, 34, 44, 56, 66, 84, 517
Winogradow, Boris 114, 116, 158
Wirth, Joseph 360
Witte, Sergej Ju. 30
Wolf, Friedrich 418
Wolf, Konrad 350
Wolscht, Theodor 370

Woroschilow, Kliment 383, 406, 414
Wüst, Georg 431
Wyschinskij, Andrej 130

Y
Young, Owen D. 104

Z
Zarapkin, Semjon 174
Zeiss, Carl 382
Zeppelin, Ferdinand Graf von 34
Zetkin, Clara 51, 81, 85
Ziegelmayer, Wilhelm 301
Zweig, Stefan 12, 367